本書爲國家古籍整理出版專項經費資助項目

歷代經學要籍叢刊

春秋經傳集解

上

〔晉〕杜預　集解
王　勇
于天寶　點校

中華書局

圖書在版編目(CIP)數據

春秋經傳集解/(晉)杜預集解;王勇,于天寶點校. —
北京:中華書局,2025. 5. —(歷代經學要籍叢刊). —
ISBN 978-7-101-17125-9

Ⅰ. K225. 04

中國國家版本館 CIP 數據核字第 2025J4C017 號

封面題簽:徐　俊
責任編輯:劉浜江
文字編輯:石　玉
封面設計:劉　麗
責任印製:陳麗娜

歷代經學要籍叢刊
春秋經傳集解
(全二册)
〔晉〕杜　預 集解
王　勇
于天寶 點校

*

中華書局出版發行
(北京市豐臺區太平橋西里 38 號　100073)
http://www.zhbc.com.cn
E-mail:zhbc@zhbc.com.cn
河北品睿印刷有限公司印刷

*

850×1168 毫米 1/32 · 39½印張 · 4 插頁 · 710 千字
2025 年 5 月第 1 版　2025 年 5 月第 1 次印刷
印數:1-3000 册　定價:198.00 元

ISBN 978-7-101-17125-9

點校説明

左傳，又名春秋左氏傳、左氏春秋，是我國早期重要的編年體史書。左傳相傳爲春秋時的左丘明所著，記載了從魯隱公元年（前七二二）到魯悼公四年（前四六四）之間的歷史。左傳行文簡潔，叙事流暢，記述史實能够做到詳略得當，尤其是對於戰争、外交的描述，精彩紛呈，引人入勝。更爲難得的是，左傳中保存了大量史料，反映了當時社會發展的重大事件及演變過程，是了解春秋社會歷史的必讀書。

左傳成書後，主要在民間傳習，直至漢代影響尚不如同爲「春秋三傳」的公羊傳和穀梁傳。漢成帝河平年間（前二八—前二五），劉歆奉命協助其父劉向整理國家典籍，始發現左傳等「古文經」。漢哀帝時，劉歆提出爲「古文經」設立學官，遭到了今文學者的反對，最終失敗。王莽時，始立左傳等五家古文博士。東漢後，左傳開始逐漸在士大夫、學者中間受到重視，至魏晉以後，影響更大。特別是西晉杜預撰寫的春秋經傳集解，成爲當時注釋左傳的權威性著作。

杜預（二二二—二八五），字元凱，京兆杜陵（今陝西西安）人，魏晉時期著名的政治家、軍事家和學者。歷任曹魏尚書郎、西晉河南尹、安西軍司、秦州刺史、度支尚書、鎮南大將軍，官至司隸校尉。滅吴功成之後，耽思經籍，博學多通，多有著述，當時有「杜武庫」之譽。杜預有春秋經傳集解及春秋釋例等著作傳世，考證廣博嚴密，注釋簡潔精當，具有極高的學術價值。

春秋經傳集解成書於太康三年（二八二），此書集引漢代以來諸家之義，是當時集大成之作；又將經與傳合於一處，方便了讀者閲讀。杜預在集解中歸納凡例，以傳解經，博采諸家，疑義從闕，注釋尤詳於地理、曆法，風格平直通達，客觀求實。南宋葉適説：「（杜預）於左氏用力深久，故能使後世淺俗野誕之説十去七八，使學者由此而進，所造益深，則於春秋大意差不遠矣。」（葉適習學記言卷十）

唐代貞觀年間（六二七—六四九），孔穎達（五七四—六四八）領銜編撰五經正義，其中春秋左傳正義即是爲杜預的注釋作疏。至此，後世研習左傳，多從杜注、孔疏入手，春秋經傳集解對於後世學者的影響可謂深遠。

此次春秋經傳集解的整理，是以近年所見的宋代刻本爲底本和校本進行點校，力求爲讀者提供一個杜注左傳的規範版本。據目前所知，左傳的宋刻本有近三十種，其中單經注本有六種。本次整理，以現存較爲完整、刊刻精良的宋代興國軍學刻本爲底本，使用通校本六種，參校本兩種。具體情況如下：

底本：宋嘉定九年（一二一六）興國軍學刻本，今藏於日本宫内廳書陵部（簡稱興國軍學本），有上海古籍出版社二〇一二年影印本、山東人民出版社二〇二四年儒典本。宫内廳所藏本爲三十卷，其中卷三、四、二十、二十一、二十六至二十八爲抄配本，還附有經傳識異一卷、春秋左氏音義五卷，後兩種著作本次不做整理。儒典本是配補本，對宫内廳藏本卷二十、卷二十六至二十八根據其他藏本進行了配補。本次整理，在前期以宫内廳藏本爲底本校對整理的基礎上，又根據儒典本進行了覆校。興國軍學本屬於官刻本，當時刻有六經，張麗娟認爲：「南宋時期興國軍學本六經與撫州本六經並稱，都是官刻經籍中令人稱道的善本。」（張麗娟：興國軍學本與早期和刻本春秋經傳集解，儒家典籍與思

想研究第十一輯，北京大學出版社，二〇一九年三月）

通校本：

一、宋紹興年間（一一三一—一一六二）江陰郡刻遞修本，今藏日本陽明文庫（簡稱陽明文庫本）。此本三十卷，卷一、二配日本南北朝刊本，卷中有零星抄配頁（如卷九抄配四頁，卷十四抄配兩頁）。

二、宋刻巾箱本，今藏日本國立國會圖書館（簡稱國會本），有鳳凰出版社二〇一三年日本國會圖書館藏宋元本漢籍選刊影印本。此本三十卷，其中卷九、十、十九至二十四爲抄配本。

三、宋刻巾箱本，今藏上海圖書館（簡稱巾箱本），有中華再造善本影印本。此本存二十二卷（卷一至十五，二十四至三十）。

四、宋龍山書院刻本，今藏中國國家圖書館（簡稱書院本），有中華再造善本影印本。此本題爲纂圖互注春秋經傳集解三十卷，附春秋名號歸一圖二卷。此本卷前還刊有春秋諸國地理圖、春秋諸國譜係圖、諸侯興廢、春秋總例等，爲讀者提供閱讀便利。正文中有重言、似句、互注。

五、宋刻本，今藏上海圖書館（簡稱附釋音本），有四部叢刊影印本。此本三十卷，附有唐陸德明釋文。

六、金澤文庫本，今藏日本宫内廳書陵部（簡稱金澤本），廣西師範大學出版社二〇二三年影印出版。此本是日本鎌倉時期（十三世紀前後）的舊抄本，全書卷子裝，三十軸，每軸一卷。其主體部分爲宋刻本出現以前的舊抄本，與宋代以來的左傳刻本系統有諸多差異，彌足珍貴。

參校本：

一、南宋刻元明遞修本，日本静嘉堂文庫藏（簡稱宋大字本）。此本三十卷，存在大量闕頁，屬於單經注本。

二、宋慶元六年（一二〇〇）紹興府刻宋元遞修本，中國國家圖書館藏（簡稱慶元本），有中華再造善本影印本，另有孔子文化大全編輯部編輯、山東友誼出版社一九九三年影印本。此本題爲春秋左傳正義三十六卷，屬於注疏合刻本。

參考成果：

本書在底本和校本之外，還參校了宋本經典釋文、唐開成石經、蜀石經，參考了太平御覽、册府元龜等宋代大型類書文獻，全面吸收了阮元十三經注疏校勘記中的重要校勘成果，並有選擇性地參考了十三經清人校勘注疏中的代表性成果。

本次點校整理工作，主要包括以下三方面的内容：

一、標點：主要根據現行標點符號用法，並結合古籍整理標點的通例，吸收前人標點的優秀成果，對全書進行分段標點。本書標點既遵循一般規範，也結合了具體情況進行統一處理，例如「公子某」、「公孫某」、「大子某」等，一般作爲整體加專名線。

二、文字處理：全書采用繁體豎排，采用國家語言文字工作委員會、新聞出版署發佈的現代漢語通用字表規定的規範字形爲標準，對全書進行規範化處理，徑改明顯訛誤的形近誤字，根據底本的具體情況，酌情保留了異體字和古今字。

三、校勘情況：本書在盡量保存底本面貌的基礎上，擇善而從，力求反映各版本之間的差異。對於底本與校本兩通的異文，擇要出異文校加以説明；對於文意差别較大的異文，如依據充分，則出校改字，並提出證據；依據尚不充分的異文，則出異文校後，再列舉證據，爲讀者提供參考。

左傳目前已經有多種整理本問世，但單注本全面系統性的整理工作尚不多見，本書全面整理春秋經傳集解，秉持還原單注本原貌的宗旨，力求將簡潔精當的杜注左傳提供給讀者，以方便學界對於左傳的學習和研究。

春秋經傳集解是十三經中分量較大的一種，其中涉及的歷史、天文、地理、禮法、占卜、名物、制度等各方面的内容極爲廣泛，因此整理的難度大，工作量繁重，此書整理多年，且爲分工合作，書中仍可能存在不當之處，敬請廣大讀者和專家指正批評，以便今後修訂再版。

目録

上冊

春秋經傳集解桓公第二……五三

春秋經傳集解閔公第四……一六五

春秋經傳集解僖上第五……一七七

春秋經傳集解僖中第六……二一七

春秋經傳集解僖下第七……二七一

春秋經傳集解文上第八……三一一

春秋經傳集解宣下第十一……四二五

春秋經傳集解成上第十二……四六一

春秋經傳集解成下第十三……五一一

下　册

春秋經傳集解定上第二十七……一〇六五

春秋經傳集解哀下第三十……一一八七

春秋左氏傳序

「春秋」者，魯史記之名也。記事者，以事繫日，以日繫月，以月繫時，以時繫年，所以紀遠近、别同異也。故史之所記，必表年以首事；年有四時，故錯舉以爲所記之名也。周禮有史官，掌邦國四方之事，達四方之志。諸侯亦各有國史，大事書之於策，小事簡牘而已。孟子曰：「楚謂之檮杌，晉謂之乘，而魯謂之春秋，其實一也。」韓宣子適魯，見易象與魯春秋，曰：「周禮盡在魯矣。吾乃今知周公之德與周之所以王。」韓子所見，蓋周之舊典禮經也。周德既衰，官失其守。上之人不能使春秋昭明，赴告策書，諸所記注，多違舊章。仲尼因魯史策書成文，考其真僞，而志其典禮，上以遵周公之遺制，下以明將來之法。其教之所存，文之所害，則刊而正之，以示勸戒。其餘則皆即用舊史，史有文質，辭有詳略，不必改也。故傳曰：「其善志。」又曰：「非聖人，孰能脩之？」蓋周公之志，仲尼從而明之。左丘明受經於仲尼，以爲經者不刊之書也，故傳或先經以始事，或後經以終義，或依經以辯理，或錯經以合異，隨義而發。其例之所重，舊史遺文，略不盡舉，非聖人所脩之要故也。身爲國史，躬覽載籍，必廣記而備言之。其文緩，其旨遠，將令學者原始要終，尋其枝葉，究其所窮，優而柔之，使自求之；饜而飫之，使自趨之，若江海之浸，膏澤之潤，渙然冰釋，怡然理順，然後爲得也。其發凡以言例，皆經國之常制，周公之垂法，史書之舊章，仲尼從而脩之，以成一經之通體。其微顯闡幽、裁成義類者，皆據舊例而發義，指行事以正褒貶。諸稱「書」、「不書」、「先書」、「故書」、「不言」、「不稱」、「書曰」之類，皆所以起新舊，發大義，謂之變例。然亦有史所不書，即以爲義者，此蓋春秋新意，故傳不言「凡」，曲而暢之也。其經無義例，因行事而言，則傳直言其歸趣而已，非例也。故發傳之體有三，而爲例之情有五。一曰「微而顯」，文見於此，而起義在彼，「稱族，尊君命；舍族，尊夫人」、「梁亡」、「城緣陵」之類是也。二曰「志而晦」，約言示制，推以知例，參會不地、與謀曰「及」之類是也。三曰「婉而成章」，曲從義訓，以示大順，諸所諱辟、「璧假許田」之類是也。四曰「盡而不汙」，直書其事，具文見意，丹楹刻桷、天王求車、齊侯獻捷之類是也。五曰「懲惡而勸善」，求名而亡，欲蓋而章，書齊豹「盜」、三叛人名之類是也。推此五體，以尋經、傳，觸類而長之。附于二百四十二年行事，王道之正、人倫之紀備矣。

或曰：春秋以錯文見義。若如所論，則經當有事同文異，而無其義也。先儒所傳，皆不其然。

答曰：春秋雖以一字爲褒貶，然皆須數句以成言，非如八卦之爻，可錯綜爲六十四也，固當依傳以爲斷。古今言左氏春秋者多矣，今其遺文可見者十數家。大體轉相祖述，進不成爲錯綜經文以盡其變，退不守丘明之傳，於丘明之傳有所不通，皆没而不説，而更膚引公羊、穀梁，適足〔一〕自亂。

預今所以爲異，專脩丘明之傳以釋經。經之條貫，必出於傳。傳之義例，揔歸諸凡。推變例以正褒貶，簡二傳而去異端，蓋丘明之志也。其有疑錯，則備論

〔一〕「適足」下，金澤本有「以」字。

而闕之，以俟後賢。然劉子駿創通大義，賈景伯父子、許惠卿，皆先儒之美者也，末有潁子嚴者，雖淺近，亦復名家，故特舉劉、賈、許、潁之違，以見同異。分經之年，與傳之年相附，比其義類，各隨而解之，名曰經傳集解。又別集諸例及地名、譜第、歷數，相與爲部，凡四十部，十五卷，皆顯其異同，從而釋之，名曰釋例。將令學者觀其所聚異同之説，釋例詳之也。

或曰：春秋之作，左傳及穀梁無明文，説者以爲〔一〕仲尼自衛反魯，脩春秋，立素王。丘明爲素臣。言公羊者，亦云黜周而王魯，危行言孫，以辟當時之害，故微其文，隱其義。公羊經止獲麟，而左氏經終孔丘卒，敢問所安？

答曰：異乎余所聞！仲尼曰：「文王既没，文不在兹乎？」此制作之本意也。歎曰：「鳳鳥不至，河不出圖，吾已矣夫！」蓋傷時王之政也。麟鳳五靈，王者之嘉瑞也。今麟出非其時，虚其應而失其歸，此聖人所以爲感也。絶筆於獲

〔一〕「以爲」，宋大字本、國會本、書院本、附釋音本無「爲」字。阮校云：石經、宋本、淳熙本、岳本、足利本「以」下有「爲」字，文選引同。

麟之一句者，所感而起，固所以爲終也。

曰：然則春秋何始於魯隱公？

答曰：周平王，東周之始王也。隱公，讓國之賢君也。考乎其時則相接，言乎其位則列國，本乎其始則周公之祚胤也。若平王能祈天永命，紹開中興；隱公能弘宣祖業，光啓王室，則西周之美可尋，文武之迹不隊。是故因其歷數，附其行事，采周之舊，以會成王義，垂法將來。所書之王，即平王也；所用之歷，即周正也；所稱之公，即魯隱也，安在其黜周而王魯乎？子曰：「如有用我者，吾其爲東周乎！」此其義也。若夫制作之文，所以章往考來，情見乎辭。言高則旨遠，辭約則義微。此理之常，非隱之也。聖人包周身之防，既作之後，方復隱諱以辟患，非所聞也。子路欲使門人爲臣，孔子以爲欺天。而云仲尼素王，丘明素臣，又非通論也。先儒以爲制作三年，文成致麟，既已妖妄，又引經以至仲尼卒，亦又近誣。據公羊經止獲麟，而左氏小邾射不在三叛之數，故余以爲感麟而作，作起獲麟，則文止於所起，爲得其實，至於「反袂拭面」，稱「吾道窮」，亦無取焉。

春秋經傳集解隱公第一

杜氏　盡十一年

【傳】〔一〕惠公元妃孟子。言「元妃」，明始適夫人也。子，宋姓。孟子卒，不稱薨，不成喪也。諸侯無謚，先夫〔二〕死，不得從夫謚。繼室以聲子，生隱公。聲，謚也。蓋孟子之姪娣也。諸侯始娶，則同姓之國以姪娣媵。元妃死，則次妃攝治内事，猶不得稱夫人，故謂之繼室。宋武公生仲子，仲子生而有文在其手，曰「爲魯夫人」，故仲子歸于我。婦人謂嫁曰〔三〕歸。

〔一〕「經」、「傳」外原無魚尾括號，爲便閲讀加。下同。

〔二〕「夫」，金澤本無此字。

〔三〕「曰」，釋文云：「本或無『曰』字，此依公羊傳。」

以手理自然成字，有若天命，故嫁之於魯。**生桓公而惠公薨，**言歸魯而生男，惠公不以桓生之年薨。**是以隱公立而奉之。**隱公，繼室之子，當嗣世，以禎祥之故，追成父志。爲桓尚少，是以立爲大子，帥國人奉之，爲經「元年春」不書即位傳。

【經】

元年春王正月。隱公之始年，周王之正月也。凡人君即位，欲其體元以居正，故不言一年一月也。隱雖不即位，然攝行君事，故亦朝廟告朔也。告朔朝正例在襄二十九年，即位例在隱、莊、閔、僖元年。

三月，公及邾儀父盟于蔑。附庸之君，未王命，例稱名。能〔一〕自通於大國，繼好息民，故書字貴之。名例在莊五年。邾，今魯國鄒縣也。蔑，姑蔑，魯地。魯國卞縣南有姑城。

夏五月，鄭伯克段于鄢。不稱國討而言鄭伯，譏失教也。段不弟，故不言弟，明鄭伯雖失教，而段亦凶逆。以君討臣而用「二君」之例者，言段强大儁傑，據大都以耦國，所謂「得儁

〔一〕「能」，國會本作「皆」。

曰克」也。國討例在莊二十二年，得儁例在莊十一年，母弟例在宣十七年。鄭在滎陽宛陵縣西南。鄢，今潁川鄢陵縣。

秋七月，天王使宰咺來歸惠公、仲子之賵。宰，官；咺，名也。咺贈死不及尸，弔生不及哀，豫凶事，故貶而名之。此天子大夫稱字之例。仲子者，桓公〔一〕之母。婦人無謚，故以字配姓。來者，自外之文；歸者，不反之辭。

九月，及宋人盟于宿。客主無名，皆微者也。宿，小國，東平無鹽縣也。凡盟以國地者，國主亦與盟，例在僖十九年。宋，今梁國睢陽縣。

冬十有二月，祭伯來。祭伯，諸侯爲王卿士者。祭，國；伯，爵也。傳曰「非王命也」，釋其不稱使。

公子益師卒。傳例曰：「公不與小斂，故不書日，所以示薄厚也。」春秋不以日月爲例，唯卿佐之喪獨託日〔二〕以見義者，事之得失，既未足以褒貶人君，然亦非死者之罪，無辭可以寄文，而人臣輕賤，死日可略，故特假日以見義。

〔一〕「公」，金澤本無此字。

〔二〕「託日」，宋大字本、國會本、書院本作「記日」。阮校云：「宋本、岳本、纂圖本、足利本『記』作『託』，釋例同。」

【傳】

元年春王周正月。言周以別夏殷。**不書即位，攝也。**假攝君政，不脩即位之禮，故史不書於策，傳所以見異於常。

三月，公及邾儀父盟于蔑，邾子克也。克，儀父名。**未王命，故**〔一〕**不書爵。曰儀父，貴之也。**王未賜命以爲諸侯。其後儀父服事齊桓以獎王室，王命以爲邾子，故莊十六年經書「邾子克卒」。**公攝位而欲求好於邾，故爲蔑之盟。**解所以與盟也。

夏四月，費伯帥師城郎。不書，非公命也。費伯，魯大夫。郎，魯邑，高平方與縣東南有郁郎亭。傳曰「君舉必書」，然則史之策書皆君命也。今不書於經，亦因史之舊法，故傳釋之。諸魯事，傳釋不書，他皆放〔二〕此。

初，鄭武公娶于申，曰武姜。申，國，今南陽宛縣。**生莊公及共叔段。**段出奔共，故曰共叔，猶晉侯在鄂，謂之鄂侯。**莊公寤生，驚姜氏，故名曰寤生，遂惡之。**寐寤而莊

〔一〕「故」，釋文云：一本無「故」字。

〔二〕「放」，宋大字本、國會本、巾箱本、書院本作「倣」。阮校云：「岳本『倣』作『放』，釋文同。」

公已生，故驚而惡之。愛共叔段，欲立之。欲立以爲大子。亟請於武公，公弗許。及莊公即位，爲之請制。公曰：「制，巖邑也，虢叔死焉。他邑唯命。」虢叔，東虢君也。恃制巖險而不脩德，鄭滅之。恐段復然，故開以他邑。虢，國，今滎陽縣。請京，使居之，謂之京城大叔。公順姜請，使段居京，謂之京城大叔，言寵異於衆臣。京，鄭邑，今滎陽京縣。祭仲曰：「都城過百雉，國之害也。祭仲，鄭大夫。方丈曰堵，三堵曰雉。一雉之牆，長三丈，高一丈。侯伯之城，方五里，徑三百雉，故其大都不得過百雉。先王之制，大都不過參國之一，三分國城之一。中五之一，小九之一。今京不度，非制也。不合法度，非先王制。君將不堪。」公曰：「姜氏欲之，焉辟害？」對曰：「姜氏何厭之有？不如早爲之所，使得其所宜。無使滋蔓。蔓，難圖也。蔓草猶不可除，況君之寵弟乎？」公曰：「多行不義，必自斃，子姑待之。」斃，踣也。姑，且也。

既而大叔命西鄙、北鄙貳於己。鄙，鄭邊邑。貳，兩屬。公子呂曰：「國不堪貳，君將若之何？公子呂，鄭大夫。欲與大叔，臣請事之；若弗與，則請除之，無生民心。」叔久不除，則舉國之民當生他心。公曰：「無庸，將自及。」言無用除之，禍將自及。大叔又收貳以爲己邑，前兩屬者，今皆取以爲己邑。至于廩延。言轉侵多也。廩延，鄭邑，陳留酸棗縣北有延津。子封曰：「可矣，厚將得衆。」子封，公子呂也。厚謂土地廣大。公曰：「不義不暱，厚將崩。」不義於君，不親於兄，非衆所附，雖厚必崩。

大叔完聚，完城郭，聚人民。繕甲兵，具卒乘，步曰卒，車曰乘。將襲鄭。夫人將啓之。啓，開也。公聞其期，曰：「可矣。」命子封帥車二百乘以伐京。古者兵車一乘，甲士三人，步卒七十二人。京叛大叔段，段入于鄢，公伐諸鄢。五月辛丑，大叔出奔共。共，國，今汲郡共縣。書曰：「鄭伯克段于鄢。」段不弟，故不言弟；如二君，故曰「克」；稱「鄭伯」，譏失教也；謂之鄭志，不言出奔，難之也。傳言夫子作春秋，改舊史以明義。不早爲之所，而養成其惡，故曰「失教」。段實出奔，而以「克」爲文，明鄭伯志在於殺，難言其奔。

遂寘姜氏于城潁，城潁，鄭地。而誓之曰：「不及黃泉，無相見也！」地中之泉，故曰黃泉。既而悔之。

潁考叔爲潁谷封人，封人，典封疆者。聞之，有獻於公。公賜之食，食舍肉。公問之，對曰：「小人有母，皆嘗小人之食矣，未嘗君之羹，請以遺之。」食而不啜羹，欲以發問也。宋華元殺羊爲羹饗士，蓋古賜賤官之常。公曰：「爾有母遺，繄我獨無！」繄，語助。潁考叔曰：「敢問何謂也？」據武姜在，設疑〔一〕也。公語之故，且告之悔。對曰：「君何患焉？若闕地及泉，隧而相見，其誰曰不然？」隧，若今延道。公從之。公入而賦：「大隧之中，其樂也融融。」賦，賦詩也。融融，和樂也。姜出而賦：「大隧之外，其樂也洩洩〔二〕。」洩洩，舒散也。遂爲母子如初。君子曰：「潁考叔，純孝也。純，猶篤也。愛其母，施及莊公。詩曰：『孝子不匱，永錫爾類。』其是之謂乎！」不匱，純孝也。莊公雖失之於初，孝心不忘，考叔感而通之，所謂「永錫爾類」。詩人之作，各以情言；君子論之，不以文害意，故春秋傳引詩不皆與今說詩者同。他皆放此。

秋七月，天王使宰咺來歸惠公、仲子之賵。緩，且子氏未薨，故名。惠公葬在春秋前，故曰「緩」也。子氏，仲子也，薨在二年。賵，助喪之物。天子七月而葬，同軌畢至；言「同軌」，以別四夷之國。諸侯五月，同盟至；同在方嶽之盟〔三〕。大夫三月，同

〔一〕「疑」下，金澤本有「問」字。
〔二〕「洩洩」，金澤本作「泄泄」，下注文同。
〔三〕「盟」下，金澤本有「者也」二字。

位至；古者行役不踰時。**士踰月，外姻至。**踰月，度月也。姻猶親也。此言赴弔，各以遠近爲差，因爲葬節。**贈死不及尸，**尸，未葬之通稱。**弔生不及哀。**諸侯已上，既葬則縗〔一〕麻除，無哭位，諒闇終喪。**豫凶事，非禮也。**仲子在而來贈，故曰「豫凶事」。

八月，紀人伐夷。夷不告，故不書。夷，國，在城陽莊武縣。紀，國，在東莞劇縣。隱十一年傳例曰：「凡諸侯有命，告則書，不然則否。」史不書於策，故夫子亦不書于經。傳見其事，以明春秋例也。他皆放此。

有蜚，不爲災，亦不書。蜚，負蠜也。莊二十九年傳例曰：「凡物不爲災，不書。」又於此發之者，明傳之所據，非唯史策，兼采簡牘之記。他皆放此。

惠公之季〔二〕年，敗宋師于黄。黄，宋邑，陳留外黄縣東有黄城。**公立，而求成焉。**

九月，及宋人盟于宿，始通也。經無義例，故傳直言其歸趣而已。他皆放此。

〔一〕「縗」，釋文作「衰」。
〔二〕「之季」，金澤本作「末之」。

冬十月庚申，改葬惠公。公弗臨，故不書。以桓爲大子，故隱公讓而不敢爲喪主。隱攝君政，故據隱而言〔一〕。惠公之薨也，有宋師，大子少，葬故有闕，是以改葬。衛侯來會葬，不見公，亦不書。諸侯會葬，非禮也。不得接公成禮，故不書於策。他皆放此。衛，國，在汲郡朝歌縣。

鄭共叔之亂，公孫滑出奔衛。公孫滑，共叔段之子。衛人爲之伐鄭，取廩延。鄭人以王師、虢師伐衛南鄙。虢，西虢國也，弘農陝縣東南有虢城。請師於邾，邾子使私於公子豫。公子豫，魯大夫。私請師。豫請往，公弗許，遂行。及邾人、鄭人盟于翼。翼，邾地。不書，非公命也。

新作南門。不書，亦非公命也。非公命不書，三見者皆興作大事，各舉以備文。

十二月，祭伯來，非王命也。

衆父卒，衆父，公子益師字。公不與小斂，故不書日。禮，卿佐之喪，小斂、大斂君

〔一〕「言」下，金澤本有「公也」二字。

皆親臨之，崇恩厚也。始死，情之所篤，禮之所崇，故以小斂爲文。至於但臨大斂，及不臨其喪〔一〕，亦同不書日。

【經】

二年春，公會戎于潛。戎、狄、夷、蠻皆氐、羌之别種也。戎而書會者，順其俗以爲禮，皆謂居中國若戎子駒支者。陳留濟陽縣東南有戎城。潛，魯地。

夏五月，莒人入向。向，小國也。譙國龍亢縣東南有向城。莒，國，今城陽莒縣也。將卑師少稱人，弗地曰入。例在襄十三年。

無駭帥師入極。無駭，魯卿。極，附庸小國。無駭不書氏，未賜族。賜族例在八年。

秋八月庚辰，公及戎盟于唐。高平方與縣北有武唐亭。八月無庚辰，庚辰，七月九日也。日月必有誤。

九月，紀裂繻來逆女。裂繻，紀大夫。傳曰「卿爲君逆也」，以别卿自逆也。逆女或稱

〔一〕「喪」上，國會本、書院本無「其」字。阮校云：「宋本、岳本、纂圖本、足利本『臨』下有『其』字。」

使，或不稱使，昏禮不稱主人，史各隨其實而書，非例也。他皆放此。

冬十月，伯姬歸于紀。無傳。伯姬，魯女，裂繻所逆者。紀子帛、莒子盟于密。子帛，裂繻字也。莒〔一〕魯有怨，紀侯既昏于魯，使大夫盟莒以和解之。子帛爲魯結好息民，故傳曰「魯故也」。比之内大夫而在莒子上，稱字以嘉之也。字例在閔元年。密，莒邑，城陽淳于縣東北有密鄉。

十有二月乙卯，夫人子氏薨。無傳。桓未爲君，仲子不應稱夫人。隱讓桓以爲大子，成其母喪以赴諸侯，故經於此稱夫人也。不反哭，故不書葬。例在三年。

鄭人伐衛。凡師有鐘鼓曰伐。例在莊二十九年。

【傳】

二年春，公會戎于潛，脩惠公之好也。戎請盟，公辭。許其脩好而不許其盟，禦夷狄者不壹而足。

莒子娶于向，向姜不安莒而歸。夏，莒人入向，以姜氏還。傳言失昏姻之義。

〔一〕「莒」下，金澤本有「與」字。

凡得失小故，經無異文，而傳備其事，案文則是非足以爲戒。他皆放此。

司空無駭入極，費庈父勝之。魯司徒、司馬、司空皆卿也。庈父，費伯也。前年城郎，今因得以勝極，故傳於前年發之。

戎請盟。秋，盟于唐，復脩戎好也。

九月，紀裂繻來逆女，卿爲君逆也。

冬，紀子帛、莒子盟于密，魯故也。

鄭人伐衛，討公孫滑之亂也。治元年取廩延之亂。

【經】

三年春王二月己巳，日有食之。無傳。日行遲，一歲一周天。月行疾，一月一周天。一歲凡十二交會。然日月動物，雖行度有大量，不能不小有盈縮，故有雖交會而不食者，或有頻交而食者。唯正陽之月，君子忌之，故有伐鼓用幣之事。今釋例以長歷推經、傳，明此食是二月朔也。不書朔，史失之。書朔日例在桓十七年。

三月庚戌，天王崩。周平王也。實以壬戌崩，欲諸侯之速至，故遠日以赴。春秋不書實崩日而書遠日者，即傳其僞以懲臣子之過也。襄二十九年傳曰：「鄭上卿有事，使印段如周會葬。」今不書葬，魯不會。

夏四月辛卯，君氏卒。隱不敢從正君之禮，故亦不敢備禮於其母。

秋，武氏子來求賻。武氏子，天子大夫之嗣也。平王喪在殯，新王未得行其爵命，聽於冢宰。故傳曰「王未葬」，釋其所以稱父族，又不稱使也。魯不共奉王喪，致令有求。經直文以示不敬，故傳不復具釋也。

八月庚辰，宋公和卒。稱卒者，略外以别内也。元年大夫盟於宿，故來赴以名。例在七年。

冬十有二月，齊侯、鄭伯盟于石門。來告，故書。石門，齊地。或曰濟北盧縣故城西南濟水之門。

癸未，葬宋穆公。無傳。魯使大夫會葬，故書。始死書卒，史在國承赴，爲君故，惡其薨名，改赴書也。書葬則舉謚稱公者，會葬者在外，據彼國之辭也。書葬例在昭六年。

【傳】

三年春王三月壬戌，平王崩。赴以庚戌，故書之。

夏，君氏卒，聲子也。不赴于諸侯，不反哭于寢，不祔于姑，故不曰「薨」。不稱夫人，故不言葬。夫人喪禮有三：薨則赴於同盟之國，一也；既葬，日中自墓反，虞於正寢，所謂「反哭于寢」，二也；卒哭而祔於祖姑，三也。若此則書曰「夫人某氏薨」，「葬我小君某氏」，此備禮之文也。其或不赴、不祔，則爲不成喪，故死不稱夫人薨，葬不言「葬我小君某氏」。反哭則書葬，不反哭則不書葬。今聲子三禮皆闕，釋例論之詳矣。不書姓，爲公故，曰「君氏」。不書姓，辟正夫人也。隱見爲君，故特書於經，稱曰「君氏」，以別凡妾媵。

鄭武公、莊公爲平王卿士。卿士，王卿之執政者。言父子秉周之政。王貳于虢。虢，西虢公，亦仕王朝。王欲分政於虢，不復專任鄭伯。鄭伯怨王，王曰：「無之。」故周、鄭交質。王子狐爲質於鄭，鄭公子忽爲質於周。王子狐，平王子。王崩，周人將畀虢公政。周人遂成平王本意。四月，鄭祭足帥師取温之麥。秋，又取成周之禾。四月，今二月也。秋，今之夏也。麥、禾皆未熟，言取者，蓋芟踐之。温，今河内温縣。成周，洛陽縣也。周、鄭交惡。兩相疾惡。

君子曰：「信不由中，質無益也。明恕而行，要之以禮，雖無有質，誰能間之？苟有明信，澗谿沼沚〔一〕之毛，谿亦澗也。沼，池也。沚，小渚也。毛，草也。蘋蘩蕰藻之菜，蘋，大蓱也。蘩，皤蒿。蕰藻，聚藻也。筐筥錡釜之器，方曰筐，圓曰筥，無足曰釜，有足曰錡。潢汙行潦之水，潢汙，渟水〔二〕。行潦，流潦。可薦於鬼神，可羞於王公。羞，進也。而況君子結二國之信，行之以禮，又焉用質？通言盟約彼此之情，故云〔三〕二國。風有采蘩、采蘋，采蘩、采蘋，詩國風，義取於不嫌薄物。雅有行葦、泂酌，詩大雅也。行葦篇，義取忠厚也。泂酌篇，義取雖行潦，可以共祭祀也。昭忠信也。」明有忠信之行，雖薄物皆可爲用。

武氏子來求賻，王未葬也。

宋穆公疾，召大司馬孔父而屬殤公焉，曰：「先君舍與夷而立寡人，先君，穆公

〔一〕「沚」，釋文作「時」，云：「本又作『沚』。」金澤本同釋文。

〔二〕「渟水」，國會本、巾箱本、附釋音本、慶元本、釋文作「停水」。阮校云：「岳本作『渟水』。案，『渟』通作『停』。」

〔三〕「云」，國會本、巾箱本、書院本、附釋音本作「言」。

兄宣公也。與夷，宣公子，即所屬殤公。寡人弗敢忘。若以大夫之靈得保首領以没〔一〕，先君若問與夷，其將何辭以對？請子奉之，以主社稷。寡人雖死，亦無悔焉。」對曰：「群臣願奉馮也。」馮，穆公子莊公也。公曰：「不可。先君以寡人爲賢，使主社稷，若弃德不讓，是廢先君之舉也，豈曰能賢？言不讓則不足稱賢。光昭先君之令德，可不務乎？吾子其無廢先君之功。」先君以舉賢爲功，我若不賢，是廢之。使公子馮出居于鄭。辟殤公也。八月庚辰，宋穆公卒，殤公即位。君子曰：「宋宣公可謂知人矣。立穆公，其子饗之，命以義夫。命出於義也。夫，語助。商頌曰：『殷受命咸宜，百禄是荷。』其是之謂乎！」詩頌言殷湯、武丁受命皆以義，故任荷天之百禄也。帥義而行，則殤公宜受此命，宜荷此禄。公子馮不帥父義，忿而出奔，因鄭以求入，終傷「咸宜」之福，故知人之稱，唯在宣公也。殷禮有兄弟相及，不必傳子孫，宋其後也，故指稱商頌。

冬，齊、鄭盟于石門，尋盧之盟也。盧盟在春秋前。盧，齊地，今濟北盧縣故城。

〔一〕「没」，釋文、金澤本皆作「殁」。

庚戌，鄭伯之車僨于濟。既盟而遇大風，傳記異也。十二月無庚戌，日誤。

衛莊公娶于齊東宮得臣之妹，曰莊姜。得臣，齊大子也。大子不敢居上位，故常處東宮。美而無子，衛人所爲賦碩人也。碩人詩義取莊姜美于色，賢于德，而不見答，終以無子，國人憂之〔一〕。又娶于陳，曰厲嬀。生孝伯，早死。陳，今陳國陳縣。其娣戴嬀，生桓公，莊姜以爲己子。嬀，陳姓也。厲、戴皆謚。雖爲莊姜子，然大子之位未定。公子州吁，嬖人之子也。嬖，親幸也。有寵而好兵。公弗禁，莊姜惡之。

石碏諫曰：「臣聞愛子，教之以義方，石碏，衛大夫。弗納於邪。驕、奢、淫、泆，所自邪也。四者之來，寵禄過也。將立州吁，乃定之矣。若猶未也，階之爲禍。言將立爲大子，則宜早定。若不早定，州吁必緣寵而爲禍。夫寵而不驕，驕而能降，降而不憾，憾而能眕者，鮮矣。如此者少也。降其身則必恨，恨則思亂，不能自安自重。且夫賤妨貴，少陵長，遠間親，新間舊，小加大，小國而加兵於大國，如息侯伐鄭之比。

〔一〕「之」，金澤本作「也」。

淫破義，所謂六逆也。君義，臣行，父慈，子孝，兄愛，弟敬，所謂六順也。臣行君之義。去順效逆，所以速禍也。君人者，將禍是務去，而速之，無乃不可乎！」弗聽。其子厚與州吁游，禁之，不可。桓公立，乃老。老，致仕也。四年經書「州吁弒其君」，故傳先經以始事。

【經】

四年春王二月，莒人伐杞，取牟婁。無傳。書「取」，言易也。例在襄十三年。杞，國，本都陳留雍丘縣。推尋事跡，桓六年，淳于公亡國，杞似并之，遷都淳于；僖十四年，又遷緣陵；襄二十九年，晉人城杞之淳于，杞又遷都淳于。牟婁，杞邑，城陽諸縣東北有婁鄉。

戊申，衛州吁弒其君完。稱臣弒君，臣之罪也。例在宣四年。戊申，三月十七日，有日而無月。

夏，公及宋公遇于清。遇者，草次之期，二國各簡其禮，若道路相逢遇也。清，衛邑，濟北東阿縣有清亭。

宋公、陳侯、蔡人、衛人伐鄭。

秋，翬帥師會宋公、陳侯、蔡人、衛人伐鄭。公子翬，魯大夫。不稱公子，疾其固請，强君以不義也。諸外大夫貶，皆稱人，至於内大夫貶，則皆去族稱名。於記事之體，他國可言某人而已，魯之卿佐不得言魯人，此所以爲異也。翬、溺去族，傳曰「疾之」，叔孫豹則曰「言違命」，此其例也。

九月，衛人殺州吁于濮。州吁弒君而立，未列於會，故不稱君。例〔一〕在成十六年。濮，陳地，水名。

冬十有二月，衛人立晉。衛人逆公子晉而立之，善其得衆，故不書「入於衛」，變文以示義。例在成十八年。

【傳】

四年春，衛州吁弒桓公而立。公與宋公爲會，將尋宿之盟。未及期，衛人來告亂。

〔一〕「例」上，金澤本有「傳」字。

夏，公及宋公遇于清。宿盟在元年。

宋殤公之即位也，公子馮出奔鄭，鄭人欲納之。及衛州吁立，將脩先君之怨於鄭，謂二年鄭人伐衛之怨。而求寵於諸侯，以和其民。諸篡立者，諸侯既與之會，則不復討，故欲求此寵。使告於宋曰：「君若伐鄭以除君害，害謂宋公子馮。君爲主，敝邑以賦與陳、蔡從，則衛國之願也。」言舉國之賦調。宋人許之。於是陳、蔡方睦於衛。蔡，今汝南上蔡縣。故宋公、陳侯、蔡人、衛人伐鄭，圍其東門，五日而還。公問於衆仲曰：「衛州吁其成乎？」衆仲，魯大夫。對曰：「臣聞以德和民，不聞以亂。亂謂阻兵而安忍。以亂，猶治絲而棼之也。絲見棼緼，益所以亂。夫州吁，阻兵而安忍。阻兵無衆，安忍無親，衆叛親離，難以濟矣。恃兵則民殘，民殘則衆叛，安忍則刑過，刑過則親離。夫兵，猶火也，弗戢，將自焚也。夫州吁弒其君，而虐用其民，於是乎不務令德，而欲以亂成，必不免矣。」

秋，諸侯復伐鄭。宋公使來乞師，乞師不書，非卿。公辭之。從衆仲之言。羽父請以師會之，羽父，公子翬。公弗許。固請而行，故書曰「翬帥師」，疾之也。諸侯之師敗鄭徒兵，取其禾而還。時鄭不車戰。

州吁未能和其民，厚問定君於石子。石子，石碏也，以州吁不安諮其父。石子曰：「王覲爲可。」曰：「何以得覲？」曰：「陳桓公方有寵於王，陳、衛方睦，若朝陳使請，必可得也。」厚從州吁如陳。石碏使告于陳曰：「衛國褊小，老夫耄矣，無能爲也。此二人者，實弒寡君，敢即圖之！」八十曰耄。稱國小己老，自謙以委陳，使因其往就圖之。陳人執之，而請涖於衛。請衛人自臨討之。九月，衛人使右宰醜涖殺州吁于濮，石碏使其宰獳羊肩涖殺石厚于陳。君子曰：「石碏，純臣也。惡州吁而厚與焉。『大義滅親』，其是之謂乎！」子從弒君之賊，國之大逆，不可不除，故曰「大義滅親」。明小義則當兼子愛之。

衛人逆公子晉于邢。冬十二月，宣公即位。公子晉也。書曰「衛人立晉」，衆也。

【經】

五年春，公矢魚于棠。書陳魚，以示非禮也。書棠，譏遠地也。今高平方與縣北有武唐亭，魯侯觀魚〔一〕臺。

夏四月，葬衛桓公。

秋，衛師入郕。將卑師衆，但稱師，此史之常也。

九月，考仲子之宮，初獻六羽。成仲子宮，安其主而祭之。惠公以仲子手文娶之，欲以爲夫人。諸侯無二嫡，蓋隱公成父之志，爲别立宮也。公問羽數，故書羽。婦人無謚，因姓以名宮。

邾人、鄭人伐宋。邾主兵，故序鄭上。

螟。無傳。蟲食苗心者爲災，故書。

冬十有二月辛巳，公子彄卒。大夫書卒不書葬。葬者臣子之事，非公家所及。

宋人伐鄭，圍長葛。潁川長社縣北有長葛城。

〔一〕「魚」下，金澤本有「之」字。

【傳】

五年春，公將如棠觀魚者〔一〕**，臧僖伯諫曰：「凡物不足以講大事，**臧僖伯，公子彄也。僖，謚也。大事，祀與戎。**其材不足以備器用，則君不舉焉。**材謂皮革齒牙、骨角毛羽也。器用，軍國之器。**君，將納民於軌、物者也。故講事以度軌量謂之軌，取材以章物采謂之物，不軌不物謂之亂政。亂政亟行，所以敗也。**言器用衆物不入法度，則爲不軌不物，亂敗之所起。**故春蒐、夏苗、秋獮、冬狩，**蒐，索，擇取不孕者。苗，爲苗除害也。獮，殺也；以殺爲名，順秋氣也。狩，圍守也；冬物畢成，獲則取之，無所擇也。**皆於農隙以講事也。**各隨時事之間。**三年而治兵，入而振旅，**雖四時講武，猶復三年而大習。出曰治兵，始治其事；入曰振旅，治兵禮畢，整衆而還。振，整也。旅，衆也。**歸而飲至，以數軍實，**飲〔二〕於廟，以數車徒、器械及所獲也。**昭文章，**車服旌旗。**明貴賤，辨等列，**

〔一〕「觀魚者」，釋文云：「本亦作『漁者』。」
〔二〕「飲」下，金澤本有「至」字。

等列，行伍。**順少長，**出則少者在前，還則在後，所謂順也。**習威儀也。鳥獸之肉**〔一〕**不登於俎，**俎，祭宗廟器。**皮革、齒牙、骨角、毛羽不登於器，**謂以飾法度之器。**則公不射，古之制也。若夫山林川澤之實，器用之資，皁隸之事，官司之守，非君所及也。」**士臣皁，皁臣輿，輿臣隸。言取此雜猥之物以資器備，是小臣有司之職，非諸侯之所親也。**公曰：「吾將略地焉。」**孫辭以略地。略，揔攝巡行之名。傳曰：「東略之不知，西則否矣。」**遂往，陳魚而觀之。**陳，設張也。公大設捕魚之備而觀之。**僖伯稱疾，不從。書曰「公矢魚于棠」，非禮也，且言遠地也。**矢亦陳也。棠實他竟，故曰「遠地」。

曲沃莊伯以鄭人、邢人伐翼，曲沃，晉別封成師之邑，在河東聞喜縣。莊伯，成師子也。翼，晉舊都，在平陽絳邑縣東。邢，國，在廣平襄國縣。**王使尹氏、武氏助之。翼侯奔隨。**尹氏、武氏，皆周世族大夫也。晉內相攻伐，不告亂，故不書。傳具〔二〕其事，爲後晉事張本。曲沃及翼本末見桓二年。隨，晉地。

〔一〕「之肉」，釋文云：「一本作『其肉』。」

〔二〕「具」，釋文作「見」。

夏，葬衛桓公。衛亂，是以緩。有州吁之亂，十四月乃葬。傳明其非慢也。

四月，鄭人侵衛牧，牧，衛邑。經書「夏四月，葬衛桓公」，今傳直言夏而更以四月附「鄭人侵衛牧」者，於下事宜得月，以明事之先後，故不復備舉經文。三年「君氏卒」，其義亦同。他皆放此。以報東門之役。東門役在四年。衛人以燕師伐鄭。南燕，國，今東郡燕縣。鄭祭足、原繁、洩駕以三軍軍其前，使曼伯與子元潛軍軍其後。燕人畏鄭三軍，而不虞制人。北制，鄭邑，今河南成皋縣也，一名虎牢。六月，鄭二公子以制人敗燕師于北制。二公子，曼伯、子元也。君子曰：「不備不虞，不可以師。」

曲沃叛王。秋，王命虢公伐曲沃，而立哀侯于翼。春，翼侯奔隨，故立其子光。

衛之亂也，郕人侵衛，故衛師入郕。郕，國也，東平剛父縣西南有郕鄉。

九月，考仲子之宫，將萬焉。萬，舞也。公問羽數於衆仲。問執羽人數。對曰：「天子用八，八八六十四人。諸侯用六，六六三十六人。大夫四，四四十六人。士二。二二四人。士有功，賜用樂。夫舞所以節八音而行八風，八音，金、石、絲、竹、匏、土、革、木也。八風，八方之風也。以八音之器播八方之風，手之舞之，足之蹈之，節其制而叙其情〔一〕。故自八以下。」唯天子得盡物數，故以八爲列。諸侯則不敢用八。公從之。於是初獻六羽，始用六佾也。魯唯文王、周公廟得用八，而他公遂因仍僭而用之。今隱公特立此婦人之廟，詳問衆仲，衆仲因明大典，故傳亦因言「始用六佾」。其後季氏舞八佾於庭，知唯在仲子廟用六。

宋人取邾田。邾人告於鄭曰：「請君釋憾於宋，敝邑爲道。」釋四年再見伐之恨。鄭人以王師會之。王師不書，不以告也。伐宋，入其郛，以報東門之役。郛，郭也。東門役在四年。宋人使來告命。告命，策書。公聞其入郛也，將救之。問於使者曰：「師何及？」對曰：「未及國。」忿公知而故問，責窮辭。公怒，乃止，辭使者曰：「君命寡人同恤社稷之難，今問諸使者，曰『師未及〔二〕國』，非寡人之所敢知也。」爲七年公伐邾傳。

冬十二月辛巳，臧僖伯卒。公曰：「叔父有憾於寡人，諸侯稱同姓大夫，長曰伯

〔一〕「情」下，金澤本有「者」字。
〔二〕「未及」上，金澤本有「今」字。

父，少曰叔父。有恨，恨諫觀魚不聽。寡人弗敢忘。」葬之加一等。加命服之等。

宋人伐鄭，圍長葛，以報入郛之役也。

【經】

六年春，鄭人來渝平。和而不盟曰平。

夏五月辛酉，公會齊侯，盟于艾。泰山牟縣東南有艾山。

秋七月。雖無事而書首月，具四時以成歲。他皆放此。

冬，宋人取長葛。秋取，冬乃告也。上有「伐鄭，圍長葛」，長葛，鄭邑可知，故不言鄭也。前年冬圍，不克而還。今冬乘長葛無備而取之，言易也。

【傳】

六年春，鄭人來渝平，更成也。渝，變也。公之爲公子，戰於狐壤，爲鄭所執，逃歸，怨鄭。鄭伐宋，公欲救宋，宋使者失辭，公怒而止。忿宋則欲厚鄭，鄭因此而來，故經書「渝平」，傳曰「更成」。

翼九宗、五正、頃父之子嘉父逆晉侯于隨，翼，晉舊都也。唐叔始封，受懷姓九宗，職官五正，遂世爲晉强家。五正，五官之長。九宗，一姓爲九族也。頃父之子嘉父，晉大夫。納諸鄂，晉人謂之鄂侯。鄂，晉别邑。諸地名疑者皆言有，以示不審；闕者不復記其闕。他皆放此。前年桓王立此侯之子於翼，故不得復入翼，别居鄂。

夏，盟于艾，始平于齊也。春秋前，魯與齊不平，今乃弃惡結好，故言「始平于齊」。

五月庚申，鄭伯侵陳，大獲。往歲，鄭伯請成于陳，成，猶平也。陳侯不許。五父諫曰：「親仁善鄰，國之寶也。君其許鄭。」五父，陳公子佗。陳侯曰：「宋、衛實難，可畏難也。鄭何能爲？」遂不許。君子曰：「『善不可失，惡不可長。』其陳桓公之謂乎！長惡不悛，從自及也。悛，止也。從，隨也。雖欲救之，其將能乎？商書曰：『惡之易也，如火之燎于原，不可鄉邇，商書盤庚。言惡易長，如火焚原野，不可鄉近。其猶可撲滅？』言不可撲滅。周任有言，周任，周大夫。曰：『爲國家者，見惡如農夫之務去草焉，芟夷薀崇之，絶其本根，勿使能殖，則善者信矣。』」芟，刈也。夷，殺也。薀，積也。崇，聚也。

秋，宋人取長葛。

冬，京師來告饑。公爲之請糴於宋、衛、齊、鄭，禮也。告饑不以王命，故傳言

「京師」，而不書於經也。雖非王命，而公共〔一〕以稱命，己國不足，旁請鄰國，故曰「禮也」。傳見隱之賢。

鄭伯如周，始朝桓王也。桓王即位，周、鄭交惡，至是乃朝，故曰「始」。王不禮焉。周桓公言於王曰：「我周之東遷，晉、鄭焉依。周桓公，周公黑肩也。周，采地，扶風雍縣東北有周城。幽王爲犬戎所殺，平王東徙，晉文侯、鄭武公左右王室，故曰「晉、鄭焉依」。善鄭以勸來者，猶懼不蔇，蔇，至也。況不禮焉？鄭不來矣！」爲桓五年諸侯從王伐鄭傳。

【經】

七年春王三月，叔姬歸于紀。無傳。叔姬，伯姬之娣也。至是歸者，待年於父母國，不與嫡俱行，故書。

滕侯卒。傳例曰：「不書名，未同盟也。」滕，國，在沛國公丘縣東南。

〔一〕「共」，金澤本作「恭」。

夏，城中丘。 城例在莊二十九年。中丘在琅邪臨沂縣東北。

齊侯使其弟年來聘。 諸聘皆使卿執玉帛以相存問，例在襄元年。

秋，公伐邾。

冬，天王使凡伯來聘。 凡伯，周卿士。凡，國；伯，爵也。汲郡共縣東南有凡城〔一〕。

戎伐凡伯于楚丘以歸。 戎鳴鐘鼓以伐天子之使，見夷狄强虣。不書凡伯敗者，單使無衆，非戰陳也。但言「以歸」，非執也。楚丘，衛地，在濟陰城武縣西南。

【傳】七年春，滕侯卒。不書名，未同盟也。凡諸侯同盟，於是稱名，故薨則赴以名， 盟以名告神，故薨亦以名告同盟。**告終、稱嗣也，以繼好息民，** 告亡者之終，稱嗣位之主。嗣位之主當奉而不〔二〕忘，故曰「繼好」。好同則和親，故曰「息民」。**謂之禮經。** 此言凡例，乃周公所制禮經也。十一年不告之例，又曰「不書於策」，明禮經皆當書於策。仲尼脩春

〔一〕「凡城」，釋文、金澤本作「汎城」。阮校云：「續漢郡國志『共縣有汎亭，周凡伯國』。案，『汎』與『凡』通。」
〔二〕「不」，金澤本作「弗」。

秋，皆承策爲經。丘明之傳博采衆記，故始開凡例，特顯此二句。他皆放此。

夏，城中丘。書，不時也。

齊侯使夷仲年來聘，結艾之盟也。艾盟在六年。

秋，宋及鄭平。七月庚申，盟于宿。公伐邾，爲宋討也。公距宋而更與鄭平，欲以鄭爲援。今鄭復與宋盟，故懼而伐邾，欲以求宋，故曰「爲宋討」。

初，戎朝于周，發幣于公卿，凡伯弗賓。朝而發幣於公卿，如今計獻詣公府卿寺。冬，王使凡伯來聘。還，戎伐之于楚丘以歸。傳言凡伯所以見伐。

陳及鄭平。六年，鄭侵陳，大獲。今乃平。十二月，陳五父如鄭涖盟。涖，臨也。壬申，及鄭伯盟，歃如忘。志不在於歃血。洩伯曰：「五父必不免，不賴盟矣。」洩伯，鄭洩駕。鄭良佐如陳涖盟。良佐，鄭大夫。辛巳，及陳侯盟，亦知陳之將亂也。入其國，觀其政治，故揔言之也。皆爲桓五年、六年陳亂，蔡人殺陳佗傳。

鄭公子忽在王所，故陳侯請妻之。以忽有〔一〕王寵故。鄭伯許之，乃成昏。爲

〔一〕「有」，國會本、巾箱本、書院本作「爲」。阮校云：「宋本、淳熙本、岳本、足利本『爲』作『有』。」

鄭忽失齊昏援以至出奔傳。

【經】

八年春，宋公、衛侯遇于垂。垂，衛地，濟陰句陽縣東北有垂亭。

三月，鄭伯使宛來歸祊。宛，鄭大夫。不書氏，未賜族。祊，鄭祀泰山之邑，在琅邪費縣東南。

庚寅，我入祊。桓元年乃卒易祊田，知此入祊，未肯受而有之。

夏六月己亥，蔡侯考父卒。無傳。襄六年傳曰：「杞桓公卒，始赴以名，同盟故也。」諸同盟〔一〕稱名者，非唯見在位二君也。嘗與其父同盟，則亦以名赴其子，亦所以繼好也。蔡未與隱盟，蓋春秋前與惠公盟，故赴以名。

〔一〕「諸」下，陽明文庫本、宋大字本、國會本、巾箱本、書院本、附釋音本、慶元本有「侯」字。阮校云：「足利本無『侯』字。」今按：經傳識異云：一作「諸侯同盟」。

辛亥，宿男卒。無傳。元年，宋、魯大夫盟于宿，宿與盟也。晉荀偃禱河，稱齊、晉君名，然後自稱名，知雖大夫出盟，亦當先稱己君之名以啓神明，故薨皆從身盟之例，當告以名也。傳例曰：「赴以名，則亦書之，不然則否，辟不敏也。」今宿赴不以名，故亦不書名。諸例或發於始事，或發於後者，因宜有所異同，亦或丘明所得記注本末不能皆備故。

秋七月庚午，宋公、齊侯、衛侯盟于瓦屋。齊侯尊宋，使主會，故宋公序齊上。瓦屋，周地。

八月，葬蔡宣公。無傳。三月而葬，速。

九月辛卯，公及莒人盟于浮來。莒人，微者，不嫌敵公侯，故直稱公，例在僖二十九年。浮來，紀邑。東莞縣北有邳鄉，邳鄉西有公來山，號曰邳來間。

螟。無傳。爲災。

冬十有二月，無駭卒。公不與小斂，故不書日。卒而後賜族，故不書氏。

【傳】

八年春，齊侯將平宋、衛，平宋、衛於鄭。**有會期。宋公以幣請於衛，請先相見，**宋敬齊命。**衛侯許之，故遇于犬丘。**犬丘，垂也。地有兩名。

鄭伯請釋泰山之祀而祀周公，以泰山之祊易許田。三月，鄭伯使宛來歸祊，不祀泰山也。成王營王城，有遷都之志，故賜周公許田，以爲魯國朝宿之邑，後世因而立周公別廟焉。鄭桓公，周宣王之母弟，封鄭，有助祭泰山湯沐之邑在祊。鄭以天子不能復巡守，故欲以祊易許田，各從本國所近之宜。恐魯以周公別廟爲疑，故云已廢泰山之祀，而欲爲魯祀周公孫辭以有求也。許田，近許之田。

夏，虢公忌父始作卿士于周。周人於此遂畀之政。

四月甲辰，鄭公子忽如陳逆婦嬀。辛亥，以嬀氏歸。甲寅，入于鄭。陳鍼子送女，先配而後祖。鍼子曰：「是不爲夫婦，誣其祖矣。非禮也，何以能育？」鍼子，陳大夫。禮，逆婦必先告祖廟而後行，故楚公子圍稱告莊、共之廟。鄭忽先逆婦而後告廟，故曰「先配而後祖」。

齊人卒平宋、衛于鄭。秋，會于溫，盟于瓦屋，以釋東門之役，禮也。會溫不書，不以告也。定國息民，故曰「禮也」。平宋、衛二國，忿鄭之謀。鄭不與盟，故不書。

八月丙戌，鄭伯以齊人朝王，禮也。言鄭伯不以虢公得政而背王，故禮之。齊稱人，略從國辭。上有「七月庚午」，下有「九月辛卯」，則八月不得有丙戌。

公及莒人盟于浮來，以成紀好也。二年，紀、莒盟于密，爲魯故。今公尋之，故曰「以成紀好」。

冬，齊侯使來，告成三國。齊侯冬來告稱秋和三國。公使衆仲對曰：「君釋三國之圖，以鳩其民，君之惠也。寡君聞命矣，敢不承受君之明德。」鳩，集也。

無駭卒，羽父請謚與族。公問族於衆仲。衆仲對曰：「天子建德，立有德以爲諸侯。因生以賜姓，因其所由生以賜姓，謂若舜由嬀汭，故陳爲嬀姓。胙之土而命之氏。報之以土而命氏曰陳。諸侯以字諸侯位卑，不得賜姓，故其臣因氏其王父字。爲謚，因以爲族。或便〔一〕即先人之謚，稱以爲族。官有世功，則有官族，邑亦如之。」謂取其舊官舊邑之稱以爲族，皆稟之時君。公命以字爲展氏。諸侯之子稱公子，公子之子稱公孫，公孫之子以王父字爲氏。無駭，公子展之孫，故爲展氏。

〔一〕「便」，宋大字本、國會本、巾箱本、書院本、附釋音本作「使」。阮校云：「宋本、淳熙本、岳本、足利本『使』作『便』，是也。」今按：作「使」字可通。

【經】九年春，天王使南季來聘。無傳。南季，天子大夫也。南，氏；季，字也。

三月癸酉，大雨震電。庚辰，大雨雪。三月，今正月。

挾卒。無傳。挾，魯大夫，未賜族。

夏，城郎。

秋七月。

冬，公會齊侯于防。防，魯地，在琅邪華縣東南。

【傳】九年春王三月癸酉，大雨霖以震，書，始也。書癸酉，始雨日。「庚辰，大雨雪」，亦如之。書，時失也。夏之正月，微陽始出，未可震電；既震電，又不當大雨雪，故皆爲時失。凡雨，自三日以往爲霖。此解經書霖也。而經無霖字，經誤。平地尺爲大雪。

夏，城郎，書，不時也。

宋公不王。不共王職。鄭伯爲王左卿士，以王命討之，伐宋。宋以入郛之役怨公，不告命。入郛在五年，公以七年伐邾，欲以説宋，而宋猶不和也。公怒，絶宋使。

秋，鄭人以王命來告伐宋。遣使致王命也。伐宋未得志，故復更告之。

冬，公會齊侯于防，謀伐宋也。

北戎侵鄭，鄭伯禦之，患戎師曰：「彼徒我車，懼其侵軼我也。」徒，步兵也。軼，突也。公子突曰：「使勇而無剛者嘗寇而速去之，公子突，鄭厲公也。嘗，試也。勇則能往，無剛不耻退。君爲三覆以待之。覆，伏兵也。戎輕而不整，貪而無親，勝不相讓，敗不相救。先者見獲，必務進；進而遇覆，必速奔；後者不救，則無繼矣。乃可以逞。」逞，解也。從之。戎人之前遇覆者奔，祝聃逐之。祝聃，鄭大夫。衷戎師，前後擊之，盡殪。爲三部伏兵，祝聃帥勇而無剛者先犯戎而速奔，以遇二伏兵，至後伏兵起，戎還走，祝聃反逐之。戎前後及中三處受敵，故曰「衷戎師」。殪，死也。戎師〔一〕大奔。後駐軍不復繼也。十一月甲寅，鄭人大敗戎師。此皆春秋時事，雖經無正文，所謂必廣記而備言之，將令學者原始要終，尋其枝葉，究其所窮。他皆放此。

〔一〕「戎師」上，金澤本有「逐」字。

【經】

十年春王二月，公會齊侯、鄭伯于中丘。傳言正月會，癸丑盟。釋例推經、傳日月，癸丑是正月二十六日，知經二月誤。

夏，翬帥師會齊人、鄭人伐宋。公子翬不待公命，而貪會二國之君，疾其專進，故去氏。齊、鄭以公不至，故亦更使微者從之伐宋。不言及，明翬專行，非鄭之謀也。及例在宣七年。**六月壬戌，公敗宋師于菅。**齊、鄭後期，故公獨敗宋師。書敗宋，未陳也。敗例在莊十一年。菅，宋地。**辛未，取郜。辛巳，取防。**鄭後至，得郜、防二邑，歸功于魯，故書取，明不用師徒也。濟陰城武縣〔一〕東南有郜城〔二〕。高平昌邑縣西南有西防城。

秋，宋人、衛人入鄭。宋人、蔡人、衛人伐戴。鄭伯伐取之。三國伐戴，鄭伯因其不和，伐而取之。書伐，用師徒也。書取，克之易也。戴，國，今陳留外黄縣東南有戴城。

冬十月壬午，齊人、鄭人入郕。

〔一〕「城武縣」，阮校據岳本以爲當作「成武縣」。卷二「城武」同。案金澤本卷二作「成武縣」，不誤。此作「城」，誤。

〔二〕「郜城」上，本書卷二有「北」字。

【傳】

十年春王正月，公會齊侯、鄭伯于中丘。癸丑，盟于鄧，爲師期。尋九年會于防，謀伐宋也。公既會而盟，盟不書，非後〔一〕也。蓋公還，告會而不告盟。鄧，魯地。

夏五月，羽父先會齊侯、鄭伯伐宋。言先會，明非公本期，釋翬之去族。

六月戊申，公會齊侯、鄭伯于老桃。會不書，不告於廟也。老桃，宋地。六月無戊申；戊申，五月二十三日。日誤。壬戌，公敗宋師于菅。庚午，鄭師入郜；辛未，歸于我。庚辰，鄭師入防；辛巳，歸于我。壬戌六月七日，庚午十五日，庚辰二十五日，鄭伯後期而公獨敗宋師，故鄭頻獨進兵以入郜、防。入而不有，命魯取之，推功上爵，讓以自替，不有其實，故經但書魯取，以成鄭志，善之也。君子謂：「鄭莊公於是乎可謂正矣，以王命討不庭，下之事上，皆成禮於庭中。不貪其土以勞王爵，正之體〔二〕也。」勞者，叙其勤以答之。諸侯相朝，逆之以饔餼，謂之郊勞。魯侯爵尊，鄭伯爵卑，故言以

〔一〕「後」下，金澤本有「期」字。
〔二〕「體」，金澤本作「禮」。

勞王爵。

蔡人、衛人、郕人不會王命。不伐宋也。

秋七月庚寅，鄭師入郊。猶在郊，鄭師還，駐兵於遠郊〔一〕。宋人、衛人入鄭。宋、衛奇兵乘虛〔二〕入鄭。蔡人從之伐戴。從宋、衛伐戴也。八月壬戌，鄭伯圍戴。癸亥，克之，取〔三〕三師焉。三國之軍在戴，故鄭伯合圍之。師者，軍旅之通稱。宋、衛既入鄭，而以伐戴召蔡人。伐戴乃召之。蔡人怒，故不和而敗。言鄭取之易也。

九月戊寅，鄭伯入宋。報入鄭也。九月無戊寅；戊寅，八月二十四日。

冬，齊人、鄭人入郕，討違王命也。

〔一〕「遠郊」上，金澤本有「鄭」字。
〔二〕「乘虛」，宋大字本、國會本、巾箱本、書院本、附釋音本、金澤本作「承虛」。阮校云：「岳本、足利本『承』作『乘』。」
〔三〕「取」下，金澤本有「其」字。

【經】

十有一年春，滕侯、薛侯來朝。諸侯相朝，例在文十五年。

夏，公會鄭伯于時來。時來，郲也，滎陽縣東有釐城，鄭地也。

秋七月壬午，公及齊侯、鄭伯入許。與謀曰及。還使許叔居之，故不言滅也。許，潁川許昌縣。

冬十有一月壬辰，公薨。實弒書薨，又不地〔一〕者，史策所諱也。

【傳】

十一年春，滕侯、薛侯來朝，争長。薛，魯國薛縣。薛侯曰：「我先封。」薛祖奚仲，夏所封，在周之前。滕侯曰：「我，周之卜正也。卜正，卜官之長。薛，庶姓也，我不可以後之。」庶姓，非周之同姓。公使羽父請於薛侯曰：「君與滕君，辱在寡人。周諺有之曰：『山有木，工則度之；賓有禮，主則擇之。』擇所宜而行之。周之宗盟，異姓爲後。盟載書皆先同姓，例在定四年。寡人若朝于薛，不敢與諸任齒。薛，任

〔一〕「地」上，金澤本有「書」字。

姓。齒，列也。君若辱貺寡人，則願以滕君爲請。」薛侯許之，乃長滕侯。

夏，公會鄭伯于郲，謀伐許也。鄭伯將伐許，五月甲辰，授兵於大宮。大宮，鄭祖廟。公孫閼與潁考叔爭車，公孫閼，鄭大夫。潁考叔挾輈以走，輈，車轅也。子都拔棘以逐之。子都，公孫閼。棘，戟也。及大逵，弗及，子都怒。逵，道方九軌也。

秋七月，公會齊侯、鄭伯伐許。庚辰，傅于許。傅於許城下。潁考叔取鄭伯之旗蝥弧以先登，蝥弧，旗名。子都自下射之，顛。顛隊而死。瑕叔盈又以蝥弧登，瑕叔盈，鄭大夫。周麾而呼曰：「君登矣！」周，偏也。麾，招也。鄭師畢登。壬午，遂入許。許莊公奔衛。奔不書。兵亂遁逃，未知所在。

齊侯以許讓公。公曰：「君謂許不共，不共職貢。故從君討之。許既伏其罪矣，雖君有命，寡人弗敢與聞。」乃與鄭人。

鄭伯使許大夫百里奉許叔以居許東偏，許叔，許莊公之弟。東偏，東鄙也。曰：「天禍許國，鬼神實不逞于許君，而假手于我寡人。借手于我寡德之人以討許。寡人唯是一二父兄，不能共億，父兄，同姓群臣。共，給；億，安也。其敢以許自爲功乎？寡人有弟，不能和協，而使餬其口於四方，弟，共叔段也。餬，鬻也。段出奔在元年。

其況能〔一〕久有許乎？吾子其奉許叔以撫柔此民也，吾將使獲也佐吾子。獲，鄭大夫公孫獲。若寡人得没于地，以壽終。天其以禮悔禍于許，言天加禮於許而悔禍之。無寧茲許公復奉其社稷。無寧，寧也。茲，此也。唯我鄭國之有請謁焉。如舊昏媾，謁，告也。婦之父曰昏，重昏曰媾。其能降以相從也。降，降心也。無滋他族，實偪處此，以與我鄭國争此土也。吾子孫其覆亡之不暇，而況能禋祀許乎？絜齊以享，謂之禋祀，謂許山川之祀。寡人之使吾子處此，不唯許國之爲，亦聊以固吾圉也。」圉，邊垂也。

乃使公孫獲處許西偏，曰：「凡而器用財賄，無寘於許。我死，乃亟去之！吾先君新邑於此，此，今河南新鄭。舊鄭在京兆。王室而既卑矣，周之子孫日失其序。鄭亦周之子孫。夫許，大岳之胤也，大岳，神農之後，堯〔二〕四岳也。胤，繼也。天而既厭周德矣，吾其能與許争乎？」君子謂：「鄭莊公於是乎有禮。禮，經國家，定

〔一〕「能」下，金澤本有「敢」字。
〔二〕「堯」上，金澤本有「爲」字。

社稷，序民人，利後嗣者也。許無刑而伐之，服而舍之，刑，法也。度德而處之，量力而行之，相時而動，無累後人，「我死，乃亟去之」，無累後人。可謂知禮矣。」

鄭伯使卒出豭，行出犬雞，以詛射潁考叔者。百人爲卒，二十五人爲行，行亦卒之行列。疾射潁考叔者，故令卒及行間皆詛之。君子謂鄭莊公失政刑矣。政以治民，刑以正邪。既無德政，又無威刑，是以及邪。大臣不睦，又不能用刑於邪人。邪而詛之，將何益矣！

王取鄔、劉、二邑在河南緱氏縣，西南有鄔聚，西北有劉亭。蔿、邘之田于鄭，蔿、邘，鄭二邑。而與鄭人蘇忿生之田：蘇忿生，周武王司寇蘇公也。温、今温縣。原、在沁水縣西。絺、在野王縣西南。樊、一名陽樊，野王縣西南有陽城。隰郕、在懷縣西南。欑茅、在脩武縣北。向、軹縣西有地名向上。盟、今盟津。州、今州縣。陘、闕。隤、在脩武縣北。懷。今懷縣。凡十二邑，皆蘇忿生之田。欑茅、隤屬汲郡，餘皆屬河内。君子是以知桓王之失鄭也。恕而行之，德之則也，禮之經也。己弗能有，而以與人，人之不至，不亦宜乎！蘇氏叛王，十二邑王所不能有，爲桓五年從王伐鄭張本。

鄭、息有違言，以言語相違恨。息侯〔一〕伐鄭。鄭伯與戰于竟，息師大敗而還。息，國，汝南新息縣。君子是以知息之將亡也。不度德，鄭莊賢。不量力，息國弱。不親親，鄭、息，同姓之國。不徵辭，不察有罪。言語相恨，當明徵其辭，以審曲直，不宜輕鬭。犯五不韙，而以伐人，其喪師也，不亦宜乎！韙，是也。

冬十月，鄭伯以虢師伐宋。壬戌，大敗宋師，以報其入鄭也。入鄭在十年。宋不告命，故不書。凡諸侯有命，告則書，不然則否。命者，國之大事政令也。承其告辭，史乃書之于策。若所傳聞行言，非將君命，則記在簡牘而已，不得記於典策。此蓋周禮之舊制。師出臧否，亦如之。臧否，謂善惡得失也。滅而告敗，勝而告克，此皆互言，不須兩告乃書。雖及滅國，滅不告敗，勝不告克，不書于策。

羽父請殺桓公，將以求大宰。大宰，官名。公曰：「爲其少故也，吾將授之矣。授桓位。使營菟裘，吾將老焉。」菟裘，魯邑，在泰山梁父縣南。不欲復居魯朝，故別

〔一〕「息侯」之「息」，釋文作「鄎」，云：「一本作『息』。」

營外邑。羽父懼，反譖公于桓公，而請弒之〔一〕。公之爲公子也，與鄭人戰于狐壤，止焉。内諱獲，故言止。狐壤，鄭地。鄭人囚諸尹氏，尹氏，鄭大夫。賂尹氏，而禱於其主鍾巫，主，尹氏所主祭。遂與尹氏歸，而立其主。立鍾巫於魯。十一月，公祭鍾巫，齊于社圃，社圃，園名。館于寪氏。館，舍也。寪氏，魯大夫。壬辰，羽父使賊弒公于寪氏，立桓公，而討寪氏，有死者。欲以弒君之罪加寪氏，而復不能〔二〕正法誅之。傳言進退無據〔三〕。

不書葬，不成喪也。桓弒隱〔四〕篡立，故喪禮不成。

春秋經傳集解隱公第一

〔一〕「弒」，釋文作「殺」，云「音試」。今按：釋文「弒」多作「殺」，音弒。

〔二〕「能」下，金澤本有「以」字。

〔三〕「據」上，金澤本有「所」字。

〔四〕「桓」、「隱」二字下，金澤本皆有「公」字。

春秋經傳集解桓公第二

杜氏　盡十八年

【經】

元年春王正月，公即位。嗣子位定於初喪，而改元必須踰年者，繼父之業，成父之志，不忍有變於中年也。諸侯每首歲必有禮於廟，諸遭喪繼位者因此而改元正位，百官以序，故國史亦書即位之事於策。桓公篡立而用常禮，欲自同於遭喪繼位者。釋例論之備矣。

三月，公會鄭伯于垂，鄭伯以璧假許田。夏四月丁未，公及鄭伯盟于越。公以篡立而脩好於鄭，鄭因而迎之，成禮於垂，終易二田，然後結盟。垂，犬丘，衛地〔一〕也。越，近垂，地名。鄭求祀周公，魯聽受祊田，令鄭廢泰山之祀。知其非禮，故「以璧假」爲文，時

〔一〕「地」下，金澤本有「名」字。

之所隱〔一〕。

秋，大水。書，災也。傳例曰：「凡平原出水爲大水。」

冬，十月。

【傳】

元年春，公即位，脩好于鄭。鄭人請復祀周公，卒易祊田。事在隱八年。公許之。三月，鄭伯以璧假許田，爲周公、祊故也。魯不宜聽鄭祀周公，又不宜易取祊田。犯二不宜以動，故隱其實，不言祊，稱「璧假」，言若進璧以假〔二〕田，非久易也。

夏四月丁未，公及鄭伯盟于越，結祊成也。結成易二田之事也。傳以經不書祊，故獨見祊。盟曰：「渝盟，無享國！」渝，變也。

秋，大水。凡平原出水爲大水。廣平曰原。

冬，鄭伯拜盟。鄭伯若自來，則經不書；若遣使，則當言鄭人，不得稱鄭伯。疑謬誤。

〔一〕「隱」下，金澤本有「者也」二字。

〔二〕「假」下，金澤本有「許」字。

宋華父督見孔父之妻于路，華父督，宋戴公孫也。孔父嘉，孔子六世祖。目逆而送之，曰：「美而豔。」色美曰豔。

【經】

二年春王正月戊申，宋督弑其君與夷及其大夫孔父。稱督以弑，罪在督也。孔父稱名者，内不能治其閨門，外取怨於民，身死而禍及其君。

滕子來朝。無傳。隱十一年稱侯，今稱子者，蓋時王所黜。

三月，公會齊侯、陳侯、鄭伯于稷，以成宋亂。成，平也。宋有弑君之亂，故爲會，欲以平之。稷，宋地。

夏四月，取郜大鼎于宋。戊申，納于大廟。宋以鼎賂公。大廟，周公廟也。始〔一〕欲平宋之亂，終於受賂，故備書之。戊申，五月十日。

秋七月，杞侯來朝。公即位而來朝。

〔一〕「始」上，金澤本有「公」字。

蔡侯、鄭伯會于鄧。潁川召陵縣西南有鄧城。

九月，入杞。不稱主帥，微者也。弗地曰入。

公及戎盟于唐。

冬，公至自唐。傳例曰：「告于廟也。」特相會，故致地也。凡公行還不書至者，皆不告廟也。隱不書至，謙不敢自同於正君書勞策勳。

【傳】

二年春，宋督攻孔氏，殺孔父而取其妻。公怒，督懼，遂弒殤公。君子以督爲有無君之心，而後動於惡，雖有君若無也。故先書弒其君。會于稷，以成宋亂，爲賂故，立華氏也。經稱平宋亂者，蓋以魯君受賂立華氏，貪縱之甚，惡其指斥，故遠言始與齊、陳、鄭爲會之本意也。傳言「爲賂故，立華氏」，明經本書平宋亂，爲公諱，諱在受賂立華氏也，猶璧假許田爲周公、祊故，所謂「婉而成章」。督未死而賜族，督之妄也。

宋殤公立，十年十一戰，殤公以隱四年立，十一戰皆在隱公世。民不堪命。孔父嘉爲司馬，督爲大宰，故因民之不堪命，先宣言曰：「司馬則然。」言公之數戰，則司馬使爾。嘉，孔父字。已殺孔父而弒殤公，召莊公于鄭而立之，以親鄭。莊公，公子馮也。隱三年出居于鄭。馮入宋，不書，不告也。**以郜大鼎賂公，**郜國所造器也，故繫名於郜。濟陰城〔一〕武縣東南有北郜城。**齊、陳、鄭皆有賂，故遂相宋公。**

夏四月，取郜大鼎于宋。戊申，納于大廟，非禮也。臧哀伯諫曰：臧哀伯，魯大夫僖伯之子。**「君人者將昭德塞違以臨照百官，猶懼或失之，故昭令德以示子孫。是以清廟茅屋，**以茅飾屋，著儉也。清廟，肅然清静之稱。**大路越席，**大路，玉路〔二〕，祀天車也。越席，結草。**大羹不致，**大羹，肉汁。不致五味。**粢食不鑿，**黍稷曰粢，不精鑿。**昭其儉也。**此四者皆示儉。**衮、冕、黻、珽，**衮，畫衣也。冕，冠也。黻，韋韠，以蔽膝也。珽，玉笏也，若今吏之持簿。**帶、裳、幅、舄，**帶，革帶也。衣下曰裳。幅，若今行縢者。舄，複履。**衡、紞、紘、綖，**衡，維持冠者。紞，冠之垂者。紘，纓從下而上者。綖，冠上覆。**昭其度也。**尊卑各有制度。**藻率、鞞、鞛，**藻率，以韋爲之，所以藉玉也。王五采，公、侯、伯三采，子、男二采。鞞，佩刀削上飾。鞛，下飾。**鞶、厲、游、纓，**鞶，

〔一〕「城」，慶元本、金澤本作「成」，阮校云：宋本、岳本「城」作「成」。據續漢書郡國志當作「成」。
〔二〕「路」，金澤本作「輅」。

紳帶也，一名大帶。厲，大帶之垂者。游，旌旗之游。纓，在馬膺前，如〔一〕索帬。昭其數也。尊卑各有數。火、龍、黼、黻，火，畫火也。龍，畫龍也。白與黑謂之黼，形若斧。黑與青謂之黻，兩己相戾。昭其文也。以文章明貴賤。五色比象，昭其物也。車服器械之有五色，皆以比象天地四方，以示器物不虛設。錫、鸞、和、鈴，昭其聲也。錫在馬額，鸞在鑣，和在衡，鈴在旂，動皆有鳴聲。三辰旂旗，昭其明也。三辰，日、月、星也。畫於旂旗，象天之明。夫德，儉而有度，登降有數，登降，謂上下尊卑。文物以紀之，聲明以發之，以臨照百官。百官於是乎戒懼，而不敢易紀律。今滅德立違，謂立華督違命之臣。而寘其賂器於大廟，以明示百官。百官象之，其又何誅焉？國家之敗，由官邪也。官之失德，寵賂章也。郜鼎在廟，章孰甚焉？武王克商，遷九鼎于雒〔二〕邑，九鼎，殷所受夏九鼎也。武王克商，乃營雒邑而後去之，又遷九鼎

〔一〕「如」上，金澤本有「今」字。
〔二〕「雒」，釋文云：「本亦作『洛』。」

焉，時但營雒邑，未有都城。至周公，乃卒營雒邑，謂之王城，即今河南城〔一〕也。故傳曰：「成王定鼎于郟鄏。」**義士猶或非之，**蓋伯夷之屬。**而況將昭違亂之賂器於大廟，其若之何？」公不聽。周内史聞之曰：「臧孫達其有後於魯乎！君違，不忘諫之以德。」**内史，周大夫官〔二〕也。僖伯諫隱觀魚，其子哀伯諫桓納鼎，積善之家必有餘慶，故曰〔三〕「其有後於魯」。

秋七月，杞侯來朝，不敬。杞侯歸，乃謀伐之。

蔡侯、鄭伯會于鄧，始懼楚也。楚，國，今南郡江陵縣北紀南城也。楚武王始僭號稱王，欲害中國。蔡、鄭，姬姓，近楚，故懼而會謀。

九月，入杞，討不敬也。

公及戎盟于唐，脩舊好也。惠〔四〕、隱之好。

〔一〕「城」，金澤本作「縣」。

〔二〕「官」，原作「宮」，據宋大字本、國會本、巾箱本、書院本、附釋音本、慶元本改。

〔三〕「故曰」，國會本、巾箱本、書院本作「臧孫」。

〔四〕「惠」上，金澤本有「尋」字。

冬，公至自唐，告于廟也。凡公行，告于宗廟；反行，飲至，舍爵策勳焉，禮也。爵，飲酒器也。既飲置爵，則書勳勞於策，言速紀有功也。特相會，往來稱地，讓事也。特相會，公與一國會也。會必有主，二人獨會，則莫肯爲主，兩讓，會事不成，故但書地。自參以上，則往稱地，來稱會，成事也。成會事。

初，晉穆侯之夫人姜氏以條之役生大子，命之曰仇。條，晉地。大子，文侯也。意取於戰相仇怨〔一〕。其弟以千畝之戰生，命之曰成師。桓叔也。西河界休縣南有地名千畝。意取能成其衆。師服曰：「異哉，君之名子也！師服，晉大夫。夫名以制義，名之必可言也。義以出禮，禮從義出。禮以體政，政以禮成。政以正民，是以政成而民聽，易則生亂。反易禮義，則亂生也。嘉耦曰妃，怨耦曰仇，古之命也。自古有此言。今君命大子曰仇，弟曰成師，始兆亂矣。兄其替乎！」穆侯愛少子桓叔，俱取於戰以爲名，所附意異，故師服知桓叔之黨必盛於晉以傾宗國，故因名〔二〕以諷諫。

〔一〕「怨」，金澤本作「忿」。
〔二〕「名」，金澤本無此字。

惠之二十四年，晉始亂，故封桓叔于曲沃。惠，魯惠公也。晉文侯卒，子昭侯元年，危不自安，封成師爲曲沃伯。靖侯之孫欒賓傅之。靖侯，桓叔之高祖父。言得貴寵公孫爲傅相。師服曰：「吾聞國家之立也，本大而末小，是以能固。故天子建國，立諸侯也。諸侯立家，卿大夫稱家。卿置側室，側室，衆子也，得立此一官。大夫有貳宗，適子爲小宗，次者〔一〕爲貳宗，以相輔貳。士有隸子弟，士卑，自以其子弟爲僕隸。庶人、工、商各有分親，皆有等衰。庶人無復尊卑，以親疏爲分别也。衰，殺也。是以民服事其上，而下無覬覦。下不〔二〕冀望上位。今晉甸侯也，而建國，本既弱矣，其能久乎？」諸侯而在甸服者。

惠之三十年，晉潘父弒昭侯而納桓叔，不克。潘父，晉大夫也。昭侯，文侯子。晉人立孝侯。昭侯子也。

〔一〕「次者」，宋大字本、國會本、巾箱本、書院本作「次子」。今按：册府元龜卷七九五引作「次子」。
〔二〕「不」下，金澤本有「敢」字。

惠之四十五年，曲沃莊伯伐翼，弑孝侯。莊伯，桓叔子。翼，晉國所都。翼人立其弟鄂侯。鄂侯生哀侯。鄂侯以隱五年奔隨。其年秋，王立哀侯于翼。哀侯侵陘庭之田。陘庭，翼南鄙邑〔一〕。陘庭南鄙啓曲沃伐翼。

【經】

三年春正月，公會齊侯于嬴。經之首時必書「王」，明此歷天王之所班也。其或廢法違常，失不班歷，故不書「王」。嬴，齊邑，今泰山嬴縣。

夏，齊侯、衛侯胥命于蒲。申約，言以相命而不歃血也。蒲，衛地，在陳留長垣縣西南。

六月，公會杞侯于郕。

秋七月壬辰朔，日有食之，既。無傳。既，盡也。歷家之説，謂日光以望時遥奪月

〔一〕「邑」，原無，據宋大字本、國會本、巾箱本、書院本、附釋音本、慶元本補。

光，故月食。日月同會，月奄日，故日食。食有上下者，行有〔一〕高下，日光輪存而中食者，相奄密，故日光溢出。皆既者，正相當，而〔二〕相奄間疏也。然聖人不言月食日，而以自食爲文，闕於所不見。

公子翬如齊逆女。禮，君有故則使卿逆。

九月，齊侯送姜氏于讙。讙，魯地。濟北蛇丘縣西有下讙亭。已去齊國，故不言女；未至於魯，故不稱夫人。

公會齊侯于讙。無傳。

夫人姜氏至自齊。無傳。告於廟也。不言翬以至者，齊侯送之，公受之於讙。

冬，齊侯使其弟年來聘。

有年。無傳。五穀皆熟，書「有年」。

〔一〕「有」，國會本、巾箱本、書院本作「其」。
〔二〕「相當而」三字，金澤本無。

【傳】

三年春，曲沃武公伐翼，次于陘庭。韓萬御戎，梁弘爲右。武公，曲沃莊伯子也。韓萬，莊伯弟也。御戎，僕也。右，戎車之右。逐翼侯于汾隰，汾隰，汾水邊。驂絓而止，驂，騑馬。夜獲之，及欒共叔。共叔，桓叔之傅，欒賓之子也，身傅翼侯。父子各殉所奉之主，故并見獲而死。

會于嬴，成昏于齊也。公不由媒介，自與齊侯會而成昏，非禮也。

夏，齊侯、衛侯胥命于蒲，不盟也。

公會杞侯于郕，杞求成也。二年入杞，故今來求成。

秋，公子翬如齊逆女，脩先君之好，故曰公子。昏禮雖奉時君之命，其言必稱先君以爲禮辭。故公子翬逆女，傳稱脩先君之好；公子遂逆女，傳稱尊君命，互舉其義。

齊侯送姜氏〔一〕，非禮也。凡公女嫁于敵國，姊妹則上卿送之，以禮於先君；公子則下卿送之；於大國，雖公子，亦上卿送之；於天子，則諸卿皆行，公

〔一〕「姜氏」下，金澤本有「于讙」二字。

不自送；於小國，則上大夫送之。

冬，齊仲年來聘，致夫人也。古者女出嫁，又使大夫隨加聘問，存謙敬，序〔一〕殷勤也。在魯而出，則曰致女；在他國而來，則摠曰聘，故傳以「致夫人」釋之。

芮伯萬之母芮姜惡芮伯之多寵人也，故逐之，出居于魏。爲明年秦侵芮張本。芮，國，在馮翊臨晉縣。魏，國，河東河北縣〔二〕。

【經】

四年春正月，公狩于郎。冬獵曰狩，行三驅之禮，得田狩之時，故傳曰：「書時，禮也。」周之春，夏之冬也。田狩從夏時，郎非國內之狩地，故書地。

夏，天王使宰渠伯糾來聘。宰，官；渠，氏；伯糾，名也。王官之宰，當以才授位，而伯糾攝父之職，出聘列國，故書名以譏之。國史之記，必書年以集此公之事，書首時以成此年

〔一〕「序」，金澤本作「厚」。

〔二〕「縣」下，金澤本有「西也」二字。

之歲，故春秋有空時而無事者。今不書秋冬首月，史闕文。他皆放此。

【傳】四年春正月，公狩于郎。書時，禮也。郎非狩地，故唯〔一〕時合禮。

夏，周宰渠伯糾來聘。父在，故名。

秋，秦師侵芮，敗焉，小之也。秦以芮小，輕之，故爲芮所敗。

冬，王師、秦師圍魏，執芮伯以歸。三年，芮伯出居魏，芮更立君。秦爲芮所敗，故以芮伯歸，將欲納之。

【經】五年春正月甲戌、己丑，陳侯鮑卒。未同盟而書名者，來赴以名故也。甲戌，前年十二月二十一日。己丑，此年正月六日。陳亂，故再赴。赴雖日異，而皆以正月起文，故但書

〔一〕「唯」，宋大字本、國會本、巾箱本、書院本、慶元本作「書」。阮校云：「岳本『書』作『唯』，非。陳樹華云『天放菴翻岳本改作「書」不誤』。」今按：作「唯」可通，附釋音本、金澤本亦作「唯」。

正月。慎疑審事，故從、赴兩書。

夏，齊侯、鄭伯如紀。外相朝皆言如。齊欲滅紀，紀人懼而來告，故書。

天王使仍叔之子來聘。仍叔，天子之大夫，稱仍叔之子，本於父字，幼弱之辭也。譏使童子出聘。

葬陳桓公。無傳。

城祝丘。無傳。齊、鄭將襲紀故。

秋，蔡人、衛人、陳人從王伐鄭。王自爲伐鄭之主，君臣之辭也。王師敗不書，不以告。

大雩。傳例曰：「書，不時也。」失龍見之時。

螽。無傳。蚣蝑之屬爲災，故書。

冬，州公如曹。不書奔，以朝出也。爲下實來書也。曹，國，今濟陰定陶縣。

【傳】五年春正月甲戌己丑，陳侯鮑卒，再赴也。於是陳亂，文公子佗殺大子免而代之。佗，桓公弟五父也。稱文公子，明佗非桓公母弟也。免，桓公大子。公疾病而亂作，國人分散，故再赴。

夏，齊侯、鄭伯朝于紀，欲以襲之。紀人知之。

王奪鄭伯政，鄭伯不朝。奪，不使知王政。

秋，王以諸侯伐鄭，鄭伯禦之。王爲中軍；虢公林父將右軍，蔡人、衛人屬焉；虢公林父，王卿士。周公黑肩將左軍，陳人屬焉。黑肩，周桓公也。

鄭子元請爲左拒，以當蔡人、衛人；子元，鄭公子。拒，方陳。爲右拒，以當陳人，曰：「陳亂，民莫有鬭心。若先犯之，必奔。王卒顧之，必亂。蔡、衛不枝，固將先奔。不能相枝持也。既而萃於王卒，可以集事。」從之。萃，聚也。集，成也。曼伯爲右拒，曼伯，檀伯。祭仲足爲左拒，原繁、高渠彌以中軍奉公，爲魚麗之陳。先偏後伍，伍承彌縫。司馬法：車戰二十五乘爲偏，以車居前，以伍次之，承偏之隙而彌縫闕漏也。五人爲伍，此蓋魚麗陳法。戰于繻葛。繻葛，鄭地。命二拒曰：「旝〔一〕動而

〔一〕「旝」，釋文作「檜」。阮校云：「葉抄釋文『旝』作『檜』，諸本皆作『旝』，正義云『「旝」字，從㫃，旃旗之類』。」

鼓！」旝，旃也，通帛爲之，蓋今大將之麾也，執以爲號令。蔡、衛、陳皆奔，王卒亂，鄭師合以攻之，王卒大敗。祝聃射王中肩，王亦能軍。雖軍敗身傷，猶殿而不奔，故言能軍。祝聃請從之。公曰：「君子不欲多上人，况敢陵天子乎？苟自救也，社稷無隕，多矣。」鄭於此收兵自退。

夜，鄭伯使祭足勞王，且問左右，祭足即祭仲之字，蓋名仲，字仲足〔一〕也。勞王，問左右，言鄭志在苟免王討之非〔二〕也。仍叔之子弱也。仍叔之子來聘，童子將命，無速反之心，久留在魯，故經書夏聘，傳釋之於末秋。

秋，大雩。書，不時也。十二公傳唯此年及襄二十六年有兩秋，此發雩祭之例，欲顯天時以指事，故重言秋，異於凡事。凡祀，啓蟄而郊，言凡祀，通下三句天地宗廟之事也。啓蟄，夏正建寅之月，祀天南郊。龍見而雩，龍見，建巳之月。蒼龍，宿之體，昏見東方，萬物始盛，待雨而大，故祭天，遠爲百穀祈膏雨。始殺而嘗，建酉之月，陰氣始殺，嘉穀始熟，故薦

〔一〕「字仲足」，釋文作「字足」，云：「一本作『字仲足』。」
〔二〕「非」，金澤本作「罪」，疑是。

嘗於宗廟。**閉蟄而烝。**建亥之月，昆蟲閉户，萬物皆成，可薦者衆，故烝祭宗廟。釋例論之備矣。**過則書。**卜日有吉否，過次節則書，以譏慢也。

冬，淳于公如曹，度其國危，遂不復。淳于，州國所都，城陽淳于縣也。國有危難，不能自安，故出朝而遂不還。

【經】

六年春正月，寔來。寔，實也。不言州公者，承上五年冬經「如曹」。間無異事，省文，從可知。

夏四月，公會紀侯于成。成，魯地，在泰山鉅平縣東南。

秋八月壬午，大閱。齊爲大國，以戎事徵諸侯之戍，嘉美鄭忽，而忽欲以有功爲班，怒而訴齊。魯人懼之，故以非時簡車馬。

蔡人殺陳佗。佗立踰年不稱爵者，簒立，未會諸侯也。傳例在莊二十二年。

九月丁卯，子同生。桓公子莊公也。十二公唯子同是適夫人之長子，備用大子之禮，故史書之於策。不稱大子者，書始生也。

冬，紀侯來朝。

【傳】

六年春，自曹來朝。書曰「寔來」，不復其國也。亦承五年冬傳「淳于公如曹」也。言奔則來行朝禮，言朝則遂留不去，故變文言「實來」。

楚武王侵隨，隨，國，今義陽隨縣。使薳章求成焉，薳章，楚大夫。軍於瑕以待之。瑕，隨地。隨人使少師董成。少師，隨大夫。董，正也。鬭伯比言於楚子曰：「吾不得志於漢東也，我則使然。鬭伯比，楚大夫，令尹子文之父。我張吾三軍而被吾甲兵，以武臨之，彼則懼而協以謀我，故難間也。漢東之國，隨爲大。隨張，必弃小國。張，自侈大也。小國離，楚之利也。少師侈，請羸師以張之。」羸，弱也。熊率且比曰：「季梁在，何益？」熊率且比，楚大夫。季梁，隨賢臣。鬭伯比曰：「以爲後圖。少師得其君。」言季梁之諫不過一見從，隨侯卒當以少師爲計，故云「以爲後圖」。二年，蔡侯、鄭伯會于鄧，始懼楚。楚子自此遂盛，終於抗衡中國，故傳備言其事以終始之。王毁軍而納少師。從伯比之謀。

少師歸，請追楚師，隨侯將許之。信楚弱也。季梁止之曰：「天方授楚。楚之嬴，其誘我也。君何急焉？臣聞小之能敵大也，小道大淫。所謂道，忠於民而信於神也。上思利民，忠也；祝史正辭，信也。正辭，不虛稱君美。今民餒而君逞欲，逞，快也。祝史矯舉以祭，臣不知其可也。」詐稱功德以欺鬼神。公曰：「吾牲牷肥腯，粢盛豐備，何則不信？」牲，牛、羊、豕也。牷，純色完全也。腯，亦肥也。黍稷曰粢，在器曰盛。對曰：「夫民，神之主也，言鬼神之情依民而行。是以聖王先成民而後致力於神。故奉牲以告曰『博碩肥腯』，謂民力之普存也，博，廣也。碩，大也。謂其畜之碩大蕃滋也，謂其不疾瘯蠡也，謂其備腯咸有也；雖告神以博碩肥腯，其實皆當兼此四謂，民力適完，則六畜既大而滋也，皮毛無疥癬，兼備而無有所闕。奉盛以告曰『絜粢豐盛』，謂其三時不害而民和年豐也；三時，春、夏、秋。奉酒醴以告曰『嘉栗旨酒』，嘉，善也。栗，謹敬也。謂其上下皆有嘉德而無違心也。所謂馨香，無讒慝也。馨，香之遠聞。故務其三時，脩其五教，父義、母慈、兄友、弟恭、子孝。親其九族，以致其禋祀，禋〔一〕，絜敬也。九族謂外祖父、外祖母、從母子及妻父、妻母、姑之子、

〔一〕「禋」下，金澤本有「祀」字。

姊妹之子、女子〔一〕之子并己之同族，皆外親有服而異族者也。於是乎民和而神降之福，故動則有成。今民各有心，而鬼神乏主；民飢餒也。君雖獨豐，其何福之有？君姑脩政，而親兄弟之國，庶免於難。」隨侯懼而脩政，楚不敢伐。

夏，會于成，紀來諮謀齊難也。齊欲滅紀，故來謀之。

北戎伐齊，齊侯使乞師于鄭。鄭大子忽帥師救齊。六月，大敗戎師，獲其二帥大良、少良，甲首三百，以獻於齊。甲首，被甲者首。於是諸侯之大夫戍齊，齊人饋之餼，生曰餼。使魯爲其班，後鄭。班，次也。魯親班齊饋，則亦使大夫戍齊矣，經不書，蓋史闕文。鄭忽以其有功也，怒，故有郎之師。郎師在十年。

公之未昏於齊也，齊侯欲以文姜妻鄭大子忽。大子忽辭。人問其故，大子曰：「人各有耦，齊大，非吾耦也。詩云：『自求多福。』詩，大雅文王，言求福由己，非由人也。在我而已，大國何爲？」君子曰：「善自爲謀。」言獨絜其身，謀不及國。及其敗戎師也，齊侯又請妻之。欲以佗女妻之。固辭。人問其故，大子曰：「無事於

〔一〕「子」，金澤本無。

齊，吾猶不敢。今以君命奔齊之急，而受室以歸，是以師昏也。民其謂我何？」言必見怪於民。**遂辭諸鄭伯。**假父之命以爲辭，爲十一年鄭忽出奔衛傳。

秋，大閲，簡車馬也。

九月丁卯，子同生。以大子生之禮舉之：接以大牢，大牢，牛、羊、豕也。以禮接夫人，重適也。**卜士負之，士妻食之，**禮「世子生三日，卜士負之，射人以桑弧蓬矢射四方〔一〕」，卜士之妻爲乳母。**公與文姜、宗婦命之。**「世子生三月，君夫人沐浴於外寢，立於阼階，西鄉。世婦抱子升自西階，君命之，乃降」。蓋同宗之婦。

公問名於申繻。對曰：「名有五：有信，有義，有象，有假，有類。申繻，魯大夫。**以名生爲信，**若唐叔虞、魯公子友。**以德命爲義，**若文王名昌，武王名發。**以類命爲象，**若孔子首象尼丘。**取於物爲假，**若伯魚生，人有饋之魚，因名之曰鯉。**取於父爲類。**若子同生，有與父同者。**不以國，**國君之子，不自以本國爲名也。**不以官，不以山**

〔一〕「射四方」，宋大字本、國會本、書院本、金澤本「射」字下有「天地」二字。阮校云：「宋本、淳熙本、足利本無『天地』二字，與定本合，孔沖遠云『今天地無誤也』。」今按：禮記内則有「天地」二字。

川，不以隱疾，隱，痛；疾，患。辟不祥也。不以畜牲，畜牲，六畜。不以器幣。幣，玉帛。周人以諱事神，名終將諱之。君父之名，固非臣子所斥；然禮既卒哭，以木鐸徇曰「舍故而諱新」，謂舍親盡之祖而諱新死者，故言「以諱事神」。名終將諱之，自父至高祖皆不敢斥言。故以國則廢名，國不可易，故廢名。以官則廢職，以山川則廢主，改其山川之名。以畜牲則廢祀，名豬則廢豬，名羊則廢羊。以器幣則廢禮。晉以僖侯廢司徒，僖侯名司徒，廢爲中軍。宋以武公廢司空，武公名司空，廢爲司城。先君獻、武廢二山，二山，具、敖也。魯獻公名具，武公名敖，更以其鄉名山。是以大物不可以命。」公曰：「是其生也，與吾同物，命之曰同。」物，類也，謂同日。

冬，紀侯來朝，請王命以求成于齊。公告不能。紀微弱，不能自通於天子，欲因公以請王命，公無寵於王，故告不能。

【經】

七年春二月己亥，焚咸丘。無傳。焚，火田也。咸丘，魯地。高平鉅野縣南有咸亭。譏盡物，故書。

夏，穀伯綏來朝，鄧侯吾離來朝。不總稱朝者，各自行朝禮也。穀，國，在南鄉筑陽縣北。

【傳】

七年春，穀伯、鄧侯來朝，名，賤之也。辟陋小國，賤之。禮不足，故書名。以春來，夏乃行朝禮，故經書夏。

夏，盟、向求成于鄭，既而背之。盟、向，二邑名，隱十一年王以與鄭，故求與鄭成。

秋，鄭人、齊人、衛人伐盟、向。王遷盟、向之民于郟。郟，王城。

冬，曲沃伯誘晉小子侯，殺之。曲沃伯，武公也。小子侯，哀侯子。

【經】

八年春正月己卯，烝。無傳。此夏之仲月，非爲過而書者，爲下五月「復烝」見瀆也。例在五年。

天王使家父來聘。無傳。家父，天子大夫。家，氏；父，字。

夏五月丁丑，烝。無傳。

秋，伐郱。無傳。

冬十月，雨雪。無傳。今八月也，書時失。

祭公來，遂逆王后于紀。祭公，諸侯爲天子三公者。王使魯主昏，故祭公來，受命而迎也。天子無外，故因稱王后。卿不書，舉重略輕。

【傳】

八年春，滅翼。曲沃滅之。

隨少師有寵，楚鬭伯比曰：「可矣！讎有釁，不可失也。」釁，瑕隙也。無德者寵，國之釁也。夏，楚子合諸侯于沈鹿。沈鹿，楚地。黄、隨不會。黄，國，今弋陽縣。使薳章讓黄。責其不會。楚子伐隨，軍於漢、淮之間。

季梁請下之，「弗許而後戰，下之，請服也。所以怒我而怠寇也」。少師謂隨侯曰：「必速戰！不然，將失楚師〔一〕。」隨侯禦之，望楚師。遥見楚師。季梁曰：「楚人上左，君必左，君，楚君也。無與王遇。且攻其右，右無良焉，必敗。偏敗，衆乃

〔一〕「師」，釋文云：「一本無『師』字。」

攜矣。」少師曰：「不當王，非敵也。」弗從。不從季梁謀。戰于速杞，隨師敗績。隨侯逸，速杞，隨地。逸，逃也。鬭丹獲其戎車，與其戎右少師。鬭丹，楚大夫。戎車，君所乘兵車也。戎右，車右也。寵之，故以爲右。

秋，隨及楚平。楚子將不許，鬭伯比曰：「天去其疾矣，去疾，謂少師見獲而死。隨未可克也。」乃盟而還。

冬，王命虢仲立晉哀侯之弟緡于晉。虢仲，王卿士虢公林父。祭公來，遂逆王后于紀，禮也。天子娶於諸侯，使同姓諸侯爲之主。祭公來，受命於魯，故曰「禮」。

【經】

九年春，紀季姜歸於京師。季姜，桓王后也。季，字；姜，紀姓也。書字者，伸父母之尊。

夏四月。

秋七月。

冬，曹伯使其世子射姑來朝。曹伯有疾，故使其子來朝。

【傳】

九年春，紀季姜歸于京師。凡諸侯之女行，唯王后書。爲書婦人行例也。適諸侯，雖告魯，猶不書。

巴子使韓服告于楚，請與鄧爲好〔一〕。韓服，巴行人。巴，國，在巴郡江州縣。楚子使道朔將巴客以聘於鄧。道朔，楚大夫。巴客，韓服。鄧南鄙鄾人攻而奪之幣，鄾，在今鄧縣南，沔水之北。殺道朔及巴行人。楚子使薳章讓於鄧，鄧人弗受。言非鄾人所攻。

夏，楚使鬬廉帥師及巴師圍鄾。鬬廉，楚大夫。鄧養甥、聃甥帥師救鄾，三逐巴師，不克。二甥，皆鄧大夫。鬬廉衡陳其師於巴師之中，以戰，而北。衡，横也。分巴師爲二部，鬬廉横陳於其間，以與鄧師戰，而僞北。北，走也。鄧人逐之，背巴師，而夾攻之。楚師僞走，鄧師逐之。背巴師，巴師攻之，楚師自前還與戰。鄧師大敗，鄾人宵潰。宵，夜也。

〔一〕「爲好」，國會本、巾箱本作「通好」。

秋，虢仲、芮伯、梁伯、荀侯、賈伯伐曲沃。梁，國，在馮翊夏陽縣。荀、賈皆國名。冬，曹大子來朝，賓之以上卿，禮也。「諸侯之適子未誓於天子而攝其君，則以皮帛繼子、男」，故「賓之以上卿」，各當其國之上卿。享曹大子，初獻，樂奏而歎。酒始獻。施父曰：「曹大子其有憂乎？非歎所也。」施父，魯大夫。

【經】

十年春王正月庚申，曹伯終生卒。未同盟而赴以名。

夏五月，葬曹桓公。無傳。

秋，公會衛侯于桃丘，弗遇。無傳。衛侯與公爲會期，中背公，更與齊、鄭，故公獨往而不相遇也。桃丘，衛地，濟北東阿縣東南有桃城。

冬十有二月丙午，齊侯、衛侯、鄭伯來戰于郎。改侵伐而書「來戰」，善魯之用周班，惡三國討有辭。

【傳】

十年春，曹桓公卒。終施父之言。

虢仲譖其大夫詹父於王。虢仲，王卿士。詹父，屬大夫。詹父有辭，以王師伐虢。夏，虢公出奔虞。虞，國，在河東大陽縣。

秋，秦人納芮伯萬于芮。四年圍魏所執者。

初，虞叔有玉，虞叔，虞公之弟。虞公求旃。旃，之也。弗獻，既而悔之，曰：「周諺有之：『匹夫無罪，懷璧其罪。』人利其璧，以璧爲罪。吾焉用此？其以賈害也。」賈，買也。乃獻之〔一〕。又求其寶劍。叔曰：「是無厭也。無厭，將及我。」將殺我。遂伐虞公，故虞公出奔共池〔二〕。共池，地名，闕。

冬，齊、衛、鄭來戰于郎，我有辭也。

初，北戎病齊，在六年。諸侯救之。鄭公子忽有功焉。齊人餼諸侯，使魯次之。魯以周班後鄭，鄭人怒，請師於齊。齊人以衛師助之，故不稱侵伐。不稱侵伐，而以戰爲文，明魯直，諸侯曲，故言「我有辭」，以禮自釋，交綏而退，無敗績。先書齊、衛，

〔一〕「之」，國會本、書院本無。阮校云：「石經、宋本、淳熙本、岳本、足利本『獻』下有『之』字。」金澤本亦有。

〔二〕「共池」，金澤本作「洪池」，下注文同。

王爵也。鄭主兵而序齊、衛下者，以王爵次之也。春秋所以見魯猶秉周禮。

【經】

十有一年春正月，齊人、衛人、鄭人盟于惡曹。惡曹，地，闕。

夏五月癸未，鄭伯寤生卒。同盟於元年，赴以名。

秋七月，葬鄭莊公。無傳。三月而葬，速。

九月，宋人執鄭祭仲。祭，氏；仲，名。不稱行人，聽迫脅以逐君，罪之也。行人例在襄十一年，釋例詳之。突歸于鄭。突，厲公也。爲宋所納，故曰歸。例在成十八年。不稱公子，從告也。文連祭仲，故不言鄭。鄭忽出奔衛。忽，昭公也。莊公既葬，不稱爵者，鄭人賤之，以名赴。

柔會宋公、陳侯、蔡叔盟于折。無傳。柔，魯大夫未賜族者。蔡叔，蔡大夫。叔，名也。折，地，闕。

公會宋公于夫鍾。無傳。夫鍾，郕地。

冬十有二月，公會宋公于闞。無傳。闞，魯地，在東平須昌縣東南。

【傳】十一年春，齊、衛、鄭、宋盟于惡曹。宋不書，經闕。

楚屈瑕將盟貳、軫。貳、軫，二國名。鄖人軍於蒲騷，將與隨、絞、州、蓼伐楚師。鄖，國，在江夏雲杜縣東南有鄖城〔一〕。蒲騷，鄖邑。絞，國名。州，國，在南郡華容縣東南。蓼，國，今義陽棘陽縣東南湖陽城〔二〕。莫敖患之。莫敖，楚官名，即屈瑕。鬭廉曰：「鄖人軍其郊，必不誡，且日虞四邑之至也。虞，度也。四邑，隨、絞、州、蓼也。邑亦國也。君次於郊郢，以禦四邑。君謂屈瑕也。郊郢，楚地。我以銳師宵加於鄖。鄖有虞心而恃其城，恃近其城。莫有鬭志。若敗鄖師，四邑必離。」莫敖曰：「盍請濟師於王？」盍，何不也。濟，益也。對曰：「師克在和，不在衆。商、周之不敵，君之所聞也。商，紂也。周，武王也。傳曰：「武王有亂臣十人。」紂有億兆夷人。成軍以出，又何濟焉？」莫敖曰：「卜之。」對曰：「卜以決疑。不疑何卜？」遂敗鄖師於蒲騷，卒盟而還。卒盟

〔一〕「鄖城」，釋文作「溳城」，云：「音云，本亦作『鄖』。」

〔二〕「城」下，金澤本有「是」字。

貳、軫。

鄭昭公之敗北戎也，在六年。齊人將妻之，昭公辭。祭仲曰：「必取之！君多内寵，子無大援，將不〔一〕立。三公子，皆君也。」子突、子亹、子儀之母皆有寵。弗從。

夏，鄭莊公卒。初，祭封人仲足有寵於莊公，祭，鄭地，陳留長垣縣東北有祭城。封人，守封疆者，因以所守爲氏〔二〕。莊公使爲卿。爲公娶鄧曼，生昭公，故祭仲立之。曼，鄧姓。宋雍氏女於鄭莊公，曰雍姞，生厲公。雍氏，姞姓，宋大夫也。以女妻人曰女。雍氏宗有寵於宋莊公，故誘祭仲而執之，祭仲之如宋，非會非聘，見誘而以行人應命。曰：「不立突，將死！」亦執厲公而求賂焉。祭仲與宋人盟，以厲公歸而立之。

秋九月丁亥，昭公奔衛。己亥，厲公立。

〔一〕「不」下，金澤本有「得」字。

〔二〕「氏」下，原衍「二」字，今據國會本、巾箱本、書院本、附釋音本、慶元本删。

【經】十有二年春正月。

夏六月壬寅，公會杞侯、莒子，盟于曲池。曲池，魯地，魯國汶陽縣北有曲水亭。

秋七月丁亥，公會宋公、燕人，盟于穀丘。穀丘，宋地。燕人，南燕大夫。

八月壬辰，陳侯躍卒。無傳。厲公也。十一年與魯大夫盟於折，不書葬，魯不會也。壬辰，七月二十三日，書於八月，從赴。

公會宋公于虛。虛，宋地。

冬十有一月，公會宋公于龜。龜，宋地。

丙戌，公會鄭伯，盟于武父。武父，鄭地，陳留濟陽縣東北有武父城。丙戌，衛侯晉卒。無傳。重書丙戌，非義例，因史成文也。未同盟而赴以名。

十有二月，及〔一〕鄭師伐宋。丁未，戰于宋。既書伐宋，又重書戰者，以見宋之無信也。莊十一年傳例曰「皆陳曰戰」。尤其無信，故以獨戰爲文。

〔一〕「及」上，金澤本有「公」字。

【傳】

十二年夏，盟于曲池，平杞、莒也。隱四年，莒人伐杞，自是遂不平。公欲平宋、鄭。秋，公及宋公盟于句瀆之丘。句瀆之丘，即穀丘也。宋以立厲公故，多責賂於鄭。鄭人不堪，故不平。宋成未可知也，故又會于虛。冬，又會于龜。宋公辭平，故與鄭伯盟于武父，宋公貪鄭賂，故與公三會，而卒辭，不與鄭平。遂帥師而伐宋，戰焉，宋無信也。君子曰：「苟信不繼，盟無益也。詩云：『君子屢盟，亂是用長。』無信也。」詩，小雅，言無信故數盟，數盟則情疎，情疎而憾結，故云長亂。

楚伐絞，軍其南門。莫敖屈瑕曰：「絞小而輕，輕則寡謀，請無扞采樵者以誘之。」扞，衛也。樵，薪也。從之。絞人獲三十人。獲楚人也。明日，絞人爭出，驅楚役徒於山中。楚人坐其北門，而覆諸山下，坐，猶守也。覆，設伏兵而待之。大敗之，爲城下之盟而還。城下盟，諸侯所深耻。

伐絞之役，楚師分涉於彭。彭水，在新城昌魏縣。羅人欲伐之，使伯嘉諜之，三巡數之。羅，熊姓國，在宜城縣西山中，後徙南郡枝江縣。伯嘉，羅大夫。諜，伺也。巡，徧也。

【經】

十有三年春二月，公會紀侯、鄭伯。己巳，及齊侯、宋公、衞侯、燕人戰。齊師、宋師、衞師、燕師敗績。大崩曰敗績，例在莊十一年。或稱人，或稱師，史異辭也。衞宣公未葬，惠公稱侯以接鄰國，非禮也。

三月，葬衞宣公。無傳。

夏，大水。無傳。

秋七月。

冬十月〔一〕。

【傳】

十三年春，楚屈瑕伐羅，鬭伯比送之。還，謂其御曰：「莫敖必敗，舉趾高，心不固矣。」趾，足也。遂見楚子曰：「必濟師。」難言屈瑕將敗，故以益師諷諫。楚子辭焉。不解其旨，故拒之。入告夫人鄧曼，鄧曼曰：「大夫其非衆之謂，鄧曼，楚武王

〔一〕「十月」下，原衍小字「無傳」二字，據宋大字本、國會本、巾箱本、書院本、附釋音本、慶元本、金澤本删。

夫人。言伯比意不在於益衆也。其謂君撫小民以信，訓諸司以德，而威莫敖以刑也。莫敖狃於蒲騷之役，將自用也，狃，忕也。蒲騷役在十一年。必小羅。君若不鎮撫，其不設備乎？夫固謂君訓衆而好鎮撫之，撫小民以信也。召諸司而勸之以令德，訓諸司以德也。見莫敖而告諸天之不假易也。諸，之也。言天不借貸慢易之人，威莫敖以刑也。不然，夫豈不知楚師之盡行也？」楚子使賴人追之，不及。賴，國，在義陽隨縣。賴人，仕於楚者。

莫敖使徇于師曰：「諫者有刑。」徇，宣令也。及鄢，亂次以濟〔一〕。鄢水，在襄陽宜城縣入漢。遂無次，且不設備。及羅，羅與盧〔二〕戎兩軍之，盧戎，南蠻。大敗之。莫敖縊于荒谷。群帥囚于冶父，縊，自經也。荒谷、冶父皆楚地。以聽刑。楚子曰：「孤之罪也！」皆免之。

宋多責賂於鄭，立突賂。鄭不堪命，故以紀、魯及齊與宋、衛、燕戰。不書所

〔一〕「濟」下，金澤本有「其水」二字，同釋文或本。

〔二〕「盧」，釋文作「廬」，云：「本或作『盧』，音同。」

戰，後也。公後地期而及其戰，故不書所戰之地。鄭人來請脩好。

【經】

十有四年春正月，公會鄭伯于曹。脩十二年武父之好。以曹地，曹與會。

無冰。無傳。書，時失。

夏五。不書月，闕文。

鄭伯使其弟語來盟。

秋八月壬申，御廩災。御廩，藏公所親耕以奉粢盛之倉也。天火曰災。例在宣十六年。

乙亥，嘗。先其時，亦過也。既戒日致齊，御廩雖災，苟不害嘉穀，則祭不應廢，故書以示法。

冬十有二月丁巳，齊侯祿父卒。無傳。隱六年盟於艾。

宋人以齊人、蔡人、衛人、陳人伐鄭。凡師能左右之曰「以」，例在僖二十六年。

【傳】

十四年春，會于曹。曹人致餼，禮也。熟曰饔，生曰餼。

夏，鄭子人來尋盟，且脩曹之會。子人即弟語也，其後爲子人氏。

秋八月壬申，御廩災。乙亥，嘗，書，不害也。災其屋，救之則息，不及穀，故曰「書不害」。

冬，宋人以諸侯伐鄭，報宋之戰也。在十二年。**焚渠門，入，及大逵。**渠門，鄭城門。逵，道方九軌。**伐東郊，取牛首。**東郊，鄭郊。牛首，鄭邑。**以大宮之椽歸，爲盧門之椽。**大宮，鄭祖廟。盧門，宋城門。告伐而不告入、取，故不書。

【經】

十有五年春二月，天王使家父來求車。

三月乙未，天王崩。無傳。桓王也。

夏四月己巳，葬齊僖公。無傳。

五月，鄭伯突出奔蔡。突既篡立，權不足以自固，又不能倚任祭仲，反與小臣造賊盜之計，故以自奔爲文，罪之也。例在昭三年。

鄭世子忽復歸于鄭。忽實居君位，故今還以復其位之例爲文也。稱世子者，忽爲大子，有母氏之寵、宗卿之援，有功於諸侯，此大子之盛者也。而守介節，以失大國之助；知三公子之强，不從祭仲之言，脩小善，絜小行，從匹夫之仁，忘社稷之大計，故君子謂之善自爲謀，言不能謀國也。父卒而不能自君，鄭人亦不君之，出則降名以赴，入則逆以大子之禮。始於見逐，終於見殺，三公子更立，亂鄭國者，實忽之由。復歸例在成十八年。

許叔入于許。許叔，莊公弟也。隱十一年，鄭使許大夫奉許叔居許東偏。鄭莊公既卒，乃入居位，許人嘉之，以字告也。叔本不去國，雖稱入，非國逆例。

公會齊侯于艾。

邾人、牟人、葛人來朝。無傳。三人皆附庸之世子也，其君應稱名，故其子降稱人。牟，國，今泰山牟縣。葛，國，在梁國寧陵縣東北。

秋九月，鄭伯突入于櫟。櫟，鄭别都也，今河南陽翟縣。未得國，直書入，無義例也。

冬十有一月，公會宋公、衛侯、陳侯于袲，伐鄭。袲，宋地，在沛國相縣西南。先行會禮而後伐也。

【傳】

十五年春，天王使家父來求車，非禮也。諸侯不貢車服，車服，上之所以賜下。

天子不私求財。諸侯有常職貢。

祭仲專，鄭伯患之，使其壻雍糾殺之，將享諸郊。雍姬知之，謂其母曰：「父與夫孰親？」其母曰：「人盡夫也，父一而已，胡可比也？」婦人在室則天父，出則天夫。女以爲疑，故母以所生爲本解之。遂告祭仲曰：「雍氏舍其室而將享子於郊，吾惑之，以告。」祭仲殺雍糾，尸諸周氏之汪。汪，池也。周氏，鄭大夫。殺而暴其尸以示戮也。公載以出，愍其見殺〔一〕，故載其尸共出國。曰：「謀及婦人，宜其死也。」

夏，厲公出奔蔡。

六月乙亥，昭公入。

許叔入于許。

公會齊侯于艾，謀定許也。

秋，鄭伯因櫟人殺檀伯，而遂居櫟。檀伯，鄭守櫟大夫。

〔一〕殺，金澤本作「尸」。

冬，會于袲，謀伐鄭，將納厲公也，弗克而還。

【經】

十有六年春正月，公會宋公、蔡侯、衛侯于曹。

夏四月，公會宋公、衛侯、陳侯、蔡侯伐鄭。春既謀之，今書會者，魯諱議納不正。蔡常在衛上，今序〔一〕陳下，蓋後至。

秋七月，公至自伐鄭。用飲至之禮，故書。

冬，城向。傳曰：「書，時也。」而下有十一月，舊説因謂傳誤。此城向亦俱是十一月，但本事異，各隨本而書之耳。經書「夏，叔弓如滕。五月，葬滕成公」，傳云：「五月，叔弓如滕。」即知但稱時者，未必與下月異也。又推校此年閏在六月，則月却而節前，水星可在十一月而正也。詩云：「定之方中，作爲〔二〕楚宮。」此未正中也。功役之事，皆揔指天象，不與言歷數

〔一〕「序」，金澤本作「叙」。

〔二〕「爲」，宋大字本、國會本、巾箱本、書院本、附釋音本、慶元本作「于」。阮校云：「淳熙本、足利本『于』作『爲』。」今按：詩經鄘風定之方中作「于」。

同也。故傳之釋經皆通言一時，不月別〔一〕。

十有一月，衛侯朔出奔齊。惠公也。朔讒構取國，故不言二公子逐，罪之也。

【傳】

十六年春正月，會于曹，謀伐鄭也。前年冬謀納厲公不克，故復更謀。

夏，伐鄭。

秋七月，公至自伐鄭，以飲至之禮也。

冬，城向。書，時也。

初，衛宣公烝於夷姜，生急子，夷姜，宣公之庶母也。上淫曰烝。屬諸右公子。爲之娶於齊，而美，公取之。生壽及朔，屬壽於左公子。左右媵之子，因以爲號。夷姜縊。失寵而自經死。宣姜與公子朔構急子。宣姜，宣公所取急子之妻。構，會其過惡。公使諸齊，使盜待諸莘，將殺之。莘，衛地，陽平縣西地有莘亭。壽子告之，使行。行，去也。不可，曰：「弃父之命，惡用子矣！惡，安也。有無父之國則可也。」

〔一〕「別」下，金澤本有「之也」二字。

及行，飲以酒。壽子載其旌以先，盜殺之。急子至，曰：「我之求也，此何罪？請殺我乎！」又殺之。二公子故怨惠公。十一月，左公子洩、右公子職立公子黔牟。黔牟，群公子。惠公奔齊。

【經】

十有七年春正月丙辰，公會齊侯、紀侯盟于黄。黄，齊地。

二月丙午，公會邾儀父，盟于趡。趡，魯地。稱字，義與蔑盟同。二月無丙午；丙午，三月四日也。日月必有誤。

夏[一]五月丙午，及齊師戰于奚。奚，魯地。皆陳曰戰。

六月丁丑，蔡侯封人卒。十一年，大夫盟于折。

秋八月，蔡季自陳歸于蔡。季，蔡侯弟也。言歸，爲陳所納。

癸巳，葬蔡桓侯。無傳。稱侯，蓋謬誤。三月而葬，速。

[一]「夏」，慶元本無。阮校云：「石經、宋本無『夏』字，與序疏合。」

及宋人、衛人伐郳。

冬十月朔，日有食之。甲乙者，歷之紀也。晦朔者，日月之會也。日食不可以不存晦朔，晦朔須甲乙而可推，故日食必以書朔日爲例。

【傳】

十七年春，盟于黄，平齊、紀，且謀衛故也。齊欲滅紀，衛逐其君。

及郳儀父盟于趡，尋蔑之盟也。蔑盟在隱元年。

夏，及齊師戰于奚，疆事也。争疆界也。於是齊人侵魯疆，疆吏來告。公曰：「疆場之事，慎守其一，而備其不虞，虞，度也。不度，猶不意也。姑盡所備焉。事至而戰，又何謁焉？」齊背盟而來，公以信待，故不書侵伐。

蔡桓侯卒，蔡人召蔡季于陳。桓侯無子，故召季而立之。季内得國人之望，外有諸侯之助，故書字以善得衆，稱歸以明外納。秋，蔡季自陳歸于蔡，蔡人嘉之也。嘉之，故以字告。

伐郳，宋志也。郳、宋争疆，魯從宋志，背趡之盟。

冬十月朔，日有食之。不書日，官失之也。天子有日官，諸侯有日御。日官、曰御，典歷數者。**日官居卿以底日〔一〕，禮也。**日官，天子掌歷者，不在六卿之數，而位從卿，故言居卿也。厎，平也，謂平歷數。**日御不失日，以授百官于朝。**日官平歷以班諸侯，諸侯奉之，不失天時，以授百官。

初，鄭伯將以高渠彌爲卿，昭公惡之，固諫，不聽。昭公立，懼其殺己也，辛卯，弑昭公而立公子亹。公子亹，昭公弟。**君子謂昭公知所惡矣。公子達曰：**公子達，魯大夫。**「高伯其爲戮乎？復惡，已甚矣。」**復，重也。本爲昭公所惡，而復弑君，重爲惡也。

【經】

十有八年春王正月，公會齊侯于濼。濼水，在濟南歷城縣西北入濟。

公與〔二〕夫人姜氏遂如齊。公本與夫人俱行，至濼，公與齊侯行會禮，故先書會濼，

〔一〕「厎」，原作「底」，據慶元本改。阮校云：「石經、宋本、岳本作『厎』，是也。」

〔二〕「與」，金澤本作「及」。

既會而相隨至齊，故曰「遂」。

夏四月丙子，公薨于齊。 不言戕，諱之也。戕例在宣十八年。 **丁酉，公之喪至自齊。** 無傳。告廟也。丁酉，五月一日。有日而無月。

秋七月。

冬十有二月己丑，葬我君桓公。 無傳。九月乃葬，緩慢也。

【傳】

十八年春，公將有行，遂與姜氏如齊。 始議行事。 **申繻曰：「女有家，男有室，無相瀆也，謂之有禮。易此必敗。」** 女安夫之家，夫安妻之室，違此則爲瀆。今公將姜氏如齊，故知其當致禍亂。 **公會齊侯于濼，遂及文姜如齊。齊侯通焉，公謫之，** 謫，譴也。 **以告。** 夫人告齊侯。

夏四月丙子，享公。 齊侯爲公設享燕之禮。 **使公子彭生乘公，公薨于車。** 上車曰乘。彭生多力，拉公幹而殺之。

魯人告于齊曰：「寡君畏君之威，不敢寧居，來脩舊好。禮成而不反，無所歸咎，惡於諸侯。請以彭生除之。」 除耻辱之惡也。 **齊人殺彭生。** 不書，非卿。

秋，齊侯師于首止。陳師首止，討鄭弒君也。首止，衛地，陳留襄邑縣東南有首鄉。子亹會之，高渠彌相。不知齊欲討己。七月戊戌，齊人殺子亹而轘高渠彌，車裂曰轘。祭仲逆鄭子于陳而立之。鄭子，昭公弟子儀也。是行也，祭仲知之，故稱疾不往。人曰：「祭仲以知免。」仲曰：「信也。」時人譏祭仲失忠臣之節。仲以子亹爲渠彌所立，本既不正，又不能固位安民，宜其見除，故即而然譏者之言，以明本意。

周公欲弒莊王而立王子克。莊王，桓王大子。王子克，莊王弟子儀。辛伯告王，遂與王殺周公黑肩。王子克奔燕。辛伯，周大夫。初，子儀有寵於桓王，桓王屬諸周公。辛伯諫曰：「並后，妾如后。匹嫡，庶如嫡。兩政，臣擅命。耦國，都如國。亂之本也。」周公弗從，故及。及於難也。

春秋經傳集解桓公第二

春秋經傳集解莊公第三

杜氏　盡三十二年

【經】

元年春王正月。

三月，夫人孫于齊。夫人，莊公母也。魯人責之，故出奔。内諱奔，謂之孫，猶孫讓而去。

夏，單伯送王姬。無傳。單伯，天子卿也。單，采地；伯，爵也。王將嫁女于齊，既命魯爲主，故單伯送女不稱使也。王姬不稱字，以王爲尊，且别於内女也。天子嫁女於諸侯，使同姓諸侯主之，不親昏，尊卑不敵。

秋，築王姬之館于外。公在諒闇，慮齊侯當親迎，不忍便以禮接於廟，又不敢逆王命，故〔一〕築舍於外。

冬十月乙亥，陳侯林卒。無傳。未同盟而赴以名。

王使榮叔來錫桓公命。無傳。榮叔，周大夫。榮，氏；叔，字。錫，賜也。追命桓公，褒稱其德，若昭七年王追命衛襄〔二〕之比。

王姬歸于齊。不書逆，公不與接。

齊師遷紀郱、鄑、郚。無傳。齊欲滅紀，故徙其三邑之民而取其地。郱在東莞臨朐縣東南。郚在朱虛縣東南。北海都昌縣西有〔三〕訾城。

【傳】

元年春，不稱即位，文姜出故也。文姜與桓〔四〕俱行，而桓爲齊所殺，故不敢還。莊

〔一〕「故」下，金澤本有「改」字。
〔二〕「襄」下，金澤本有「公」字。
〔三〕「有」，原作「此」，據陽明文庫本、宋大字本、國會本、巾箱本、書院本、附釋音本、慶元本、金澤本改。釋例作「有」。
〔四〕「桓」下，金澤本有「公」字。

公父殺母出，故不忍行即位之禮。據文姜未還，故傳稱文姜出也。姜〔一〕於是感公意而還，不書，不告廟。

三月，夫人孫于齊。不稱姜氏，絶，不爲親，禮也。姜氏，齊姓。於文姜之義，宜與齊絶，而復奔齊，故於其奔，去姜氏以示義。

秋，築王姬之館于外。爲外，禮也。齊彊魯弱，又委罪於彭生，魯不能讎齊，然喪制未闋，故異其禮，得禮之變。

【經】

二年春王二月，葬陳莊公。無傳。魯往〔二〕會之，故書。例在昭六年。

夏，公子慶父帥師伐於餘丘。無傳。於餘丘，國名也。莊公時年十五，則慶父，莊公庶兄。

〔一〕「姜」上，金澤本有「文」字。
〔二〕「往」上，金澤本有「行」字。

秋七月，齊王姬卒。無傳。魯爲之主，比〔一〕之内女。

冬十有二月〔二〕，夫人姜氏會齊侯于禚。夫人行不以禮，故還皆不書，不告廟也。禚，齊地。

乙酉，宋公馮卒。無傳。再與桓同盟。

【傳】二年冬，夫人姜氏會齊侯于禚。書，姦也。文姜前與公俱如齊，後懼而出奔，至此始與齊好會〔三〕。會非夫人之事，顯然書之。傳曰「書姦」，姦在夫人。文姜比年出會，其義皆同。

〔一〕「比」上，金澤本有「故」字。

〔二〕「二月」，原作「一月」，據陽明文庫本、宋大字本、國會本、巾箱本、書院本、附釋音本、慶元本、金澤本改。阮校云：「七經孟子考文云『足利本「二」作「一」，非』。」

〔三〕「好」，原爲空格，據陽明文庫本、宋大字本、國會本、巾箱本、書院本、附釋音本、慶元本、金澤本補。今按：釋文作「好會」。

【經】

三年春王正月，溺會齊師伐衛。溺，魯大夫。疾其專命而行，故去氏。

夏四月，葬宋莊公。無傳。

五月，葬桓王。

秋，紀季以酅入于齊。季，紀侯弟。酅，紀邑，在齊國東安平縣。齊欲滅紀，故季以邑入齊爲附庸，先祀不廢，社稷有奉，故書字貴之。

冬，公次于滑。滑，鄭地，在陳留襄邑縣西北。傳例〔一〕曰：「凡師，過信爲次。兵未有所加，所次則書之。既書兵所加，則不書其所次，以事爲宜，非虚次。」

【傳】

三年春，溺會齊師伐衛，疾之也。傳重明上例。

夏五月，葬桓王，緩也。以桓十五年三月崩，七年乃葬，故曰「緩」。

秋，紀季以酅入于齊，紀於是乎始判。判，分也。言分爲附庸始於此。

〔一〕「傳例」，原誤倒作「例傳」，據陽明文庫本、宋大字本、國會本、巾箱本、書院本、附釋音本、慶元本、金澤本乙正。

冬，公次于滑，將會鄭伯謀紀故也。鄭伯辭以難。厲公在櫟故。凡師〔一〕，一宿爲舍，再宿爲信，過信爲次。爲經書次例也。舍宿不書，輕也。言「凡師」，通君臣。

【經】

四年春王二月，夫人姜氏享齊侯于祝丘。無傳。享，食〔二〕也。兩君相見之禮，非夫人所用，直書以見其失。祝丘，魯地。

三月，紀伯姬卒。無傳。隱二年裂繻所逆者。内女唯諸侯夫人卒葬皆書，恩成於敵體。

夏，齊侯、陳侯、鄭伯遇于垂。無傳。

紀侯大去其國。以國與季，季奉社稷，故不言滅；不見迫逐，故不言奔。大去者，不反之辭。

〔一〕「師」下，金澤本有「出」字。

〔二〕「食」，釋文云：「本或作『會』。」

六月乙丑，齊侯葬紀伯姬。無傳。紀季入酅，爲齊附庸，而紀侯大去其國，齊侯加〔一〕禮初附，以崇厚義，故攝伯姬之喪，而以紀國夫人禮葬之。

秋七月。

冬，公及齊人狩于禚。無傳。公越竟與齊微者俱狩，失禮可知。

【傳】

四年春王三月。楚武王荆尸，授師孑焉，以伐隨。尸，陳也。荆亦楚也，更爲楚陳兵之法。揚雄方言：「孑者，戟也。」然則楚始於此參用戟爲陳。將齊，入告夫人鄧曼曰：「余心蕩。」將授兵於廟，故齊。蕩，動散也。鄧曼歎曰：「王禄盡矣！盈而蕩，天之道也。先君其知之矣，故臨武事，將發大命，而蕩王心焉。楚爲小國，辟陋在夷〔二〕，至此武王始起其衆，僭號稱王，陳兵授師，志意盈滿，臨齊而散，故鄧曼以天地鬼神爲徵應之符。若師徒無虧，王薨於行，國之福也。」王薨於行，不死於敵。王遂行，

〔一〕「加」，金澤本作「嘉」。

〔二〕「辟陋」，國會本、巾箱本、書院本、附釋音本作「僻陋」。阮校云：「宋本、淳熙本『僻』作『辟』。」釋文云：「『僻，匹亦反。』」案，陳樹華云：「『釋文當作「辟」，若本作「僻」，無煩音切矣，此皆傳寫之誤。』」

卒於樠木之下。樠木，木名。令尹鬭祁、莫敖屈重除道梁溠，營軍臨隨。溠水在義陽厥縣西，東南入鄖水。梁，橋也。隨人懼，行成。隨人不意其至，故懼而行成。時祕王喪，故爲奇兵更開直道。莫敖以王命入盟隨侯，且請爲會〔一〕於漢汭而還。汭，内也，謂漢西。濟漢而後發喪。

紀侯不能下齊，以與紀季。不能降屈事齊，盡以國與季，明季不叛。夏，紀侯大去其國，違齊難也。違，辟也。

【經】

五年春王正月。

夏，夫人姜氏如齊師。無傳。書，姦。

秋，郳犂來來朝。附庸國也，東海昌慮縣東北有郳城。犂來，名。

〔一〕「會」字，金澤本有重文符號。

冬，公會齊人、宋人、陳人、蔡人伐衛。

【傳】

五年秋，郳犂來來朝。名〔一〕，未王命也。未受爵命爲諸侯，傳發附庸稱名例也。其後數從齊桓以尊周室，王命以爲小邾子。

冬，伐衛，納惠公也。惠公，朔也。桓十六年出奔齊。

【經】

六年春正月，王人子突救衛。王人，王之微官也，雖官卑而見授以大事，故稱人而又稱字。

夏六月，衛侯朔入于衛。朔爲諸侯所納，不稱歸而以國逆爲文，朔懼失衆心，以國逆告也。歸入例在成十八年。

秋，公至自伐衛。無傳。告於廟也。

〔一〕「名」上，金澤本有「書」字。

螟。無傳。爲災。

冬，齊人來歸衛俘。公羊、穀梁經傳皆言「衛寶」，此傳亦言「寶」，唯此經言「俘」，疑經誤。俘，囚也。

【傳】

六年春，王人救衛。夏，衛侯入，放〔一〕**公子黔牟于周，放甯跪于秦，殺左公子洩、右公子職，**甯跪，衛大夫。宥之以遠曰放。**乃即位。君子以二公子之立黔牟爲不度矣。夫能固位者，必度於本末而後立衷焉。不知其本，不謀。知本之不枝，弗强。詩云：「本枝百世。」**詩，大雅，言文王本枝俱茂，蕃滋百世也。本末，終始也。衷，節適也。譬之樹木，本弱者其枝必披，非人力所能强成。

冬，齊人來歸衛寶，文姜請之也。公親與齊共伐衛，事畢而還。文姜淫於齊侯，故求其所獲珍寶，使以歸魯，欲説魯以謝慚。

〔一〕「放」，原作「於」，據陽明文庫本、宋大字本、國會本、巾箱本、書院本、附釋音本、慶元本、金澤本改。

楚文王伐申，過鄧。鄧祁侯〔一〕曰：「吾甥也。」祁，謚也。姊妹之子曰甥。止而享之，騅甥、聃甥、養甥請殺楚子，皆鄧甥，仕於舅氏也。鄧侯弗許。三甥曰：「亡鄧國者，必此人也。若不早圖，後君噬齊，若齧腹齊〔二〕，喻不可及。其及圖之乎？圖之，此爲時矣！」鄧侯曰：「人將不食吾餘。」言自害其甥，必爲人所賤。對曰：「若不從三臣，抑社稷實不血食，而君焉取餘？」言君無復餘。弗從。還年，楚子伐鄧。伐申還之年。十六年，楚復伐鄧，滅之。魯莊公十六年，楚終强盛，爲經書楚事張本。

【經】

七年春，夫人姜氏會齊侯于防。防，魯地。

夏四月辛卯夜，恒星不見。恒，常也，謂常見之星。辛卯，四月五日，月光尚微，蓋時

〔一〕「鄧祁侯」，原作「鄧祈侯」，據陽明文庫本、宋大字本、國會本、巾箱本、書院本、附釋音本、慶元本、金澤本改。今按：石經、釋文俱作「鄧祁侯」。

〔二〕「齊」，原爲空格，據陽明文庫本、宋大字本、國會本、巾箱本、書院本、附釋音本、慶元本、金澤本補。

無雲，日光不以昏没〔一〕。**夜中，星隕〔二〕如雨。**如，而也。夜半乃有雲，星落而且雨，其數多，皆記異也。日光不匿，恒星不見，而〔三〕云夜中者，以水漏知之。

秋，大水。無傳。

無麥、苗。今五月，周之秋。平地出水，漂殺熟麥及五稼之苗。

冬，夫人姜氏會齊侯于穀。無傳。穀，齊地，今濟北穀城縣。

【傳】

七年春，文姜會齊侯于防，齊志也。文姜數與齊侯會。至齊地，則姦發夫人；至魯地，則齊侯之志，故傳略舉二端以言之。

夏，恒星不見，夜明也。星隕如雨，與雨偕也。偕，俱也。

秋，無麥、苗，不害嘉穀。黍稷尚可更種，故曰「不害嘉穀」。

〔一〕「没」，原無，據陽明文庫本、宋大字本、國會本、巾箱本、書院本、附釋音本、慶元本、金澤本補。今按：孔疏有「没」字。

〔二〕「隕」，金澤本作「霣」。阮校：論衡藝增篇、周禮大司樂正義引及公羊皆作「霣」。

〔三〕「而」下，金澤本有「且雨」二字。

【經】

八年春王正月，師次于郎，以俟陳人、蔡人。無傳。期共伐郕，陳、蔡不至，故駐師于郎以待之。

甲午，治兵。治兵于廟，習號令，將以圍郕。

夏，師及齊師圍郕，郕降于齊師。二國同討而齊獨納郕。

秋，師還。時史善公克己復禮，全軍而還，故特書師還。

冬十有一月癸未，齊無知弒其君諸兒。稱臣，臣之罪也。

【傳】

八年春，治兵于廟，禮也。夏，師及齊師圍郕，郕降于齊師。仲慶父請伐齊師。齊不與魯共其功，故欲伐之。公曰：「不可！我實不德，齊師何罪？罪，我之由。夏書曰：『皋陶邁種德，夏書，逸書也，稱皋陶能勉種德。邁，勉也。德乃降。』姑務脩德以待時乎。」言苟有德，乃爲人所降服。姑，且也。秋，師還。君子是以善魯莊公。傳言經所以即用舊史之文。

齊侯使連稱、管至父戍葵丘。連稱、管至父，皆齊大夫。戍，守也。葵丘，齊地，臨淄縣西有地名葵丘。瓜時而往，曰：「及瓜而代。」期戍，公問不至。問，命也。請代，弗許。故謀作亂。僖公之母弟曰夷仲年，生公孫無知，有寵於僖公，衣服禮秩如適，適，大子。襄公絀之。二人因之以作亂。二人，連稱、管至父。連稱有從妹在公宮，無寵。使間公，伺公之閒隙。曰：「捷，吾以女爲夫人。」捷，克也。宣無知之言。

冬十二月，齊侯游于姑棼，遂田于貝丘。姑棼、貝丘，皆齊地。田，獵也。樂安博昌縣南有地名貝丘。見大豕，從者曰：「公子彭生也。」公見大豕，而從者見彭生，皆妖鬼。公怒，曰：「彭生敢見！」射之，豕人立而啼。公懼，墜于車，傷足喪屨。反，誅屨於徒人費，誅，責也。弗得，鞭之，見血。走出，遇賊于門，劫而束之。費曰：「我奚御哉！」袒而示之背，信之。費請先入，詐欲助賊。伏公而出，鬭死于門中。石之紛如死于階下。石之紛如，齊小臣，亦鬭死。遂入，殺孟陽于牀。孟陽，亦小臣，代公居牀。曰：「非君也，不類。」見公之足于户下，遂弒之，而立無知。經書十一月癸未，長歷推之，月〔一〕六日也。傳云十二月，傳誤。

〔一〕「月」上，金澤本有「十」字，考古異本作「十一」。

初，襄公立，無常。政令無常。鮑叔牙曰：「君使民慢，亂將作矣！」奉公子小白出奔莒。鮑叔牙，小白傅。小白，僖公庶子。亂作，管夷吾、召忽奉公子糾來奔。管夷吾、召忽，皆子糾傅也。子糾，小白庶兄。來不書，皆非卿也。爲九年「公伐齊納子糾，齊小白入于齊」傳。初，公孫無知虐于雍廩。雍廩，齊大夫。爲殺無知傳。

【經】

九年春，齊人殺無知。無知弑君而立，未列於會，故不書爵。例〔一〕在成十六年。

公及齊大夫盟于蔇。齊亂無君，故大夫得敵於公，蓋欲迎子糾也。來者非一人，故不稱名。蔇，魯地，琅邪繒縣北有蔇亭。

夏，公伐齊納子糾，齊小白入于齊。二公子各有黨，故雖盟而迎子糾，當須伐乃得入，又出在小白之後。小白稱入，從國逆之文，本無位。

秋七月丁酉，葬齊襄公。無傳。九月乃葬，亂故。

〔一〕「例」上，金澤本有「傳」字。

八月庚申，及齊師戰于乾時，我師敗績。小白既定而公猶不退師，歷時而戰，戰遂大敗。不稱公戰，公敗諱之。乾時，齊地，時水在樂安界岐流，旱則竭涸，故曰乾時。

九月，齊人取子糾，殺之。公子爲賊亂，則書。齊實告殺而書齊取殺者，時史惡齊志在譎〔一〕以求管仲，非不忍其親，故極言之。

冬，浚洙。無傳。洙水在魯城北下合泗。浚深之，爲齊備。

【傳】

九年春，雍廩殺無知。

公及齊大夫盟于蔇，齊無君也。

夏，公伐齊納子糾，桓公自莒先入。桓公，小白。

秋，師及齊師戰于乾時，我師敗績，公喪戎路，傳乘而歸。戎路，兵車。傳乘，乘他車。秦子、梁子以公旗辟于下道，二子，公御及戎右也，以誤齊師。是以皆止。止，獲也。

〔一〕「譎」，金澤本作「譎」，下有「詐」字。

鮑叔帥師來言曰：「子糾，親也，請君討之。鮑叔乘勝而進軍，志在生得管仲，故託不忍之辭。管、召[一]，讎也，請受而甘心焉。」管仲射桓公，故曰「讎」。甘心，言欲快意戮殺之。乃殺子糾于生竇，生竇，魯地。召忽死之。管仲請囚，鮑叔[二]受之，及堂阜而稅[三]之。堂阜，齊地。東莞蒙陰縣西北有夷吾亭。或曰：鮑叔解夷吾縛於此，因以爲名。歸而以告曰：「管夷吾治於高傒，高傒，齊卿高敬仲也。言管仲治理政事之才多於敬仲。使相可也。」公從之。

【經】

十年春王正月，公敗齊師于長勺。齊人雖成列，魯以權譎稽[四]之，列成而不得用，

[一]「召」，金澤本作「仲」。
[二]「叔」下，金澤本有「牙」字。
[三]「稅」，釋文云：「本又作『說』。」
[四]「譎稽」，金澤本作「譎掩」。

故以未陳爲文。例在十一年。長勺，魯地。

二月，公侵宋。無傳。侵例在二十九年。

三月，宋人遷宿。無傳。宋强遷之而取其地，故文異於邢遷。

夏六月，齊師、宋師次于郎，不言侵伐，齊爲兵主〔一〕，背蔇之盟，義與長勺同。公敗宋師于乘丘。乘丘，魯地。

秋九月，荆敗蔡師于莘，荆，楚本號，後改爲楚。楚辟陋在夷，於此始通中國〔二〕，然告命之辭猶未合典禮，故不稱將帥。莘，蔡地。以蔡侯獻舞歸。獻舞，蔡季。

冬十月，齊師滅譚，譚，國，在濟南〔三〕平陵縣西南。傳曰：「譚無禮。」此直釋所以見滅。經無義例。他皆放此。滅例在文十五年。譚子奔莒。不言出奔，國滅，無所出。

〔一〕「兵主」，原作「兵王」，據陽明文庫本、宋大字本、國會本、巾箱本、書院本、附釋音本、慶元本、金澤本改。

〔二〕「中國」，陽明文庫本、附釋音本、慶元本、金澤本作「上國」。阮校云：「宋本、淳熙本『中』作『上』，是也。」

〔三〕「濟南」，原作「齊南」，據陽明文庫本、宋大字本、國會本、巾箱本、書院本、附釋音本、慶元本改。

【傳】

十年春，齊師伐我。不書侵伐，齊背蒧之盟，我有辭。公將戰，曹劌請見。曹劌，魯人。其鄉人曰：「肉食者謀之，又何間焉？」肉食，在位者。間猶與也。劌曰：「肉食者鄙，未能遠謀。」乃入見。問：「何以戰？」公曰：「衣食所安，弗敢專也，必以分人。」對曰：「小惠未徧，民弗從也。」分公衣食，所惠不過左右，故曰「未徧」。公曰：「犧牲玉帛，弗敢加也，必以信。」祝辭不敢以小爲大，以惡爲美。對曰：「小信未孚，神弗福也。」孚，大信也。公曰：「小大之獄，雖不能察，必以情。」必盡己情。察，審也。對曰：「忠之屬也，上思利民，忠也。可以一戰，戰則請從。」公與之乘。共乘兵車。戰于長勺，公將鼓之。劌曰：「未可。」齊人三鼓，劌曰：「可矣。」齊師敗績。公將馳之。劌曰：「未可。」下視其轍。視車跡也。登軾而望之，曰：「可矣。」遂逐齊師。既克，公問其故。對曰：「夫戰，勇氣也。一鼓作氣，再而衰，三而竭。彼竭我盈，故克之。夫大國，難測也，懼有伏焉。恐詐奔。吾視其轍亂，望其旗靡，故逐之。」旗靡轍亂，怖遽。

夏六月，齊師、宋師次于郎。公子偃曰：「宋師不整，可敗也。公子偃，魯大夫。宋敗，齊必還，請擊之。」公弗許。自雩門竊出，蒙皋比而先犯之。雩門，魯南城門。皋比，虎皮。公從之，大敗宋師于乘丘。齊師乃還。

蔡哀侯娶于陳，息侯亦娶焉。息嬀將歸，過蔡。蔡侯曰：「吾姨也。」妻之姊妹曰姨。止而見之，弗賓。不禮敬也。息侯聞之，怒，使謂楚文王曰：「伐我，吾求救於蔡而伐之。」楚子從之。秋九月，楚敗蔡師于莘，以蔡侯獻舞歸。

齊侯之出也，過譚，譚不禮焉。及其入〔一〕也，諸侯皆賀，譚又不至。以九年入。冬，齊師滅譚，譚無禮也。譚子奔莒，同盟故。傳言譚不能及遠，所以亡。

【經】十有一年春王正月。無傳〔二〕。

〔一〕「入」，原作「人」，據陽明文庫本、宋大字本、國會本、巾箱本、書院本、附釋音本、慶元本、金澤本改。今按：石經亦作「入」。

〔二〕「無傳」，原爲空格，據陽明文庫本、國會本、巾箱本、書院本、附釋音本、慶元本補。

夏五月戊寅，公敗宋師于鄑。鄑，魯地。傳例曰：「敵未陳曰敗某師。」

秋，宋大水。公使弔之，故書。

冬，王姬歸于齊。魯主昏，不書齊侯逆，不見公。

【傳】

十一年夏，宋爲乘丘之役故侵我。公禦之。宋師未陳而薄之，敗諸鄑。凡師，敵未陳曰敗某師，通謂設權譎變詐以勝敵，彼我不得成列，成列而不得用，故以未陳獨敗爲文。皆陳曰戰，堅而有備，各得其所，成敗決於志力者也。大崩曰敗績，師徒橈敗，若沮岸崩山，喪其功績，故曰「敗績」。得儁曰克，謂若大叔段之比，才力足以服衆，威權足以自固，進不成，爲外寇〔一〕强敵，退復狡壯，有二君之難，而實非二君，克而勝之，則不言彼敗績，但書所克之名。覆而敗之曰取某師，覆，謂威力兼備，若羅網所掩覆，一軍皆見禽制，故以取爲文。京師敗曰王師敗績于某。王者無敵於天下，天下非所得與戰者。然春秋之世，據有其事，事列於經，則不得不因申其義。有時而敗，則以自敗爲文，明天下莫之得校。

〔一〕「外寇」，原作「外冦」，據陽明文庫本、國會本、巾箱本、書院本、附釋音本、慶元本、金澤本改。

秋，宋大水。公使弔焉，曰：「天作淫雨，害於粢盛，若之何不弔？」不爲天所愍弔。對曰：「孤實不敬，天降之災，又以爲君憂，拜命之辱。」謝辱厚命。臧文仲曰：「宋其興乎！臧文仲，魯大夫。禹、湯罪己，其興也悖〔一〕焉；悖，盛貌。桀、紂罪人，其亡也忽焉。忽，速貌。且列國有凶，稱孤，禮也。列國，諸侯。無凶則常稱寡人。言懼而名禮，其庶乎！」言懼，罪己；名禮，稱孤；其庶，庶幾於興。既而聞之曰：「公子御説之辭也。」宋莊公子。臧孫達曰：「是宜爲君，有恤民之心。」

冬，齊侯來逆共姬。齊桓公也。

乘丘之役，在十年。公以金僕姑射南宮長萬，金僕姑，矢名。南宮長萬，宋大夫。公右歂孫生搏之。搏，取也。不書獲，萬時未爲卿。宋人請之，宋公靳之，戲而相愧曰靳。魯聽其得還。曰：「始，吾敬子。今子魯囚也，吾弗敬子矣！」病之。萬不以爲戲，而以爲己病，爲宋萬弒君傳。

〔一〕「悖」，金澤本作「勃」，下注同。釋文云：「一作『勃』。」

【經】

十有二年春王三月，紀叔姬歸于酅。無傳。紀侯去國而死，叔姬歸魯。紀季自定於齊而後歸之。全守節義以終婦道，故繫之紀而以初嫁爲文，賢之也。來歸不書，非寧〔一〕，且非大歸。

夏四月。

秋八月甲午，宋萬弑其君捷及其大夫仇牧。捷，閔公，不書葬，亂〔二〕也。萬及仇牧皆宋卿。仇牧稱名，不警而遇賊，無善事可褒。

冬十月，宋萬出奔陳。奔例在宣十年。

【傳】

十二年秋，宋萬弑閔公于蒙澤。蒙澤，宋地。梁國有蒙縣。遇仇牧于門，批而殺之。手批之。遇大宰督于東宫之西，又殺之。殺督不書，宋不以告。立子游，子游，

〔一〕「寧」上，金澤本有「歸」字。

〔二〕「亂」下，金澤本有「故」字。

宋公子。群公子奔蕭，公子御説奔亳。蕭，宋邑，今沛國蕭縣。亳，宋邑，蒙縣西北有亳城。南宮牛、猛獲帥師圍亳。牛，長萬之子。猛獲，其黨。冬十月，蕭叔大心叔，蕭大夫名。及戴、武、宣、穆、莊之族，宋五公之子孫。以曹師伐之，殺南宮牛于師，殺子游于宋，立桓公。桓公，御説。猛獲奔衛；南宮萬奔陳，以乘車輦其母，一日而至。乘車，非兵車。駕人曰輦。宋去陳二百六十里，言萬之多力。

宋人請猛獲于衛，衛人欲勿與。石祁子曰：「不可！石祁子，衛大夫。天下之惡一也，惡於宋而保於我，保之何補？得一夫而失一國，與惡而弃好，非謀也。」宋、衛本同好國。衛人歸之。亦請南宮萬于陳，以賂。陳人使婦人飲之酒，而以犀革裹之。比及宋，手足皆見。宋人皆醢之。醢，肉醬。并醢猛獲，故言「皆」。

【經】

十有三年春，齊侯、宋人、陳人、蔡人、邾人會于北杏。北杏，齊地。

夏六月，齊人滅遂。遂，國，在濟北蛇丘縣東北。

秋七月。

冬，公會齊侯，盟于柯。此柯，今濟北東阿，齊之阿邑〔一〕，猶祝柯今爲祝阿。

【傳】

十三年春，會于北杏，以平宋亂。宋有弑君之亂，齊桓欲脩霸業。遂人不至。

夏，齊人滅遂而戍之。戍，守也。

冬，盟于柯，始及齊平也。始與齊桓通好。

宋人背北杏之會。

【經】

十有四年春，齊人、陳人、曹人伐宋。背北杏會故。

夏，單伯會伐宋。既伐宋，單伯乃至，故曰「會伐宋」。單伯，周大夫。

秋七月，荆入蔡。入例在文十五年。

〔一〕「阿邑」，陽明文庫本作「柯邑」。

冬，單伯會齊侯、宋公、衛侯、鄭伯于鄄。鄄，衛地，今東郡鄄城〔一〕也。齊桓脩霸業，卒〔二〕平宋亂，宋人服從，欲歸功天子，故赴〔三〕以單伯會諸侯爲文。

【傳】

十四年春，諸侯伐宋，齊請師于周。齊欲崇天子，故請師，假王命以示大順。經書人，傳言諸侯者，揔衆國之辭。夏，單伯會之，取成于宋而還。

鄭厲公自櫟侵鄭，厲公以桓十五年入櫟，遂居之。及大陵，獲傅瑕。大陵，鄭地。傅瑕，鄭大夫。傅瑕曰：「苟舍我，吾請納君。」與之盟而赦之。六月甲子，傅瑕殺鄭子及其二子，而納厲公。鄭子，莊四年稱伯，會諸侯。今見殺，不稱君，無謚者，微弱，臣子不以君禮成喪告諸侯。

初，内蛇與外蛇鬬於鄭南門中，内蛇死。六年而厲公入。公聞之，問於申繻

〔一〕「鄄城」，附釋音本、釋文作「甄城」。釋文云：「或作『鄄』。」

〔二〕「卒」，金澤本作「終」。

〔三〕「赴」，原作「起」，據陽明文庫本、宋大字本、國會本、巾箱本、書院本、附釋音本、慶元本改。

曰：「猶有妖乎？」對曰：「人之所忌，其氣燄〔一〕以取之。妖由人興也。尚書洛誥：「無若火始燄燄。」未盛而進退之時，以喻人心不堅正。人無釁焉，妖不自作。人弃常，則妖興，故有妖。」

厲公入，遂殺傅瑕。使謂原繁曰：「傅瑕貳，言有二心於己。周有常刑，既伏其罪矣。納我而無二心者，吾皆許之上大夫之事，吾願與伯父圖之。上大夫，卿也。伯父謂原繁，疑原繁有二心。且寡人出，伯父無裏言。無納我之言。入，又不念寡人，不親附己。寡人憾焉！」對曰：「先君桓公命我先人典司宗祏。桓公，鄭始受封君也。宗祏，宗廟中藏主石室。言己世爲宗廟守臣。社稷有主〔二〕，而外其心，其何貳如之？苟主社稷，國内之民其誰不爲臣？臣無二心，天之制也。子儀在位十四年矣，子儀，鄭子也。而謀召君者，庸非貳乎？庸，用也。莊公之子猶

〔一〕「燄」，金澤本、釋文作「炎」，阮校：石經初刻作「炎」，是。

〔二〕「主」，原作「王」，據陽明文庫本、宋大字本、國會本、巾箱本、書院本、附釋音本、慶元本、金澤本改。今按：石經作「主」。

有八人，若皆以官爵行賂勸貳而可以濟事，君其若之何？臣聞命矣。」乃縊而死。

蔡哀侯爲莘〔一〕故，繩息嬀以語楚子。莘役在十年。繩，譽也。楚子如息，以食入享，遂滅息，僞設享食之具。以息嬀歸，生堵敖〔二〕及成王焉，未言。未與王言。楚子問之，對曰：「吾一婦人而事二夫，縱弗能死，其又奚言？」楚子以蔡侯滅息，遂伐蔡。欲以說息嬀。秋七月，楚〔三〕入蔡。君子曰：「商書所謂『惡之易也，如火之燎于原，不可鄉邇，其猶可撲滅』者，其如蔡哀侯乎！」商書，盤庚，言惡易長而難滅。

冬，會于鄄，宋服故也。

〔一〕「莘」下，金澤本有「役」字。
〔二〕「堵敖」，釋文云：「史記作『杜敖』。」
〔三〕「楚」下，金澤本有「子」字。

【經】十有五年春，齊侯、宋公、陳侯、衛侯、鄭伯會于鄄。

夏，夫人姜氏如齊。無傳。夫人，文姜，齊桓公姊妹。父母在則禮有歸寧，没則使卿寧。

秋，宋人、齊人、邾人伐郳。宋主兵，故序齊上。

鄭人侵宋。

冬十月。

【傳】十五年春，復會焉，齊始霸也。始爲諸侯長。

秋，諸侯爲宋伐郳。郳，附庸，屬宋而叛，故齊桓爲之伐郳。鄭人間〔一〕之而侵宋。

〔一〕「間」，釋文云：「一本作『聞』。」

【經】

十有六年春王正月。

夏，宋人、齊人、衛人伐鄭。宋主兵也。班序上下，以國大小爲次，征伐則以主兵爲先，春秋之常也。他皆放此。

秋，荆伐鄭。

冬十有二月，會齊侯、宋公、陳侯、衛侯、鄭伯、許男、滑伯、滕子，同盟于幽。書會，魯會之。不書其人，微者也。言同盟，服異也。陳國小，每盟會皆在衛下，齊桓始霸，楚亦始彊，陳侯介於二大國之間，而爲三恪之客〔一〕，故齊桓因而進之，遂班在衛上，終於春秋。滑國，都費，河南緱氏縣。幽，宋地。

邾子克卒。無傳。克，儀父名。稱子者，蓋齊桓請王命以爲諸侯，再同盟。

〔一〕「而爲三恪之客」，釋文作「而爲三恪」，云：「本或作『爲三恪之客』。」

【傳】

十六年夏，諸侯伐鄭，宋〔一〕故也。鄭侵宋故。

鄭伯自櫟入，在十四年。緩告于楚。秋，楚伐鄭及櫟，爲不禮故也。

鄭伯治與於雍糾之亂者。在桓十五年。九月，殺公子閼，刖强鉏。二子，祭仲黨。斷足曰刖。公父定叔出奔衛。共叔段之孫。定，謚也。三年而復之，曰：「不可使共叔無後於鄭。」使以十月入，曰：「良月也，就盈數焉。」數滿於十。君子謂：「强鉏不能衛其足。」言其不能早辟害。

冬，同盟于幽，鄭成也。

王使虢公命曲沃伯以一軍爲晉侯。曲沃武公遂并晉國，僖王因就命爲晉侯。小國，故一軍。

初，晉武公伐夷，執夷詭諸。夷詭諸，周大夫。夷，采地名。蔿國請而免之。蔿國，周大夫。既而弗報，詭諸不報施於蔿國。故子國作亂，謂晉人曰：「與我伐夷而

〔一〕「宋」上，金澤本有「爲」字，與釋文或本同。

取其地。」使晉取夷地。**遂以晉師伐夷，殺夷詭諸。周公忌父出奔虢。**忌父〔一〕，王卿士，辟子國之難。**惠王立而復之。**魯桓十五年，經書「桓王崩」。魯莊三年，經書「葬桓王」。自此以來，周有莊王，又有僖王，崩、葬皆不見於經傳。王室微弱，不能復自通於諸侯，故傳因周公忌父之事而見惠王〔二〕。惠王立在此年之末。

【經】

十有七年春，齊人執鄭詹。齊桓始霸，鄭既伐宋，又不朝齊。詹爲鄭執政大臣，詣齊見執，不稱行人，罪之也。行人例在襄十一年。諸執大夫，皆稱人以執之，大夫賤故。

夏，齊人殲于遂。殲，盡也。齊人戍遂，翫而無備，遂人討而盡殺之，故時史因以自盡爲文。

秋，鄭詹自齊逃來。無傳。詹不能伏節守死以解國患，而遁逃苟免，書逃以賤之。

〔一〕「忌父」上，金澤本有「周公」二字。
〔二〕「王」下，金澤本有「立」字。

冬，多麋。無傳。麋多則害五稼，故以災書。

【傳】十七年春，齊人執鄭詹，鄭不朝也。

夏，遂因氏、頜氏、工婁氏、須遂氏饗齊戍，醉而殺之，齊人殲焉。饗，酒食也。四族，遂之彊宗。齊滅遂，戍之，在十三年。

【經】十有八年春王三月，日有食之。無傳。不書〔一〕日，官失之。

夏，公追戎于濟西。戎來侵魯，公逐之於濟水之西。

秋，有蜮。蜮，短狐〔二〕也。蓋以含沙射人爲災。

〔一〕「書」下，金澤本有「朔與」二字。

〔二〕「短狐」，巾箱本、書院本作「短弧」。阮校云：「盧文弨曰：按，『弧』字是也。能含沙射人，故名之『短弧』。釋文亦作『短弧』，云『本又作狐』。宋本、淳熙本、岳本並作『狐』。釋文『短，本又作「斷」』。」

冬十月。

【傳】十八年春，虢公、晉侯朝王，王饗醴，命之宥。王之覲群后，始則行饗禮，先置醴酒，示不忘故〔一〕。飲宴則命以幣物。宥，助也，所以助歡敬之意，言備設。**皆賜玉五瑴，馬三匹。非禮也。**雙玉爲瑴。**王命諸侯，名位不同，禮亦異數，不以禮假人〔二〕。**侯而與公同賜，是借人禮。

虢公、晉侯、鄭伯使原莊公逆王后于陳，陳嬀歸於京師，虢、晉朝王，鄭伯又以齊執其卿，故求王爲援，皆在周，倡義〔三〕爲王定昏。陳人敬從。得同姓〔四〕宗國之禮，故傳詳其事。不書，不告。**實惠后。**陳嬀後號惠后，寵愛少子，亂周室，事在僖二十四年，故傳於此並正其后稱。

〔一〕「故」，慶元本、金澤本作「古」。

〔二〕「異數不以禮假人」，此七字原闕，據陽明文庫本、宋大字本、國會本、巾箱本、書院本、附釋音本、慶元本、金澤本補。

〔三〕「義」，金澤本作「議」。

〔四〕「陳人敬從得同姓」，此七字原闕，據陽明文庫本、宋大字本、國會本、巾箱本、書院本、附釋音本、慶元本、金澤本補。

其來。

夏，公追戎于濟西，不言其來，諱之也。戎來侵魯，魯人不知，去乃追之，故諱不言其來。

秋，有蜮，爲災也。

初，楚武王克權，使鬭緡尹之。權，國名，南郡當陽縣東南有權城。鬭緡，楚大夫。以叛〔一〕，圍而殺之。緡以權叛。遷權於那處，那處，楚地，南郡編縣東南有那口城〔二〕。使閻敖尹之。閻敖，楚大夫。及文王即位，與巴人伐申而驚其師。驚巴師。巴人叛楚而伐那處，取之，遂門于楚。攻楚城門。閻敖游涌而逸。涌水，在南郡華容縣。閻敖既不能守城，又游涌水而走。楚子殺之。其族爲亂。冬，巴人因之以伐楚。

【經】

十有九年春王正月。

〔一〕「以叛」，釋文作「以畔」。

〔二〕「那口城」，金澤本作「那處城」。

夏四月。

秋，公子結媵陳人之婦于鄄，遂及齊侯、宋公盟。無傳。公子結，魯大夫。公羊、穀梁皆以爲魯女媵陳侯之婦，其稱陳人之婦，未入國，略言也。大夫出竟，有可以安社稷、利國家者，則專之可也。結在鄄聞齊、宋有會，權事之宜，去其本職，遂與二君爲盟，故備書之。本非魯公意，而又失媵陳之好，故冬各來伐。

夫人姜氏如莒。無傳。非父母國而往，書姦。

冬，齊人、宋人、陳人伐我西鄙。無傳。幽之盟魯使微者會，鄄之盟又使媵臣行，所以受敵。鄙，邊邑。

【傳】

十九年春，楚子禦之，大敗於津。禦巴人，爲巴人所敗。津，楚地，或曰江陵縣有津鄉。還，鬻拳弗納，遂伐黄，鬻拳，楚大閽。黄，嬴姓國，今弋陽縣。敗黄師于踖陵。踖陵，黄地。還，及湫，有疾。南郡都縣東南有湫城。夏六月庚申，卒。鬻拳葬諸夕室，夕室，地名。亦自殺也，而葬於經皇。經皇，冢前闕。生守門，故死不失職。

初，鬻拳强諫楚子，楚子弗從，臨之以兵，懼而從之。鬻拳曰：「吾懼君以兵，罪莫大焉〔一〕。」遂自刖也。楚人以爲大閽，謂之大伯，若今城門校尉官。使其後掌之。使其子孫常主此官。君子曰：「鬻拳可謂愛君矣，諫以自納於刑，刑猶不忘納君於善。」言愛君，明非臣法也。楚〔二〕能盡其忠愛，所以興。

初，王姚嬖于莊王，生子穨。王姚，莊王之妾也，姚姓。子穨有寵，蔿國爲之師。及惠王即位，周惠王，莊王孫。取蔿國之圃以爲囿。圃，園也。囿，苑也。邊伯之宫近於王宫，王取之。邊伯，周大夫。王奪子禽、祝跪與詹父田，三子，周大夫。而收膳夫之秩，膳夫，石速也。秩，禄也。故蔿國、邊伯、石速、詹父、子禽、祝跪作亂，因蘇氏。蘇氏，周大夫，桓王奪其十二邑以與鄭，自此以來遂不和。秋，五大夫奉子穨以伐王，石速，士也，故不在五大夫數。不克，出奔温。温，蘇氏邑。蘇子奉子穨以奔衛，衛師、燕師伐周。燕，南燕。冬，立子穨。

〔一〕此句下，金澤本有「君不討敢不自討乎」八字。
〔二〕「楚」下，金澤本有「臣」字。

【經】

二十年春王二月，夫人姜氏如莒。無傳。

夏，齊大災。無傳。來告以大，故書。天火曰災，例在宣十六年。

秋七月。

冬，齊人伐戎。無傳。

【傳】

二十年春，鄭伯和王室，不克。克，能也。執燕仲父。燕仲父，南燕伯，爲伐周故。

夏，鄭伯遂以王歸。王處于櫟。秋，王及鄭伯入于鄔。鄔，王所取鄭邑。遂入成周，取其寶器而還。冬，王子頹享五大夫，樂及徧舞。皆舞六代〔一〕之樂。鄭伯聞之，見虢叔，叔，虢公字。曰：「寡人聞之：哀樂失時，殃咎必至。今王子頹歌舞不倦，樂禍也。夫司寇行戮，司寇，刑官。君爲之不舉，去盛饌。而況敢樂禍乎？奸王之

〔一〕「六代」，原作「六伐」，據陽明文庫本、宋大字本、國會本、巾箱本、書院本、附釋音本、慶元本、金澤本改。

位，禍孰大焉？臨禍忘憂，憂必及之。盍納王乎？」虢公曰：「寡人之願也。」

【經】

二十有一年春王正月。

夏五月辛酉，鄭伯突卒。十六年，與魯大夫盟于幽。

秋七月戊戌，夫人姜氏薨。無傳。薨寢祔姑，赴於諸侯，故具小君禮書之。

冬十有二月，葬鄭厲公。無傳。八月乃葬，緩慢也。

【傳】

二十一年春，胥命于弭。夏，同伐王城。鄭、虢相命。弭，鄭地。鄭伯將王自圉門入，虢叔自北門入，殺王子穨及五大夫。

鄭伯享王于闕西辟，樂備。闕，象魏也。樂備，備六代〔一〕之樂。王與之武公之

〔一〕「六代」，原作「六伐」，據陽明文庫本、宋大字本、國會本、巾箱本、書院本、附釋音本、慶元本、金澤本改。

略，自虎牢以東。略，界也。鄭武公傳平王，平王賜之自虎牢以東，後失其地，故惠王今復與之。虎牢，河南城皋縣。**原伯曰：「鄭伯效尤，其亦將有咎！」**原伯，原莊公也。言效子頽舞徧樂。**五月，鄭厲公卒。**

王巡虢守〔一〕。巡守於虢國也。天子省方〔二〕謂之巡守。**虢公爲王宫于玤，**玤，虢地。**王與之酒泉。**酒泉，周邑。**鄭伯之享王也，王以后之鞶鑑予之。**后，王后也。鞶，帶而以鏡〔三〕爲飾也。今西方羌胡猶然，古之遺服。**虢公請器，王予之爵。**爵，飲酒器。**鄭伯由是始惡於王。**爲僖二十四年鄭執王使張本。

冬，王歸自虢。傳言王之偏也。

〔一〕「守」，金澤本作「狩」，釋文或本同。注同。金澤本「虢」在「狩」下。下同，不出校。
〔二〕「方」上，金澤本有「四」字。
〔三〕「鏡」，宋大字本、國會本、巾箱本、書院本作「鑑」。阮校云：「宋本、淳熙本『鑑』作『鏡』，定六年傳注同。」

【經】

二十有二年春王正月，肆大眚。無傳。赦有罪也。易稱「赦過宥罪」，書稱「眚災肆赦」，傳稱「肆眚圍鄭」，皆放赦罪人，蕩〔一〕滌衆〔二〕故，以新其心。有時而用之，非制所常，故書。

癸丑，葬我小君文姜。無傳。反哭成喪，故稱小君。

陳人殺其公子御寇。宣公大子也。陳人惡其殺大子之名，故不稱君父，以國討公子告。

夏五月。

秋七月丙申，及齊高傒盟于防。無傳。高傒，齊之貴卿，而與魯之微者盟，齊桓謙接諸侯，以崇霸業。

冬，公如齊納幣。無傳。公不使卿而親納幣，非禮也。母喪未再期而圖昏，二傳不見

〔一〕「蕩」，釋文作「盪」，云：「音蕩，本又作『蕩』。」

〔二〕「衆」下，金澤本有「悪」字。

所譏，左氏又無傳，失禮明故。

【傳】

二十二年春，陳人殺其大子御寇，傳稱大子，以實言。陳公子完與顓孫奔齊。公子完、顓孫，皆御寇之黨。顓孫自齊來奔。不書，非卿。齊侯使敬仲爲卿，敬仲，陳公子完。辭曰：「羇旅之臣，羇，寄也。旅，客。幸若獲宥，及於寬政，宥，赦也。赦其不閑於教訓，而免於罪戾，弛於負擔，弛，去離也。君之惠也，所獲多矣。敢辱高位，以速官謗？敢，不敢也。請以死告。以死自誓。詩云：『翹翹車乘，招我以弓。豈不欲往？畏我友朋。』」逸詩也。翹翹，遠貌。古者聘士以弓。言雖貪顯命，懼爲朋友所譏責。使爲工正。掌百工之官。飲桓公酒，樂。齊桓賢之，故就其家會。據主人之辭，故言「飲桓公酒」。公曰：「以火繼之。」辭曰：「臣卜其晝，未卜其夜，不敢！」君子曰：「酒以成禮，不〔一〕繼以淫，義也；夜飲爲淫樂。以君成禮，弗納於淫，仁也。」

〔一〕「不」，金澤本作「弗」。

初，懿氏卜妻敬仲。懿氏，陳大夫。龜曰卜。其妻占之，曰：「吉！懿氏妻〔一〕。是謂『鳳皇于飛，和鳴鏘鏘〔二〕。雄曰鳳，雌曰皇。雄雌俱飛，相和而鳴鏘鏘然，猶敬仲夫妻相隨適齊，有聲譽。有嬀之後，將育于姜。嬀，陳姓。姜，齊姓。五世其昌，並于正卿。八世之後，莫之與京』。」京，大也。陳厲公，蔡出也，姊妹之子曰出。故蔡人殺五父而立之。五父，陳佗也。殺陳佗在桓六年。生敬仲。其少也，周史有以周易見陳侯者，周大史也。陳侯使筮之，蓍曰筮。遇觀䷓坤下巽上，觀。之否䷋。坤下乾上，否。觀六四爻〔三〕變而爲否。曰：「是謂『觀國之光，利用賓于王』。此周易觀卦六四爻辭。易之爲書，六爻皆有變象，又有互體，聖人隨其義而論之。此其代陳有國乎？不在此，其在異國〔四〕；非此其身，在其子孫。光，遠而自他有耀者也。坤，土也。

〔一〕「妻」，原作「姜」，據陽明文庫本、宋大字本、國會本、巾箱本、書院本、附釋音本、慶元本、金澤本改。
〔二〕「鏘鏘」，釋文作「將將」，云：「本又作『鏘鏘』。」
〔三〕「爻」，陽明文庫本、附釋音本、金澤本無此字。
〔四〕「國」下，金澤本有「乎」字。

巽，風也。乾，天也。風爲天於土上，山也。巽變爲乾，故曰「風爲天」〔一〕。自二至四有艮象，艮爲山。有山之材〔二〕而照之以天光，於是乎居土上，山則材之所生。上有乾，下有坤，故言「居土上，照之以天光」。故曰：『觀國之光，利用賓于王。』四爲諸侯，變而之乾，有國朝王之象。庭實旅百，奉之以玉帛，天地之美具焉，故曰：『利用賓于王。』艮爲門庭，乾爲金玉，坤爲布帛。諸侯朝王陳贄幣〔三〕之象。旅，陳也。百，言物備。猶有觀焉，故曰：『其在後乎！』因觀文以博占，故言「猶有」。觀非在己之言，故知在子孫。風行而著於土，故曰：『其在異國乎！』若在異國，必姜姓也。姜〔四〕，大嶽之後也。姜姓之先爲堯四嶽。山嶽則配天，物莫能兩大，陳衰，此其昌乎！」變而象艮，故知當興於大嶽之後。得大嶽之權，則有配天之大功，故知陳必衰。及陳之初亡也，昭八年，

〔一〕「天」，原作「夫」，據陽明文庫本、國會本、巾箱本、書院本、附釋音本、慶元本、金澤本改。
〔二〕「材」，原作「林」，據陽明文庫本、國會本、巾箱本、書院本、附釋音本、慶元本、金澤本改。今按：石經、孔疏俱作「材」。
〔三〕「陳贄」，釋文作「陳摯」，云：「本又作『贄』，同。」
〔四〕「姜」下，金澤本有「姓」字。

楚滅陳。陳桓子始大於齊；桓子，敬仲五世孫陳無宇。其後亡也，哀十七年，楚復滅陳。成子〔一〕得政。成子，陳常也，敬仲八世孫。陳完有禮於齊，子孫世不忘德，德協於卜，故傳備言其終始。卜筮者，聖人所以定猶豫，決疑似，因生義教者也。尚書洪範通龜筮以同卿士之數。南蒯卜亂而遇元吉，惠伯答以忠信則可。臧會卜僭，遂獲其應。丘明故舉諸縣驗於行事者，以示來世，而君子志其善者、遠者。他皆放〔二〕此。

【經】

二十有三年春，公至自齊。無傳。

祭叔來聘。無傳。穀梁以祭叔爲祭公來聘魯。天子内臣不得外交，故不言使，不與其得使聘。

夏，公如齊觀社。齊因祭社蒐軍實，故公往觀之。

〔一〕「成子」下，金澤本有「始」字。

〔二〕「放」，原作「於」，據陽明文庫本、國會本、巾箱本、書院本、附釋音本、慶元本、金澤本改。

公至自齊。無傳。

荆人來聘。無傳。不書荆子使某來聘，君臣同辭者，蓋楚之始通，未成其禮。

公及齊侯遇於穀。無傳。

蕭叔朝公。無傳。蕭，附庸國。叔，名。就穀朝公，故不言來。凡在外朝，則禮不得具，嘉禮不野合。

秋，丹桓宫楹。桓公廟也。楹，柱也。

冬十有一月，曹伯射姑卒。無傳。未同盟而赴以名。

十有二月甲寅，公會齊侯盟于扈。無傳。扈，鄭地，在熒陽卷縣西北。

【傳】二十三年夏，公如齊觀社，非禮也。曹劌諫曰：「不可！夫禮，所以整民也。故會以訓上下之則，制財用之節；貢賦多少。朝以正班爵之義，帥長幼之序；征伐以討其不然。不然，不用命。諸侯有王，從王事。王有巡守，省四方。以大習之。大習，會朝之禮。非是，君不舉矣。君舉必書。書於策。書而不法，後嗣何觀？」

晉桓、莊之族偪，桓叔、莊伯之子孫强盛，偪迫公室。獻公患之。士蔿曰：「去富子，則群公子可謀也已。」士蔿，晉大夫。富子，二族之富强者。公曰：「爾試其事。」士蔿與群公子謀，譖富子而去之。以罪狀誣之，同族惡其富强，故士蔿得因而間之。用其所親爲譖則似信，離其骨肉則黨弱，群公子終所以見滅。

秋，丹桓宫之楹。

【經】

二十有四年春王三月，刻桓宫桷。刻，鏤也。桷，椽也。將逆夫人，故爲盛飾。

葬曹莊公。無傳。

夏，公如齊逆女。無傳。親逆，禮也。

秋，公至自齊。無傳。

八月丁丑，夫人姜氏入。哀姜也。公羊傳以爲姜氏要公，不與公俱入，蓋以孟任故，丁丑入而明日乃朝廟。

戊寅，大夫宗婦覿，用幣。宗婦，同姓大夫之婦。禮，小君至，大夫執贄以見，明臣子之道。莊公欲奢夸夫人，故使大夫、宗婦同贄俱見。

大水。無傳。

冬，戎侵曹。無傳。

曹羈出奔陳。無傳。羈蓋曹世子也。先君既葬而不稱爵者，微弱不能自定，曹人以名赴。

赤歸于曹。無傳。赤，曹僖公也。蓋爲戎所納，故曰歸。

郭公。無傳。蓋經闕誤也。自曹羈以下，公羊、穀梁之説既不了，又不可通之於左氏，故不采用。

【傳】

二十四年春，刻其桷，皆非禮也。并非丹楹，故言皆。御孫諫曰：「臣聞之：『儉，德之共也；侈，惡之大也。』御孫，魯大夫。先君有共德，而君納諸大惡，無乃不可乎？」以不丹楹刻桷爲共。

秋，哀姜至，公使宗婦覿，用幣，非禮也。傳不言大夫，唯舉非常。御孫〔一〕曰：「男贄，大者玉帛，公、侯、伯、子、男執玉，諸侯世子、附庸、孤卿執帛。小者禽鳥，卿執羔，

〔一〕「御孫」下，金澤本有「諫」字。

大夫執鴈，士執雉。以章物也。章所執之物，別貴賤。女贄，不過榛、栗、棗、脩，以告虔也。榛，小栗；脩，脯；虔，敬也。皆取其名以示敬。今男女同贄，是無別也。男女之別，國之大節也，而由夫人亂之，無乃不可乎？」

晉士蔿又與群公子謀，使殺游氏之二子。游氏二子，亦桓、莊之族。士蔿告晉侯曰：「可矣。不過二年，君必無患。」

【經】

二十有五年春，陳侯使女叔來聘。女叔，陳卿。女，氏；叔，字。

夏五月癸丑，衛侯朔卒。無傳。惠公也。書名〔一〕，十六年與內大夫盟于幽。

六月辛未朔，日有食之。鼓，用牲于社。鼓，伐鼓也。用牲以祭社。傳例曰：「非常也。」

伯姬歸于杞。無傳。不書逆女，逆者微。

〔一〕「名」下，金澤本有「者」字。

秋，大水。鼓，用牲于社、于門。門，國門也。傳例曰：「亦非常也。」

冬，公子友如陳。無傳。報女叔之聘。諸魯出朝聘，皆書。如不果，彼國必成其禮，故不稱朝聘，春秋之常也。公子友，莊公之母弟，稱公子者，史策之通言。母弟至親，異於他臣，其相殺害，則稱弟以示義〔一〕。至於嘉好之事，兄弟篤睦，非例所興。或稱弟，或稱公子，仍舊史之文也。母弟例在宣十七年。

【傳】

二十五年春，陳女叔來聘，始結陳好也。嘉之，故不名。季友相魯，原仲相陳，二人有舊，故女叔來聘，季友冬亦報聘，嘉好接備。卿以字爲嘉，則稱名其常也。

夏六月辛未朔，日有食之。鼓，用牲于社，非常也。非常鼓之月，長歷推之，辛未實七月朔，置閏失所，故致月錯。**唯正月之朔，慝未作，**正月，夏之四月，周之六月，謂正陽之月。今書六月而傳云「唯」者，明此月非正陽月也。慝，陰氣。**日有食之，於是乎用幣于社，伐鼓于朝。**日食，歷之常也。然食於正陽之月，則諸侯用幣于社，請救於上公。伐鼓

〔一〕「義」上，金澤本有「不」字。

于朝，退而自責，以明陰不宜侵陽，臣不宜掩君，以示大義。

秋，大水。鼓，用牲于社、于門，亦非常也。失常禮。凡天災，有幣，無牲。天災，日月食、大水也，祈請而已，不用〔一〕牲也。非日月之眚，不鼓。眚，猶災也。月侵日爲眚。陰陽逆順之事，賢聖所重，故特鼓之。

晉士蔿使群公子盡殺游氏之族，乃城聚而處之。聚，晉邑。冬，晉侯圍聚，盡殺群公子。卒如士蔿之計。

【經】

二十有六年春，公伐戎。無傳。

夏，公至自伐戎。無傳。

曹殺其大夫。無傳。不稱名，非其罪。例在文七年。

秋，公會宋人、齊人伐徐。無傳。宋序齊上，主兵。

〔一〕「不用」，上，金澤本有「故」字。

冬十有二月癸亥朔，日有食之。無傳。

【傳】

二十六年春，晉士蔿爲大司空。大司空，卿官。

夏，士蔿城絳，以深其宮。絳，晉所都也，今平陽絳邑縣。

秋，虢人侵晉。冬，虢人又侵晉。爲傳明年晉將伐虢張本。此年經、傳各自言其事者，或經是直文，或策書雖存而簡牘散落，不究其本末，故傳不復申解，但言傳事而已。

【經】

二十有七年春，公會杞伯姬于洮。伯姬，莊公女。洮，魯地。

夏六月，公會齊侯、宋公、陳侯、鄭伯，同盟于幽。

秋，公子友如陳葬原仲。原仲，陳大夫。原，氏；仲，字也。禮，臣既卒不名，故稱字。季友違禮會外大夫葬，具見其事，亦所以知譏。

冬，杞伯姬來。傳例曰：「歸寧。」

莒慶來逆叔姬。無傳。慶，莒大夫。叔姬，莊公女。卿自爲逆則稱字，例在宣五年。

杞伯來朝。無傳。杞稱伯者，蓋爲時王所黜。

公會齊侯于城濮。無傳。城濮，衛地，將討衛也。

【傳】二十七年春，公會杞伯姬于洮，非事也。非諸侯之事。天子非展義不巡守，天子巡守，所以宣布德義。諸侯非民事不舉，卿非君命不越竟。

夏，同盟于幽，陳、鄭服也。二十二年，陳亂而齊納敬仲；二十五年，鄭文公之四年，獲成於楚，皆有二心於齊，今始服也。

秋，公子友如陳，葬原仲，非禮也。原仲，季友之舊也。

冬，杞伯姬來，歸寧也。寧，問父母安否。凡諸侯之女，歸寧曰來，出曰來歸。歸，不反之辭。夫人歸寧曰「如某」，出曰「歸于某」。

晉侯將伐虢，士蔿曰：「不可！虢公驕，若驟得勝於我，必弃其民。弃民，不養之。無衆而後伐之，欲禦我，誰與〔一〕？夫禮、樂、慈、愛，戰所畜也。夫民，

〔一〕「誰與」上，金澤本有「其」字。

讓事、樂和、愛親、哀喪，而後可用也。上之使民，以義讓、哀樂爲本，言不可力强。號弗畜也，亟戰，將饑。」言號不畜義讓而力戰。

王使召伯廖賜齊侯命，召伯廖，王卿士。賜，命爲侯伯。且請伐衛，以其立子穨也。立子穨，在十九年。

【經】

二十有八年春王三月甲寅，齊人伐衛，衛人及齊人戰，衛人敗績。齊侯稱人者，諱取賂而還，以賤者告。不地者，史失之。

夏四月丁未，邾子瑣卒。無傳。未同盟而赴以名。

秋，荆伐鄭，公會齊人、宋人救鄭。

冬，築郿。郿，魯下邑。傳例曰：「邑曰築。」

大無麥禾。書於冬者，五穀畢入，計食不足而後書也。

臧孫辰告糴于齊。臧孫辰，魯大夫臧文仲。

【傳】

二十八年春，齊侯伐衛，戰，敗衛師，數之以王命，取賂而還。

晉獻公娶于賈，無子。賈，姬姓國也。烝於齊姜，齊姜，武公妾。生秦穆夫人及大子申生。又娶二女於戎，大戎狐姬生重耳，大戎，唐叔子孫别在戎狄者。小戎子生夷吾。小戎，允姓之戎。子，女也。晉伐驪戎，驪戎男女以驪姬，驪戎，在京兆新豐縣。其君姬姓，其爵男也。納女於人曰女。歸，生奚齊。其娣生卓子。

驪姬嬖，欲立其子，賂外嬖梁五與東關嬖五，姓梁名五，在閨闥之外者。東關嬖五，别在關塞者，亦名五。皆大夫，爲獻公所嬖幸，視聽外事。使言於公曰：「曲沃，君之宗也；曲沃，桓叔所封，先君宗廟所在。蒲與二屈，君之疆也，蒲，今平陽蒲子縣。二屈，今平陽北屈縣。或云：二當爲北。不可以無主。宗邑無主，則民不威；疆埸無主，則啓戎心。戎之生心，民慢其政，國之患也。若使大子主曲沃，而重耳、夷吾主蒲與屈，則可以威民而懼戎，且旌君伐。」旌，章也。伐，功也。使俱曰：「狄之廣莫，於晉爲都。晉之啓土，不亦宜乎？」廣莫，狄地之廣〔一〕絶也，即謂蒲子〔二〕北屈也。言遣二公子出都之，則晉方當大開土界。獻公未決，故復使二五俱説此美。晉侯説之。夏，使大子居曲沃，重耳居蒲城，夷吾居屈。群公子皆鄙〔三〕，鄙，邊邑。唯二姬之子在絳。二五卒與驪姬譖群公子而立奚齊，晉人謂之「二五耦」。二耜相耦，廣一尺，共起一伐。言二人俱共墾傷晉室若此。

楚令尹子元欲蠱文夫人，文王夫人息嬀也。子元，文王弟。蠱，惑以淫事。爲館於其宫側，而振萬焉。振，動也。萬，舞也。夫人聞之，泣曰：「先君以是舞也，習戎備也。今令尹不尋諸仇讎，而於未亡人之側，不亦異乎！」尋，用也。婦人既寡，自稱未亡人。御人以告子元。御人，夫人之侍人。子元曰：「婦人不忘襲讎，我反忘之！」

〔一〕「廣」，金澤本作「曠」。

〔二〕「蒲子」，「子」字原爲空格，據陽明文庫本、宋大字本、國會本、巾箱本、書院本、附釋音本、慶元本補。阮校云：「浦鏜正誤『子』作『與』，是也。」今按：前文云「蒲，今平陽蒲子縣」。「蒲子」不誤。金澤本作「與」。

〔三〕「鄙」上，金澤本有「在」字。

秋，子元以車六百乘伐鄭，入于桔柣之門。桔柣，鄭遠郊之門也。子元、鬬御彊、鬬梧、耿之不比爲旆，子元自與三子特建旆以居前廣。充幅長尋曰旐，繼旐曰旆。鬬班、王孫游、王孫喜殿，三子在後爲反禦。衆車入自純門，及逵市。純門，鄭外郭門也。逵市，郭内道上市。縣門不發，楚言而出。子元曰：「鄭有人焉。」縣門，施於内城門。鄭示楚以閒暇，故不閉城門，出兵而效楚言，故子元畏之，不敢進。諸侯救鄭，楚師夜遁。鄭人將奔桐丘，許昌縣東北有桐丘城〔一〕。諜告曰：「楚幕有烏。」乃止。諜，間也。幕，帳也。

冬，饑。臧孫辰告糴于齊，禮也。經書「大無麥禾」，傳言「饑」。傳又先書「饑」在「築郿」上者，説始糴。經在下，須得糴。嫌或諱饑，故曰禮。

築郿，非都也。凡邑，有宗廟先君之主曰都，無曰邑。邑曰築，都曰城。周禮：四縣爲都，四井爲邑。然宗廟所在，則雖邑曰都，尊之也。言凡邑，則他築非例。

〔一〕「桐丘城」，原作「同丘城」，據陽明文庫本、國會本、巾箱本、書院本、附釋音本、慶元本改。今按：釋例卷五作「桐丘城」。

【經】

二十有九年春，新延廄。傳例曰：「書，不時。」言新者，皆舊物不可用，更造之辭。

夏，鄭人侵許。傳例曰：無鐘鼓曰侵。

秋，有蜚。傳例曰：爲災。

冬十有二月，紀叔姬卒。無傳。紀國雖滅，叔姬執節守義，故繫之紀，賢而録之。

城諸及防。諸、防，皆魯邑。傳例曰：「書，時也。」諸非備難而興作，傳皆重云時以釋之。他皆倣此。諸，今城陽諸縣。

【傳】

二十九年春，新作延廄，書，不時也。經無「作」字，蓋闕。凡馬日中而出，日中而入。日中，春秋分也。治廄當以秋分，因馬向入而脩之，今以春作，故曰不時。

夏，鄭人侵許。凡師，有鐘鼓曰伐，聲其罪。無曰侵，鐘鼓無聲。輕曰襲。掩其不備。

秋，有蜚，爲災也。凡物不爲災，不書。

冬十二月，城諸及防，書，時也。凡土功，龍見而畢務，戒事也。謂今九月，周十一月，龍星角、亢晨見東方，三務始畢，戒民以土功事。**火見而致用，**大火，心星，次角、亢。見者，致築作之物。**水昏正而栽，**謂今十月，定星昏而中，於是樹板幹而興作。**日至而畢。**日南至，微陽始動，故土功息。

樊皮叛王。樊皮，周大夫。樊，其采地。皮，名。

【經】

三十年春王正月。

夏，次于成。無傳。將卑師少，故直言次。齊將降鄣，故設備。

秋七月，齊人降鄣。無傳。鄣，紀附庸國，東平無鹽縣東北有鄣城。小國孤危，不能自固，蓋齊遙以兵威脅使降附。

八月癸亥，葬紀叔姬。無傳。以賢録也。無臣子，故不作謚。

九月庚午朔，日有食之，鼓，用牲于社。無傳。

冬，公及齊侯遇于魯濟。濟水歷齊、魯界，在齊界爲齊濟，在魯界爲魯濟，蓋魯地。

齊人伐山戎。山戎，北狄。

【傳】三十年春，王命虢公討樊皮。夏四月丙辰，虢公入樊，執樊仲皮，歸于京師。楚公子元歸自伐鄭，而處王宫。欲遂蠱文夫人。鬭射師諫，則執而梏之。射師，鬭廉也。足曰桎，手曰梏。秋，申公鬭班殺子元。申，楚縣也。楚僭號，縣尹皆稱公。鬭穀於菟爲令尹，自毁其家，以紓楚國之難。鬭穀於菟，令尹子文也。毁，減。紓，緩也。冬，遇于魯濟，謀山戎也，以其病燕故也。齊桓行霸，故欲爲燕謀難。燕國，今薊縣。

【經】三十有一年春，築臺于郎。無傳。刺奢，且非土功之時。夏四月，薛伯卒。無傳。未同盟。築臺于薛。無傳。薛，魯地。六月，齊侯來獻戎捷。傳例曰：「諸侯不相遺俘。」捷，獲也。獻，奉上之辭。齊侯以獻捷禮來，故書以示過。

秋，築臺于秦。無傳。東平范縣西北有秦亭。

冬，不雨。無傳。不書旱，不爲災。例在僖三年。

【傳】三十一年夏六月，齊侯來獻戎捷，非禮也。凡諸侯有四夷之功，則獻于王，王以警于夷，以警懼夷狄。中國則否。諸侯不相遺俘。雖夷狄俘，猶不以相遺。

【經】三十有二年春，城小穀。小穀，齊邑，濟北穀城縣城中有管仲井。大都以名通者，則不繫國。

夏，宋公、齊侯遇于梁丘。齊善宋之請見，故進其班。梁丘，在高平昌邑縣西南。

秋七月癸巳，公子牙卒。牙，慶父同母弟僖叔也。飲酖〔一〕而死，不以罪告，故得書卒。書日者，公有疾，不責公不與小斂。

〔一〕「酖」，釋文云：「本亦作『鴆』。」

八月癸亥，公薨于路寢。路寢，正寢也。公薨皆書其所，詳凶變。

冬十月己未，子般卒。子般，莊公大子。先君未葬，故不稱爵。不書殺，諱之也。

公子慶父如齊。無傳。慶父既殺子般，季友出奔，國人不與，故懼而適齊，欲以求援。時無君，假赴告之禮而行。

狄伐邢。無傳。邢，國，在廣平襄國縣。

【傳】

三十二年春，城小穀，爲管仲也。公感齊桓之德，故爲管仲城私邑。

齊侯爲楚伐鄭之故，請會于諸侯。楚伐鄭在二十八年，謀爲鄭報楚。宋公請先見于齊侯。夏，遇于梁丘。

秋七月，有神降于莘。有神聲以接人。莘，虢地。惠王問諸内史過曰：「是何故也？」内史過，周大夫。對曰：「國之將興，明神降之，監其德也；將亡，神又降之，觀其惡也。故有得神以興，亦有〔一〕以亡，虞、夏、商、周皆有之。」亦有神異。王

〔一〕「有」下，金澤本有「得神」二字。

曰：「若之何？」對曰：「以其物享焉。其至之日，亦其物也。」享，祭也。若以甲、乙日至，祭先脾，玉用蒼，服上〔一〕青，以此類祭之。王從之。內史過往，聞虢請命，聞虢請於神，求賜土田之命。反曰：「虢必亡矣。虐而聽於神。」

神居莘六月，虢公使祝應、宗區、史嚚享焉。神賜之土田。祝，大祝。宗，宗人。史，大史。應、區、嚚皆名。史嚚曰：「虢其亡乎！吾聞之：國將興，聽於民；政順民心。將亡，聽於神。求福於神。神，聰明正直而壹者也，依人而行。唯德是與。虢多涼德，其何土之能得？」涼，薄也。爲僖二年晉滅下陽傳。

初，公築臺，臨黨氏，黨氏，魯大夫。築臺不書，不告廟。見孟任，從之。閟，孟任，黨氏女。閟，不從公。而以夫人言許之，許以爲夫人。割臂盟公。生子般焉。雩，講于梁氏，女公子觀之。雩，祭天也。講，肄也。梁氏，魯大夫。女公子，子般妹。圉人犖自牆外與之戲。圉人，掌養馬者，以慢言戲之。子般怒，使鞭之。公曰：「不如殺之，

〔一〕「上」，金澤本作「尚」。

是不可鞭。犖有力焉，能投蓋于稷門。」蓋，覆也。稷門，魯南城門。走而自投，接其屋之桷，反覆門上。

公疾，問後於叔牙，對曰：「慶父材。」蓋欲進其同母兄。問於季友，對曰：「臣以死奉般。」季友，莊公母弟，故欲立般。公曰：「鄉者牙曰『慶父材』。」成季使以君命命僖叔，待于鍼巫氏，成季，季友也。鍼巫氏，魯大夫。使鍼季酖之。酖，鳥名，其羽有毒，以畫酒，飲之則死。曰：「飲此，則有後於魯國，不然，死且無後。」飲之，歸，及逵泉而卒。立叔孫氏。逵泉，魯地。不以罪誅，故得立後，世其禄。

八月癸亥，公薨于路寢。子般即位，次于黨氏。即喪位。次，舍也。冬十月己未，共仲使圉人犖賊子般于黨氏。共仲，慶父。成季奔陳。出奔不書，國亂，史失之。立閔公。閔公，莊公庶子，於是年八歲。

春秋經傳集解莊公第三

春秋經傳集解閔公第四

杜氏　盡二年

【經】

元年春王正月。

齊人救邢。

夏六月辛酉，葬我君莊公。

秋八月，公及齊侯盟于落姑。落姑，齊地。季子來歸。季子，公子友之字。季子忠於社稷，爲國人所思，故賢而字之。齊侯許納，故曰歸。

冬，齊仲孫來。仲孫，齊大夫，以事出疆，因來省難，非齊侯命，故不稱使也。還使齊侯務寧魯難〔一〕，故嘉而字之。來者事實，省難其志也，故經但書仲孫之來，而傳尋仲孫之志。

〔一〕「難」，國會本、巾箱本作「亂」。

【傳】

元年春，不書即位，亂故也。國亂不得成禮。

狄人伐邢。狄伐邢[一]在往年冬。管敬仲言於齊侯曰：「戎狄豺狼，不可厭也；敬仲，管夷吾。諸夏親暱，不可弃也；諸夏，中國也。暱，近也。宴安酖毒，不可懷也。以宴安比之酖毒。詩云：『豈不懷歸，畏此簡書。』詩，小雅也，文王爲西伯，勞來諸侯之詩。簡書，同惡相恤之謂也。同恤所惡。請救邢以從簡書。」齊人救邢。

夏六月，葬莊公，亂故，是以緩。十一月乃葬。

秋八月，公及齊侯盟于落姑，請復季友也。閔公初立，國家多難，以季子忠賢，故請霸主而復之。齊侯許之，使召諸陳，公次于郎以待之。非師旅之事，故不書次。季子來歸，嘉之也。

冬，齊仲孫湫來省難，湫，仲孫名。書曰「仲孫」，亦嘉之也。仲孫歸曰：「不

[一]「邢」，原作「刑」，據陽明文庫本、國會本、巾箱本、書院本、附釋音本、慶元本、金澤本改。

去慶父，魯難未已。」時慶父亦已〔一〕還魯。公曰：「若之何而去之？」對曰：「難不已，將自斃，斃，踣也。君其待之。」公曰：「魯可取乎？」對曰：「不可，猶秉周禮。周禮，所以本也。臣聞之：『國將亡，本必先顛，而後枝葉從之。』魯不弃周禮，未可動也。君其務寧魯難而親之。親有禮，因重固，能重能固，則當就成之。間攜貳，離而相疑者，則當因而間之。覆昏亂。覆，敗也。霸王之器也。」霸王所用，故以器爲喻。

晉侯作二軍，晉本一軍，見莊十六年。公將上軍，大子申生將下軍，趙夙御戎，畢萬爲右。爲公御右也。夙，趙衰兄。畢萬，魏犨祖父。以滅耿，滅霍，滅魏。平陽皮氏縣東南有耿鄉，永安縣東北有霍大山。三國皆姬姓。還，爲大子城曲沃，賜趙夙耿，賜畢萬魏，以爲大夫。士蔿曰：「大子不得立矣。分之都城，而位以卿，先爲之極，又焉得立？位以卿，謂將下軍。不如逃之，無使罪至。爲吳大伯，不亦可乎？大伯，周大王之適子，知其父欲立季歷，故讓位而適吳。猶有令名，與其及也。言雖去〔二〕猶有

〔一〕「已」，國會本、巾箱本、書院本無此字。阮校云：「宋本、淳熙本、足利本『亦』下有『已』字。」
〔二〕「去」下，金澤本有「國」字。

令名，勝於留而及禍。且諺曰：『心苟無瑕，何恤乎無家！』天若祚大子，其無晉乎！」爲晉殺申生傳。

卜偃曰：「畢萬之後必大。卜偃，晉掌卜大夫。萬，盈數也。魏，大名也。以是始賞，天啓之矣。天子曰兆民，諸侯曰萬民。今名之大，以從盈數，其必有衆。」以魏從萬，有衆象。

初，畢萬筮仕於晉，遇屯䷂震下坎上，屯。之比䷇。坤下坎上，比。屯初九變而爲比。辛廖占之，曰：「吉。辛廖，晉大夫。屯固比入，吉孰大焉？其必蕃昌。屯險難，所以爲堅固。比親密，所以得入。震爲土，震變爲坤。車從馬，震爲車，坤爲馬。足居之，震爲足。兄長之，震爲長男。母覆之，坤爲母。衆歸之，坤爲衆。六體不易，初一爻變，有此六義，不可易也。合而能固，安而能殺，公侯之卦也。比合屯固，坤安震殺，故曰公侯之卦。公侯之子孫，必復其始。」萬，畢公高之後。傳爲魏之子孫衆多張本。

【經】

二年春王正月，齊人遷陽。無傳。陽，國名。蓋齊人偪徙之。

夏五月乙酉，吉禘于莊公。三年喪畢，致新死者之主於廟，廟之遠主當遷入祧，因是大祭以審昭穆，謂之禘。莊公喪制未闋，時別立廟，廟成而吉祭，又不於大廟，故詳書以示譏。

秋八月辛丑，公薨。實弑，書薨，又不地者，皆史策諱之。

九月，夫人姜氏孫于邾。哀姜外淫，故孫稱姜氏。

公子慶父出奔莒。弑閔公故。

冬，齊高子來盟。無傳。蓋高傒也。齊侯使來平魯亂。僖公新立，因遂結盟，故不稱使也。魯人貴之，故不書名。子，男子之美稱。

十有二月，狄入衛。書入，不能有其地。例在襄十三年。

鄭弃其師。高克見惡，久不得還，師潰而克奔陳，故克狀其事以告魯也。

【傳】

二年春，虢公敗犬戎于渭汭。犬戎，西戎別在中國者。渭水出隴西，東入河。水之隈曲曰汭。舟之僑曰：「無德而祿，殃也。殃將至矣。」遂奔晉。舟之僑，虢大夫。

夏，吉禘于莊公，速也。

初，公傅奪卜齮田，公不禁。卜齮，魯大夫也。公即位，年八歲，知愛其傅而遂成其意，以奪齮田。齮忿其傅，并及公，故慶父因之。

秋八月辛丑，共仲使卜齮賊公于武闈。宮中小門謂之闈。成季以僖公適邾。僖公，閔公庶兄，成風之子。共仲奔莒。乃入，立之。以賂求共仲于莒，莒人歸之。及密，使公子魚請。密，魯地，琅邪費縣北有密如亭。公子魚，奚斯也。不許，哭而往。共仲曰：「奚斯之聲也。」乃縊。慶父之罪雖重，季子推親親之恩，欲同之叔牙，存孟氏之族，故略其罪，不書殺，又不書卒。閔公，哀姜之娣叔姜之子也，故齊人立之。共仲通於哀姜，哀姜欲立之。閔公之死也，哀姜與知之，故孫于邾。齊人取而殺之于夷，以其尸歸，爲僖元年齊人殺哀姜傳。夷，魯地。僖公請而葬之。哀姜之罪已重，而僖公請其喪還者，外欲固齊以居厚，内存母子不絕之義，爲國家之大計。

成季之將生也，桓公使卜楚丘之父卜之。卜楚丘，魯掌卜大夫。曰：「男也。其名曰友，在公之右；在右，言用事。間于兩社，爲公室輔。兩社，周社、亳社。兩社之間，朝廷執政所在。季氏亡，則魯不昌。」又筮之，遇大有䷍乾下離上，大有。之乾䷀，乾下乾上，乾。大有六五〔一〕變而爲乾。曰：「同復于父，敬如君所。」筮者之辭也。乾爲君父，離變爲乾，故曰「同復於父」，見敬與君同。及生，有文在其手曰「友」，遂以命之。遂以爲名。

冬十二月，狄人伐衛，衛懿公好鶴，鶴有乘軒者。軒，大夫車。將戰，國人受甲者皆曰：「使鶴！鶴實有禄位，余焉能戰？」公與石祁子玦，與甯莊子矢，使守，莊子，甯速也。玦，玉玦。曰：「以此贊國，擇利而爲之。」贊，助也。玦，示以當決斷；矢，示以禦難。與夫人繡衣，曰：「聽於二子。」取其文章順序。渠孔御戎，子伯爲右；黄夷前驅，孔嬰齊殿。傳言衛侯失民有素，雖臨事而戒，猶無所及。及狄人戰于熒澤，衛師敗績，遂滅衛。此熒澤當在河北。君死國散，經不書滅者，狄不能赴。衛之君臣皆盡，無復文告，齊桓爲之告諸侯，言狄已去，言衛之存，故但以入爲文。衛侯不去其旗，是以甚敗。狄人囚史華龍滑與禮孔，以逐衛人。二人曰：「我，大史也，實掌其

〔一〕「六五」下，金澤本有「爻」字。

祭。不先，國不可得也。」夷狄畏鬼，故恐言當先白神。乃先之。至，則告守曰：「不可待也。」守，石、甯二大夫。夜與國人出。狄入衛，遂從之，又敗諸河。衛將東走渡河，狄復逐而敗之。

初，惠公之即位也少，蓋年十五六。齊人使昭伯烝於宣姜，不可，强之。昭伯，惠公庶兄，宣公子頑也。昭伯不可。生齊子、戴公、文公、宋桓夫人、許穆夫人。文公爲衛之多患也，先適齊。及敗，宋桓公逆諸河，迎衛敗衆。宵濟。夜渡，畏狄。衛之遺民男女七百有三十人，益之以共、滕之民爲五千人。共及滕，衛别邑。立戴公，以廬于曹。廬，舍也。曹，衛下邑。戴公名申，立其年卒，而立文公。許穆夫人賦載馳。載馳，詩衛風也。許穆夫人痛衛之亡，思歸唁之，不可，故作詩以言志。齊侯使公子無虧帥車三百乘、甲士三千人以戍曹。無虧，齊桓公子武孟也。車甲之賦異於常，故傳别見之。歸公乘馬，祭服五稱，牛、羊、豕、雞、狗皆三百，與門材。歸，遺也。四馬曰乘。衣單複具曰稱。門材，使先立門户。歸夫人魚軒，魚軒，夫人車，以魚皮爲飾。重錦三十兩。重錦，錦之熟細者。以二丈雙行，故曰兩。三十兩，三十匹也。

鄭人惡高克，使帥師次于河上，久而弗召。師潰而歸，高克奔陳。高克，鄭大夫也，好利而不顧其君，文公惡之而不能遠，故使帥師而不召。鄭人爲之賦清人。清人，詩鄭風也，刺文公退臣不以道，危國亡師之本。

晉侯使大子申生伐東山皋落氏。赤狄別種也。皋落，其氏族。里克諫曰：「大子奉冢祀、社稷之粢盛，里克，晉大夫。冢，大也。以朝夕視君膳者也，膳，廚膳。故曰冢子。君行則守，有守則從，從曰撫軍，守曰監國，古之制也。夫帥師，專行謀，帥師者必專謀軍事。誓軍旅，宣號令也。君與國政之所圖也，非大子之事也。國政，正卿。師在制命而已，命，將軍所制。稟命則不威，專命則不孝，故君之嗣適不可以帥師。君失其官，帥師不威，將焉用之？大子統師，是失其官也。專命則不孝，是爲帥〔一〕必不威也。且臣聞皋落氏將戰，君其舍之！」公曰：「寡人有子，未知其誰立焉！」不對而退。見大子，大子曰：「吾其廢乎？」對曰：「告之以臨民，謂居曲沃。教之以軍旅，謂將下軍。不共是懼，何故廢乎？且子懼不孝，無懼弗得立。脩己而不責人，則免於難。」

〔一〕「帥」下，金澤本有「師」字。

大子帥師，公衣之偏衣，偏衣，左右異色，其半似公服。佩之金玦。以金爲玦。狐突御戎，先友爲右。狐突，伯行，重耳外祖父也，爲申生御。申生以大子將上軍。梁餘子養御罕夷，先丹木爲右。罕夷，晉下軍卿也。梁餘子養爲罕夷御。羊舌大夫爲尉。羊舌大夫，叔向祖父也。尉，軍尉。先友曰：「衣身之偏，偏，半也。握兵之要，謂佩金玦，將上軍。在此行也，子其勉之！偏躬無慝，分〔一〕身衣之半，非惡意也。兵要遠災，威權在己，可以遠害。親以無災，又何患焉？」狐突歎曰：「時，事之徵也；歎以先友爲不知君心。衣，身之章也；章貴賤。佩，衷之旗也。旗，表也，所以表明其中心。故敬其事，則命以始；賞以春夏。服其身，則衣之純；必以純色爲服。用其衷，則佩之度。衷，中也。佩玉者，士君子常度。今命以時卒，閟其事也；冬十二月，閟盡之時。衣之尨服，遠其躬也；尨，雜色。佩以金玦，弃其衷也。服以遠之，時以閟之，尨涼，冬殺，金寒，玦離，胡可恃也！寒、涼、殺、離，言無溫潤。玦如環而缺不連。雖欲勉之，

〔一〕「分」下，金澤本有「公」字。

狄可盡乎？」梁餘子養曰：「帥師者，受命於廟，受脤於社，脤，宜社之肉，盛以脤器。有常服矣。不獲而尨，命可知也。韋弁服，軍之常也。尨，偏衣。死而不孝，不如逃之。」罕夷曰：「尨奇無常，雜色奇怪，非常之服。金玦不復。雖復何爲？君有心矣！」有害大子之心。先丹木曰：「是服也，狂夫阻之。阻，疑也。言雖狂夫猶知有疑。曰：『盡敵而反。』曰，公辭。敵可盡乎？雖盡敵，猶有內讒，不如違之。」違，去也。狐突欲行。行，亦去也。羊舌大夫曰：「不可。違命不孝，弃事不忠。雖知其寒，惡不可取。子其死之！」寒，薄也。大子將戰，狐突諫曰：「不可！昔辛伯諗周桓公，諗，告也。事在桓十八年。云：『內寵並后，外寵二政，嬖子配適，大都耦國，亂之本也。』周公弗從，故及於難。今亂本成矣。驪姬爲內寵，二五爲外寵，奚齊爲嬖子，曲沃爲大都，故曰「亂本成」。立可必乎？孝而安民，子其圖之！奉身爲孝，不戰爲安民。與其危身以速罪也。」有功益見害，故言孰與危身以召罪。

成風聞成季之繇，乃事之，成風，莊公之妾，僖公之母也。繇，卦兆之占辭。而屬僖公焉，故成季立之。

僖之元年，齊桓公遷邢于夷儀。二年，封衛于楚丘。邢遷如歸，衛國忘亡。

忘其滅亡之困。

衛文公大布之衣，大帛之冠，大布，麤布。大帛，厚繒。蓋用諸侯諒闇之服。務材〔一〕訓農，通商惠工，加惠於百工，賞其利器用。敬教勸學，授方任能。方，百事之宜也。元年，革車三十乘；季年，乃三百乘。衛文公以此年冬立，齊桓公始平魯亂，故傳因言齊之所以霸，衛之所由興。革車，兵車。季年，在僖二十五年。蓋招懷迸散，故能致十倍之衆。

春秋經傳集解閔公第四

〔一〕「材」，原作「才」，據陽明文庫本、宋大字本、國會本、巾箱本、書院本、附釋音本、慶元本、金澤本改。今按：石經、孔疏俱作「材」。

春秋經傳集解僖上第五

杜氏　盡十五年

【經】

元年春王正月。

齊師、宋師、曹師次于聶北，救邢。齊帥諸侯之師救邢，次于聶北者，案兵觀釁以待事也。次例在莊三年。聶北，邢地。

夏六月，邢遷于夷儀。邢遷如歸，故以自遷爲辭。夷儀，邢地。

齊師、宋師、曹師城邢。傳例曰：救患、分災，禮也。一事而再列三國，於文不可言諸侯師故。

秋七月戊辰，夫人姜氏薨于夷，齊人以歸。傳在閔二年。不言齊人殺，諱之。書地者，明在外薨。

楚人伐鄭。荆始改號曰楚。

八月，公會齊侯、宋公、鄭伯、曹伯、邾人于檉。檉，宋地，陳國陳縣西北有檉城。公及其會而不書盟，還不以盟告。

九月，公敗邾師于偃。偃，邾地。

冬十月壬午，公子友帥師敗莒師于酈，獲莒挐。酈，魯地。挐，莒子之弟。不書弟者，非卿。非卿則不應書，嘉季友之功，故特書其所獲。大夫生死皆曰獲。獲例在昭二十三年。

十有二月丁巳，夫人氏之喪至自齊。僖公請而葬之，故告於廟而書喪至也。齊侯既殺哀姜，以其尸歸，絶之於魯。僖公請其喪而還，不稱姜，闕文。

【傳】

元年春，不稱即位，公出故也。國亂，身出復入，故即位之禮有闕。公出復入，不書，諱之也。諱國惡，禮也。掩惡揚善，義存君親，故通有諱例，皆當時臣子率意而隱，故無深淺常準。聖賢從之以通人理，有時而聽之可也。

諸侯救邢，實大夫而曰諸侯，揔衆國之辭。邢人潰，出奔師。奔聶北之師也。邢潰，不書，不告也。師遂逐狄人，具邢器用而遷之，師無私焉。皆撰具還之，無所私取。

夏〔一〕，邢遷于夷儀，諸侯城之，救患也。凡侯伯，救患、分災、討罪，禮也。侯伯，州長也。分穀帛。

秋，楚人伐鄭，鄭即齊故也。盟于犖，謀救鄭也。犖即檉也，地有二名。

九月，公敗邾師于偃，虚丘之戍將歸者也。虚丘，邾地。邾人既送哀姜還，齊人殺之，因戍虚丘，欲以侵魯。公以義求齊，齊送姜氏之喪。邾人懼，乃歸，故公要而敗之。

冬，莒人來求賂，求還慶父之賂。公子友敗諸酈，獲莒子之弟挐。非卿也，嘉獲之也。莒既不能爲魯討慶父，受魯之賂而又重來，其求無厭，故嘉季友之獲而書之。公賜季友汶陽之田及費。汶陽田，汶水北地。汶水出泰山萊蕪縣，西入濟。

夫人氏之喪至自齊。君子以齊人之殺哀姜也，爲已甚矣。女子，從人者也。言女子有三從之義。在夫家有罪，非父母家所宜討也。

〔一〕「夏」下，金澤本有「六月」，上經文有。

【經】

二年春王正月，城楚丘。楚丘，衛邑。不言城衛，衛未遷。

夏五月辛巳，葬我小君哀姜。無傳。反哭成喪，故稱小君。例在定十五年。

虞師、晉師滅下陽。下陽，虢邑，在河東大陽縣。晉於此始赴，見經。滅例在襄十三年。

秋九月，齊侯、宋公、江人、黄人盟于貫。貫，宋地，梁國蒙縣西北有貰城。貰與貫字相似。江，國，在汝南安陽縣。

冬十月，不雨。傳在三年。

楚人侵鄭。

【傳】

二年春，諸侯城楚丘而封衛焉。君死國滅，故傳言封。不書所會，後也。諸侯既罷，而魯後至，諱不及期，故以獨城爲文。

晉荀息請以屈産之乘與垂棘之璧假道於虞，以伐虢。荀息，荀叔也。屈地生良馬，垂棘出美玉，故以爲名。四馬曰乘。自晉適虢，途出於虞，故借道。公曰：「是吾寶也。」對曰：「若得道於虞，猶外府也。」公曰：「宮之奇存焉。」宮之奇，虞忠臣。對曰：「宮之奇之爲人也，懦而不能强諫，懦，弱也。且少長於君，君暱之，雖諫，將不聽。」親而狎之，必輕其言。乃使荀息假道於虞，曰：「冀爲不道，入自顛軨，伐鄍三門。前是冀伐虞至鄍。鄍，虞邑。河東大陽縣東北有顛軨坂。冀之既病，則亦唯君故。言虞報伐冀使病。將欲假道，故稱虞彊以説其心。冀，國名，平陽皮氏縣東北有冀亭。今虢爲不道，保於逆旅，逆旅，客舍也。虢稍遣人分依客舍，以聚衆〔一〕抄晉邊邑。以侵敝邑之南鄙。敢請假道，以請罪于虢。」問虢伐己以何罪。虞公許之，且請先伐虢。喜於厚賂，而欲求媚。宮之奇諫，不聽，遂起師。夏，晉里克、荀息帥師會虞師，伐虢，滅下陽。晉猶主兵，不信虞。先書虞，賄故也。虞非倡兵之首，而先書之，惡貪賄也。

秋，盟于貫，服江、黄也。江、黄，楚與國也，始來服齊，故爲合諸侯。

齊寺人貂始漏師于多魚。寺人，内奄官豎貂也。多魚，地名，闕。齊桓多嬖寵，内則如夫人者六人，外則幸豎貂、易牙之等，終以此亂國。傳言貂於此始擅貴寵，漏洩桓公軍事，爲

〔一〕「聚衆」，釋文無「衆」字。

齊亂張本。

虢公敗戎于桑田。桑田，虢地，在弘農陝縣東北。晉卜偃曰：「虢必亡矣。亡下陽不懼，而又有功，是天奪之鑒，鑒，所以自照。而益其疾也。驕則生疾。必易晉而不撫其民矣。不可以五稔。」稔，熟也。爲下五年晉滅虢張本。

冬，楚人伐鄭，鬭章囚鄭聃伯。經書「侵」，傳言「伐」。本以伐興，權行侵掠，爲後年楚伐鄭，鄭伯欲成張本。

【經】

三年春王正月，不雨。

夏四月，不雨。一時不雨則書首月。傳例曰：「不曰旱，不爲災。」

徐人取舒。無傳。徐，國，在下邳僮縣東南。舒，國，今廬江舒縣。勝國而不用大師，亦曰取。例在襄十三年。

六月，雨。示旱不竟夏。

秋，齊侯、宋公、江人、黄人會于陽穀。陽穀，齊地，在東平須昌縣北。

冬，公子友如齊涖盟。涖，臨也。

楚人伐鄭。

【傳】

三年春，不雨。夏六月，雨。自十月不雨，至于五月，不曰旱，不爲災也。周六月，夏四月，於播〔一〕五稼無損。

秋，會于陽穀，謀伐楚也。二年楚侵鄭故。

齊侯爲陽穀之會，來尋盟。冬，公子友如齊涖盟。公時不會陽穀，故齊侯自陽穀遣人詣魯求〔二〕尋盟。魯使上卿詣齊受盟，謙也。

楚人伐鄭，鄭伯欲成。孔叔不可，曰：「齊方勤我，孔叔，鄭大夫。勤，恤鄭難。弃德不祥。」祥，善也。

齊侯與蔡姬乘舟于囿，蕩公。蔡姬，齊侯夫人。蕩，搖也。囿，苑也。蓋魚池在苑中。

〔一〕「播」下，陽明文庫本、宋大字本、國會本、巾箱本、書院本、附釋音本、慶元本有「種」字。

〔二〕「求」，附釋音本作「來」，與傳文合。

公懼，變色；禁之，不可。公怒，歸之，未之絶也〔一〕。蔡人嫁之。爲明年齊侵蔡傳。

【經】

四年春王正月，公會齊侯、宋公、陳侯、衛侯、鄭伯、許男、曹伯侵蔡，蔡潰，民逃其上曰潰。例在文三年。遂伐楚，次于陘。遂，兩事之辭。楚强，齊欲綏之以德，故不速進而次陘。陘，楚地，潁川召陵縣南有陘亭。

夏，許男新臣卒。未同盟而赴以名。

楚屈完來盟于師，盟于召陵。屈完，楚大夫也。楚子遣完如師以觀齊。屈完覩齊之盛，因而求盟，故不稱使，以完來盟爲文。齊桓退舍以禮楚，故盟召陵。召陵，潁川縣也。

齊人執陳轅濤塗〔二〕。轅濤塗，陳大夫。

秋，及江人、黄人伐陳。受齊命討陳之罪，而以與謀爲文者，時齊不行，使魯爲主。

〔一〕「未之絶也」，國會本、巾箱本、書院本作「未絶之也」。阮校云：「石經、宋本、淳熙本作『未之絶也』。」

〔二〕「轅濤塗」，釋文作「袁濤塗」，云：「『袁』，陳大夫氏也，本多作『轅』。」

與謀例在宣七年。

八月，公至自伐楚。無傳。告于廟。

葬許穆公。

冬十有二月，公孫茲帥師會齊人、宋人、衛人、鄭人、許人、曹人侵陳。公孫茲，叔牙子叔孫戴伯。

【傳】

四年春，齊侯以諸侯之師侵蔡，蔡潰，遂伐楚。楚子使與師言曰：「君處北海，寡人處南海，唯是風馬牛不相及也。楚界猶未至南海，因齊處北海，遂稱所近。牛馬風逸，蓋末界之微事，故以取喻。不虞君之涉吾地也，何故？」管仲對曰：「昔召康公命我先君大公，召康公，周大保召公奭也。曰：『五侯九伯，女實征之，以夾輔周室！』五等諸侯，九州之伯，皆得征討其罪。齊桓因此命以夸楚。賜我先君履，東至于海，西至于河，南至于穆陵，北至于無棣。穆陵、無棣，皆齊竟也。履，所踐履之界。齊桓又因以自言其盛。爾貢包茅不入，王祭不共，無以縮酒，寡人是徵。包，裹束也。

茅，菁茅也。束茅而灌之以酒爲縮酒。尚書：「包匭〔一〕菁茅。」茅之爲異未審。昭王南征而不復，寡人是問。」昭王，成王之孫，南巡狩，涉漢，舡壞而溺。周人諱而不赴，諸侯不知其故，故問之。對曰：「貢之不入，寡君之罪也，敢不共給。昭王之不復，君其問諸水濱！」昭王時，漢非楚竟，故不受罪。師進，次于陘。楚不服罪，故復進師。

夏，楚子使屈完如師。如陘之師，觀强弱。師退，次于召陵。完請盟故。齊侯陳諸侯之師，與屈完乘而觀之。乘，共載。齊侯曰：「豈不穀是爲？先君之好是繼。與不穀同好如何？」言諸侯之附從非爲己，乃尋先君之好。謙而自廣，因求與楚同好。孤、寡、不穀，諸侯謙稱。對曰：「君惠徼福於敝邑之社稷，辱收寡君，寡君之願也。」齊侯曰：「以此衆戰，誰能禦之？以此攻城，何城不克？」對曰：「君若以德綏諸侯，誰敢不服？君若以力，楚國方城以爲城，漢水以爲池〔二〕，方城山在南陽葉縣南，

〔一〕「包匭」，釋文作「苞匭」，云：「本或作『軌』，『苞』或作『包』。」

〔二〕「漢水以爲池」，釋文無「水」字，云：或作「漢水以爲池」，「水」衍字。阮校案：「臧琳云：『杜注云「方城山在南陽葉城縣南」，「漢水出武都，至江夏南入江」，則方城者山名，漢者水名，傳文漢不云水，猶之方城不言山也。』」

以言竟土之遠。漢水出武都，至江夏南入江，言其險固以當城池。雖衆，無所用之。」屈完及諸侯盟。

陳轅濤塗謂鄭申侯曰：「師出於陳、鄭之間，國必甚病。申侯，鄭大夫。當有共給之費故。若出於東方，觀兵於東夷，循海而歸，其可也。」東夷，郯、莒、徐夷也。觀兵，示威。申侯曰：「善。」濤塗以告齊侯，許之。許出東方。申侯見曰：「師老矣，若出於東方而遇敵，懼不可用也。若出於陳、鄭之間，共其資糧屝屨，其可也。」屝，草屨。齊侯說，與之虎牢。還以鄭邑賜之。執轅濤塗。

秋，伐陳，討不忠也。以濤塗爲誤軍道。

許穆公卒于師，葬之以侯，禮也。男而以侯禮，加一等。凡諸侯薨于朝、會，加一等；諸侯命有三等：公爲上等，侯、伯爲中等，子、男爲下等。死王事，加二等。謂以死勤事。於是有以衮斂。衮衣，公服也，謂加二等。

冬，叔孫戴伯帥師會諸侯之師侵陳，陳成，歸轅濤塗。陳服罪，故歸其大夫。戴，謚也。

初，晉獻公欲以驪姬爲夫人，卜之，不吉；筮之，吉。公曰：「從筮。」卜人曰：「筮短龜長，不如從長。物生而後有象，象而後有滋，滋而後有數。龜象筮數，故象長數短。且其繇曰：『專之渝，攘公之羭。繇，卜兆辭。渝，變也。攘，除也。羭，美也。言變乃除公之美。一薰一蕕，十年尚猶有臭。』薰，香草。蕕，臭草。十年有臭，言善易消，惡難除。必不可！」弗聽，立之，生奚齊，其娣生卓子。及將立奚齊，既與中大夫成謀，姬謂大子曰：「君夢齊姜，必速祭之！」齊姜，大子母，言求食。大子祭于曲沃，歸胙于公。胙，祭之酒肉。公田，姬寘諸宮六日，公至，毒而獻之。毒酒經宿輒敗，而經六日，明公之惑。公祭之地，地墳；與犬，犬斃；與小臣，小臣亦斃。姬泣曰：「賊由大子。」大子奔新城。新城，曲沃。公殺其傅杜原款。或謂大子：「子辭，君必辯焉。」以六日之狀自理。大子曰：「君非姬氏，居不安，食不飽。我辭，姬必有罪。君老矣，吾又不樂。」吾自理則姬死，姬死則君必不樂。不樂，爲由吾也。曰：「子其行乎？」大子曰：「君實不察其罪，被此名也以出，人誰納我？」十二月戊申，縊于新城。姬遂譖二公子曰：「皆知之。」重耳奔蒲，夷吾奔屈。二子時在朝，爲明年晉殺申生傳。

【經】

五年春，晉侯殺其世子申生。稱晉侯，惡用讒。書春，從告。

杞伯姬來，朝其子。無傳。伯姬來寧，寧成風也。朝其子者，時子年在十歲左右，因有諸侯，子得行朝義，而卒不成朝禮，故繫於母而曰「朝其子」。

夏，公孫茲如牟。叔孫戴伯娶於牟。卿非君命不越竟，故奉公命聘於牟，因自爲逆。

公及齊侯、宋公、陳侯、衛侯、鄭伯、許男、曹伯會王世子于首止。惠王大子鄭也。不名而殊會，尊之也。首止，衛地，陳留襄邑縣東南有首鄉。

秋八月，諸侯盟于首止。間無異事，復稱諸侯者，王世子不盟故也。王之世子尊與王同，齊桓行霸，翼戴天子，尊崇王室，故殊貴世子。

鄭伯逃歸不盟。逃其師而歸也。逃例在文三年。

楚人滅弦，弦子奔黃。弦，國，在弋陽軑縣〔一〕東南。

〔一〕「軑縣」，原作「軚縣」，據金澤本、國會本改。阮校云：「宋本、岳本『軚』作『軑』，葉抄釋文亦作『軑』，是也。案，漢書地理志『江夏郡有軑縣』，後漢書王霸傳『子符徙封軑侯』，即是地也。」

九月戊申朔，日有食之。無傳。

冬，晉人執虞公。虞公貪璧、馬之寶，距絶忠諫，稱人以執，同於無道於其民之例。例在成十五年。所以罪虞，且言易也。晉侯脩虞之祀，而歸其職貢於王，故不以滅同姓爲譏。

【傳】

五年春王正月辛亥朔，日南至。周正月，今十一月。冬至之日，日南極。公既視朔，遂登觀臺以望。而書〔一〕，禮也。視朔，親告朔也。觀臺，臺上構屋，可以遠觀者也。朔旦冬至，歷數之所始。治歷者因此則可以明其術數，審别陰陽，叙事訓民。魯君不能常脩此禮，故善公之得禮。凡分、至、啓、閉，必書雲物，分，春、秋分也。至，冬、夏至也。啓，立春、立夏。閉，立秋、立冬。雲物，氣色災變也。傳重申周典。不言公者，日官掌其職。爲備故也。素察妖祥，逆爲之備。

晉侯使以殺大子申生之故來告。釋經必須告乃書。

初，晉侯使士蔿爲二公子築蒲與屈，不慎，寘薪焉。不謹慎。夷吾訴之。公

〔一〕「書」下，金澤本有「雲物」二字。旁校云：本或作「而書雲物」，非也。

使讓之。譙讓之。士蔿稽首而對曰：「臣聞之：無喪而慼，憂必讎焉；讎，猶對也。無戎而城，讎必保焉。保而守之。寇讎之保，又何慎焉！守官廢命，不敬；固讎之保，不忠。失忠與敬，何以事君？詩云：『懷德惟寧，宗子惟城。』詩，大雅，懷德以安，則宗子之固若城。君其脩德而固宗子，何城如之？言城不如固宗子。三年將尋師焉，焉用慎？」尋，用也。退而賦曰：「狐裘尨茸，一國三公，吾誰適從？」士蔿自作詩也。尨茸，亂貌。公與二公子爲三，言城不堅則爲公子所訴，爲公所讓；堅之則爲固讎不忠，無以事君，故不知所從。及難，公使寺人披伐蒲。重耳曰：「君父之命不校。」乃徇曰：「校者，吾讎也。」踰垣而走，披斬其袪。遂出奔翟。袪，袂也。

夏，公孫茲如牟，娶焉。因聘而娶，故傳實其事。

會于首止，會王大子鄭，謀寧周也。惠王以惠后故，將廢大子鄭而立王子帶，故齊桓帥諸侯會王大子，以定其位。

陳轅宣仲怨鄭申侯之反己於召陵，宣仲，轅濤塗。故勸之城其賜邑，齊桓所賜虎牢。曰：「美城之，大名也，子孫不忘。吾助子請。」乃爲之請於諸侯而城之，美。樓櫓之備美設。遂譖諸鄭伯曰：「美城其賜邑，將以叛也。」申侯由是得罪。

爲七年鄭殺申侯傳。

秋，諸侯盟。王使周公召鄭伯，曰：「吾撫女以從楚，輔之以晉，可以少安。」周公，宰孔也。王恨齊桓定大子之位，故召鄭伯使叛齊也。晉、楚不服於齊，故以鎮安鄭。鄭伯喜於王命，而懼其不朝於齊也，故逃歸不盟。孔叔止之，曰：「國君不可以輕，輕則失親；孔叔，鄭大夫。親，黨援也。失親，患必至。病而乞盟，所喪多矣。君必悔之。」弗聽，逃其師而歸。

楚鬭穀於菟滅弦，弦子奔黄。於是江、黄、道、柏方睦於齊，皆弦姻也。姻，外親也。道，國，在汝南安陽縣南。柏，國名，汝南西平縣有柏亭。弦子恃之而不事楚，又不設備，故亡。

晉侯復假道於虞以伐虢。宫之奇諫曰：「虢，虞之表也；虢亡，虞必從之。晉不可啓，寇不可翫。翫，習也。一之謂甚，其可再乎？爲二年假晉道滅下陽。諺所謂『輔車相依，脣亡齒寒』者，其虞、虢之謂也。」輔，頰輔。車，牙車。公曰：「晉，吾宗也，豈害我哉？」對曰：「大伯、虞仲，大王之昭也；大伯不從，是以不嗣。大伯、虞仲皆大王之子，不從父命，俱讓適吴。仲雍支子别封西吴，虞公其後也。穆生昭，昭生穆，以世次計。故大伯、虞仲於周爲昭。虢仲、虢叔，王季之穆也，王季者，大伯、虞仲之母弟也。虢仲、虢叔，王季之子，文王之母弟也。仲、叔皆虢君字。爲文王卿士，勳在王室，藏於盟府。盟府，司盟之官。將虢是滅，何愛於虞？且虞能親於桓、莊乎，其愛之也？桓、莊之族何罪，而以爲戮，不唯偪乎？桓叔、莊伯之族，晉獻公之從祖昆弟，獻公患其偪，盡殺之。事在莊二十五年。親以寵偪，猶尚害之，況以國乎？」公曰：「吾享祀豐絜，神必據我。」據，猶安也。對曰：「臣聞之：鬼神非人實親，惟德是依。故周書曰：『皇天無親，惟德是輔。』周書，逸書。又曰：『黍稷非馨，明德惟馨。』馨，香之遠聞。又曰：『民不易物，惟德繄物。』黍、稷、牲、玉，無德則不見饗，有德則見饗，言物一而異用。如是，則非德民不和，神不享矣。神所馮依，將在德矣。若晉取虞，而明德以薦馨香，神其吐之乎？」弗聽，許晉使。宮之奇以其族行，行，去也。曰：「虞不臘矣，臘，歲終祭衆神之名。在此行也，晉不更舉矣。」不更舉兵。

八月甲午，晉侯圍上陽。上陽，虢國都，在弘農陜縣東南。問於卜偃曰：「吾其濟乎？」對曰：「克之。」公曰：「何時？」對曰：「童謡云：『丙之晨，龍尾伏辰；龍尾，尾星也。日月之會曰辰。日在尾，故尾星伏不見。均服振振，取虢之旂。戎事上下同服。振振，盛貌。旂，軍之旌旗。鶉之賁賁，天策焞焞，火中成軍，虢公其奔。」鶉，鶉火，星也。賁賁，鳥星之體也。天策，傅説星。時近日，星微。焞焞，無光曜也。言丙子平旦，鶉火中，軍事有成功也。此已上皆童謡言也。童齔之子，未有念慮之感，而會成嬉戲之言，似若有馮者，其言或中或否。博覽之士，能懼思之人，兼而志之，以爲鑒戒，以爲將來之驗，有益於世教。其九月、十月之交乎？以星驗推之，知九月、十月之交，謂夏〔一〕之九月、十月也。交，晦朔交會。丙子旦，日在尾，月在策，是夜日月合朔於尾，月行疾，故至旦而過在策。鶉火中，必是時也。」

冬十二月丙子朔，晉滅虢，虢公醜奔京師。不書，不告也。周十二月，夏之十月。師還，館于虞，遂襲虞，滅之，執虞公及其大夫井伯，以媵秦穆姬，秦穆姬，晉獻公女。送女曰媵，以屈辱之。而脩虞祀，且歸其職貢於王。虞所命祀。故書曰：「晉人執虞公。」罪虞，且言易也。

〔一〕「夏」，原作「月」，據陽明文庫本、國會本、巾箱本、書院本、附釋音本、慶元本、金澤本改。

【經】

六年春王正月。

夏，公會齊侯、宋公、陳侯、衛侯、曹伯伐鄭，圍新城。新城，鄭新密，今熒陽密縣。

秋，楚人圍許。楚子不親圍，以圍者告。諸侯遂救許。皆伐鄭之諸侯，故不復更叙。

冬，公至自伐鄭。無傳。

【傳】

六年春，晉侯使賈華伐屈，夷吾不能守，盟而行。賈華，晉大夫。非不欲校，力不能守，言不如重耳之賢。將奔狄，郤芮曰：「後出同走，罪也。嫌與重耳同謀而相隨。不如之梁，梁近秦而幸焉。」乃之梁。以梁爲秦所親幸，秦既大國，且穆姬在焉，故欲因以求入。

夏，諸侯伐鄭，以其逃首止之盟故也。首止盟在五年。圍新密，鄭所以不時城也。實新密而經言新城者，鄭以非時興土功，齊桓聲其罪以告諸侯。

秋，楚子圍許以救鄭，諸侯救許，乃還。

冬，蔡穆侯將許僖公以見楚子於武城。楚子退舍武城，猶有忿志，而諸侯各罷兵，故蔡將許君歸楚。武城，楚地，在南陽宛縣北。許男面縛，銜璧，大夫衰絰，士輿櫬。縛手於後，唯見其面，以璧爲贄〔一〕。手縛，故銜之。櫬，棺也。將受死，故衰絰。楚子問諸逢伯，逢伯，楚大夫。對曰：「昔武王克殷，微子啓如是。微子啓，紂庶兄，宋之祖也。武王親釋其縛，受其璧而祓之。祓，除凶之禮。焚其櫬，禮而命之，使復其所。」楚子從之。

【經】

七年春，齊人伐鄭。

夏，小邾子來朝。無傳。郳犂來始得王命而來朝也。邾之别封，故曰小邾。

鄭殺其大夫申侯。申侯，鄭卿。專利而不厭，故稱名以殺，罪之也。例在文六年。

〔一〕「贄」，釋文作「質」，云：「本又作『贄』，音至。」

秋七月，公會齊侯、宋公、陳世子款、鄭世子華，盟于甯母。高平方與縣東有泥母亭。音如甯。

曹伯班卒。無傳。五年同盟于首止。

公子友如齊。無傳。罷盟而聘，謝不敏也。

冬，葬曹昭公。無傳。

【傳】

七年春，齊人伐鄭。孔叔言於鄭伯曰：「諺有之曰：『心則不競，何憚於病？』競，强也。憚，難也。既不能强，又不能弱，所以斃也。國危矣，請下齊以救國。」公曰：「吾知其所由來矣，姑少待我。」欲以申侯説。對曰：「朝不及夕，何以待君？」

夏，鄭殺申侯以説于齊，且用陳轅濤塗之譖也。濤塗譖在五年。初，申侯，申出也，姊妹之子爲出。有寵於楚文王。文王將死，與之璧，使行，曰：「唯我知女。女專利而不厭，予取予求，不女疵瑕也。從我取，從我求，我不以女爲罪釁。後之人將求多於女，謂嗣君也。求多，以禮義大望責之。女必不免。我死，女必速行，無適小國，將不女容焉！」政狹法峻。既葬，出奔鄭，又有寵於厲公。子文聞其死也，曰：「古人有言曰：『知臣莫若君。』弗可改也已。」

秋，盟于甯母，謀鄭故也。管仲言於齊侯曰：「臣聞之：招攜以禮，懷遠以德。攜，離也。德禮不易，無人不懷。」齊侯脩禮於諸侯，諸侯官受方物。諸侯官司，各於齊受其方所當貢天子之物。

鄭伯使大子華聽命於會，言於齊侯曰：「泄氏、孔氏、子人氏三族，實違君命。三族，鄭大夫。君若去之以爲成，我以鄭爲内臣，君亦無所不利焉。」以鄭事齊，如封内臣。齊侯將許之。管仲曰：「君以禮與信屬諸侯，而以姦終之，無乃不可乎？子父不奸之謂禮，守命共時之謂信，守君命，共時事。違此二者，姦莫大焉。」公曰：「諸侯有討於鄭，未捷；今苟有釁，從之，不亦可乎？」子華犯父命，是其釁隙。對曰：「君若綏之以德，加之以訓辭，而帥諸侯以討鄭，鄭將覆亡之不暇，豈敢不懼？若揔其罪人以臨之，揔，將領也。子華奸父之命，即罪人。鄭有辭矣，何懼？以大義爲辭。且夫合諸侯，以崇德也。會而列姦，何以示後嗣？列姦，用子華。夫諸侯之會，其德刑禮義，無國不記。記姦之位，位，會位也。子華爲姦人，而列在會位，將爲諸侯所記。君盟替矣。替，廢也。作而不記，非盛德也。君舉必書，雖復齊史隱諱，亦損盛德。君其勿許，鄭必受盟。夫子華既爲大子，而求介於大國，以弱其國，亦必不免。介，因也。鄭有叔詹、堵叔、師叔三良爲政，未可間也。」齊侯辭焉。子華由是得罪於鄭。

冬，鄭伯使請盟于齊。以齊侯不聽子華故。

閏月，惠王崩。襄王惡大叔帶之難，襄王，惠王大子鄭也。大叔帶，襄王弟，惠后之子也，有寵於惠后，惠后欲立之，未及而卒。懼不立，不發喪，而告難于齊。爲八年盟洮傳。

【經】

八年春王正月，公會王人、齊侯、宋公、衛侯、許男、曹伯、陳世子款盟于洮，王人與諸侯盟，不譏者，王室有難故。洮，曹地。鄭伯乞盟。新服未與會，故不序列，别言「乞盟」。

夏，狄伐晉。

秋七月，禘于大廟，用致夫人。禘，三年大祭之名。大廟，周公廟。致者，致新死之主於廟，而列之昭穆。夫人淫而與弑〔一〕，不薨於寢，於禮不應致，故僖公疑其禮，歷三禘，今果行之，嫌異常，故書之。

冬十有二月丁未，天王崩。實以前年閏月崩，以今年十二月丁未告。

【傳】

八年春，盟于洮，謀王室也。鄭伯乞盟，請服也。襄王定位而後發喪。王人會洮，還而後王位定。

晉里克帥師，梁由靡御，虢射爲右，以敗狄于采桑。傳言前年事也。平陽北屈縣西南有采桑津。梁由靡曰：「狄無恥，從之，必大克。」不恥走，故可逐。里克曰：「懼之而已，無速衆狄。」恐怨深而群黨來報。虢射曰：「期年狄必至，示之弱矣。」

夏，狄伐晉，報采桑之役也。復期月。明期年之言驗。

秋，禘而致哀姜焉，非禮也。凡夫人不薨于寢，不殯于廟，不赴于同，不祔于姑，則弗致也。寢，小寢。同，同盟。將葬，又不以殯過廟。據經哀姜薨葬之文，則爲殯廟、

〔一〕「弑」，國會本、巾箱本、書院本、慶元本作「殺」。今按：釋文作「殺」。

赴同、祔姑。今當以不薨于寢，不得致也。

冬，王人來告喪，難故也，是以緩。有大叔帶之難。

宋公疾，大子茲父固請曰：「目夷長且仁，君其立之。」茲父，襄公也。目夷，茲父庶兄子魚也。公命子魚。子魚辭曰：「能以國讓，仁孰大焉？臣不及也，且又不順。」立庶不順禮。遂走而退。

【經】

九年春王三月丁丑，宋公御説卒。四同盟。

夏，公會宰周公、齊侯、宋子、衛侯、鄭伯、許男、曹伯于葵丘。周公，宰孔也。宰，官。周，采地。天子三公不字。宋子，襄公也。傳例曰：在喪，公侯曰子。陳留外黄縣東有葵丘。

秋七月乙酉，伯姬卒。無傳。公羊、穀梁曰：未適人，故不稱國。已許嫁，則以成人之禮書，不復殤也。婦人許嫁而笄，猶丈夫之冠。

九月戊辰，諸侯盟于葵丘。夏會葵丘，次伯姬卒，文不相比，故重言諸侯。宰孔先歸，不與盟。

甲子，晉侯佹諸卒。未同盟而赴以名。甲子，九月十一日。戊辰，十五日也。書在盟後，從赴。

冬，晉里克殺其君之子奚齊。獻公未葬，奚齊未成君，故稱「君之子奚齊」。受命繼位，無罪，故里克稱名。

【傳】

九年春，宋桓公卒，未葬而襄公會諸侯，故曰子。凡在喪，王曰小童，公侯曰子。在喪，未葬也。小童者，童蒙幼末〔一〕之稱。子者，繼父之辭。公侯位尊，上連王者，下絶伯子男。周康王在喪，稱「予一人釗」。禮稱亦不言小童，或所稱之辭各有所施。此謂王自稱之辭，非諸下所得書，故經無其事，傳通取舊典之文，以事相接。

夏，會于葵丘。尋盟且脩好，禮也。王使宰孔賜齊侯胙，胙，祭肉。尊之，比二王後。**曰：「天子有事于文、武，**有祭事也。**使孔賜伯舅胙。」**天子謂異姓諸侯曰伯舅。

〔一〕「末」，金澤本作「昧」。

齊侯將下拜。孔曰：「且有後命。天子使孔曰：『以伯舅耋老，加勞，賜一級，無下拜！』」七十曰耋。級，等也。對曰：「天威不違顏咫尺，言天鑒察不遠，威嚴常在顏面之前。八寸曰咫。小白余敢貪天子之命無下拜！小白，齊侯名。余，身也。恐隕越于下，隕越，顛隊也。據天王居上，故言「恐顛隊于下」。以遺天子羞。敢不下拜！」下拜，登受。拜堂下，受胙於堂上。

秋，齊侯盟諸侯于葵丘，曰：「凡我同盟之人，既盟之後，言歸于好。」義取脩好，故傳顯其盟辭。宰孔先歸，既會，先諸侯去。遇晉侯，曰：「可無會也。晉侯欲來會葵丘。齊侯不務德而勤遠略，故北伐山戎，在莊三十一年。南伐楚，在四年。西爲此會也。東略之不知，西則否矣。言或向東，必不能復西略。其在亂乎？君務靖亂，無勤於行！」在，存也。微戒獻公，言晉將有亂。晉侯乃還。不復會齊。

九月，晉獻公卒，里克、丕鄭欲納文公，故以三公子之徒作亂。丕鄭，晉大夫。三公子，申生、重耳、夷吾。初，獻公使荀息傅奚齊。公疾，召之，曰：「以是藐諸孤，言其幼賤，與諸子縣藐。辱在大夫，其若之何？」欲屈辱荀息，使保護之。稽首而對曰：「臣竭其股肱之力，加之以忠貞。其濟，君之靈也；不濟，則以死繼之。」公曰：「何謂忠貞？」對曰：「公家之利，知無不爲，忠也；送往事居，耦俱無猜，貞也。」往，死者。居，生者。耦，兩也。送死事生，兩無疑恨，所謂正也。及里克將殺奚齊，先告荀息曰：「三怨將作，三公子之徒。秦、晉輔之，子將何如？」荀息曰：「將死之。」里克曰：「無益也。」荀叔曰：「吾與先君言矣，不可以貳？能欲復言而愛身乎？荀叔，荀息也。復言，言可復也。雖無益也，將焉辟之？且人之欲善，誰不如我？我欲無貳，而能謂人已乎？」言不能止里克，使不忠於申生等。

冬十月，里克殺奚齊于次。次，喪寢。書曰「殺其君之子」，未葬也。荀息將死之，人曰：「不如立卓子而輔之。」荀息立公子卓以葬。

十一月，里克殺公子卓于朝，荀息死之。君子曰：「詩所謂『白圭之玷，尚可磨也；斯言之玷，不可爲也』，詩，大雅，言此言之缺難治甚於白圭。荀息有焉。」有此詩人重言之義。

齊侯以諸侯之師伐晉，及高梁而還，討晉亂也。高梁，晉地，在平陽〔一〕縣西南。

〔一〕「平陽」下，僖二十四年注有「楊氏」二字。釋地作「楊縣」。金澤本「平陽」下有「楊縣」二字。

令不及魯，故不書。前已發不書例，今復重發，嫌霸者異於凡諸侯。

晉郤芮使夷吾重賂秦以求入，郤芮，郤克祖父，從夷吾者。曰：「人實有國，我何愛焉？言國非己之有，何愛而不以賂秦。入而能民，土於何有？」從之。能得民，不患無土。齊隰朋帥師會秦師，納晉惠公。隰朋，齊大夫。惠公，夷吾。秦伯謂郤芮曰：「公子誰恃？」對曰：「臣聞亡人無黨，有黨必有讎。言夷吾無黨，無黨則無讎，易出易入，以微勸秦。夷吾弱不好弄，弄，戲也。能鬭不過，有節制。長亦不改，不識其他。」

公謂公孫枝曰：「夷吾其定乎？」公孫枝，秦大夫子桑也。對曰：「臣聞之，唯則定國。詩曰：『不識不知，順帝之則。』文王之謂也。詩，大雅。帝，天也。則，法也。言文王闇行自然，合天之法。又曰：『不僭不賊，鮮不爲則。』僭，過差也。賊，傷害也。皆忌克也。能不然，則可爲人法則。無好無惡，不忌不克之謂也。今其言多忌克，既僭而賊。難哉！」言能自定難。公曰：「忌則多怨，又焉能克？是吾利也。」其言雖多忌，適足以自害，不能勝人也。秦伯慮其還害己，故曰「是吾利」。

宋襄公即位，以公子目夷爲仁，使爲左師以聽政，於是宋治。故魚氏世爲左師。

【經】

十年春王正月，公如齊。無傳。

狄滅温，温子奔衛。蓋中國之狄滅而居其土地。

晉里克弑其君卓及其大夫荀息。弑卓在前年，而以今春書者，從赴也。獻公既葬，卓已免喪，故稱君也。荀息稱名者，雖欲復言，本無遠謀，從君於昏。

夏，齊侯、許男伐北戎。無傳。北戎，山戎。

晉殺其大夫里克。奚齊者，先君所命，卓子又以在國嗣位，罪未爲無道，而里克親爲三怨之主，累弑二君，故稱名以罪之。

秋七月。

冬，大雨雪。無傳。平地尺爲大雪。

【傳】

十年春，狄滅温，蘇子無信也。蘇子叛王即狄，又不能於狄，狄人伐之，王不救，故滅。蘇子奔衛。蘇子，周司寇蘇公之後也。國於温，故曰温子。叛王事在莊十九年。

夏四月，周公忌父、王子黨會齊隰朋立晉侯。周公忌父，周卿士。王子黨，周大夫。晉侯殺里克以説。自解説不篡。將殺里克，公使謂之曰：「微子，則不及此。雖然，子弑二君與一大夫，爲子君者，不亦難乎？」對曰：「不有廢也，君何以興？欲加之罪，其無辭乎？言欲加己罪，不患無辭。臣聞命矣。」伏劍而死。於是丕鄭聘于秦，且謝緩賂，故不及。丕鄭，里克黨，以在秦，故不及里克俱死。

晉侯改葬共大子。共大子，申生也。秋，狐突適下國，下國，曲沃新城。遇大子。大子使登僕，忽如夢而相見，狐突本爲申生御，故復使登車爲僕。而告之曰：「夷吾無禮，余得請於帝矣，請罰夷吾。將以晉畀秦，秦將祀余。」對曰：「臣聞之：『神不歆非類，民不祀非族。』君祀無乃殄乎？歆，饗也。殄，絶也。且民何罪？失刑、乏祀，君其圖之！」乏祀，爲無主祭也。君曰：「諾！吾將復請。七日，新城西偏，將有巫者而見我焉。」新城，曲沃也。將因巫而見。許之，遂不見。狐突許其言，申生之象亦没。及期而往，告之曰：「帝許我罰有罪矣，敝於韓。」敝，敗也。韓，晉地。獨敝惠公，故言罰有罪。明不復以晉畀秦。夷吾忌克多怨，終於失國，雖改葬加謚，申生猶忿。傳言鬼神所馮，有時而信。

丕鄭之如秦也，言於秦伯曰：「呂甥、郤稱、冀芮實爲不從，若重問以召之，三子，晉大夫。不從，不與秦賂。問，聘問之幣。臣出晉君，君納重耳，蔑不濟矣。」蔑，無也。

冬，秦伯使泠至報問，且召三子。泠至，秦大夫。郤芮曰：「幣重而言甘，誘我也。」遂殺丕鄭、祁舉，祁舉，晉大夫。及七輿大夫：侯伯七命，副車七乘。左行共華、右行賈華、叔堅、騅歂、纍虎、特宮、山祁，皆里、丕之黨也。七子，七輿大夫。丕豹奔秦，丕豹，丕鄭之子。言於秦伯曰：「晉侯背大主而忌小怨，民弗與也。伐之，必出。」大主，秦也。小怨，里、丕。公曰：「失衆，焉能殺？謂殺里、丕之黨。違禍，誰能出君？」謂豹辟禍也。爲明年晉殺丕鄭傳。

【經】

十有一年春，晉殺其大夫丕鄭父。以私怨謀亂國，書〔一〕名，罪之。書春，從告。

〔一〕「書」，金澤本作「稱」。

夏，公及夫人姜氏會齊侯于陽穀。無傳。婦人送迎不出門，見兄弟不踰閾。與公俱會齊侯，非禮。

秋八月，大雩。無傳。過時，故書。

冬，楚人伐黄。

【傳】

十一年春，晉侯使以平鄭之亂來告。釋經書在今年。天王使召武公、内史過賜晉侯命，天王，周襄王。召武公，周卿士。内史過，周大夫。諸侯即位，天子賜之命圭爲瑞。受玉惰。過歸告王曰：「晉侯其無後乎？王賜之命，而惰於受瑞，先自弃也已，其何繼之有？禮，國之幹也；敬，禮之輿也。不敬則禮不行，禮不行則上下昏，何以長世？」爲惠公不終張本。

夏，揚、拒、泉、皋、伊、雒之戎同伐京師，入王城，焚東門。揚、拒、泉、皋皆戎邑，及諸雜戎居伊水、雒水之間者。今伊闕北有泉亭。王子帶召之也。王子帶，甘昭公也。召戎，欲因以篡位。秦、晉伐戎以救周。秋，晉侯平戎于王。爲二十四年天王出居鄭傳。

黄人不歸楚貢，冬，楚人伐黄。黄人恃齊故。

【經】

十有二年春王三月庚午，日有食之。無傳。不書朔，官失之。

夏，楚人滅黄。

秋七月。

冬十有二月丁丑，陳侯杵臼卒。無傳。還世子與僖公同盟甯母及洮。

【傳】

十二年春，諸侯城衛楚丘之郛，懼狄難也。楚丘，衛國都。郛，郭也。爲明年春狄侵衛傳。

黄人恃諸侯之睦于齊也，不共楚職，曰：「自郢及我九百里，焉能害我？」夏，楚滅黄。郢，楚都。

王以戎難故討王子帶，子帶前年召戎伐周。秋，王子帶奔齊。

冬，齊侯使管夷吾平戎于王，使隰朋平戎于晉。平，和也。前年晉救周伐戎，故戎與周、晉不和。王以上卿之禮饗管仲，管仲辭曰：「臣，賤有司也。有天子之二守國、高在，國子、高子，天子所命爲齊守臣，皆上卿也。莊二十二年，高傒始見經；僖二十八年，國歸父乃見傳。歸父之父曰懿仲，高傒之子曰莊子，不知今當誰世。若節春秋，來承王命，何以禮焉？節，時也。陪臣敢辭。」諸侯之臣曰陪臣。王曰：「舅氏，伯舅之使，故曰「舅氏」。余嘉乃勳，應乃懿德，謂督不忘。往踐乃職，無逆朕命。」功勳美德，可謂正而不可忘者。不言位而言職者，管仲位卑而執齊政，故欲以職尊之。管仲受下卿之禮而還。管仲不敢以職自高，卒受本位之禮。君子曰：「管氏之世祀也宜哉！讓不忘其上。詩曰：『愷悌君子，神所勞矣。』」詩，大雅。愷，樂也。悌，易也。言樂易君子，爲神所勞來，故世祀也。管仲之後，於齊没不復見，傳亦舉其無驗。

【經】

十有三年春，狄侵衛。傳在前年春。

夏四月，葬陳宣公。無傳。

公會齊侯、宋公、陳侯、衛侯、鄭伯、許男、曹伯于鹹。鹹，衛地，東郡濮陽縣東南有鹹城。

秋九月，大雩。無傳。書過。

冬，公子友如齊。無傳。

【傳】

十三年春，齊侯使仲孫湫聘于周，且言王子帶。前年王子帶奔齊，言欲復之。事畢，不與王言。不言子帶事。歸復命曰：「未可。王怒未怠，其十年乎？不十年，王弗召也。」

夏，會于鹹，淮夷病杞故，且謀王室也。

秋，爲戎難故，諸侯戍周，齊仲孫湫致之。戍，守也。致諸侯戍卒于周。

冬，晉荐饑，麥、禾皆不熟。使乞糴于秦。秦伯謂子桑：「與諸乎？」對曰：「重施而報，君將何求？言不損秦。重施而不報，其民必攜；攜而討焉，無衆必敗。」不義，故民離。謂百里：「與諸乎？」百里，秦大夫。對曰：「天災流行，國家代有。救災恤鄰，道也。行道有福。」丕鄭之子豹在秦，請伐晉。欲爲父報怨。秦伯曰：「其君是惡，其民何罪？」秦於是乎輸粟于晉，自雍及絳相繼，雍，秦國都。絳，晉國都。命之曰「汎舟之役」。從渭水運入河、汾。

【經】

十有四年春，諸侯城緣陵。緣陵，杞邑。辟淮夷，遷都於緣陵。

夏六月，季姬及鄫子遇于防，使鄫子來朝。季姬，魯女，鄫夫人也。鄫子本無朝志，爲季姬所召而來，故言「使鄫子來朝」。鄫，國，今琅邪鄫縣。

秋八月辛卯，沙鹿崩。沙鹿，山名，平陽元城縣東有沙鹿土山，在晉地。災害繫於所災所害，故不繫國。

狄侵鄭。無傳。

冬，蔡侯肸卒。無傳。未同盟而赴以名。

【傳】

十四年春，諸侯城緣陵而遷杞焉，不書其人，有闕也。闕，謂器用不具、城池未固而去，爲惠不終也。澶淵之會，既而無歸，大夫不書，而國別稱人，今此揔曰諸侯，君臣之辭。不言城杞，杞未遷也。

鄫季姬來寧，公怒，止〔一〕之，以鄫子之不朝也。來寧不書，而後年書歸鄫，更嫁之文也。明公絶鄫昏，既來朝而還。

夏，遇于防而使來朝。

秋八月辛卯，沙鹿崩。晉卜偃曰：「期年將有大咎，幾亡國。」國主山川，山崩川竭，亡國之徵。

冬，秦饑，使乞糴于晉，晉人弗與。慶鄭曰：「背施無親，慶鄭，晉大夫。幸災不仁，貪愛不祥，怒鄰不義。四德皆失，何以守國？」虢射曰：「皮之不存，毛將安傅？」虢射，惠公舅也。皮以喻所許秦城，毛以喻糴。言既背秦施，爲怨以深，雖與之糴，猶無皮而施毛。慶鄭曰：「弃信背鄰，患孰恤之？無信患作，失援必斃，是則然矣。」虢射曰：「無損於怨，而厚於寇，不如勿與。」言與秦粟不足解怨，適足使秦强。慶鄭曰：「背施幸災，民所弃也。近猶讎之，況怨敵乎？」弗聽。退曰：「君其悔是哉！」

〔一〕經傳識異：一無「止」字。

【經】

十有五年春王正月，公如齊。無傳。諸侯五年再相朝，禮也。例在文十五年。

楚人伐徐。

三月，公會齊侯、宋公、陳侯、衛侯、鄭伯、許男、曹伯，盟于牡丘，牡丘，地名，闕。遂次于匡。匡，衛地，在陳留長垣縣西南。公孫敖帥師及諸侯之大夫救徐。公孫敖，慶父之子。諸侯既盟，次匡，皆遣大夫將兵救徐，故不復具列國別也。

夏五月，日有食之。

秋七月，齊師、曹師伐厲。厲，楚與國，義陽隨縣北有厲鄉。

八月，螽。無傳。爲災。

九月，公至自會。無傳。

季姬歸于鄫。無傳。來寧不書，此書者，以明中絕。

己卯晦，震夷伯之廟。夷伯，魯大夫展氏之祖父。夷，謚；伯，字。震者，雷電擊之。大夫既卒書字。

冬，宋人伐曹。

楚人敗徐于婁林。婁林，徐地，下邳僮縣東南有婁亭。

十有一月壬戌，晉侯及秦伯戰于韓，獲晉侯。例，得大夫曰獲。晉侯背施無親，愎諫違卜，故貶絶，下從衆臣之例，而不言以歸。不書敗績，晉師不大崩。

【傳】十五年春，楚人伐徐，徐即諸夏故也。三月，盟于牡丘，尋葵丘之盟，且救徐也。葵丘盟在九年。**孟穆伯帥師及諸侯之師救徐，諸侯次于匡以待之。**

夏五月，日有食之。不書朔與日，官失之也。

秋，伐厲，以救徐也。

晉侯之入也，秦穆姬屬賈君焉，晉侯入在九年。穆姬，申生姊秦穆夫人。賈君，晉獻公次妃，賈女也。**且曰：「盡納群公子。」**群公子，晉武、獻之族。宣二年傳曰：「驪姬之亂，詛無畜群公子。」**晉侯烝於賈君，又不納群公子，是以穆姬怨之。晉侯許賂中大夫，**中大夫，國内執政里、丕等。**既而皆背之。賂秦伯以河外列城五，東盡虢略，南及華山，内及解梁城，既而不與。**河外，河南也。東盡虢略，從河南而東盡虢界也。解梁城，今河東解縣也。華山在弘農華陰縣西南。**晉饑，秦輸之粟；**在十三年。**秦饑，晉閉**

之羅，在十四年。故秦伯伐晉。

卜徒父筮之，吉：徒父，秦之掌龜卜者。卜人而用筮，不能通三易之占，故據其所見雜占而言之。「涉河，侯車敗。」詰之。秦伯之軍涉河，則晉侯之車敗〔一〕也。秦伯不解，謂敗在己，故詰之。對曰：「乃大吉也，三敗必獲晉君。其卦遇蠱☶☴，巽下艮上，蠱。曰：『千乘三去，三去之餘，獲其雄狐。』夫狐蠱，必其君也。於周易「利涉大川，往有事也」。亦秦勝晉之卦也。今此所言，蓋卜筮書雜〔二〕辭，以狐蠱爲君。其義欲以喻晉惠公。其象未聞。蠱之貞，風也；其悔，山也。內卦爲貞，外卦爲悔。巽爲風，秦象。艮爲山，晉象。歲云秋矣，我落其實而取其材，所以克也。周九月，夏之七月，孟秋也。艮爲山，山有木，今歲已秋，風吹落山木之實，則材〔三〕爲人所取。實落材亡，不敗何待？」三敗，及韓。晉侯車三壞。

〔一〕「晉侯之車敗」，陽明文庫本、宋大字本、國會本、巾箱本、書院本、附釋音本、慶元本、金澤本無「之」字。
〔二〕「雜」下，金澤本有「占」字。
〔三〕「材」，金澤本無此字。

晉侯謂慶鄭曰：「寇深矣，若之何？」對曰：「君實深之，可若何！」公曰：「不孫。」卜右，慶鄭吉，弗使。惡其不孫，不以爲車右。此夷吾之多忌。步揚御戎，家僕徒爲右，步揚，郤犨之父。乘小駟，鄭入也。鄭所獻馬名小駟。慶鄭曰：「古者大事，必乘其産，生其水土而知其人心，安其教訓而服習其道，唯所納之，無不如志。今乘異産以從戎事，及懼而變，將與人易。變易人意。亂氣狡憤，陰血周作，張脉僨興，外彊中乾。狡，戾也。僨，動也。氣狡憤於外，則血脉必周身而作，隨氣張動。外雖有彊形，而内實乾竭。進退不可，周旋不能，君必悔之。」弗聽。

九月，晉侯逆秦師，使韓簡視師，韓簡，晉大夫，韓萬之孫。復曰：「師少於我，鬭士倍我。」公曰：「何故？」對曰：「出因其資，謂奔梁求秦。入用其寵，爲秦所納。饑食其粟，三施而無報，是以來也。今又擊之，我怠秦奮，倍猶未也。」公曰：「一夫不可狃，況國乎！」狃，忕也。言辟秦則使忕來。遂使請戰，曰：「寡人不佞，能合其衆而不能離也。君若不還，無所逃命。」秦伯使公孫枝對曰：「君之未入，寡人懼之，入而未定列，猶吾憂也。列，位也。苟列定矣，敢不承命。」韓簡退，曰：「吾幸而得囚。」得囚爲幸，言必敗。

壬戌，戰于韓原，九月十三日。晉戎馬還濘而止。濘，泥也。還，便旋也。小駟不調，故隋泥中。公號慶鄭。慶鄭曰：「愎諫，違卜，愎，戾也。固敗是求，又何逃焉？」遂去之。梁由靡御韓簡，虢射爲右，輅秦伯，將止之。輅，迎也。止，獲也。鄭以救公誤之，遂失秦伯。秦獲晉侯以歸。經書十一月壬戌，十四日。經從赴。晉大夫反首拔舍從之。反首，亂頭髮下〔一〕垂也。拔草舍止，壞形毁服。秦伯使辭焉，曰：「二三子何其慼也？寡人之從君而西也，亦晉之妖夢是踐，豈敢以至？」狐突不寐而與神言，故謂之妖夢。申生言帝許罰有罪，今將晉君而西，以厭息此語。踐，厭也。晉大夫三拜稽首，曰：「君履后土而戴皇天，皇天后土實聞君之言，群臣敢在下風。」

穆姬聞晉侯將至，以大子罃、弘與女簡、璧登臺而履薪焉。罃，康公名；弘，其母弟也。簡、璧，罃、弘姊妹。古之宫閉者，皆居之臺以抗絶之。穆姬欲自罪，故登臺而荐之以

〔一〕「髮」下，陽明文庫本、巾箱本、附釋音本、慶元本、金澤本有「反」字。阮校云：「宋本、淳熙本、足利本「下」上有「反」字。」

薪，左右上下者，皆履柴乃得通。使以免服衰絰逆，且告，免、衰、絰，遭喪之服，令行人服此服迎秦伯，且告將以耻辱自殺。曰：「上天降災〔一〕，使我兩君匪以玉帛相見，而以興戎。若晉君朝以入，則婢子夕以死；夕以入，則朝以死。唯君裁之。」乃舍諸靈臺。在京兆鄠縣，周之故臺。亦所以抗絶，令不得通外內。

大夫請以入。公曰：「獲晉侯，以厚歸也。既而喪歸，焉用之？若將晉侯入，則夫人或自殺。大夫其何有焉？何有，猶何得。且晉人慼憂以重我，謂反首拔舍。天地以要我。不圖晉憂，重其怒也；我食吾言，背天地也。食，消也。重怒難任，背天不祥，必歸晉君。」任，當也。公子縶曰：「不如殺之，無聚慝焉。」公子縶，秦大夫。恐夷吾歸，復相聚爲惡。子桑曰：「歸之而質其大子，必得大成。晉未可滅而殺其君，祇以成惡。祇，適也。且史佚有言曰：『無始禍，史佚，周武王時大史，名佚。無怙亂，恃人亂爲己利。無重怒。』重怒難任，陵人不祥。」乃許晉平。

〔一〕「上天降災」，釋文云：「此凡四十二字，檢古本皆無，尋杜注亦不得有，有是後人加也。」孔疏云：「左傳本無此言，後人妄增之耳。」

晉侯使郤乞告瑕吕飴甥，且召之。郤乞，晉大夫也。瑕吕飴甥，即吕甥也，蓋姓瑕吕，名飴甥，字子金。晉侯聞秦將許之平，故告吕甥，召使迎己。子金教之言曰：「朝國人而以君命賞，恐國人不從，故先賞之於朝。且告之曰：『孤雖歸，辱社稷矣。其卜貳圉也。』」貳，代也。圉，惠公大子懷公。衆皆哭。哀君不還國。晉於是乎作爰田。分公田之税應入公者，爰之於所賞之衆。吕甥曰：「君亡之不恤，而群臣是憂，惠之至也。將若君何？」衆曰：「何爲而可？」對曰：「征繕以輔孺子，征，賦也。繕，治也。孺子，大子圉。諸侯聞之，喪君有君，群臣輯睦，甲兵益多，好我者勸，惡我者懼，庶有益乎！」衆説。晉於是乎作州兵。五黨爲州，州二千五百家也，因此又使州長各繕甲兵。

初，晉獻公筮嫁伯姬於秦，遇歸妹䷵兑下震上，歸妹。之睽䷥。兑下離上，睽。歸妹上六〔一〕變而爲〔二〕睽。史蘇占之曰：「不吉。史蘇，晉卜筮之史。其繇曰：『士刲

〔一〕「上六」下，金澤本有「爻」字。
〔二〕「而爲」，金澤本作「之」。

羊，亦無衁也。女承筐，亦無貺也。周易歸妹上六爻辭也。衁，血也。貺，賜也。刲羊，士之功；承筐，女之職。上六無應，所求不獲，故下刲無血，上承無實，不吉之象也。離爲中女，震爲長男，故稱士女。**西鄰責言，不可償也。**將嫁女於西，而遇不吉之卦，故知有責讓之言，不可報償。**歸妹之睽，猶無相也。』**歸妹，女嫁之卦；睽，乖離之象，故曰「無相」。相，助也。**震之離，亦離之震，**二卦變而氣相通。**爲雷爲火，爲嬴敗姬，**嬴，秦姓。姬，晉姓。震爲雷，離爲火，火動熾而害其母，女嫁反害其家之象，故曰「爲嬴敗姬」。**車説其輹，火焚其旗，不利行師，敗于宗丘。**輹，車下縛也。丘，猶邑也。震爲車，離爲火。上六爻在震則無應，故車脱輹；在離則失位，故火焚旗，言皆失車火之用也。車敗旗焚，故不利行師。火還害母，故敗不出國，近在宗邑。**歸妹睽孤，寇張之弧，**此睽上九爻辭也。處睽之極，故曰「睽孤」。失位孤絶，故遇寇難而有弓矢之警，皆不吉之象。**姪其從姑，**震爲木，離爲火，火從木生，離爲震妹，於火爲姑，謂我姪者，我謂之姑。謂子圉質秦。**六年其逋，逃歸其國，而弃其家，**逋，亡也。家，謂子圉婦懷嬴。**明年其死於高梁之虚。」**惠公死之明年，文公入，殺懷公于高梁。高梁，晉地，在平陽楊氏縣西南。凡筮者用周易，則其象可推，非此而往，則臨時占者或取於象，或取於氣，或取於時日王相，以成其占。若盡附會以爻象，則搆虛〔一〕而不經，故略言其歸趣。他皆放此。**及惠公在秦，曰：「先君若從史蘇之占，吾不及此夫。」韓簡侍，曰：「龜，象也；筮，數也。物生而後有象，象而後有滋，滋而後有數。先君之敗德，及可數乎？史蘇是占，勿從何益？**言龜以象示，筮以數告，象數相因而生，然後有占，占所以知吉凶，不能變吉凶，故先君敗德，非筮數所生，雖復不從史蘇，不能益禍。**詩曰：『下民之孽，匪降自天，僔沓背憎，職競由人。』」**詩，小雅，言民之有邪惡，非天所降。僔沓面語，背相憎疾，皆人競所主作，因以諷諫惠公有以召此禍也。

震夷伯之廟，罪之也。於是展氏有隱慝焉。隱慝，非法所得；尊貴，罪所不加，是以聖人因天地之變，自然之妖，以感動之。知達之主，則識先聖之情以自厲；中下之主，亦信妖祥以不妄。神道助教，唯此爲深。

冬，宋人伐曹，討舊怨也。莊十四年，曹與諸侯伐宋。

楚敗徐于婁林，徐恃救也。恃齊救。

〔一〕「搆虛」，陽明文庫本、國會本、巾箱本、書院本、附釋音本、慶元本作「構虛」。阮校云：「宋本『構』作『搆』，乃慶元合刻時，云避宋高宗諱。釋文作『講』，云『本亦作「構」，各依字讀』。」

十月，晉陰飴甥會秦伯，盟于王城。陰飴甥即吕甥也。食采於陰，故曰陰飴甥。王城，秦地，馮翊臨晉縣東有王城〔一〕，今名武鄉。秦伯曰：「晉國和乎？」對曰：「不和。小人耻失其君而悼喪其親，痛其親爲秦所殺。不憚征繕以立圉也，曰：『必報讎，寧事戎狄。』君子愛其君而知其罪，不憚征繕以待秦命，曰：『必報德，有死無二。』以此不和。」秦伯曰：「國謂君何？」對曰：「小人慼，謂之不免。君子恕，以爲必歸。小人曰：『我毒秦，秦豈歸君？』毒謂三施不報。君子曰：『我知罪矣，秦必歸君。貳而執之，服而舍之，德莫厚焉，刑莫威焉！服者懷德，貳者畏刑。此一役也，言還惠公，使諸侯威服，復可當一事之功。秦可以霸。納而不定，廢而不立，以德爲怨，秦不其然。』」秦伯曰：「是吾心也。」改館晉侯，饋七牢焉。牛、羊、豕各一爲一牢。

蛾析謂慶鄭曰：「盍行乎？」蛾析，晉大夫。對曰：「陷君於敗，謂呼不往，誤晉師，失秦伯。敗而不死，又使失刑，非人臣也。臣而不臣，行將焉入？」十一月，晉

〔一〕「王城」上，史記索隱引有「故」字，下「武鄉」下有「城」字。金澤本下「武鄉」下亦有「城」字。

侯歸。丁丑，殺慶鄭而後入。丁丑，月二十九日。

是歲，晉又饑，秦伯又餼[一]之粟，曰：「吾怨其君而矜其民。且吾聞唐叔之封也，箕子曰：『其後必大。』晉其庸可冀乎！唐叔，晉始封之君，武王之子。箕子，殷王帝乙之子，紂之庶兄。姑樹德焉，以待能者。」於是秦始征晉河東，置官司焉。征，賦也。

春秋經傳集解僖上第五

[一]「餼」，金澤本作「饋」。

春秋經傳集解僖中第六

杜氏　盡二十六年

【經】

十有六年春王正月戊申朔，隕石于宋五。隕，落也。聞其隕，視之石，數之五，各隨其聞見先後而記之。莊七年「星隕如雨」，見星之隕而墜於四遠若山若水，不見在地之驗。此則見在地之驗，而不見始隕之星。史各據事而書。是月，六鷁退飛過宋都。是月，隕石之月。重言「是月」，嫌同日。鷁，水鳥，高飛遇風而退，宋人以爲災，告於諸侯，故書。

三月壬申，公子季友卒。無傳。稱字者，貴之。公與小斂〔一〕，故書日。

夏四月丙申，鄫季姬卒。無傳。

〔一〕「公與小斂」，釋文無「小」字，云：「本亦作『公與小斂』。」

秋七月甲子，公孫兹卒。無傳。

冬十有二月，公會齊侯、宋公、陳侯、衛侯、鄭伯、許男、邢侯、曹伯于淮。臨淮郡左右。

【傳】十六年春，隕石于宋五，隕星也。但言星，則嫌星使石隕，故重言隕星。六鷁退飛過宋都，風也。六鷁遇迅風而退飛，風高不爲物害，故不記風之異。周内史叔興聘于宋，宋襄公問焉，曰：「是何祥也？吉凶焉在？」祥，吉凶之先見者。襄公以爲石隕、鷁退，能爲禍福之始，故問其所在。對曰：「今兹魯多大喪，今兹，此歲。明年齊有亂，君將得諸侯而不終。」魯喪、齊亂、宋襄不終，别以政刑吉凶他占知之。退而告人曰：「君失問。是陰陽之事，非吉凶所生也。言石隕、鷁退〔一〕，陰陽錯逆所爲，非人所生。襄公不知陰陽而問人事，故曰「君失問」。叔興自以對非其實，恐爲有識〔二〕所譏，故退而告人。吉

〔一〕「石隕鷁退」，陽明文庫本、附釋音本、金澤本作「石鷁」。今按：正義本同，亦當作「石鷁」二字。

〔二〕「有識」下，金澤本有「者」字。

凶由人，吾不敢逆君故也。」積善餘慶，積惡餘殃，故曰「吉凶由人」。君問吉凶，不敢逆之，故假他占以對〔一〕。

夏，齊伐厲，不克，救徐而還。十五年，齊伐厲以救徐。

秋，狄侵晉，取狐廚、受鐸，涉汾，及昆都，因晉敗也。狐廚、受鐸、昆都，晉三邑。平陽臨汾縣西北有狐谷亭。汾水出大原，南入河。

王以戎難告于齊，齊徵諸侯而戍周。十一年戎伐京師以來，遂爲王室難。

冬十一月乙卯，鄭〔二〕殺子華。終管仲之言。事在七年。

十二月，會于淮，謀鄫，且東略也。鄫爲淮夷所病故。城鄫，役人病，有夜登丘而呼曰：「齊有亂。」不果城而還。役人遇厲氣，不堪久駐，故作妖言。

〔一〕「對」，金澤本作「荅之」。

〔二〕「鄭」下，金澤本有「伯」字。

【經】

十有七年春，齊人、徐人伐英氏。

夏，滅項。項，國，今汝陰項縣。公在會，别遣師滅項，不言師，諱之。

秋，夫人姜氏會齊侯于卞。卞，今魯國卞縣。

九月，公至自會。公既見執于齊，猶以會致者，諱之。

冬十有二月乙亥，齊侯小白卒。與僖公八同盟，赴以名。

【傳】

十七年春，齊人爲徐伐英氏，以報婁林之役也。英氏，楚與國。婁林役在十五年。

夏，晉大子圉爲質於秦，秦歸河東而妻之。秦征河東置官司，在十五年。惠公之在梁也，梁伯妻之。梁嬴孕，過期，過十月不産。懷子曰孕。卜招父與其子卜之。卜招父，梁大卜。其子曰：「將生一男一女。」招曰：「然。男爲人臣，女爲人妾。」故名男曰圉，女曰妾。圉，養馬者。不聘曰妾。及子圉西質〔一〕，妾爲宦

〔一〕「質」下，金澤本有「秦」字。

女焉。宦，事秦爲妾。

師滅項。師，魯師。淮之會，公有諸侯之事，未歸而取項。淮會在前年冬。諸侯之事，會同講禮之事。齊人以爲討而止公。内諱執，皆言止。

秋，聲姜以公故，會齊侯于卞。聲姜，僖公夫人，齊女。九月，公至。書曰：「至自會。」猶有諸侯之事焉，且諱之也。恥見執，故託會以告廟。

齊侯之夫人三：王姬、徐嬴、蔡姬，皆無子。齊侯好内，多内寵，内嬖如夫人者六人：長衛姬生武孟，武孟，公子無虧。少衛姬生惠公，公子元。鄭姬生孝公，公子昭。葛嬴生昭公，公子潘。密姬生懿公，公子商人。宋華子生公子雍。華氏之女，子姓。公與管仲屬孝公於宋襄公，以爲大子。

雍巫有寵於衛共姬，因寺人貂以薦羞於公，雍巫，雍人名巫，即易牙。亦有寵，公許之立武孟。

冬十月乙亥，齊桓公卒。乙亥，月八日。易牙入，與寺人貂因内寵以殺群吏，易牙既有寵於公，爲長衛姬請立武孟。管仲卒，五公子皆求立。内寵，内官之有權寵者。而立公子無虧。孝公奔宋。十二月乙亥，赴。辛巳，夜殯。六十七日乃殯。

【經】

十有八年春王正月，宋公、曹伯、衛人、邾人伐齊。納孝公。

夏，師救齊。無傳。

五月戊寅，宋師及齊師戰于甗，齊師敗績。無虧既死，曹、衛、邾先去，魯亦罷歸，故宋師獨與齊戰。不稱宋公，不親戰也。大崩曰敗績。甗，齊地。

狄救齊。無傳。救四公子之徒。

秋八月丁亥，葬齊桓公。十一月而葬，亂故。八月無丁亥，日誤。

冬，邢人、狄人伐衛。狄稱人者，史異辭，傳無義例。

【傳】

十八年春，宋襄公以諸侯伐齊。三月，齊人殺無虧。以説宋。

鄭伯始朝于楚。中國無霸故。楚子賜之金，既而悔之，與之盟曰：「無以鑄兵。」楚金利故。故以鑄三鐘。古者以銅爲兵。傳言楚無霸者遠略。

齊人將立孝公，不勝，四公子之徒遂與宋人戰。無虧已〔一〕死，故曰「四公子」。

夏五月，宋敗齊師于甗，立孝公而還。

秋八月，葬齊桓公。孝公立，而後得葬。

冬，邢人、狄人伐衛，圍菟圃。衛侯以國讓父兄子弟及朝衆，曰：「苟能治之，燬請從焉。」燬，衛文公名。衆不可，不聽衛侯讓。而後師于訾婁。陳師訾婁。訾婁，衛邑。狄師還。獨言狄還，則邢留距衛，言邢所以終爲衛所滅。

梁伯益其國而不能實也，多築城邑，而無民以實之。命〔二〕曰新里，秦取之。

【經】

十九年春王三月，宋人執滕子嬰齊。稱人以執，宋以罪及民告。例在成十五年。傳例不以名爲義，書名及不書名皆從赴。

〔一〕「已」，金澤本作「既」。

〔二〕「命」下，金澤本有「之」字。

夏六月，宋公、曹人、邾人盟于曹南。無傳。曹雖與盟而猶不服，不肯致餼，無地主之禮，故不以國地，而曰曹南，所以及秋而見圍。

鄫子會盟于邾。不及曹南之盟。諸侯既罷，鄫〔一〕乃會之於邾，故不言如會。己酉，邾人執鄫子，用之。稱人以執，宋以罪及民告也。鄫雖失大國會盟之信，然宋用之，爲罰〔二〕已虐，故直書用之，言若用畜産也。不書社，赴不及也。不書宋使邾，而以邾自用爲文，南面之君，善惡自專，不得託之於他命。

秋，宋人圍曹。衛人伐邢。伐邢在圍曹前，經書在後，從赴。

冬，會陳人、蔡人、楚人、鄭人盟于齊。地於齊，齊亦與盟。

梁亡。以自亡爲文，非取者之罪，所以惡梁。

【傳】

十九年春，遂城而居之。承前年傳取新里，故不復言秦也。爲此冬梁亡傳。

〔一〕「鄫」下，金澤本有「子」字。
〔二〕「罰」，金澤本作「罪」。

宋人執滕宣公。

夏，宋公使邾文公用鄫子于次睢之社，欲以屬東夷。睢水受汴，東經陳留、梁、譙、沛、彭城縣入泗，此水次有妖神，東夷皆社祠之，蓋殺人而用祭。司馬子魚曰：「古者六畜不相爲用，司馬子魚，公子目夷也。六畜不相爲用，謂若祭馬先不用馬。小事不用大牲，而況敢用人乎？祭祀以爲人也。民，神之主也。用人，其誰饗之？齊桓公存三亡國以屬諸侯，三亡國，魯、衛、邢。義士猶曰薄德。謂欲因亂取魯，緩救邢、衛。今一會而虐二國之君，宋公三月以會召諸侯，執滕子；六月而會盟，其月二十二日執鄫子，故云一會而虐二國之君。又用諸淫昏之鬼。非周社故。將以求霸，不亦難乎？得死爲幸！」恐其亡國。

秋，衛人伐邢，以報菟圃之役。邢不速退，所以獨見伐。於是衛大旱，卜有事於山川，不吉。有事，祭也。甯莊子曰：「昔周饑，克殷而年豐。今邢方無道，諸侯無伯，伯，長也。天其或者欲使衛討邢乎？」從之，師興而雨。

宋人圍曹，討不服也。曹南盟不脩地主之禮故。子魚言於宋公曰：「文王聞崇德亂而伐之，軍三旬而不降，崇，崇侯虎。退脩教而復伐之〔一〕，因壘而降。復往攻之，備不改前，而崇自服。詩曰：『刑于寡妻，至于兄弟，以御于家邦。』詩，大雅，言文王之教，自近及遠。寡妻，嫡妻，謂大姒也。刑，法也。今君德無乃猶有所闕，而以伐人，若之何？盍姑内省德乎？無闕而後動。」

陳穆公請脩好於諸侯，以無忘齊桓之德。冬，盟于齊，脩桓公之好也。宋襄〔二〕暴虐，故思齊桓。

梁亡，不書其主，自取之也。不書取梁者主名。初，梁伯好土功，亟城而弗處，民罷而弗堪，則曰：「某寇將至。」乃溝公宫，溝，壍。曰：「秦將襲我。」民懼而潰，秦遂取梁。

〔一〕「而復伐之」，釋文作「而復之」，云：「一本作『而復伐之』，『伐』字衍也。」

〔二〕「宋襄」下，金澤本有「公」字。

【經】

二十年春，新作南門。魯城南門也，本名稷門，僖公更高大之，今猶不與諸門同，改名高門也。言新以易舊，言作以興事，皆更造之文也。

夏，郜子來朝。無傳。郜，姬姓國。

五月乙巳，西宮災。無傳。西宮，公別宮也。天火曰災，例在宣十六年。

鄭人入滑。入例在襄十三年。

秋，齊人、狄人盟于邢。

冬，楚人伐隨。

【傳】

二十年春，新作南門，書，不時也。失土功之時。凡啓塞，從時。門户道橋謂之啓，城郭牆塹謂之塞，皆官民之開閉，不可一日而闕，故特隨壞時而治之。今僖公脩飾城門，非開閉之急，故以土功之制譏之。傳嫌啓塞皆從土功之時，故別起從時之例。

滑人叛鄭而服於衛。夏，鄭公子士、洩堵寇帥師入滑。公子士，鄭文公子。洩堵寇，鄭大夫。

秋，齊、狄盟于邢，爲邢謀衛難也。於是衛方病邢。

隨以漢東諸侯叛楚。冬，楚鬭穀於菟帥師伐隨，取成而還。君子曰：「隨之見伐，不量力也。量力而動，其過鮮矣。善敗由己，而由人乎哉？詩曰：『豈不夙夜，謂行多露。』」詩，召南，言豈不欲早暮而行，懼多露之濡己，以喻違禮而行，必有汙辱，是亦量宜相時而動之義。

宋襄公欲合諸侯，臧文仲聞之，曰：「以欲從人則可，屈己之欲，從衆之善。以人從欲鮮濟。」爲明年鹿上盟傳。

【經】

二十有一年春，狄侵衛。無傳。爲邢故。

宋人、齊人、楚人盟于鹿上。鹿上，宋地，汝陰有原鹿縣。宋爲盟主，故在齊人上。

夏，大旱。雩不獲雨，故書旱。自夏及秋，五稼皆不收。

秋，宋公、楚子、陳侯、蔡侯、鄭伯、許男、曹伯會于盂。盂，宋地。楚始與中國行會禮，故稱爵。**執宋公以伐宋。**不言楚執宋公者，宋〔一〕無德而爭盟，爲諸侯所疾，故揔見衆國共執之文。

冬，公伐邾。無傳。爲邾滅須句故。

楚人使宜申來獻捷。無傳。獻宋捷也。不言宋者，秋伐宋，冬來獻捷，事不異年，從可知。不稱楚子，使來不稱君命行禮。

十有二月癸丑，公會諸侯盟于薄，釋宋公。諸侯既與楚共伐宋，宋服，故爲薄盟以釋之。公本無會期，聞盟而往，故書「公會諸侯」。

【傳】

二十一年春，宋人爲鹿上之盟，以求諸侯於楚，楚人許之。公子目夷曰：「小國爭盟，禍也。宋其亡乎！幸而後敗。」謂軍敗。

夏，大旱。公欲焚巫尪。巫尪，女巫也，主祈禱請雨者。或以爲尪非巫也，瘠病之人，其面上向，俗謂天哀其病，恐雨入其鼻，故爲之旱，是以公欲焚之。臧文仲曰：「非旱備

〔一〕「宋」下，金澤本有「公」字。

也！脩城郭、貶食、省用、務穡、勸分，穡，儉也。勸分，有無相濟。此其務也，巫尫何爲？天欲殺之，則如勿生。若能爲旱，焚之滋甚。」公從之。是歲也，饑而不害。不傷害民。

秋，諸侯會宋公于盂。子魚曰：「禍其在此乎！君欲已甚，其何以堪之？」於是楚執宋公以伐宋。冬，會于薄以釋之。子魚曰：「禍猶未也，未足以懲君。」爲二十二年戰泓傳。

任、宿、須句、顓臾，風姓也〔一〕，實司大皞與有濟之祀，司，主也。大皞，伏羲。四國，伏羲之後，故主其祀。任，今任城縣也。顓臾在泰山南武陽縣東北。須句在東平須昌縣西北。四國封近於濟，故世祀之。以服事諸夏。與諸夏同服王事。邾人滅須句，須句子來奔，因成風也。須句，成風家。成風爲之言於公曰：「崇明祀，保小寡，周禮也。明祀，大皞、有濟之祀。保，安也。蠻夷猾夏，周禍也。此邾滅須句而曰蠻夷。昭二十三年，

〔一〕「風姓也」，釋文云：「本或作『皆風姓』。」

叔孫豹曰〔一〕：「邾又夷也。」然則邾雖曹姓之國，迫近諸戎，雜用夷禮，故極言之。猾夏，亂諸夏。若封須句，是崇皞、濟而脩祀紓禍也。」紓，解也。爲明年伐邾傳。

【經】

二十有二年春，公伐邾，取須句。須句雖別〔二〕國，而削弱不能自通，爲魯私屬，若顓臾之比。魯謂之社稷之臣，故滅、奔及反其君，皆略不備書，唯書「伐邾，取須句」。

夏，宋公、衛侯、許男、滕子伐鄭。

秋八月丁未，及邾人戰于升陘。升陘，魯地。邾人縣公胄于魚門，故深耻之，不言公，又不言師敗績〔三〕。

冬十有一月己巳朔，宋公及楚人戰于泓，宋師敗績。泓，水名。宋伐鄭，楚救

〔一〕「叔孫豹曰」，釋文云：「案杜注所引是叔孫婼語，今傳本多作『豹』，恐是傳寫誤也，宜爲『婼』。」阮校云：「正義亦云『當云「叔孫婼曰」，偏檢古本皆作「豹」字』。」

〔二〕「別」，金澤本作「列」。

〔三〕「敗績」下，金澤本有「諱也」二字。

之，故戰也。楚告命不以主帥人數，故略稱人。

【傳】

二十二年春，伐邾，取須句，反其君焉，禮也。得恤寡小之禮。

三月，鄭伯如楚。

夏，宋公伐鄭。子魚曰：「所謂禍在此矣。」怒鄭至楚，故伐之。爲下泓戰起。

初，平王之東遷也，周幽王爲犬戎所滅，平王嗣立〔一〕，故東遷洛邑。辛有適伊川，見被髮而祭於野者，辛有，周大夫。伊川，周地。伊，水也。曰：「不及百年，此其戎乎！其禮先亡矣。」被髮而祭，有象夷狄。

秋，秦、晉遷陸渾之戎于伊川。允姓之戎居陸渾，在秦、晉西北。二國誘而徙之伊川，遂從戎號，至今爲陸渾縣也。計此去辛有過百年，而云不及百年，傳舉其事驗，不必其年信。

〔一〕「嗣立」，宋大字本、國會本、巾箱本、書院本、附釋音本、慶元本作「嗣位」。阮校云：「宋本、淳熙本、岳本、足利本『位』作『立』。」

晉大子圉爲質於秦，將逃歸，謂嬴氏曰：「與子歸乎？」嬴氏，秦所妻子圉懷嬴也。對曰：「子，晉大子，而辱於秦，子之欲歸，不亦宜乎？寡君之使婢子侍執巾櫛，婢子，婦人之卑稱。以固子也。從子而歸，弃君命也。不敢從，亦不敢言。」遂逃歸。傳終史蘇之占。

富辰言於王曰：「請召大叔。富辰，周大夫。大叔，王子帶，十二年奔齊。詩曰：『協比其鄰，昏姻孔云。』詩，小雅，言王者爲政，先和協近親，則昏姻甚相歸附也。鄰，猶近也。孔，甚也。云，旋也。吾兄弟之不協，焉能怨諸侯之不睦？」王說。王子帶自齊復歸于京師，王召之也。傳終仲孫湫之言也。爲二十四年「天王出居于鄭」起。

邾人以須句故出師，公卑邾，不設備而禦之。卑，小也。臧文仲曰：「國無小，不可易也。無備，雖衆，不可恃也。詩云〔一〕：『戰戰兢兢〔二〕，如臨深淵，如履薄冰。』詩，小雅，言常戒懼。又曰：『敬之敬之，天惟顯思，顯，明也。思，猶辭也。

〔一〕「云」，陽明文庫本、宋大字本、國會本、巾箱本、書院本、附釋音本、慶元本、金澤本作「曰」。

〔二〕「兢」，釋文云：「本或作『矜』。」

命不易哉！』周頌，言有國宜敬戒，天明臨下，奉承其命甚難。先王之明德，猶無不難也，無不懼也，況我小國乎！君其無謂邾小，蠭蠆有毒，而況國乎！」弗聽。八月丁未，公及邾師戰于升陘，我師敗績，邾人獲公胄，縣諸魚門。胄，兜鍪。魚門，邾城門。

楚人伐宋以救鄭，宋公將戰，大司馬固諫曰：「天之弃商久矣，君將興之，弗可赦也已。」大司馬固，莊公之孫公孫固也。言君興天所弃，必不可，不如赦楚，勿與戰。弗聽。

冬十一月己巳朔，宋公及楚人戰于泓。宋人既成列，楚人未既濟。未盡渡泓水。司馬曰：子魚也。「彼衆我寡，及其未既濟也，請擊之。」公曰：「不可。」既濟而未成列，又以告。公曰：「未可。」既陳而後擊之，宋師敗績。公傷股，門官殲焉。門官，守門者，師行則在君左右。殲，盡也。國人皆咎公。公曰：「君子不重傷，不禽二毛。二毛，頭白有二色。古之爲軍也，不以阻隘也。不因阻隘以求勝。寡人雖亡國之餘，宋，商紂之後。不鼓不成列。」耻以詐勝。子魚曰：「君未知戰，勍敵之人隘而不〔一〕列，天贊我也。勍，强也。言楚在險隘，不得陳列，天所以佐宋。阻而鼓之，不亦可乎？猶有懼焉。雖因阻擊之，猶恐不勝。且今之勍者，皆吾敵也。雖及胡耇，獲則取之，何有於二毛？今之勍者，謂與吾競者。胡耇，元老之稱。明耻教戰，求殺敵也。明設刑戮，以耻不果。傷未及死，如何勿重？言尚能害己。若愛重傷，則如勿傷；愛其二毛，則如服焉。言苟不欲傷殺敵人，則本可不須鬭。三軍以利用也，爲利興。金鼓以聲氣也。鼓以佐士衆之聲氣。利而用之，阻隘可也。聲盛致志，鼓儳可也。」儳，巖，未整陳。

丙子晨，鄭文夫人芈氏、姜氏勞楚子於柯澤。楚子還，過鄭。鄭文公夫人芈氏，楚女；姜氏，齊女也。柯澤，鄭地。楚子使師縉示之俘馘。師縉，楚樂師也。俘，所得囚。馘，所截耳。君子曰：「非禮也。婦人送迎不出門，見兄弟不踰閾，閾，門限。戎事不邇女器。」邇，近也。器，物也。言俘馘非近婦人之物。

〔一〕「不」下，金澤本有「成」字，阮校文選注四引皆有。

丁丑，楚子入享于鄭，爲鄭所饗。九獻，用上公之禮，九獻酒而禮畢。庭實旅伯，庭中所陳品數百也。加籩豆六品。食物六品加於籩豆。籩豆，禮食器。享畢，夜出，文芈送于軍，取鄭二姬以歸。二姬，文芈女也。叔詹曰：「楚王其不没乎！不以壽終。爲禮卒於無別，無別不可謂禮，將何以没？」諸侯是以知其不遂霸也。言楚子所以師敗城濮，終爲商臣所弒。

【經】二十有三年春，齊侯伐宋，圍緡。緡，宋邑，高平昌邑縣東南有東緡城。

夏五月庚寅，宋公茲父卒。三同盟。

秋，楚人伐陳。

冬十有一月，杞子卒。傳例曰：「不書名，未同盟也。」杞入春秋稱侯，莊二十七年絀稱伯，至此用夷禮，貶稱子。

【傳】二十三年春，齊侯伐宋，圍緡，以討其不與盟于齊也。十九年盟于齊，以無忘桓公之德，而宋獨不會，復召齊人共盟鹿上，故今討之。

夏五月，宋襄公卒，傷於泓故也。終子魚之言，得死爲幸。

秋，楚成得臣帥師伐陳，討其貳於宋也。成得臣，子玉也。遂取焦、夷，城頓而還。焦，今譙縣也。夷，一名城父，今譙郡城父縣。二地皆陳邑。頓，國，今汝陰南頓縣。子文以爲之功，使爲令尹。叔伯曰：「子若國何？」叔伯，楚大夫薳吕臣也。以爲子玉不任令尹。對曰：「吾以靖國也。夫有大功而無貴仕，貴仕，貴位。其人能靖者與有幾？」言必矜功爲亂，不可不賞。

九月，晉惠公卒。經在明年，從赴。懷公〔一〕命：無從亡人，懷公，子圉。亡人，重耳。期，期而不至，無赦。狐突之子毛及偃從重耳在秦，弗召。偃，子犯也。冬，懷公執狐突，曰：「子來則免。」未期而執突，以不召子故。對曰：「子之能仕，父教之忠，古之制也。策名、委質，貳乃辟也。名書於所臣之策，屈膝而君事之，則不可以貳。今臣之子名在重耳，有年數矣。若又召之，教之貳也。父教子貳，何以辟，罪也。

〔一〕「懷公」下，金澤本有「立」字。王念孫據御覽兩引皆有「立」字，認爲今脱。

事君？刑之不濫，君之明也，臣之願也。淫刑以逞〔一〕，誰則無罪？臣聞命矣。」乃殺之。卜偃稱疾不出，曰：「周書有之：『乃大明服。』周書，康誥，言君能大明則民服。己則不明，而殺人以逞，不亦難乎？民不見德，而唯戮是聞，其何後之有？」言懷公必無後於晉。爲二十四年殺懷公張本。

十一月，杞成公卒。書曰「子」，杞夷也。成公始行夷禮以終其身，故於卒貶之。杞實稱伯，仲尼以文貶稱子，故傳言「書曰子」以明之。不書名，未同盟也。凡諸侯同盟，死則赴以名，禮也。隱七年已見，今重發不書名者，疑降爵故也。此凡又爲國史承告而書例。赴以名，則亦書之，謂未同盟。不然則否，謂同盟而不以名告。辟不敏也。敏，猶審也。同盟，然後告名，赴者之禮也。承赴，然後書策，史官之制也。内外之宜不同，故傳重詳其義。

晉公子重耳之及於難也，晉人伐諸蒲城。事在五年。蒲城人欲戰，重耳不可，曰：「保君父之命而享其生祿，享，受也。保，猶恃也。於是乎得人。以祿致衆。有人

〔一〕「逞」，釋文作「呈」，云：「本或作『逞』。」

而校，罪莫大焉。校，報也。吾其奔也。」遂〔一〕奔狄。從者狐偃、趙衰、衰，趙夙弟。顛頡、魏武子、武子，魏犨。司空季子。胥臣臼季也。時狐毛、賈佗皆從，而獨舉此五人，賢而有大功。狄人伐廧咎如，廧咎如，赤狄之別種也，隗姓。獲其二女叔隗、季隗，納諸公子。公子取季隗，生伯鯈〔二〕、叔劉；以叔隗妻趙衰，生盾。盾，趙宣子。將適齊，謂季隗曰：「待我二十五年，不來而後嫁。」對曰：「我二十五年矣，又如是而嫁，則就木焉。言將死入木，不復成嫁。請待子。」處狄十二年而行。以五年奔狄，至十六年而去。

過衛，衛文公不禮焉，出於五鹿，五鹿，衛地，今衛縣西北有地名五鹿，陽平元城縣東亦有五鹿。乞食於野人，野人與之塊，公子怒，欲鞭之。子犯曰：「天賜也。」得土，有國之祥，故以爲天賜。稽首，受而載之。

及齊，齊桓公妻之，有馬二十乘，四馬爲乘，八十匹也。公子安之，從者以爲不

〔一〕「遂」下，金澤本有「出」字。
〔二〕「鯈」，釋文作「儵」，云：「本又作『鯈』。」

可。將行，謀於桑下。齊桓既卒，知孝公不可恃故。蠶妾在其上，以告姜氏，姜氏殺之，姜氏，重耳妻。恐孝公怒其去，故殺妾以滅口。而謂公子曰：「子有四方之志，其聞之者，吾殺之矣。」公子曰：「無之。」姜曰：「行也，懷其安〔一〕，實敗名。」公子不可。姜與子犯謀，醉而遣之。醒，以戈逐子犯。無去志，故怒。

及曹，曹共公聞其駢脅，欲觀其裸。浴，薄而觀之。薄，迫也。駢脅，合幹。僖負羈之妻曰：「吾觀晉公子之從者，皆足以相國。若以相，若遂以爲傅相。夫子必反其國。反其國，必得志於諸侯。得志於諸侯而誅無禮，曹其首也。子盍蚤自貳焉。」自貳，自别異於曹。乃饋盤飧，寘璧焉。臣無竟外之交，故用盤藏璧飧中，不欲令人見。公子受飧反璧。

及宋，宋襄公贈之以馬二十乘。贈，送也。

及鄭，鄭文公亦不禮焉。叔詹諫曰：「臣聞天之所啓，人弗及也。啓，開也。

〔一〕「懷其安」，陽明文庫本、宋大字本、附釋音本、慶元本、金澤本作「懷與安」。阮校云：「石經、宋本、岳本『其』作『與』。案，岳珂九經三傳沿革例云『建本及諸俗本多作「懷其安」，今從監本、蜀本及諸善本作「與」字』，是也。」

晉公子有三焉，天其或者將建諸，君其禮焉。男女同姓，其生不蕃。蕃，息也。晉公子，姬出也，而至于今，一也。大戎〔一〕狐姬之子，故曰「姬出」。離外之患，出奔在外。而天不靖晉國，殆將啓之，二也。有三士足以上人而從之，三也。國語：狐偃、趙衰、賈佗三人，皆卿才。晉、鄭同儕，儕，等也。其過子弟固將禮焉，況天之所啓乎？」弗聽。

及楚，楚子饗之，曰：「公子若反晉國，則何以報不穀？」對曰：「子女玉帛，則君有之；羽毛齒革，則君地生焉。其波及晉國者，君之餘也，其何以報君？」曰：「雖然，何以報我？」對曰：「若以君之靈得反晉國，晉、楚治兵，遇於中原，其辟君三舍。若不獲命，三退不得楚止命也。其左執鞭弭，右屬櫜鞬，以與君周旋。」弭，弓末無緣者。櫜以受箭，鞬以受弓。屬，著也。周旋，相追逐也。子玉請殺之。畏其志大。楚子曰：「晉公子廣而儉，志廣而體儉。文而有禮。其從者肅而寬，肅，敬

〔一〕「大戎」，宋大字本、國會本、書院本、附釋音本作「犬戎」。阮校云：「宋本、淳熙本、岳本、足利本『犬』作『大』。」

也。忠而能力。晉侯無親，外内惡之。晉侯，惠公也。吾聞姬姓，唐叔之後，其後衰者也，其將由晉公子乎！天將興之，誰能廢之！違天，必有大咎。」乃送諸秦。

秦伯納女五人，懷嬴與焉。懷嬴，子圉妻。子圉謚懷公，故號爲懷嬴。奉匜沃盥，既而揮之。匜、沃、盥，器也。揮，湔也。怒曰：「秦、晉匹也，何以卑我！」匹，敵也。公子懼，降服而囚。去上服，自拘囚以謝之。他日，公享之。子犯曰：「吾不如衰之文也，有文辭也。請使衰從。」公子賦河水，河水，逸詩，義取河水朝宗于海，海喻秦。公賦六月。六月，詩小雅，道尹吉甫佐宣王征伐，喻公子還晉，必能匡王國。古者禮會，因古詩以見意，故言賦詩斷章也。其全稱詩篇者，多取首章之義。他皆放此。趙衰曰：「重耳拜賜。」公子降拜稽首，公降一級而辭焉。下階一級，辭公子稽首。衰曰：「君稱所以佐天子者命重耳，重耳敢不拜。」詩首章言匡王國，次章言佐天子，故趙衰因通言之。爲明年秦伯納之張本。

【經】

二十有四年春王正月。

夏，狄伐鄭。

秋七月。

冬，天王出居于鄭。襄王也。天子以天下爲家，故所在稱居。天子無外而書出者，譏王蔽於匹夫之孝，不顧天下之重，因其辟母弟之難，書出，言其自絶於周。

晉侯夷吾卒。文公定位而後告。未同盟而赴以名。

【傳】

二十四年春王正月，秦伯納之，不書，不告入也。納重耳也。及河，子犯以璧授公子曰：「臣負羈紲從君巡於天下，羈，馬羈。紲，馬韁。臣之罪甚多矣。臣猶知之，而況君乎！請由此亡〔一〕。」公子曰：「所不與舅氏同心者，有如白水。」子犯，重耳舅也。言與舅氏同心之明，如此白水，猶詩言「謂予不信，有如皦日」。投其璧于河。質信於河。濟河，圍令狐，入桑泉，取臼衰。桑泉在河東解縣西。解縣東南有臼城。

二月甲午，晉師軍于廬柳。懷公遣軍距重耳。秦伯使公子縶如晉師。師退，

〔一〕「亡」，金澤本作「逃」。

軍于郇。解縣西北有郇城。辛丑，狐偃及秦、晉之大夫盟于郇。壬寅，公子入于晉師。丙午，入于曲沃。丁未，朝于武宮。文公之祖武公廟。戊申，使殺懷公于高梁，不書，亦不告也。懷公奔高梁。高梁在平陽楊縣西南。再發不告者，言外諸侯入及見殺，亦皆須告乃書于策。

呂、郤畏偪，呂甥、郤芮，惠公舊臣，故畏爲文公所偪害。將焚公宮而弒晉侯。寺〔一〕人披請見，公使讓之，且辭焉，辭不見。曰：「蒲城之役，在五年。君命一宿，女即至。即日至。其後余從狄君以田渭濱，田，獵。女爲惠公來求殺余，命女三宿，女中宿至〔二〕。雖有君命，何其速也。夫袪猶在，披所斬文公衣袂也。女其行乎！」對曰：「臣謂君之入也，其知之矣。知君人之道。若猶未也，又將及難。君命無二，古之制也。除君之惡，唯力是視。蒲人、狄人，余何有焉。當二君世，君爲蒲、狄之人，於我有何義。今君即位，其無蒲、狄乎！齊桓公置射鉤而使管仲相，乾時之役，管

〔一〕「寺」，釋文云：「本又作『侍』。」

〔二〕「女中宿至」，釋文作「女中宿」，云：「一本作『女中宿至』。」

仲射桓公，中帶鉤。君若易之，何辱命焉？言若反齊桓，己將自去，不須辱君命。行者甚衆，豈唯刑臣。」披，奄人，故稱刑臣。公見之，以難告。告呂、郤欲焚公宫。三月，晉侯潛會秦伯于王城。己丑晦，公宫火。瑕甥、郤芮不獲公，乃如河上，秦伯誘而殺之。晉侯逆夫人嬴氏以歸。秦穆公女文嬴也。秦伯送衛於晉三千人，實紀綱之僕。新有呂、郤之難，國未輯〔一〕睦，故以兵衛文公。諸門户僕隸之事，皆秦卒共之，爲之紀綱。

初，晉侯之豎頭須，守藏者也。頭須，一曰里鳧須。豎，左右小吏。其出也，竊藏以逃，文公出時。盡用以求納之。求納文公。及入，求見，公辭焉以沐。謂僕人曰：「沐則心覆，心覆則圖反，宜吾不得見也。居者爲社稷之守，行者爲羈紲之僕，其亦可也，何必罪居者？國君而讎匹夫，懼者甚衆矣〔二〕。」僕人以告，公遽見之。言弃小怨，所以能安衆。

狄人歸季隗于晉而請其二子。二子，伯儵、叔劉。文公妻趙衰，生原同、屏括、

〔一〕「輯」，金澤本作「集」。釋文：「本亦作『集』。」二字古通用。

〔二〕「甚衆矣」，釋文作「其衆矣」，云：「本或作『甚衆矣』。」

樓嬰。原、屏、樓，三子之邑。趙姬請逆盾與其母，趙姬，文公女也。盾，狄女叔隗之子。子餘辭。子餘，趙衰字。姬曰：「得寵而忘舊，何以使人？必逆之。」固請，許之。來，以盾爲才，固請于公，以爲嫡子，而使其三子下之，以叔隗爲内子而己下之。卿之嫡妻爲内子。皆非此〔一〕年事，蓋因狄人歸季隗，遂終言叔隗。晉侯賞從亡者。介之推不言禄，禄亦弗及。介推〔二〕，文公微臣。之，語助。推曰：「獻公之子九人，唯君在矣。惠、懷無親，外内弃之。天未絶晉，必將有主。主晉祀者，非君而誰？天實置之，而二三子以爲己力，不亦誣乎？竊人之財猶謂之盜，況貪天之功以爲己力乎？下義其罪，上賞其姦，上下相蒙，蒙，欺也。難與處矣！」其母曰：「盍亦求之，以死誰懟？」對曰：「尤而效之，罪又甚焉。且出怨言，不食其食。」怨言，謂上下相蒙，難與處。其母曰：「亦使知之，若何？」既不求之，且欲令推達言於文公。對曰：「言，身之文也。身將隱，焉用文之？是求顯也。」其母曰：「能如是乎！與

〔一〕「此」，金澤本作「今」。
〔二〕「介推」，金澤本作「介之推」。

女偕隱。」偕，俱也。遂隱而死。晉侯求之不獲，以緜上爲之田，曰：「以志吾過，且旌善人。」旌，表也。西河界休縣南有地名緜上。

鄭之入滑也，滑人聽命。入滑在二十年。師還，又即衛。鄭公子士洩、堵俞彌帥師伐滑。堵俞彌，鄭大夫。王使伯服、游孫伯如鄭請滑。二子，周大夫。鄭伯怨惠王之入而不與厲公爵也，事在莊二十一年。又怨襄王之與衛、滑也，怨王助衛爲滑請。故不聽王命而執二子。王怒，將以狄伐鄭。富辰諫曰：「不可。臣聞之：大上以德撫民，無親疏也。其次親親以相及也。先親以及疏，推恩以成義[一]。昔周公弔二叔之不咸，故封建親戚以蕃屏周[二]。弔，傷也。咸，同也。周公傷夏、殷之叔世疏其親戚，以至滅亡，故廣封其兄弟[三]。管、蔡、郕、霍、魯、衛、毛、聃、郜、雍、曹、滕、畢、原、酆、郇，文之昭也。十六國皆文王子也。管，國，在滎陽京縣東北。雍，國，在

〔一〕「成義」，宋大字本、國會本、巾箱本、書院本作「行義」。阮校云：「宋本、淳熙本、岳本、足利本『行』作『成』。」
〔二〕「周」下，金澤本有「室」字，阮校：文選兩引皆有「室」字。
〔三〕「兄弟」下，金澤本有「以輔佐也」四字。

河内山陽縣西。畢，國，在長安縣西北。酆，國，在始平鄠縣東。邘、晉、應、韓，武之穆也。四國皆武王子。應，國，在襄陽城父縣西南。韓，國，在河東郡界，河内野王縣西北有邘城。凡、蔣、邢、茅、胙、祭，周公之胤也。胤，嗣也。蔣在弋陽期思縣。高平昌邑縣西有茅鄉。東郡燕縣西南有胙亭。召穆公思周德之不類，故糾合宗族于成周而作詩，類，善也。糾，收也。召穆公，周卿士，名虎。召，采地，扶風雍縣東南有召亭。周厲王之時，周德衰微，兄弟道缺，召穆公于東都收會宗族，特作此周公之樂歌，常棣詩屬小雅。曰：『常棣之華，鄂不韡韡。常棣，棣也。鄂鄂然，華外發。不韡韡，言韡韡。以喻兄弟和睦，則强盛而有光輝韡韡然。凡今之人，莫如兄弟。』言致韡韡之盛，莫如親兄弟。其四章曰：『兄弟鬩于牆，外禦其侮。』鬩，訟争貌。言内雖不和，猶宜外扞異族之侵侮。如是，則兄弟雖有小忿，不廢懿親。懿，美也。今天子不忍小忿以弃鄭親，其若之何？庸勳親親，暱近尊賢，德之大者也。庸，用也。暱，親也。即聾從昧，與頑用嚚，姦之大者也。弃德崇姦，禍之大者也。崇，聚也。鄭有平、惠之勳，平王東遷，晉、鄭是依。惠王出奔，虢、鄭納之。是其勳也。又有厲、宣之親，鄭始封之祖桓公友，周厲王之子，宣王之母弟。弃嬖寵而用三良，七年殺嬖臣申侯，十六年殺寵子子華也。三良，叔詹、堵叔、師叔，所謂尊賢。於諸姬爲近，道近當暱之。四德具矣。耳不聽五聲之和爲聾，目不別五色之章爲昧，心不則德義之經爲頑，口不道忠信之言爲嚚。狄皆則之，四姦具矣。周之有懿德也，猶曰『莫如兄弟』，故封建之。當周公時，故言周之有懿德。其懷柔天下也，猶懼有外侮。扞禦侮者莫如親親，故以親屏周。召穆公亦云。周公作詩，召公歌之，故言亦云。今周德既衰，於是乎又渝周、召以從諸姦，無乃不可乎？變周、召親兄弟之道。民未忘禍，王又興之，前有子穨之亂，中有叔帶召狄，故曰「民未忘禍」。其若文、武何？」言將廢文、武之功業。王弗聽，使穨叔、桃子〔一〕出狄師。二子，周大夫。

夏，狄伐鄭，取櫟。王德狄人，將以其女爲后。富辰諫曰：「不可，臣聞之曰：『報者倦矣，施者未厭。』施，功勞也。有勞則望報過甚。狄固貪惏，王又啓之。女德無極，婦怨無終，婦女之志，近之則不知止足，遠之則忿怨無已。終，猶已也。狄必爲患。」王又弗聽。

〔一〕「桃子」，釋文作「桃叔」，云：「本或作『姚』。」

初，甘昭公有寵於惠后，甘昭公，王子帶也，食邑於甘。河南縣西南有甘水。惠后將立之，未及而卒。昭公奔齊，奔齊在十二年。王復之。在二十二年。又通於隗氏。隗氏，王所立狄后。王替隗氏。替，廢也。穨叔、桃子曰：「我實使狄，狄其怨我。」遂奉大叔以狄師攻王。王御士將禦之，周禮：「王之御士十二人。」王曰：「先后其謂我何？先后，惠后也。誅大叔，恐違先后志。寧使諸侯圖之。」王遂出。及坎欿，國人納之。坎欿，周地，在河南鞏縣東。

秋，穨叔、桃子奉大叔以狄師伐周，大敗周師，獲周公忌父、原伯、毛伯、富辰。原、毛皆采邑。王出適鄭，處于氾。鄭南氾也，在襄城縣南。大叔以隗氏居于温。

鄭子華之弟子臧出奔宋，十六年殺子華故。好聚鷸冠。鷸，鳥名。聚鷸羽以爲冠，非法之服。鄭伯聞而惡之，惡其服非法。使盜誘之。八月，盜殺之于陳、宋之閒。君子曰：「服之不衷，身之災也。衷，猶適也。詩曰：『彼己之子，不稱其服。』詩，曹風，刺小人在位，言彼人之德，不稱其服〔一〕。子臧之服不稱也夫。詩曰『自詒伊慼』，

〔一〕以上八字，金澤本作「彼己之子德不稱服也」。

其子臧之謂矣。詩，小雅。詒，遺也。慼，憂也。取其自遺憂。夏書曰『地平天成』，稱也。」夏書，逸書。地平其化，天成其施，上下相稱爲宜。

宋及楚平，宋成公如楚，還，入於鄭。鄭伯將享之，問禮於皇武子。皇武子，鄭卿。對曰：「宋，先代之後也，於周爲客，天子有事膰焉，有事，祭宗廟也。膰，祭肉。尊之，故賜以祭胙。有喪拜焉，宋弔周喪，王特拜謝之。豐厚可也。」鄭伯從之，享宋公有加，禮也。禮物事事加厚。善鄭能尊先代。

冬，王使來告難曰：「不穀不德，得罪于母弟〔一〕之寵子帶，鄙在鄭地氾，鄙，野也。敢告叔父。」天子謂同姓諸侯曰叔父。臧文仲對曰：「天子蒙塵于外，敢不奔問官守？」官守，王之群臣。王使簡師父告于晉，使左鄢父告于秦。二子，周大夫。天子無出，書曰「天王出居于鄭」，辟母弟之難也。叔帶，襄王同母弟。天子凶服降名，禮也。凶服，素服。降名，稱不穀。鄭伯與孔將鉏、石甲父、侯宣多省視官具于

〔一〕「母弟」，慶元本無「弟」字。金澤本旁注「無此字爲正」。阮校云：「考文提要據僖五年正義『弟』作『氏』，是也。」

汜，三子，鄭大夫。省官司，具器用。而後聽其私政，禮也。得先君後己之禮。

衛人將伐邢，禮至曰：「不得其守，國不可得也。禮至，衛大夫。守，謂邢正卿國子。我請昆弟仕焉。」乃往得仕。爲明年滅邢傳。

【經】

二十有五年春王正月丙午，衛侯燬滅邢。衛、邢同姬姓，惡其親親相滅，故稱名罪之。

夏四月癸酉，衛侯燬卒。無傳。五同盟。

宋蕩伯姬來逆婦。無傳。伯姬，魯女，爲宋大夫蕩氏妻也。自爲其子來逆，稱婦，姑存之辭。婦人越竟迎婦，非禮，故書。

宋殺其大夫。無傳。其事則未聞。於例爲大夫無罪，故不稱名〔一〕。

〔一〕「於例爲大夫無罪故不稱名」，原文「爲」、「名」二字誤倒，據陽明文庫本、宋大字本、國會本、巾箱本、書院本、附釋音本、慶元本、金澤本乙正。

秋，楚人圍陳，納頓子于頓。頓〔一〕迫於陳而出奔楚，故楚圍陳以納頓子。不言遂，明一事也。子玉稱人，從告。頓子不言歸，興師見納故。

葬衛文公。無傳。

冬十有二月癸亥，公會衛子、莒慶，盟于洮。洮，魯地。衛文公既葬，成公不稱爵者，述父之志，降名從未成君，故書子以善之。莒慶不稱氏，未賜族。

【傳】

二十五年春，衛人伐邢，二禮從國子巡城，掖以赴外，殺之。正月丙午，衛侯燬滅邢，同姓也，故名。禮至〔二〕**爲銘曰：「余掖殺國子，莫余敢止。」**惡其不知耻，詐以滅同姓，而反銘功於器。

秦伯師于河上，將納王。狐偃言於晉侯曰：「求諸侯，莫如勤王。勤，納王也。**諸侯信之，且大義也。繼文之業，而信宣於諸侯，今爲可矣。」**晉文侯仇爲平王

〔一〕「頓」下，金澤本有「子」字。

〔二〕「禮至」下，金澤本有「自以」二字。

侯伯，匡輔周室。使卜偃卜之，曰：「吉！遇黄帝戰于阪泉之兆。」黄帝與神農之後姜氏戰于阪泉之野，勝之。今得其兆，故以爲吉。**公曰：「吾不堪也。」**文公自以爲已當此兆，故曰「不堪」。**對曰：「周禮未改。今之王，古之帝也。」**言周德雖衰，其命未改。今之周王自當帝兆，不謂晉。**公曰：「筮之。」筮之，遇大有䷍**乾下離上，大有〔一〕。**之睽䷥，**兑下離上，睽。大有九三變而爲〔二〕睽。**曰：「吉，遇『公用享于天子』之卦。**大有九三爻辭也。三爲三公，而得位，變而爲兑，兑爲説，得位而説，故能爲王所宴饗。**戰克而王饗，吉孰大焉？**言卜、筮協吉。**且是卦也，**方更揔言二卦之義，不繫於一爻。**天爲澤以當日，天子降心以逆公，不亦可乎？**乾爲天，兑爲澤，乾變爲兑而上當離，離爲日。日之在天，垂曜在澤，天子在上，説心在下，是降心逆公之象。**大有去睽而復，亦其所也。」**言去睽卦還論大有，亦有天子降心之象。乾尊離卑，降尊下卑，亦其義也。

晉侯辭秦師而下。辭讓秦師使還。順流，故曰下。**三月甲辰，次于陽樊。右師圍**

〔一〕「大有」，原無，據陽明文庫本、宋大字本、國會本、巾箱本、書院本、附釋音本、慶元本補。

〔二〕「爲」，金澤本作「之」。

温，大叔在温故。左師逆王。夏四月丁巳，王入于王城，取大叔于温，殺之于隰城。戊午，晉侯朝王。王享醴，命之宥。既行享禮而設醴酒，又加之以幣帛，以助歡也。宥，助也。請隧，弗許，闕〔一〕地通路曰隧，王之葬禮也。諸侯皆縣柩而下。曰：「王章也。章，顯王者與諸侯異。未有代德而有二王，亦叔父之所惡也。」與之陽樊、温、原、欑茅之田。晉於是始啓南陽。在晉山南河北，故曰南陽。陽樊不服，圍之。倉葛〔二〕呼曰：倉葛，陽樊人。「德以柔中國，刑以威四夷，宜吾不敢服也。此誰非王之親姻，其俘之也！」乃出其民。取其土而已。

秋，秦、晉伐鄀。鄀本在商密，秦、楚界上小國，其後遷於南郡鄀縣。楚鬬克、屈禦寇以申、息之師戍商密。鬬克，申公子儀。屈禦寇，息公子邊。商密，鄀別邑，今南鄉丹水縣。戍，守也。二子屯兵於析，以爲商密援。秦人過析隈，入而係輿人以圍商密，昏而

〔一〕「闕」，釋文作「掘」，云：「本又作『闕』。」

〔二〕「倉葛」，宋大字本、國會本、巾箱本、書院本、附釋音本作「蒼葛」。阮校云：「石經、宋本、淳熙本、岳本『蒼』作『倉』，注同。」

傳焉。析，楚邑，一名白羽，今南鄉析縣。隈，隱蔽之處。係縛輿人，詐爲克析得其囚俘者。昏而傳城，不欲令商密知囚非析人。宵，坎血加書，僞與子儀、子邊盟者。掘地爲坎，以埋盟之餘血，加盟書其上。商密人懼，曰：「秦取析矣，戍人反矣。」乃降秦師。秦師囚申公子儀、息公子邊以歸。商密既降，析戍亦敗，故得囚二子。楚令尹子玉追秦師，弗及，不復言晉者，秦爲兵主。遂圍陳，納頓子于頓。爲頓圍陳。

冬，晉侯圍原，命三日之糧。原不降，命去之。諜出，諜，閒也。曰：「原將降矣。」軍吏曰：「請待之。」公曰：「信，國之寶也，民之所庇也。得原失信，何以庇之？所亡滋多。」退一舍而原降。遷原伯貫于冀。伯貫，周守原大夫也。趙衰爲原大夫，狐溱爲溫大夫。狐溱，狐毛之子。

衛人平莒于我。十二月，盟于洮，脩衛文公之好，且及莒平也。莒以元年酈之役怨魯，衛文公將平之，未及而卒。成公追成父志，降名以行事，故曰脩文公之好。

晉侯問原守於寺人勃鞮。勃鞮，披也。對曰：「昔趙衰以壺飧從徑，餒而弗食。」言其廉且仁，不忘君也。徑，猶行也。故使處原。從披言也。衰雖有大功，猶簡小善以進之，示不遺勞。

【經】

二十有六年春王正月己未，公會莒子、衛甯速，盟于向。向，莒地。甯速，衛大夫〔一〕莊子也。

齊人侵我西鄙。公追齊師至酅〔二〕，弗及。公逐齊師，遠至齊地，故書之。濟北穀城縣西有地名酅下。

夏，齊人伐我北鄙。孝公未入魯竟，先使微者伐之。

衛人伐齊。

公子遂如楚乞師。公子遂，魯卿也。乞，不保得之辭。

秋，楚人滅夔，以夔子歸。夔，楚同姓國，今建平秭歸縣。夔有不祀之罪，故不譏楚滅同姓。

冬，楚人伐宋，圍緡。公以楚師伐齊，取穀。傳例曰：「師能左右之曰以。」

〔一〕「大夫」下，金澤本有「甯」字。

〔二〕「酅」，釋文作「嶲」，云：「本又作『酅』。」

公至自伐齊。無傳。

【傳】

二十六年春王正月，公會莒茲丕公、茲丕，時君之號。莒，夷，無謚，以號爲稱。甯莊子盟于向，尋洮之盟也。洮盟在前年。齊師侵我西鄙，討是二盟也。夏，齊孝公伐我北鄙。衛人伐齊，洮之盟故也。

公使展喜犒師，勞齊師。使受命于展禽。柳下惠。齊侯未入竟，展喜從之，曰：「寡君聞君親舉玉趾，將辱於敝邑，使下臣犒執事。」言執事，不敢斥尊。齊侯曰：「魯人恐乎？」對曰：「小人恐矣，君子則否。」齊侯曰：「室如懸罄，野無青草，何恃而不恐？」如，而也。時夏四月，今之二月，野物未成，故言居室而資糧縣盡，在野則無蔬食之物，所以當恐。對曰：「恃先王之命，昔周公、大公股肱周室，夾輔成王。成王勞之而賜之盟〔一〕，曰：『世世子孫，無相害也！』載在盟府，載，載書也。大師

〔一〕「盟」，金澤本作「命」。

職之。職，主也。大公爲大師，兼主司盟之官。桓公是以糾合諸侯而謀其不協，彌縫其闕而匡救其災，昭舊職也。及君即位，諸侯之望曰：『其率桓之功。』率，循也。我敝邑用〔一〕不敢保聚，用此舊盟，故不〔二〕聚衆保守。曰：『豈其嗣世九年而弃命廢職，其若先君何？君必不然。』恃此以不恐。」齊侯乃還。

東門襄仲、臧文仲如楚乞師。襄仲居東門，故以爲氏。臧文仲爲襄仲副使，故不書。臧孫見子玉而道之伐齊、宋，以其不臣也。言其不臣事周室，可以此罪責而伐之。

夔子不祀祝融與鬻熊。祝融，高辛氏之火正，楚之遠祖也。鬻熊，祝融之十二世孫。夔，楚之别封，故亦世紹其祀。楚人讓之，對曰：「我先王熊摯有疾，鬼神弗赦而自竄于夔。熊摯，楚嫡子，有疾不得嗣位，故别封爲夔子。吾是以失楚，又何祀焉？」廢其常祀而飾辭文過。秋，楚成得臣、鬭宜申帥師滅夔，以夔子歸。成得臣，令尹子玉也。鬭宜申，司馬子西也。

〔一〕「用」下，金澤本有「是」字。
〔二〕「不」下，金澤本有「敢」字。

宋以其善於晉侯也，重耳之出也，宋襄公贈馬二十乘。叛楚即晉。冬，楚令尹子玉、司馬子西帥師伐宋，圍緡。

公以楚師伐齊，取穀。凡師能左右之曰「以」。左右，謂進退在己。寘桓公子雍於穀，易牙奉之以爲魯援。雍本與孝公争立，故使居穀以偪齊。楚申公叔侯戍之。

爲二十八年楚子使申叔去穀張本。桓公之子七人，爲七大夫於楚。言孝公不能撫公族。

春秋經傳集解僖中第六

春秋經傳集解僖下第七

杜氏　盡三十三年

【經】

二十有七年春，杞子來朝。

夏六月庚寅，齊侯昭卒。十九年，與魯大夫盟于齊。

秋八月乙未，葬齊孝公。無傳。三月而葬，速。

乙巳，公子遂帥師入杞。弗地曰入。八月無乙巳；乙巳，九月六日。

冬，楚人、陳侯、蔡侯、鄭伯、許男圍宋。傳言楚子使子玉去宋，經書人者，蓋恥不得志，以微者告。猶序諸侯之上，楚主兵故。

十有二月甲戌，公會諸侯盟于宋。無傳。諸侯伐宋，公與楚有好，而往會之，非後期。宋方見圍，無嫌於與盟，故直以宋地。

【傳】

二十七年春，杞桓公來朝，用夷禮，故曰子。杞，先代之後，而迫於東夷，風俗雜壞，言語衣服有時而夷，故杞子卒，傳言其夷也。今稱朝者，始於朝禮，終而不全，異於介葛盧，故唯貶其爵。公卑杞，杞不共也。杞用夷禮，故賤之。

夏，齊孝公卒。有齊怨，前年齊再伐魯。不廢喪紀，禮也。弔贈之數不有廢。

秋，入杞，責無禮也〔一〕。責不共也。

楚子將圍宋，使子文治兵於睽。子文時不爲令尹，故云使治兵，習號令也。睽，楚邑。終朝而畢，不戮一人。終朝，自旦及食時也。子文欲委重於子玉，故略其事。子玉復治兵於蔿，子玉爲令尹故。蔿，楚邑。終日而畢，鞭七人，貫三人耳。國老皆賀子文，子文飲之酒。賀子玉堪其事。蔿賈尚幼，後至不賀。蔿賈，伯嬴，孫叔敖之父。幼，少也。子文問之，對曰：「不知所賀。子之傳政於子玉，曰：『以靖國也。』靖諸内而敗諸外，所獲幾何？子玉之敗，子之舉也。舉以敗國，將何賀焉？子玉剛而無

〔一〕「責無禮也」，釋文作「責禮也」，云：「本或作『責無禮』者，非。」

禮，不可以治民，過三百乘，其不能以入矣。苟入而賀，何後之有？」三百乘，二萬二千五百人。

冬，楚子及諸侯圍宋，宋公孫固如晉告急。公孫固，宋莊公孫。先軫曰：「報施救患，取威定霸，於是乎在矣。」先軫，晉下軍之佐原軫也。報宋贈馬之施。狐偃曰：「楚始得曹，而新昏於衛，若伐曹、衛，楚必救之，則齊、宋免矣。」前年楚使申叔侯戍穀以偪齊。於是乎蒐于被廬，晉常以春蒐禮改政令，敬其始也。被廬，晉地。作三軍，閔元年晉獻公作二軍，今復大國之禮。謀元帥。中軍帥。趙衰曰：「郤縠可。臣亟聞其言矣，説禮、樂而敦詩、書。詩、書，義之府也；禮、樂，德之則也；德、義，利之本也。夏書曰：『賦納以言，明試以功，車服以庸。』尚書虞夏書也。賦納以言，觀其志也；明試以功，考其事也；車服以庸，報其勞也。賦，猶取也。庸，功也。君其試之。」乃使郤縠將中軍，郤溱佐之；使狐偃將上軍，讓於狐毛而佐之；狐毛，偃之兄。命趙衰爲卿，讓於欒枝、先軫。欒枝，貞子也，欒賓之孫。使欒枝將下軍，先軫佐之。荀林父御戎，魏犫爲右。荀林父，中行桓子。

晉侯始入而教其民，二年，欲用之。二十四年入。子犯曰：「民未知義，未安其居。」無義則苟生。於是乎出定襄王，二十五年定襄王〔一〕，以示〔二〕事君之義。入務利民，民懷生矣。將用之，子犯曰：「民未知信，未宣其用。」宣，明也，未明於見用之信。於是乎伐原以示之信。伐原在二十五年。民易資者不求豐焉，不詐以求多。明徵其辭。重言信。公曰：「可矣乎？」子犯曰：「民未知禮，未生其共。」於是乎大蒐以示之禮，蒐，順少長，明貴賤。作執秩以正其官。執秩，主爵秩之官。民聽不惑，而後用之。出穀戍，釋宋圍，楚子使申叔去穀，子玉去宋。一戰而霸，文之教也。謂明年戰城濮。

【經】

二十有八年春，晉侯侵曹，晉侯伐衛。再舉晉侯者，曹、衛兩來告。

公子買戍衛，不卒戍，刺之。公子買，魯大夫子叢也。內殺大夫皆書。刺，言用周

〔一〕「定襄王」，金澤本作「出定王」。
〔二〕「以示」，金澤本作「示以」。

禮三刺之法，示不枉濫也。公實畏晉，殺子叢而誣[一]叢以廢戍之罪，恐不爲遠近所信，故顯書其罪。

楚人救衞。

三月丙午，晉侯入曹，執曹伯，畀宋人。畀，與也。執諸侯當以歸京師，晉欲怒楚使戰，故以與宋，所謂「譎而不正」。

夏四月己巳，晉侯、齊師、宋師、秦師及楚人戰于城濮，楚師敗績。宋公、齊國歸父、秦小子慭既次城濮，以師屬晉，不與戰也。子玉及陳、蔡之師不書，楚人恥敗，告文略也。大崩曰敗績。

楚殺其大夫得臣。子玉違其君命以取敗，稱名以殺，罪之。

衞侯出奔楚。

五月癸丑，公會晉侯、齊侯、宋公、蔡侯、鄭伯、衞子、莒子，盟于踐土。踐土，鄭地。王子虎臨盟，不同歃，故不書。衞侯出奔，其弟叔武攝位受盟，非王命所加，從未

〔一〕「誣」下，金澤本有「子」字。

成君之禮，故稱子而序鄭伯之下。經書癸丑，月十八日也。傳書癸亥，月二十八日。經、傳必有誤。

陳侯如會。無傳。陳本與楚，楚敗，懼〔一〕而屬晉，來不及盟，故曰「如會」。

公朝于王所。無傳。王在踐土，非京師，故曰「王所」。

六月，衛侯鄭自楚復歸于衛。復其位曰復歸。晉人感叔武之賢而復衛侯。衛侯之入由于叔武，故以國逆爲文。例在成十八年。**衛元咺出奔晉。**元咺，衛大夫，雖爲叔武訟訴，失君臣之節，故無賢文。奔例在宣十年。

陳侯款卒。無傳。凡四同盟。

秋，杞伯姬來。無傳。莊公女。歸寧曰來。

公子遂如齊。無傳。聘也。

冬，公會晉侯、齊侯、宋公、蔡侯、鄭伯、陳子、莒子、邾子、秦人于温。陳共公稱子，先君未葬，例在九年。宋襄公稱子，自在本班。陳共公稱子，降在鄭下。陳懷公稱子而

〔一〕「懼」上，金澤本有「故」字。

在鄭上，傳無義例，蓋主會所次，非褒貶也。

天王狩于河陽。晉地〔一〕，今河内有河陽縣。晉實召王，爲其辭逆而意順，故經以王狩爲辭。

壬申，公朝于王所。壬申，十月十日。有日而無月，史闕文。

晉人執衛侯，歸之于京師。稱人以執，罪及民也。例在成十五年。諸侯不得相治，故歸之京師。

衛元咺自晉復歸于衛。元咺與衛侯訟，得勝而歸，從國逆例者，明衛侯無道於民，國人與元咺。

諸侯遂圍許。會温諸侯也。許比再會不至，故因〔二〕共伐之。

曹伯襄復歸于曹，晉感侯獳之言而復曹伯，故從國逆之例。**遂會諸侯圍許。**言遂，得復而行，不歸國也。

〔一〕「晉地」上，金澤本有「河陽」二字。

〔二〕「因」下，陽明文庫本、宋大字本、國會本、書院本、附釋音本、慶元本、金澤本有「會」字。阮校云：「足利本無『會』字。」

【傳】

二十八年春，晉侯將伐曹，假道于衛，曹在衛東故。衛人弗許。還，自南河濟，從汲郡南渡，出衛南而東。侵曹伐衛。正月戊申，取五鹿。五鹿，衛地。

二月，晉郤縠〔一〕卒。原軫將中軍，胥臣佐下軍，上德也。先軫以下軍佐超將中軍，故曰「上德」。胥臣，司空季子。

晉侯、齊侯盟于斂盂。斂盂，衛地。衛侯請盟，晉人弗許。衛侯欲與楚，國人不欲，故出其君以説于晉。衛侯出居于襄牛。襄牛，衛地。

公子買戍衛，晉伐衛。衛，楚之昏姻。魯欲與楚，故戍衛。楚人救衛，不克。公懼於晉，殺子叢以説焉。召子叢而殺之，以謝晉。謂楚人曰〔二〕：「不卒戍也。」詐告〔三〕楚人，言子叢不終戍事而歸，故殺之。殺子叢在楚救衛下，經在上者，救衛赴晚至。

〔一〕「郤縠」，釋文作「郤穀」，云：「本又作『縠』。」

〔二〕「曰」，陽明文庫本、慶元本、金澤本無。阮校云：「石經、宋本無『曰』字。」

〔三〕「詐告」，宋大字本、國會本、書院本作「謂告」。阮校云：「宋本、岳本、足利本『謂』作『詐』。」

晉侯圍曹，門焉，多死。攻曹城門。曹人尸諸城上，磔晉死人於城上。晉侯患之。聽輿人之謀〔一〕曰：「稱舍於墓。」輿，衆也。舍墓，爲將發冢。師遷焉。曹人兇〔二〕懼，遷至曹人墓。兇兇，恐懼聲。爲其所得者棺而出之。因其兇也而攻之。三月丙午，入曹。數之，以其不用僖負羈而乘軒者三百人也，且曰：「獻狀。」軒，大夫車。言其無德居位者多，故責其功狀。令無入僖負羈之宫而免其族，報施也。報飧璧之施。魏犫、顛頡怒曰：「勞之不圖，報於何有！」二子各有從亡之勞。爇僖負羈氏。爇，燒也。魏犫傷於胷。公欲殺之，而愛其材。材，力。使問，且視之。病，將殺之。魏犫束胷見使者曰：「以君之靈，不有寧也。」言不以病故自安寧。距躍三百，曲踊三百。距躍，超越也。曲踊，跳踊也。百，猶勵〔三〕也。乃舍之。殺顛頡以徇于師，立舟之僑以爲戎右。舟之僑，故虢臣，閔二年奔晉。以代魏犫，爲先歸張本。

〔一〕「謀」，金澤本作「誦」，疑是。
〔二〕「兇」字，金澤本重，當補。
〔三〕「勵」，慶元本作「勱」。阮校云：「宋本、岳本『勵』作『勱』，釋文亦作『勱』字，正義同。」

宋人使門尹般如晉師告急。門尹般，宋大夫。公曰：「宋人告急，舍之則絶，與晉絶。告楚不許。我欲戰矣，齊、秦未可，若之何？」未肯戰。先軫曰：「使宋〔一〕舍我而賂齊、秦，求救於齊、秦。藉之告楚。假借齊、秦，使爲宋請。我執曹君，而分曹、衛之田以賜宋人。楚愛曹、衛，必不許也。不許齊、秦之請。喜賂怒頑，能無戰乎？」言齊、秦喜得宋賂而怒楚之頑，必自戰也。不可告請，故曰「頑」。公説。執曹伯，分曹、衛之田以畀宋人。

楚子入居于申，申在方城内，故曰入。使申叔去穀，二十六年申叔戍穀。使子玉去宋，曰：「無從晉師。晉侯在外十九年矣，而果得晉國。晉侯生十七年而亡，亡十九年而反，凡三十六年，至此四十〔二〕矣。險阻艱難，備嘗之矣；民之情僞，盡知之矣。天假之年，獻公之子九人，唯文公在，故曰「天假之年」。而除其害。除惠、懷、吕、郤。天之所置，其可廢乎？軍志曰：『允當則歸。』無求過分。軍志，兵書。又曰：『知難而

〔一〕「宋」下，金澤本有「人」字。
〔二〕「四十」下，金澤本有「年」字。

退。』又曰：『有德不可敵。』此三志者，晉之謂矣。謂今與晉遇，當用此三志。

子玉使伯棼請戰，伯棼，子越椒也，鬬伯比之孫。曰：「非敢必有功也，願以間執讒慝之口。」間執，猶塞也。讒慝，若蔿賈之言，謂子玉不能以三百乘入。王怒，少與之師，唯西廣、東宮與若敖之六卒實從之。楚子還申，遣此兵以就前圍宋之衆。楚有左、右廣，又大子有宮甲，分取以給之。若敖，楚武王之祖父。葬若敖者，子玉之祖也。六卒，子玉宗人之兵六百人。言不悉師以益之。

子玉使宛春告於晉師曰：「請復衛侯而封曹，臣亦釋宋之圍。」衛侯未出竟，曹伯見執在宋，已失位，故言復衛封曹。子犯曰：「子玉無禮哉！君取一，臣取二，君取一，以釋宋圍，惠晉侯。臣取二，復曹、衛爲己功。不可失矣。」言可伐。先軫曰：「子與之。定人之謂禮，楚一言而定三國，我一言而亡之，我則無禮，何以戰乎？不許楚言，是弃宋也。救而弃之，謂諸侯何？言將爲諸侯所怪。楚有三施，我有三怨。怨讎已多，將何以戰？不如私許復曹、衛以攜之，私許二國，使告絕于楚而後復之。攜，離也。執宛春以怒楚，既戰而後圖之。」須勝負決乃定計。公說，乃拘宛春於衛，且私許復曹、衛。曹、衛告絕於楚。

子玉怒，從晉師。晉師退。軍吏曰：「以君辟臣，辱也。且楚師老矣，何故退？」子犯曰：「師直爲壯，曲爲老，豈在久乎？微楚之惠不及此，重耳過楚，楚成王有贈送之惠。退三舍辟之，所以報也。一舍三十里。初，楚子云：「若反國，何以報我？」故以退三舍爲報。背惠食言，以亢其讎，亢，猶當也。讎，謂楚也。我曲楚直，其衆素飽，不可謂老。直氣盈飽。我退而楚還，我將何求？若其不還，君退臣犯，曲在彼矣。」退三舍。楚衆欲止，子玉不可。

夏四月戊辰，晉侯、宋公、齊國歸父、崔夭、秦小子慭次于城濮。國歸父、崔夭，齊大夫也。小子慭，秦穆公子也。城濮，衛地。楚師背酅而舍，酅，丘陵險阻名。晉侯患之，聽輿人之誦，恐衆畏險，故聽其歌誦。曰：「原田每每，舍其舊而新是謀。」高平曰原。喻晉軍美盛，若原田之草每每然，可以謀立新功，不足念舊惠。公疑焉。疑衆謂己背舊謀新。子犯曰：「戰也！戰而捷，必得諸侯。若其不捷，表裏山河，必無害也。」晉國外河而内山。公曰：「若楚惠何？」欒貞子曰：「漢陽諸姬，楚實盡之。貞子，欒枝也。水北曰陽。姬姓諸國在漢北者，楚盡滅之。思小惠而忘大耻，不如戰也。」晉侯夢與楚子搏，搏，手搏。楚子伏己而盬〔一〕其腦，盬，唼也。是以懼。子犯曰：「吉！我得天，楚伏其罪，吾且柔之矣。」晉侯上向，故得天。楚子下向地，故伏其罪。腦所以柔物。子犯審見事宜，故權言以答夢。

子玉使鬭勃請戰，鬭勃，楚大夫。曰：「請與君之士戲，君馮軾而觀之，得臣與寓目焉。」寓，寄也。晉侯使欒枝對曰：「寡君聞命矣。楚君之惠，未之敢忘，是以在此。爲大夫退，其敢當君乎？既不獲命矣，不獲止命。敢煩大夫謂二三子：煩鬭勃，令戒敕子玉、子西之屬。『戒爾車乘，敬爾君事，詰朝相見〔二〕。』」詰朝，平旦。

晉車七百乘，韅、靷、鞅、靽。五萬二千五百人。在背曰韅，在胷曰靷，在腹曰鞅，在後曰靽。言駕乘脩備。晉侯登有莘之虚以觀師，曰：「少長有禮，其可用也。」有莘，

〔一〕「盬」，原作「墮」，據陽明文庫本、宋大字本、國會本、巾箱本、書院本、附釋音本、慶元本、金澤本改。今按：釋文、石經亦作「盬」。

〔二〕「相見」，陽明文庫本、宋大字本、書院本、附釋音本、慶元本作「將見」。今按：石經、釋文亦作「將見」。金澤本作「將相見」。

故國名。少長，猶言大小〔一〕。遂伐其木以益其兵。伐木以益攻戰之具，輿曳柴亦是也。

己巳，晉師陳于莘北，胥臣以下軍之佐當陳、蔡。子玉以若敖之六卒將中軍，曰：「今日必無晉矣。」子西將左，子上將右。子西，鬭宜申。子上，鬭勃。胥臣蒙馬以虎皮，先犯陳、蔡。陳、蔡奔，楚右師潰。陳、蔡屬楚右師。狐毛設二旆而退之。旆，大旗也。又建二旆而退，使若大將稍却。欒枝使輿曳柴而僞遁，曳柴起塵，詐爲衆走。楚師馳之。原軫、郤溱以中軍公族橫擊之，公族，公所率之軍。狐毛、狐偃以上軍夾攻子西，楚左師潰。楚師敗績。子玉收其卒而止，故不敗。三軍唯中軍完，是不大崩〔二〕。

晉師三日館、穀，館，舍也。食楚軍穀三日。及癸酉而還。甲午，至于衡雍，作王宮于踐土。衡雍，鄭地，今熒陽卷縣。襄王聞晉戰勝，自往勞之，故爲作宮。

鄉役之三月，鄉，猶屬也，城濮役之前三月。鄭伯如楚致其師。爲楚師既敗而

〔一〕「大小」，金澤本作「小大」。
〔二〕「是不大崩」，陽明文庫本、宋大字本、國會本、書院本、慶元本、金澤本無「不」字。

懼，使子人九行成于晉。子人，氏；九，名。晉欒枝入盟鄭伯。五月丙午，晉侯及鄭伯盟于衡雍。

丁未，獻楚俘于王，駟介百乘，徒兵千〔一〕。駟介，四馬被甲。徒兵，步卒。鄭伯傅王，用平禮也。傅，相也。以周平王享晉文侯仇之禮享晉侯。己酉，王享醴，命晉侯宥。既饗，又命晉侯助以束帛，以將厚意。王命尹氏及王子虎、内史叔興父策命晉侯爲侯伯，以策書命晉侯爲伯也。周禮「九命作伯」。尹氏、王子虎，皆王卿士也。叔興父，大夫也。三官命之以寵晉。賜之大輅之服，戎輅之服，大輅，金輅。戎輅，戎車。二輅各有服。彤弓一，彤矢百，玈弓矢千，彤，赤弓。玈，黑弓。弓一矢百，則矢千弓十矣。諸侯賜弓矢，然後專征伐。秬鬯一卣，秬，黑黍；鬯，香酒，所以降神。卣，器名。虎賁三百人，曰：「王謂叔父：『敬服王命，以綏四國，糾逖王慝。』」逖，遠也。有惡於王者，糾而遠之。晉侯三辭從命，曰：「重耳敢再拜稽首，奉揚天子之丕顯休命。」稽首，首至地。

〔一〕「千」下，金澤本有「人」字。

丕，大也。休，美也。受策以出，出入三覲。出入，猶去來也。從來至去，凡三見王。衛侯聞楚師敗，懼，出奔楚，遂適陳，自襄牛出。使元咺奉叔武以受盟。奉，使攝君事。癸亥，王子虎盟諸侯于王庭，踐土〔一〕宫之庭。書踐土，別於京師。要言曰：「皆獎王室，無相害也！有渝此盟，明神殛之！俾隊其師，無克祚國，獎，助也。渝，變也。殛，誅也。俾，使也。隊，隕也。克，能也。及而玄孫，無有老幼！」君子謂是盟也信，合義，信。謂晉於是役也，能以德攻。以文德教民而後用之。

初，楚子玉自爲瓊弁〔二〕、玉纓，未之服也。弁，以鹿子皮爲之。瓊，玉之別名，次之以飾弁及纓。詩云：「會〔三〕弁如星。」先戰，夢河神謂己曰：「畀余，余賜女孟諸之麋。」孟諸，宋藪澤。水草之交曰麋。弗致也。大心與子西使榮黄諫，大心，子玉之子。

〔一〕「踐土」下，金澤本有「王」字。
〔二〕「弁」，釋文作「玣」，云：「本又作『弁』。」
〔三〕「會」，釋文云：「本又作『璯』。」

子西、子玉之族。子玉剛愎，故因榮黄。榮黄，榮季也。弗聽。榮季曰：「死而利國〔一〕，猶或爲之，况瓊玉乎？是糞土也，而可以濟師，將何愛焉？」因神之欲，以附百姓之願，濟師之理。弗聽。出，告二子曰：「非神敗令尹，令尹其不勤民，實自敗也。」盡心盡力，無所愛惜爲勤。既敗，王使謂之曰：「大夫若入，其若申、息之老何？」申、息二邑子弟，皆從子玉而死，言何以見其父老。子西、孫伯曰：「得臣將死，二臣止之曰：『君其將以爲戮。』」孫伯即大心，子玉子也。二子以此答王使，言欲令子玉往就君戮。及連穀而死。至連穀，王無赦命，故自殺也。文十年傳曰：「城濮之役，王使止子玉曰：『無死。』不及。」子西亦自殺，縊而縣絶，故得不死。王時别遣追前使。連穀，楚地。殺得臣，經在踐土盟上，傳在下者，説晉事畢而次及楚，屬文之宜。晉侯聞之而後喜可知也，喜見於顔色。曰：「莫余毒也已！蔿吕臣實爲令尹，奉己而已，不在民矣。」言其自守無大志。

或訴元咺於衛侯曰：「立叔武矣。」其子角從公，公使殺之。角，元咺子。咺不廢命，奉夷叔以入守。夷，謚。六月，晉人復衛侯。以叔武受盟於踐土，故聽衛侯

〔一〕「利國」，金澤本倒。

歸。甯武子與衛人盟于宛濮，武子，甯俞也。陳留長垣縣西南有宛亭，近濮水。曰：「天禍衛國，君臣不協，以及此憂也。衛侯欲與楚，國人不欲，故不和也。今天誘其衷，衷，中也。使皆降心以相從也。不有居者，誰守社稷？不有行者，誰扞牧圉？牛曰牧，馬曰圉。不協之故，用昭乞盟于爾大神以誘天衷。自今日以往，既盟之後，行者無保其力，居者無懼其罪。有〔一〕渝此盟，以相及也。以惡相及。明神先君，是糾是殛。」國人聞此盟也，而後不貳。傳言叔武之賢，甯俞之忠，衛侯所以書復歸。衛侯先期入，不信叔武。甯子先，長牂守門以爲使也，與之乘而入。長牂，衛大夫。甯子患公之欲速，故先入，欲安喻國人。公子歂犬、華仲前驅。衛侯遂驅，奄甯子未備。二子，衛大夫。叔武將沐，聞君至，喜，捉髮走出，前驅射而殺之。公知其無罪也，枕之股而哭之。公以叔武尸枕其股。歂犬走出，手射叔武故。公使殺之。元咺出奔晉。元咺以衛侯驅入，殺叔武，故至晉愬之。

城濮之戰，晉中軍風于澤，牛馬因風而走，皆失之。亡大旆之左旃。大旆，旗

〔一〕「有」上，金澤本有「其」字。

名。繫旐曰旆，通帛曰旃。祁瞞奸命，掌此二事而不脩，爲奸軍令〔一〕。司馬殺之以徇于諸侯，使茅茷代之。師還，壬午濟河，舟之僑先歸，士會攝右。權代舟之僑也。士會〔二〕，隨武子，士蔿之孫。秋七月丙申，振旅，愷以入于晉，愷，樂也。獻俘，授馘，飲至，大賞，授，數也。獻楚俘於廟。徵會，討貳。徵召諸侯，將冬會于温〔三〕。殺舟之僑以徇于國，民於是大服。君子謂：「文公其能刑矣，三罪而民服。三罪，顛頡、祁瞞、舟之僑。詩云：『惠此中國，以綏四方。』不失賞刑之謂也。」詩，大雅，言賞刑不失，則中國受惠，四方安靖。

冬，會于温，討不服也。討衛、許〔四〕。

衛侯與元咺訟，争殺叔武事。甯武子爲輔，鍼莊子爲坐，士榮爲大士。大士，治

〔一〕「令」，金澤本作「命」。

〔二〕「士會」，原作「壬會」，據陽明文庫本、宋大字本、國會本、巾箱本、書院本、附釋音本、慶元本、金澤本改。

〔三〕「温」，原作「盟」，據陽明文庫本、宋大字本、國會本、巾箱本、書院本、附釋音本、慶元本、金澤本改。

〔四〕「衛許」，原作「衛侯」，據陽明文庫本、宋大字本、國會本、巾箱本、書院本、附釋音本、慶元本、金澤本改。今按：册府元龜卷二四六亦作「衛許」。

獄官也。周禮「命夫命婦不躬坐獄訟」。元咺又不宜與其君對坐，故使鍼莊子爲主，又使衛之忠臣及其獄官質正元咺。傳曰：王叔之宰與伯輿之大夫坐獄於王庭，各不身親。蓋今長吏有罪，先驗吏卒之義。**衛侯不勝。**三子辭屈。**殺士榮，刖鍼莊子，謂甯俞忠而免之。執衛侯，歸之于京師，寘諸深室。**深室，別爲囚室。**甯子職納橐饘焉。**甯俞以君在幽隘，故親以衣食爲己職。橐，衣囊；饘，糜也。言其忠至〔一〕，所慮者深。**元咺歸于衛，立公子瑕。**瑕，衛公子適也。

是會也，晉侯召王，以諸侯見，且使王狩。晉侯大合諸侯，而欲尊事天子以爲名義。自嫌强大，不敢朝周。喻王出狩，因得盡群臣之禮，皆譎而不正之事。**仲尼曰：「以臣召君，不可以訓。」故書曰：「天王狩于河陽。」言非其地也，**使若天王自狩以失地，故書河陽。實以屬晉，非王狩地。**且明德也。**隱其召君之闕，欲以明晉之功德。河陽之狩，趙盾之弒，泄冶之罪，皆違凡變例，以起大義危〔二〕疑之理，故特稱仲尼以明之。

〔一〕「忠至」，慶元本作「忠主」。

〔二〕「危」，釋文云：「一本『危』作『佹』。」

壬申，公朝于王所。執衛侯，經在朝王下，傳在上者，告執晚。

丁丑，諸侯圍許。十月十五日，有日無月。

晉侯有疾，曹伯之豎侯獳貨筮史，豎，掌通内外者。史，晉史。使曰：「以曹爲解。以滅曹爲解故。齊桓公爲會而封異姓，封邢、衛。今君爲會而滅同姓。曹叔振鐸，文之昭也。叔振鐸，曹始封君，文王之子。先君唐叔，武之穆也。且合諸侯而滅兄弟，非禮也。與衛偕命，私許復曹、衛。而不與偕復，非信也。同罪異罰，非刑也。衛已復故。禮以行義，信以守禮，刑以正邪，舍此三者，君將若之何？」公説，復曹伯，遂會諸侯于許。

晉侯作三行以禦狄，荀林父將中行，屠擊將右行，先蔑將左行。晉置上、中、下三軍，今復增置三行，以辟天子六軍之名。三行無佐，疑大夫帥。

【經】

二十有九年春，介葛盧來。介，東夷國也，在城陽黔陬縣。葛盧，介君名也。不稱朝，不見公，且不能行朝禮。雖不見公，國〔一〕賓禮之，故書。

公至自圍許。無傳。

夏六月，會王人、晉人、宋人、齊人、陳人、蔡人、秦人，盟于翟泉。翟泉，今洛陽城内大倉西南池水也。魯侯諱盟天子大夫，諸侯大夫又違禮盟公侯，王子虎違禮下盟，故不言公會，又皆稱人。

秋，大雨雹。

冬，介葛盧來。

【傳】二十九年春，介葛盧來朝，舍于昌衍之上。魯縣東南有昌平城。公在會，饋之芻米，禮也。嫌公行不當致饋，故曰「禮也」。

夏，公會王子虎、晉狐偃、宋公孫固、齊國歸父、陳轅濤塗、秦小子慭，盟于翟泉，尋踐土之盟，且謀伐鄭也。經書「蔡人」而傳無名氏，即微者。秦小子慭在蔡下者，

〔一〕「國」下，金澤本有「人」字。

若宋向戌之後會。**卿不書，罪之也。**晉侯始霸，翼戴天子，諸侯輯睦，王室無虞。而王子虎下盟列國，以瀆大典，諸侯大夫上敵公侯，虧禮傷教，故貶諸大夫，諱公與盟。**在禮，卿不會公、侯，會伯、子、男可也。**大國之卿當小國之君，故可以會伯、子、男。諸卿之見貶，亦兼有此闕，故傳重發之。

秋，大雨雹，爲災也。

冬，介葛盧來，以未見公，故復來朝。禮之，加燕好。燕，燕禮也。好，好貨也。一歲再來，故加之。**介葛盧聞牛鳴，曰：「是生三犧，皆用之矣，其音云。」問之而信。**傳言人聽或通鳥獸之情。

【經】

三十年春王正月。

夏，狄侵齊。

秋，衛殺其大夫元咺及公子瑕。 咺〔一〕見殺稱名者，訟君求直，又先歸，立公子瑕，非國人所與，罪之也。瑕立經年，未會諸侯，故不稱君。

衛侯鄭歸于衛。 魯爲之請，故從諸侯納之例。例在成十八年。

晉人、秦人圍鄭。 晉軍函陵，秦軍氾南，各使微者圍鄭，故稱人。

介人侵蕭。 無傳。

冬，天王使宰周公來聘。 周公，天子三公兼冢宰也。

公子遂如京師，遂如晉。 如京師報宰周公。

【傳】

三十年春，晉人侵鄭，以觀其可攻與否。**狄間〔二〕晉之有鄭虞也。夏，狄侵齊。** 齊，晉與國。

晉侯使醫衍酖衛侯。 衍，醫名。晉侯實怨衛侯，欲殺而罪不及死，故使醫因治疾而加

〔一〕「咺」上，金澤本有「元」字。
〔二〕「間」，經傳識異云：「一作『聞』。」

酖毒。甯俞貨醫，使薄其酖，不死。寧俞〔一〕視衛侯衣食，故得知之。公爲之請，納玉於王與晉侯，皆十瑴。王許之。雙玉曰瑴。公本與衛同好，故爲之請。秋，乃釋衛侯。

衛侯使賂周歂、冶廑，曰：「苟能納我，吾使爾爲卿。」恐元咺距己，故賂周、冶。周、冶殺元咺及子適、子儀。子儀，瑕母弟。不書殺，賤也。公入，祀先君。周、冶既服，將命，服卿服，將入廟受命。周歂先入，及門，遇疾而死。冶廑辭卿。見周歂死而懼。

九月甲午，晉侯、秦伯圍鄭，以其無禮於晉，文公亡過鄭，鄭不禮之。且貳於楚也。晉軍函陵，秦軍氾南。此東氾也，在滎陽中牟縣南。佚之狐言於鄭伯曰：「國危矣！若使燭之武見秦君，師必退。」佚之狐、燭之武，皆鄭大夫。公從之。辭曰：「臣之壯也，猶不如人；今老矣，無能爲也已。」公曰：「吾不能早用子，今急而求子，是寡人之過也。然鄭亡，子亦有不利焉。」許之。夜縋而出，縋，縣城而下。見秦伯，曰：「秦、晉圍鄭，鄭既知亡矣。若亡鄭而有益於君，敢以煩執事。執事，亦謂秦。越國以鄙遠，君知其難也，設得鄭以爲秦邊邑，則越晉而難保。焉用亡鄭以陪

〔一〕「寧俞」，原無「寧」字，據陽明文庫本、宋大字本、國會本、巾箱本、書院本、慶元本、金澤本補。

鄰？陪，益也。鄰之厚，君之薄也。若舍鄭以爲東道主，行李之往來，共其乏困，行李，使人。君亦無所害。且君嘗爲晉君賜矣，許君焦、瑕，朝濟而夕設版焉，君之所知也。晉君，謂惠公也。焦、瑕，晉河外五城之二邑。朝濟河而夕設版築以距秦，言背秦之速。夫晉，何厭之有？既東封鄭，又欲肆其西封。封，疆也。肆，申也。若不闕秦，將焉取之〔一〕？闕秦以利晉，唯君圖之。」秦伯説，與鄭人盟。使杞子、逢孫、楊孫〔二〕戍之，乃還。三子，秦大夫，反爲鄭守。

子犯請擊之，公曰：「不可。微夫人之力不及此。請擊秦也。夫人，謂秦穆公。因人之力而敝之，不仁；失其所與，不知；以亂易整，不武。秦、晉和整而還相攻，更爲亂也。吾其還也。」亦去之。

〔一〕「若不闕秦將焉取之」，陽明文庫本、宋大字本、慶元本無「若」「將」二字。阮校：石經本無二字，後人旁增，刻本輒據石經續補之，唯宋本不誤，考文提要同，並案正義本無「若」「將」二字。金澤本無「若」有「將」。

〔二〕「楊孫」，宋大字本、國會本、書院本、附釋音本、慶元本作「揚孫」。阮校云：「石經、宋本、淳熙本、岳本『楊』作『揚』，下同。」

初，鄭公子蘭出奔晉，蘭，鄭穆公。從於晉侯伐鄭，請無與圍鄭。許之，使待命于東。晉東界。鄭石甲父、侯宣多逆以爲大子，以求成于晉，晉人許之。二子，鄭大夫。言穆公所以立。

冬，王使周公閱來聘，饗有昌歜、白、黑、形鹽。昌歜，昌蒲菹。白，熬稻。黑，熬黍。形鹽，鹽形象虎。辭曰：「國君，文足昭也，武可畏也，則有備物之饗，以象其德。薦五味，羞嘉穀，鹽虎形，嘉穀，熬稻黍也，以象其文也。鹽虎形，以象武也。以獻其功。吾何以堪之？」

東門襄仲將聘于周，遂初聘于晉。公既命襄仲聘周，未行，故曰「將」；又命自周聘晉，故曰「遂」。自入春秋，魯始聘晉，故曰「初」。

【經】

三十有一年春，取濟西田。晉分曹田以賜魯，故不繫曹。不用師徒，故曰「取」。

公子遂如晉。

夏四月，四卜郊，不從，乃免牲。龜曰卜。不從，不吉也。卜郊不吉，故免牲。免猶縱也。**猶三望。**三望，分野之星、國中山川，皆因郊祀望而祭之。魯廢郊天而脩其小祀，故曰「猶」。猶者，可止之辭。

秋七月。

冬，杞伯姬來求婦。無傳。自爲其子成昏。

狄圍衞。十有二月，衞遷于帝丘。辟狄難也。帝丘，今東郡濮陽縣，故帝顓頊之虚，故曰帝丘。

【傳】三十一年春，取濟西田，分曹地也。二十八年，晉文討曹，分其地，竟界未定，至是乃以賜諸侯。**使臧文仲往，宿於重館。**高平方與縣西北有重鄉城。**重館人告曰：「晉新得諸侯，必親其共。不速行，將無及也。」從之。分曹地，自洮以南，東傅于濟，盡曹地也。**文仲不書，請田而已，非聘享會同也。濟水自滎陽東過魯之西，至樂安入海。

襄仲如晉，拜曹田也。

夏四月，四卜郊，不從，乃免牲，非禮也。諸侯不得郊天，魯以周公故，得用天子禮樂，故郊爲魯常祀。**猶三望，亦非禮也。禮不卜常祀，**必其時。**而卜其牲日。**卜牲與日，知吉凶〔一〕。**牛卜日曰牲，**既得吉日，則牛改名曰牲。**牲成而卜郊，上怠慢也。**怠於古典，慢瀆龜策。**望，郊之細也。不郊，亦無望可也。**

秋，晉蒐于清原，作五軍以禦狄。二十八年，晉作三行，今罷之，更爲上下新軍。河東聞喜縣北有清原。**趙衰爲卿。**二十七年，命趙衰爲卿，讓於欒枝。今始從原大夫爲新軍帥。

冬，狄圍衛，衛遷于帝丘。卜曰三百年。衛成公夢康叔曰：「相奪予享。」相，夏后啓之孫，居帝丘。享，祭也。**公命祀相。甯武子不可，曰：「鬼神非其族類，不歆其祀。**歆，猶饗也。**杞、鄫何事？**言杞、鄫夏後，自當祀相。**相之不享，於此久矣，非衛之罪也。**言帝丘久不祀相，非衛所絶。**不可以間成王、周公之命祀，**諸侯受命各有常祀。**請改祀命。」**改祀相之命。

鄭洩駕惡公子瑕，鄭伯亦惡之，故公子瑕出奔楚。瑕，文公子。傳爲納瑕張本。洩駕，亦鄭大夫。隱五年洩駕，距此九十年，疑非一人。

〔一〕「凶」，金澤本作「否」。

【經】

三十有二年春王正月。

夏四月己丑，鄭伯捷卒。無傳。文公也，三同盟。

衛人侵狄。報前年狄圍衛。

秋，衛人及狄盟。不地者，就狄廬帳盟。

冬十有二月己卯，晉侯重耳卒。同盟踐土、狄泉。

【傳】

三十二年春，楚鬭章請平于晉，晉陽處父報之，晉、楚始通。陽處父，晉大夫。晉楚自春秋以來，始交使命，爲和同。

夏，狄有亂，衛人侵狄，狄請平焉。

秋，衛人及狄盟。

冬，晉文公卒。庚辰，將殯于曲沃，殯，窆〔一〕棺也。曲沃有舊宫焉。出絳，柩有

〔一〕「窆」，釋文云：「一本作『塗』。」

聲如牛。如牛呴聲。卜偃使大夫拜，曰：「君命大事，將有西師過軼我，擊之，必大捷焉。」聲自柩出，故曰「君命」。大事，戎事也。卜偃聞秦密謀，故因柩聲以正衆心。杞子自鄭使告于秦，三十年，秦使大夫杞子戍鄭。曰：「鄭人使我掌其北門之管，管，籥也。若潛師以來，國可得也。」穆公訪諸蹇叔，蹇叔曰：「勞師以襲遠，非所聞也。蹇叔，秦大夫。師勞力竭，遠主備之，無乃不可乎！師知所爲，鄭必知之。勤而無所，必有悖心。將害良善。且行千里，其誰不知？」公辭焉。辭，不受其言。召孟明、西乞、白乙，使出師於東門之外。孟明，百里孟明視。西乞，西乞術。白乙，白乙丙。蹇叔哭之曰：「孟子〔一〕，吾見師之出而不見其入也！」公使謂之曰：「爾何知？中壽，爾墓之木拱矣！」合手曰拱。言其過老，悖不可用。蹇叔之子與師，哭而送之，曰：「晉人禦師必於殽。殽在弘農澠池縣西。殽有二陵焉：大阜曰陵。其南陵，夏后皋之墓也；皋，夏桀之祖父。其北陵，文王之所避風雨也。此道在二殽之間南谷

〔一〕「孟子」，釋文云：「本或作『孟兮』。」

中，谷深委曲，兩山相嶔〔一〕，故可以避風雨。古道由此，魏武帝西討巴、漢，惡其險，而更開北山高道。必死是間，以其深險故。余收爾骨焉。」秦師遂東。爲明年晉敗秦于殽傳。

【經】

三十有三年春王二月，秦人入滑。滅而書入，不能有其地。

齊侯使國歸父來聘。

夏四月辛巳，晉人及姜戎敗秦師于殽。晉侯諱背喪用兵，故通以賤者告。姜戎，姜姓之戎，居晉南鄙，戎子駒支之先也。晉人角之，諸戎掎〔二〕之，不同陳，故言「及」。

癸巳，葬晉文公。

狄侵齊。

公伐邾，取訾婁。

〔一〕「嶔」，釋文云：「本或作『嵚』。」

〔二〕「掎」，原作「椅」，據陽明文庫本、宋大字本、國會本、書院本、慶元本、金澤本改。今按：釋文亦作「掎」。

秋，公子遂帥師伐邾。

晉人敗狄于箕。太原陽邑縣南有箕城。郤缺稱「人」者，未爲卿。

冬十月，公如齊。

十有二月，公至自齊。

乙巳，公薨于小寢。小寢，内寢也。乙巳，十一月十二日，經書十二月，誤。

隕霜不殺草，李梅實。無傳。書，時失也。周十一月，今九月，霜當微而重，重而不能殺草，所以爲災。

晉人、陳人、鄭人伐許。

【傳】

三十三年春，秦師過周北門，左右免胄而下。王城之北門。胄，兜鍪。兵車非大將，御者在中，故左右下，御不下。超乘者三百乘。王孫滿尚幼，觀之，言於王曰：「秦師輕而無禮，必敗。謂過天子門，不卷甲束兵，超乘示勇。輕則寡謀，無禮則脱。脱，易也。入險而脱，又不能謀，能無敗乎？」

及滑，鄭商人弦高將市於周，遇之，以乘韋先，牛十二犒師，商，行賈也。乘，四。韋先，韋乃入牛。古者將獻遺於人，必有以先之。曰：「寡君聞吾子將步師出於敝邑，敢犒從者。不腆敝邑，爲從者之淹，居則具一日之積，腆，厚也。淹，久也。積，芻米菜薪。行則備一夕之衛。」且使遽告于鄭。遽，傳車。

鄭穆公使視客館，視秦三大夫之舍。則束載、厲兵、秣馬矣。嚴兵待秦師。使皇武子辭焉，曰：「吾子淹久於敝邑，唯是脯資餼牽竭矣。資，糧也。生曰餼。牽，謂牛羊豕。爲吾子之將行也，示知其情。鄭之有原圃，猶秦之有具囿也，原圃、具囿，皆囿名。吾子取其麋鹿，以閒敝邑，若何？」使秦戍自取麋鹿，以爲行資，令敝邑得閒暇。若何，猶如何[一]。滎陽中牟縣西有圃田澤。杞子奔齊，逢孫、楊孫奔宋。孟明曰：「鄭有備矣，不可冀也。攻之不克，圍之不[二]繼，吾其還也。」滅滑而還。

齊國莊子來聘，自郊勞至于贈賄，禮成而加之以敏。迎來曰郊勞，送去曰贈賄。敏，審當於事。臧文仲言於公曰：「國子爲政，齊猶有禮，君其朝焉。臣聞之：服

[一]「如何」，金澤本倒。
[二]「不」，金澤本作「無」。

於有禮，社稷之衞也。」爲公如齊傳。

晉原軫曰：「秦違蹇叔，而以貪勤民，天奉我也。奉，與也。奉不可失，敵不可縱。縱敵患生，違天不祥，必伐秦師。」欒枝曰：「未報秦施而伐其師，其爲死君乎？」言以君死，故忘秦施。先軫曰：「秦不哀吾喪而伐吾同姓，秦則無禮，何施之爲？言秦以無禮加己，施不足顧。吾聞之：一日縱敵，數世之患也。謀及子孫，可謂死君乎！」言不可謂背君。遂發命，遽興姜戎。子墨衰絰，晉文公未葬，故襄公稱子。以凶服從戎，故墨之。梁弘御戎，萊駒爲右。

夏四月辛巳，敗秦師于殽，獲百里孟明視、西乞術、白乙丙以歸。遂墨以葬文公。晉於是始墨。後遂常以爲俗，記禮所由變。

文嬴請三帥，文嬴，晉文公始適秦，秦穆公所妻夫人，襄公嫡母。三帥，孟明等。曰：「彼實構吾二君，寡君若得而食之，不厭，君何辱討焉？使歸就戮于秦，以逞寡君之志，若何？」公許之。先軫朝，問秦囚。公曰：「夫人請之，吾舍之矣。」先軫怒曰：「武夫力而拘諸原，婦人暫而免諸國。暫，猶卒也。墮軍實而長寇讎，亡無日矣！」墮，毀也。不顧而唾。公使陽處父追之，及諸河，則在舟中矣。釋左驂，以公命贈孟明。欲使還拜謝，因而執之。孟明稽首曰：「君之惠，不以纍臣釁鼓，纍，囚繫也。殺人以血塗鼓，謂之釁鼓。使歸就戮于秦。寡君之以爲戮，死且不朽。若從君惠而免之，三年將拜君賜。」意欲報伐晉。秦伯素服郊次，待之於郊。鄉師而哭，曰：「孤違蹇叔以辱二三子，孤之罪也。」不替孟明〔一〕，「孤之過也。大夫何罪？且吾不以一眚掩大德。」眚，過也。

狄侵齊，因晉喪也。

公伐邾，取訾婁，以報升陘之役。在二十二年。邾人不設備。秋，襄仲復伐邾。魯亦因晉喪以陵小國。

狄伐晉，及箕。八月戊子，晉侯敗狄于箕，郤缺獲白狄子。白狄，狄別種也，故西河郡有白部胡。先軫曰：「匹夫逞志於君，謂不顧而唾。而無討，敢不自討乎？」免胄入狄師，死焉。狄人歸其元，元，首。面如生。言其有異於人。

〔一〕「孟明」下，金澤本有「曰」字。

初，臼季使過冀，見冀缺耨，其妻饁之。臼季，胥臣也。冀，晉邑。耨，鋤〔一〕也。野饋曰饁。敬，相待如賓。與之歸，言諸文公曰：「敬，德之聚也。能敬必有德，德以治民，君請用之！臣聞之：出門如賓，如見大賓。承事如祭，常謹敬也。仁之則也。」公曰：「其父有罪，可乎？」缺父冀芮欲殺文公，在二十四年。對曰：「舜之罪也殛鯀，其舉也興禹。禹，鯀子。管敬仲，桓〔二〕之賊也，實相以濟。康誥曰：『父不慈，子不祗，兄不友，弟不共，不相及也。』康誥，周書。祗，敬也。詩曰〔三〕：『采葑采菲，無以下體。』君取節焉可也。」詩，國風也，葑菲之菜，上善下惡，食之者不以其惡而弃其善，言可取其善節。文公以爲下軍大夫。反自箕，襄公以三命命先且居將中軍，且居，先軫之子。其父死敵，故進之。以再命命先茅之縣賞胥臣，曰：「舉郤缺，子之功也。」先茅絶後，故取其縣以賞胥臣。以一命命郤缺爲卿，復與之冀，還其父故邑。

〔一〕「鋤」，釋文作「鉏」，云：「本又作『鋤』。」
〔二〕「桓」下，金澤本有「公」字。
〔三〕「曰」，阮校：「宋本作『云』。」

亦未有軍行。雖登卿位，未有軍列。

冬，公如齊朝，且弔有狄師也。反，薨于小寢，即安也。小寢，夫人寢也。譏公就所安，不終于路寢。

晉、陳、鄭伐許，討其貳於楚也。

楚令尹子上侵陳、蔡，陳、蔡成，遂伐鄭，將納公子瑕。三十一年，瑕奔楚。門于桔柣之門，瑕覆于周氏之汪，車傾覆池水中。外僕髡屯禽之以獻。殺瑕以獻鄭伯。文夫人斂而葬之鄶城之下。鄭文公夫人也。鄶城，故鄶國，在滎陽密縣東北。傳言穆公所以遂有國。

晉陽處父侵蔡，楚子上救之，與晉師夾泜而軍。泜水出魯陽縣東，經襄城定陵入汝。陽子患之，使謂子上曰：「吾聞之：文不犯順，武不違敵。子若欲戰，則吾退舍，子濟而陳，欲辟楚，使渡成陳而後戰。遲速唯命。不然，紓我。紓，緩也。老師費財，亦無益也。」師久爲老。乃駕以待。子上欲涉，大孫伯曰：「不可！晉人無信，半涉而薄我，悔敗何及？不如紓之。」乃退舍。楚退，欲使晉渡。陽子宣言曰：「楚師遁矣。」遂歸。楚師亦歸。

大子商臣譖子上曰：「受晉賂而辟之，楚之耻也，罪莫大焉！」王殺子上。商臣怨子上止王立己，故譖之。

葬僖公，緩文公元年經書「四月，葬僖公」，僖公實以今年十一月薨，并閏七月乃葬，故傳云「緩」。自此以下，遂因説作主祭祀之事，文相次也，皆當次在經「葬僖公」下。今在此，簡編倒錯。**作主，非禮也。**文二年乃作主，遂因葬文通譏之。**凡君薨，卒哭而祔，祔而作主，特祀於主，**既葬，反虞則免喪，故曰「卒哭」，哭止也。以新死者之神祔之於祖，尸柩已遠，孝子思慕，故造木主，立几筵焉。特用喪禮祭祀於寢，不同之於宗廟。言「凡君」者，謂諸侯以上，不通於卿大夫。**烝、嘗、禘於廟。**冬祭曰烝，秋祭曰嘗。新主既特祀於寢，則宗廟四時常祀自如舊也。三年禮畢，又大禘，乃皆同於吉。

春秋經傳集解僖下第七

春秋經傳集解文上第八

杜氏　盡十年

【經】

元年春王正月，公即位。無傳。先君未葬而公即位，不可曠年無君。

二月癸亥，日有食之。無傳。癸亥，月一日。不書朔，官失之。

天王使叔服來會葬。叔，氏；服，字。諸侯喪，天子使大夫會葬，禮也。

夏四月丁巳，葬我君僖公。七月而葬，緩。

天王使毛伯來錫公命。毛，國；伯，爵，諸侯爲王卿士者。諸侯即位，天子賜以命圭合瑞爲信。僖十一年「王賜晉侯命」，亦其比也。

晉侯伐衛。晉襄公先告諸侯而伐衛，雖大夫親伐，而稱「晉侯」，從告辭也。

叔孫得臣如京師。得臣，叔牙之孫。

衛人伐晉。衛孔達爲政，不共盟主，興兵鄰國，受討喪邑，故貶稱人。

秋，公孫敖會晉侯于戚。戚，衛邑，在頓丘衛縣西。禮，卿不會公侯，而春秋魯大夫皆〔一〕不貶者，體例〔二〕已舉，故據用魯史成文而已。内稱公，卒稱薨，皆用魯史。

冬十月丁未，楚世子商臣弒其君頵。商臣，穆王也。弒君例在宣四年。

公孫敖如齊。傳例曰：「始聘焉，禮也。」

【傳】

元年春，王使内史叔服來會葬，公孫敖聞其能相人也，公孫敖，魯大夫慶父之子。**見其二子焉。叔服曰：「穀也食子，難也收子。」**穀，文伯。難，惠叔。食子，奉祭祀共養者也。收子，葬子身也。**穀也豐下，必有後於魯國。」**豐下，蓋面方。爲八年「公孫敖奔莒」傳。

於是閏三月，非禮也。於歷法閏當在僖公末年，誤於今年三月置閏，蓋時達歷者所

〔一〕「皆」，原作「偕」，據陽明文庫本、宋大字本、國會本、巾箱本、書院本、附釋音本、慶元本、金澤本改。

〔二〕「體例」，原作「體列」，據陽明文庫本、宋大字本、國會本、巾箱本、書院本、附釋音本、慶元本、金澤本改。

譏。先王之正時也，履端於始，舉正於中，歸餘於終。步歷之始以爲術之端首。朞之日三百六十有六日，日月之行又有遲速，而必分爲十二月，舉中氣以正月。有餘日，則歸之於終，積而爲閏，故言「歸餘於終」。履端於始，序則不愆；四時無愆過。舉正於中，民則不惑；斗建不失其次，寒暑不失其常，故無疑惑。歸餘於終，事則不悖。四時得所，則事無悖亂。

夏四月丁巳，葬僖公。傳皆不虛載經文，而此經孤見，知僖公末年傳宜在此下。

王使毛伯衛來賜公命〔一〕，衛，毛伯字。叔孫得臣如周拜。謝賜命。

晉文公之季年，諸侯朝晉，衛成公不朝，使孔達侵鄭，伐緜、訾及匡。孔達，衛大夫。匡，在潁川新汲縣東北。晉襄公既祥，諸侯雖諒闇，亦因祥祭爲位而哭。使告諸侯而伐衛，及南陽。今河內地。先且居曰：「效尤，禍也。尤，衛不朝，故伐〔二〕。今不朝

〔一〕「王使毛伯衛來賜公命」，釋文無「王使」二字，云：「一本作『王使』，又一本作『天王使』。」「賜」字，巾箱本、書院本、附釋音本作「錫」。今按：釋文亦作「錫」。

〔二〕「伐」下，金澤本有「之」字。

王，是效衛致禍。時王在温，故勸之。請君朝王，臣從師。」晉侯朝王于温，先且居、胥臣伐衛。五月〔一〕辛酉朔，晉師圍戚，六月戊戌取之，獲孫昭子。昭子，衛大夫，食戚邑。衛人使告于陳。陳共公曰：「更伐之，我辭之。」見伐求和，不競大甚，故使報伐，示己力足以距晉。衛孔達帥師伐晉，君子以爲古。古者越國而謀。合古之道，而失今事霸主之禮，故國失其邑，身見執辱。

秋，晉侯疆戚田，故公孫敖會之。晉取衛田，正其疆界。

初，楚子將以商臣爲大子，訪諸令尹子上。子上曰：「君之齒未也，齒〔二〕，年也。言尚少。而又多愛，黜乃亂也。楚國之舉，恒在少者，舉，立也。且是人也，蠭目而豺聲，忍人也，能忍行不義。不可立〔三〕也。」弗聽。既又欲立王子職而黜大子

〔一〕「五月」，原作「五日」，據陽明文庫本、國會本、巾箱本、書院本、附釋音本、慶元本、金澤本改。今按：石經亦作「五月」。

〔二〕「齒」，原作「行」，據陽明文庫本、國會本、巾箱本、書院本、附釋音本、慶元本、金澤本改。

〔三〕「立」，原作「之」，據陽明文庫本、宋大字本、國會本、巾箱本、書院本、附釋音本、慶元本、金澤本改。今按：石經亦作「立」，御覽卷三六六、卷七二九並引作「立」。

商臣。職，商臣庶弟。商臣聞之而未察，告其師潘崇曰：「若之何而察之？」潘崇曰：「享江芈而勿敬也。」江芈，成王妹，嫁於江。從之。江芈怒曰：「呼，役夫！呼，發聲也。役夫，賤者稱。宜君王之欲殺女而立職也。」告潘崇曰：「信矣。」潘崇曰：「能事諸乎？」問能事職不。曰：「不能。」「能行乎？」曰：「不能。」「能行大事乎？」曰：「能。」大事，謂弒君。冬十月，以宮甲圍成王。大子宮甲。僖二十八年，王以東宮卒從子玉，蓋取此宮甲。王請食熊蹯〔一〕而死，熊掌難熟，冀久將有外救。弗聽。丁未，王縊。謚之曰「靈」，不瞑；曰「成」，乃瞑。言其忍甚，未斂而加惡謚。

穆王立，以其爲大子之室與潘崇，使爲大師，且掌環列之尹。環列之尹，宮衛之官，列兵而環王宮。

穆伯如齊，始聘焉，禮也。穆伯，公孫敖。凡君即位，卿出並聘，踐脩舊好，要結外援，踐，猶履行也。好事鄰國，以衛社稷，忠信卑讓之道也。忠，德之正也；信，德之固也；卑讓，德之基也。傳因此發凡，以明諸侯諒闇，則國事皆用吉禮。

〔一〕「熊蹯」，原作「熊蟠」，據陽明文庫本、宋大字本、國會本、巾箱本、書院本、附釋音本、慶元本、金澤本改。

殽之役，在僖三十三年。晉人既歸秦帥〔一〕，秦大夫及左右皆言於秦伯曰：「是敗也，孟明之罪也，必殺之。」秦伯曰：「是孤之罪也。周芮良夫之詩曰：『大風有隧，貪人敗類。詩，大雅。隧，蹊徑也。周大夫芮伯刺厲王，言貪人之敗善類，若大風之行，毀壞衆物，所在成蹊徑。聽言則對，誦言如醉。言昏亂〔二〕之君，不好典誦之言，聞之若醉；得道聽塗說之言，則喜而答對。匪用其良，覆俾我悖。』覆，反也。俾，使也。不用良臣之言，反使我爲悖亂。是貪故也，孤之謂矣。孤實貪以禍夫子，夫子何罪？」復使爲政。爲明年秦、晉戰彭衙傳。

【經】

二年春王二月甲子，晉侯及秦師戰于彭衙，秦師敗績。孟明名氏不見，非命卿

〔一〕「秦帥」，原作「秦師」，據陽明文庫本、國會本、巾箱本、書院本、附釋音本、慶元本、金澤本改。今按：釋文、石經皆作「秦帥」。

〔二〕「昏亂」，釋文作「惛亂」，云：「本亦作『昏』。」

也。大崩曰敗績。馮翊郃陽縣西北有彭衙城。

丁丑，作僖公主。主者，殷人以柏，周人以栗。三年喪終，則遷入於廟。

三月乙巳，及晉處父盟。處父爲晉正卿，不能匡君以禮，而親與公盟，故貶〔一〕其族。族去則非卿，故以微人常稱爲耦，以直厭不直。不地者，盟晉都。

夏六月，公孫敖會宋公、陳侯、鄭伯、晉士穀，盟于垂隴。垂隴，鄭地，滎陽縣東有隴城。士穀出盟諸侯，受成於衛，故貴而書名氏。

自十有二月不雨，至于秋七月。無傳。周七月，今五月也。不雨，足爲災。不書旱，五穀猶有收。

八月丁卯，大事于大廟，躋僖公。大事，禘也。躋，升也。僖公，閔公庶兄，繼閔而立，廟坐宜次閔下，今升在閔上，故書而譏之。時未應吉禘，而於大廟行之，其譏已明，徒以逆祀，故特大其事，異其文。

冬，晉人、宋人、陳人、鄭人伐秦。四人皆卿。秦穆悔過，終用孟明，故貶四國大夫

〔一〕「貶」下，金澤本有「去」字。

以尊秦。

公子遂如齊納幣。傳曰：「禮也。」僖公喪終此年十一月，則納幣在十二月也。士昏六禮，其一納采，納徵始有玄纁束帛，諸侯則謂之納幣，其禮與士禮不同，蓋公爲大子時已行昏禮。

【傳】

二年春，秦孟明視帥師伐晉，以報殽之役。二月，晉侯禦之。先且居將中軍，趙衰佐之。代郤溱。王官無地御戎，代梁弘。狐鞫居爲右。鞫居，續簡伯。甲子，及秦師戰于彭衙，秦師敗績。晉人謂秦「拜賜之師」。以孟明言「三年將拜君賜」，故嗤之。

戰於殽也，晉梁弘御戎，萊駒爲右。戰之明日，晉襄公縛秦囚，使萊駒以戈斬之。囚呼，萊駒失戈。狼瞫取戈以斬囚，禽之以從公乘，遂以爲右。箕之役，箕役在僖三十三年。先軫黜之，而立續簡伯。狼瞫怒。其友曰：「盍死之？」瞫曰：「吾未獲死所。」未得可死處。其友曰：「吾與女爲難。」欲共殺先軫。瞫曰：「周志有之：『勇則害上，不登於明堂。』周志，周書也。明堂，祖廟也，所以策功序德，故不義之士不得升。死而不義，非勇也。共用之謂勇。共用，死國用。吾以勇求右，無勇而黜，亦其所也。言今死而不義，更成無勇，宜見退。謂上不我知，黜而宜，乃知我矣。言今見黜而合宜，則吾不得復言上不我知。子姑待之。」及彭衙，既陳，以其屬馳秦師，死焉。屬，屬己兵。晉師從之，大敗秦師。君子謂狼瞫於是乎君子。詩曰：「君子如怒，亂庶遄沮。」詩，小雅，言君子之怒必以止亂。遄，疾也。沮，止也。又曰：「王赫斯怒，爰整其旅。」詩，大雅，言文王赫然奮怒，則整師旅以討亂。怒不作亂，而以從師，可謂君子矣。

秦伯猶用孟明，孟明增脩國政，重施於民。趙成子言於諸大夫曰：成子，趙衰。「秦師又至，將必辟之。懼而增德，不可當也。詩曰：『毋念爾祖，聿脩厥德。』詩，大雅，言念其祖考，則宜述脩其德以顯之。毋念，念也。孟明念之矣。念德不怠，其可敵乎？」爲明年秦人伐晉傳。

丁丑，作僖公主，書，不時也。過葬十月，故曰不時。例在僖三十三年。

晉人以公不朝來討，公如晉。夏四月己巳，晉人使陽處父盟公以耻之。使大夫盟公，欲以耻辱魯也。經書「三月乙巳」，經、傳必有誤。書曰「及晉處父盟」，以厭之也。厭，猶損也。晉以非禮盟公，故文「厭之」以示譏。適晉不書，諱之也。不書公如晉。

公〔一〕未至。

六月，穆伯會諸侯及晉司空士穀，盟于垂隴，晉討衛故也。討元年衛人伐晉。士穀，士蔿子。書〔二〕士穀，堪其事也。晉司空非卿也。以士穀能堪卿事，故書。陳侯爲衛請成于晉，執孔達以説。陳始與衛謀，謂可以强得免。今晉不聽，故更執孔達以苟免也。

秋八月丁卯，大事于大廟，躋僖公，逆祀也。僖是閔兄，不得爲父子。嘗爲臣，位應在下，今居閔上，故曰「逆祀」。於是夏父弗忌爲宗伯，宗伯，掌宗廟昭穆之禮。尊僖公，且明見曰：「吾見新鬼大，故鬼小。新鬼，僖公，既爲兄，死時年又長；故鬼，閔公，死時年少。弗忌明言其所見。先大後小，順也。躋聖賢，明也。又以僖公爲聖賢。明順，禮也。」君子以爲失禮。禮無不順。祀，國之大事也，而逆之，可謂禮乎？子雖齊聖，不先父食久矣。齊，肅也。臣繼君猶子繼父。故禹不先鯀，湯不先契，鯀，禹父。契，湯十三世祖。文、武不先不窋。不窋，后稷子。宋祖帝乙，鄭祖厲王，猶上祖

〔一〕「公」下，金澤本有「自晉」二字。

〔二〕「書」下，金澤本有「曰晉」二字。釋文或本同。

也。帝乙，微子父。厲王，鄭桓公父。二國不以帝乙、厲王不肖而猶尊尚之。是以魯頌曰：「春秋匪解，享祀不忒。皇皇后帝，皇祖后稷。」忒，差也。皇皇，美也。后帝，天也。詩頌僖公郊祭上天，配以后稷。君子曰禮，謂其后稷親而先帝也。先稱帝也。詩曰：「問我諸姑，遂及伯姊。」詩，邶風也，衛女思歸而不得，故願致問於姑姊。君子曰禮，謂其姊親而先姑也。僖親，文公父。夏父弗忌欲阿時君，先其所親，故傳以此二詩深責其意。仲尼曰：「臧文仲，其不仁者三，不知者三。下展禽，展禽，柳下惠也。文仲知柳下惠之賢而使在下位。己欲立而立人。廢六關，塞關、陽關之屬，凡六關，所以禁絶末遊而廢之。妾織蒲，三不仁也。家人販席，言其與民争利。作虚器，謂居蔡，山節藻棁也。有其器而無其位，故曰虚。縱逆祀，聽夏父，躋僖公。祀爰居，三不知也。」海鳥曰爰居，止於魯東門外，文仲以爲神，命國人祀之。

冬，晉先且居、宋公子成〔一〕、陳轅選、鄭公子歸生伐秦，取汪及彭衙而還，以報彭衙之役。卿不書，爲穆公故，尊秦也，謂之崇德。

〔一〕「成」，釋文云：「本或作『戍』。」

襄仲如齊納幣，禮也。凡君即位，好舅甥，脩昏姻，娶元妃以奉粢盛，孝也。謂諒闇既終，嘉好之事通于外內，外內之禮始備。此除凶之即位也，於是遣卿申好舅甥之國，脩禮以昏姻也。元妃，嫡夫人。奉粢盛，共祭祀。孝，禮之始也。

【經】

三年春王正月，叔孫得臣會晉人、宋人、陳人、衛人、鄭人伐沈，沈潰。傳例曰：「民逃其上曰潰。」沈，國名也。汝南平與縣〔一〕北有沈亭。

夏五月，王子虎卒。不書爵者，天王赴也。翟泉之盟雖輒假王命，周王因以同盟之例爲赴〔二〕。

秦人伐晉。晉人耻不出，以微者告。

〔一〕「平與縣」，釋文作「平輿縣」。阮校：水經注廿四作「平輿縣」，史記管蔡世家正義引同。今按：漢書卷二八上地理志上作「平輿」。

〔二〕「爲赴」，釋文云：「本或作『來赴』。」

秋，楚人圍江。

雨螽于宋。自上而隮，有似於雨。宋人以其死爲得天祐，喜而來告，故書。

冬，公如晉。十有二月己巳，公及晉侯盟。

晉陽處父帥師伐楚以救江。

【傳】

三年春，莊叔會諸侯之師伐沈，以其服於楚也，沈潰。凡民逃其上曰潰，在上曰逃。潰，衆散流移，若積水之潰，自壞之象也。國君輕走，群臣不知其謀，與匹夫逃竄無異。是以在衆曰潰，在上曰逃，各以類言之。

衛侯如陳，拜晉成也。二年，陳侯爲衛請成于晉。

夏四月己亥，王叔文公卒，來赴，弔如同盟，禮也。王子虎與僖公同盟於翟泉，文公是同盟之子，故赴以名。傳因王子虎異於諸侯，王叔又未與文公盟，故於此顯示體例也。經書五月，又不書日，從赴也。

秦伯伐晉，濟河焚舟，示必死也。取王官及郊。王官、郊，晉地。晉人不出。遂自茅津濟，封殽尸而還。茅津在河東大陽縣西。封，埋藏之。遂霸西戎，用孟明也。

君子是以知秦穆公〔一〕之爲君也，舉人之周也，周，備也。不偏以一惡弃其善。與人之壹也；壹，無二心。孟明之臣也，其不解也，能懼思也；子桑之忠也，其知人也，能舉善也。子桑，公孫枝，舉孟明者。詩曰「于以采蘩？于沼于沚。于以用之？公侯之事」，秦穆有焉。詩，國風，言沼沚之蘩至薄，猶采以共公侯，以喻秦穆不遺小善。「夙夜匪解，以事一人」，孟明有焉。詩，大雅，美仲山甫也。一人，天子也。「詒厥孫謀，以燕翼子」，子桑有焉。詒，遺也。燕，安也。翼，成也。詩，大雅，美武王能遺其子孫善謀，以安成子孫。言子桑有舉善之謀。

秋，雨螽于宋，隊而死也。螽飛至宋，隊地而死若雨。

楚師圍江，晉先僕伐楚以救江。晉救江在「雨螽」下，故使「圍江」之經隨在「雨螽」下。

冬，晉以江故告于周。欲假天子之威以伐楚。王叔桓公、晉陽處父伐楚以救江，桓公，周卿士，王叔文公之子。桓公不書，示威名，不親伐。門于方城，遇息公子朱而還。子朱，楚大夫，伐江之帥也，聞晉師起而江兵解，故晉亦還。

〔一〕「秦穆公」，陽明文庫本、金澤本作「秦穆」。今按：石經亦作「秦穆」。

晉人懼其無禮於公也，請改盟。改二年處父之盟。公如晉，及晉侯盟。晉侯饗公，賦菁菁者莪。菁菁者莪，詩〔一〕小雅，取其「既見君子，樂且有儀」。莊叔以公降拜，謝其以公比君子也。曰：「小國受命於大國，敢不慎儀？君貺之以大禮，何樂如之？抑小國之樂，大國之惠也。」晉侯降辭，降階辭讓公。登，成拜。俱還上，成拜禮。公賦嘉樂。嘉樂，詩〔二〕大雅，義〔三〕取其「顯顯令德，宜民宜人，受祿於天」。

【經】

四年春，公至自晉。無傳。

夏，逆婦姜于齊。稱「婦」，有姑之辭。

狄侵齊。無傳。

〔一〕「詩」上，金澤本有「在」字。
〔二〕「詩」下，金澤本有「在」字。
〔三〕「義」，陽明文庫本、慶元本、金澤本無此字。

秋，楚人滅江。滅例在文〔一〕十五年。

晉侯伐秦。

衛侯使甯俞來聘。

冬十有一月壬寅，夫人風氏薨。僖公母，風姓也。赴同祔姑，故稱夫人。

【傳】

四年春，晉人歸孔達于衛，以爲衛之良也，故免之。二年，衛執孔達以說晉。

夏，衛侯如晉拜。謝歸孔達。

曹伯如晉會正。會受貢賦之政也。傳言襄公能繼文〔二〕之業，而諸侯服從。

逆婦姜于齊，卿不行，非禮也。禮，諸侯有故，則使卿逆。君子是以知出姜之不允於魯也，允，信也。始來不見尊貴，故終不爲國人所敬信也。文公薨而見出，故曰「出姜」。

〔一〕「文」，慶元本無此字。阮校云：「宋本無『文』字，是也。」

〔二〕「文」，原作「父」，據陽明文庫本、宋大字本、國會本、巾箱本、書院本、附釋音本、慶元本改。今按：册府元龜卷二一四五亦作「文」。

曰：「貴聘而賤逆之，公子遂納幣，是貴聘也。君而卑之，立而廢之，君，小君也。不以夫人禮迎，是卑廢之。弃信而壞其主，在國必亂，在家必亡，主，内主也。不允宜哉！詩曰：『畏天之威，于時保之。』敬主之謂也。」詩，頌，言畏天威，於是保福禄。

秋，晉侯伐秦，圍邧、新城，以報王官之役。邧、新城，秦邑也。王官役在前年。

楚人滅江，秦伯爲之降服、出次、不舉，過數。降服，素服也。出次，辟正寢。不舉，去盛饌。鄰國之禮有數，今秦伯過之。大夫諫，公曰：「同盟滅，雖不能救，敢不矜乎？吾自懼也。」秦、江同盟，不告，故不書。君子曰：「詩云：『惟彼二國，其政不獲；惟此四國，爰究爰度。』其秦穆之謂矣。」詩，大雅，言夏、商之君，政不得人心，故四方諸侯皆懼而謀度其政事也。言秦穆亦能感江之滅，懼而思政。爰，於也。究、度，皆謀也。

衛甯武子來聘，公與之宴，爲賦湛露及彤弓。非禮之常，公特命樂人以示意，故言「爲賦」。湛露、彤弓，詩小雅。不辭，又不答賦。使行人私焉。私問之。對曰：「臣以爲肄業及之也。肄，習也。魯人失所賦，甯武子佯不知，此其愚不可及。昔諸侯朝正於王，朝而受政教也。王宴樂之，於是乎賦湛露，則天子當陽，諸侯用命也。湛露曰：「湛湛露斯，匪陽不晞。」晞，乾也。言露見日而乾，猶諸侯稟天子命而行。諸侯敵王所愾，而獻其功，敵，猶當也。愾，恨怒也。王於是乎賜之彤弓一，彤矢百，玈弓矢千，以覺報宴。覺，明也。謂諸侯有四夷之功，王賜之弓矢，又爲歌彤弓，以明報功宴樂。今陪臣來繼舊好，方論天子之樂，故自稱陪臣。君辱貺之，其敢干大禮以自取戾？」貺，賜也。干，犯也。戾，罪也。

冬，成風薨。爲明年王使來含賵傳。

【經】

五年春王正月，王使榮叔歸含且賵。珠玉曰含。含，口實。車馬曰賵。

三月辛亥，葬我小君成風。無傳。反哭成喪，故曰「葬我小君」。

王使召伯來會葬。召伯，天子卿也。召，采地；伯，爵也。來不及葬，不譏者，不失五月之內。

夏，公孫敖如晉。無傳。

秦人入鄀。入例在十五年。

秋，楚人滅六。六，國，今廬江六縣。

冬十月甲申，許男業卒。無傳。與僖公六同盟。

【傳】

五年春，王使榮叔來〔一〕含且賵，召昭公來會葬，禮也。成風，莊公之妾。天子以夫人禮賵之〔二〕，明母以子貴，故曰「禮」。

初，鄀叛楚即秦，又貳於楚，夏，秦人入鄀。

六人叛楚即東夷。秋，楚成大心、仲歸〔三〕帥師滅六。仲歸，子家。

冬，楚公子燮滅蓼。蓼，國，今安豐蓼縣。臧文仲聞六與蓼滅，曰：「臯陶庭堅不祀忽諸。德之不建，民之無援，哀哉！」蓼與六，皆臯陶後也。傷二國之君不能建德結援大國，忽然而亡。

晉陽處父聘于衛，反過甯，甯嬴從之，甯，晉邑，汲郡脩武縣也。嬴，逆旅大夫。及

〔一〕「王」下，金澤本有「正月」二字。「來」下，金澤本有「歸」字。

〔二〕「賵之」，陽明文庫本、慶元本作「贈之」。今按：孔疏作「贈之」。

〔三〕「仲歸」，原作「仲歸」，據陽明文庫本、宋大字本、國會本、巾箱本、書院本、附釋音本、慶元本、金澤本改，下同。今按：左傳文公十年作「仲歸」。

溫而還。其妻問之，嬴曰：「以剛。商書曰：『沈漸剛克，高明柔克。』沈漸，猶滯溺也。高明，猶亢爽也。言各當以剛柔勝己本性，乃能成全也。此在洪範，今謂之周書。夫子壹之，其不沒乎？陽子性純剛。天爲剛德，猶不干時，寒暑相順。況在人乎？且華而不實，怨之所聚也。言過其行。犯而聚怨，不可以定身。剛則犯人。余懼不獲其利而離其難，是以去之。」爲六年晉殺處父傳。

晉趙成子、欒貞子、霍伯、臼季皆卒。成子，趙衰，新上軍帥、中軍佐也。貞子，欒枝，下軍帥也。霍伯，先且居，中軍帥也。臼季，胥臣，下軍佐也。爲六年蒐於夷傳。

【經】

六年春，葬許僖公。無傳。

夏，季孫行父如陳。行父，季友孫。

秋，季孫行父如晉。

八月乙亥，晉侯驩卒。再同盟。

冬十月，公子遂如晉，葬晉襄公。卿共葬事，文、襄之制也。三月而葬，速。

晉殺其大夫陽處父。處父侵官，宜爲國討，故不言賈季殺。

晉狐射姑出奔狄。射姑，狐偃子賈季也。奔例在宣十年。

閏月不告月，猶朝于廟。諸侯每月必告朔聽政，因朝宗廟。文公以閏非常月，故闕不告朔，怠慢政事。雖朝于廟，則如勿朝，故曰「猶」〔一〕。猶者，可止之辭。

【傳】

六年春，晉蒐于夷，舍二軍。僖三十一年，晉蒐清原，作五軍。今舍二軍，復三軍之制。夷，晉地。前年四卿卒，故蒐以謀軍帥。**使狐射姑將中軍，**代先且居。**趙盾佐之。**代趙衰也。盾，趙衰子。**陽處父至自温，**往年聘衛過温，今始至。**改蒐于董，易中軍。**易以趙盾爲帥，射姑佐之。河東汾陰縣有董亭。**陽子，成季之屬也，**處父嘗爲趙衰屬大夫。**故黨於趙氏，且謂趙盾能，曰：「使能，國之利也。」是以上之。宣子於是乎始爲國政。**宣，趙盾謚。**制事典，**典，常也。**正法罪，**輕重當。**辟獄刑，**辟，猶理也。**董逋逃，**董，督也。**由質要，**由，用也。質要，券契也。**治舊洿，**治理洿穢。**本秩禮，**貴賤不失其本。

〔一〕「猶」下，金澤本有「朝」字。

續常職，脩廢官。出滯淹。拔賢能也。既成，以授大傅陽子與大師賈佗，使行諸晉國，以爲常法。賈佗以公族從文公，而不在五人之數。

臧文仲以陳、衞之睦也，欲求好於陳。夏，季文子聘于陳，且娶焉。臣非君命不越竟，故因聘而自爲娶。

秦伯任好卒。任好，秦穆公名。以子車氏之三子奄息、仲行、鍼虎爲殉，子車，秦大夫氏也。以人從葬爲殉。皆秦之良也。國人哀之，爲之賦黄鳥。黄鳥，詩秦風，義取黄鳥止于棘桑，往來得其所，傷三良不然。君子曰：「秦穆之不爲盟主也宜哉！死而弃民。先王違世，猶詒之法，而況奪之善人乎？詩曰：『人之云亡，邦國殄瘁。』詩，大雅，言善人亡，則國瘁病。無善人之謂。若之何奪之？古之王者，知命之不長，是以並建聖哲，建立聖知，以司牧民。樹之風聲，因土地風俗，爲立聲教之法。分之采物，旌旗衣服各有分制。著之話言，話，善也。爲作善言遺戒。爲之律度，鍾律度量，所以治歷明時。陳之藝極，藝，準〔一〕也。

〔一〕「準」，原作「在」，據陽明文庫本、國會本、巾箱本、書院本、附釋音本、慶元本改。今按：孔疏亦引作「準」。金澤本作「准」。

極，中也。貢獻多少之法。傳曰：「貢之無藝。」又曰：「貢獻無極。」引之表儀，引，道也。表儀，猶威儀。予之法制，告之訓典，訓典，先王之書。教之防利，防惡興利。委之常秩，委，任也。常秩，官司之常職。道之以禮則，使毋失其土宜，衆隸賴之，而後即命，即，就也。聖王同之。今縱無法以遺後嗣，而又收其良以死，難以在上矣。」君子是以知秦之不復東征也。不能復征討東方諸侯爲霸主。

秋，季文子將聘於晉，使求遭喪之禮以行。季文子，季孫行父也。聞晉侯疾故。其人曰：「將焉用之？」其人，從者。文子曰：「備豫不虞，古之善教也。求而無之實難，難卒得。過求何害？」所謂文子三思。

八月乙亥，晉襄公卒。靈公少，晉人以難故，欲立長君。立少君，恐有難。趙孟曰：「立公子雍，趙孟，趙盾也。公子雍，文公子，襄公庶弟，杜祁之子。好善而長，先君愛之，且近於秦，秦舊好也。置善則固，事長則順，立愛則孝，結舊則安。爲難故，故〔一〕欲立長君。有此四德者，難必抒矣。」抒，除也。賈季曰：「不如立公子

〔一〕「故」字，金澤本不重。

樂。樂，文公子。辰嬴嬖於二君，辰嬴，懷嬴也。二君，懷公、文公也。立其子，民必安之。」趙孟曰：「辰嬴賤，班在九人，班，位也。其子何震之有？震，威也。且爲二〔一〕嬖，淫也。爲先君子，不能求大，而出在小國，辟也。母淫子辟，無威；陳小而遠，無援，將何安焉？杜祁以君故，讓偪姞而上之；杜祁，杜伯之後。祁，姓也。偪姞，姞姓之女，生襄公爲世子，故杜祁讓，使在己上。以狄故，讓季隗而己次之，故班在四。以季隗是文公託狄時妻，故復讓之，然則杜祁本班在二。先君是以愛其子，而仕諸秦，爲亞卿焉。亞，次也。秦大而近，足以爲援；母義子愛，足以威民。言其賢，故位尊。立之，不亦可乎？」使先蔑、士會如秦，逆公子雍。先蔑，士伯也。士會，隨季也。賈季亦使召公子樂于陳。趙孟使殺諸郫。郫，晉地。

賈季怨陽子之易其班也，本中軍帥，易以爲佐。而知其無援於晉也，少族多怨。九月，賈季使續鞫居殺陽處父。鞫居，狐氏之族。書曰：「晉殺其大夫。」侵官也。君已命帥，處父易之，故曰「侵官」。

〔一〕「二」下，金澤本有「君」字。

冬十月，襄仲如晉，葬襄公。

十一月丙寅，晉殺續簡伯。簡伯，續鞫居。十一月無丙寅；丙寅，十二月八日〔一〕也。日月必有誤。賈季奔狄，宣子使臾駢送其帑。帑，妻子也。宣子以賈季中軍之佐同官〔二〕故。

夷之蒐，賈季戮臾駢，臾駢之人欲盡殺賈氏以報焉。臾駢曰：「不可。吾聞前志有之，曰：『敵惠敵怨，不在後嗣。』忠之道也。敵，猶對也。若及子孫，則爲非對。非對，則爲遷怒。夫子禮於賈季，我以其寵報私怨，無乃不可乎？言己蒙宣子寵位。介人之寵，非勇也；介，因也。損怨益仇，非知也；殺季家，欲以除怨，宣子將復怨己，是益仇。以私害公，非忠也。釋此三者，何以事夫子？」盡具其帑與其器用財

〔一〕「八日」，原作「六日」，據陽明文庫本、宋大字本、國會本、巾箱本、書院本、附釋音本、慶元本、金澤本改。今按：春秋釋例亦作「八日」。

〔二〕「官」，原作「百」，據陽明文庫本、宋大字本、國會本、巾箱本、書院本、附釋音本、慶元本、金澤本改。今按：御覽卷四二一九亦作「官」。

賄，親帥扞之，送致諸竟。扞，衛也。

閏月不告朔，非禮也。經稱「告月」，傳稱「告朔」，明告月必以朔。閏以正時，四時漸差，則致閏以正之。時以作事，順時命事。事以厚生，事不失時，則年豐。生民之道，於是乎在矣。不告閏朔，弃時政也。何以爲民？

【經】

七年春，公伐邾。

三月甲戌，取須句，須句，魯之封内屬國也。僖公反其君之後，邾復滅之。書「取」，易也。例在襄十三年。遂城郚。無傳。因伐邾師以城郚。郚，魯邑，卞縣南有郚城。備邾難。

夏四月，宋公王臣卒。二年，與魯大夫盟於垂隴。

宋人殺其大夫。宋人攻昭公，并殺二大夫，故以非罪書。

戊子，晉人及秦人戰于令狐。趙盾廢嫡而外求君，故貶稱「人」。晉諱背先蔑而夜薄秦師，以戰告。

晉先蔑奔秦。不言「出」，在外奔。

狄侵我西鄙。

秋八月，公會諸侯、晉大夫，盟于扈。扈，鄭地，熒陽卷縣西北有扈亭。不分別書會人，揔言「諸侯、晉大夫盟」者，公後會而及其盟。

冬，徐伐莒。不書將帥，徐夷告辭略。

公孫敖如莒涖盟。

【傳】

七年春，公伐邾，閒晉難也。公因霸國有難而侵小。

三月甲戌，取須句，寘文公子焉，非禮也。邾文公子叛在魯，故公使爲守須句大夫也。絶大皞之祀以與鄰國叛臣，故曰「非禮」。

夏四月，宋成公卒。於是公子成爲右師，莊公子。公孫友爲左師，目夷子。樂豫爲司馬，戴公玄孫。鱗矔爲司徒，桓公孫。公子蕩爲司城，桓公子也。以武公名廢司空爲司城。華御事爲司寇。華元父也。傳言六卿皆公族，昭公不親信之，所以致亂。昭公將去群公子，樂豫曰：「不可。公族，公室之枝葉也。若去之，則本根無所庇廕〔一〕矣。葛藟猶能庇其本根，葛之能藟蔓繁滋者，以本枝廕庥〔二〕之多。故君子以爲比，謂詩人取以喻九族兄弟。況國君乎？此諺所謂『庇焉而縱尋斧焉』者也。縱，放也。必不可！君其圖之。親之以德，皆股肱也，誰敢攜貳？若之何去之？」不聽。穆、襄之族率國人以攻公，穆公、襄公之子孫，昭公所欲去者。殺公孫固、公孫鄭于公宫。二子在公宫，故爲亂兵所殺。六卿和公室，樂豫舍司馬以讓公子卬。卬，昭公弟。昭公即位而葬。書曰：「宋人殺其大夫。」不稱名，衆也，且言非其罪也。不稱殺者及死者名，殺者衆，故名不可知；死者無罪，則例不稱名。

秦康公送公子雍于晉，曰：「文公之入也無衛，故有吕、郤之難。」僖二十四年，文公入。乃多與之徒衛。

〔一〕「庇廕」，原作「府廕」，據陽明文庫本、國會本、巾箱本、書院本、附釋音本、慶元本、金澤本改。今按：石經亦作「庇廕」。「廕」，釋文云：「本又作『陰』。」

〔二〕「廕庥」，原作「廕麻」，據陽明文庫本、國會本、巾箱本、書院本、附釋音本、慶元本改。今按：釋文、册府元龜卷七四一亦作「廕庥」。金澤本作「⿰木休」，校作「庥」。

穆嬴日抱大子以啼于朝，曰：「先君何罪？其嗣亦何罪？舍適嗣不立，而外求君，將焉寘此？」穆嬴，襄公夫人，靈公母也。出朝，則抱以適趙氏，頓首於宣子，曰：「先君奉此子也，而屬諸子，曰：『此子也才，吾受子之賜；不才，吾唯子之怨。』欲使宣子教訓之。今君雖終，言猶在耳，在宣子之耳。而弃之，若何？」宣子與諸大夫皆患穆嬴，且畏偪，畏國人以大義來偪己。乃背先蔑而立靈公，以禦秦師。箕鄭居守。趙盾將中軍，先克佐之；克，先且居子，代狐射姑。荀林父佐上軍；箕鄭將上軍居守，故佐獨行。先蔑將下軍，先都佐之。步招御戎，戎津爲右。及堇陰，先蔑、士會逆公子雍前還晉，晉人始以逆雍出軍。卒然變計，立靈公，故車右、戎御猶在職。堇陰，晉地。宣子曰：「我若受秦，秦則賓也；不受，寇也。既不受矣，而復緩師，秦將生心。先人有奪人之心〔一〕，奪敵之戰心也。軍之善謀也；逐寇如追逃，軍之善政也。」訓卒利兵秣馬蓐食，潛師夜起。蓐食，早食於寢蓐也。戊子，敗秦師于令狐，至于刳首。

〔一〕此句下，金澤本有傳文「從人有待其衰」六字。釋文云：本或此下有「後人待其反」，誤。

己丑，先蔑奔秦，士會從之。從刳首去也。令狐在河東，當與刳首相接。先蔑之使也，荀林父止之，曰：「夫人、大子猶在，而外求君，此必不行。子以疾辭，若何？不然，將及。禍將及己。攝卿以往，可也，何必子？同官爲寮，吾嘗同寮，敢不盡心乎？」弗聽。爲賦板之三章，板，詩大雅，其三章義取芻蕘之言，猶不可忽，況同寮乎？僖二十八年，林父將中行，先蔑將左行。又弗聽。及亡，荀伯盡送其帑及其器用財賄於秦，曰：「爲同寮故也。」荀伯，林父。

士會在秦三年，不見士伯。士伯，先蔑。其人曰：「能亡人於國，言能與人俱亡於晉國。不能見於此，焉用之？」何用如此？士季曰：「吾與之同罪，俱有迎公子雍之罪。非義之也，將何見焉？」言己非慕先蔑之義而從之。及歸，遂不見。責先蔑爲正卿而不匡諫，且俱出奔，惡有黨也。士會歸在十三年。

狄侵我西鄙，公使告于晉。趙宣子使因賈季問酆舒，且讓之。酆舒，狄相。讓其伐魯。酆舒問於賈季曰：「趙衰、趙盾孰賢？」對曰：「趙衰，冬日之日也；趙盾，夏日之日也。」冬日，可愛。夏日，可畏。

秋八月，齊侯、宋公、衛侯、陳侯、鄭伯、許男、曹伯會晉趙盾，盟于扈，晉侯立故也。公後至，故不書所會。凡會諸侯，不書所會，後也。不書所會，謂不具列公侯及卿大夫。後至不書其國，辟不敏也。此傳還自釋凡例之意。

穆伯娶于莒，曰戴己，生文伯；其娣聲己，生惠叔。穆伯，公孫敖也。文伯，穀也。惠叔，難也。戴己卒，又聘于莒。莒人以聲己辭，則爲襄仲聘焉。襄仲，公孫敖從父昆弟。

冬，徐伐莒，莒人來請盟。見伐，故欲結援。穆伯如莒涖盟，且爲仲逆。及鄢陵，登城見之，美，鄢陵，莒邑。自爲娶之。仲請攻之，公將許之。叔仲惠伯諫。惠伯，叔牙孫。曰：「臣聞之，兵作於内爲亂，於外爲寇。寇猶及人，亂自及也。今臣作亂，而君不禁，以啓寇讎，若之何？」公止之，惠伯成之。平二子。使仲舍之，舍，不娶。公孫敖反之，還莒女。復爲兄弟如初。從之。爲明年公孫敖奔莒傳。

晉郤缺言於趙宣子曰：「日衛不睦，故取其地。日，往日。取衛地在元年。今已睦矣，可以歸之。叛而不討，何以示威？服而不柔，何以示懷？柔，安也。非威非懷，何以示德？無德，何以主盟？子爲正卿，以主諸侯，而不務德，將若之何？夏書曰：逸書。『戒之用休，有休則戒之以勿休。董之用威，董，督也。有罪則督之以威刑。勸之以九歌，勿使壞。』九功之德皆可歌也，謂之九歌。六府三事，謂之九功。水、火、金、木、土、穀，謂之六府。正德、利用、厚生，謂之三事。義而行之，謂之德禮。德，正德也。禮以制財用之節，又以厚生民之命。無禮不樂，所由叛也。若吾子之德，莫可歌也，其誰來之？來，猶歸也。盍使睦者歌吾子乎？」宣子説之。爲明年晉歸鄭、衛田張本。

【經】

八年春王正月。

夏四月。

秋八月戊申，天王崩。

冬十月壬午，公子遂會晉趙盾，盟于衡雍。壬午，月五日。

乙酉，公子遂會雒戎〔一〕，盟于暴。乙酉，月八日也。暴，鄭地。公子遂不受命而

〔一〕「雒戎」，釋文云：本或作「伊雒之戎」，係後人妄加。金澤本同釋文或本。

盟，宜去族，善其解國患，故稱「公子」以貴之。

公孫敖如京師，不至而復。丙戌，奔莒。不言出，受命而出，自外行。

螽。無傳。爲災，故書。

宋人殺其大夫司馬，宋司城來奔。司馬死不舍節，司城奉身而退，故皆書官而不名，貴之。

【傳】

八年春，晉侯使解揚歸匡、戚之田于衛，匡，本衛邑，中屬鄭，孔達伐不能克。今晉令鄭還衛及取戚田，皆見元年。且復致公壻池之封，自申至于虎牢之竟。公壻池，晉君女壻，又取衛地以封之，今并還衛也。申，鄭地。傳言趙盾所以能相幼主而盟諸侯。

夏，秦人伐晉，取武城，以報令狐之役。令狐役在七年。

秋，襄王崩。爲公孫敖如周弔傳。

晉人以扈之盟來討。前年盟扈，公後至。

冬，襄仲會晉趙孟，盟于衡雍，報扈之盟也。遂會伊、雒之戎。伊、雒之戎將伐魯，公子遂不及復君〔一〕，故專命與之盟。書曰「公子遂」，珍之也。珍，貴也。大夫出竟，有可以安社稷利國家者，專之可。

穆伯如周弔喪，不至，以幣奔莒，從己氏焉。己氏，莒女。

宋襄夫人，襄王之姊也，昭公不禮焉。昭公適祖母。夫人因戴氏之族，華、樂、皇皆戴族。以殺襄公之孫孔叔、公孫鍾離及大司馬公子卬，皆昭公之黨也。司馬握節以死，故書以官。節，國之符信也。握之以死，示不廢命。司城蕩意諸來奔，效節於府人而出。效，猶致也。意諸，公子蕩之孫。公以其官逆之，皆復之，亦書以官，皆貴之也。卿違從大夫，公賢其效節，故以本官逆之，請宋而復之。司城官屬悉來奔，故言「皆復」。

夷之蒐，晉侯將登箕鄭父、先都，登之於上軍也。夷蒐在六年。而使士縠、梁益耳將中軍。士縠本司空。先克曰：「狐、趙之勳，不可廢也。」從之。狐偃、趙衰有從亡之勳。先克奪蒯得田于堇陰，七年，晉禦秦師於堇陰，以軍事奪其田也。先克，中軍佐。

〔一〕「君」下，金澤本有「命」字。

故箕鄭父、先都、士縠、梁益耳、蒯得作亂。爲明年殺先克張本。

【經】

九年春，毛伯來求金。求金以共葬事。雖踰年而未葬，故不稱王使。

夫人姜氏如齊。無傳。歸寧。

二月，叔孫得臣如京師。辛丑，葬襄王。卿共葬事，禮也。

晉人殺其大夫先都。下軍佐也。以作亂討，故書名。

三月，夫人姜氏至自齊。無傳。告于廟。

晉人殺其大夫士縠及箕鄭父。與先都同罪也。

楚人伐鄭。楚子師於狼淵，不親伐。

公子遂會晉人、宋人、衛人、許人救鄭。

夏，狄侵齊。無傳。

秋八月，曹伯襄卒。無傳。七年，同盟于扈。

九月癸酉，地震。無傳。地道安静，以動爲異，故書。

冬，楚子使椒來聘。稱君以使大夫，其禮辭與中國同。椒不書氏，史略文。

秦人來歸僖公、成風之襚。衣服曰襚。秦辟陋，故不稱使。不稱夫人，從來者辭。

葬曹共公。無傳。

【傳】

九年春王正月己酉，使賊殺先克。箕鄭等所使也。亂殺先克，不赴，故不書。乙丑，晉人殺先都、梁益耳。乙丑，正月十九日。經書二月，從告。

毛伯衛來求金，非禮也。天子不私求財，故曰「非禮」。不書王命，未葬也。

二月，莊叔如周葬襄王。

三月甲戌，晉人殺箕鄭父、士縠、蒯得。梁益耳、蒯得不書，皆非卿。

范山言於楚子曰：「晉君少，不在諸侯，北方可圖也。」范山，楚大夫。楚子師于狼淵以伐鄭，陳師狼淵，爲伐鄭援也。潁川潁陰縣西有狼陂。囚公子堅、公子尨及樂耳。三子，鄭大夫。鄭及楚平。

公子遂會晉趙盾、宋華耦、衛孔達、許大夫救鄭，不及楚師。卿不書，緩也，以懲不恪。華耦，華父督曾孫。公子遂獨不在貶者，諸魯事自非指爲其國，褒貶則皆從國史，不同之於他國。此春秋大意。他皆放此。

夏，楚侵陳，克壺丘，壺丘，陳邑。**以其服於晉也。**

秋，楚公子朱自東夷伐陳，子朱，息公也。**陳人敗之，獲公子茷。陳懼，乃及楚平。**以小勝大，故懼而請平也。傳言「晉君少」，楚陵中國，明年所以有厥貉之會。

冬，楚子越椒來聘，執幣傲。子越椒，令尹子文從子。傲，不敬。**叔仲惠伯曰：「是必滅若敖氏之宗。傲其先君，神弗福也。」**十二年傳曰「先君之敝器，使下臣致諸執事」，明奉使皆告廟，故言傲其先君也。爲宣四年「楚滅若敖氏」張本。

秦人來歸僖公、成風之襚，禮也。秦慕諸夏，欲通敬於魯，因有翟泉之盟，故追贈僖公，并及成風。本非魯方嶽同盟，無相赴弔之制，故不譏其緩，而以接好爲禮。**諸侯相弔賀也，雖不當事，苟有禮焉，書也，以無忘舊好。**送死不及尸，故曰「不當事」。書者，書於典策，垂示子孫，使無忘過厚之好。

【經】

十年春王三月辛卯，臧孫辰卒。無傳。公與小斂，故書日。

夏，秦伐晉。不稱將帥，告辭略。

楚殺其大夫宜申。宜申，子西也。謀弒君〔一〕，故書名。

自正月不雨，至于秋七月。無傳。義與二年同。

及蘇子盟于女栗。女栗，地名，闕。蘇子，周卿士。頃王新立，故與魯盟，親諸侯也。

冬，狄侵宋。無傳。

楚子、蔡侯次于厥貉。厥貉，地名，闕。將伐宋而未行，故書次。

【傳】

十年春，晉人伐秦，取少梁。少梁，馮翊夏陽縣。

夏，秦伯伐晉，取北徵。報少梁。

初，楚范巫矞似矞似，范邑之巫。謂成王與子玉、子西曰：「三君皆將强死。」城濮之役，王思之，故使止子玉曰：「毋死。」不及。止子西，子西縊而縣絕。在

〔一〕「君」上，金澤本有「其」字。

僖二十八年。王使適至，遂止之，使爲商公。商，楚邑，今上雒商縣。沿漢泝江，將入郢。沿，順流。泝，逆流。王在渚宮，小洲曰渚。下見之，懼而辭曰：「臣免於死，又有讒言，謂臣將逃，臣歸死於司敗也。」陳、楚名司寇爲司敗。子西畏讒言，不敢之商縣。王使爲工尹。掌百工之官。又與子家謀弑穆王。穆王聞之，五月，殺鬭宜申及仲歸。仲歸，子家。不書，非卿。

秋七月，及蘇子盟于女栗，頃王立故也。僖十年，狄滅温，蘇子奔衛。今復見，蓋王復之。

陳侯、鄭伯會楚子于息。冬，遂及蔡侯次于厥貉，陳、鄭及宋麇子不書者，宋、鄭執卑，苟免爲楚僕任，受役於司馬，麇子耻之，遂逃而歸。三君失位降爵，故不列於諸侯。宋、鄭猶然，則陳侯必同也。將以伐宋。宋華御事曰：「楚欲弱我也，先爲之弱乎！何必使誘我？我實不能，民何罪？」乃逆楚子，勞且聽命。時楚欲誘呼宋共戰。御事，華元父。遂道以田孟諸。孟諸，宋大藪也，在梁國睢陽縣東北。宋公爲右盂，鄭伯爲左盂。盂，田獵陳名。期思公復遂爲右司馬，復遂，楚期思邑公。今弋陽期思縣。子朱及文之無畏爲左司馬。將獵，張兩甀，故置二左司馬，然則右司馬一人當中央。命〔一〕夙駕載燧，燧，取火者〔二〕。宋公違命，不夙駕載燧。無畏抶其僕以徇。或謂子舟曰：「國君不可戮也。」子舟曰：「當官而行，何彊之有？子舟，無畏字。詩曰：『剛亦不吐，柔亦不茹。』詩，大雅，美仲山甫不辟彊禦。『毋從詭隨，以謹罔極。』詩，大雅。詭人、隨人，無正心者。謹，猶慎也。罔，無也。極，中也。是亦非辟彊也。敢愛死以亂官乎？」

厥貉之會，麇子逃歸。爲明年楚子伐麇傳。

爲宣十四年宋人殺子舟張本。

春秋經傳集解文上第八

〔一〕「命」，金澤本作「令」。

〔二〕「者」，原作「具」，據陽明文庫本、國會本、巾箱本、書院本、附釋音本、慶元本、金澤本改。今按：一切經音義卷三三引杜注左傳云：「燧，取火者。」

春秋經傳集解文下第九

杜氏　盡十八年

【經】

十有一年春，楚子伐麇。討前年逃厥貉會。

夏，叔仲彭生會晉郤缺于承匡。承匡，宋地，在陳留襄邑縣西。彭生，叔仲惠伯。郤缺，冀缺。

秋，曹伯來朝。

公子遂如宋。

狄侵齊。

冬十月甲午，叔孫得臣敗狄于鹹。鹹，魯地。

【傳】十一年春，楚子伐麇，成大心敗麇師於防渚。成大心，子玉之子，大孫伯也。防渚，麇地。潘崇復伐麇，至于錫穴。錫穴，麇地。夏，叔仲惠伯會晉郤缺于承匡，謀諸侯之從於楚者。九年，陳、鄭及楚平。十年，宋聽楚命。

秋，曹文公來朝，即位而來見也。

襄仲聘于宋，且言司城蕩意諸而復之，八年，意諸來奔。歸不書，史失之。因賀楚師之不害也。往年楚次厥貉，將以伐宋。

鄋瞞侵齊，鄋瞞，狄國名，防風之後，漆姓。遂伐我。公卜使叔孫得臣追之，吉。侯叔夏御莊叔，莊叔，得臣。綿房甥〔一〕爲右，富父終甥駟乘。駟乘，四人共車。冬十月甲午，敗狄于鹹，獲長狄僑如。僑如，鄋瞞國之君，蓋長三丈。獲僑如不書，賤夷

〔一〕「綿房甥」，陽明文庫本、宋大字本、國會本、巾箱本、書院本、附釋音本、慶元本、石經作「緜房甥」。

狄也。富父終甥摏其喉，以戈殺之。摏，猶衝也。埋其首於子駒之門〔一〕，子駒，魯郭門。骨節非常，恐後世怪之，故詳其處。以命宣伯。得臣待事而名其三子，因名宣伯曰僑如，以旌其功。

初，宋武公之世，鄋瞞伐宋。在春秋前。司徒皇父帥師禦之，耏班御皇父充石，皇父，戴公子。充石，皇父名。公子穀甥爲右，司寇牛父駟乘，以敗狄于長丘，長丘，宋地。獲長狄緣斯，緣斯，僑如之先。皇父之二子死焉。皇父與穀甥及牛父皆死，故耏班獨受賞。宋公於是以門賞耏班，使食其征，門，關門。征，稅也。謂之耏門。

晉之滅潞也，在宣十五年。獲僑如之弟焚如。齊襄公之二年，魯桓之十六年。鄋瞞伐齊，齊王子成父獲其弟榮如，榮如，焚如之弟。焚如後死而先說者，欲其兄弟伯季相次。榮如以魯桓十六年死，至宣十五年一百三歲，其兄猶在。傳言既長且壽，有異於人。王子成父，齊大夫。埋其首於周首之北門。周首，齊邑，濟北穀城縣東北有周首亭。衛人獲其季弟簡如，伐齊退走，至衛見獲。鄋瞞由是遂亡。長狄之種絕。

〔一〕「門」上，金澤本有「北」字。

郕大子朱儒自安於夫鍾，安，處也。夫鍾，郕邑。**國人弗徇。**徇，順也。爲明年郕伯來奔傳。

【經】

十有二年春王正月，郕伯來奔。稱爵，見公以諸侯禮迎之。

杞伯來朝。復稱伯，舍夷禮。

二月庚子，子叔姬卒。既嫁成人，雖見出弃，猶以恩録其卒。

夏，楚人圍巢。巢，吴、楚間小國，廬江六縣東有居巢城。

秋，滕子來朝。

秦伯使術來聘。術不稱氏，史略之〔一〕。

冬十有二月戊午，晉人、秦人戰于河曲。不書敗績，交綏而退，不大崩也。稱人，秦、晉無功，以微者告也。皆陳曰戰，例在莊十一年。河曲，在河東蒲坂縣南。

〔一〕「之」，陽明文庫本、巾箱本、書院本、附釋音本、慶元本、金澤本作「文」。

季孫行父帥師城諸及鄆。鄆，莒、魯所争者，城陽姑幕縣南有員亭，員即鄆也。以其遠偪外國，故帥師城之。

【傳】

十二年春，郕伯卒，郕人立君。大子自安於外邑故。大子以夫鍾與郕邽來奔。郕邽亦邑。公以諸侯逆之，非禮也。非公寵叛人。故書曰：「郕伯來奔。」不書地，尊諸侯也。既尊以爲諸侯，故不復見其竊邑之罪。

杞桓公來朝，始朝公也，公即位，始來朝。且請絶叔姬而無絶昏，公許之。不絶昏，立其娣以爲夫人。不書大歸，未歸〔一〕而卒。

二月，叔姬卒。不言杞，絶也。既許其絶，故不言杞。書「叔姬」，言非女也。女未笄〔二〕而卒，不書。

〔一〕「歸」，原作「笄」，據陽明文庫本、慶元本、金澤本改。阮校云：「宋本、岳本『笄』作『歸』，不誤。」今按：孔疏亦云：「傳例出曰來歸，不書來歸，未歸而卒也。」

〔二〕「笄」，原作「嫁」，據陽明文庫本、慶元本、金澤本改。阮校：宋本、岳本「嫁」作「笄」，是也。

楚令尹大孫伯卒，成嘉爲令尹。若敖曾孫子孔。群舒叛楚。群舒，偃姓，舒庸、舒鳩之屬，今廬江南有舒城，舒城西南有龍舒。

夏，子孔執舒子平及宗子，遂圍巢。平，舒君名。宗、巢二國，群舒之屬。

秋，滕昭公來朝，亦始朝公也。

秦伯使西乞術來聘，且言將伐晉。襄仲辭玉，曰：「君不忘先君之好，照臨魯國，鎮撫其社稷，重之以大器，寡君敢辭玉。」大器，圭璋也。不欲與秦爲好，故辭玉。對曰：「不腆敝器，不足辭也。」腆，厚也。主人三辭。賓答曰：「寡君願徼福于周公、魯公以事君，徼，要也。魯公，伯禽也。言願事君以并蒙先君之福。不腆先君之敝器，使下臣致諸執事，以爲瑞節。節，信也。出聘必告廟，故稱先君之器。要結好命，所以藉寡君之命，結二國之好，藉，薦也。是以敢致之。」襄仲曰：「不有君子，其能國乎？國無陋矣。」厚賄之。賄，贈送也。

秦爲令狐之役故，冬，秦伯伐晉，取羈馬。令狐役在七年。羈馬，晉邑。晉人禦之。趙盾將中軍，荀林父佐之；林父代先克。郤缺將上軍，代箕鄭。臾駢佐之；代林父。欒盾將下軍，欒枝子，代先蔑。胥甲佐之。胥臣子，代先都。范無恤御戎，代步招。以從秦師于河曲。臾駢曰：「秦不能久，請深壘固軍以待之。」從之。秦人欲戰，秦伯謂士會曰：「若何而戰？」晉士會七年奔秦。對曰：「趙氏新出其屬曰臾駢，必實爲此謀，將以老我師也。臾駢，趙盾屬大夫，新出佐上軍。趙有側室曰穿，晉君之壻也。側室，支子。穿，趙夙庶孫。有寵而弱，不在軍事，弱，年少也，又未嘗涉知軍事。好勇而狂，且惡臾駢之佐上軍也。若使輕者肆焉，其可。」肆，暫往而退也。秦伯以璧祈戰于河。禱求勝。十二月戊午，秦軍掩晉上軍，趙穿追之，不及。上軍不動，趙穿獨追之。反，怒曰：「裹糧坐甲，固敵是求。敵至不擊，將何俟焉？」軍吏曰：「將有待也。」待可擊。穿曰：「我不知謀，將獨出。」乃以其屬出。宣子曰：「秦獲穿也，獲一卿矣。僖三十三年，晉侯以一命命郤缺爲卿，不在軍帥之數。然則晉自有散位從卿者。秦以勝歸，我何以報？」乃皆出戰，交綏。司馬法曰：「逐奔不遠，從綏不及。逐奔不遠則難誘，從綏不及則難陷。」然則古名退軍爲綏。秦、晉志未能堅戰，短兵未至，争而兩退，故曰交綏。秦行人夜戒晉師曰：「兩君之士，皆未慭也，明日請相見也。」慭，缺也。臾駢曰：「使者目動而言肆，懼我也，目動，心不安。言肆，聲放失常節。將遁矣。薄諸河，必敗之。」薄，迫也。胥甲、趙穿當軍門呼曰：

「死傷未收而弃之，不惠也；不待期而薄人於險，無勇也。」乃止。晉師止，爲宣元年放胥甲傳。秦師夜遁。復侵晉，入瑕。

城諸及鄆，書，時也。

【經】

十有三年春王正月。

夏五月壬午，陳侯朔卒。無傳。再同盟。

邾子蘧蒢卒。未同盟而赴以名。

自正月不雨，至于秋七月。無傳。義與二年同。

大室屋壞。大廟之室。

冬，公如晉。

衛侯會公于沓。沓，地，闕。

狄侵衛。無傳。

十有二月己丑，公及晉侯盟。十二月無己丑；己丑，十一月十一日。

公還自晉。鄭伯會公于棐。棐，鄭地。

【傳】

十三年春，晉侯使詹嘉處瑕，以守桃林之塞。詹嘉，晉大夫。賜其瑕邑，令帥衆守桃林以備秦。桃林在弘農華陰縣東潼關。

晉人患秦之用士會也，夏，六卿相見於諸浮。諸浮，晉地。趙宣子曰：「隨會在秦，賈季在狄，難日至矣，若之何？」六年，賈季奔狄。中行桓子曰：「請復賈季，中行桓子，荀林父也。僖二十八年始將中行，故以爲氏。能外事，且由舊勳。」有狐偃之舊勳。郤成子曰：「賈季亂，且罪大，殺陽處父故。不如隨會，能賤而有耻，柔而不犯，不可犯以不義。其知足使也，且無罪。」乃使魏壽餘僞以魏叛者，以誘士會，執其帑於晉，使夜逸。魏壽餘，畢萬之後。帑，壽餘妻子〔一〕。請自歸于秦，秦伯許之。許受其邑。履士會之足於朝。躡士會足，欲使行。秦伯師于河西，將取魏。魏人在

〔一〕「妻子」，陽明文庫本、巾箱本、書院本、附釋音本、慶元本、金澤本無「妻」字。阮校云：「足利本『子』上有『妻』字，非。」

東。今河北縣，於秦爲在河之東。壽餘曰：「請東人之能與夫二三有司言者，吾與之先。」欲與晉人在秦者共先告喻魏有司。使士會。士會辭曰：「晉人，虎狼也。若背其言，臣死，妻子爲戮，無益於君，不可悔也。」辭行，示己無去心。秦伯曰：「若背其言，所不歸爾帑者，有如河。」言必歸其妻子，明白如河。乃行。繞朝贈之以策，策，馬檛。臨別授之馬檛，並示己所策以展情。繞朝，秦大夫。曰：「子無謂秦無人，吾謀適不用也。」示己覺其情。既濟，魏人譟而還。喜得士會。秦人歸其帑。其處者爲劉氏。士會，堯後劉累之胤，別族復累之姓。

邾文公卜遷于繹。繹，邾邑，魯國鄒縣北有繹山。史曰：「利於民而不利於君。」邾子曰：「苟利於民，孤之利也。天生民而樹之君，以利之也。民既利矣，孤必與焉。」左右曰：「命可長也，君何弗爲？」邾子曰：「命在養民。死〔一〕之短長，時也；民苟利矣，遷也。吉莫如之！」左右以一人之命爲言，文公以百姓之命爲主。一

〔一〕「死」下，金澤本有「生」字。

人之命各有短長〔一〕，不可如何，百姓之命乃傳世無窮，故徙之。遂遷于繹。五月，邾文公卒。君子曰：「知命。」

秋七月，大室之屋壞，書，不共也。簡慢宗廟，使至傾穨，故書以見臣子不共。

冬，公如晉，朝且尋盟。衛侯會公于沓，請平于晉。公還，鄭伯會公于棐，亦請平于晉。公皆成之。鄭、衛貳于楚，畏晉，故因公請平。鄭伯與公宴于棐，子家賦鴻鴈。子家，鄭大夫，公子歸生也。鴻鴈，詩小雅，義取侯伯哀恤鰥寡，有征行之勞。言鄭國寡弱，欲使魯侯還晉恤之。季文子曰：「寡君未免於此。」言亦同有微弱之憂。文子賦四月。四月，詩小雅，義取行役踰時，思歸祭祀，不欲爲還晉。子家賦載馳之四章。載馳，詩鄘風，四章以下，義取小國有急，欲引大國以救助。文子賦采薇之四章。采薇，詩小雅，取〔二〕其「豈敢定居？一月三捷」，許爲鄭還，不敢安居。鄭伯拜，謝公爲行。公答拜。

〔一〕「短長」，金澤本倒。
〔二〕「取」上，金澤本有「義」字。

【經】

十有四年春王正月，公至自晉。無傳。告於廟。

邾人伐我南鄙，叔彭生帥師伐邾。

夏五月乙亥，齊侯潘卒。七年，盟于扈。乙亥，四月二十九日。書五月，從赴。

六月，公會宋公、陳侯、衛侯、鄭伯、許男、曹伯、晉趙盾，癸酉，同盟于新城。新城，宋地，在梁國穀熟縣西。

秋七月，有星孛入于北斗。孛，彗也。既見而移入北斗，非常所有，故書之。

公至自會。無傳。

晉人納捷菑于邾，弗克納。邾有成君，晉趙盾不度於義，而大興諸侯之師，涉邾之竟，見辭而退。雖有服義之善，所興者廣，所害者衆，故貶稱人。

九月甲申，公孫敖卒于齊。既許〔一〕復之，故從大夫例書卒。

齊公子商人弑其君舍。舍未踰年而稱君者，先君既葬，舍已即位。弑君例在宣四年。

〔一〕「既許」上，金澤本有「齊」字。

宋子哀來奔。大夫奔例書名氏，貴之，故書字。

冬，單伯如齊。單伯，周卿士，爲魯如齊，故書。

齊人執單伯。諸侯無執王使之義，故不依行人例。

齊人執子叔姬。叔姬，魯女，齊侯舍之母。不稱夫人，自魯録之，父母辭。

【傳】

十四年春，頃王崩，周公閱與王孫蘇争政，故不赴。凡崩、薨，不赴則不書；禍、福，不告亦不書，奔、亡，禍也。歸、復，福也。懲不敬也。欲使怠慢者自戒。

邾文公之卒也，在前年。公使弔焉，不敬。邾人來討，伐我南鄙，故惠伯伐邾。

子叔姬妃齊昭公，生舍。叔姬無寵，舍無威。公子商人驟施於國，驟，數也。而多聚士，盡其家〔一〕，貸於公、有司以繼之。家財盡，從公及國之有司

商人，桓公子。

〔一〕「家」下，金澤本有「貲」字。

富者貸。夏五月，昭公卒，舍即位。

邾文公元妃齊姜，生定公；二妃晉姬，生捷菑。文公卒，邾人立定公，捷菑奔晉。

六月，同盟于新城，從於楚者服，從楚者，陳、鄭、宋。且謀邾也。謀納捷菑。

秋七月乙卯夜，齊商人弑舍而讓元。元，商人兄，齊惠公也。書「九月」，從告。七月無乙卯，日誤。元曰：「爾求之久矣。我能事爾，爾不可使多蓄憾。不爲君則恨多。將免我乎？爾爲之。」言將復殺我。

有星孛入于北斗，周内史叔服曰：「不出七年，宋、齊、晉之君皆將死亂。」後三年，宋弑昭公；五年，齊弑懿公；七年，晉弑靈公。史服但言事徵，而不論其占，固非末學所得詳言。

晉趙盾以諸侯之師八百乘，納捷菑于邾。八百乘，六萬人。言力有餘。邾人辭曰：「齊出貜且長。」貜且，定公。宣子曰：「辭順而弗從，不祥。」乃還。立適以長，故曰「辭順」。

周公將與王孫蘇訟于晉，王叛王孫蘇，王，匡王。叛，不與。而使尹氏與聃啓訟周公于晉。訟，理之。尹氏，周卿士。聃啓，周大夫。趙宣子平王室而復之。復使和親。

楚莊王立，穆王子也。子孔、潘崇將襲群舒，使公子燮與子儀守，而伐舒蓼。即群舒。二子作亂，城郢，而使賊殺子孔，不克而還。八月，二子以楚子出，將如商密。國語曰：「楚莊王幼弱，子儀爲師，王子燮爲傅。」廬戢棃及叔麇誘之，遂殺鬭克及公子燮。廬，今襄陽中廬縣。戢棃，廬大夫。叔麇，其佐。鬭克，子儀也。

初，鬭克囚于秦。在僖二十五年。秦有殽之敗，在僖三十三年。而使歸求成。成而不得志，無賞報也。公子燮求令尹而不得，故二子作亂。傳言楚莊幼弱，國内亂，所以不能與晉競。

穆伯之從己氏也，在八年。魯人立文伯。穆伯之子，穀也。穆伯生二子於莒而求復，文伯以爲請。襄仲使無朝聽命，復而不出，不得使與聽政事，終寢於家，故出入不書。三年而盡室以復適莒。文伯疾，而請曰：「穀之子弱，子，孟獻子，年尚少〔一〕。

〔一〕「少」，慶元本作「幼」。

請立難也。」難，穀弟。許之。文伯卒，立惠叔。穆伯請重賂以求復，惠叔以爲請，許之。將來，九月，卒于齊。告喪，請葬，弗許。請以卿禮葬。

宋高哀爲蕭封人，以爲卿。蕭，宋附庸。仕附庸還，升爲卿。不義宋公而出，遂來奔。出而待放，從放所來，故曰「遂」。書曰：「宋子哀來奔。」貴之也。貴其不食污君之禄，辟禍速〔一〕也。

齊人定懿公，使來告難，故書以九月。齊人不服，故三月而後定。書以九月，明經日月皆從赴。齊公子元不順懿公之爲政也，終不曰「公」，曰「夫己氏」。猶言某甲。

襄仲使告于王，請以王寵求昭姬于齊，昭姬，子叔姬。曰：「殺其子，焉用其母？請受而罪之。」冬，單伯如齊，請子叔姬，齊人執之。恨魯恃王勢以求女故。又執子叔姬。欲以耻辱魯。

〔一〕「速」，慶元本作「遠」。

【經】

十有五年春，季孫行父如晉。

三月，宋司馬華孫來盟。華孫奉使鄰國，能臨事制宜，至魯而後定盟，故不稱使；其官皆從，故書司馬。

夏，曹伯來朝。

齊人歸公孫敖之喪。大夫喪還不書，善魯感子以赦父，敦公族之恩，崇仁孝之教，故特録敖喪歸以示義。

六月辛丑朔，日有食之。鼓，用牲于社。傳例曰：「非禮也。」

單伯至自齊。

晉郤缺帥師伐蔡，戊申，入蔡。傳例曰：「獲大城曰入。」

秋，齊人侵我西鄙。

季孫行父如晉。

冬十有一月，諸侯盟于扈。將伐齊，晉侯受賂而止，故惣曰「諸侯」，言不足序列。

十有二月，齊人來歸子叔姬。齊人以王故來送子叔姬，故與直出者異文。

齊侯侵我西鄙，遂伐曹，入其郛。郛，郭也。

【傳】

十五年春，季文子如晉，爲單伯與子叔姬故也。因晉請齊。

三月，宋華耦來盟，其官皆從之，書曰「宋司馬華孫」，貴之也。古之盟會，必備威儀，崇贄幣，賓主以成禮爲敬，故傳曰「卿行旅從」。春秋時率多不能備威儀，華孫能率其屬，以從古典，所以敬事而自重。使重而事敬，則魯尊而禮篤，故貴而不名。公與之宴，辭曰：「君之先臣督，得罪於宋殤公，名在諸侯之策。臣承其祀，其敢辱君？耦，華督曾孫也。督弒殤公在桓二年。耦自以罪人子孫，故不敢屈辱魯君，對共宴會。請承命於亞旅。」亞旅，上大夫也。魯人以爲敏。無故揚其先祖之罪，是不敏。魯人以爲敏，明君子所不與也。

夏，曹伯來朝，禮也。諸侯五年再相朝，以脩王命，古之制也。十一年，曹伯來朝，雖至此乃來，亦五年。傳爲冬齊侯伐曹張本。

齊人或爲孟氏謀，孟氏，公孫敖家，慶父爲長庶，故或稱孟氏。曰：「魯，爾親也。飾棺寘諸堂阜，堂阜，齊、魯竟上地。飾棺不殯，示無所歸。魯必取之。」從之。卞人以告。卞人，魯卞邑大夫。惠叔猶毁以爲請，敖卒，則惠叔請之，至今期年而猶未已。毁，過喪禮。立於朝以待命。許之，取而殯之。殯於孟氏之寢，終叔服之言。齊人送之。書曰：「齊人歸公孫敖之喪。」爲孟氏，且國故也。爲惠叔毁請，且國之公族故聽其歸殯而書之。葬視共仲。制如慶父，皆以罪降。

聲己不視，帷堂而哭。聲己，惠叔母。怨敖從莒女，故帷堂。襄仲欲勿哭，怨敖取其妻。惠伯曰：「喪，親之終也。惠伯，叔彭生。雖不能始，善終可也。史佚有言曰：『兄弟致美。』各盡其美，義乃終。救乏、賀善、弔災、祭敬、喪哀，情雖不同，毋絶其愛，親之道也。子無失道，何怨於人？」襄仲説，帥兄弟以哭之。

他年，其二子來，敖在莒所生。孟獻子愛之，聞於國。獻子，穀之子仲孫蔑。或譖之曰：「將殺子。」獻子以告季文子。二子曰：「夫子以愛我聞，我以將殺子聞，不亦遠於禮乎？遠禮不如死。」一人門于句鼆〔一〕，一人門于戾丘，皆死。句鼆、戾丘，魯邑。有寇攻門，二子禦之而死。

〔一〕「鼆」，釋文云：「本又作『黽』。」

六月辛丑朔，日有食之。鼓，用牲于社，非禮也。得常鼓之月，而於社用牲爲非禮。日有食之，天子不舉，去盛饌。伐鼓于社；責群陰。伐，猶擊也。諸侯用幣于社，社尊於諸侯，故請救而不敢責之。伐鼓于朝，退自責。以昭事神、訓民、事君，天子不舉，諸侯用幣，所以事神；尊卑異制，所以訓民。示有等威，古之道也。等威，威儀之等差。

齊人許單伯請而赦之，使來致命。以單伯執節不移，且畏晉，故許之。書曰：「單伯至自齊。」貴之也。單伯爲魯拘執，既免而不廢禮，終來致命，故貴而告廟。新城之盟，在前年。蔡人不與。不會盟。晉郤缺以上軍、下軍伐蔡，兼帥二軍。曰：「君弱，不可以怠。」怠，解也。戊申，入蔡，以城下之盟而還。凡勝國，曰「滅之」；勝國，絕其社稷，有其土地。獲大城焉，曰「入之」。得大都而不有。

秋，齊人侵我西鄙，故季文子告于晉。

冬十一月，晉侯、宋公、衛侯、蔡侯、陳侯、鄭伯、許男、曹伯盟于扈，尋新城之盟，且謀伐齊也。齊執王使，且數伐魯。齊人賂晉侯，故不克而還。於是有齊難，是以公不會。明今不序諸侯，不以公不會故。書曰：「諸侯盟于扈。」無能爲故也。惡其受賂，不能討齊。凡諸侯會，公不與，不書，諱君惡也。謂國無難，不會義事，故爲惡。不書，謂不國別序諸侯。與而不書，後也。謂後期也。今貶諸侯，似爲公諱，故傳發例以明之。

齊人來歸子叔姬，王故也。單伯雖見執，能守節不移，終達王命，使叔姬得歸。

齊侯侵我西鄙，謂諸侯不能也。不能討己。遂伐曹，入其郛，討其來朝也。此年夏朝。季文子曰：「齊侯其不免乎！己則無禮，執王使而伐無罪。而討於有禮者，曰：『汝〔一〕何故行禮？』禮以順天，天之道也。己則反天，而又以討人，難以免矣。詩曰：『胡不相畏？不畏于天。』詩，小雅。君子之不虐幼賤，畏于天也。在周頌曰：『畏天之威，于時保之。』詩周頌。言畏天威，于是保福禄。不畏于天，將何能保？以亂取國，奉禮以守，猶懼不終，多行無禮，弗能在矣。」爲十八年齊弑商人傳。

〔一〕「汝」，陽明文庫本、宋大字本、巾箱本、書院本、附釋音本、慶元本作「女」。今按：釋文、石經俱作「女」。

【經】

十有六年春，季孫行父會齊侯于陽穀，齊侯弗及盟。及，與也。

夏五月，公四不視朔。諸侯每月必告朔聽政，因朝於廟。今公以疾闕不視二月、三月、四月、五月朔也。春秋十二公以疾不視朔非一也，義無所取，故特舉此以表行事。因明公之實有疾，非詐齊。

六月戊辰，公子遂及齊侯盟于郪丘。信公疾，且以賂故。郪丘，齊地。

秋八月辛未，夫人姜氏薨。僖公夫人，文公母也。

毁泉臺。泉臺，臺名。毁，壞之也。

楚人、秦人、巴人滅庸。

冬十有一月，宋人弑其君杵臼。稱君，君無道也。例在宣四年。

【傳】

十六年春王正月，及齊平。齊前年再伐魯，魯爲受弱，故平。公有疾，使季文子會齊侯于陽穀，請盟。齊侯不肯，曰：「請俟君閒。」閒，疾瘳。

夏五月，公四不視朔，疾也。公使襄仲納賂于齊侯，故盟于郪丘。

有蛇自泉宫出，入于國，如先君之數。伯禽至僖公十七君。秋八月辛未，聲姜薨，毁泉臺。魯人以爲蛇妖所出而聲姜薨，故壞之。

楚大饑，戎伐其西南，至于阜山，師于大林。又伐其東南，至于陽丘，以侵訾枝。戎，山夷也。大林、陽丘、訾枝皆楚邑。庸人帥群蠻以叛楚。庸，今上庸縣，屬楚之小國。麇人率百濮聚於選，將伐楚。選，楚地。百濮，夷也。於是申、息之北門不啓。備中國。

楚人謀徙於阪高。楚險地。蔿賈曰：「不可。我能往，寇亦能往，不如伐庸。夫麇與百濮，謂我饑不能師，故伐我也。若我出師，必懼而歸。百濮離居，將各走其邑，誰暇謀人？」乃出師。旬有五日，百濮乃罷。濮夷無屯聚，見難則散歸。自廬以往，振廩同食。往，往伐庸也。振，發也。廩，倉也。同食，上下無異饌也。次于句澨。楚西界也。使廬戢棃侵庸，戢棃，廬大夫。及庸方城。方城，庸地，上庸縣東有方城亭。庸人逐之，囚子揚窻。窻，戢棃官屬。三宿而逸，曰：「庸師衆，群蠻聚焉，不如復大師，還復句澨師。且起王卒，合而後進。」師叔曰：「不可。師叔，楚大夫潘尫也。姑又與之，遇以驕之。彼驕我怒，而後可克，先君蚡冒所以服陘隰也。」蚡冒，楚武王父。陘隰，地名。又與之遇，七遇皆北，軍走曰北。唯裨、鯈、魚人實逐之。裨、鯈、魚，庸三邑。魚，魚復縣，今巴東永安縣。輕楚，故但使三邑人逐之。庸人曰：「楚不足與戰矣。」遂不設備。

楚子乘馹，會師于臨品，馹，傳車也。臨品，地名。分爲二隊；隊，部也。兩道攻之。子越自石溪、子貝〔一〕自仞以伐庸。子越，鬭椒也。石溪、仞，入庸道。秦人、巴人從楚師。群蠻從楚子盟，蠻見楚强故。遂滅庸。傳言楚有謀臣，所以興。

宋公子鮑禮於國人，鮑，昭公庶弟文公也。宋饑，竭其粟而貸之。年自七十以上，無不饋詒也，時加羞珍異。羞，進也。無日不數於六卿之門。數，不疏。國之材人，無不事也；有賢材者。親自桓以下，無不恤也。桓，鮑之曾祖。公子鮑美而豔，襄夫人欲通之，鮑適祖母。而不可，以禮自防閑。乃助之施。昭公無道，國人奉公子鮑以因夫人。

〔一〕「貝」，金澤本同釋文所云俗本作「負」。

於是華元爲右師，元，華督曾孫，代公子成。公孫友爲左師，華耦爲司馬，代公子卬。鱗矔爲司徒，蕩意諸爲司城，公子朝爲司寇。代華御事。初，司城蕩卒，公孫壽辭司城，壽，蕩之子。請使意諸爲之。意諸，壽之子。既而告人曰：「君無道，吾官近，懼及焉。禍及己。弃官，則族無所庇。子，身之貳也，姑紓死焉。姑，且也。紓，緩也。雖亡子，猶不亡族。」己在故也。

既，夫人將使公田孟諸而殺之。公知之，盡以寶行。蕩意諸曰：「盍適諸侯？」公曰：「不能其大夫，至于君祖母以及國人，君祖母，諸侯祖母之稱，謂襄夫人。諸侯誰納我？且既爲人君，而又爲人臣，不如死！」盡以其寶賜左右而使行。行，去也。夫人使謂司城去公，對曰：「臣之而逃其難，若後君何？」言無以事後君。冬十一月甲寅，宋昭公將田孟諸，未至，夫人王姬使帥甸攻而殺之。襄夫人，周襄王姊，故稱王姬。帥甸，郊甸之師〔一〕。蕩意諸死之。不書，不告。書曰「宋人弒其君杵

〔一〕「師」，慶元本、金澤本作「帥」。

臼」，君無道也。始例發於臣之罪，今稱國人，故重明君罪。文公即位，使母弟須爲司城。代意諸。華耦卒，而使蕩虺爲司馬。虺，意諸之弟。

【經】

十有七年春，晉人、衛人、陳人、鄭人伐宋。自閔、僖已下終於春秋，陳侯常在衛侯上，今大夫會，在衛下。傳不言陳公孫寧後至，則寧位非上卿故也。

夏四月癸亥，葬我小君聲姜。

齊侯伐我西鄙。西當爲北，蓋經誤。

六月癸未，公及齊侯盟于穀。諸侯會于扈。昭公雖以無道見弑〔一〕，而文公猶宜以弑君受討，故林父伐宋以失所稱人，晉侯平宋以無功不序，明君雖不君，臣不可不臣，所以督大教。

秋，公至自穀。無傳。

〔一〕「見弑」，釋文作「見殺」，云：「本或作『弑』，下同。」

冬，公子遂如齊。

【傳】

十七年春，晉荀林父、衛孔達、陳公孫寧、鄭石楚伐宋，討曰：「何故弑君？」猶立文公而還。卿不書，失其所也。卿不書，謂稱人。

夏四月癸亥，葬聲姜，有齊難，是以緩。過五月之例。

齊侯伐我北鄙，襄仲請盟。六月盟于穀。晉不能救魯，故請服。

晉侯蒐于黄父，一名黑壤，晉地。遂復合諸侯于扈，平宋也。傳不列諸國而言「復合」，則如上十五年會扈之諸侯可知也。公不與會，齊難故也。書曰「諸侯」，無功也。刺欲平宋而復不能。

於是晉侯不見鄭伯，以爲貳於楚也。鄭子家使執訊而與之書，以告趙宣子，執訊，通訊問之官。爲書與宣子。曰：「寡君即位三年，魯文二年。召蔡侯而與之事君。九月，蔡侯入于敝邑以行。行，朝晉也。敝邑以侯宣多之難，寡君是以不得與蔡侯偕。宣多既立穆公，恃寵專權。十一月，克減侯宣多，而隨蔡侯以朝于執事。減，損也。難未盡而行，言汲汲于朝晉。十二年六月，歸生佐寡君之嫡夷，歸生，子家名。

夷，大子名。以請陳侯于楚，而朝諸君。請陳于楚，與俱朝晉。十四年七月，寡君又朝以蕆陳事。蕆，敕也。敕成前好。十五年五月，陳侯自敝邑往朝于君。往年正月，燭之武往，朝夷也。將夷往朝晉。八月，寡君又往朝。以陳、蔡之密邇於楚，而不敢貳焉，則敝邑之故也。密邇，比近也。雖敝邑之事君，何以不免？免，免罪也。在位之中，一朝于襄，襄公。而再見于君，君，靈公也。夷與孤之二三臣相及於絳，孤之二三臣，謂燭之武、歸生自謂也。絳，晉國都。雖我小國，則蔑以過之矣。今大國曰：「爾未逞吾志。」敝邑有亡，無以加焉。古人有言曰：「畏首畏尾，身其餘幾？」言首尾有畏，則身中不畏者少。又曰：「鹿死不擇音。」音，所茠蔭之處。古字聲同，皆〔一〕相假借。小國之事大國也，德則其人也，以德加己，則以人道相事。不德則其鹿也。鋌而走險，急何能擇？鋌，疾走貌。言急則欲蔭茠於楚，如鹿赴險。命之罔極，亦知亡矣，言晉命無極。將悉敝賦以待於鯈，唯執事命之！鯈，晉、鄭之竟。言欲以兵距

〔一〕「皆」，原作「揩」，據陽明文庫本、宋大字本、國會本、巾箱本、書院本、附釋音本、慶元本、金澤本改。

晉。文公二年六月壬申，朝于齊。鄭文二年六月壬申，魯莊二十三年六月二十四日〔一〕。四年二月壬戌，爲齊侵蔡，魯莊二十五年二月無壬戌；壬戌，三月二十日。亦獲成於楚。鄭與楚成。居大國之間，而從於强令，豈其罪也？令，號令也。大國若弗圖，無所逃命！」晉鞏朔行成於鄭，趙穿、公壻池爲質焉。趙穿，卿也。公壻池，晉侯女婿。

秋，周甘歜敗戎于邥垂，乘其飲酒也。歜，周大夫。邥垂，周地，河南新城縣北有〔二〕垂亭。爲成元年晉侯平戎于王張本。

冬十月，鄭大子夷、石楚爲質于晉。夷，靈公也。石楚，鄭大夫。

襄仲如齊，拜穀之盟，復曰：「臣聞齊人將食魯之麥，以臣觀之，將不能。齊君之語偷。臧文仲有言曰：『民主偷，必死。』」偷，猶苟且。

〔一〕「二十四日」，陽明文庫本、附釋音本、慶元本作「二十日」，金澤本作「廿日」。
〔二〕「有」下，金澤本有「邥」字，釋例亦有此字，當補。

【經】十有八年春王二月丁丑，公薨于臺下。

秦伯罃卒。無傳。未同盟而赴以名。

夏五月戊戌，齊人弒其君商人。不稱盜，罪商人。

六月癸酉，葬我君文公。

秋，公子遂、叔孫得臣如齊。書二卿，以兩事行，非相爲介。

冬十月，子卒。先君既葬，不稱君者，魯人諱弒〔一〕，以未成君書之。子，在喪之稱。

夫人姜氏歸于齊。

季孫行父如齊。無傳。

莒弒其君庶其。稱君，君無道也。

〔一〕「弒」，釋文作「殺」，云：「本或作『弒』。」

【傳】

十八年春，齊侯戒師期，將以伐魯。而有疾，醫曰：「不及秋，將死。」公聞之，卜曰：「尚無及期！」尚，庶幾也。欲令先師期死。惠伯令龜，以卜事告龜。卜楚丘占之，曰：「齊侯不及期，非疾也；君亦不聞。言君先齊侯終。令龜有咎。」言令龜者亦有凶咎，見於卜兆。爲惠伯死張本。二月丁丑，公薨。

齊懿公之爲公子也，與邴歜之父爭田，弗勝。及即位，乃掘而刖之，斷其尸足。而使歜僕；僕，御也。納閻職之妻，而使職驂乘。驂乘，陪乘。夏五月，公游于申池，齊南城西門名申門，齊城無池，唯此門左右有池，疑此則是。二人浴于池，歜以扑抶職，扑，箠也。抶，擊也。欲以相感激。職怒，歜曰：「人奪女妻而不怒，一抶女庸何傷？」職曰：「與刖其父而弗能病者何如？」言不以父刖爲病恨。乃謀弒懿公，納諸竹中，歸，舍爵而行。飲酒訖，乃去。言齊人惡懿公，二人無所畏。齊人立公子元。桓公子惠公。

六月，葬文公。

秋，襄仲、莊叔如齊，惠公立故，且拜葬也。襄仲賀惠公立，莊叔謝齊來會葬。

文公二妃敬嬴生宣公，敬嬴嬖而私事襄仲，宣公長而屬諸襄仲。襄仲欲立之，叔仲不可。叔仲，惠伯。仲見于齊侯而請〔一〕之，齊侯新立而欲親魯，許之。冬十月，仲殺惡及視，而立宣公。惡，大子。視，其母弟。殺視不書，賤之。書曰「子卒」，諱之也。仲以君命召惠伯，詐以子惡〔二〕命。其宰公冉務人止之，曰：「入必死。」叔仲曰：「死君命可也。」公冉務人曰：「若君命，可死；非君命，何聽？」弗聽，乃入。殺而埋之馬矢之中。惠伯死不書者，史畏襄仲，不敢書殺惠伯。公冉務人奉其帑以奔蔡，既而復叔仲氏。不絶其後。

夫人姜氏歸于齊，大歸也。惡、視之母出姜也。嫌與有罪出者異〔三〕，故復發傳。將行，哭而過市，曰：「天乎！仲爲不道，殺適立庶。」市人皆哭。魯人謂之哀姜。所謂出姜不允於魯。

〔一〕「請」下，金澤本有「立」字。
〔二〕「子惡」上，金澤本有「太」字。
〔三〕「異」上，金澤本有「不」字。

莒紀公生大子僕，又生季佗，愛季佗而黜僕，且多行無禮於國。紀，號也。莒夷無謚，故有別號。僕因國人以弒紀公，以其寶玉來奔，納諸宣公。公〔一〕命與之邑，曰：「今日必授！」季文子使司寇出諸竟，曰：「今日必達！」未見公而文子出之，故來不書。公問其故。季文子使大史克對曰：「先大夫臧文仲教行父事君之禮，行父奉以周旋，弗敢失隊，曰：『見有禮於其君者事之，如孝子之養父母也；見無禮於其君者誅之，如鷹鸇之逐鳥雀也。』先君周公制周禮曰：『則以觀德，則，法也。合法則爲吉德。德以處事，處，猶制也。事以度功，度，量也。功以食民。』食，養也。作誓命曰：『毁則爲賊，誓，要信也。毁則，壞法也。掩賊爲藏，掩，匿也。竊賄爲盜，賄，財也。盜器爲姦。器，國用也。主藏之名，以掩賊爲名。賴姦之用，用姦器也。爲大凶德，有常無赦。刑有常。在九刑不忘！』誓命以下，皆九刑之書。九刑之書今亡。行父還觀莒僕，莫可則也。還，猶周旋。孝敬忠信爲吉德，盜賊藏姦爲凶

〔一〕「公」上，金澤本有「宣」字。

德。夫莒僕，則其孝敬，則弒君父矣；則其忠信，則竊寶玉矣。其人，則盜賊也；其器，則姦兆也。兆，域也。保而利之，則主藏也。以訓則昏，民無則焉。不度於善，度，居也。而皆在於凶德，是以去之。昔高陽氏有才子八人：高陽，帝顓頊之號。八人，其苗裔。蒼舒、隤敳、檮戭、大臨、尨降、庭堅、仲容、叔達，此即垂、益、禹、皋陶之倫。庭堅即皋陶字。齊聖廣淵，明允篤誠，天下之民謂之『八愷』。齊，中也。淵，深也。允，信也。篤，厚也。愷，和也。高辛氏有才子八人：高辛，帝嚳之號。八人，亦其苗裔。伯奮、仲堪、叔獻、季仲、伯虎、仲熊、叔豹、季貍，此即稷、契、朱虎、熊羆之倫。忠肅共懿，宣慈惠和，天下之民謂之『八元』。肅，敬也。懿，美〔一〕也。宣，徧也。元，善也。此十六族也，世濟其美，不隕其名。濟〔二〕，成也。隕，隊也。以至于堯，堯不能舉。舜臣堯，舉八愷，使主后土，后土，地官。禹作司空，平水土，即〔三〕主地之官。以

〔一〕「美」，金澤本作「善」。
〔二〕「濟」，原作「齊」，據陽明文庫本、宋大字本、巾箱本、書院本、附釋音本改。
〔三〕「即」，金澤本作「則」。

揆百事，莫不時序，地平天成；揆，度也。成，亦平也。舉八元，使布五教于四方，契作司徒，五教在寬，故知契在八元之中。父義、母慈、兄友、弟共、子孝，内平外成。内諸夏，外夷狄。昔帝鴻氏有不才子，帝鴻，黄帝。掩義隱賊，好行凶德，醜類惡物，頑嚚不友，是與比周，醜，亦惡也。比，近也。周，密也。天下之民謂之『渾敦』。謂驩兜。渾敦，不開通之貌。少皞氏有不才子，少皞，金天氏之號，次黄帝。毁信廢忠，崇飾惡言，靖譖庸回，服讒蒐慝，以誣盛德，崇，聚也。靖，安也。庸，用也。回，邪也。服，行也。蒐，隱也。慝，惡也。盛德，賢人也。天下之民謂之『窮奇』。謂共工。其行窮，其好奇。顓頊氏有不才子，不可教訓，不知話言，話，善也。告之則頑，德義不入心。舍之則嚚，不道忠信。傲很明德，以亂天常，天下之民謂之『檮杌』。謂鯀。檮杌，頑凶無疇匹之貌。此三族也，世濟其凶，增其惡名，以至于堯，堯不能去。方以宣公比堯，行父比舜，故言堯亦不能去，須賢臣而除之。縉雲氏有不才子，縉雲，黄帝時官名。貪于飲食，冒于貨賄，侵欲崇侈，不可盈厭，聚斂積實，不知紀極，不分孤寡，不恤窮匱，冒，亦貪也。盈，滿也。實，財也。天下之民以比三凶，非帝子孫，故别以比三凶。謂之

「饕餮」。貪財爲饕，貪食爲餮。**舜臣堯，**爲堯臣。**賓于四門，**闢四門，達四聰〔三〕，以賓禮衆賢。**流四凶族，**案四凶罪狀而流放之。**渾敦、窮奇、檮杌、饕餮，投諸四裔，以禦螭魅。**投，弃也。裔，遠也。放之四遠，使當螭魅之災。螭魅，山林異氣所生，爲人害者。**是以堯崩而天下如一，同心戴舜，以爲天子，以其舉十六相，去四凶也。故虞書數舜之功，曰『慎徽五典，五典克從』，無違教也。**徽，美也。典，常也。此八元之功。**曰『納于百揆，百揆時序』，無廢事也。**此八凱之功。**曰『賓于四門，四門穆穆』，無凶人也。**流四凶。**舜有大功二十而爲天子，**舉十六相，去四凶也。**今行父雖未獲一吉人，去一凶矣，於舜之功二十之一也，庶幾免於戾乎！」**史克激稱以辨宣公之惑，釋行父之志，故其言美惡有過辭，蓋事宜也。

宋武氏之族道昭公子，將奉司城須以作亂。文公弒昭公，故武族欲因其子以作亂。司城須，文公弟。**十二月，宋公殺母弟須及昭公子，使戴、莊、桓之族攻武氏於司馬子伯之館，**戴族，華樂也。莊族，公孫師也。桓族，向、魚、鱗、蕩也。司馬子伯，華耦

〔一〕「四聰」，釋文作「四窻」，云：「本亦作『聰』。」

也。遂出武、穆之族。穆族黨於武氏故。使公孫師爲司城。公孫師，莊公之孫。公子朝卒，使樂呂爲司寇，以靖國人。樂呂，戴公之曾孫〔一〕。爲宣三年宋師圍曹傳。

春秋經傳集解文下第九

〔一〕「曾孫」，原作「曾爲」，據陽明文庫本、國會本、巾箱本、書院本、附釋音本、慶元本、金澤本改。

春秋經傳集解宣上第十

杜氏　盡十一年

【經】

元年春王正月，公即位。無傳。

公子遂如齊逆女。不譏喪娶者，不待貶責而自明也。卿爲君逆，例在文四年。

三月，遂以夫人婦姜至自齊。稱婦，有姑之辭。不書氏，史闕文。

夏，季孫行父如齊。

晉放其大夫胥甲父于衛。放者，受罪黜免，宥之以遠。

公會齊侯于平州。平州，齊地，在泰山牟縣西。

公子遂如齊。

六月，齊人取濟西田。魯以賂齊，齊人不用師徒，故曰「取」。

秋，郳子來朝。無傳。

楚子、鄭人侵陳，遂侵宋。晉趙盾帥師救陳。傳言救陳、宋。經無「宋」字，蓋闕。宋公、陳侯、衛侯、曹伯會晉師于棐林，伐鄭。晉師救陳、宋，四國君往會之，共伐鄭也。不言會趙盾，取於兵會，非好會也。棐林，鄭地，熒陽宛陵縣東南有林鄉。

冬，晉趙穿帥師侵崇。

晉人、宋人伐鄭。

【傳】

元年春王正月，公子遂如齊逆女，尊君命也。諸侯之卿，出入稱名氏，所以尊君命也。傳於此發者，與還文不同，故釋之。

三月，遂以夫人婦姜至自齊，尊夫人也。遂不言公子，替其尊稱，所以成小君之尊也。公子，當時之寵號，非族也，故傳不言舍族。釋例論之備矣。

夏，季文子如齊，納賂以請會。宣公篡立，未列於會，故以賂請之。

晉人討不用命者，放胥甲父于衛，胥甲，下軍佐，文十二年戰河曲，不肯薄秦於險。而立胥克。克，甲之子。先辛奔齊。辛，甲之屬大夫。

會于平州，以定公位。篡立者，諸侯既與之會，則不得復討。臣子殺之，與弑君同，故公與齊會〔一〕而位定。東門襄仲如齊拜成。謝得會也。六月，齊人取濟西之田，爲立公故，以賂齊也。濟西，故曹地，僖三十一年晉文以分魯。

宋人之弑昭公也，在文十六年。晉荀林父以諸侯之師伐宋，宋及晉平，宋文公受盟于晉。又會諸侯于扈，將爲魯討齊，皆取〔二〕賂而還。文十五年、十七年，二扈之盟，皆受賂。鄭穆公曰：「晉不足與也。」遂受盟于楚。陳共公之卒，楚人不禮焉，卒在文十三年。陳靈公受盟于晉。秋，楚子侵陳，遂侵宋。晉趙盾帥師救陳、宋，會于棐林，以伐鄭也。楚蔿賈救鄭，遇于北林，與晉師相遇。熒陽中牟縣西南有林亭，在鄭北。囚晉解揚，晉人乃還。解揚，晉大夫。

晉欲求成於秦，趙穿曰：「我侵崇，秦急崇，必救之。崇，秦之與國。吾以求成焉。」冬，趙穿侵崇，秦弗與成。

〔一〕「會」下，金澤本有「後」字。
〔二〕「取」下，金澤本有「齊」字。

晉人伐鄭，以報北林之役。報囚解揚。於是晉侯侈，趙宣子爲政，驟諫而不入，故不競於楚。競，强也。爲明年鄭伐宋張本。

【經】

二年春王二月壬子，宋華元帥師及鄭公子歸生帥師戰于大棘，宋師敗績，獲宋華元。得大夫，生死皆曰獲。例在昭二十三年。大棘在陳留襄邑縣南。

秦師伐晉。

夏，晉人、宋人、衛人、陳人侵鄭。鄭爲楚伐宋，獲其大夫。晉趙盾興諸侯之師將爲宋報恥，畏楚而還，失霸者之義，故貶稱人。

秋九月乙丑，晉趙盾弒其君夷皋。靈公不君，而稱臣以弒者，以示良史之法，深責執政之臣。例在四年。

冬十月乙亥，天王崩。無傳。

【傳】

二年春，鄭公子歸生受命于楚伐宋，受楚命也。宋華元、樂吕御之。

二月壬子，戰于大棘，宋師敗績，囚華元，獲樂呂，樂呂，司寇。獲不書，非元帥也。獲，生死通名。經言獲華元，故傳特護之曰囚，以明其生獲，故得見贖而還。及甲車四百六十乘，俘二百五十人，馘百人。狂狡輅鄭人，鄭人入于井，狂狡，宋大夫。輅，迎也。倒戟而出之，獲狂狡。君子曰：「失禮違命，宜其爲禽也〔一〕。戎昭果毅以聽之之謂禮，聽，謂常存於耳，著於心，想聞其政令。殺敵爲果，致果爲毅。易之，戮也。」易，反易。

將戰，華元殺羊食士，其御羊斟不與。及戰，曰：「疇昔之羊，子爲政；疇昔，猶前日也。今日之事，我爲政。」與入鄭師，故敗。君子謂：「羊斟非人也，以其私憾，敗國殄民，憾，恨也。殄，盡也。於是刑孰大焉。詩所謂『人之無良』者，詩，小雅，義取不良之人相怨以亡。其羊斟之謂乎！殘民以逞。」

宋人以兵車百乘、文馬百駟，畫馬爲文四百匹。以贖華元于鄭。半入，華元逃歸，立于門外，告而入。告宋城門而後入，言不苟。見叔牂，曰：「子之馬然也？」叔

〔一〕「宜其爲禽也」，釋文作「宜其禽也」，云：「一本作『宜其爲禽也』。」

牂，羊斟也。卑賤得先歸，華元見而慰之。對曰：「非馬也，其人也。」叔牂知前言以顯，故不敢讓罪。既合而來奔。叔牂言畢，遂奔魯。合，猶答也。

宋城，華元爲植，巡功。植，將主也。城者謳曰：「睅其目，皤其腹，弃甲而復。睅，出目。皤，大腹。弃甲，謂亡師。于思于思，弃甲復來。」于思，多鬢之貌。使其驂乘謂之曰：「牛則有皮，犀兕尚多，弃甲則那？」那，猶何也。役人曰：「從其有皮，丹漆若何？」華元曰：「去之！夫其口衆我寡。」傳言華元不吝其咎，寬而容衆。

秦師伐晉，以報崇也，伐崇在元年。遂圍焦。焦，晉河外邑。夏，晉趙盾救焦，遂自陰地〔一〕，及諸侯之師侵鄭，陰地，晉河南山北，自上洛以東至陸渾。以報大棘之役。楚鬬椒救鄭，曰：「能欲諸侯而惡其難乎？」遂次于鄭，以待晉師。趙盾曰：「彼宗競于楚，殆將斃矣。競，强也。鬬椒，若敖之族，自子文以來，世爲令尹。姑益其疾。」乃去之。欲示弱以驕之。傳言趙盾所以稱人，且爲四年楚滅若敖氏張本。

〔一〕「地」下，金澤本有「入」字。

晉靈公不君，失君道也，以明於例應稱國以弒。厚斂以彫牆，彫，畫也。從臺上彈人而觀其辟丸也。宰夫胹熊蹯不熟，殺之，寘諸畚，使婦人載以過朝。畚，以草索爲之，筥屬。趙盾、士季見其手〔一〕，問其故而患之。將諫，士季曰：「諫而不入，則莫之繼也。會請先，不入，則子繼之。」三進，及溜，而後視之，士季，隨會也。三進三伏，公不省而又前也。公知欲諫，故佯不視。曰：「吾知所過矣，將改之。」稽首而對曰：「人誰無過，過而能改，善莫大焉。詩曰：『靡不有初，鮮克有終。』詩，大雅也。夫如是，則能補過者鮮矣。君能有終，則社稷之固也，豈唯群臣賴之。又曰：『袞職有闕，惟仲山甫補之。』能補過也。詩，大雅也。袞，君之上服。闕，過也。言服袞者有過，則仲山甫能補之。君能補過，袞不廢矣。」常服袞也。猶不改。宣子驟諫，公患之，使鉏麑賊之。鉏麑，晉力士。晨往，寢門闢矣，盛服〔二〕將朝，尚早，坐而假寐。不解衣冠而睡。麑退，歎而言曰：「不忘恭敬，民之主也。賊民之主，不

〔一〕「手」，釋文云：「一本作『首』。」
〔二〕「盛服」，釋文云：「本或作『成』。」

忠；弃君之命，不信。有一於此，不如死也。」觸槐而死。槐，趙盾庭樹。秋九月，晉侯飲趙盾酒，伏甲，將攻之。其右提彌明〔一〕知之，右，車右。趨登，曰：「臣侍君宴，過三爵，非禮也。」遂扶以下。公嗾夫獒焉，明搏而殺之。獒，猛犬也。盾曰：「弃人用犬，雖猛何爲！」責公不養士，而更以犬爲己用。鬭且出，提彌明死之。

初，宣子田於首山，舍于翳桑，田，獵也。翳桑，桑之多蔭翳者。首山在河東蒲坂縣東南。見靈輒餓，問其病。靈輒，晉人。曰：「不食三日矣。」食之，舍其半。問之，曰：「宦三年矣，宦，學也。未知母之存否，今近焉，去家近。請以遺之。」使盡之，而爲之簞食與肉，簞，笥也。寘諸橐以與之。既而與爲公介，靈輒爲公甲士。倒戟以禦公徒而免之。問何故。對曰：「翳桑之餓人也。」問其名居，問所居。不告而退，不望報也。遂自亡也。輒亦去。

乙丑，趙穿攻〔二〕靈公於桃園。穿，趙盾之從父昆弟子。乙丑，九月二十七日。宣子

〔一〕「提彌明」，釋文作「祇彌明」，云：「本又作『提』。」
〔二〕「攻」，釋文云：「本或作『弑』。」

未出山而復。晉竟之山也。盾出奔，聞公弒而還。大史書曰「趙盾弒其君」，以示於朝。宣子曰：「不然。」對曰：「子爲正卿，亡不越竟，反不討賊，非子而誰？」宣子曰：「嗚呼！『我之懷矣，自詒伊慼。』其我之謂矣。」逸詩也，言人多所懷戀，則自遺憂。孔子曰：「董狐，古之良史也，書法不隱。不隱盾之罪。趙宣子，古之良大夫也，爲法受惡。善其爲法受屈。惜也，越竟乃免。」越竟，則君臣之義絶，可以不討賊。

宣子使趙穿逆公子黑臀于周而立之。黑臀，晉文公子。壬申，朝于武宮。壬申，十月五日。既有日而無月，冬又在壬申下，明傳文無較例。

初，麗姬之亂，詛無畜群公子，詛，盟誓。自是晉無公族。無公子，故廢公族之官。及成公即位，乃宦卿之適子而爲之田，以爲公族。宦，仕也。爲置田邑以爲公族大夫。又宦其餘子，亦爲餘子；餘子，適子之母弟也，亦治餘子之政。其庶子爲公行。庶子，妾子也，掌率公戎行。晉於是有公族、餘子、公行。皆官名。

趙盾請以括爲公族，括，趙盾異母弟，趙姬之中子屏季也。曰：「君姬氏之愛子也。趙姬，文公女，成公姊也。微君姬氏，則臣狄人也。」公許之。盾，狄外孫也。姬氏逆之以爲適，事見僖二十四年。

旄車。

冬，趙盾爲旄車之族，旄車，公行之官。盾本卿適，其子當爲公族〔一〕，辟屏季故，更掌旄車。使屏季以其故族爲公族大夫。盾以其故官屬與屏季，使爲衰之適。

【經】

三年春王正月，郊牛之口傷，改卜牛。牛死，乃不郊，牛不稱牲，未卜日。猶三望。

葬匡王。無傳。四月而葬，速。

楚子伐陸渾之戎。

夏，楚人侵鄭。

秋，赤狄侵齊。無傳。

宋師圍曹。

〔一〕「公行之官盾本卿適其子當爲公族」，原文「之」「子」二字誤倒，今據陽明文庫本、宋大字本、國會本、巾箱本、書院本、附釋音本、慶元本、金澤本乙正。

冬十月丙戌，鄭伯蘭卒。再與文同盟。

葬鄭穆公。無傳。

【傳】

三年春，不郊而望，皆非禮也。言牛雖傷死，當更改卜，取其吉者，郊不可廢也。前年冬，天王崩，未葬而郊者，不以王事廢天事。禮記曾子問：「天子崩未殯，五祀不行，既殯而祭。」自啓至于反哭，五祀之祭不行，已葬而祭。望，郊之屬也。不郊，亦無望可也。已有例在僖三十一年，復發傳者，嫌牛死與卜不從異。

晉侯伐鄭及郔，鄭及晉平，士會入盟。郔，鄭地。爲夏楚侵鄭傳。

楚子伐陸渾之戎，遂至於雒，觀兵于周疆。雒水出上洛冢領山，至河南鞏縣入河。定王使王孫滿勞楚子。王孫滿，周大夫。楚子問鼎之大小、輕重焉。示欲偪周取天下。對曰：「在德不在鼎。昔夏之方有德也，禹之世。遠方圖物，圖畫山川奇異之物而獻之。貢金九牧，使九州之牧貢金。鑄鼎象物，象所圖物，著之於鼎。百物而爲之備，使民知神、姦。圖鬼神百物之形，使民逆備之。故民入川澤、山林，不逢不若。若，順也。螭魅罔兩，螭，山神，獸形。魅，怪物。罔兩，水神。莫能逢之。逢，遇也。用能協于上下，以承天休。民無災害，則上下和而受天祐。桀有昏德，鼎遷于商，載祀六百。載、祀，皆年。商紂暴虐，鼎遷于周。德之休明，雖小，重也。不可遷。其姦回昏亂，雖大，輕也。言可移。天祚明德，有所厎止。厎，致也。成王定鼎于郟鄏，郟鄏，今河南也。武王遷之，成王定之。卜世三十，卜年七百，天所命也。周〔一〕德雖衰，天命未改。鼎之輕重，未可問也。」

夏，楚人侵鄭，鄭即晉故也。

宋文公即位三年，殺母弟須及昭公子，武氏之謀也。武氏謀奉母弟須及昭公子以作亂，事在文十八年。使戴、桓之族攻武氏於司馬子伯之館，盡逐武、穆之族。武、穆之族以曹師伐宋。秋，宋師圍曹，報武氏之亂也。

冬，鄭穆公卒。初，鄭文公有賤妾曰燕姞，姞，南燕姓。夢天使與己蘭，蘭，香草。曰：「余爲伯鯈。余，而祖也。伯鯈，南燕祖。以是爲而子。以蘭爲女子名。以

〔一〕「周」上，金澤本有「今」字。

蘭有國香，人服媚之如是。」媚，愛也。欲令人愛之如蘭。既而文公見之，與之蘭而御之。辭曰：「妾不才，幸而有子。將不信，敢徵蘭乎？」懼將不見信，故欲計所賜蘭，爲懷子月數。公曰：「諾。」生穆公，名之曰蘭。文公報鄭子之妃曰陳嬀，鄭子，文公叔父子儀也。漢律：淫季父之妻曰報。生子華、子臧，子臧得罪而出，出奔宋。誘子華而殺之南里，在僖十六年。南里，鄭地。使盜殺子臧於陳、宋之間。在僖二十四年。又娶于江，生公子士。朝于楚，楚人酖之，及葉而死。葉，楚地，今南陽葉縣。又娶于蘇，生子瑕、子俞彌。俞彌早卒。洩駕惡瑕，文公亦惡之，故不立也。洩駕，鄭大夫。公逐群公子，公子蘭奔晉，從晉文公伐鄭。在僖三十年。石癸曰：「吾聞姬、姞耦，其子孫必蕃。姞姓宜爲姬配耦。姞，吉人也，后稷之元妃也。姞姓之女爲后稷妃〔一〕，周是以興，故曰吉人。今公子蘭，姞甥也。天或啓之，必將爲君，其後必蕃。先納之，可以亢寵。」亢，極也。與孔將鉏、侯宣多納之，盟于大宮而立之，大宮，鄭祖

〔一〕「妃」上，金澤本有「元」字。

廟。以與晉平。穆公有疾，曰：「蘭死，吾其死乎！吾所以生也。」刈蘭而卒。傳言穆氏所以大興於鄭，天所啓也。

【經】

四年春王正月，公及齊侯平莒及郯，莒人不肯，公伐莒，取向。莒、郯二國相怨，故公與齊侯共平之。向，莒邑，東海承縣東南有向城，遠，疑也。

秦伯稻卒。無傳。未同盟。

夏六月乙酉，鄭公子歸生弑其君夷。傳例曰：「稱臣，臣之罪也。」子公實弑而書子家，罪其權不足也。

赤狄侵齊。無傳。

秋，公如齊。無傳。

公至自齊。無傳。告于廟，例在桓二年。

冬，楚子伐鄭。

【傳】

四年春，公及齊侯平莒及郯，莒人不肯，公伐莒，取向，非禮也。平國以禮不以亂。伐而不治，亂也。責公不先以禮治之而用伐〔一〕。以亂平亂，何治之有？無治，何以行禮？

楚人獻黿於鄭靈公，穆公大子夷也。公子宋與子家將見，宋，子公也。子家，歸生。子公之食指動，第二指也。以示子家，曰：「他日我如此，必嘗異味。」及入，宰夫將解黿，相視而笑。公問之，問所笑。子家以告。及食大夫黿，召子公而弗與也。欲使指動無效。子公怒，染指於鼎，嘗之而出。公怒，欲殺子公。子公與子家謀先。先公爲難。子家曰：「畜老，猶憚殺之，六畜。而況君乎？」反譖子家。子家懼而從之。譖子家於公。夏，弑靈公。書曰「鄭公子歸生弑其君夷」，權不足也。子家權不足以禦亂，懼譖而從弑君，故書以首惡。君子曰：「仁而不武，無能〔二〕達

〔一〕「伐」，原作「我」，據陽明文庫本、國會本、巾箱本、書院本、附釋音本、慶元本、金澤本改。
〔二〕「無能」上，金澤本有「以」字。

也。」初稱畜老，仁也。不討子公，是不武也。故不能自通於仁道而陷弒君之罪。凡弒君稱君，君無道也；稱臣，臣之罪也。稱君，謂唯書君名而稱國以弒，言衆所共絶也。稱臣者，謂書弒者之名以示來世，終爲不義。改殺稱弒，辟其惡名，取其〔一〕漸也。書弒之義，釋例論之備矣。

鄭人立子良。穆公庶子。辭曰：「以賢，則去疾不足；去疾，子良名。以順，則公子堅長。」乃立襄公。襄公，堅也。襄公將去穆氏，逐群兄弟。而舍子良。以其讓己。子良不可，曰：「穆氏宜存，則固願也。若將亡之，則亦皆亡，去疾何爲？」何爲獨留。乃舍之，皆爲大夫。

初，楚司馬子良生子越椒，子文曰：「必殺之！子文，子良之兄。是子也，熊虎之狀而豺狼之聲，弗殺，必滅若敖氏矣。諺曰：『狼子野心。』是乃狼也，其可畜乎？」子良不可。子文以爲大慼。及將死，聚其族曰：「椒也知政，乃速行矣，無及於難。」且泣曰：「鬼猶求食，若敖氏之鬼不其餒而！」而，語助，言必餒。及令尹

〔一〕「其」，金澤本、阮本注疏作「有」。

子文卒，鬬般爲令尹，般，子文之子子揚。子越爲司馬，蔿賈爲工正，譖子揚而殺之，子越爲令尹，己爲司馬。賈爲椒譖子揚而己得椒處。子越又惡之，惡賈。乃以若敖氏之族圄伯嬴於轑陽而殺之，圄，囚也。伯嬴，蔿賈也。轑陽，楚邑。遂處烝野，將攻王。王以三王之子爲質焉，弗受。烝野，楚邑。三王，文、成、穆。師于漳澨。漳澨，漳水邊。秋七月戊戌，楚子與若敖氏戰于皋滸。皋滸，楚地。伯棼射王，汰輈，及鼓跗，著於丁寧。伯棼，越椒也。輈，車轅。汰，過也。箭過車轅上。丁寧，鉦也。又射，汰輈，以貫笠轂。兵車無蓋，尊者則邊人執笠，依轂而立，以禦寒暑，名曰笠轂。此言箭過車轅，及王〔一〕之蓋。師懼，退。王使巡師曰：「吾先君文王克息，獲三矢焉，伯棼竊其二，盡於是矣。」鼓而進之，遂滅若敖氏。初，若敖娶於䢵，䢵，國名。生鬬伯比。若敖卒，從其母畜於䢵，畜，養也。淫於䢵子之女，生子文焉。䢵夫人使弃諸夢中，夢，澤名。江下〔二〕安陸縣城東南有雲夢城。虎乳之。䢵子田，見之，懼而歸，夫

〔一〕「王」，原作「正」，據陽明文庫本、宋大字本、國會本、巾箱本、書院本、附釋音本、慶元本、金澤本改。

〔二〕「江下」，巾箱本、慶元本、金澤本作「江夏」。今按：釋例作「江夏」，漢書卷二八上地理志上有「江夏郡」，是，當據改。

人以告，告女私通所生。遂使收之。楚人謂乳穀，謂虎於菟，故命之曰鬭穀於菟，以其女妻伯比，伯比所淫者。實爲令尹子文。鬭氏始自子文爲令尹。其孫箴尹克黄箴尹，官名。克黄，子揚之子。使於齊，還及宋，聞亂。其人曰：「不可以入矣。」箴尹曰：「弃君之命，獨誰受之？君，天也，天可逃乎？」遂歸，復命，而自拘於司敗。王思子文之治楚國也，曰：「子文無後，何以勸善？」使復其所，改命曰生。易其名也。

冬，楚子伐鄭，鄭未服也。前年楚侵鄭，不獲成，故曰未服。

【經】

五年春，公如齊。

夏，公至自齊。

秋九月，齊高固來逆叔姬。高固，齊大夫。不書女，歸降於諸侯。

叔孫得臣卒。無傳。不書日，公不與小斂。

冬，齊高固及子叔姬來。叔姬寧，固反馬。

楚人伐鄭。

【傳】

五年春，公如齊，高固使齊侯止公，請叔姬焉。留公，强成昏。

夏，公至自齊，書，過也。公既見止，連昏於鄰國之臣，厭尊毁列，累其先君，而於廟行飲至之禮，故書以示過。

秋九月，齊高固來逆女，自爲也。故書曰「逆叔姬」，卿〔一〕自逆也。適諸侯稱女，適大夫稱字，所以别尊卑也，此春秋新例，故稱「書曰」，而不言「凡」也。不於莊二十七年發例者，嫌見迫〔二〕而成昏，因明之。

冬，來，反馬也。禮，送女留其送馬，謙不敢自安，三月廟見，遣使反馬。高固遂與叔姬俱寧，故經、傳具見以示譏。

楚子伐鄭，陳及楚平。晉荀林父救鄭，伐陳。爲明年晉、衛侵陳傳。

〔一〕「卿」，原作「即」，據陽明文庫本、宋大字本、附釋音本、慶元本、金澤本改。阮校云：「補刊石經、宋本、岳本、纂圖本、閩本、監本、毛本『即』作『卿』，是也。」

〔二〕「迫」，宋大字本、巾箱本、書院本、附釋音本作「逼」。阮校云：「宋本、淳熙本『逼』作『迫』。」

【經】

六年春，晉趙盾、衛孫免侵陳。

夏四月。

秋八月，螽。無傳。

冬十月。

【傳】

六年春，晉、衛侵陳，陳即楚故也。

夏，定王使子服求后于齊。子服，周大夫。

秋，赤狄伐晉，圍懷及邢丘，邢丘，今河内平皋縣。晉侯欲伐之，中行桓子曰：「使疾其民，驕則數戰，爲民所疾。以盈其貫，將可殪也。殪，盡也。貫，猶習也。周書曰：『殪戎殷。』周書，康誥也，義取周武王以兵伐殷，盡滅之。此類之謂也。」爲十五年晉滅狄傳。

冬，召桓公逆王后于齊。召桓公，王卿士，事不關魯，故不書。爲成二年王甥舅張本。

楚人伐鄭，取成而還。九年、十一年傳所稱厲之役蓋在此。

鄭公子曼滿與王子伯廖語，欲爲卿。二子，鄭大夫。伯廖告人曰：「無德而貪，其在周易豐䷶離下震上，豐。之離䷝，豐上六〔一〕變而爲純離也。周易論變，故雖不筮，必以變言其義。豐上六曰：「豐其屋，蔀其家，闚其户，闃〔二〕其無人，三歲不覿，凶。」義取無德而大，其屋不過三歲必滅亡。弗過之矣。」不過三年。間一歲，鄭人殺之。

【經】

七年春，衛侯使孫良夫來盟。

夏，公會齊侯伐萊。傳例曰：不與謀也。萊，國，今東萊黄縣。

秋，公至自伐萊。無傳。

大旱。無傳。書旱而不書雩，雩無功，或不雩。

〔一〕「上六」下，金澤本有「爻」字。

〔二〕「闃」，原作「闐」，據陽明文庫本、宋大字本、國會本、巾箱本、書院本、附釋音本、慶元本、金澤本改。今按：周易豐卦作「闃」。金澤本作「閴」。

冬，公會晉侯、宋公、衛侯、鄭伯、曹伯于黑壤。

【傳】

七年春，衛孫桓子來盟，始通，且謀會晉也。公即位，衛始脩好。

夏，公會齊侯伐萊，不與謀也。凡師出，與謀曰「及」，不與謀曰「會」。與謀者，謂同志之國相與講議利害，計成而行之，故以相連及爲文。若不獲已，應命而出，則以外合爲文，皆據魯而言。師者，國之大事，存亡之所由，故詳其舉動以例别之。

赤狄侵晉，取向陰之禾。此無「秋」字，蓋闕文。晉用桓子謀，故縱狄。

鄭及晉平，公子宋之謀也，故相鄭伯以會。冬，盟于黑壤。王叔桓公臨之，以謀不睦。王叔桓公，周卿士，銜天子之命以監臨諸侯，不同歃者，尊卑之别也。

晉侯之立也，在二年。公不朝焉，又不使大夫聘，晉人止公于會。盟于黄父，公不與盟，以賂免。黄父即黑壤。故黑壤之盟不書，諱之也。慢盟主以取執止之辱，故諱之。

【經】

八年春，公至自會。無傳。義與五年書過同。

夏六月，公子遂如齊，至黃乃復。無傳。蓋有疾而還，大夫受命而出〔一〕，雖死，以尸將事，遂以疾還，非禮也。

辛巳，有事于大廟，仲遂卒于垂。有事，祭也。仲遂卒與祭同日，略書有事，爲繹張本。不言公子，因上行還間無異事，省文，從可知也。稱字，時君所嘉，無義例也。垂，齊地，非魯竟，故書地。

壬午，猶繹。萬入，去籥。繹，又祭，陳昨日之禮，所以賓尸。萬，舞名。籥，管也。猶者，可止之辭。魯人知卿佐之喪不宜作樂，而不知廢繹，故内舞去籥，惡其聲聞。

戊子，夫人嬴氏薨。無傳。宣公母也。

晉師、白狄伐秦。

楚人滅舒、蓼。

〔一〕「出」，原作「土」，據陽明文庫本、宋大字本、國會本、巾箱本、書院本、附釋音本、慶元本、金澤本改。

秋七月甲子，日有食之，既。無傳。月三十日食。

冬十月己丑，葬我小君敬嬴。敬，謚；嬴，姓也。反哭成喪，故稱葬小君。雨，不克葬。庚寅，日中而克葬。克，成也。

城平陽。今泰山有平陽縣。

楚師伐陳。

【傳】八年春，白狄及晉平，夏，會晉伐秦，經在仲遂卒下，從赴。晉人獲秦諜，殺諸絳市，六日而蘇。蓋記異也。

有事于大廟，襄仲卒而繹，非禮也。

楚爲衆舒叛故，伐舒、蓼，滅之。舒、蓼，二國名。楚子疆之，正其界也。及滑汭。滑，水名。盟吴、越而還。吴，國，今吴郡。越，國，今會稽山陰縣也。傳言楚彊，吴、越服從。

晉胥克有蠱疾，惑以喪志。郤缺爲政。代趙盾。秋，廢胥克，使趙朔佐下軍。朔，盾之子，代胥克。爲成十七年胥童怨郤氏張本。

冬，葬敬嬴，旱，無麻，始用葛茀。記禮變之所由。茀，所以引柩，殯則有之，以備火；葬則以下柩。雨，不克葬，禮也。禮，卜葬，先遠日，辟不懷也。懷，思也。

城平陽，書，時也。

陳及晉平，楚師伐陳，取成而還。言晉、楚争强。

【經】

九年春王正月，公如齊。無傳。

公至自齊。無傳。

夏，仲孫蔑如京師。

齊侯伐萊。無傳。

秋，取根牟。根牟，東夷國也，今琅邪陽都縣東有牟鄉。

八月，滕子卒。未同盟。

九月，晉侯、宋公、衛侯、鄭伯、曹伯會于扈。

晉荀林父帥師伐陳。

辛酉，晉侯黑臀卒于扈。卒於竟外，故書地。四與文同盟。九月無辛酉，日誤。

冬十月癸酉，衛侯鄭卒。無傳。三與文同盟。

宋人圍滕。

楚子伐鄭。

晉郤缺帥師救鄭。

陳殺其大夫洩冶。洩冶直諫於淫亂之朝以取死，故不爲春秋所貴而書名。

【傳】

九年春，王使來徵聘。徵，召也。言周徵〔一〕也。徵聘不書，微加諷諭，不指斥。

夏，孟獻子聘於周，王以爲有禮，厚賄之。

秋，取根牟，言易也。

滕昭公卒。爲宋圍滕傳。

〔一〕「徵」，陽明文庫本、宋大字本、巾箱本、書院本、慶元本、金澤本作「徵」，當據改。

會于扈，討不睦也。謀齊、陳。陳侯不會，前年與楚成故。晉荀林父以諸侯之師伐陳，不書諸侯師，林父帥之，無將帥。晉侯卒于扈，乃還。

冬，宋人圍滕，因其喪也。

陳靈公與孔寧、儀行父通於夏姬，皆衷其衵服，以戲于朝。二子，陳卿。夏姬，鄭穆公女，陳大夫御叔妻。衷，懷也。衵服，近身衣。洩冶諫曰：「公卿宣淫，民無效焉，宣，示也。且聞不令。君其納之！」納藏衵服。公曰：「吾能改矣。」公告二子。二子請殺之，公弗禁，遂殺洩冶。孔子曰：「詩云：『民之多辟，無自立辟。』其洩冶之謂乎！」辟，邪也。辟，法也。詩，大雅，言邪辟之世，不可立法。國無道，危行言孫。

楚子爲厲之役故，伐鄭。六年，楚伐鄭，取成於厲。既成，鄭伯逃歸。事見十一年。

晉郤缺救鄭，鄭伯敗楚師于柳棼，柳棼，鄭地。國人皆喜，唯子良憂曰：「是國之災也，吾死無日矣。」自是晉、楚交兵伐鄭，十二年卒有楚子入鄭之禍。

【經】

十年春，公如齊。

公至自齊。無傳。

齊人歸我濟西田。元年以賂齊也。不言來，公如齊，因受之。

夏四月丙辰，日有食之。無傳。不書朔，官失之。

己巳，齊侯元卒。未同盟而赴以名。

齊崔氏出奔衛。齊略見舉族出，因其告辭以見無罪。

公如齊。

五月，公至自齊。無傳。

癸巳，陳夏徵舒弒其君平國。徵舒，陳大夫也。靈公惡不加民，故稱臣以弒。

六月，宋師伐滕。

公孫歸父如齊，葬齊惠公。無傳。歸父，襄仲之子。

晉人、宋人、衛人、曹人伐鄭。鄭及楚平故。

秋，天王使王季子來聘。王季子者，公羊以爲天王之母弟。然則，字季子。天子大夫稱字。

公孫歸父帥師伐邾，取繹。繹，邾邑，魯國鄒縣北有繹山。

大水。無傳。

季孫行父如齊。

冬，公孫歸父如齊。

齊侯使國佐來聘。既葬成君，故稱君命使也。

饑。無傳。有水災，嘉穀不成。

楚子伐鄭。

【傳】十年春，公如齊，齊侯以我服故，歸濟西之田。公比年朝齊故。

夏，齊惠公卒。崔杼有寵於惠公，高、國畏其偪也，高、國二家，齊正卿。公卒而逐之，奔衛。書曰「崔氏」，非其罪也；且告以族，不以名。典策之法，告者皆當書以名，今齊特以族告，夫子因而存之，以示無罪。又言「且告以族，不以名」者，明春秋有因而用之，不皆改舊史〔一〕。凡諸侯之大夫違，違，奔放也。告於諸侯曰：「某氏之守臣某，

〔一〕「舊史」，慶元本無「史」字，金澤本作「舊也之」。今按：孔疏引注文亦無「史」字。

上某氏者姓，下某名〔一〕。失守宗廟，敢告。」所有玉帛之使者則告；玉帛之使謂聘。不然，則否。恩好不接，故亦不告。

公如齊奔喪。公親奔喪，非禮也。公出朝會、奔喪、會葬，皆書如，不言其事，史之常也。

陳靈公與孔寧、儀行父飲酒於夏氏，公謂行父曰：「徵舒似女。」對曰：「亦似君。」徵舒病之，靈公即位，於今十五年，徵舒已爲卿，年大無嫌是公子。蓋以夏姬淫放，故謂其子多似以爲戲。公出，自其廄射而殺之。二子奔楚。

滕人恃晉而不事宋，六月，宋師伐滕。

鄭及楚平，前年敗楚師，恐楚深怨，故與之平。諸侯之師伐鄭，取成而還。

秋，劉康公來報聘。報孟獻子之聘，即王季子也。其後食采於劉。

師伐邾，取繹。爲子家如齊傳。

季文子初聘于齊。齊侯初即位。

〔一〕「上某氏者姓下某名」，慶元本作「上某出者姓下某出者名」，金澤本作「上某出者姓下其名」。今按：孔疏云「上某出者姓」，與慶元本同。

冬，子家如齊，伐邾故也。魯侵小，恐爲齊所討，故往謝。

國武子來報聘。報文子也。

楚子伐鄭，晉士會救鄭，逐楚師于潁北，潁水出河南陽城，至下蔡入淮。諸侯之師戍鄭。

鄭子家卒，鄭人討幽公之亂，斲子家之棺，而逐其族。以四年弒君故也。斲薄其棺，不使從卿禮。改葬幽公，謚之曰「靈」。

【經】十有一年春王正月。

夏，楚子、陳侯、鄭伯盟于辰陵。楚復伐鄭，故受盟也。辰陵，陳地，潁川長平縣東南有辰亭。

公孫歸父會齊人伐莒。無傳。

秋，晉侯會狄于欑函。晉侯往會之，故以狄爲會主。欑函，狄地。

冬十月，楚人殺陳夏徵舒。不言楚子而稱人，討賊辭也。

丁亥，楚子入陳，楚子先殺徵舒而欲縣陳，後得申叔時諫，乃復封陳，不有其地，故書入在殺徵舒之後。**納公孫寧、儀行父于陳。**二子，淫昏亂人也。君弒之後，能外託楚以求報君之讎，内結强援於國，故楚莊得平步而討陳，除弒君之賊。於時陳成公播蕩於晉，定亡君之嗣，靈公成喪，賊討國復，功足以補過，故君子善楚復之。

【傳】

十一年春，楚子伐鄭，及櫟。子良曰：「晉、楚不務德而兵争，與其來者可也。晉、楚無信，我焉得有信？」乃從楚。夏，楚〔一〕盟于辰陵，陳、鄭服也。傳言楚與晉狎主盟。

楚左尹子重侵宋，子重，公子嬰齊，莊王弟。**王待諸郔。**郔，楚地。**令尹蔿艾獵城沂，**艾獵，孫叔敖也。沂，楚邑。**使封人慮事，**封人，其時主築城者。慮事，無慮〔二〕計功。**以**

〔一〕「楚」，釋文云：「本或作『楚子』。」

〔二〕「無慮」，原作「謀慮」，金澤本作「既慮」，據陽明文庫本、附釋音本、慶元本改。阮校云：「宋本、岳本、足利本『謀』作『無』。」今按：釋文亦作「無慮」，云：「廣雅云無慮，都凡也。」王念孫讀書雜志卷七云：「是慮爲大氏之稱也。或謂之無慮，疊韻字也。」

授司徒，司徒掌役。量功命日，命作日數。分財用，財用，築作具。平板榦，榦，楨也。稱畚築，量輕重。畚，盛土器。程土物，爲作程限。議遠邇，均勞逸。略基趾，趾，城足；略，行也。具餱糧，餱，乾食也。度有司。謀監主〔一〕。事三旬而成，十日爲旬。不愆于素。不過素所慮之期也。傳言叔敖之能使民。

晉郤成子求成于衆狄。衆狄疾赤狄之役，遂服于晉。赤狄潞氏最强，故服役衆狄。秋，會于欑函，衆狄服也。是行也，諸大夫欲召狄〔二〕。郤成子曰：「吾聞之：非德莫如勤，非勤何以求人？能勤有繼，其從之也。勤則功繼之。詩曰：『文王既勤止。』詩，頌，文王勤以創業。文王猶勤，況寡德乎？」

冬，楚子爲陳夏氏亂故，伐陳，十年，夏徵舒弑君。謂陳人無動，將討於少西氏。少西，徵舒之祖子夏之名。遂入陳，殺夏徵舒，轘諸栗門。轘，車裂也。栗門，陳城門。因縣陳。滅陳以爲楚縣。陳侯在晉。靈公子成公午。申叔時使於齊反，復命而

〔一〕「主」，陽明文庫本、慶元本作「正」。
〔二〕「狄」上，金澤本有「赤」字。

退。王使讓之，曰：「夏徵舒爲不道，弒其君，寡人以諸侯討而戮之，諸侯、縣公皆慶寡人，楚縣大夫皆僭稱公。女獨不慶寡人，何故？」對曰：「猶可辭乎？」王曰：「可哉！」曰：「夏徵舒弒其君，其罪大矣；討而戮之，君之義也。抑人亦有言曰：『牽牛以蹊人之田，抑，辭也。蹊，徑也。而奪之牛。』牽牛以蹊者，信有罪矣；而奪之牛，罰已重矣。諸侯之從〔一〕也，曰『討有罪也』。今縣陳，貪其富也。以討召諸侯，而以貪歸之，無乃不可乎？」王曰：「善哉！吾未之聞也。反之可乎？」對曰：「可哉！吾儕小人所謂『取諸其懷而與之』也。」叔時謙言小人意淺，謂譬如取人物於其懷而還之，爲愈於不還。乃復封陳。鄉取一人焉以歸，謂之夏州。州，鄉屬，示討夏氏所獲也。故書曰：「楚子入陳，納公孫寧、儀行父于陳。」書，有禮也。没其縣陳本意，全以討亂存國爲文，善其復禮。

厲之役，鄭伯逃歸，蓋在六年。自是楚未得志焉。鄭既受盟于辰陵，又徼事

〔一〕「從」下，金澤本有「楚」字。

于晉。爲明年楚圍鄭傳。十年，鄭及楚平，既無其事。辰陵盟後，鄭徼事晉，又無端跡。傳皆特發以明經也。自厲之役，鄭南北兩屬，故未得志。九年，楚子伐鄭，不以黑壤興伐，遠稱厲之役者，志恨在厲役。此皆傳上下相包通之義也。

春秋經傳集解宣上第十

春秋經傳集解宣下第十一

杜氏　盡十八年

【經】

十有二年春，葬陳靈公。無傳。賊討國復，二十一月然後得葬。

楚子圍鄭。前年盟辰陵而又徼事晉故。

夏六月乙卯，晉荀林父帥師及楚子戰于邲，晉師敗績。晉上軍成陳，故書戰。邲，鄭地。

秋七月。

冬十有二月戊寅，楚子滅蕭。蕭，宋附庸國。十二月無戊寅，戊寅，十一月九日。

晉人、宋人、衛人、曹人同盟于清丘。晉、衛背盟，故大夫稱人。宋華椒承群僞之言，以誤其國，宋雖有守信之善，而椒猶不免譏〔一〕。清丘，衛地，在今濮陽縣東南。

宋師伐陳，衛人救陳。背清丘之盟。

【傳】十二年春，楚子圍鄭，旬有七日，鄭人卜行成，不吉；卜臨于大宮，臨，哭也。大宮，鄭祖廟。且巷出車，吉。出車於巷，示將見遷，不得安居。國人大臨，守陴者皆哭。陴，城上僻倪〔二〕。皆哭，所以告楚窮也。楚子退師，鄭人脩城，進復圍之，三月克之。哀其窮哭，故爲退師，而猶不服，故復圍之九十日。入自皇門，至于逵路。塗方九軌曰逵。鄭伯肉袒牽羊以逆，肉袒牽羊，示服爲臣僕。曰：「孤〔三〕不天，不爲天所祐。不能事君，使君懷怒，以及敝邑，孤之罪也。敢不唯命是聽？其俘諸江南，以實海濱，亦唯命。其翦以賜諸侯，使臣妾之，亦唯命。翦，削也。若惠顧前好，楚、鄭世有

〔一〕「譏」，原作「誠」，據陽明文庫本、宋大字本、國會本、巾箱本、書院本、附釋音本、慶元本、金澤本改。

〔二〕「僻倪」，陽明文庫本、慶元本、金澤本作「俾倪」。今按：孔疏亦引作「俾倪」。

〔三〕「孤」下，金澤本有「實」字。

盟誓之好。徼福於厲、宣、桓、武，不泯其社稷，周厲王、宣王，鄭之所自出也。鄭桓公、武公，始封之賢君也。願楚要福于此四君，使社稷不滅。泯，猶滅也。使改事君，夷於九縣，楚滅九國以爲縣，願得比之。君之惠也，孤之願也，非所敢望也。敢布腹心，君實圖之。」左右曰：「不可許也，得國無赦。」王曰：「其君能下人，必能信用〔一〕其民矣，庸可幾乎！」退三十里，而許之平。退一舍以禮鄭。潘尪入盟，子良出質。潘尪，楚大夫。子良，鄭伯弟。

夏六月，晉師救鄭，荀林父將中軍，代郤缺。先縠佐之。彘季代林父。士會將上軍，河曲之役，郤缺將上軍。宣八年，代趙盾爲政，將中軍。士會代將上軍。郤克佐之。郤缺之子，代臾駢。趙朔將下軍，代欒盾。欒書佐之。欒盾之子，代趙朔。趙括、趙嬰齊爲中軍大夫，括、嬰齊，皆趙盾異母弟。鞏朔、韓穿爲上軍大夫，荀首、趙同爲下軍大夫，荀首，林父弟。趙同，趙嬰兄。韓厥爲司馬。韓萬玄孫。及河，聞鄭既及楚平，

〔一〕「信用」，原作「信周」，據陽明文庫本、國會本、巾箱本、書院本、附釋音本、慶元本、金澤本改。

桓子欲還，曰：「無及於鄭而勦民〔一〕，焉用之？桓子，林父。勦，勞也。楚歸而動，不後。」動兵伐鄭。隨武子曰：「善。武子，士會。會聞用師，觀釁而動。釁，罪也。德刑、政事、典禮不易，不可敵也，不爲是征。言征伐爲有罪，不爲有禮。楚君討鄭，怒其貳而哀其卑，叛而伐之，服而舍之，德刑成矣。伐叛，刑也；柔服，德也，二者立矣。昔歲入陳，討徵舒。今茲入鄭，民不罷勞，君無怨讟，讟，謗也。政有經矣。經，常也。荆尸而舉，荆，楚也。尸，陳也。楚武王始更爲此陳法，遂以爲名。商、農、工、賈不敗其業，而卒乘輯睦，步曰卒，車曰乘。事不奸矣。奸，犯也。蔿敖爲宰，擇楚國之令典，宰，令尹。蔿敖，孫叔敖。軍行，右轅，左追蓐，在車之右者挾轅爲戰備，在左者追求草蓐爲宿備。傳曰「令尹南轅」，又曰「改乘轅」。楚、陳以轅爲主。前茅慮無，慮無，如今軍行前有斥候蹋伏，皆持以絳及白爲幡，見騎賊舉絳幡，見步賊舉白幡，備慮有無也。茅，明也。或曰時楚以茅爲旌識。中權後勁。中軍制謀，後以精兵爲殿。百官象物而動，軍政不戒而備，物，猶類也。戒，勑令。能用典矣。其君之舉也，内姓選於親，外姓

〔一〕「民」上，金澤本有「其」字。

選於舊。言親疏並用。舉不失德，賞不失勞，老有加惠，賜老則不計勞。旅有施舍，旅客來者施之以惠，舍不勞役。君子小人，物有服章，尊卑別也。貴有常尊，賤有等威，威儀有等差。禮不逆矣。德立刑行、政成事時、典從禮順，若之何敵之？見可而進，知難而退，軍之善政也。兼弱攻昧，武之善經也。昧，昏亂。經，法也。子姑整軍而經武乎！姑，且也。猶有弱而昧者，何必楚？仲虺有言曰：『取亂侮亡。』兼弱也。仲虺，湯左相，薛之祖奚仲之後。汋曰：『於鑠王師！遵養時晦』，汋，詩頌篇名。鑠，美也。言美〔一〕武王能遵天之道，須暗昧者惡積而後取之。耆昧也。耆，致也。致討於昧。武曰：『無競惟烈。』武，詩頌篇名。烈，業也。言武王兼弱取昧，故成無疆之業。撫弱耆昧，以務烈所，可也。」言當務從武王之功業，撫而取之。彘子曰：「不可。彘子，先縠。晉所以霸，師武、臣力也。今失諸侯，不可謂力。有敵而不從，不可謂武。由我失霸，不如死。且成師以出，聞敵彊而退，非夫也。非丈夫。命爲軍帥，

〔一〕「美」，原作「昊」，據陽明文庫本、國會本、巾箱本、書院本、附釋音本、慶元本、金澤本改。今按：册府元龜卷四百二一亦作「美」。

而卒以非夫，唯群子能，我弗爲也。」以中軍佐濟。佐，彘子所帥也。濟，渡河。知莊子曰：「此師殆哉！莊子，荀首。周易有之，在師䷆坎下坤上，師。之臨䷒，兑下坤上，臨。師初六變而之臨。曰：『師出以律，否臧凶。』此師卦初六爻辭。律，法；否，不也。執事順成爲臧，逆爲否，今彘子逆命不順成，故應不臧之凶。衆散爲弱，坎爲衆，今變爲兑，兑柔弱。川壅爲澤，坎爲川，今變爲兑，兑爲澤，是川見壅。有律以如己也。如，從也。法行則人從法，法敗則法從人。坎爲法象，今爲衆則散，爲川則壅，是失法之用，從人之象。故曰律。否臧，且律竭也，竭，敗也。坎變爲兑，是法敗。盈而以竭，夭且不整，所以凶也。水遇夭塞，不得整流，則竭涸也。不行之謂臨，水變爲澤，乃成臨卦。澤，不行之物。有帥而不從，臨孰甚焉？此之謂矣。果遇，必敗，遇敵。彘子尸之。主此禍。雖免而歸，必有大咎。」爲明年晉〔一〕殺先縠傳。韓獻子謂桓子獻子，韓厥。曰：「彘子以偏師陷，子罪大矣。子爲元帥，師不用

〔一〕「晉」下，陽明文庫本、慶元本、金澤本有「人」字。阮校云：「宋本、淳熙本『晉』下有『人』字。」

命，誰之罪也？失屬亡師，爲罪已重，不如進也。令鄭屬楚，故曰「失屬」。彘子以偏師陷，故曰「亡師」。事之不捷，惡有所分，捷，成也。與其專罪，六人同之，不猶愈乎？」三軍皆敗，則六卿同罪，不得獨責元帥。師遂濟。

楚子北師次於郔。郔，鄭北地。沈尹將中軍，「沈」或作「寢」。寢，縣也，今汝陰固始縣。子重將左，子反將右，將飲馬於河而歸。子反，公子側。聞晉師既濟，王欲還，嬖人伍參欲戰，參，伍奢之祖父。令尹孫叔敖弗欲，曰：「昔歲入陳，今茲入鄭，不無事矣。戰而不捷，參之肉其足食乎？」參曰：「若事之捷，孫叔爲無謀矣。不捷，參之肉將在晉軍，可得食乎？」令尹南轅、反旆，迴車南鄉。旆，軍前大旗。伍參言於王曰：「晉之從政者新，未能行令。其佐先縠剛愎不仁，未肯用命。愎，很也。其三帥者，專行不獲。欲專其所行而不得。聽而無上，衆誰適從？聽彘子、趙同、趙括，則爲軍無上，令衆不知所從。此行也，晉師必敗。且君而逃臣，若社稷何？」王病之，告令尹改乘轅而北之，次于管以待之。

晉師在敖、鄗之間，熒陽京縣東北有管城，敖、鄗二山在熒陽縣西北。鄭皇戌使如晉師〔一〕，曰：「鄭之從楚，社稷之故也，未有貳心。楚師驟勝而驕，其師老矣，而不設備。子擊之，鄭師爲承，承，繼也。楚師必敗。」彘子曰：「敗楚服鄭，於此在矣，必許之。」欒武子曰：武子，欒書。「楚自克庸以來，在文十六年。其君無日不討國人而訓之，討，治也。于民生之不易，禍至之無日，戒懼之不可以怠。于，曰也。在軍無日不討軍實而申〔二〕儆之，軍實，軍器。于勝之不可保，紂之百克而卒無後，訓之以若敖、蚡冒，篳路藍縷，以啓山林。若敖、蚡冒，皆楚之先君。篳路，柴車。藍縷，敝衣。言此二君勤儉以啓土。箴之曰：『民生在勤，勤則不匱。』不可謂驕。箴，誡。先大夫子犯有言曰：『師直爲壯，曲爲老。』我則不德，而徼怨于楚，我曲楚直，不可謂老。不德，謂以力争諸侯。徼，要也。其君之戎分爲二廣，君之親兵。廣有一卒，卒偏之兩。十五乘爲一廣。司馬法：百人爲卒，二十五人爲兩。車十五乘爲大偏。今廣十

〔一〕「皇戌」，原作「皇戍」，據釋文改。阮校云：「宋本、岳本、閩本、監本『戍』作『戌』，是也。釋文亦作『戌』。浦鏜云：凡人名除定十三年公叔戍外，並從戌亥之戌。」今按：石經亦作「戌」。以下同改不校。

〔二〕「申」，原作「甲」，據陽明文庫本、國會本、巾箱本、書院本、附釋音本、慶元本、金澤本改。今按：釋文、石經皆作「申」。

五乘，亦用舊偏法，復以二十五人爲承副。右廣初駕，數及日中，左則受之，以至于昏。内官序當其夜〔一〕，内官，近官。序，次也。以待不虞，不可謂無備。子良，鄭之良也；師叔，楚之崇也。師叔，潘尫，爲楚人所崇貴。師叔入盟，子良在楚，楚、鄭親矣。來勸我戰，我克則來，不克遂往，以我卜也，鄭不可從。」趙括、趙同曰：「率師以來，唯敵是求。克敵、得屬，又何俟？必從彘子。」得屬，服鄭。知季曰：「原、屏，咎之徒也。」知季，莊子也。原，趙同。屏，趙括。徒，黨也。趙莊子曰：「欒伯善哉！莊子，趙朔。欒伯，武子。實其言，必長晉國。」實，猶充也。言欒書之身行，能充此言，則當執晉國之政也。

楚少宰如晉師，少宰，官名。曰：「寡君少遭閔凶，不能文。閔，憂也。聞二先君之出入此行也，二先君，楚成王、穆王。將鄭是訓定，豈敢求罪于晉？二三子無淹久！」淹，留也。隨季對曰：「昔平王命我先君文侯曰：『與鄭夾輔周室，毋廢王命！』今鄭不率，率，遵也。寡君使群臣問諸鄭，豈敢辱候人？候人，謂伺

〔一〕「序當其夜」，釋文作「序當其次」，云：「一本作『序當其夜』。」

候望敵者。敢拜君命之辱。」彘子以爲諂，使趙括從而更之，曰：「行人失辭。言誤對。寡君使群臣遷大國之迹於鄭，遷，徙也。曰：『無辟敵！』群臣無所逃命。」

楚子又使求成于晉，晉人許之，盟有日矣。有期日。楚許伯御樂伯，攝叔爲右，以致晉師。單車挑戰，又示不欲崇和，以疑晉之群帥。許伯曰：「吾聞致師者，御靡旌摩壘而還。」靡旌，驅疾也。摩，近也。樂伯曰：「吾聞致師者，左射以菆，左，車左也。菆，矢之善者。代御執轡，御下兩馬，掉鞅而還。」兩，飾也。掉，正也。示閒暇。攝叔曰：「吾聞致師者，右入壘折馘，折馘，斷耳。執俘而還。」皆行其所聞而復。晉人逐之，左右角之。張兩角，從旁夾攻之。樂伯左射馬而右射人，角不能進，矢一而已。麋興於前，射麋麗龜。麗，著也。龜，背之隆高當心者。晉鮑癸當其後，使攝叔奉麋獻焉，曰：「以歲之非時，獻禽之未至，敢膳諸從者。」鮑癸止之曰：「其左善射，其右有辭，君子也。」既免。止不復逐。

晉魏錡求公族，未得，錡，魏犨子，欲爲公族大夫。而怒，欲敗晉師。請致師，弗許。請使，許之。遂往，請戰而還。楚潘黨逐之，及熒澤，見六麋，射一麋以顧獻，曰：「子有軍事，獸人無乃不給於鮮？敢獻於從者。」熒澤在熒陽縣東。新殺爲鮮，見六得一，言其不如楚。叔黨命去之。叔黨，潘黨，潘尫之子。趙旃求卿未得，旃，趙穿子。且怒於失楚之致師者，請挑戰，弗許。請召盟，許之。與魏錡皆命而往。郤獻子曰：「二憾往矣，獻子，郤克。弗備，必敗。」彘子曰：「鄭人勸戰，弗敢從也；楚人求成，弗能好也。師無成命，多備何爲？」士季曰：「備之善。若二子怒楚，楚人乘我，喪師無日矣。乘，猶登也。不如備之。楚之無惡，除備而盟，何損於好？若以惡來，有備不敗。且雖諸侯相見，軍衛不徹，警也。」徹，去也。彘子不可。不肯設備。士季使鞏朔、韓穿帥七覆于敖前，帥，將也。覆，爲伏兵七處。故上軍不敗。趙嬰齊使其徒先具舟于河，故敗而先濟。

潘黨既逐魏錡，言魏錡見逐而退。趙旃夜至於楚軍，二人雖俱受命，而行不相隨，趙旃在後至。席於軍門之外，使其徒入之。布席坐，示無所畏也。楚子爲乘廣三十乘，分爲左右。右廣雞鳴而駕，日中而說。說，舍也。左則受之，日入而說。許偃御右廣，養由基爲右；彭名御左廣，屈蕩爲右。楚王更迭載之，故各有御、右。乙卯，王乘左廣以逐趙旃，趙旃弃車而走林，屈蕩搏之，得其甲裳。下曰裳。晉人懼二子之怒楚師也，使軘車逆之。軘車，兵車名。潘黨望其塵，使騁而告曰：「晉師至矣！」楚人亦懼王之入晉軍也，遂出陳。孫叔曰：「進之！寧我薄人，無人薄我。詩云：『元戎十乘，以先啓行。』先人也。元戎，戎車在前也。詩，小雅，言王者軍行，必有戎車十乘在前開道，先人爲備。軍志曰『先人有奪人之心』，薄之也。」奪敵戰心。遂疾進師，車馳卒奔，乘晉軍。桓子不知所爲，鼓於軍中，曰：「先濟者有賞！」中軍、下軍爭舟，舟中之指可掬也。兩手曰掬。

晉師右移，上軍未動。言餘軍皆移去，唯上軍在。經所以書戰，言猶有陳。工尹齊將右拒卒以逐下軍。工尹齊，楚大夫。右拒，陳名。楚子使唐狡與蔡鳩居告唐惠侯，二子，楚大夫。唐，屬楚之小國，義陽安昌縣東南有上唐鄉。曰：「不穀不德而貪，以遇大敵，不穀之罪也。然楚不克，君之羞也。敢藉君靈以濟楚師。」藉，猶假借也。使潘黨率游闕四十乘，游車補闕者。從唐侯以爲左拒，以從上軍。駒伯曰：「待諸乎？」駒伯，郤克，上軍佐也。隨季曰：「楚師方壯，若萃於我，吾師必盡，萃，集也。不如收而去之。分謗生民，不亦可乎？」同奔爲分謗，不戰爲生民。殿其卒而退，不敗。以其所將卒爲軍後殿。王見右廣，將從之乘。屈蕩户〔一〕之曰：「君以此始，亦必以終。」户，止也。軍中易乘，則恐軍人惑。自是楚之乘廣先左。以乘左得勝故。

晉人或以廣隊不能進，廣，兵車。楚人惎之脱扃，惎，教也。扃，車上兵闌。少進，馬還，又惎之拔旆〔二〕投衡，乃出。還，便旋不進。旆，大旗也。拔旗投衡上，使不帆風，差輕。顧曰：「吾不如大國之數奔也。」

趙旃以其良馬二濟其兄與叔父，以他馬反，遇敵不能去，弃車而走林。逢大夫與其二子乘，逢，氏。謂其二子無顧。不欲見趙旃。顧曰：「趙傁在後。」傁，老稱也。怒之，使下，指木曰：「尸女於是。」授趙旃綏以免。明日，以表尸之，表所指木，取其尸。皆重獲在木下。兄弟累尸而死。

〔一〕「户」，原作「尸」，據陽明文庫本、附釋音本、慶元本改。阮校云：「石經、宋本、淳熙本、岳本『尸』作『户』，是也。案，漢書王嘉傳注、李善文選范蔚宗宦者傳論注引並同。錢大昕余仁仲校刻左傳本云：『家藏淳熙九經及長平游御史本、巾箱小本俱作「户」字。』」下「尸」字同改。

〔二〕「拔旆」，原作「進旆」，據陽明文庫本、國會本、巾箱本、書院本、附釋音本、慶元本、金澤本、石經、孔疏改。

楚熊負羈囚知罃，知莊子以其族反之，負羈，楚大夫。知罃，知莊子之子。族，家兵。反，還戰。廚武子御，武子，魏錡。下軍之士多從之。知莊子下軍大夫故。每〔一〕射，抽矢菆，納諸廚子之房。抽，擢也。菆，好箭。房，箭舍。廚子怒曰：「非子之求而蒲之愛，蒲，楊柳，可以爲箭。董澤之蒲，可勝既乎？」董澤，澤名，河東聞喜縣東北有董池陂。既，盡也。知季曰：「不以人子，吾子其可得乎？吾不可以苟射故也。」射連尹襄老，獲之，遂載其尸；射公子穀臣，囚之，以二者還。穀臣，楚王子。及昏，楚師軍於邲，晉之餘師不能軍，不能成營屯。宵濟，亦終夜有聲。言其兵衆，將不能用。

丙辰，楚重至於邲，重，輜重也。遂次于衡雍。潘黨曰：「君盍築武軍，築軍營以彰武功。而收晉尸以爲京觀？積尸封土其上，謂之京觀。臣聞克敵必示子孫，以無忘武功。」楚子曰：「非爾所知也。夫文，止戈爲武。文，字。武王克商，作頌曰：『載戢干戈，載櫜弓矢。戢，藏也。櫜，韜也。詩美武王能誅滅暴亂而息兵。我求懿德，

〔一〕「每」，原作「母」，據陽明文庫本、國會本、巾箱本、書院本、附釋音本、慶元本、金澤本改。今按：石經作「每」。

肆于時夏，允王保之。』肆，遂也。夏，大也。言武王既息兵，又能求美德，故遂大而信王保天下。又作武，其卒章曰：『耆定爾功。』武，頌篇名。耆，致也。言武王誅紂，致定其功。其三曰：『鋪時繹思，我徂惟求定。』其三，三篇。鋪，布也。繹，陳也。時，是也。思，辭也。頌美武王能布政陳教，使天下歸往求安定。其六曰：『綏萬邦，屢豐年。』其六，六篇。綏，安也。屢，數也。言武王既安天下，數致豐年。此三、六之數，與今詩頌篇次不同，蓋楚樂歌之次第〔一〕。夫武，禁暴、戢兵、保大、定功、安民、和衆、豐財者也。此武七德。故使子孫無忘其章。著之篇章，使子孫不忘。今我使二國暴骨，暴矣；觀兵以威諸侯，兵不戢矣。暴而不戢，安能保大？猶有晉在，焉得定功？所違民欲猶多，民何安焉？無德而强争諸侯，何以和衆？利人之幾，幾，危也。而安人之亂，以爲己榮，何以豐財？兵動則年荒。武有七德，我無一焉，何以示子孫？其爲先君宫，告成事而已。祀先君，告戰勝。武非吾功也。古者明王伐不敬，取其鯨鯢而封之，以爲大戮，於是乎有京觀，以懲淫慝。鯨鯢，大魚名，以喻不義之人吞食小國。今罪無

〔一〕「次第」，陽明文庫本無「次」字。阮校云：「依正義及宋本標起止皆云『之第』，則『次』字衍也。」

所，晉罪無所犯也。而民皆盡忠以死君命，又可以爲京觀乎〔一〕？」祀于河，作先君宮，告成事而還。傳言楚莊有禮，所以遂興。

是役也，鄭石制實入楚師，將以分鄭，而立公子魚臣。辛未，鄭殺僕叔及子服。僕叔，魚臣也。子服，石制也。君子曰：「史佚所謂『毋怙亂』者，謂是類也。言恃人之亂以要利。詩曰：『亂離瘼矣，爰其適歸？』詩，小雅。離，憂也。瘼，病也。爰，於也。言禍亂憂病，於何所歸乎？歎之。歸於怙亂者也夫！」恃亂則禍歸之。鄭伯、許男如楚。爲十四年晉伐鄭傳〔二〕。

秋，晉師歸，桓子請死，晉侯欲許之，士貞子諫曰：「不可。貞子，士渥濁。城濮之役，晉師三日穀，在僖二十八年。文公猶有憂色。左右曰：『有喜而憂，如有憂而喜乎？』言憂喜失時。公曰：『得臣猶在，憂未歇也。歇，盡也。困獸猶鬭，況

〔一〕「又可以爲京觀乎」，宋大字本、國會本、巾箱本、書院本「可」作「何」。陽明文庫本、附釋音本無「觀」字。阮校云：「宋本、淳熙本、岳本、足利本『何』作『可』。石經無『觀』字，後旁增於『京』字下，爾雅疏引亦脫。」

〔二〕「爲十四年晉伐鄭傳」，「爲十四年」原作「五十四年」，「伐」原作「代」，據陽明文庫本、國會本、巾箱本、書院本、附釋音本、慶元本、金澤本改。

國相乎！』及楚殺子玉，子玉，得臣。公喜而後可知也，喜見於顏色。曰：『莫余毒也已。』是晉再克而楚再敗也，楚是以再世不競。成王至穆王。今天或者〔一〕大警晉也，警，戒也。而又殺林父以重楚勝，其無乃久不競乎？林父之事君也，進思盡忠，退思補過，社稷之衛也，若之何殺之？夫其敗也，如日月之食焉，何損於明？」晉侯使復其位。言晉景所以不失霸。

冬，楚子伐蕭，宋華椒以蔡人救蕭。蕭人囚熊相宜僚及公子丙。王曰：「勿殺，吾退。」蕭人殺之。王怒，遂圍蕭，蕭潰。申公巫臣曰：「師人多寒。」王巡三軍，拊而勉之，拊，撫慰勉之。三軍之士皆如挾纊，纊，緜也。言說以忘寒。遂傅於蕭。還無社與司馬卯言，號申叔展。還無社，蕭大夫。司馬卯、申叔展，皆楚大夫也。無社素識叔展，故因卯呼之。叔展曰：「有麥麴乎？」曰：「無。」「有山鞠窮乎？」曰：「無。」麥麴、鞠窮，所以禦濕。欲使無社逃泥水中。無社不解，故曰無。軍中不敢正言，故謬

〔一〕「或者」下，金澤本有「將」字。

語。「河魚腹疾奈何?」叔展言無禦濕藥,將病。曰:「目於眢井而拯之。」無社意解,欲入井,故使叔展視虛廢井而求拯己。出溺爲拯。「若爲茅絰,哭井則己。」叔展又教結茅以表井,須哭乃應以爲信。明日,蕭潰。申叔視其井,則茅絰存焉,號而出之。號,哭也。傳言蕭人無守心。

晉原縠、宋華椒、衛孔達、曹人同盟于清丘。原縠,先縠。曰:「恤病討貳。」於是卿不書,不實其言也。宋伐陳,衛救之,不討貳也。楚伐宋,晉不救,不恤病也。宋爲盟故,伐陳,陳貳於楚故。衛人救之。孔達曰:「先君有約言焉,若大國討,我則死之。」衛成公與陳共公有舊好,故孔達欲背盟救陳,而以死謝晉。爲十四年衛殺孔達傳。

【經】

十有三年春,齊師伐莒。

夏,楚子伐宋。

秋,螽。無傳。爲災,故書。

冬,晉殺其大夫先縠。書名,以罪討。

【傳】

十三年春，齊師伐莒，莒恃晉而不事齊故也。

夏，楚子伐宋，以其救蕭也。救蕭在前年。君子曰：「清丘之盟，唯宋可以免焉。」宋討陳之貳，今宋見伐，晉、衛不顧盟以恤宋，而經同貶宋大夫。傳嫌華椒之罪累及其國，故曰「唯宋可以免」。

秋，赤狄伐晉，及清，先縠召之也。邲戰不得志，故召狄欲爲變。清，一名清原。

冬，晉人討邲之敗與清之師，歸罪於先縠而殺之，盡滅其族。君子曰：「惡之來也，己則取之。其先縠之謂乎！」盡滅其族，爲誅已甚，故曰「惡之來也」。

清丘之盟，晉〔一〕以衛之救陳也討焉。尋清丘之盟以責衛。使人弗去，曰：「罪無所歸，將加而師。」孔達曰：「苟利社稷，請以我說，欲自殺以說晉。罪我之由，我則爲政，而亢大國之討，將以誰任？亢，禦也。謂禦宋討陳也。我則死之。」爲明年殺孔達傳。

〔一〕「晉」下，金澤本有「人」字。

【經】

十有四年春，衛殺其大夫孔達。書名，背盟于大國，罪之。

夏五月壬申，曹伯壽卒。無傳。文十四年盟新城。

晉侯伐鄭。

秋九月，楚子圍宋。

葬曹文公。無傳。

冬，公孫歸父會齊侯于穀。

【傳】

十四年春，孔達縊而死，衛人以説于晉而免，以殺告，故免于伐。遂告于諸侯曰：「寡君有不令之臣達，構我敝邑于大國，既伏其罪矣，敢告。」諸殺大夫亦皆告。衛人以爲成勞，復室其子，以有平國之功，故以女妻之。使復其位。襲父禄位。

夏，晉侯伐鄭，爲郔故也。晉敗於郔，鄭遂屬楚。告於諸侯，蒐焉而還，蒐，簡閱車馬。中行桓子之謀也。曰：「示之以整，使謀而來。」鄭人懼，使子張代子良于楚，十二年，子良質於楚。子張，穆公孫。鄭伯如楚，謀晉故也。鄭以子良爲有禮，故召之。有讓國之禮。

楚子使申舟聘于齊，曰：「無假道于宋。」申舟，無畏。亦使公子馮聘于晉，不假道于鄭。申舟以孟諸之役惡宋，文十年，楚子田孟諸，無畏抶宋公僕。曰：「鄭昭宋聾，昭，明也。聾，闇也。晉使不害，我則必死。」王曰：「殺女，我伐之。」見犀而行。犀，申舟子。以子託王，示〔一〕必死。及宋，宋人止之。華元曰：「過我而不假道，鄙我也。鄙我，亡也。以我比其邊鄙，是與亡國同。殺其使者，必伐我。伐我，亦亡也。亡一也。」乃殺之。楚子聞之，投袂而起，投，振也。袂，袖也。屨及於窒皇，窒皇，寢門闕。劍及於寢門之外，車及於蒲胥之市。秋九月，楚子圍宋。

冬，公孫歸父會齊侯于穀。見晏桓子，與之言魯樂。桓子告高宣子，桓子，晏嬰父。宣子，高固。曰：「子家其亡乎！懷於魯矣，子家，歸父字。懷，思也。懷必貪，貪必謀人。謀人，人亦謀己。一國謀之，何以不亡？」爲十八年歸父奔齊傳。

〔一〕「示」，原作「氏」，據陽明文庫本、宋大字本、國會本、巾箱本、書院本、附釋音本、慶元本、金澤本改。

孟獻子言於公曰：「臣聞小國之免於大國也，聘而獻物，物，玉帛皮幣也。於是有庭實旅百，主人亦設籩豆百品，實於庭以答賓。朝而獻功，獻其治國若征伐之功於牧伯。於是有容貌、采章、嘉淑，而有加貨。容貌，威儀容顔也。采章，車服文章也。嘉淑，令辭稱讚也。加貨，命宥幣帛也。言往共則來報亦備。謀其不免也。誅而薦賄，則無及也。薦，進也。見責而往，則不足解罪。今楚在宋，君其圖之！」公説。爲明年歸父會楚子傳。

【經】

十有五年春，公孫歸父會楚子于宋。

夏五月，宋人及楚人平。平者，惣言二國和，故不書其人。

六月癸卯，晉師滅赤狄潞氏，以潞子嬰兒歸。潞，赤狄之別種；氏〔一〕，國，故稱氏。子，爵也。林父稱師，從告。

〔一〕「氏」上，岳本、金澤本、阮本有「潞」字。阮校云：宋本、足利本無。據正義，以爲有者爲衍文。

秦人伐晉。無傳。

王札子殺召伯、毛伯。稱殺者名，兩下相殺之辭。兩下相殺，則殺者有罪。王札子，王子札也。蓋經文倒「札」字。

秋，螽。無傳。

仲孫蔑會齊高固于無婁。無傳。無婁，杞邑。

初稅畝。公田之法，十取其一，今又履其餘畝，復十收其一，故哀公曰：「二，吾猶不足。」遂以爲常，故曰初。

冬，蝝生，螽子以冬生，遇寒而死，故不成螽。饑。風雨不和，五稼不豐。

【傳】

十五年春，公孫歸父會楚子于宋。終前年傳。

宋人使樂嬰齊告急于晉，晉侯欲救之。伯宗曰：「不可！伯宗，晉大夫。古人有言曰：『雖鞭之長，不及馬腹。』言非所擊。天方授楚，未可與爭。雖晉之彊，能違天乎？諺曰：『高下在心。』度時制宜。川澤納汙，受汙濁。山藪藏疾，山之有林藪，毒害者居之。瑾瑜匿瑕，匿，亦藏也。雖美玉之質，亦或居藏瑕穢。

國君含垢〔一〕，忍垢耻。天之道也。晉侯耻不救宋，故伯宗爲説小惡不損大德之喻。君其待之！」待楚衰。乃止。使解揚如宋，使無降楚，曰：「晉師悉起，將至矣。」鄭人囚而獻諸楚，楚子厚賂之，使反其言。反言晉不救。不許，三而許之。登諸樓車，使呼宋人而告之，樓車，車上望櫓。遂致其君命。楚子將殺之，使與之言曰：「爾既許不穀，而反之，何故？非我無信，女則弃之，速即爾刑！」對曰：「臣聞之：君能制命爲義，臣能承命爲信，信載義而行之爲利。謀不失利，以衛社稷，民之主也。義無二信，欲爲義者不行兩信。信無二命。欲行信者不受二命。君之賂臣，不知命也。受命以出，有死無霣，霣，廢隊也。又可賂乎？臣之許君，以成命也。成其君命。死而成命，臣之禄也。寡君有信臣，己不廢命。下臣獲考，考，成也。死又何求？」楚子舍之以歸。

夏五月，楚師將去宋，在宋積九月，不能服宋故。申犀稽首於王之馬前，曰：「毋畏知死，而不敢廢王命，王弃言焉。」王不能答。未服宋而去，故曰弃言。申叔時

〔一〕「垢」，釋文云：「本或作『詬』。」

僕，僕，御也。曰：「築室，反耕者，宋必聽命。」從之。築室於宋，分兵歸田，示無去志。王從其言。宋人懼，使華元夜入楚師，登子反之牀，起之，曰：「寡君使元以病告，兵法，因其鄉人而用之，必先知其守將左右、謁者、守門者、舍人之姓名，因而利道之。華元蓋用此術，得以自通。曰：『敝邑易子而食，析骸以爨，爨，炊也。雖然，城下之盟，有以國斃，不能從也。寧以國斃，不從城下盟。去我三十里，唯命是聽。』」子反懼，與之盟，而告王。退三十里，宋及楚平。華元爲質。盟曰：「我無爾詐，爾無我虞。」楚不許宋，宋不備楚。盟不書，不告。

潞子嬰兒之夫人，晉景公之姊也。酆舒爲政而殺之，又傷潞子之目。酆舒，潞相。晉侯將伐之。諸大夫皆曰：「不可。酆舒有三儁才，儁，絶異也。言有才藝勝人者三。不如待後之人。」伯宗曰：「必伐之！狄有五罪，儁才雖多，何補焉？不祀，一也。耆酒，二也。弃仲章而奪黎氏地，三也。仲章，潞賢人也。黎氏，黎侯國，上黨壺關縣有黎亭。虐我伯姬，四也。傷其君目，五也。怙其儁才，而不以茂德，茲益罪也。後之人或者將敬奉德義以事神人，而申固其命，審其政令。若之何待之？不討有罪，曰『將待後』，後有辭而討焉，毋乃不可乎？夫恃才與衆，亡之道也。商紂由之，故滅。由，用也。天反時爲災，寒暑易節。地反物爲妖，群物失性。民反德爲亂，亂則妖災生。故文反正爲乏，文，字。盡在狄矣。」晉侯從之。六月癸卯，晉荀林父敗赤狄于曲梁。辛亥，滅潞。曲梁，今廣平曲梁縣也。書癸卯，從赴。酆舒奔衛，衛人歸諸晉，晉人殺之。

王孫蘇與召氏、毛氏爭政，三人皆王卿士。使王子捷殺召戴公及毛伯衛。王子捷即王札子。卒立召襄。襄，召戴公之子。

秋七月，秦桓公伐晉，次于輔氏。晉地。壬午，晉侯治兵于稷，以略狄土。略，取也。稷，晉地，河東聞喜縣西有稷山。壬午，七月二十九日。晉時新破狄，土地未安，權秦師之弱，故別遣魏顆距秦，而東行定狄地。立黎侯而還。狄奪其地，故晉復立之。及雒，魏顆敗秦師于輔氏，晉侯還及雒也。雒，晉地。獲杜回，秦之力人也。

初，魏武子有嬖妾，無子。武子疾，命顆曰：「必嫁是！」武子，魏犫，顆之父。疾病，則曰：「必以爲殉〔一〕！」及卒，顆嫁之，曰：「疾病則亂，吾從其治也。」及

〔一〕「必以爲殉」，釋文作「必以殉」，云：「本或作『必以爲殉』。」

輔氏之役，顆見老人結草以亢杜回，亢，禦也。杜回躓而顛，故獲之。夜夢之曰：「余，而所嫁婦人之父也。而，女也。爾用先人之治命，余是以報。」傳舉此以示教。

晉侯賞桓子狄臣千室，千家。亦賞士伯以瓜衍之縣。士伯，士貞子。曰：「吾獲狄土，子之功也。微子，吾喪伯氏矣。」伯，桓子字。邲之敗，晉侯將殺林父，士伯諫而止。羊舌職說是賞也，職，叔向父。曰：「周書所謂『庸庸祗祗』者，謂此物也夫！周書，康誥。庸，用也。祗，敬也。物，事也。言文王能用可用，敬可敬。士伯庸中行伯，言中行伯可用。君信之，亦庸士伯，此之謂明德矣。文王所以造周，不是過也。故詩曰：『陳錫載周。』能施也。錫，賜也。詩，大雅，言文王布陳大利，以賜天下，故能載行周道，福流子孫。率是道也，其何不濟！」

晉侯使趙同獻狄俘于周，不敬〔一〕。劉康公曰：「不及十年，原叔必有大咎，

〔一〕「不敬」，釋文云：「一本『不敬』作『而敖』。」

劉康公，王季子〔一〕也。原叔，趙同也。天奪之魄矣。」心之精爽，是謂魂魄。爲成八年晉殺趙同傳。

初稅畝，非禮也。穀出不過藉，周法：民耕百畝，公田十畝，借民力而治之，稅不過此〔二〕。**以豐財也。**

冬，蝝生，饑，幸之也。蝝，未爲災而書之者，幸其冬生，不爲物害，時歲雖饑，猶喜而書之。

【經】十有六年春王正月，晉人滅赤狄甲氏及留吁。甲氏、留吁，赤狄别種。晉既滅潞氏，今又并盡其餘黨。士會稱人，從告。

夏，成周宣榭火。傳例曰：「人火之也。」成周，洛陽。宣榭，講武屋，别在洛陽者。爾雅曰：「無室曰榭。」謂屋歇前。

〔一〕「王季子」，原作「王李子」，據陽明文庫本、宋大字本、國會本、巾箱本、書院本、附釋音本、慶元本、金澤本改。今按：左傳成公元年杜注亦作「王季子」。

〔二〕「稅不過此」，原無「此」字，據陽明文庫本、宋大字本、國會本、巾箱本、書院本、附釋音本、慶元本、金澤本補。

秋，郯伯姬來歸。

冬，大有年。無傳。

【傳】

十六年春，晉士會帥師滅赤狄甲氏及留吁、鐸辰。鐸辰不書，留吁之屬。三月，獻狄俘。獻于王也。晉侯請于王。戊申，以黻冕命士會將中軍，且爲大傅。代林父將中軍，且加以大傅之官。黻冕，命卿之服。大傅，孤卿。於是晉國之盜逃奔于秦。羊舌職曰：「吾聞之：『禹稱善人，稱，舉也。不善人遠。』此之謂也夫！詩曰：『戰戰兢兢，如臨深淵，如履薄冰。』善人在上也。言善人居位，則無不戒懼。善人在上，則國無幸民。諺曰：『民之多幸，國之不幸也。』是無善人之謂也。」

夏，成周宣榭火，人火之也。凡火，人火曰火，天火曰災。

秋，郯伯姬來歸，出也。

爲毛、召之難故，王室復亂。毛、召難在前年〔一〕。王孫蘇奔晉，晉人復之。毛、

〔一〕此句下，金澤本有「今復亂也」四字。

召之黨欲討蘇氏，故出奔。冬，晉侯使士會平王室，定王享之，原襄公相禮。原襄公，周大夫。相，佐也。殽烝，烝，升也。升殽於俎。武子私問其故。享當體薦而殽烝，故怪問之。武，士會謚；季，其字。王聞之，召武子曰：「季氏，而弗聞乎？王享有體薦，享則半解其體而薦之，所以示共儉。宴有折俎。體解節折，升之於俎，物皆可食，所以示慈惠也。公當享，卿當宴，王室之禮也。」公謂諸侯。武子歸而講求典禮，以脩晉國之法。傳言典禮之廢久。

【經】

十有七年春王正月。

庚子，許男錫我卒。無傳。再與文同盟。

丁未，蔡侯申卒。無傳。未同盟而赴以名。丁未，二月四日。

夏，葬許昭公。無傳。

葬蔡文公。無傳。

六月癸卯，日有食之。無傳。不書朔，官失之。

己未，公會晉侯、衛侯、曹伯、邾子，同盟于斷道。斷道，晉地。

秋，公至自會。無傳。

冬十有一月壬午，公弟叔肸卒。傳例曰：「公母弟。」

【傳】

十七年春，晉侯使郤克徵會于齊，徵，召也。欲爲斷道會。齊頃公帷婦人，使觀之。郤子登，婦人笑於房。跛而登階，故笑之。獻子怒，出而誓曰：「所不此報，無能涉河！」不復渡河而東。獻子先歸，使欒京廬待命于齊，曰：「不得齊事，無復命矣。」欒京廬，郤克之介，使得齊之罪乃復命。郤子至，請伐齊，晉侯弗許。請以其私屬，又弗許。私屬，家衆也。爲成二年戰于鞌傳。

齊侯使高固、晏弱、蔡朝、南郭偃會，晏弱，桓子。及斂盂，高固逃歸。聞郤克怒故。夏，會于斷道，討貳也。盟于卷楚，卷楚即斷道。辭齊人。晉人執晏弱于野王，執蔡朝于原，執南郭偃于温。執三子不書，非卿。野王縣，今屬河内。苗賁皇使，見晏桓子。賁皇，楚鬬椒之子，楚滅鬬氏而奔晉，食邑于苗地。晏弱時在野王，故因使而見之。歸，言於晉侯曰：「夫晏子何罪？昔者諸侯事吾先君，皆如不逮，言汲汲也。

舉言群臣不信，諸侯皆有貳志。舉，亦皆也。齊君恐不得禮，不見禮待。故不出，而使四子來。左右或沮之，沮，止也。曰：『君不出，必執吾使。』故高子及斂盂而逃。夫三子者曰：『若絶君好，寧歸死焉！』爲是犯難而來，吾若善逆彼，彼齊三人。以懷來者。吾又執之，以信齊沮，吾不既過矣乎？過而不改，而又久之，以成其悔，何利之有焉？使反者得辭，反者高固，謂得不當來之辭。而害來者，以懼諸侯，將焉用之？」晉人緩之，逸。緩，不拘執，使得逃去也。傳言晉不能脩禮，諸侯所以貳。

秋八月，晉師還。

范武子將老，老，致仕。初受隨，故曰隨武子；後更受范，復爲范武子。召文子曰：「燮乎！吾聞之，喜怒以類者鮮，文子，士會之子，燮，其名。易者實多。易，遷怒也。詩曰：『君子如怒，亂庶遄沮；君子如祉，亂庶遄已。』詩，小雅也。遄，速也。沮，止也。祉，福也。君子之喜怒，以已亂也。弗已者，必益之。郤子其或者欲已亂於齊乎？不然，余懼其益之也。余將老，使郤子逞其志，庶有豸〔一〕乎！豸，解也。欲使

〔一〕「豸」，釋文作「鳩」。

郤子從政，快志以止亂。爾從二三子，唯敬！」二三子，晉諸大夫。乃請老。郤獻子爲政。

冬，公弟叔肸卒，公母弟也。凡大子之母弟，公在曰公子，不在曰弟。以兄爲尊。凡稱弟，皆母弟也。此策書之通例也。庶弟不得稱公弟，而母弟或稱公子。若嘉好之事，則仍舊史之文。唯相殺害，然後據例以示義，所以篤親親之恩，崇友于之好，釋例論之備矣。

【經】

十有八年春，晉侯、衛世子臧伐齊。

公伐杞。無傳。

夏四月。

秋七月，邾人戕鄫子于鄫。傳例曰：「自外曰戕。」邾大夫就鄫殺鄫子。

甲戌，楚子旅卒。未同盟而赴以名。吴、楚之葬，僭而不典，故絶而不書，同之夷蠻，以懲求名之僞。

公孫歸父如晉。

冬十月壬戌，公薨于路寢。

歸父還自晉，至笙，遂奔齊。大夫還，不書，春秋之常也。今書歸父還奔，善其能以禮退。不書族者，非常所及。今特書，略之。笙，魯竟外〔一〕，故不言出。

【傳】

十八年春，晉侯、衛大子臧伐齊，至于陽穀，齊侯會晉侯盟于繒，以公子彊爲質于晉。晉師還，蔡朝、南郭偃逃歸。晉既與齊盟，守者解緩，故得逃。

夏，公使如楚乞師，欲以伐齊。公不事齊，齊與晉盟，故懼而乞師于楚。不書，微者行。

秋，邾人戕鄫子于鄫。凡自虐其君曰弒，自外曰戕。弒、戕皆殺也，所以別内外之名。弒者，積微而起，所以相測量，非一朝一夕之漸。戕者，卒暴之名。

楚莊王卒，楚師不出，既而用晉師，成二年戰于鞌是。楚於是乎有蜀之役。在成二年冬。蜀，魯地，泰山博縣西北有蜀亭。

〔一〕「外」，阮校云：「宋本、岳本、足利本『也』作『外』。」今按：春秋釋例云：「笙，魯地也，闕。或曰境外，疑也。」

公孫歸父以襄仲之立公也，有寵，歸父，襄仲子。欲去三桓，以張公室。時三桓强，公室弱，故欲去之，以張大公室。與公謀而聘于晉，欲以晉人去之。冬，公薨。季文子言於朝曰：「使我殺適立庶，以失大援者，仲也夫。」適謂子惡，齊外甥，襄仲殺之而立宣公。南通於楚，既不能固，又不能堅事齊、晉，故云「失大援」也。臧宣叔怒曰：「當其時不能治也，後之人何罪？子欲去之，許請去之。」宣叔，文仲子，武仲父；許，其名也。時爲司寇，主行刑。言子自以歸父害己，欲去者，許請爲子去之。遂逐東門氏。襄仲居東門，故曰東門氏。子家還，及笙，子家，歸父字〔一〕。壇帷，復命於介。除地爲壇而張帷。介，副也。將去，使介反命於君。既復命，袒、括髮，以麻約髮。即位哭，三踊而出。依在國喪禮設哭位，公薨故。遂奔齊。書曰：「歸父還自晉。」善之也。

春秋經傳集解宣下第十一

〔一〕「歸父字」，陽明文庫本、附釋音本、慶元本無「字」字。

春秋經傳集解成上第十二

杜氏　盡十年

【經】

元年春王正月，公即位。無傳。

二月辛酉，葬我君宣公。無傳。

無冰。無傳。周二月，今之十二月，而無冰，書冬温。

三月，作丘甲。周禮：「九夫爲井，四井爲邑，四邑爲丘。丘十六井，出戎馬一匹，牛三頭。四丘爲甸，甸六十四井，出長轂一乘，戎馬四匹，牛十二頭，甲士三人，步卒七十二人。」此甸所賦，今魯使丘出之，譏重斂，故書。

夏，臧孫許及晉侯盟于赤棘。晉地。

秋，王師敗績于茅戎。茅戎，戎别種也〔一〕。不言戰，王者至尊，天下莫之得校，故以自敗爲文。不書敗地，而書茅戎，明爲茅戎所敗。書秋，從告。

冬十月。

【傳】元年春，晉侯使瑕嘉平戎于王，平文十七年邥垂之役。詹嘉處瑕，故謂之瑕嘉。單襄公如晉拜成。單襄公，王卿士。謝晉爲平戎。劉康公徼戎，將遂伐之。康公，王季子也。戎平還，欲要其無備。叔服曰：「背盟而欺大國，此必敗。叔服，周内史。背盟不祥，欺大國不義，神人弗助，將何以勝？」不聽，遂伐茅戎。三月癸未，敗績于徐吾氏。徐吾氏，茅戎之别也。

爲齊難故，作丘甲。前年魯乞師於楚，欲以伐齊，楚師不出，故懼而作丘甲。聞齊將出楚師，夏，盟于赤棘。與晉盟，懼齊、楚。

〔一〕「戎别種也」，國會本、巾箱本、書院本無「戎」字，陽明文庫本、宋大字本、附釋音本、慶元本無「種」字。今按：釋文有「别種」二字。

秋，王人來告敗。解經所以秋乃書。

冬，臧宣叔令脩賦、繕完、治完城郭。具守備，曰：「齊、楚結好，我新與晉盟，晉、楚爭盟，齊師必至。雖晉人伐齊，楚必救之，是齊楚同我也。同，共也。知難而有備，乃可以逞。」逞，解也。爲二年齊侯伐我傳。

【經】

二年春，齊侯伐我北鄙。

夏四月丙戌，衛孫良夫帥師及齊師戰于新築，衛師敗績。新築，衛地。皆陳曰戰，大崩曰敗績。四月無丙戌；丙戌，五月一日。

六月癸酉，季孫行父、臧孫許、叔孫僑如、公孫嬰齊帥師會晉郤克、衛孫良夫、曹公子首及齊侯戰于鞌，齊師敗績。魯乞師於晉，而不以與謀之例者，從盟主之令，上行於下，非匹敵和成之類，例在宣七年。曹大夫常不書，而書公子首者，首命於國，備於禮，成爲卿故也。鞌，齊地。

秋七月，齊侯使國佐如師。己酉，及國佐盟于袁婁。穀梁曰：「鞌去齊五百里。

袁婁去齊五十里。」

八月壬午，宋公鮑卒。未同盟而赴以名。

庚寅，衛侯速卒。宣十七年，盟于斷道。據傳，庚寅，九月七日。

取汶陽田。晉使齊還魯，故書「取」。不以好得，故不言歸。

冬，楚師、鄭師侵衛。子重不書，不親伐。

十有一月，公會楚公子嬰齊于蜀。公與大夫會，不貶嬰齊者，時有許、蔡之君故。

丙申，公及楚人、秦人、宋人、陳人、衛人、鄭人、齊人、曹人、邾人、薛人、鄫人盟于蜀。齊在鄭下，非卿。傳曰：「卿不書，匱盟也。」然則楚卿於是始與中國準。自此以下，楚卿不書，皆貶惡也。

【傳】

二年春，齊侯伐我北鄙，圍龍。龍，魯邑，在泰山博縣西南。頃公之嬖人盧蒲就魁門焉，攻龍門也。龍人囚之。齊侯曰：「勿殺！吾與而盟，無入而封。」封，竟。弗聽，殺而膊諸城上。膊，磔也。齊侯親鼓，士陵城，三日取龍，遂南侵，及巢丘。取龍、侵巢丘不書，其義未聞。

衛侯使孫良夫、石稷、甯相、向禽將侵齊，與齊師遇。齊伐魯還，相遇於衛地。良夫，孫林父之父。石稷，石碏四世孫。甯相，甯俞子。石子欲還，孫子曰：「不可！以師伐人，遇其師而還，將謂君何？」言無以答君。若知不能，則如無出。今既遇矣，不如戰也。」夏有。闕文，失新築戰事。石成子曰：「師敗矣。子不少須，衆懼盡。成子，石稷也。衛師已敗，而孫良夫復欲戰，故成子欲使須救。子喪師徒，何以復命？」皆不對。又曰：「子，國卿也。隕子，辱矣。隕，見禽獲。子以衆退，我此乃止。」我於此止禦齊師。且告車來甚衆。新築人救孫桓子，故並告令軍中。齊師乃止，次于鞫居。鞫居，衛地。

新築人仲叔于奚救孫桓子，桓子是以免。于奚，守新築大夫。既，衛人賞之以邑，賞于奚。辭，請曲縣、軒縣也。周禮：天子樂，宮縣四面；諸侯軒縣，闕南方。繁纓以朝，許之。繁纓，馬飾。皆諸侯之服。仲尼聞之，曰：「惜也！不如多與之邑。唯器與名，不可以假人，器，車服。名，爵號。君之所司也。名以出信，名位不愆，爲民所信。信以守器，動不失信，則車服可保。器以藏禮，車服所以表尊卑。禮以行義，尊卑有禮，各得其宜。義以生利，得其宜，則利生。利以平民，政之大節也。若以假人，與人政也。政亡，則國家從之，弗可止也已。」

子。孫桓子還於新築，不入，不入國。遂如晉乞師，臧宣叔亦如晉乞師，皆主郤獻子。宣十七年，郤克至齊，爲婦人所笑，遂怒，故魯、衛因之。孫桓子、臧宣叔皆不以國命，各自詣郤克，故不書。晉侯許之七百乘。五萬二千五百人。郤子曰：「此城濮之賦也。城濮在僖二十八年。有先君之明與先大夫之肅，故捷。克於先大夫，無能〔一〕爲役。」不中爲之役使。請八百乘，許之。六萬人。郤克將中軍，士燮佐上軍，范文子代荀庚。欒書將下軍，代趙朔。韓厥爲司馬，以救魯、衛。臧宣叔逆晉師，且道之。季文子帥師會之。及衛地，韓獻子將斬人，郤獻子馳，將救之。至，則既斬之矣。郤子使速以徇，告其僕曰：「吾以分謗也。」不欲使韓氏獨受謗。

師從齊師于莘。莘，齊地。六月壬申，師至于靡笄之下。靡笄，山名。齊侯使請戰，曰：「子以君師，辱於敝邑，不腆敝賦，詰朝請見。」詰朝，平旦。對曰：「晉與魯、衛，兄弟也，來告曰：『大國朝夕釋憾於敝邑之地。』大國謂齊。敝邑，魯、衛自

〔一〕「無能」，陽明文庫本、宋大字本、國會本、巾箱本、書院本、附釋音本、慶元本作「不中」。

稱。寡君不忍，使群臣請於大國，無令輿師淹於君地。輿，衆也。淹，久也。能進不能退，君無所辱命。」言自欲戰，不復須君命。齊侯曰：「大夫之許，寡人之願也；若其不許，亦將見也。」齊高固入晉師，桀石以投人，桀，擔也。禽之而乘其車，既獲其人，因釋己車，而載所獲者車。繫桑本焉，以徇齊壘，將至齊壘，以桑樹繫車而走，欲自異。曰：「欲勇者賈余餘勇。」賈，買也。言己勇有餘，欲賣之。

癸酉，師陳于鞌。邴夏御齊侯，逢丑父爲右。晉解張御郤克，鄭丘緩爲右。齊侯曰：「余姑翦滅此而朝食。」姑，且也。翦，盡也。不介馬而馳之。介，甲也。郤克傷於矢，流血及屨，未絶鼓音，中軍將自執旗鼓，故雖傷而擊鼓不息。曰：「余病矣！」張侯曰：「自始合，而矢貫余手及肘，余折以御，左輪朱殷，豈敢言病？吾子忍之！」張侯，解張也。朱，血色，血色久則殷。殷音近烟。今人謂赤黑爲殷色。言血多污車輪，御猶不敢息。緩曰：「自始合，苟有險，余必下推車，子豈識之？然子病矣！」以其不識己推車。張侯曰：「師之耳目，在吾旗鼓，進退從之。此車一人殿之，可以集事，殿，鎮也。集，成也。若之何其以病敗君之大事也？擐甲執兵，固即死也。擐，貫也。即，就也。病未及死，吾子勉之！」左〔一〕并轡，右援枹而鼓，馬逸不能止，師從之。晉師從郤克車。齊師敗績。逐之，三周華不注。華不注，山名。

韓厥夢子輿謂己曰：「旦辟左右。」子輿，韓厥父。故中御而從齊侯。居中代御者。自非元帥，御者皆在中，將在左。邴夏曰：「射其御者，君子也。」公曰：「謂之君子而射之，非禮也。」齊侯不知戎禮。射其左，越于車下。越，隊也。射其右，斃于車中。綦毋張喪車，從韓厥，曰：「請寓乘。」綦毋張，晉大夫。寓，寄也。從左右，皆肘〔二〕之，使立於後。以左右皆死，不欲使立其處。韓厥俛，定其右。俛，俯也。右被射，仆車中，故俯安隱之。逢丑父與公易位，居公處。將及華泉，驂絓於木而止。驂馬絓也。丑父寢於轏中，轏，士車。蛇出於其下，以肱擊之，傷而匿之，故不能推車而

〔一〕「左」上，金澤本有「乃」字。

〔二〕「肘」，原作「射」，據陽明文庫本、宋大字本、慶元本、金澤本改。阮校云：「淳熙本、纂圖本『肘』作『射』，非也。」今按：石經亦作「肘」。

及。爲韓厥所及。丑父欲爲右，故匿其傷。韓厥執縶馬前，縶，馬絆也。執之，示脩臣僕之職。再拜稽首，奉觴加璧以進，進觴璧，亦以示敬。曰：「寡君使群臣爲魯、衛請，曰：『無令輿師陷入君地。』本但爲二國救請，不欲乃過入君地，謙辭。下臣不幸，屬當戎行，無所逃隱。屬，適也〔一〕。且懼奔辟，而忝兩君。臣辱戎士，若奔辟，則爲辱晉君，并爲齊侯羞，故言二君。此蓋韓厥自處臣僕，謙敬之飾言。敢告不敏，攝官承乏。」言欲以己不敏，攝承空乏，從君俱還。丑父使公下，如華泉取飲。鄭周父御佐車，宛茷爲右，載齊侯以免。佐車，副車。韓厥獻丑父，郤獻子將戮之。呼曰：「自今無有代其君任患者，有一於此，將爲戮乎！」郤子曰：「人不難以死免其君，我戮之，不祥，赦之，以勸事君者。」乃免之。

齊侯免，求丑父，三入三出。重其代己，故三入晉軍求之。每出，齊師以帥退，入于狄卒，齊師大敗，皆有退心，故齊侯輕出其衆，以帥厲退者，遂迸入狄卒。狄卒者，狄人從

〔一〕「屬適也」，原作「適屬也」，據陽明文庫本、宋大字本、國會本、巾箱本、書院本、附釋音本、慶元本、金澤本乙正。

晉討齊者。狄卒皆抽戈楯冒之。以入于衛師，衛師免之。狄、衛畏齊之强，故不敢害齊侯，皆共免護之。遂自徐關入。齊侯見保者，曰：「勉之！齊師敗矣。」所過城邑，皆勉勵其守者。辟女子，使辟君也。齊侯單還，故婦人不辟之。女子曰：「君免乎？」曰：「免矣。」曰：「鋭司徒免乎？」曰：「免矣。」鋭司徒，主鋭兵者。曰：「苟君與吾父免矣，可若何！」言餘人不可復如何。乃奔。走辟君。齊侯以爲有禮，先問君，後問父故也。既而問之，辟司徒之妻也。辟司徒，主壘壁者。予之石窌。石窌，邑名，濟北盧縣東有地名石窌。

晉師從齊師，入自丘輿，擊馬陘。丘輿、馬陘，皆齊邑。齊侯使賓媚人賂以紀甗、玉磬與地。媚人，國佐也。甗、玉甑，皆滅紀所得。「不可，則聽客之所爲。」賓媚人致賂，晉人不可，曰：「必以蕭同叔子爲質，同叔，蕭君之字，齊侯外祖父。子，女也。難斥言其母，故遠言之。而使齊之封内盡東其畝。」使壟畝東西行。對曰：「蕭同叔子非他，寡君之母也。若以匹敵，則亦晉君之母也。吾子布大命於諸侯，而曰『必質其母以爲信』，其若王命何？言違王命。且是以不孝令也。詩曰：『孝子不匱，永錫爾類。』詩，大雅，言孝心不乏者，又能以孝道長賜〔一〕其志類。若以不孝令於諸侯，其無乃非德類也乎？不以孝德賜同類。先王疆理天下物土之宜，而布其利，疆，界也。理，正也。物土之宜，播殖之物各從土宜。故詩曰：『我疆我理，南東其畝。』詩，小雅，或南或東，從其土宜。今吾子疆理諸侯，而曰『盡東其畝』而已，唯吾子戎車是利，晉之伐齊，循壟東行易。無顧土宜，其無乃非先王之命也乎？反先王則不義，何以爲盟主？其晉實有闕。闕，失。四王之王也，禹、湯、文、武。樹德而濟同欲焉。樹，立也。濟，成也。五伯之霸也，夏伯昆吾，商伯大彭、豕韋，周伯齊桓、晉文。勤而撫之，以役王命。役，事也。今吾子求合諸侯，以逞無疆之欲。疆，竟也。詩曰：『布政優優，百禄是遒。』詩，頌，殷湯布政優和，故百禄來聚。遒，聚也。子實不優，而弃百禄，諸侯何害焉？言不能爲諸侯害。不然，不見許。寡君之命使臣則有辭矣，曰：『子以君師辱於敝邑，不腆敝賦，以犒從者。戰而曰犒，爲孫辭。畏君之震，師徒橈

〔一〕「賜」，金澤本作「錫」。

敗。震，動；橈，曲也。吾子惠徼齊國之福，不泯其社稷，使繼舊好，唯是先君之敝器、土地不敢愛。子又不許。請收合餘燼，燼，火餘木。背城借一。欲於城下復借一戰。敝邑之幸，亦云從也。況其不幸，敢不唯命是聽？』」言完全之時，尚不敢違晉〔一〕，今若不幸，則從命。魯、衛諫曰：「齊疾我矣！諫郤克也。其死亡者，皆親暱也。子若不許，讎我必甚。唯子則又何求？子得其國寶，謂甗、磬。我亦得地，齊歸所侵。而紓於難，齊服則難緩。其榮多矣。齊、晉亦唯天所授，豈必晉？」晉人許之，對曰：「群臣帥賦輿賦輿，猶兵車。以爲魯、衛請，若苟有以藉口而復於寡君，藉，薦；復，白也。君之惠也。敢不唯命是聽？」

禽鄭自師逆公。禽鄭，魯大夫。歸逆公會晉師。秋七月，晉師及齊國佐盟于爰婁，使齊人歸我汶陽之田。公會晉師于上鄍，上鄍，地，闕。公會晉師不書，史闕。賜三帥先路三命之服，三帥，郤克、士燮、欒書。已嘗受王先路之賜，今改而易新，并此車所

〔一〕「晉」下，金澤本有「命」字。

建、所服之物。司馬、司空、輿帥、候正、亞旅，皆受一命之服。晉司馬、司空皆大夫，輿帥主兵車，候正主斥候，亞旅亦大夫也。皆魯侯賜。

八月，宋文公卒。始厚葬，用蜃炭，益車馬，始用殉。燒蛤爲炭以瘞壙，多埋車馬，用人從葬。重器備，重，猶多也。椁有四阿，棺有翰檜。四阿，四注椁也。翰，旁飾；檜，上飾。皆王禮。君子謂：「華元、樂舉，於是乎不臣。臣，治煩去惑者也，是以伏死而爭。今二子者，君生則縱其惑，謂文十八年，殺母弟須。死又益其侈，是弃君於惡也。何臣之爲？」若言何用爲臣。

九月，衛穆公卒，晉三子自役弔焉，哭於大門之外。師還過衛，故因弔之。未復命，故不敢成禮。衛人逆之，逆於門外，設喪位。婦人哭於門內，喪位，婦人哭於堂。賓在門外，故移在門內。送亦如之。遂常以葬。至葬行此禮。

楚之討陳夏氏也，在宣十一年。莊王欲納夏姬，申公巫臣曰：「不可！君召諸侯以討罪也，今納夏姬，貪其色也。貪色爲淫，淫爲大罰。周書曰：『明德愼罰。』周書，康誥。文王所以造周也，明德務崇之之謂也，愼罰務去之之謂也。若興諸侯，以取大罰，非愼之也。君其圖之！」王乃止。子反欲取之，巫臣曰：「是不祥人也！是夭子蠻，子蠻，鄭靈公，夏姬之兄，殺死無後。殺御叔，御叔，夏姬之夫，亦早死。弒靈侯，陳靈公也。戮夏南，夏姬子徵舒。出孔、儀，孔寧、儀行父。喪陳國，楚滅陳。何不祥如是？人生實難，其有不獲死乎！言死易得，無爲取夏姬以速之。天下多美婦人，何必是？」子反乃止。

王以予連尹襄老，襄老死於邲，不獲其尸。邲戰在宣十二年。其子黑要烝焉。黑要，襄老子。巫臣使道焉，曰：「歸，吾聘女。」道夏姬使歸鄭。又使自鄭召之，曰：「尸可得也，襄老尸。必來逆之。」姬以告王，王問諸屈巫。屈巫，巫臣。對曰：「其信！知罃之父，成公之嬖也，而中行伯之季弟也。知罃父，荀首也。中行伯，荀林父也。邲之戰，楚人囚知罃。新佐中軍，而善鄭皇戌，甚愛此子。愛知罃也。其必因鄭而歸王子與襄老之尸以求之。王子，楚公子穀臣也，邲之戰，荀首囚之。鄭人懼於邲之役而欲求媚於晉，其必許之。」王遣夏姬歸。將行，謂送者曰：「不得尸，吾不反矣。」巫臣聘諸鄭，鄭伯許之。聘夏姬。

及共王即位，將爲陽橋之役，楚伐魯至陽橋，在此年冬。使屈巫聘于齊，且告師期，巫臣盡室以行。室家盡去。申叔跪從其父，將適郢，遇之，叔跪，申叔時之子。

曰：「異哉！夫子有三軍之懼，而又有桑中之喜，宜將竊妻以逃者也。」桑中，衛風淫奔之詩。及鄭，使介反幣，而以夏姬行。介，副也。幣，聘物。將奔齊，齊師新敗，曰：「吾不處不勝之國。」遂奔晉，而因郤至至，郤克族子。以臣於晉。晉人使爲邢大夫。邢，晉邑。

子反請以重幣錮之，禁錮勿令仕。王曰：「止！其自爲謀也，則過矣。其爲吾先君謀也，則忠。忠，社稷之固也，所蓋多矣。蓋，覆也。且彼若能利國家，雖重幣，晉將可乎？言不許。若無益於晉，晉將弃之，何勞錮焉？」爲七年楚滅巫臣族〔一〕，晉南通吳張本。

晉師歸，范文子後入。武子曰：「無爲吾望爾也乎？」武子，士會，文子之父。對曰：「師有功，國人喜以逆之。先入，必屬耳目焉，是代帥受名也，故不敢。」武子曰：「吾知免矣！」知其不益己禍。郤伯見，公曰：「子之力也夫！」對曰：「君之訓也，二三子之力也，臣何力之有焉？」郤伯，郤克。范叔見，勞之如郤伯，對

〔一〕「族」，原作「於」，據陽明文庫本、宋大字本、國會本、巾箱本、書院本、附釋音本、慶元本、金澤本改。

曰：「庚所命也，克之制也，燮何力之有焉？」荀庚將上軍，時不出，范文子上軍佐，代行，故稱帥以讓。欒伯見，公亦如之，對曰：「燮之詔也，士用命也，書何力之有焉？」詔，告也。欒書下軍帥，故推功上軍。傳言晉將帥克讓，所以能勝齊。

宣公使求好于楚，莊王卒，宣公薨，不克作好。在宣十八年。公即位，受盟于晉，元年，盟赤棘。會晉伐齊。衛人不行使于楚，不聘楚。而亦受盟于晉，從於伐齊。故楚令尹子重爲陽橋之役以救齊，將起師，子重曰：「君弱，傳曰：寡人生十年而喪先君。共王即位，至是三年〔一〕，蓋年十二三矣。群臣不如先大夫，師衆而後可。詩曰：『濟濟多士，文王以寧。』詩，大雅，言文王以衆士安。夫文王猶用衆，況吾儕乎？儕，等。且先君莊王屬之曰：『無德以及遠方，莫如惠恤其民而善用之。』」乃大户，閱民户口。已責，弃逋責。逮鰥，施及老鰥。救乏，赦罪。悉師，王卒盡行。彭

〔一〕「三年」，國會本、巾箱本、書院本、慶元本作「二年」。阮校云：「岳本、足利本『二』作『三』。陳樹華云：『楚莊王卒於宣十八年之秋，當依岳本作「三」。山井鼎云「或云作三年，非」，蓋未之審耳。』」今按：左傳成公七年杜注云：「楚共王以魯成公元年即位。」當作「二年」。

名御戎，蔡景公爲左，許靈公爲右。王卒盡行，故王戎車亦行，雖無楚王，令二君當左右之位。二君弱，皆强冠之。冬，楚師侵衛，遂侵我，師于蜀。公賂之而退，故不書侵。使臧孫往，臧孫，宣叔也。辭曰：「楚遠而久，固將退矣，無功而受名，臣不敢。」不敢虚受退楚名。楚侵及陽橋，陽橋，魯地。孟孫請往賂之。楚侵遂深，故孟孫請以賂往。孟孫，獻子也。以執斲、執鍼、織紝，執斲，匠人。執鍼，女工。織紝，織繒布者。皆百人，公衡爲質，公衡，成公子。以請盟。楚人許平。

十一月，公及楚公子嬰齊、蔡侯、許男、秦右大夫說、宋華元、陳公孫寧、衛孫良夫、鄭公子去疾及齊國之大夫盟于蜀。齊大夫不書其名，非卿也。卿不書，匱盟也。於是乎畏晉而竊與楚盟，故曰「匱盟」。匱，乏也。蔡侯、許男不書，乘楚車也，謂之失位。乘楚王車爲左右，則失位也。卿不書，則稱人。諸侯不書，皆不見經，君臣之別。君子曰：「位其不可不慎也乎！蔡、許之君，一失其位，不得列於諸侯，況其下乎？詩曰：『不解于位，民之攸塈。』詩，大雅，言在上者勤正其位，則國安而民息也。攸，所也。塈，息也。其是之謂矣。」

楚師及宋，公衡逃歸。臧宣叔曰：「衡父不忍數年之不宴，宴，樂也。以弃魯國，國將若之何？誰居？後之人必有任是夫！國弃矣。」居，辭也。言後人必有當此患。

是行也，晉辟楚，畏其衆也。君子曰：「衆之不可以已也。大夫爲政，猶以衆克，況明君而善用其衆乎？大誓所謂『商兆民離，周十人同』者，衆也。」大誓，周書。萬億曰兆。民離則弱，合則成衆。言殷以散亡，周以衆興。

晉侯使鞏朔獻齊捷于周，王弗見，使單襄公辭焉，曰：「蠻夷戎狄，不式王命，式，用也。淫湎毁常，王命伐之，則有獻捷，王親受而勞之，所以懲不敬，勸有功也。兄弟甥舅，侵敗王略，兄弟，同姓國。甥舅，異姓國。略，經略法度。王命伐之，告事而已，不獻其功，所以敬親暱，告伐事而不獻囚俘。禁淫慝也。淫慝，爲〔一〕虣掠百姓，取囚俘也。今叔父克遂〔二〕，有功于齊，克，能也。而不使命卿鎮撫王室，所使來撫余一人，而鞏伯實來，未有職司於王室，鞏朔，上軍大夫，非命卿，名位不達於王室。又奸先王之禮。謂獻齊捷。余雖欲於鞏伯，欲受其獻。其敢廢舊典以忝叔父？

〔一〕「爲」，金澤本作「謂」，阮本校作「謂」，「爲」、「謂」二字古通。
〔二〕「今」，原作「余」，據陽明文庫本、宋大字本、國會本、巾箱本、書院本、附釋音本、慶元本、金澤本改。今按：石經作「今」。

夫齊，甥舅之國也，而大師之後也，齊世與周昏，故曰甥舅。寧不亦淫從其欲以怒叔父，抑豈不可諫誨？」士莊伯不能對。莊伯，鞏朔。王使委於三吏，委，屬也。三吏，三公也。禮之，如侯伯克敵使大夫告慶之禮，降於卿禮一等。王以鞏伯宴，而私賄之，使相告之曰：「非禮也，勿籍。」相，相禮者。籍，書也。王畏晉，故私宴賄以慰鞏朔。

【經】

三年春王正月，公會晉侯、宋公、衞侯、曹伯伐鄭。宋、衞未葬，而稱爵以接鄰國，非禮也。

辛亥，葬衞穆公。無傳。

二月，公至自伐鄭。無傳。

甲子，新宮災，三日哭。無傳。三年喪畢，宣公神主新入廟，故謂之新宮。書三日哭，善得禮。宗廟，親之神靈所馮居，而遇〔一〕災，故哀而哭之。

〔一〕「遇」，原作「過」，據陽明文庫本、宋大字本、巾箱本、書院本、附釋音本、金澤本改。

乙亥，葬宋文公。無傳。七月而葬，緩。

夏，公如晉。

鄭公子去疾帥師伐許。

公至自晉。無傳。

秋，叔孫僑如帥師圍棘。棘，汶陽田之邑，在濟北蛇丘縣。

大雩。無傳。以過時書。

晉郤克、衛孫良夫伐廧咎如。赤狄别種。

冬十有一月，晉侯使荀庚來聘。

衛侯使孫良夫來聘。

丙午，及荀庚盟。

丁未，及孫良夫盟。先晉後衛，尊霸主。

鄭伐許。無傳。不書將帥，告辭略。

【傳】

三年春，諸侯伐鄭，次于伯牛，討邲之役也。伯牛，鄭地。邲役在宣十二年。遂東侵鄭。晉潛軍深入。鄭公子偃帥師禦之，偃，穆公子。使東鄙覆諸鄤，覆，伏兵也。敗諸丘輿。鄤、丘輿，皆鄭地。晉偏軍爲鄭所敗，故不書。皇戌如楚獻捷。

夏，公如晉，拜汶陽之田。前年晉使齊歸魯汶陽田故。

許恃楚而不事鄭，鄭子良伐許。

晉人歸楚公子穀臣與連尹襄老之尸于楚，以求知罃。邲之戰，楚獲知罃。於是荀首佐中軍矣，荀首，知罃父。故楚人許之。王送知罃，曰：「子其怨我乎？」對曰：「二國治戎，臣不才，不勝其任，以爲俘馘，執事不以釁鼓，以血塗鼓爲釁鼓。使歸即戮，君之惠也。臣實不才，又誰敢怨？」王曰：「然則德我乎？」對曰：「二國圖其社稷，而求紓其民，紓，緩也。各懲其忿，以相宥也。宥，赦也。兩釋纍囚，以成其好。纍，繫也。二國有好，臣不與及，其誰敢德？」言二國本不爲己。王曰：「子歸，何以報我？」對曰：「臣不任受怨，君亦不任受德，無怨無德，不知所報。」王曰：「雖然，必告不穀。」對曰：「以君之靈，纍臣得歸骨於晉，寡君之以爲戮，死且不朽。戮其不勝任。若從君之惠而免之，以賜君之外臣首，稱於異國君曰外臣。首其請於寡君，而以戮於宗，亦死且不朽。若不獲命，君不許戮。而使嗣宗職，嗣其祖宗之位職。次及於事，而帥偏師，以脩封疆，雖遇執事，遇楚將帥。其弗敢違，違，辟也。其竭力致死，無有二心，以盡臣禮，所以報也。」王曰：「晉未可與爭。」重爲之禮而歸之。

秋，叔孫僑如圍棘，取汶陽之田，棘不服，故圍之。僑如，叔孫得臣〔一〕子。晉郤克、衛孫良夫伐廧咎如，討赤狄之餘焉。宣十五年，晉滅赤狄潞氏，其餘民散入廧咎如，故討之。廧咎如潰，上失民也。此傳釋經之文，而經無「廧咎如潰」，蓋經闕此四字。

冬十一月，晉侯使荀庚來聘，且尋盟。尋元年赤棘盟。荀庚，林父之子。衛侯使孫良夫來聘，且尋盟。尋宣七年盟。公問諸臧宣叔曰：「中行伯之於晉也，其位在三；下卿。孫子之於衛也，位爲上卿，將誰先？」對曰：「次國之上卿當大國之中，中當其下，下當其上大夫。降一等。小國之上卿當大國之下卿，中當其上大

〔一〕「叔孫得臣」，原作「叔孫得國」，據陽明文庫本、宋大字本、國會本、巾箱本、書院本、附釋音本、慶元本、金澤本改。册府元龜卷二一四九引作「叔孫得臣」。

夫，下當其下大夫。降大國二等。上下如是，古之制也。古制：公爲大國，侯、伯爲次國，子、男爲小國。衛在晉，不得爲次國。春秋時以强弱爲大小，故衛雖侯爵，猶爲小國。晉爲盟主，其將先之。」計等則二人位敵，以盟主故先晉。丙午，盟晉；丁未，盟衛，禮也。

十二月甲戌，晉作六軍。爲六軍，僭王也。萬二千五百人爲軍。韓厥、趙括、鞏朔、韓穿、荀騅、趙旃皆爲卿，賞鞌之功也。韓厥爲新中軍，趙括佐之。鞏朔爲新上軍，韓穿佐之。荀騅爲新下軍，趙旃佐之。晉舊自有三軍，今增此，故爲六軍。

齊侯朝于晉，將授玉，行朝禮。郤克趨進曰：「此行也，君爲婦人之笑辱也，寡君未之敢任。」言齊侯之來，以謝婦人之笑，非爲脩好，故云晉君不任當此惠〔一〕。晉侯享齊侯。齊侯視韓厥，韓厥曰：「君知厥也乎？」齊侯曰：「服改矣。」戎、朝異服也。言服改，明識其人。韓厥登，舉爵曰：「臣之不敢愛死，爲兩君之在此堂也。」

荀罃之在楚也，鄭賈人有將寘諸褚中以出。既謀之，未行，而楚人歸之。賈人如晉，荀罃善視之，如實出己。賈人曰：「吾無其功，敢有其實乎？吾小人，不

〔一〕「惠」，慶元本無此字。

可以厚誣君子。」遂適齊。傳言知罃之賢。

【經】

四年春，宋公使華元來聘。

三月壬申，鄭伯堅卒。無傳。二年，大夫盟于蜀。壬申，二月二十八日。

杞伯來朝。

夏四月甲寅，臧孫許卒。無傳。

公如晉。

葬鄭襄公。無傳。

秋，公至自晉。

冬，城鄆。無傳。公欲叛晉，故城而爲備。

鄭伯伐許。

【傳】

四年春，宋華元來聘，通嗣君也。宋共公即位。

杞伯來朝，歸叔姬故也。將出叔姬，先脩禮朝魯，言其故。

夏，公如晉，晉侯見公，不敬。季文子曰：「晉侯必不免。言將不能壽終也。後十年陷廁而死。詩曰：『敬之敬之！天惟顯思，命不易哉！』詩，頌，言天道顯明，受其命甚難，不可不敬以奉之。夫晉侯之命在諸侯矣，可不敬乎？」敬諸侯，則得天命。

秋，公至自晉，欲求成于楚而叛晉。季文子曰：「不可！晉雖無道，未可叛也。國大臣睦，而邇於我，邇，近也。諸侯聽焉，未可以貳。聽，服也。史佚之志有之，周文王大史。曰：『非我族類，其心必異。』楚雖大，非吾族也，與魯異姓。其肯字我乎？」公乃止。字，愛也。

冬十一月，鄭公孫申帥師疆許田，前年鄭伐許，侵其田，今正其界。許人敗諸展陂。展陂，亦許地。鄭伯伐許，取鉏任、泠敦之田。晉欒書將中軍，代郤克。荀首佐之，士燮佐上軍，以救許伐鄭，取氾、祭。氾、祭，鄭地。成皋縣東有氾水。楚子反救鄭，鄭伯與許男訟焉。於子反前爭曲直。皇戌攝鄭伯之辭，代之對。子反不能決也。曰：「君若辱在寡君，寡君與其二三臣共聽兩君之所欲，成其可知也。欲使自屈在楚子前決之。不然，側不足以知二國之成。」側，子反名。爲明年許愬鄭於楚張本。

晉趙嬰通于趙莊姬。趙嬰，趙盾弟。莊姬，趙朔妻。朔，盾之子。

【經】

五年春王正月，杞叔姬來歸。出也。傳在前年。

仲孫蔑如宋。

夏，叔孫僑如會晉荀首于穀。穀，齊地。

梁山崩。記異也。梁山在馮翊夏陽縣北。

秋，大水。無傳。

冬十有一月己酉，天王崩。

十有二月己丑，公會晉侯、齊侯、宋公、衛侯、鄭伯、曹伯、邾子、杞伯，同盟于蟲牢。蟲牢，鄭地，陳留封丘縣北有桐牢。

【傳】

五年春，原、屏放諸齊。放趙嬰也。原同、屏季，嬰之兄。嬰曰：「我在，故欒氏不作。我亡，吾二昆其憂哉！且人各有能有不能，言己雖淫，而能令莊姬護趙氏。舍我何害？」弗聽。嬰夢天使謂己：「祭余，余福女！」使問諸士貞伯，貞伯曰：「不識也。」既而告其人，自告貞伯從人。曰：「神福仁而禍淫，淫而無罰，福也。祭，其得亡乎？」以得放遺爲福。祭之，之明日而亡。爲八年晉殺趙同、趙括傳。

孟獻子如宋，報華元也。前年宋華元來聘。

夏，晉荀首如齊逆女，故宣伯餫諸穀。野饋曰餫。運糧饋之，敬大國也。

梁山崩，晉侯以傳召伯宗。傳，驛。伯宗辟重，曰：「辟傳！」重載之車。重人曰：「待我，不如捷之速也。」捷，邪出。問其所，曰：「絳人也。」問絳事焉，曰：「梁山崩，將召伯宗謀之。」問：「將若之何？」曰：「山有朽壤而崩，可若何？國主山川，主，謂所主祭。故山崩川竭，君爲之不舉，去盛饌。降服，損盛服。乘縵，車無文。徹樂，息八音。出次，舍於郊。祝幣，陳玉帛。史辭，自罪責。以禮焉。禮山川。

其如此而已。雖伯宗，若〔一〕之何？」伯宗請見之，見之於晉君。不可。不肯見。遂以告，而從之。從重人言。

許靈公愬鄭伯于楚。前此〔二〕年鄭伐許故。六月，鄭悼公如楚訟，不勝。楚人執皇戌及子國。以鄭伯不直故也。子國，鄭穆公子。故鄭伯歸，使公子偃請成于晉。秋八月，鄭伯及晉趙同盟于垂棘。垂棘，晉地。

宋公子圍龜爲質于楚而歸，圍龜，文公子。華元享之。請鼓譟以出，鼓譟以復入。出入輒擊鼓。曰：「習攻華氏。」宋公殺之。蓋宣十五年宋楚平後，華元使圍龜代己爲質，故怨而欲攻華氏。

冬，同盟于蟲牢，鄭服也。諸侯謀復會，宋公使向爲人辭以子靈之難。子靈，圍龜也。宋公不欲會，以新誅子靈爲辭。爲明年侵宋傳。

十一月己酉，定王崩。經在蟲牢盟上，傳在下，月倒錯。衆家傳悉無此八字，或衍文。

〔一〕「若」上，金澤本有「其」字。

〔二〕「此」，陽明文庫本、宋大字本、附釋音本、慶元本、金澤本作「比」。

【經】

六年春王正月，公至自會。無傳。

二月辛巳，立武宫。魯人自鞌之功，至今無患，故築武軍，又作先君武公宫，以告成事，欲以示後世。

取鄟。附庸國也。

衛孫良夫帥師侵宋。

夏六月，邾子來朝。無傳。

公孫嬰齊如晉。嬰齊，叔肸子。

壬申，鄭伯費卒。前年，同盟蟲牢。

秋，仲孫蔑、叔孫僑如帥師侵宋。

楚公子嬰齊帥師伐鄭。

冬，季孫行父如晉。

晉欒書帥師救鄭。

【傳】

六年春，鄭伯如晉拜成，謝前年再盟。子游相，子游，公子偃。授玉于東楹之東。禮：授玉兩楹之間。鄭伯行疾，故東過。士貞伯曰：「鄭伯其死乎！自弃也已。視流而行速，不安其位，宜不能久。」視流，不端諦。

二月，季文子以鞌之功立武宮，非禮也。宣十二年，潘黨勸楚子立武軍，楚子荅以武有七德，非己所堪。其爲先君宮，告成事而已。今魯倚晉之功，又非霸主，而立武宮，故譏之。聽於人以救其難，不可以立武。立武由己，非由人也。言請人救難，勝非己功。

取鄟，言易也。

三月，晉伯宗、夏陽説、衛孫良夫、甯相、鄭人、伊雒之戎、陸渾、蠻氏侵宋，夏陽説，晉大夫〔一〕。蠻氏，戎別種也，河南新城縣東南有蠻城。經唯書孫良夫〔二〕，獨衛告也。以其辭會也。辭會在前年。師于鍼，衛人不保。不守備。説欲襲衛，曰：「雖不可

〔一〕「大夫」，原作「大大」，據陽明文庫本、宋大字本、國會本、巾箱本、書院本、附釋音本、慶元本、金澤本改。
〔二〕「孫良夫」上，宋大字本、國會本、巾箱本、書院本、附釋音本有「衛」字。

入，多俘而歸，有罪不及死。」伯宗曰：「不可！衛唯信晉，故師在其郊而不設備。若襲之，是弃信也。雖多衛俘，而晉無信，何以求諸侯？」乃止。師還，衛人登陴。聞說謀故。

晉人謀去故絳。晉復命新田爲絳，故謂此故絳。諸大夫皆曰：「必居郇、瑕氏之地，郇、瑕，古國名。河東解縣西北有郇城。沃饒而近盬，盬，鹽也。猗氏縣鹽池是。國利君樂，不可失也。」韓獻子將新中軍，且爲僕大夫。兼大僕。公揖而入，獻子從。公立於寢庭，路寢之庭。謂獻子曰：「何如？」問諸大夫言是非。對曰：「不可。郇、瑕氏土薄水淺，土薄地下。其惡易覯。惡，疾疢。覯，成也。易覯則民愁，民愁則墊隘，墊隘，羸困也。於是乎有沈溺重腿之疾。沈溺，濕疾。重腿，足腫。不如新田，今平陽絳邑縣是。土厚水深，居之不疾，高燥故。有汾、澮以流其惡，汾水出大原，經絳北，西南入河。澮水出平陽絳縣南，西入汾。惡，垢穢。且民從教，無災患。十世之利也。夫山、澤、林、盬，國之寶也。國饒則民驕佚，財易致，則民驕侈。近寶，公室乃貧，不可謂樂。」近寶，則民不務本。公說，從之。夏四月丁丑，晉遷于新田。爲季孫如晉傳。

六月，鄭悼公卒。終士貞伯之言。

子叔聲伯如晉，命伐宋。晉人命聲伯。秋，孟獻子、叔孫宣伯侵宋，晉命也。

楚子重伐鄭，鄭從晉故也。前年，從晉盟。

冬，季文子如晉，賀遷也。

晉欒書救鄭，與楚師遇於繞角。繞角，鄭地。楚師還。晉師遂侵蔡。楚公子申、公子成以申、息之師救蔡，申、息，楚二縣。禦諸桑隧。汝南朗陵縣東有桑里，在上蔡西南。趙同、趙括欲戰，請於武子，武子將許之。武子，欒書。知莊子、荀首，中軍佐。范文子、士燮，上軍佐。韓獻子韓厥，新中軍將。諫曰：「不可！吾來救鄭，楚師去我，吾遂至於此，此，蔡地。是遷戮也。戮而不已，又怒楚師，戰必不克。遷戮不義，怒敵難當，故不克。雖克，不令。成師以出，而敗楚之二縣，何榮之有焉？六軍悉出，故曰成師。以大勝小，不足爲榮。若不能敗，爲辱已甚，不如還也。」乃遂還。

於是軍帥之欲戰者衆。或謂欒武子曰：「聖人與衆同欲，是以濟事，子盍從衆？盍，何不也。子爲大政，中軍元帥。將酌於民者也。酌取民心以爲政。子之佐十一人，六軍之卿佐。其不欲戰者，三人而已。知、范、韓也。欲戰者可謂衆矣。商書曰：『三人占，從二人。』衆故也。」商書，洪範。武子曰：「善鈞，從衆。鈞，等也。夫善，衆之主也。三卿爲主，可謂衆矣。三卿，皆晉之賢人。從之，不亦可乎？」傳善欒書得從衆之義，且爲八年晉侵蔡傳。

【經】

七年春王正月，鼷鼠食郊牛角，改卜牛。鼷鼠又食其角，乃免牛。無傳。稱牛，未卜日。免，放也。免牛可也，不郊，非禮也。

吳伐郯。

夏五月，曹伯來朝。

不郊，猶三望。無傳。書不郊，間有事。三望，非禮。

秋，楚公子嬰齊帥師伐鄭。

公會晉侯、齊侯、宋公、衞侯、曹伯、莒子、邾子、杞伯救鄭。

八月戊辰，同盟于馬陵。馬陵，衞地，陽平元城縣東南有地名馬陵。

公至自會。無傳。

吴入州來。州來，楚邑，淮南下蔡縣是也。

冬，大雩。無傳。書過。

衛孫林父出奔晉。

【傳】

七年春，吴伐郯，郯成。季文子曰：「中國不振旅，蠻夷入伐，而莫之或恤。振，整也。旅，衆也。無弔者也夫！言中國不能相愍恤，故夷狄內侵。詩曰：『不弔昊天，亂靡有定。』其此之謂乎！詩，小雅，刺在上者不能弔愍下民，故號天告亂。有上不弔，其誰不受亂？上，謂霸主。吾亡無日矣！」君子曰：「知懼如是，斯不亡矣！」

鄭子良相成公以如晉，見，且拜師。謝前年晉救鄭之師。爲楚伐鄭張本。

夏，曹宣公來朝。

秋，楚子重伐鄭，師于氾。氾，鄭地，在襄城縣南。諸侯救鄭。鄭共仲、侯羽軍楚師，二子，鄭大夫。囚鄖公鍾儀，獻諸晉。八月，同盟于馬陵，尋蟲牢之盟，且莒服故也。蟲牢盟在五年。莒本屬齊，齊服，故莒從之。晉人以鍾儀歸，囚諸軍府。軍藏府也。爲九年晉侯見鍾儀張本。

楚圍宋之役，在宣十四年。師還，子重請取於申、呂以爲賞田，王許之。分申、呂之田以自賞。申公巫臣曰：「不可。此申、呂所以邑也[一]，是以爲賦，以御北方。若取之，是無申、呂也，言申、呂賴此田成邑耳。不得此田，則無以出兵賦而二邑壞也。晉、鄭必至于漢。」王乃止。子重是以怨巫臣。子反欲取夏姬，巫臣止之，遂取以行，子反亦怨之。及共王即位，楚共王以魯成公元年即位。子重、子反殺巫臣之族子閻、子蕩及清尹弗忌皆巫臣之族。及襄老之子黑要，以夏姬故，并怨黑要。而分其室。子重取子閻之室，使沈尹與王子罷分子蕩之室，子反取黑要與清尹之室。巫臣自晉遺二子書，子重、子反。曰：「爾以讒慝貪惏事君，而多殺不辜，余必使爾罷於奔命以死！」

巫臣請使於吳，晉侯許之。吳子壽夢說之，乃通吳于晉，壽夢，季札父。以兩之一卒適吳，舍偏兩之一焉。司馬法：「百人爲卒，二十五人爲兩。車九乘爲小偏，十五

[一]「所邑也」，釋文云：「一本作『所以邑也』。」

乘爲大偏。」蓋留九乘車及一兩二十五人，令吳習之。與其射御，教吳乘車，教之戰陳，教之叛楚。前是吳常屬楚。寘其子狐庸焉，使爲行人於吳。吳始伐楚、伐巢、伐徐，巢、徐，楚屬國。子重奔命。救徐、巢。馬陵之會，吳入州來，子重自鄭奔命。因伐鄭而行。子重、子反於是乎一歲七奔命。蠻夷屬於楚者，吳盡取之，是以始大，通吳於上國。上國，諸夏。

衛定公惡孫林父，冬，孫林父出奔晉。林父，孫良夫之子。衛侯如晉，晉反戚焉。戚，林父邑。林父出奔，戚隨屬晉。

【經】

八年春，晉侯使韓穿來言汶陽之田，歸之于齊。齊服事晉，故晉來語魯，使還二年所取田。

晉欒書帥師侵蔡。

公孫嬰齊如莒。

宋公使華元來聘。

夏，宋公使公孫壽來納幣。昏聘不使卿，今華元將命，故特書之。宋公無主昏者，自命之，故稱使也。公孫壽，蕩意諸之父。

晉殺其大夫趙同、趙括。傳曰：「原、屏，咎之徒也。」明本不以德義自居，宜其見討，故從告辭而稱名。

秋七月，天子使召伯來賜公命。諸侯即位，天子賜以命圭，與之合瑞。八年乃來，緩也。天子、天王，王者之通稱。

冬十月癸卯，杞叔姬卒。前五年來歸者。女既適人，雖見出弃，猶以成人禮書之。終爲杞伯所葬，故稱杞叔姬。

晉侯使士燮來聘。

叔孫僑如會晉士燮、齊人、邾人伐郯。先謀而稱會，盟主之命，不同之於列國。

衛人來媵。古者諸侯取適夫人及左右媵，各有姪娣，皆同姓之國，國三人，凡九女，所以廣繼嗣也。魯將嫁伯姬於宋，故衛來媵之。

【傳】

八年春，晉侯使韓穿來言汶陽之田，歸之于齊。季文子餞之，餞，送行飲酒。

私焉，私與之言。曰：「大國制義，以爲盟主，是以諸侯懷德畏討，無有貳心。謂汶陽之田，敝邑之舊也，而用師於齊，使歸諸敝邑。用師，鞌之戰。今有二命，曰『歸諸齊』。信以行義，義以成命，小國所望而懷也。信不可知，義無所立，四方諸侯，其誰不解體？言不復肅敬於晉。詩曰：『女也不爽，士貳其行。士也罔極，二三其德。』爽，差也。極，中也。詩，衛風，婦人怨丈夫不一其行，喻魯事晉，猶女之事夫，不敢過差，而晉有罔極之心，反二三其德。七年之中，一與一奪，二三孰甚焉？士之二三，猶喪妃耦，而況霸主？霸主將德是以，以，用也。而二三之，其何以長有諸侯乎？詩曰：『猶之未遠，是用大簡。』猶，圖也。簡，諫也。詩，大雅，言王者圖事不遠，故用大道諫之。行父懼晉之不遠猶而失諸侯也，是以敢私言之。」

晉欒書侵蔡，六年未得志故。遂侵楚，獲申驪。申驪，楚大夫。楚師之還也，謂六年遇於繞角時。晉侵沈，獲沈子揖，初從知、范、韓也。繞角之役，欒書從知莊子、范文子、韓獻子之言，不與楚戰。自是常從其謀，師出有功，故傳善之。沈，國，今汝南平與縣。君子曰：「從善如流，宜哉！宜有功也。如流，喻速。詩曰：『愷悌君子，遐不作人？』遐，遠也。作，用也。詩，大雅，言文王能遠用善人。不，語助。求善也夫！作人，斯有功績矣。」是行也，鄭伯將會晉師，會伐蔡之師。門于許東門，大獲焉。過許，見其無備，因攻之。

聲伯如莒，逆也。自爲逆婦而〔一〕書者，因聘而逆。

宋華元來聘，聘共姬也。穆姜之女，成公姊妹，爲宋共公夫人。聘不應使卿，故傳發其事而已。

夏，宋公使公孫壽來納幣，禮也。納幣應使卿。

晉趙莊姬爲趙嬰之亡故，譖之于晉侯，趙嬰亡在五年。曰：「原、屏將爲亂。」欒、郤爲徵。欒氏、郤氏亦徵其爲亂。六月，晉討趙同、趙括。武從姬氏畜于公宮，趙武，莊姬之子。莊姬，晉成公女。畜，養也。以其田與祁奚。韓厥言於晉侯曰：「成季之勳，宣孟之忠，成季，趙衰。宣孟，趙盾。而無後，爲善者其懼矣。三代之令王，皆數百年保天之禄。夫豈無辟王？賴前哲以免也。言三代亦有邪辟之君，但賴其先人以免禍耳。周書曰：『不敢侮鰥寡。』所以明德也。」周書，康誥，言文王不侮鰥寡，而

〔一〕「而」，原作「不」，據陽明文庫本、國會本、巾箱本、書院本、附釋音本、慶元本、金澤本改。

德益明，欲晉侯之法文王。乃立武，而反其田焉。

秋，召桓公來賜公命。召桓公，周卿士。

晉侯使申公巫臣如吴，假道于莒，與渠丘公立於池上，渠丘公，莒子朱也。池，城池也。渠丘，邑名，莒縣有蘧里。曰：「城已惡。」莒子曰：「辟陋在夷，其孰以我爲虞？」虞，度也。對曰：「夫狡焉狡猾之人。思啓封疆以利社稷者，何國蔑有？唯然，故多大國矣。唯或思或縱也。世有思開封疆者，有縱其暴掠者，莒人當唯此爲命。勇夫重閉，況國乎？」爲明年莒潰傳。

冬，杞叔姬卒。來歸自杞，故書。愍其見出來歸，故書卒也。若更適大夫，則不復書卒。

晉士燮來聘，言伐郯也，以其事吴故。七年，郯與吴成。公賂之，請緩師。文子不可，文子，士燮。曰：「君命無貳，失信不立。禮無加貨，事無二成。公私不兩成。君後諸侯，是寡君不得事君也。欲與魯絶。燮將復之。」季孫懼，使宣伯帥師會伐郯。

衛人來媵共姬，禮也。凡諸侯嫁女，同姓媵之，異姓則否。必以同姓者，參骨肉至親，所以息陰訟。

【經】

九年春王正月，杞伯來逆叔姬之喪以歸。

公會晉侯、齊侯、宋公、衛侯、鄭伯、曹伯、莒子、杞伯，同盟于蒲。蒲，衛地，在長垣縣西南。

公至自會。無傳。

二月，伯姬歸于宋。宋不使卿逆，非禮。

夏，季孫行父如宋致女。女嫁三月，又使大夫隨加聘問，謂之致女。所以致成婦禮，篤昏姻之好。

晉人來媵。媵伯姬也。

秋七月丙子，齊侯無野卒。無傳。五同盟。丙子，六月一日。書七月，從赴。

晉人執鄭伯。鄭伯既受盟於蒲，又受楚賂會於鄧，故晉執之。稱人者，晉以無道於民告諸侯。例在十五年。

晉欒書帥師伐鄭。

冬十有一月，葬齊頃公。無傳。

楚公子嬰齊帥師伐莒，庚申莒潰，民逃其上曰潰。楚人入鄆。鄆，莒別邑也。楚偏師入鄆，故稱人。

秦人、白狄伐晉。

鄭人圍許。

城中城。魯邑也，在東海厚丘縣西南〔一〕。此閏月城，在十一月之後，十二月之前，故傳曰「書時」。

【傳】九年春，杞桓公來逆叔姬之喪，請之也。叔姬已絶於杞，魯復强請杞，使還取葬。

〔一〕「厚丘縣」，原作「廪丘縣」，據陽明文庫本、金澤本改。阮校云：「案晉書地理志東海郡屬有厚邱，無廪邱。而劉昭注續漢書郡國志于東海郡厚邱條下引杜云縣西南有中鄉城。又水經沭水注云：又南逕東海厚邱縣，則『廪』當是『厚』字之誤。」

杞叔姬卒，爲杞故也。還爲杞婦，故卒稱杞。逆叔姬，爲我也。既弃[一]而復逆其喪，明爲魯故。

爲歸汶陽之田故，諸侯貳於晉。歸田在前年。晉人懼，會於蒲，以尋馬陵之盟。馬陵盟在七年。季文子謂范文子曰：「德則不競，尋盟何爲？」競，强也。范文子曰：「勤以撫之，寬以待之，堅彊以御之，明神以要之，柔服而伐貳，德之次也。」是行也，將始會吴，吴人不至。爲十五年會鍾離傳。

二月，伯姬歸于宋。爲致女復命起。

楚人以重賂求鄭，鄭伯會楚公子成于鄧。爲晉人執鄭伯傳。

夏，季文子如宋致女，復命，公享之，賦韓弈之五章。韓弈，詩大雅篇名，其五章言蹶父嫁女於韓侯，爲女相所居，莫如韓樂。文子喻魯侯有蹶父之德，宋公如韓侯，宋土如韓樂。穆姜出于房，再拜，曰：「大夫勤辱，不忘先君，以及嗣君，施及未亡人，穆姜，伯姬母，聞文子言宋樂，喜而出謝其行勞。婦人夫死，自稱未亡人。先君猶有望也。言先

〔一〕「既弃」上，金澤本有「叔姬」二字。

君亦望文子之若此。敢拜大夫之重勤。」又賦綠衣之卒章而入。綠衣，詩邶風也，取其「我思古人，實獲我心」，喻文子言得己意。

晉人來媵，禮也。同姓故。

秋，鄭伯如晉，晉人討其貳於楚也，執諸銅鞮。銅鞮，晉別縣，在上黨。

欒書伐鄭，鄭人使伯蠲行成，晉人殺之，非禮也。兵交，使在其間可也。明殺行人例。楚子重侵陳以救鄭。陳與晉故。

晉侯觀于軍府，見鍾儀，問之曰：「南冠而縶者，誰也？」南冠，楚冠。縶，拘執。有司對曰：「鄭人所獻楚囚也。」使稅之，鄭獻鍾儀在七年。稅，解也。召而弔之。再拜稽首。問其族，對曰：「泠人也。」泠人，樂官。公曰：「能樂乎？」對曰：「先父之職官也，敢有二事？」言不敢學他事。使與之琴，操南音。南音，楚聲。公曰：「君王何如？」對曰：「非小人之所得知也。」固問之，對曰：「其爲大子也，師、保奉之，以朝于嬰齊而夕于側也。嬰齊，令尹子重。側，司馬子反。言其尊卿敬老。不知其他。」

公語范文子。文子曰：「楚囚，君子也。言稱先職，不背本也；樂操土風，不忘舊也；稱大子，抑無私也；舍其近事，而遠稱少小，以示性所自然，明至誠。名其二卿，尊君也。尊晉君也。不背本，仁也；不忘舊，信也；無私，忠也；尊君，敏也。敏，達也。仁以接事，信以守之，忠以成之，敏以行之，事雖大，必濟。言有此四德，必能成大事。君盍歸之，使合晉、楚之成？」公從之，重爲之禮，使歸求成。爲下十二月晉、楚結成張本。

冬十一月，楚子重自陳伐莒，圍渠丘。渠丘城惡，衆潰，奔莒。戊申，楚入渠丘。月六日。莒人囚楚公子平。楚人曰：「勿殺，吾歸而俘。」莒人殺之。楚師圍莒。莒城亦惡，庚申，莒潰。月十八日。楚遂入鄆，莒無備故也。終巫臣之言。君子曰：「恃陋而不備，罪之大者也；備豫不虞，善之大者也。莒恃其陋，而不脩城郭，浹辰之間，而楚克其三都，無備也夫！浹辰，十二日也。詩曰：『雖有絲麻，無弃菅蒯；雖有姬姜，無弃蕉萃。凡百君子，莫不代匱。』言備之不可以已也。」逸詩也。姬、姜，大國之女。蕉萃，陋賤之人。

秦人、白狄伐晉，諸侯貳故也。

鄭人圍許，示晉不急君也。此秋，晉執鄭伯。是則公孫申謀之，曰：「我出師以圍許，示不畏晉。爲將〔一〕改立君者，而紓晉使，紓，緩也。勿亟遣使詣晉，示欲更立君。晉必歸君。」爲明年晉侯歸鄭伯張本。

城中城，書時也。

十二月，楚子使公子辰如晉，報鍾儀之使，請脩好結成。鍾儀奉晉命歸，故楚報之。

【經】

十年春，衞侯之弟黑背帥師侵鄭。

夏四月，五卜郊，不從，乃不郊。無傳。卜常祀，不郊，皆非禮，故書。

五月，公會晉侯、齊侯、宋公、衞侯、曹伯伐鄭。晉侯，大子州蒲也。稱爵，見其生代父居位，失人子之禮。

齊人來媵。無傳。媵伯姬也。異姓來媵，非禮也。

丙午，晉侯獳卒。六同盟。據傳，丙午，六月七日。有日無月。

〔一〕「爲將」，釋文云：「本或作『僞將』。」金澤本同或本。

秋七月，公如晉。

冬十月。

【傳】

十年春，晉侯使糴茷如楚，糴茷，晉大夫。報大宰子商之使也。子商，楚公子辰。使在前年。

衛子叔黑背侵鄭，晉命也。晉命衛使侵鄭。

鄭公子班聞叔申之謀，改立君之謀。三月，子如立公子繻。子如，公子班。夏四月，鄭人殺繻，立髡頑。子如奔許。髡頑，鄭成公大子。欒武子曰：「鄭人立君，我執一人焉，何益？不如伐鄭而歸其君，以求成焉。」晉侯有疾。五月，晉立大子州蒲以爲君，而會諸侯伐鄭。生立〔一〕子爲君，此父不父，子不子。經因書晉侯，其惡明。鄭子罕賂以襄鐘，子罕，穆公子。襄鐘，鄭襄公之廟鐘。子然盟于脩澤，子駟爲質。子然、子駟，皆穆公子。熒陽卷縣東有脩武亭。辛巳，鄭伯歸。鄭伯歸不書，鄭不告入。

〔一〕「立」下，金澤本有「其」字。

晉侯夢大厲，被髮及地，搏膺而踊曰：「殺余孫，不義。厲，鬼也，趙氏之先祖也。八年，晉侯殺趙同、趙括，故怒。余得請於帝矣。」壞大門及〔一〕寢門而入。公懼，入于室，又壞户。公覺，召桑田巫。桑田，晉邑。巫言如夢。巫云鬼怒，如公所夢。公曰：「何如？」曰：「不食新矣。」言公不得及食新麥。公疾病，求醫于秦，秦伯使醫緩爲之。緩，醫名。爲，猶治也。未至，公夢疾爲二豎子，曰：「彼良醫也，懼傷我，焉逃之？」其一曰：「居肓之上，膏之下，若我何？」肓，鬲也。心下爲膏。醫至，曰：「疾不可爲也，在肓之上，膏之下，攻之不可，達之不及，藥不至焉，不可爲也。」達，針。公曰：「良醫也。」厚爲之禮而歸之。六月丙午，晉侯欲麥，周六月，今四月，麥始熟。使甸人獻麥，甸人，主爲公田者。饋人爲之。召桑田巫，示而殺之。將食，張，如廁，陷而卒。張，腹滿也。小臣有晨夢負公以登天，及日中，負晉侯出諸廁，遂以爲殉。傳言巫以明術見殺，小臣以言夢自禍。

〔一〕「及」，釋文云：「一本無『及』字。」

鄭伯討立君者，戊申，殺叔申、叔禽。叔禽，叔申弟。君子曰：「忠爲令德，非其人猶不可，况不令乎？」言叔申爲忠，不得其人，還害身。

秋，公如晉，親弔，非禮。晉人止公，使送葬。於是糴茷未反。是春，晉使糴茷至楚結成，晉謂魯二於楚，故留公，須糴茷還，驗其虚實。

冬，葬晉景公。公送葬，諸侯莫在。魯人辱之，故不書，諱之也。諱不書晉葬也。

春秋經傳集解成上第十二

春秋經傳集解成下第十三

杜氏　盡十八年

【經】

十有一年春王三月，公至自晉。正月，公在晉，不書，諱見止。

晉侯使郤犫來聘，己丑，及郤犫盟。郤犫，郤克從父兄弟。

夏，季孫行父如晉。

秋，叔孫僑如如齊。

冬十月。

【傳】

十一年春王三月，公至自晉。晉人以公爲貳於楚，故止公。公請受盟，而後使歸。前年七月公如晉弔，至是乃得歸。

郤犨來聘，且涖盟。公請受盟，故使大夫來臨之。聲伯之母不聘，聲伯之母，叔肸之妻。不聘，無媒禮。穆姜曰：「吾不以妾爲姒。」昆弟之妻相謂爲姒。穆姜，宣公夫人。宣公，叔肸同母昆弟。生聲伯而出之，嫁於齊管于奚，生二子而寡，以歸聲伯。聲伯以其外弟爲大夫，外弟，管于奚之子，爲魯大夫。而嫁其外妹於施孝叔。孝叔，魯惠公五世孫。郤犨來聘，求婦於聲伯，聲伯奪施氏婦以與之。婦人曰：「鳥獸猶不失儷，儷，耦也。子將若何？」曰：「吾不能死亡。」言不與郤犨婦，懼能忿致禍。婦人遂行。生二子於郤氏。郤氏亡，晉人歸之施氏。施氏逆諸河，沈其二子。沈之於河。婦人怒曰：「己不能庇其伉儷而亡之，伉，敵也。又不能字人之孤而殺之，字，愛也。將何以終？」遂誓施氏。約誓不復爲之婦也。傳言郤犨淫縱，所以亡也。

夏，季文子如晉報聘，且涖盟也。郤犨、文子交盟魯、晉之君，其意一也，故但書來盟，舉重略輕。

周公楚惡惠、襄之偪也，惠王、襄王之族。且與伯與争政，伯與，周卿士。不勝，怒而出，及陽樊，陽樊，晉地。王使劉子復之，盟于鄄而入。三日，復出奔晉。王既復之而復出，所以自絶於周。爲明年周公出奔傳。鄄，周邑。

秋，宣伯聘于齊，以脩前好。𥨊以前之好。

晉郤至與周争鄇田，鄇，温別邑。今河内懷縣西南有鄇人亭〔一〕。王命劉康公、單襄公訟諸晉。郤至曰：「温，吾故也，故不敢失。」言温，郤氏舊邑。劉子、單子曰：「昔周克商，使諸侯撫封，各撫有其封内之地。蘇忿生以温爲司寇，與檀伯達封于河。蘇忿生，周武王司寇蘇公也，與檀伯達俱封於河内。蘇氏即狄，又不能於狄而奔衛。事在僖十年。襄王勞文公而賜之温，在僖二十五年。狐氏、陽氏先處之，狐溱、陽處父先食温地。而後及子。若治其故，則王官之邑也，子安得之？」晉侯使郤至勿敢争。傳言郤至貪，所以亡。

宋華元善於令尹子重，又善於欒武子，聞楚人既許晉糴茷成〔二〕，而使歸復

〔一〕「鄇人亭」，釋文作「候人亭」。

〔二〕「成」，原作「戒」，據陽明文庫本、宋大字本、國會本、巾箱本、書院本、附釋音本、慶元本、金澤本改。今按：石經作「成」。

命矣。在往年。冬，華元如楚，遂如晉，合晉、楚之成。爲明年盟宋西門外張本。秦、晉爲成，將會于令狐，晉侯先至焉。秦伯不肯涉河，次于王城，使史顆盟晉侯于河東。史顆，秦大夫。晉郤犨盟秦伯于河西。就盟王城。范文子曰：「是盟也何益？齊盟，所以質信也。齊，一心。質，成也。會所，信之始也。始之不從，其可質乎？」秦伯歸而背晉成。爲十三年伐秦傳。

【經】

十有二年春，周公出奔晉。

夏，公會晉侯、衛侯于瑣澤。瑣澤，地，闕。

秋，晉人敗狄于交剛。交剛[一]，地，闕。

冬十月。

[一]「交剛」，原作「交闕」，據陽明文庫本、宋大字本、國會本、巾箱本、書院本、附釋音本、慶元本、金澤本改。

【傳】

十二年春，王使以周公之難來告，周公奔在前年。書曰「周公出奔晉」，凡自周無出，周公自出故也。天子無外，故奔者不言「出」。周公爲王所復，而自絶於周，故書「出」以非之。

宋華元克合晉、楚之成。終前年事。夏五月，晉士燮會楚公子罷、許偃。二子，楚大夫。癸亥，盟于宋西門之外，曰：「凡晉、楚無相加戎，好惡同之，同恤菑危，備救凶患。若有害楚，則晉伐之；在晉，楚亦如之。交贄往來，道路無壅；贄，幣也。謀其不協，而討不庭。討背叛不來在王庭者。有渝此盟，明神殛之，殛，誅也。俾隊其師，無克胙國。」俾，使也。隊，失也。鄭伯如晉聽成，聽，猶受也。晉、楚既成，鄭往受命。會于瑣澤，成故也。晉既與楚成，合諸侯以申成好。

狄人間宋之盟以侵晉，而不設備，秋，晉人敗狄于交剛。

晉郤至如楚聘，且涖盟，楚子享之，子反相，爲地室而縣焉。縣鍾鼓也。郤至將登，登堂。金奏作於下，擊鍾而奏樂。驚而走出。子反曰：「日云莫矣，寡君須矣，吾子其入也！」賓曰：「君不忘先君之好，施及下臣，貺之以大禮，重之以備樂。貺，賜也。如天之福，兩君相見，何以代此？下臣不敢。」言此兩君相見之禮。子反曰：「如天之福，兩君相見，無亦唯是一矢以相加遺，焉用樂？」言兩君戰乃相見，無用此樂。寡君須矣，吾子其入也！」賓曰：傳諸交讓得賓主辭者，多曰賓主以明之。「若讓之以一矢，禍之大者，其何福之爲？世之治也，諸侯間於天子之事，則相朝也，王事閒缺，則脩私好。於是乎有享、宴之禮。享以訓共儉，享有體薦，設几而不倚，爵盈而不飲，肴乾而不食，所以訓共儉。宴以示慈惠。宴則折俎，相與共食。共儉以行禮，而慈惠以布政。政以禮成，民是以息。百官承事，朝而不夕，不夕，言無事。此公侯之所以扞城其民也。扞，蔽也。言享宴結好鄰國，所以蔽扞其民。故詩曰：『赳赳武夫，公侯干城。』詩，周南之風。赳赳，武貌。干，扞也。言公侯之與武夫，止于扞難而已。及其亂也，諸侯貪冒，侵欲不忌，爭尋常以盡其民，八尺曰尋，倍尋曰常。言爭尺丈之地，以相攻伐。略其武夫，以爲己腹心、股肱、爪牙。略，取也。言世亂則公侯制禦武夫以從己志，使侵害鄰國，爲搏噬之用無已。故詩曰：『赳赳武夫，公侯腹心。』舉詩之正，以駮亂義。詩言治世，則武夫能合德公侯，外爲扞城，內制其腹心。天下有道，則公侯能爲民干城，而制其腹心。亂則反之。略其武夫，以爲己腹心爪牙。今吾子之言，亂之道也，不可以爲法。然吾子，主也，至敢不從？」遂入，卒事。歸以語范文子。文子曰：「無禮，必食言，吾死無日矣夫〔一〕！」言晉、楚不能久和，必復相伐。爲十六年鄢陵戰張本。

冬，楚公子罷如晉聘，且涖盟。報郤至。十二月，晉侯及楚公子罷盟于赤棘。晉地。

【經】

十有三年春，晉侯使郤錡來乞師。將伐秦也。侯伯當召兵，而乞師，謙辭。

三月，公如京師。伐秦道過京師，因朝王。

夏五月，公自京師，遂會晉侯、齊侯、宋公、衛侯、鄭伯、曹伯、邾人、滕人伐秦。

曹伯盧〔二〕卒于師。五同盟。

〔一〕「夫」，釋文云：「本亦無此字。」

〔二〕「盧」，釋文作「廬」，云：「本亦作『廬』。」

秋七月，公至自伐秦。無傳。

冬，葬曹宣公。

【傳】

十三年春，晉侯使郤錡來乞師，將事不敬。將事，致君命。孟獻子曰：「郤氏其亡乎？禮，身之幹也；敬，身之基也。郤子無基。且先君之嗣卿也，受命以求師，將社稷是衛，而惰，弃君命也。不亡何爲？」郤錡，郤克子，故曰嗣卿。爲十七年晉殺郤錡傳。

三月，公如京師。宣伯欲賜，欲王賜己。請先使。王以行人之禮禮焉。不加厚。孟獻子從，王以爲介，而重賄之。介，輔相威儀者。獻子相公以禮，故王重賜之。公及諸侯朝王，遂從劉康公、成肅公會晉侯伐秦。劉康公，王季子。劉、成二公不書，兵不加秦。成子受脤于社，不敬。脤，宜社之肉也，盛以脤器，故曰脤。宜，出兵祭社之名。劉子曰：「吾聞之：民受天地之中以生，所謂命也。是以有動作、禮義、威儀之則，以定命也。能者養之以福，養威儀以致福。不能者敗以取禍。是故君子勤禮，小人盡力。勤禮莫如致敬，盡力莫如敦篤。敬在養神，篤在守業。國之大事，在祀與戎。祀有執膰，膰，祭肉。戎有受脤，神之大節也。交神之大節。今成子惰，弃其命矣，惰則失中和之氣。其不反乎！」爲成肅公卒于瑕張本。

夏四月戊午，晉侯使吕相絶秦，吕相，魏錡子。蓋口宣己命。曰：「昔逮我獻公及穆公晉獻公、秦穆公。相好，勠力同心，申之以盟誓，重之以昏姻。穆公夫人，獻公之女。天禍晉國，文公如齊，惠公如秦。辟驪姬〔一〕也。不言狄、梁，舉所恃大國。無禄，獻公即世。穆公不忘舊德，俾我惠公用能奉祀于晉。僖十年，秦納惠公。又不能成大勳，而爲韓之師。僖十五年，秦伐晉，獲惠公。亦悔于厥心，用集我文公，集，成也。是穆之成也。成功於晉。文公躬擐甲胄，跋履山川，草行爲跋。踰越險阻，征東之諸侯，虞、夏、商、周之胤而朝諸秦，則亦既報舊德矣。鄭人怒君之疆埸，我文公帥諸侯及秦圍鄭。晉自以鄭貳於楚，故圍之。鄭非侵秦也，晉以此誣秦。事在僖三十年。秦大夫不詢于我寡君，擅及鄭盟。詢，謀也。盟者秦伯，謙言大夫。諸侯疾之，

〔一〕「驪姬」，釋文「驪」作「麗」。

將致命于秦。致死命而討秦。時無諸侯，蓋諸侯遥致此意。文公恐懼，綏静諸侯。秦師克還無害，則是我有大造于西也。造，成也。言晉有成功於秦。無禄，文公即世，穆爲不弔，不見弔傷。蔑死我君〔一〕，寡我襄公，寡，弱也。迭我殽地，奸絶我好，伐我保城，殄滅我費滑，伐保城，誣之。費滑，滑國都於費，今緱氏縣。散離我兄弟，撓亂我同盟，滑，晉同姓。傾覆我國家。我襄公未忘君之舊勳，納文公之勳。而懼社稷之隕，是以有殽之師。在僖三十三年。猶願赦罪于穆公，晉欲求解於秦。穆公弗聽，而即楚謀我。天誘其衷，成王隕命，秦使鬭克歸楚求成，事見文十四年。文元年，楚弑成王。穆公是以不克逞志于我。逞，快也。穆、襄即世，康、靈即位。文六年，晉襄、秦穆皆卒。康公，我之自出，晉外甥。又欲闕翦我公室，傾覆我社稷，帥我蝥賊，以來蕩摇我邊疆，蝥賊，食禾稼蟲名。謂秦納公子雍。我是以有令狐之役。在文七年。康猶不悛，入我河曲，悛，改也。伐我涑川，俘我王官，涑水在河東聞喜縣，西南至蒲坂

〔一〕「蔑死我君」，釋文云：「本或以『我』字在『死』上，非。」

縣入河。蕩我羈馬，我是以有河曲之戰。在文十二年。東道之不通，則是康公絶我好也。言康公自絶，故不復東通晉。及君之嗣也，君，秦桓公。我君景公引領西望曰：『庶撫我乎！』望秦撫恤晉。君亦不惠稱盟，不肯稱晉望而共盟。利吾有狄難，謂晉滅潞氏時。入我河縣，焚我箕、郜，芟夷〔一〕我農功，夷，傷也。虔劉我邊垂，虔、劉，皆殺也。我是以有輔氏之聚。聚，衆也。在宣十五年。君亦悔禍之延，延，長也。而欲徼福于先君獻、穆，晉獻、秦穆。使伯車來命我景公，伯車，秦桓公子。曰：『吾與女同好弃惡，復脩舊德，以追念前勳。』言誓未就，景公即世，我寡君是以有令狐之會。令狐會在十一年，申厲公之命，宜言寡人，稱君誤也。君又不祥，祥，善也。背弃盟誓。白狄及君同州，及，與也。君之仇讎，而我昏姻也。季隗，廧咎如赤狄之女也，白狄伐而獲之，納諸文公。君來賜命曰：『吾與女伐狄。』寡君不敢顧昏姻，畏君之威，而受命于吏。君有二心於狄，曰：『晉將伐女。』狄應且憎，是用告我。言狄雖應

〔一〕「夷」，釋文作「痍」，云：「本又作『夷』，傷也。」

答秦，而心實憎秦無信。楚人惡君之二三其德也，亦來告我曰：『秦背令狐之盟，而來求盟于我，昭告昊天上帝、秦三公、楚三王，三公，穆、康、共。三王，成、穆、莊。曰：「余雖與晉出入，出入，猶往來。余唯利是視。」不穀惡其無成德，是用宣之，以懲不壹。』諸侯備聞此言，斯是用痛心疾首，暱就寡人。疾，亦痛也。暱，親也。寡人帥以聽命，唯好是求。君若惠顧諸侯，矜哀寡人，而賜之盟，則寡人之願也。其承寧諸侯以退，承君之意，以寧静諸侯。豈敢徼亂？徼，要也。君若不施大惠，寡人不佞，其不能以諸侯退矣。敢盡布之執事，俾執事實圖利之。」俾，使也。

秦桓公既與晉厲公爲令狐之盟，而又召狄與楚，欲道以伐晉，諸侯是以睦於晉。晉辭多誣秦，故傳據此三事以正秦罪。晉欒書將中軍，荀庚佐之；庚代荀首。士燮將上軍，代荀庚。郤錡佐之；代士燮。韓厥將下軍，代郤錡。荀罃佐之；代趙同。趙旃將新軍，代韓厥。郤至佐之；代趙括。郤毅御戎，欒鍼爲右。郤毅，郤至弟。欒鍼，欒書子。孟獻子曰：「晉帥乘和，師必有大功。」帥，軍帥。乘，車士。五月丁亥，晉師以諸侯之師及秦師戰于麻隧，秦師敗績，獲秦成差及不更女父。不更，秦爵。戰，敗績不書，以爲晉直秦曲，則韓役書戰；時公在師，復不須告；克獲有功，亦無所諱。蓋經文闕漏，傳文獨存。曹宣公卒于師，師遂濟涇，及侯麗而還。涇水出安定，東南經扶風、京兆高陸縣入渭也。迓晉侯于新楚。迓，迎也。既戰，晉侯止新楚，故師還，過迎之。麻隧、侯麗、新楚，皆秦地。

成肅公卒于瑕。終劉子之言。瑕，晉地。

六月丁卯夜，鄭公子班自訾求入于大宮，不能，殺子印、子羽，訾，鄭地。大宮，鄭祖廟。十年，班出奔許，今欲還爲亂。子印、子羽，皆穆公子。反軍于市。己巳，子駟帥國人盟于大宮，子駟，穆公子。遂從而盡焚之，焚，燒也。殺子如、子駹、孫叔、孫知。子如，公子班。子駹，班弟。孫叔，子如子。孫知，子駹子。

曹人使公子負芻守，使公子欣時逆曹伯之喪。二子，皆曹宣公庶子。秋，負芻殺其大子而自立也，宣公大子。諸侯乃請討之。晉人以其役之勞，請俟他年。冬，葬曹宣公。既葬，子臧將亡，子臧，公子欣時。國人皆將從之。不義負芻故。成公乃懼，成公，負芻。告罪，且請焉。請留子臧。乃反，而致其邑。還邑於成公。爲十五年執曹伯傳。

【經】

十有四年春王正月，莒子朱卒。無傳。九年，盟于蒲。

夏，衛孫林父自晉歸于衛。晉納之，故曰歸。

秋，叔孫僑如如齊逆女。成公逆夫人，最爲得禮，而經無納幣者，文闕絶也。

鄭公子喜帥師伐許。

九月，僑如以夫人婦姜氏至自齊。

冬十月庚寅，衛侯臧卒。五同盟。

秦伯卒。無傳。二年，大夫盟於蜀，而不赴以名，例在隱七年。

【傳】

十四年春，衛侯如晉，晉侯强見孫林父焉，林父以七年奔晉。强見，欲歸之。定公不可。夏，衛侯既歸，晉侯使郤犨送孫林父而見之，衛侯欲辭，定姜曰：「不可！定姜，定公夫人。是先君宗卿之嗣也，同姓之卿。大國又以爲請，不許，將亡。雖惡之，不猶愈於亡乎？君其忍之！違大國，必見伐，故亡。安民而宥宗卿，不亦可乎？」衛侯見而復之。復林父位。

衛侯饗苦成叔，成叔，郤犫。甯惠子相，相，佐禮。惠子，甯殖。苦成叔傲。甯子曰：「苦成〔一〕家其亡乎？古之爲享食也，以觀威儀、省禍福也。故詩曰：『兕觵其觩，旨酒思柔。詩，小雅，言君子好禮，飲酒皆思柔德，雖設兕觵，觩然不用。以兕角爲觵，所以罰不敬。觩，陳設之貌。彼交匪傲，萬福來求。』彼之交於事而不惰傲，乃萬福之所求。今夫子傲，取禍之道也。」爲十七年郤氏亡〔二〕。

秋，宣伯如齊逆女，稱族，尊君命也。

八月，鄭子罕伐許，敗焉。爲許所敗。戊戌，鄭伯復伐許，庚子，入其郛。郛，郭也。許人平以叔申之封。四年，鄭公孫申疆許田，許人敗之，不得定其封疆。今許以是所封田求和於鄭。

九月，僑如以夫人婦姜氏至自齊。舍族，尊夫人也。舍族，謂不稱叔孫。故君子曰：「春秋之稱，微而顯，辭微而義顯。志而晦，志，記也。晦，亦微也。謂約言以記

〔一〕「苦成」下，岳本及初學記所引有「叔」字，石經亦旁增此字。阮校以爲非唐刻，未敢從。
〔二〕「亡」下，金澤本有「傳」字。

事，事叙而文微。婉而成章，婉，曲也。謂曲屈〔一〕其辭，有所辟諱，以示大順，而成篇章。盡而不汙，謂直言其事，盡其事實，無所汙曲。懲惡而勸善。善名必書，惡名不滅，所以爲懲勸。非聖人，誰能脩之？」脩史策成此五者。

衛侯有疾，使孔成子、甯惠子立敬姒之子衎以爲大子。成子，孔達之孫。敬姒，定公妾。衎，獻公。冬十月，衛定公卒。夫人姜氏既哭而息，見大子之不哀也，不內酌飲，歎曰：「是夫也，將不唯衛國之敗，其必始於未亡人。定姜言獻公行無禮，必從己始，下言暴妾使余是也。烏呼！天禍衛國也夫！吾不獲鱄也使主社稷。」鱄，衎之母弟。大夫聞之，無不聳懼。孫文子自是不敢舍其重器於衛，寶器。盡寘諸戚，寘，置也。戚，孫氏邑。而甚善晉大夫。備亂起，欲以爲援。爲襄十四年衛侯出奔傳。

【經】十有五年春王二月，葬衛定公。無傳。

〔一〕「曲屈」，慶元本作「屈曲」。

三月乙巳，仲嬰齊卒。無傳。襄仲子，公孫歸父弟。宣十八年，逐東門氏，既而又使嬰齊紹其後，曰仲氏。

癸丑，公會晉侯、衛侯、鄭伯、曹伯、宋世子成、齊國佐、邾人，同盟于戚。晉侯執曹伯，歸于京師。不稱人以執者，曹伯罪不及民。歸之京師，禮也。

公至自會。無傳。

夏六月，宋公固卒。四同盟。

楚子伐鄭。

秋八月庚辰，葬宋共公。三月而葬，速。

宋華元出奔晉。

宋華元自晉歸于宋。華元欲挾晉以自重，故以外納告。

宋殺其大夫山。不書氏，明背其族。

宋魚石出奔楚。公子目夷之曾孫。

冬十有一月，叔孫僑如會晉士燮、齊高無咎、宋華元、衛孫林父、鄭公子鰌、邾人，會吳于鍾離。吳，夷，未嘗與中國會，今始來通，晉帥諸侯大夫而會之，故殊會，明本非同好。鍾離，楚邑，淮南縣。

許遷于葉。許畏鄭，南依楚，故以自遷爲文。葉，今南陽葉縣也。

【傳】

十五年春，會于戚，討曹成公也。討其殺大子而自立。事在十三年。執而歸諸京師，書曰「晉侯執曹伯」，不及其民也。惡不及民。凡君不道於其民，諸侯討而執之，則曰「某人執某侯」，稱人，示衆所欲執。不然則否。謂身犯不義者。

諸侯將見子臧於王而立之，子臧辭曰：「前志有之曰：『聖達節，聖人應天命，不拘常禮。次守節，謂賢者。下失節。』愚者妄動。爲君，非吾節也。雖不能聖，敢失守乎？」遂逃奔宋。

夏六月，宋共公卒。爲下宋亂起。

楚將北師，侵鄭、衛。子囊曰：「新與晉盟而背之，無乃不可乎？」子反曰：「敵利則進，何盟之有？」晉、楚盟在十二年。子囊，莊王子公子貞。申叔時老矣，在申，老歸本邑。聞之，曰：「子反必不免！信以守禮，禮以庇身。信、禮之亡，欲免得乎？」言不得免。楚子侵鄭，及暴隧，遂侵衛，及首止。鄭子罕侵楚，取新石。新石，楚邑。欒武子欲報楚。韓獻子曰：「無庸，庸，用也。使重其罪，民將叛之。背盟數戰，罪也。無民，孰戰？」爲明年晉敗楚於鄢陵傳。

秋八月，葬宋共公。於是華元爲右師，魚石爲左師，蕩澤爲司馬，蕩澤，公孫壽之孫。華喜爲司徒，華父督之玄孫。公孫師爲司城，莊公孫。向爲人爲大司寇，鱗朱爲少司寇，鱗矔孫。向帶爲大宰，魚府爲少宰。蕩澤弱公室，殺公子肥。輕公室以爲弱，故殺其枝黨。肥，文公子。華元曰：「我爲右師，君臣之訓，師所司也。今公室卑，而不能正，不能討蕩澤。吾罪大矣。不能治官，敢賴寵乎？」乃出奔晉。二華，戴族也。華元、華喜。司城，莊族也。六官者，皆桓族也。魚石、蕩澤、向爲人、鱗朱、向帶、魚府皆出桓公。

魚石將止華元，魚府曰：「右師反，必討，是無桓氏也。」恐華元還討蕩澤，并及六族。魚石曰：「右師苟獲反，雖許之討，必不敢。言畏桓族强。且多大功，國人與之，不反，懼桓氏之無祀於宋也。華元大功，克合晉、楚之成，劫子反以免宋圍。右師討，猶有戌在，向戌，桓公曾孫。言其賢，華元必不討。桓氏雖亡，必偏。」偏，不盡。魚石自止華元于河上。請討，許之，乃反。使華喜、公孫師帥國人攻蕩氏，殺子山。喜、師非桓族，故使攻之。書曰「宋殺其大夫山」，言背其族也。蕩氏，宋公族。還害公室，故去族以示其罪。

魚石、向爲人、鱗朱、向帶、魚府出〔一〕舍於睢上，睢，水名。五大夫畏同族罪及，將出奔。華元使止之，不可。冬十月，華元自止之，不可乃反。五子不止，華元還。魚府曰：「今不從，不得入矣。不得復入宋。右師視速而言疾，有〔二〕異志焉。若不我納，今將馳矣！」登丘而望之則馳，騁而從之，五子亦馳逐之。則決睢澨，澨，水涯。決，壞也。閉門登陴矣。左師、二司寇、二宰遂出奔楚。四大夫不書，獨魚石告。華元使向戌爲左師，老佐爲司馬，樂裔爲司寇，以靖國人。老佐，戴公五世孫。

晉三郤害伯宗，譖而殺之，及欒弗忌。欒弗忌，晉賢大夫。伯州犂奔楚。伯宗子。韓獻子曰：「郤氏其不免乎！善人，天地之紀也，而驟絶之，不亡何待？」既殺伯宗，又及弗忌，故曰驟也。爲十七年晉殺三郤傳。初，伯宗每朝，其妻必戒之曰：

〔一〕經傳識異：一無「出」字。
〔二〕「有」上，金澤本有「必」字。

「盜憎主人，民惡其上。子好直言，必及於難。」傳見雖婦人之言，不可廢。

十一月，會吳于鍾離，始通吳也。始與中國接。

許靈公畏偪于鄭，請遷于楚。辛丑，楚公子申遷許于葉。

【經】

十有六年春王正月，雨，木冰。無傳。記寒過節，冰封著樹。

夏四月辛未，滕子卒。不書名，未同盟。

鄭公子喜帥師侵宋。喜，穆公子子罕也。

六月丙寅朔，日有食之。無傳。

晉侯使欒黶來乞師。將伐鄭。黶，欒書子〔一〕。

甲午晦，晉侯及楚子、鄭伯戰于鄢陵，楚子、鄭師敗績。楚師未大崩，楚子傷目

〔一〕「欒書子」，「子」字原脱，據陽明文庫本、國會本、巾箱本、書院本、附釋音本、慶元本、金澤本補。今按：孔疏引作「欒書子」。

而退，故曰「楚子敗績」。鄢陵，鄭地，今屬潁川郡。

楚殺其大夫公子側。側，子反。背盟無禮，卒以敗師，故書〔一〕。

秋，公會晉侯、齊侯、衛侯、宋華元、邾人于沙隨，沙隨，宋地，梁國寧陵縣北有沙隨亭。不見公。不及鄢陵戰故。不諱者，耻輕於執止。

公至自會。無傳。

公會尹子、晉侯、齊國佐、邾人伐鄭。尹子，王卿士。子，爵。

曹伯歸自京師。爲晉侯所赦，故書歸。諸侯歸國，或書名，或不書名，或言歸自某，或言自某歸，傳無義例，從告辭。

九月，晉人執季孫行父，舍之于苕丘。苕丘，晉地。舍之苕丘，明不以歸。不稱行人，非使人。

冬十月乙亥，叔孫僑如出奔齊。公未歸，命國人逐之。

十有二月乙丑，季孫行父及晉郤犨盟于扈。晉許魯平，故盟。

〔一〕「書」下，金澤本有「名」字。

公至自會。無傳。伐而以會致，史異文。

乙酉，刺公子偃。魯殺大夫皆言刺，義取於周禮三刺之法。

【傳】

十六年春，楚子自武城使公子成以汝陰之田求成于鄭。汝水之南近鄭地。鄭叛晉，子駟從楚子盟于武城。爲晉伐鄭起。

夏四月，滕文公卒。

鄭子罕伐宋，滕，宋之與國。鄭因滕有喪而伐宋，故傳舉滕侯卒。侵、伐，經、傳異文，經從告，傳言實。他皆放此。宋將鉏、樂懼敗諸汋陂，敗鄭師也。樂懼，戴公六世孫。將鉏，樂氏族。退，舍於夫渠，不儆，宋師〔一〕不儆備。鄭人覆之，敗諸汋陵，獲將鉏、樂懼，宋恃勝也。汋陂、夫渠、汋陵，皆宋地。

衛侯伐鄭，至于鳴鴈，爲晉故也。鳴鴈，在陳留雍丘縣西北。

〔一〕「宋師」，原作「夫師」，據陽明文庫本、國會本、巾箱本、書院本、附釋音本、慶元本、金澤本改。今按：册府元龜卷二四九、四四四七俱引作「宋師」。

晉侯將伐鄭。范文子曰：「若逞吾願，諸侯皆叛，晉可以逞。逞，快也。晉厲公無道，三郤驕。故欲使諸侯叛，冀其懼而思德。若唯鄭叛，晉國之憂可立俟也。」欒武子曰：「不可以當吾世而失諸侯，必伐鄭。」乃興師。欒書將中軍，士燮佐之；代荀庚。郤錡將上軍，代士燮。荀偃佐之；代郤錡。偃，荀庚子。韓厥將下軍；郤至佐新軍。荀罃居守。荀罃，下軍佐。於是郤犨代趙旃將新軍，新上下軍罷矣。郤犨如衛，遂如齊，皆乞師焉。欒黶來乞師，孟獻子曰：「有勝矣。」卑讓有禮，故知其將勝楚。戊寅，晉師起。

鄭人聞有晉師，使告于楚，姚句耳與往。句耳，鄭大夫。與往，非使也。爲先歸張本。楚子救鄭。司馬將中軍，子反。令尹將左，子重。右尹子辛將右。公子壬夫。過申，子反入見申叔時。叔時老，在申。曰：「師其何如？」對曰：「德、刑、詳、義、禮、信，戰之器也。器，猶用也。德以施惠，刑以正邪，詳以事神，義以建利，禮以順時，信以守物。民生厚而德正，財足則思無邪。用利而事節，動不失利，則事得其節。時順而物成。群生得所。上下和睦，周旋不逆，動順理。求無不具，下應上。各知其極。無二心。故詩曰：『立我烝民，莫匪爾極。』烝，衆也。極，中也。詩，頌，言先王立其衆民，無不得中正。是以神降之福，時無災害，民生敦厖，和同以聽，敦，厚；厖，大也。莫不盡力以從上命，致死以補其闕，闕，戰死者。此戰之所由克也。今楚内弃其民，不施惠。而外絶其好，義不建利。瀆齊盟，不詳事神。而食話言；信不守物。奸時以動，禮不順時。周四月，今二月，妨農業。而疲民以逞。刑不正邪，而苟快意。民不知信，進退罪也。人恤所厎，其誰致死？厎，至也。子其勉之！吾不復見子矣。」言其必敗不反。姚句耳先歸，子駟問焉，對曰：「其行速，過險而不整。速則失志，不思慮也。不整喪列。志失列喪，將何以戰？楚懼不可用也。」

五月，晉師濟河，聞楚師將至，范文子欲反，曰：「我僞逃楚，可以紓憂。紓，緩也。夫合諸侯，非吾所能也，以遺能者。我若〔一〕群臣輯睦以事君，多矣〔二〕。」武子曰：「不可！」

六月，晉、楚遇於鄢陵。范文子不欲戰。郤至曰：「韓之戰，惠公不振旅；

〔一〕「若」下，金澤本有「退」字，石經亦旁增此字。
〔二〕「多矣」下，阮校：石經旁增「又何求」三字。

衆散敗也。在僖十五年。箕之役，先軫不反命；死於狄也。在僖三十三年。邲之師，荀伯不復從，荀林父奔走，不復故道。在宣十二年。皆晉之耻也。子亦見先君之事矣。見先君成敗之事。今我辟楚，又益耻也。」文子曰：「吾先君之亟戰也，有故。亟，數也。秦、狄、齊、楚皆彊，不盡力，子孫將弱。今三彊服矣，齊、秦、狄。敵楚而已。唯聖人能外内無患。自非聖人，外寧必有内憂，驕亢則憂患生也。盍釋楚以爲外懼乎？」

甲午晦，楚晨壓晉軍而陳，壓，笮其未備。軍吏患之。范匄趨進，匄，士燮子。曰：「塞井夷竈，陳於軍中，而疏行首。疏行首者，當陳前決開營壘爲戰道。晉、楚唯天所授，何患焉？」文子執戈逐之，曰：「國之存亡，天也。童子何知焉？」欒書曰：「楚師輕窕，固壘而待之，三日必退。退而擊之，必獲勝焉。」郤至曰：「楚有六閒，不可失也。其二卿相惡，子重、子反。王卒以舊，罷老不代。鄭陳而不整，不整列。蠻軍而不陳，蠻夷從楚者不結陳。陳不違晦，晦，月終，陰之盡，故兵家以爲忌。在陳而囂，囂，喧嘩也。合而加囂。陳合宜静，而益有聲。各顧其後，莫有鬬心；人恤其所厎。舊不必良，以犯天忌，我必克之。」

楚子登巢車，以望晉軍。巢車，車上爲櫓。子重使大宰伯州犁侍于王後。州犁，晉伯宗子，前年奔楚。王曰：「騁而左右，何也？」騁，走也。曰：「召軍吏也。」「皆聚於中軍矣！」曰：「合謀也。」「張幕矣！」曰：「虔卜於先君也。」虔，敬也。「徹幕矣！」曰：「將發命也。」「甚囂，且塵上矣！」曰：「將塞井夷竈而爲行也。」夷，平也。「皆乘矣，左右執兵而下矣！」曰：「聽誓也。」左，將帥。右，車右。「戰乎？」曰：「未可知也。」「乘而左右皆下矣！」曰：「戰禱也。」禱，請於鬼神。伯州犁以公卒告王。公，晉侯。苗賁皇在晉侯之側，亦以王卒告。賁皇，楚鬭椒子，宣四年奔晉。皆曰：「國士在，且厚，不可當也。」晉侯左右皆以伯州犁在楚，知晉之情，且謂楚衆多，故憚合戰。與苗賁皇意異。苗賁皇言於晉侯曰：「楚之良，在其中軍王族而已。請分良以擊其左右，而三軍萃於王卒，萃，集也。必大敗之。」公筮之。史曰：「吉。其卦遇復䷗，震下坤上，復，無變。曰：『南國蹙，射其元王，中厥目。』此卜者辭也。復，陽長之卦。陽氣起子，南行推陰，故曰「南國蹙」也。南國勢蹙，則離受其咎。離爲諸侯，又爲目，陽氣激南，飛矢之象，故曰「射其元王，中厥目」。國蹙、王傷，不敗何待？」公從之。從其言而戰。有淖於前，淖，泥也。乃皆左右相違於淖。違，辟也。

步毅御晉厲公，欒鍼爲右。步毅即郤毅。彭名御楚共王，潘黨爲右。石首御鄭成公，唐苟爲右。欒、范以其族夾公行，二族强，故在公左右。陷於淖。欒書將載晉侯，鍼曰：「書退！國有大任，焉得專之？在君前，故子名其父。大任，謂元帥之職。且侵官，冒也；載公爲侵官。失官，慢也；去將而御，失官也。離局，姦也。遠其部曲爲離局。有三罪焉，不可犯也。」乃掀公以出於淖。掀，舉也。

癸巳，潘尫之黨與養由基蹲甲而射之，徹七札焉。黨，潘尫之子。蹲，聚也。一發達七札，言其能陷堅。以示王，曰：「君有二臣如此，何憂於戰？」二子以射夸王。王怒曰：「大辱國！賤其不尚知謀。詰朝爾射，死藝！」言女以射自多〔一〕，必當以藝死也。詰朝猶明朝，是戰日。呂錡夢射月，中之，退入於泥。呂錡，魏錡。占之，曰：「姬姓，日也；周世姬姓尊。異姓，月也，異姓卑。必楚王也。射而中之，退入於泥，亦必死矣！」錡自入泥，亦死象。及戰，射共王，中目。王召養由基，與之兩矢，使射

〔一〕「自多」，原作「自侈」，據陽明文庫本、宋大字本、國會本、巾箱本、書院本、附釋音本、慶元本改。今按：册府元龜卷二四九、八四六俱作「自多」。

呂錡。中項，伏弢。弢，弓衣。以一矢復命。言一發而中。郤至三遇楚子之卒，見楚子，必下，免胄而趨風。疾如風。楚子使工尹襄問之以弓，問，遺也。曰：「方事之殷也，殷，盛也。有韎韋之跗注，君子也。韎，赤色。跗注，戎服，若袴而屬於跗，與袴連。識見不穀而趨，無乃傷乎？」恐其傷。郤至見客，免胄承命，曰：「君之外臣至，從寡君之戎事，以君之靈，間蒙甲胄，間，猶近也。不敢拜命。介者不拜。敢告不寧，君命之辱。以君辱賜命，故不敢自安。爲事之故，敢肅使者。」言君辱命來問，以有軍事不得答，故肅使者。肅，手〔一〕至地，若今撎。三肅使者而退。晉韓厥從鄭伯，從，遂也。其御杜溷羅曰：「速從之！其御屢顧，不在馬，可及也。」韓厥曰：「不可以再辱國君。」乃止。二年鞌戰，韓厥已辱齊侯。郤至從鄭伯，其右茀翰胡曰：「諜輅之，余從之乘，而俘以下。」欲遣輕兵單進以距鄭伯車前，而自後登其車以執之。郤至曰：「傷國君有刑。」亦止。石首曰：「衛懿公唯不去其

〔一〕「手」下，金澤本有「不」字，當補。

旗，是以敗於熒。」乃內旌於弢中。熒戰在閔二年。唐苟謂石首曰：「子在君側，敗者壹大。我不如子，子以君免，我請止。」乃死。敗者壹大，謂軍大崩也。言石首亦君之親臣而執御，與車右不同，故首當御君以退，己當死戰。

楚師薄於險，薄，迫也。叔山冉謂養由基曰：「雖君有命，爲國故，子必射。」王有「死藝」命。乃射，再發，盡殪。叔山冉搏人以投，中車，折軾。晉師乃止。言二子皆有過人之能。囚楚公子茷。爲郤至見譖張本。

欒鍼見子重之旌，請曰：「楚人謂：『夫旌，子重之麾也。』彼其子重也。曰臣之使於楚也，子重問晉國之勇，臣對曰：『好以衆整。』曰：『又何如？』又問其餘。臣對曰：『好以暇。』暇，閒暇。今兩國治戎，行人不使，不可謂整；臨事而食言，不可謂暇。食好整之言。請攝飲焉。」攝，持也。持飲，往飲子重。公許之。使行人執榼承飲，造于子重，承，奉也。曰：「寡君乏使，使鍼御持矛，御，侍也。是以不得犒從者，使某攝飲。」子重曰：「夫子嘗與吾言於楚，必是故也。不亦識乎？」知其以往言好暇，故致飲。受而飲之，免使者而復鼓。免，脱也。

旦而戰，見星未已。子反命軍吏察夷傷，夷，亦傷也。補卒乘，補死亡。繕甲兵，繕，治也。展車馬，展，陳也。鷄鳴而食，唯命是聽。復欲戰。晉人患之。苗賁皇徇曰：「蒐乘、補卒，蒐，閱也。秣馬、利兵，秣，穀馬也。脩陳、固列，固，堅也。蓐食、申禱，申，重也。明日復戰！」乃逸楚囚。逸，縱也。王聞之，召子反謀。穀陽豎獻飲於子反，子反醉而不能見。穀陽，子反内豎。王曰：「天敗楚也夫！余不可以待。」乃宵遁。晉入楚軍，三日穀。食楚粟三日也。范文子立於戎馬之前，曰：「君幼，諸臣不佞，佞，才也。何以及此？君其戒之！戒勿驕。周書曰：『惟命不于常。』有德之謂。」周書，康誥，言勝無常命，惟德是與。

楚師還，及瑕，瑕，楚地。王使謂子反曰：「先大夫之覆師徒者，君不在。謂子玉敗城濮時，王不在軍。子無以爲過，不穀之罪也。」子反再拜稽首曰：「君賜臣死，死且不朽。王引過，亦所以責子反。臣之卒實奔，臣之罪也。」子重使謂子反曰：「初隕師徒者，而亦聞之矣。盍圖之！」聞子玉自殺。終二卿相惡。對曰：「雖微先大夫有之，大夫命側，側敢不義？言以義命己，不敢不受。側亡君師，敢忘其死？」王使止之，弗及而卒。

戰之日，齊國佐、高無咎至于師，無咎，高固子。衛侯出于衛，公出于壞隤。壞隤，魯邑。齊、衛皆後，非獨魯。明晉以僑如故不見公。宣伯通於穆姜，穆姜，成公母。欲去季、孟而取其室。季文子、孟獻子。將行，穆姜送公，而使逐二子。公以晉難告，會晉伐鄭。曰：「請反而聽命。」姜怒，公子偃、公子鉏趨〔一〕過，二子，公庶弟。指之曰：「女不可，是皆君也。」言欲廢公，更立君。公待於壞隤，申宮、儆備，申勑宮備。設守而後行，是以後。後晉、楚戰期。使孟獻子守于公宮。

秋，會于沙隨，謀伐鄭也。鄭猶未服。

宣伯使告郤犨曰：「魯侯待于壞隤，以待勝者。」觀晉、楚之勝負。郤犨將新軍，且爲公族大夫，以主東諸侯。主齊、魯之屬。取貨于宣伯，而訴公于晉侯。訴，譖也。晉侯不見公。

曹人請于晉曰：「自我先君宣公即世，在十三年。國人曰：『若之何？憂猶未弭。』弭，息也。既葬，國人皆將從子臧，所謂憂未息。而又討我寡君，前年，晉侯執曹

〔一〕「趨」下，金澤本有「而」字。

伯。以亡曹國社稷之鎮公子，謂子臧逃奔宋。是大泯曹也，泯，滅也。先君無乃有罪乎？言今君無罪而見討，得無以先君故。若有罪，則君列諸會矣。諸侯雖有篡弑之罪，侯、伯已與之會，則不復討。前年會于戚，曹伯在列，盟畢乃執之，故曹人以爲無罪。君唯不遺德、刑，遺，失也。以伯諸侯，豈獨遺諸敝邑？敢私布之。」爲曹伯歸不以名告傳。

七月，公會尹武公及諸侯伐鄭。將行，姜又命公如初，復欲使公逐季、孟。公又申守而行。諸侯之師次于鄭西，我師次于督揚，不敢過鄭。督揚，鄭東地。子叔聲伯使叔孫豹請逆于晉師，豹，叔孫僑如弟也。僑如於是遂作亂，豹因奔齊。爲食於鄭郊。師逆以至。聲伯戒叔孫以必須所逆晉師至，乃食。聲伯四日不食以待之，食使者使者，豹之介。而後食。言其忠也。諸侯遷于制田。滎陽宛陵縣東有制澤。知武子佐下軍，武子，荀罃。以諸侯之師侵陳，至于鳴鹿，陳國武平縣西南有鹿邑。遂侵蔡。未反，侵陳、蔡不書，公不與。諸侯遷于潁上[一]。戊午，鄭子罕宵軍之，宋、齊、衛皆失

[一]「潁上」，原作「頼上」，據諸本改。

軍。將主與軍相失。宋、衛不書，後也。

曹人復請于晉。晉侯謂子臧：「反！吾歸而君。」以曹人重子臧故。子臧反，曹伯歸。子臧自宋還。子臧盡致其邑與卿而不出。不出仕。

宣伯使告郤犨曰：「魯之有季、孟，猶晉之有欒、范也，政令於是乎成。今其謀曰：『晉政多門，不可從也。政不由君。寧事齊、楚，有亡而已，蔑從晉矣！』蔑，無也。若欲得志於魯，請止行父而殺之，行父，季文子也。我斃蔑也，蔑，孟獻子。時留守公宮。而事晉，蔑有貳矣。魯不貳，小國必睦。不然，歸必叛矣。」

九月，晉人執季文子于苕丘。公還，待于鄆，鄆，魯西邑，東郡廩丘縣東有鄆城。使子叔聲伯請季孫于晉。郤犨曰：「苟去仲孫蔑而止季孫行父，吾與子國，親於公室。」親魯甚於晉公室。對曰：「僑如之情，子必聞之矣。聞其淫慝情。若去蔑與行父，是大弃魯國而罪寡君也。若猶不弃，而惠徼周公之福，使寡君得事晉君，則夫二人者，魯國社稷之臣也。若朝亡之，魯必夕亡。以魯之密邇仇讎，仇讎，謂齊、楚。亡而爲讎，治之何及？」言魯屬齊、楚，則還爲晉讎。郤犨曰：「吾爲子請邑。」對曰：「嬰齊，魯之常隸也，隸，賤官。敢介大國以求厚焉？介，因也。承寡君之命以請，承，奉也。若得所請，吾子之賜多矣，又何求？」

范文子謂欒武子曰：「季孫於魯相二君矣，二君，宣、成。妾不衣帛，馬不食粟，可不謂忠乎？信讒慝而弃忠良，若諸侯何？子叔嬰齊奉君命無私，不受郤犨請邑。謀國家不貳，謂四日不食，以堅事晉。圖其身不忘其君，辭邑、不食，皆先君而後身。若虛其請，是弃善人也。子其圖之！」乃許魯平，赦季孫。

冬十月，出叔孫僑如而盟之，僑如奔齊。諸大夫共盟，以僑如爲戒。

十二月，季孫及郤犨盟于扈。歸，刺公子偃。偃與鉏俱爲姜所指，而獨殺偃，偃與謀。召叔孫豹于齊而立之。近此七月，聲伯使豹請逆於晉，聞魯人將討僑如，豹乃辟其難，先奔齊，生二子，而魯乃召之，故襄二年豹始見經，傳於此因言其終。

齊聲孟子通僑如，聲孟子，齊靈公母，宋女。使立於高、國之間。位比二卿。僑如曰：「不可以再罪。」奔衛，亦間於卿。傳亦終言僑如之佞。

晉侯使郤至獻楚捷于周，與單襄公語，驟稱其伐。伐，功也。單子語諸大夫曰：「温季其亡乎！温季，郤至。位於七人之下，佐新軍，位在八。而求掩其上。稱己之伐，掩上功。怨之所聚，亂之本也。多怨而階亂，何以在位？怨爲亂階。夏書曰：『怨豈在明？不見是圖。』逸書也。不見細微也。將慎其細也。今而明之，其可乎？」言郤至顯稱己功，所以明怨咎。

【經】

十有七年春，衞北宫括帥師侵鄭。括，成公曾孫。

夏，公會尹子、單子、晉侯、齊侯、宋公、衞侯、曹伯、邾人伐鄭。晉未能服鄭，故假天子威，周使二卿會之。晉爲兵主，而猶先尹、單，尊王命也。單伯稱子，蓋降爵。

六月乙酉，同盟于柯陵。柯陵，鄭西地。

秋，公至自會。無傳。

齊高無咎出奔莒。

九月辛丑，用郊。無傳。九月郊祭，非禮明矣。書用郊，從史文。

晉侯使荀罃來乞師。無傳。將伐鄭。

冬，公會單子、晉侯、宋公、衞侯、曹伯、齊人、邾人伐鄭。鄭猶未服故。

十有一月，公至自伐鄭。無傳。

壬申，公孫嬰齊卒于貍脤。十一月無壬申，日誤也。貍脤，闕[一]。

十有二月丁巳朔，日有食之。無傳。

邾子貜且卒。無傳。五同盟。

晉殺其大夫郤錡、郤犨、郤至。

楚人滅舒庸。

【傳】

十七年春王正月，鄭子駟侵晉虛、滑，虛、滑，晉二邑。滑，故滑國，爲秦所滅，時屬晉，後屬周。衛北宮括救晉，侵鄭，至于高氏。不書救，以侵告。高氏，在陽翟縣西南。

夏五月，鄭大子髡頑、侯獳爲質於楚，侯獳，鄭大夫。楚公子成、公子寅戍鄭。

公會尹武公、單襄公及諸侯伐鄭，自戲童至于曲洧。今新汲縣治曲洧城，臨洧水。

晉范文子反自鄢陵[二]，前年鄢陵戰還。使其祝宗祈死，祝宗，主祭祀祈禱者。

[一]「闕」上，金澤本有「地」字。

[二]「反自鄢陵」，釋文無「陵」字，云：「一本又作『自鄢陵』。」

曰：「君驕侈而克敵，是天益其疾也。難將作矣！愛我者唯祝我，使我速死，無及於難，范氏之福也。」六月戊辰，士燮卒。傳言厲公無道，故賢臣憂懼，因禱自裁。

乙酉，同盟于柯陵，尋戚之盟也。戚盟在十五年。

楚子重救鄭，師于首止。諸侯還。畏楚强。

齊慶克通于聲孟子，與婦人蒙衣乘輦而入于閎。慶克，慶封父。蒙衣，亦爲婦人服，與婦人相冒。閎，巷門。鮑牽見之，以告國武子，鮑牽，鮑叔牙曾孫。武子召慶克而謂之。慶克久不出，慙卧於家，夫人所以怪之。而告夫人曰：「國子謫我。」謫，譴責也。夫人怒。國子相靈公以會，會伐鄭。高、鮑處守。高無咎、鮑牽。及還，將至，閉門而索客。蒐索，備姦人。孟子訴之曰：「高、鮑將不納君，而立公子角。國子知之。」角，頃公子。秋七月壬寅，刖鮑牽而逐高無咎。無咎奔莒，高弱以盧叛。弱，無咎子。盧，高氏邑。齊人來召鮑國而立之。國，牽之弟文子。

初，鮑國去鮑氏而來爲施孝叔臣。施氏卜宰，匡句須吉。卜立家宰。施氏之宰，有百室之邑。與匡句須邑，使爲宰。以讓鮑國，而致邑焉。施孝叔曰：「子實吉。」對曰：「能與忠良，吉孰大焉。」鮑國相施氏忠，故齊人取以爲鮑氏後。仲尼曰：「鮑莊子之知不如葵，葵猶能衛其足。」葵傾葉向日，以蔽其根，言鮑牽居亂，不能危行言孫。

冬，諸侯伐鄭。前夏未得志故。十月庚午，圍鄭。楚公子申救鄭，師于汝上。十一月，諸侯還。不書圍，畏楚救，不成圍而還。

初，聲伯夢涉洹，洹水出汲郡林慮縣，東北至魏郡長樂縣入清水。或與己瓊瑰，食之，瓊，玉。瑰，珠也。食珠玉，含象。泣而爲瓊瑰，盈其懷。淚下化爲珠玉，滿其懷。從而歌之曰：「濟洹之水，贈我以瓊瑰。歸乎！歸乎！瓊瑰盈吾懷乎！」從，就也。夢中爲此歌。懼不敢占也。還自鄭。壬申，至于貍脤而占之，曰：「余恐死，故不敢占也。今衆繁而從余三年矣，無傷也。」言之，之莫而卒。繁，猶多也。傳戒數占夢。

齊侯使崔杼爲大夫，使慶克佐之，帥師圍盧。討高弱。國佐從諸侯圍鄭，以難請而歸，請於諸侯。遂如盧師，殺慶克，以穀叛。疾克淫亂，故殺之。齊侯與之盟于徐關而復之。十二月，盧降。使國勝告難于晉，待命于清。勝，國佐子。使以高氏難告晉。齊欲討國佐，故留其子於外。清，陽平樂縣是。爲明年殺國佐傳。

晉厲公侈，多外嬖。外嬖，愛幸大夫。反自鄢陵，欲盡去群大夫而立其左右。

終如士燮言。胥童以胥克之廢也，怨郤氏，童，胥克之子。宣八年，郤缺廢胥克。而嬖於厲公。郤錡奪夷陽五田，五亦嬖於厲公。郤犨與長魚矯争田，執而梏之，梏，械也。與其父母妻子同一轅。繫之車轅。既，矯亦嬖於厲公。欒書怨郤至，以其不從己而敗楚師也，欲廢之。鄢陵戰，欒書欲固壘。郤至言楚有六間以取勝也。使楚公子茷告公曰：「此戰也，郤至實召寡君。鄢陵戰，晉囚公子茷以歸。以東師之未至也，齊、魯、衛之師。與軍帥之不具也，曰：『此必敗！』荀罃佐下軍居守，郤犨將新軍乞師，故言不具。吾因奉孫周以事君。』」孫周，晉襄公曾孫悼公。君，楚王也。公告欒書，書曰：「其有焉！不然，豈其死之不恤而受敵使乎？謂鄢陵戰時，楚子問郤至以弓。君盍嘗使諸周而察之？」嘗，試也。郤至聘于周，欒書使孫周見之。公使覘之，信。覘，伺也。遂怨郤至。

厲公田，與婦人先殺而飲酒，後使大夫殺。傳言厲公無道，先婦人而後卿佐。郤至奉豕，進之於公。寺人孟張奪之，寺人，奄士。郤至射而殺之。公曰：「季子欺余！」季子，郤至。公反以爲郤至奪孟張豕。

厲公將作難，胥童曰：「必先三郤。族大，多怨。去大族，不偪；不偪公室。

敵多怨，有庸。」討多怨者，易有功。公曰：「然！」郤氏聞之，郤錡欲攻公，曰：「雖死，君必危。」郤至曰：「人所以立，信、知、勇也。信不叛君，知不害民，勇不作亂。失茲三者，其誰與我？死而多怨，將安用之？言俱死，無用多其怨咎。君實有臣而殺之，其謂君何？我之有罪，吾死後矣。若殺不辜，將失其民，欲安，得乎？言不得安君位。待命而已。受君之祿，是以聚黨。有黨而爭命，爭死命。罪孰大焉？」傳言郤至無反心。

壬午，胥童、夷羊五帥甲八百，將攻郤氏。八百人。長魚矯請無用衆，公使清沸魋助之。沸魋，亦嬖人。抽戈結衽，衽，裳際。而僞訟者。僞與清沸魋訟。三郤將謀於榭。榭，講武堂。矯以戈殺駒伯、苦成叔於其位。位，所坐處也。駒伯，郤錡。苦成叔，郤犨。温季曰：「逃威也。」遂趨。郤至本意欲禀君命而死，今矯等不以君命而來，故欲逃凶賊爲害，故曰威，言可畏也。或曰「威」當爲「藏」。矯及諸其車，以戈殺之，皆尸諸朝。陳其尸於朝。

胥童以甲劫欒書、中行偃於朝，矯曰：「不殺二子，憂必及君！」公曰：「一朝而尸三卿，余不忍益也！」對曰：「人將忍君。人謂書與偃。臣聞亂在外爲姦，在内爲軌〔一〕。御姦以德，德綏遠。御軌以刑。刑治近。不施而殺，不可謂德；臣偪而不討，不可謂刑。德、刑不立，姦、軌並至。臣請行！」遂出奔狄。行，去也。公使辭於二子，辭謝書與偃。曰：「寡人有討於郤氏，郤氏既伏其辜矣，大夫無辱，其復職位！」胥童劫而執之，故云辱。皆再拜稽首曰：「君討有罪，而免臣於死，君之惠也。二臣雖死，敢忘君德？」乃皆歸。公使胥童爲卿。

公遊于匠麗氏，匠麗，嬖大夫家。欒書、中行偃遂執公焉。召士匄，士匄辭。辭不往。召韓厥，韓厥辭，曰：「昔吾畜於趙氏，孟姬之讒，吾能違兵。畜，養也。違，去也。韓厥少爲趙盾所待養，及孟姬之亂，晉將討趙氏，而厥去其兵，示不與黨。言此者，明己無所偏助。孟姬亂在八年。古人有言曰：『殺老牛，莫之敢尸。』而況君乎？二三子不能事君，焉用厥也？」尸，主也。

舒庸人以楚師之敗也，敗於鄢陵。舒庸，東夷國。道吴人圍巢，伐駕，圍釐、虺，巢、駕、釐、虺，楚四邑。遂恃吴而不設備。楚公子橐師襲舒庸，滅之。

〔一〕「軌」，釋文云：「本又作『宄』。」

閏月乙卯晦，欒書、中行偃殺胥童。以其劫己故。民不與郤氏，胥童道君爲亂，故皆書曰「晉殺其大夫」。厲公以私欲殺三郤，而三郤死不以無罪書。書、偃以家怨害胥童，而胥童受國討。文明郤氏失民，胥童道亂，宜其爲國戮。

【經】

十有八年春王正月，晉殺其大夫胥童。傳在前年，經在今春，從告。

庚申，晉弑其君州蒲。不稱臣，君無道。

齊殺其大夫國佐。國武子。

公如晉。

夏，楚子、鄭伯伐宋，宋魚石復入于彭城。傳例曰：以惡入也。彭城，宋邑，今彭城縣。

公至自晉。

晉侯使士匄來聘。

秋，杞伯來朝。

八月，邾子來朝。

築鹿囿。築牆爲鹿苑。

己丑，公薨于路寢。

冬，楚人、鄭人侵宋。子重先遣輕軍侵宋，故稱人而不言伐。

晉侯使士魴來乞師。

十有二月，仲孫蔑會晉侯、宋公、衛侯、邾子、齊崔杼，同盟于虛朾。虛朾，地，闕。

丁未，葬我君成公。

【傳】

十八年春王正月庚申，晉欒書、中行偃使程滑弑厲公，程滑，晉大夫。葬之于翼東門之外，以車一乘。言不以君禮葬。諸侯葬車七乘。使荀罃、士魴逆周子于京師而立之，悼公周。生十四年矣。大夫逆于清原，周子曰：「孤始願不及此。雖及此，豈非天乎？言有命。抑人之求君，使出命也。立而不從，將安用君？二三子用我今日，否亦今日。共而從君，神之所福也。」傳言其少有才，所以能自固。對曰：「群臣之願也，敢不唯命是聽。」庚午，盟而入，與諸大夫盟。館于伯子同氏。晉大夫家。館，舍也。辛巳，朝于武宮，武公，曲沃始命君。逐不臣者七人。夷羊五之屬。周子有兄而無慧〔一〕，不能辨菽麥，故不可立。菽，大豆也。豆、麥殊形易別，故以爲癡者之候。不慧，蓋世所謂白癡。

齊爲慶氏之難，前年，國佐殺慶克。故甲申晦，齊侯使士華免以戈殺國佐于內宮之朝，華免，齊大夫。內宮，夫人宮。師逃于夫人之宮。伏兵內宮，恐不勝。書曰：「齊殺其大夫國佐。」弃命、專殺，以穀叛故也。國佐本疾淫亂，殺慶克，齊以是討之，嫌其罪不及死，故傳明言其三罪。使清人殺國勝。勝，國佐子，前年待命于清者。國弱來奔，弱，勝之弟。王湫奔萊。湫，國佐黨。慶封爲大夫，慶佐爲司寇。封、佐，皆慶克子。既，齊侯反國弱，使嗣國氏，禮也。佐之罪不及不祀。

二月乙酉朔，晉悼公即位于朝，朝廟五日而即位也。厲公殺〔二〕絶，故悼公不以嗣

〔一〕「慧」，金澤本作「惠」。
〔二〕「殺」上，金澤本有「見」字。

子居喪。始命百官，始爲政。施舍，已責，施恩惠，舍勞役，止逋責。逮鰥寡，惠及微。振廢滯，起舊德。匡乏困，救災患，匡，亦救也。禁淫慝，薄賦斂，宥罪戾，宥，寬也。節器用，節，省也。時用民，使民以時。欲無犯時。不縱私欲。使魏相、士魴、魏頡、趙武爲卿；相，魏錡子。魴，士會子。頡，魏顆子。武，趙朔子。此四人其父祖皆有勞於晉國。荀家、荀會、欒黶、韓無忌爲公族大夫，使訓卿之子弟共儉孝弟。無忌，韓厥子。使士渥濁爲大傅，使脩范武子之法；渥濁，士貞子。武子爲景公大傅。右行辛爲司空，使脩士蔿之法；辛將右行，因以爲氏。士蔿，獻公〔一〕司空也。弁糾御戎，校正屬焉，弁糾，欒糾也。校正，主馬官。使訓諸御知義。戎士尚節義。荀賓爲右，司士屬焉，司士，車右之官。使訓勇力之士時使。勇力，皆車右也。勇力多不順命，故訓之以共時之使。卿無共御，立軍尉以攝之。省卿戎御，令軍尉攝御而已。祁奚爲中軍尉，羊舌職佐之；魏絳爲司馬，魏犨子也。張老爲候奄。鐸遏寇爲上軍尉，籍偃爲之司馬，偃，

〔一〕「獻公」上，金澤本有「爲」字。

籍談父，爲上軍司馬。使訓卒乘，親以聽命。相親以聽上命。程鄭爲乘馬御，六騶屬焉，使訓群騶知禮。程鄭，荀氏別族。乘馬御，乘車之僕也。六騶，六閑之騶。周禮：諸侯有六閑馬。乘車尚禮容，故訓群騶使知禮。凡六官之長，皆民譽也。大國三卿，晉時置六卿爲軍帥。故惣舉六官，則知群官無非其人。舉不失職，官不易方，官守其業，無相踰易。爵不踰德，量德授爵。師不陵正，旅不偪師，正，軍將命卿也。師，二千五百人之帥也。旅，五百人之帥也。言上下有禮，不相陵偪。民無謗言，所以復霸也。此以上通言悼公所行，未必皆在即位之年。

公如晉，朝嗣君也。

夏六月，鄭伯侵宋，及曹門外。曹門，宋城門。遂會楚子伐宋，取朝郟。楚子辛、鄭皇辰侵城郜，取幽丘，同伐彭城，朝郟、城郜、幽丘，皆宋邑。納宋魚石、向爲人、鱗朱、向帶、魚府焉，五子以十五年出奔楚，獨書魚石，爲帥告。以三百乘戍之而還。書曰「復入」。惡其依阻大國，以兵威還，故書「復入」。凡去其國，國逆而立之曰「入」，謂本無位，紹繼而立。復其位曰「復歸」，亦國逆。諸侯納之曰「歸」，謂諸侯以言

語告請而納之，有位無位皆曰歸。以惡〔一〕**曰「復入」。**謂身爲戎首，稱兵入伐，害國殄民者也。此四條所以明外内之援，辨逆順之辭，通君臣取國有家之大例。

宋人患之。西鉏吾曰：「何也？西鉏吾，宋大夫。**若楚人與吾同惡，以德於我，吾固事之也，不敢貳矣。**惡，謂魚石。**大國無厭，鄙我猶憾。**言己事之，則以我爲鄙邑，猶恨不足，此吾患也。**不然，而收吾憎，使贊其政，**謂不同惡魚石，而用之使佐政。**以間吾釁，亦吾患也。今將崇諸侯之姦而披其地，**崇，長也。謂楚今取彭城以封魚石。披，猶分也。**以塞夷庚。**夷庚，吴、晉往來之要道。楚封魚石於彭城，欲以絶吴、晉之道。**逞姦而攜服，毒諸侯而懼吴、晉，**隔吴、晉之道，故懼。攜，離也。**吾庸多矣，非吾憂也。且事晉何爲？晉必恤之。」**言宋常〔二〕事晉何爲，顧有此患難？

公至自晉，晉范宣子來聘，且拜朝也。拜謝公朝。**君子謂：「晉於是乎有**

〔一〕「惡」下，金澤本有「入」字，釋文或本同。
〔二〕「常」，原作「嘗」，據陽明文庫本、國會本、巾箱本、書院本、附釋音本、慶元本、金澤本改。今按：册府元龜卷七三四引作「常」。

禮。」有卑讓之禮。

秋，杞桓公來朝，勞公，且問晉故。公以晉君語之，語其德政。杞伯於是驟朝于晉，而請爲昏。爲平公不徹樂張本。

七月，宋老佐、華喜圍彭城，老佐卒焉。言所以不克彭城。

八月，邾宣公來朝，即位而來見也。

築鹿囿，書，不時也。非土功時。

己丑，公薨于路寢，言道也。在路寢，得君薨之道。

冬十一月，楚子重救彭城，伐宋。使偏師與鄭人侵宋，子重爲後鎮。宋華元如晉告急。韓獻子爲政，於是欒書卒，韓厥代將中軍。曰：「欲求得人，必先勤之。勤，恤其急。成霸安疆，自宋始矣。」晉侯師于台谷以救宋，台谷，地，闕。遇楚師於靡角之谷，楚師還。畏晉强也。靡角，宋地。

晉士魴來乞師，將救宋。季文子問師數於臧武仲，武仲，宣叔之子。對曰：「伐鄭之役，知伯實來，下軍之佐也。知伯，荀罃。今彘季亦佐下軍，彘季，士魴。如伐鄭可也。伐鄭在十七年。事大國，無失班爵而加敬焉，禮也。」從之。從武仲言。

十二月，孟獻子會于虚朾，謀救宋也。宋人辭諸侯而請師以圍彭城。不敢煩諸侯，故但請其師。爲襄元年圍彭城傳。孟獻子請于諸侯，而先歸會葬。

丁未，葬我君成公，書，順也。薨于路寢，五月而葬，國家安静，世適承嗣，故曰「書，順也」。

春秋經傳集解成下第十三

春秋經傳集解襄元第十四

杜氏　盡九年

【經】

元年春王正月，公即位。無傳。於是公年四歲。

仲孫蔑會晉欒黶、宋華元、衛甯殖、曹人、莒人、邾人、滕人、薛人圍宋彭城。魯與謀於虛朾，而書會者，稟命霸主，非匹敵故。

夏，晉韓厥帥師伐鄭。

仲孫蔑會齊崔杼、曹人、邾人、杞人次于鄫。鄫，鄭地，在陳留襄邑縣東南。書「次」，兵不加鄭，次鄫以待晉師。

秋，楚公子壬夫帥師侵宋。

九月辛酉，天王崩。無傳。辛酉，九月十五日。

郳子來朝。

冬，衛侯使公孫剽來聘。剽，子叔黑背子。晉侯使荀罃來聘。冬者，十月初也。王崩，赴未至，皆未聞喪，故各得行朝聘之禮，而傳善之。

【傳】

元年春己亥，圍宋彭城。下有二月，則此己亥爲正月。正月無己亥，日誤。非宋地，追書也。成十八年，楚取彭城以封魚石，故曰「非宋地」。夫子治春秋，追書繫之宋。於是爲宋討魚石，故稱宋，且不登叛人也，登，成也。不與其專邑叛君，故使彭城還繫宋。謂之宋志。稱「宋」，亦以成宋志。彭城降晉，晉人以宋五大夫在彭城者歸，寘諸瓠丘。彭城降不書，賤略之。瓠丘，晉地，河東東垣縣東南有壺丘。五大夫，魚石、向爲人、鱗朱、向帶、魚府。齊人不會彭城，晉人以爲討。二月，齊大子光爲質於晉。光，齊靈公大子。

夏五月，晉韓厥、荀偃帥諸侯之師伐鄭，入其郛，荀偃不書，非元帥。敗其徒兵於洧上。徒兵，步兵。洧水出密縣東，南至長平入潁。於是東諸侯之師次于鄫，以待晉師。齊、魯、曹、邾、杞。晉師自鄭以鄫之師侵楚焦、夷及陳。於是孟獻子自鄫先歸，不與侵陳、楚，故不書。晉侯、衛侯次于戚，以爲之援。爲韓厥援。

秋，楚子辛救鄭，侵宋吕、留。吕、留二縣，今屬彭城郡。鄭子然侵宋，取犬丘。譙國酇縣東北有犬丘城，迂迴，疑。

九月，邾子來朝，禮也。邾宣公。

冬，衛子叔、晉知武子來聘，禮也。凡諸侯即位，小國朝之，小事大。大國聘焉，大字小。以繼好、結信，謀事、補闕，禮之大者也。闕，猶過也。禮以安國家、利民人爲大。

【經】

二年春王正月，葬簡王。無傳。五月而葬，速。

鄭師伐宋。書伐從告。

夏五月庚寅，夫人姜氏薨。

六月庚辰，鄭伯睔卒。未與襄同盟，而赴以名。庚辰，七月九日，書六月，經誤。

晉師、宋師、衛甯殖侵鄭。宋雖非卿，師重，故叙衛上。

秋七月，仲孫蔑會晉荀罃、宋華元、衛孫林父、曹人、邾人于戚。

己丑，葬我小君齊姜。齊，謚也。三月而葬，速。

叔孫豹如宋。豹於此始自齊還爲卿。

冬，仲孫蔑會晉荀罃、齊崔杼、宋華元、衛孫林父、曹人、邾人、滕人、薛人、小邾人于戚，遂城虎牢。以偪鄭。

楚殺其大夫公子申。

【傳】

二年春，鄭師侵宋，楚令也。以彭城故。

齊侯伐萊，萊人使正輿子賂夙沙衛以索馬牛，皆百匹，夙沙衛，齊寺人。索，簡擇好者。齊師乃還。君子是以知齊靈公之爲靈也。謚法：亂而不損曰靈。言謚應其行。

夏，齊姜薨。初，穆姜使擇美檟，檟，梓之屬。以自爲櫬與頌琴。櫬，棺也。頌琴，琴名，猶言雅琴。皆欲以送終。季文子取以葬。君子曰：「非禮也。禮無所逆，婦，養姑者也。虧姑以成婦，逆莫大焉。穆姜，成公母。齊姜，成公婦。詩曰：『其惟哲人，告之話言，順德之行。』詩，大雅。哲，知也。話，善也。言知者行事無不順。季孫於是爲不哲矣。言逆德。且姜氏，君之妣也。襄公適母，故曰「君之妣」。詩曰：『爲酒爲醴，烝畀祖妣。以洽百禮，降福孔偕。』詩，周頌。烝，進也。畀，與也。偕，徧也。言敬事祖妣，則鬼神降福。季孫葬姜氏不以禮，是不敬祖妣。

齊侯使諸姜、宗婦來送葬。宗婦，同姓大夫之婦。婦人越疆送葬，非禮。召萊子，萊子不會，故晏弱城東陽以偪之。爲六年滅萊傳。東陽，齊竟上邑。

鄭成公疾，子駟請息肩於晉。欲辟楚役，以負擔喻。公曰：「楚君以鄭故，親集矢於其目，謂鄢陵戰，晉射楚王目。非異人任，寡人也。言楚子任此患，不爲他人，蓋在己。若背之，是弃力與言，其誰暱我？言盟誓之言。免寡人，唯二三子。」

秋七月庚辰，鄭伯睔卒。於是子罕當國，攝君事。子駟爲政，爲政卿。子國爲司馬。晉師侵鄭，晉伐喪，非禮。諸大夫欲從晉。子駟曰：「官命未改。」成公未葬，嗣君未免喪，故言「未改」，不欲違先君意。

會于戚，謀鄭故也。鄭久叛，晉謀討之。孟獻子曰：「請城虎牢以偪鄭。」虎牢，舊鄭邑，今屬晉。知武子曰：「善！鄫之會，吾子聞崔子之言，今不來矣。元年，孟獻子與齊崔杼次于鄫，崔杼有不服晉之言，獻子以告知武子。滕、薛、小邾之不至，皆齊故也。三國，齊之屬。寡君之憂不唯鄭。言復憂齊叛。罃將復於寡君，而請於齊。以城事白晉君，而請齊會之，欲以觀齊志。得請而告，吾子之功也。得請，謂齊人應命，告諸侯會築虎牢。若不得請，事將在齊。將伐齊。吾子之請，諸侯之福也，城虎牢，足以服鄭息征伐。豈唯寡君賴之！」傳言荀罃能用善謀。

穆叔聘于宋，通嗣君也。

冬，復會于戚。齊崔武子及滕、薛、小邾之大夫皆會，知武子之言故也。武子言事將在齊，齊人懼，帥小國而會之。遂城虎牢，鄭人乃成。如孟獻子之謀。

楚公子申爲右司馬，多受小國之賂，以偪子重、子辛。偪奪其權勢。楚人殺之，故書曰：「楚殺其大夫公子申。」言所以致國討之文。

【經】三年春，楚公子嬰齊帥師伐吳。

公如晉。

夏四月壬戌，公及晉侯盟于長樗。晉侯出其國都，與公盟于外。

公至自晉。無傳。不以長樗至，本非會。

六月，公會單子、晉侯、宋公、衛侯、鄭伯、莒子、邾子、齊世子光，己未，同盟于雞澤。雞澤，在廣平曲梁縣西南。周靈王新即位，使王官伯出與諸侯盟，以安王室，故無譏。

陳侯使袁僑如會。陳疾楚政而來屬晉，本非召會而自來，故言「如會」。

戊寅，叔孫豹及諸侯之大夫及陳袁僑盟。諸侯既盟，袁僑乃至，故使大夫別與之盟。言諸侯之大夫，則在雞澤之諸侯也。殊袁僑者，明諸侯大夫所以盟，盟袁僑也。據傳，盟在秋。長歷推戊寅，七月十三日，經誤。

秋，公至自會。無傳。

冬，晉荀罃帥師伐許。

【傳】

三年春，楚子重伐吴，爲簡之師。簡，選練。克鳩兹，至于衡山，鳩兹，吴邑，在丹陽無湖縣〔一〕東，今皋夷也。衡山，在吳興烏程縣南。使鄧廖帥組甲三百、被練三千，組甲、被練，皆戰備也。組甲，漆甲成組文。被練，練袍。以侵吳。吳人要而擊之，獲鄧廖，其能免者，組甲八十、被練三百而已。子重歸，既飲至，三日，吳人伐楚，取駕。駕，良邑也。鄧廖，亦楚之良也。君子謂：「子重於是役也，所獲不如所亡。」當時君子。楚人以是咎子重。子重病之，遂遇心疾而卒。憂恚，故成心疾。

公如晉，始朝也。公即位而朝。夏，盟于長樗，孟獻子相，公稽首。相，儀也。稽首，首至地。知武子曰：「天子在，而君辱稽首，寡君懼矣。」稽首，事天子之禮。孟獻子曰：「以敝邑介在東表，密邇仇讎，仇讎，謂齊、楚與晉争。寡君將君是望，敢不稽首？」傳言獻子能固事盟主。

晉爲鄭服故，且欲脩吳好，鄭服在前年。將合諸侯，使士匄告于齊曰：「寡君使匄，以歲之不易，不虞之不戒，寡君願與一二兄弟相見，不易，多難也。虞，度也。

〔一〕「無湖縣」，陽明文庫本、宋大字本、國會本、書院本作「蕪湖縣」。金澤本校作「蕪」。

戒，備也。列國之君相謂兄弟。以謀不協。請君臨之，使匄乞盟。」齊侯欲勿許，而難爲不協，乃盟於耏外。與士匄盟。耏，水名。

祁奚請老，老，致仕。晉侯問嗣焉，嗣，續其職者。稱解狐，其讎也，將立之而卒。解狐卒。又問焉，對曰：「午也可。」午，祁奚子。於是羊舌職死矣。晉侯曰：「孰可以代之？」對曰：「赤也可。」赤，職之子伯華。於是使祁午爲中軍尉，羊舌赤佐之。各代其父。君子謂：「祁奚於是能舉善矣。稱其讎，不爲諂；立其子，不爲比；舉其偏，不爲黨。諂，媚也。偏，屬也。商書曰：『無偏無黨，王道蕩蕩。』商書，洪範也。蕩蕩，平正無私。其祁奚之謂矣！解狐得舉，未得位，故曰得舉。祁午得位，伯華得官，建一官而三物成，一官，軍尉。物，事也。能舉善也夫！唯善，故能舉其類。詩云：『惟其有之，是以似之。』祁奚有焉。」詩，小雅，言唯有德之人能舉似己者。

六月，公會單頃公及諸侯，己未，同盟于雞澤。單頃公，王卿士。晉侯使荀會逆吳子于淮上，吳子不至。道遠多難。

楚子辛爲令尹，侵欲於小國，陳成公使袁僑如會求成。患楚侵欲。袁僑，濤塗四世孫。晉侯使和組父告于諸侯。告陳服。秋，叔孫豹及諸侯之大夫及陳袁僑盟，陳請服也。其君不來，使大夫盟之，匹敵之宜。

晉侯之弟揚干亂行於曲梁，行，陳次。魏絳戮其僕。僕，御也。晉侯怒，謂羊舌赤曰：「合諸侯，以爲榮也。揚干爲戮，何辱如之？必殺魏絳，無失也！」對曰：「絳無貳志，事君不辟難，有罪不逃刑，其將來辭，何辱命焉？」言終，魏絳至，授僕人書，僕人，晉侯御僕。將伏劍。士魴、張老止之。公讀其書曰：「日君乏使，使臣斯司馬。斯，此也。臣聞『師衆以順爲武，順，莫敢違。軍事有死無犯爲敬』。守官行法，雖死，不敢有違。君合諸侯，臣敢不敬？君師不武，執事不敬，罪莫大焉。臣懼其死，以及揚干，無所逃罪，懼自犯不武、不敬之罪。不能致訓，至於用鉞。用鉞斬揚干之僕。臣之罪重，敢有不從，以怒君心？言不敢不從戮。請歸死於司寇。」致尸於司寇，使戮之。公跣而出，曰：「寡人之言，親愛也。吾子之討，軍禮也。寡人有弟，弗能教訓，使干大命，寡人之過也。子無重寡人之過，聽絳死爲重過。敢以爲請。」請使無死。

晉侯以魏絳爲能以刑佐民矣。反役，與之禮食，使佐新軍。群臣旅會，今欲顯絳，故特爲設禮食。張老爲中軍司馬，代魏絳。士富爲候奄。代張老。士富，士會別族。

楚司馬公子何忌侵陳，陳叛故也。

許靈公事楚，不會于雞澤。冬，晉知武子帥師伐許。

【經】

四年春王三月己酉，陳侯午卒。前年，大夫盟雞澤。三月無己酉，日誤。

夏，叔孫豹如晉。

秋七月戊子，夫人姒氏薨。成公妾，襄公母。姒，杞姓。

葬陳成公。無傳。

八月辛亥，葬我小君定姒。無傳。定，謚也。赴同祔姑，反哭成喪，皆以正夫人禮，母以子貴。踰月而葬，速。

冬，公如晉。

陳人圍頓。

【傳】

四年春，楚師爲陳叛故，猶在繁陽。前年，何忌之師侵陳，今猶未還。繁陽，楚地，在汝南鮦陽縣南。韓獻子患之，言於朝曰：「文王帥殷之叛國以事紂，唯知時也。知時未可爭。今我易之，難哉！」晉力未能服楚，受陳爲非時。三月，陳成公卒，楚人將伐陳，聞喪乃止。軍禮不伐喪。陳人不聽命。不聽楚命。臧武仲聞之，曰：「陳不服於楚，必亡。大國行禮焉，而不服，在大猶有咎，而況小乎？」夏，楚彭名侵陳，陳無禮故也。爲下陳圍頓傳。

穆叔如晉，報知武子之聘也。武子聘在元年。晉侯享之，金奏肆夏之三，不拜。肆夏，樂曲名。周禮以鐘鼓奏九夏，其二曰肆夏，一名樊；三曰韶夏，一名遏；四曰納夏，一名渠。蓋擊鐘而奏此三夏曲。工歌文王之三，又不拜。工，樂人也。文王之三，大雅之首：文王、大明、緜。歌鹿鳴之三，三拜。小雅之首：鹿鳴、四牡、皇皇者華。韓獻子使行人子員問之，行人，通使之官。曰：「子以君命辱於敝邑，先君之禮，藉之以樂，以辱吾子。吾子舍其大，而重拜其細，敢問何禮也？」對曰：「三夏，天子所以享元侯也，使臣弗敢與聞。元侯，牧伯。文王，兩君相見之樂也，臣不敢及。及，與也。文王之三，皆稱文王之德，受命作周，故諸侯會同以相樂。鹿鳴，君所以嘉寡君也，敢不拜嘉？晉以叔孫爲嘉賓，故歌鹿鳴之詩，取其「我有嘉賓」。叔孫奉君命而來，嘉叔孫，乃所以嘉魯君。四牡，君所以勞使臣也，敢不重拜？詩言使臣乘四牡，騑騑然行不止，勤勞也。晉以叔孫來聘，故以此勞之。皇皇者華，君教使臣曰『必諮於周』。皇皇者華，君遣使臣之詩，言忠臣奉使，能光輝君命，如華之皇皇然。又當諮于忠信，以補己不及。忠信爲周，其詩曰「周爰諮諏」、「周爰諮謀」、「周爰諮度」、「周爰諮詢」，言必於忠信之人，諮此四事。臣聞之：『訪問於善爲咨，問善道。咨親爲詢，問親戚之義。咨禮爲度，問禮宜。咨事爲諏，問政事。咨難爲謀。』問患難。臣獲五善，敢不重拜？」五善爲諮、詢、度、諏、謀。

秋，定姒薨，不殯于廟，無櫬，不虞。櫬，親身棺。季孫以定姒本賤，既無器備，議其喪制，欲殯不過廟，又不反哭。匠慶謂季文子匠慶，魯大匠。曰：「子爲正卿，而小君之喪不成，謂如季孫所議，則爲夫人禮不成。不終君也。慢其母，是不終事君之道。君長，誰受其咎？」言襄公長，將責季孫。

初，季孫爲己樹六檟於蒲圃東門之外，蒲圃，場圃名。季文子樹檟，欲自爲櫬。匠慶請木，爲定姒作櫬。季孫曰：「略。」不以道取爲略。匠慶用蒲圃之檟，季孫不御。御，止也。傳言遂得成禮，故經無異文。君子曰：「志所謂『多行無禮，必自及也』，其是之謂乎！」

冬，公如晉聽政，受貢賦多少之政。晉侯享公，公請屬鄫，鄫，小國也。欲得使屬魯，如須句、顓臾之比，使助魯出貢賦。公時年七歲，蓋相者爲之言。鄫，今琅邪鄫縣。晉侯不許。孟獻子曰：「以寡君之密邇於仇讎，而願固事君，無失官命。晉官徵發之命。鄫無賦於司馬，晉司馬又掌諸侯之賦。爲執事朝夕之命敝邑，敝邑褊小，闕而爲罪，闕，不共也。寡君是以願借助焉。」借鄫以自助。晉侯許之。爲明年叔孫豹、鄫世子巫如晉傳。

楚人使頓間陳而侵伐之，故陳人圍頓。間，伺間缺。

無終子嘉父使孟樂如晉，無終，山戎國名。孟樂，其使臣。因魏莊子納虎豹之皮，以請和諸戎。欲戎與晉和。莊子，魏絳。晉侯曰：「戎狄無親而貪，不如伐之。」魏絳曰：「諸侯新服，陳新來和，將觀於我。我德則睦，否則攜貳。勞師於戎，而楚伐陳，必弗能救，是弃陳也，諸華必叛。諸華，中國。戎，禽獸也。獲戎失華，無乃不可乎？《夏訓》有之曰：『有窮后羿。』」《夏訓》，夏書。有窮，國名。后，君也。羿，有窮君之號。公曰：「后羿何如？」怪其言不次，故問之。對曰：「昔有夏之方衰也，后羿自鉏遷于窮石，因夏民以代夏政。禹孫大康淫放失國，夏人立其弟仲康，仲康亦微弱。仲康卒，子相立，羿遂代相，號曰「有窮」。鉏，羿本國名。恃其射也，羿善射。不脩民事，而淫于原獸。淫放原野。弃武羅、伯因〔一〕、熊髡、尨圉，四子皆羿之賢臣。而用寒浞。寒浞，伯明氏之讒子弟也，寒，國，北海平壽縣東有寒亭。伯明，其君名。伯明后寒弃之，夷羿收之，夷，氏。信而使之，以爲己相。浞行媚于內，內宮人。而施賂于外，愚弄其民，欺罔之。而虞羿于田，樂之以遊田。樹之詐慝，以取其國家，樹，立也。外內咸服。信浞詐。羿猶不悛，悛，改也。將歸自田，羿獵還。家衆殺而亨之，以食其子。食羿子。其子不忍食諸，死于窮門。殺之於國門。靡奔有鬲氏。靡，夏遺臣事羿者。有鬲，國名，今平原鬲縣。浞因羿室，就其妃妾。生澆及豷，恃其讒慝詐僞，而不德于民。使澆用師，滅斟灌及斟尋氏。二國，夏同姓諸侯，仲康之子后相所依。樂安壽光縣東南有灌亭，北海平壽縣東南有斟亭。處澆于過，處豷于戈。過、戈皆國名。東萊

〔一〕「伯因」，原作「伯困」，據陽明文庫本、宋大字本、附釋音本、慶元本改。阮校云：「石經、宋本、淳熙本、岳本、纂圖本、監本、毛本作『伯因』，是。案：漢書古今人表作『柏因』，史記正義作『伯姻』。」

掖縣北有過鄉。戈在宋、鄭之間。靡自有鬲氏收二國之燼，燼，遺民。以滅浞而立少康。少康，夏后相之子。少康滅澆于過，后杼滅豷于戈，后杼，少康子。有窮由是遂亡，失人故也。浞因羿室，故不改有窮之號。昔周辛甲之〔一〕爲大史也，命百官，官箴王闕。辛甲，周武王大史。闕，過也。使百官各爲箴辭戒王過。於虞人之箴虞人掌田獵。曰：『芒芒禹迹，畫爲九州，芒芒，遠貌。畫，分也。經啓九道。啓開九州之道。民有寢廟，獸有茂草，各有攸處〔二〕，德用不擾。人神各有所歸，故德不亂。在帝夷羿，冒于原獸，冒，貪也。忘其國恤，而思其麀牡。言但念獵。武不可重，重，猶數也。用不恢于夏家。羿以好武，雖有夏家，而不能恢大之。獸臣司原，敢告僕夫。』獸臣，虞人。告僕夫，不敢斥尊。虞箴如是，可不懲乎？」於是晉侯好田，故魏絳及之。及后羿事。公曰：「然則莫如和戎乎？」對曰：「和戎有五利焉：戎狄荐居，貴貨易土，

〔一〕「之」，原無，據陽明文庫本、宋大字本、國會本、巾箱本、書院本、附釋音本、慶元本、金澤本補。今按：御覽卷八三一、册府元龜卷七四一俱有「之」字。

〔二〕「攸處」，釋文作「攸家」，云：「本或作『攸處』。」

荐，聚也。易，猶輕也。土可賈焉，一也。邊鄙不聳，民狎其野，穡人成功，二也。聳，懼；狎，習也。戎狄事晉，四鄰振動，諸侯威懷，三也。以德綏戎，師徒不勤，甲兵不頓，四也。頓，壞也。鑒于后羿，而用德度，以后羿爲鑒戒。遠至邇安，五也。君其圖之！」公說，使魏絳盟諸戎，脩民事，田以時。傳言晉侯能用善謀。

冬十月，邾人、莒人伐鄫，臧紇救鄫，侵邾，敗於狐駘。臧紇，武仲也。鄫屬魯，故救之。狐駘，邾地，魯國番縣東南有目台亭。國人逆喪者皆髽，魯於是乎始髽。髽，麻髮合結〔一〕也。遭喪者多，故不能備凶服，髽而已。國人誦之曰：「臧之狐裘，敗我於狐駘。臧紇時服狐裘。我君小子，朱儒是使。朱儒朱儒，使我敗於邾。」襄公幼弱，故曰「小子」。臧紇短小，故曰「朱儒」。敗不書，魯人諱之。

【經】五年春，公至自晉。

〔一〕「合結」，釋文作「合髻」，云：「本又作『結』，又作『紒』，音同。」

夏，鄭伯使公子發來聘。發，子産父。

叔孫豹、鄫世子巫如晉。比魯大夫，故書「巫如晉」。

仲孫蔑、衛孫林父會吴于善道。魯、衛俱受命於晉，故不言及。吴先在善道，二大夫往會之，故曰「會吴」。善道，地，闕。

秋，大雩。

楚殺其大夫公子壬夫。書名，罪其貪。

公會晉侯、宋公、陳侯、衛侯、鄭伯、曹伯、莒子、邾子、滕子、薛伯、齊世子光、吴人、鄫人于戚。穆叔使鄫人聽命于會，故鄫見經。不復殊吴者，吴來會于戚。

公至自會。無傳。

冬，戍陳。諸侯在戚會，皆受命戍陳，各還國遣戍，不復有告命，故獨書魯戍。

楚公子貞帥師伐陳。

公會晉侯、宋公、衛侯、鄭伯、曹伯、齊世子光救陳。

十有二月，公至自救陳。無傳。

辛未，季孫行父卒。

【傳】

五年春，公至自晉。公在晉，既聽屬鄫，聞其見伐，遥命臧紇出救，故傳稱經「公至」以明之。

王使王叔陳生愬戎于晉，王叔，周卿士也。戎陵虢周室，故告愬盟主。晉人執之。士魴如京師，言王叔之貳於戎也。王叔反有二心於戎，失奉使之義，故晉執之。

夏，鄭子國來聘，通嗣君也。鄭僖公初即位。

穆叔覿鄫大子于晉，以成屬鄫。覿，見也。前年請屬鄫，故將鄫大子巫如晉以成之。書曰：「叔孫豹、鄫大子巫如晉。」言比諸魯大夫也。豹與巫俱受命於魯，故經不書「及」，比之魯大夫。

吳子使壽越如晉，壽越，吳大夫。辭不會于雞澤之故，三年，會雞澤，吳不至，今來謝之。且請聽諸侯之好。更請會。晉人將爲之合諸侯，使魯、衛先會吳，且告會期。以其道遠，故使魯、衛先告期。故孟獻子、孫文子會吳于善道。二子皆受晉命而行。

秋，大雩，旱也。雩，夏祭，所以祈甘雨。若旱，則又脩其禮〔一〕，故雖秋雩，非書過也。然經與過雩同文，是以傳每釋之曰「旱也」。雩而獲雨，故書雩而不書旱。

楚人討陳叛故，討，治也。曰：「由令尹子辛實侵欲焉。」乃殺之。書曰「楚殺其大夫公子壬夫」，貪也。君子謂：「楚共王於是不刑。陳之叛楚，罪在子辛，共王既不能素明法教，陳叛之日又不能嚴斷威刑，以謝小國，而擁其罪人，興兵致討，加禮於陳，而陳恨彌篤，乃怨而歸罪子辛。子辛之貪，雖足以取死，然共王用刑爲失其節，故言「不刑」。詩曰：『周道挺挺，我心扃扃。講事不令，集人來定。』逸詩也。挺挺，正直也。扃扃，明察也。講，謀也。言謀事不善，當聚致賢人以定之。己則無信，而殺人以逞，不亦難乎？共王伐宋，封魚石；背盟，敗于鄢陵；殺子反、公子申及壬夫。八年之中，戮殺三卿，欲以屬諸侯，故君子以爲不可。夏書曰：『成允成功。』亦逸書也。允，信也。言信成，然後有成功。

九月丙午，盟于戚，會吴，且命戍陳也。公及其會而不書盟，非公後會，蓋不以盟告廟。穆叔以屬鄫爲不利，使鄫大夫聽命于會。鄫近魯竟，故欲以爲屬國。既而與莒

〔一〕「禮」，金澤本作「祀」。

有忿，魯不能救，恐致譴責，故復乞還之。傳言鄫人所以見於戚會。

楚子囊爲令尹，公子貞。范宣子曰：「我喪陳矣。楚人討貳而立子囊，必改行，改子辛所行。而疾討陳。疾，急也。陳近於楚，民朝夕急，能無往乎？有陳，非吾事也。無之而後可。」言晉力不能及陳，故七年陳侯逃歸。

冬，諸侯戍陳，備楚。子囊伐陳，十一月甲午，會于城棣以救之。公及救陳而不及會，故不書城棣。城棣，鄭地，陳留酸棗縣西南有棣城。

季文子卒，大夫入斂，公在位。在阼階，西鄉。宰庀家器爲葬備，庀，具也。無衣帛之妾，無食粟之馬，無藏金玉，無重器備。器備，謂珍寶甲兵之物。君子是以知季文子之忠於公室也相三君矣，而無私積，可不謂忠乎？

【經】

六年春王三月壬午，杞伯姑容卒。

夏，宋華弱來奔。華椒孫。

秋，葬杞桓公。無傳。

滕子來朝。

莒人滅鄫。

冬，叔孫豹如邾。

季孫宿如晉。行父之子。

十有二月，齊侯滅萊。書十二月，從告。

【傳】

六年春，杞桓公卒，始赴以名，同盟故也。杞入春秋，未嘗書名，桓公三與成同盟，故赴以名。

宋華弱與樂轡少相狎，長相優，又相謗也。狎，親習也。優，調戲也。子蕩怒，以弓梏華弱于朝。子蕩，樂轡也。張弓以貫其頸，若械之在手，故曰梏。平公見之，曰：「司武而梏於朝，難以勝矣。」司武，司馬。言其懦弱不足以勝敵。遂逐之。夏，宋華弱來奔。司城子罕曰：「同罪異罰，非刑也。專戮於朝，罪孰大焉。」亦逐子蕩。子蕩射子罕之門曰：「幾日而不我從？」言我射女門，女亦當以不勝任見逐。子罕善之如初。言子罕雖見辱，不追忿，所以得安。

秋，滕成公來朝，始朝公也。

莒人滅鄫，鄫恃賂也。鄫有貢賦之賂在魯，恃之而慢莒，故滅之。

冬，穆叔如邾聘，且脩平。平四年狐駘戰。

晉人以鄫故來討，曰：「何故亡鄫？」鄫屬魯，恃賂而慢莒。魯不致力輔助，無何以還晉，尋便見滅，故晉責魯。季武子如晉見，且聽命。始代父爲卿見大國，且謝亡鄫，聽命受罪。

十一月，齊侯滅萊，萊恃謀也。賂夙沙衛之謀也，事在二年。於鄭子國之來聘也，四月，晏弱城東陽，而遂圍萊。子國聘在五年。二年，晏弱城東陽，至五年四月，復託治城，因遂圍萊。甲寅，堙之環城，傅於堞。堞，女牆也。堙，土山也。周城爲土山及女牆。及杞桓公卒之月，此年三月。乙未，王湫帥師及正輿子、棠人軍齊師，王湫，故齊人，成十八年奔萊。正輿子，萊大夫。棠，萊邑也，北海即墨縣有棠鄉。三人帥別邑兵來解圍。齊師大敗之，敗湫等。丁未入萊，萊共公浮柔奔棠，正輿子、王湫奔莒，莒人殺之。四月，陳無宇獻萊[一]宗器于襄宮。無宇，桓子，陳完玄孫。襄宮，齊襄公廟。晏弱圍

[一]「萊」，原作「來」，據蜀石經、陽明文庫本、宋大字本、國會本、巾箱本、書院本、附釋音本、慶元本、金澤本改。

棠，十一月丙辰而滅之，遷萊于郳，遷萊子于郳國。高厚、崔杼定其田。定其疆界。高厚，高固子。

【經】

七年春，郯子來朝。

夏四月，三卜郊，不從，乃免牲。稱牲，既卜日也。卜郊，又非禮也。

小邾子來朝。

城費。南遺假事難而城之。

秋，季孫宿如衛。

八月，螽。無傳。爲災，故書。

冬十月，衛侯使孫林父來聘，壬戌，及孫林父盟。

楚公子貞帥師圍陳。

十有二月，公會晉侯、宋公、陳侯、衛侯、曹伯、莒子、邾子于鄬。謀救陳，陳侯逃歸，不成救，故不書救也。鄬，鄭地。

鄭伯髡頑如會，未見諸侯，丙戌，卒于鄵。實爲子駟所弒，以瘧疾赴，故不書弒。稱名，爲書卒，同盟故也。如會，會於鄬也。未見諸侯，未至會所而死。鄵，鄭地。不欲再稱鄭伯，故約文上其名〔一〕於會上。

陳侯逃歸。畏楚，逃晉而歸。

【傳】

七年春，郯子來朝，始朝公也。

夏四月，三卜郊，不從，乃免牲。孟獻子曰：「吾乃今而後知有卜筮。夫郊祀后稷，以祈農事也。郊祀后稷以配天。后稷，周始祖，能播殖者。是故啓蟄而郊，郊而後耕。今既耕而卜郊，宜其不從也。」啓蟄，夏正建寅之月。耕，謂春分。

南遺爲費宰。費，季氏邑。叔仲昭伯爲隧正，隧正，主役徒。昭伯，叔仲惠伯之孫。欲善季氏，而求媚於南遺，謂遺：「請城費，使遺請城。吾多與而役。」故季氏城

〔一〕「上其名」，原作「正其名」，據陽明文庫本、宋大字本、國會本、巾箱本、書院本、附釋音本、慶元本、金澤本改。阮校云：「釋文亦作『上其名』，與正義合，是也。」

故不時報。

費。傳言禄去公室，季氏所以强。

小邾穆公來朝，亦始朝公也。亦郳子也。

秋，季武子如衛，報子叔之聘，且辭緩報，非貳也。子叔聘在元年。言國家多難，

冬十月，晉韓獻子告老，公族穆子有廢疾，穆子，韓厥長子，成十八年爲公族大夫。**將立之。**代厥爲卿。**辭曰：「詩曰：『豈不夙夜，謂行多露。』**詩言雖欲早夜而行，懼多露之濡己，義取非禮不可妄行。**又曰：『弗躬弗親，庶民弗信。』**詩，小雅，譏在位者不躬親政事，則庶民不奉信其命。言己有疾，不能躬親政事。**無忌不才，讓其可乎？請立起也。**無忌，穆子〔一〕名。起，無忌弟宣子也。**與田蘇游，而曰『好仁』。**田蘇，晉賢人。蘇言起好仁。**詩曰：『靖共爾位，好是正直。神之聽之，介爾景福。』**靖，安也。介，助也。景，大也。詩，小雅，言君子當思不出其位，求正直之人，與之並立，如是則神明順之，致大福也。**恤民爲德，**靖共其位，所以恤民。**正直爲正，**正己心。**正曲爲直，**正人曲。**參和**

〔一〕「穆子」，原作「子子」，據陽明文庫本、宋大字本、國會本、巾箱本、書院本、附釋音本、慶元本、金澤本改。

爲仁，德、正、直三者備，乃爲仁。如是則神聽之，介福降之。立之，不亦可乎？」言起有此三德，故可立。庚戌，使宣子朝，遂老。韓厥致仕。晉侯謂韓無忌仁，使掌公族大夫。爲之師長。

衛孫文子來聘，且拜武子之言，緩報非貳之言。而尋孫桓子之盟。盟在成三年。公登亦登。禮，登階，臣後君一等。叔孫穆子相，趨進曰：「諸侯之會，寡君未嘗後衛君。敵體並登。今吾子不後寡君，寡君未知所過。吾子其少安！」安，徐〔一〕也。孫子無辭，亦無悛容。悛，改也。穆叔曰：「孫子必亡！爲臣而君，過而不悛，亡之本也。詩曰：『退食自公，委蛇委蛇。』委蛇，順貌。詩，召南，言人臣自公門入私門，無不順禮。謂從者也。從，順也。衡而委蛇，必折。」衡，横也。横不順道，必毁折。爲十四年林父逐君起本。

楚子囊圍陳，會于鄬以救之。晉會諸侯。

〔一〕「徐」，原作「除」，據陽明文庫本、宋大字本、國會本、巾箱本、書院本、附釋音本、慶元本、金澤本改。今按：册府元龜卷二四六、六六四、七三三俱引作「徐」。

鄭僖公之爲大子也，於成之十六年，魯成公。與子罕適晉，不禮焉。又與子豐適楚，亦不禮焉。子豐，穆公子。及其元年，朝于晉，鄭僖元年，魯襄三年。子豐欲愬諸晉而廢之，子罕止之。及將會于鄬，子駟相，又不禮焉。侍者諫，不聽。又諫，殺之。及鄵，子駟使賊夜弒僖公，而以瘧疾赴于諸侯。傳言經所以不書弒。簡公生五年，奉而立之。僖公子。

陳人患楚，楚圍陳故。慶虎、慶寅謂楚人曰：「吾使公子黄往而執之。」二慶，陳執政大夫。公子黄，哀公弟。楚人從之。爲執黄。二慶使告陳侯于會，鄬之會。曰：「楚人執公子黄矣！君若不來，群臣不忍社稷宗廟，懼有二圖。」背君屬楚。陳侯逃歸。鄬會所以不書救。

【經】

八年春王正月，公如晉。

夏，葬鄭僖公。無傳。

鄭人侵蔡，獲蔡公子燮。鄭子國稱人，刺其無故侵蔡，以生國患。燮，蔡莊公子。

季孫宿會晉侯、鄭伯、齊人、宋人、衛人、邾人于邢丘。時公在晉，晉悼難勞諸侯，唯使大夫聽命，故季孫在會而公先歸。

公至自晉。無傳。

莒人伐我東鄙。

秋九月，大雩。

冬，楚子貞帥師伐鄭。

晉侯使士匄來聘。

【傳】

八年春，公如晉朝，且聽朝聘之數。晉悼復脩伯業，故朝而稟其多少。

鄭群公子以僖公之死也，謀子駟，子駟先之。夏四月庚辰，辟殺子狐、子熙、子侯、子丁。辟，罪也。加罪以戮之。孫擊、孫惡出奔衛。二孫，子狐之子。

庚寅，鄭子國、子耳侵蔡，獲蔡司馬公子燮。鄭侵蔡，欲以求媚於晉。子耳，子良之子。不言敗，唯以獲告。鄭人皆喜，唯子產不順，子產，子國子，不順衆而喜。曰：「小國無文德而有武功，禍莫大焉。楚人來討，能勿從乎？從之，晉師必至。晉、楚伐鄭，自今鄭國，不四五年，弗得寧矣。」子國怒之，曰：「爾何知！國有大命，而有正卿，童子言焉，將爲戮矣。」大命，起師行軍之命。

五月甲辰，會于邢丘，以命朝聘之數，使諸侯之大夫聽命。季孫宿、齊高厚、宋向戌、衛甯殖、邾大夫會之。晉難重煩諸侯，故使大夫聽命。鄭伯獻捷于會，故親聽命。獻蔡捷也。大夫不書，尊晉侯也。晉悼復文、襄之業，制朝聘之節，儉而有禮，德義可尊，故退諸侯大夫以崇之。

莒人伐我東鄙，以疆鄫田。莒既滅鄫，魯侵其西界，故伐魯東鄙，以正其封疆。

秋九月，大雩，旱也。

冬，楚子囊伐鄭，討其侵蔡也。子駟、子國、子耳欲從楚，子孔、子蟜、子展欲待晉。待晉來救。子孔，穆公子。子蟜，子游子。子展，子罕子。子駟曰：「周詩有之曰：『俟河之清，人壽幾何？逸詩也，言人壽促而河清遲，喻晉之不可待。兆云詢多，職競作羅。』兆，卜；詢，謀也。職，主也。言既卜且謀多，則競作羅網之難，無成功。謀之多族，民之多違，族，家也。事滋無成。滋，益也。民急矣，姑從楚以紓吾民。晉師至，吾又從之。敬共幣帛，以待來者，小國之道也。犧牲玉帛，待於二竟，二竟，晉、楚界上。以待彊者而庇民焉。寇不爲害，民不罷病，不亦可乎？」子展曰：「小所以事大，信也。小國無信，兵亂日至，亡無日矣。五會之信，謂三年會雞澤，五年會戚，又會城棣，七年會鄬，八年會邢丘。今將背之，雖楚救我，將安用之？言失信得楚，不足貴。親我無成，晉親鄭。鄙我是欲，楚欲以鄭爲鄙邑而反欲與成。不可從也。言子駟不可從。不如待晉。晉君方明，四軍無闕，八卿和睦，必不弃鄭。四軍，謂上、中、下、新軍也。軍有二卿。楚師遼遠，糧食將盡，必將速歸，何患焉？舍之聞之：舍之，子展名。『杖莫如信。』完守以老楚，杖信以待晉，不亦〔一〕可乎？」子駟曰：「詩云：『謀夫孔多，是用不集。詩，小雅。孔，甚也。集，就也。言人〔二〕欲爲政，是非相亂而不成。發言盈庭，誰敢執其咎？言謀者多，若有不善，無適受其咎也。如匪行邁謀，是用不得于道。』匪，彼也。行邁謀，謀於路人也。不得于道，衆無適從。請從楚，騑也受其咎。」騑，子駟名也。乃及楚平。

〔一〕「不亦」上，金澤本有「勝」字。
〔二〕「人」下，金澤本有「人以」二字。

使王子伯駢告于晉，伯駢，鄭大夫。曰：「君命敝邑：『脩而車賦，儆而師徒，以討亂略。』蔡人不從，敝邑之人不敢寧處，悉索敝賦，索，盡也。以討于蔡，獲司馬燮，獻于邢丘。今楚〔一〕來討，曰：『女何故稱兵于蔡？』稱，舉也。焚我郊保，郭外曰郊。保，守也。馮陵我城郭。馮，迫也。敝邑之衆，夫婦男女，不皇啓處，以相救也。皇，暇也。啓，跪也。翦焉傾覆，無所控告。翦，盡也。控，引也。民死亡者，非其父兄，即其子弟。夫人愁痛，夫人，猶人人也。不知所庇。民知窮困，而受盟于楚。孤也與其二三臣不能禁止，孤，鄭伯。不敢不告。」知武子使行人子員對之，曰：「君有楚命，見討之命。亦不使一个〔二〕行李告于寡君。一个，獨使也。行李，行人也。而即安于楚。君之所欲也，誰敢違君？寡君將帥諸侯以見于城下，唯君圖之！」爲明年晉伐鄭傳。

晉范宣子來聘，且拜公之辱，謝公此春朝。告將用師于鄭。公享之，宣子賦摽

〔一〕「楚」下，金澤本有「人」字。

〔二〕「个」，國會本、巾箱本、書院本作「介」。阮校云：「石經、宋本、淳熙本、足利本『介』作『个』，注同。釋文亦作『个』。」

有梅。摽有梅，詩召南。摽，落也。梅盛極則落，詩人以興女色盛則有衰，衆士求之，宜及其時。宣子欲魯及時共討鄭，取其汲汲相赴。季武子曰：「誰敢哉？」言誰敢不從命。今譬於草木，寡君在君，君之臭味也。言同類。歡以承命，何時之有？」遲速無時。武子賦角弓。角弓，詩小雅，取其兄弟昏姻，無相遠矣。賓將出，武子賦彤弓。彤弓，天子賜有功諸侯之詩，欲使晉君繼文之業，復受彤弓於王。宣子曰：「城濮之役，在僖二十八年。我先君文公獻功于衡雍，受彤弓于襄王，以爲子孫藏。藏之以示子孫。匄也，先君守官之嗣也，敢不承命？」言己嗣其父祖爲先君守官，不敢廢命，欲匡晉君。君子以爲知禮。彤弓之義，義在晉君，故范匄受之，所謂「知禮」。

【經】

九年春，宋災。天火曰災。來告，故書。

夏，季孫宿如晉。

五月辛酉，夫人姜氏薨。成公母。

秋八月癸未，葬我小君穆姜。無傳。四月而葬，速。

冬，公會晉侯、宋公、衛侯、曹伯、莒子、邾子、滕子、薛伯、杞伯、小邾子、齊世子光伐鄭。

十有二月己亥，同盟于戲。伐鄭而書同盟，則鄭受盟可知。傳言〔一〕「十一月己亥」，以長歷推之，十二月無己亥，經誤。戲，鄭地。

楚子伐鄭。

【傳】九年春，宋災。樂喜爲司城以爲政，樂喜，子罕也，爲政卿。知將有火災，素戒爲備火之政。使伯氏司里。伯氏，宋大夫。司里，里宰。火所未至，徹小屋，塗大屋，大屋難徹，就塗之。陳畚挶，具綆缶，畚，簣〔二〕籠。挶，土轝。綆，汲索。缶，汲器。備水器，盆甕之屬。量輕重，計人力所任。蓄水潦，積土塗，巡丈城，繕守備，巡，行也。丈，度也。繕，治也。行度守備之處，恐因災有亂。表火道。火起，則從其所趣摽表之。使華臣具正

〔一〕「言」，金澤本作「書」。

〔二〕「簣」，釋文作「蕢」。

徒，華臣，華元子，爲司徒。正徒，役徒也，司徒之所主也。**令隧正納郊保，奔火所。**隧正，官名也。五縣爲隧。納聚郊野保守之民，使隨火所起，往救之。**使華閱討右官，官庀其司。**亦華元子，代元爲右師。討，治也。庀，具〔一〕也。使具其官屬。**向戌〔二〕討左，亦如之。**向戌，左師。**使樂遄庀刑器，亦如之。**樂遄，司寇。刑器，刑書。**使皇鄖命校正出馬，工正出車，備甲兵，庀武守。**皇鄖，皇父充石之後。校正主馬，工正主車，使各備其官。**使西鉏吾庀府守，**鉏吾，大宰也。府，六官之典。**令司宮、巷伯儆宮。**司宮，奄臣；巷伯，寺人，皆掌宮内之事。**二師令四鄉正敬享，**二師，左右師也。鄉正，鄉大夫。享，祀〔三〕也。**祝、宗用馬于四墉，祀盤庚于西門之外。**祝，大祝。宗，宗人。墉，城也。用

〔一〕「具」，原作「且」，據陽明文庫本、宋大字本、國會本、巾箱本、書院本、附釋音本、慶元本、金澤本改。今按：左傳襄公五年作「具」。

〔二〕「向戌」，原作「向戎」，據陽明文庫本、宋大字本、國會本、巾箱本、書院本、附釋音本、慶元本、金澤本改。注同。今按：石經作「向戌」。

〔三〕「祀」，原作「祝」，據陽明文庫本、宋大字本、國會本、巾箱本、書院本、附釋音本、慶元本、金澤本改。

馬祭于四城以禳火。盤庚，殷王，宋之遠祖。城積陰之氣，故祝〔一〕之。凡天災有幣無牲，用馬、祀盤庚皆非禮。

晉侯問於士弱，弱，士渥濁之子莊子。**曰：「吾聞之：宋災，於是乎知有天道。何故？」**問宋何故自知天道將災。**對曰：「古之火正，或食於心，或食於味，以出内火，是故味爲鶉火，心爲大火。**謂火正之官配食於火星。建辰之月，鶉火星昏在南方，則令民放火。建戌之月，大火星伏在日下，夜不得見，則令民内火，禁放火。**陶唐氏之火正閼伯居商丘，**陶唐，堯有天下號。閼伯，高辛氏之子。傳曰「遷閼伯于商丘，主辰」。辰，大火也，今爲宋星。然則商丘在宋地。**祀大火，而火紀時焉。**謂出、内火時。**相土因之，故商主大火。**相土，契孫，商之祖也。始代閼伯之後居商丘，祀大火。**商人閱其禍敗之釁必始於火，是以日知其有天道也。」**閱，猶數也。商人數所更歷，恒多火災。宋是殷商之後，故知天道之災必火。**公曰：「可必乎？」對曰：「在道。國亂無象，不可知也。」**言國無道，則災變亦殊，故不可必知。

〔一〕「祝」，陽明文庫本、宋大字本、國會本、巾箱本、書院本、附釋音本、慶元本、金澤本作「祀」。

夏，季武子如晉，報宣子之聘也。宣子聘在八年。

穆姜薨於東宮。大子宮也。穆姜淫僑如，欲廢成公，故徙居東宮。事在成十六年。始往而筮之，遇艮之八䷳。艮下艮上，艮。周禮：「大卜掌三易。」然則雜用連山、歸藏、周易。二易皆以七八爲占，故言「遇艮之八」。史曰：「是謂艮之隨䷐，震下兑上，隨。史疑古易遇八爲不利，故更以周易占，變爻得隨卦而論之。隨，其出也。史謂隨非閉固之卦。君必速出。」姜曰：「亡！亡，猶無也。是於周易曰：『隨，元、亨、利、貞，無咎。』易筮皆以變者占，遇一爻變義異，則論象，故姜亦以象爲占也。史據周易，故指言周易以折之。元，體之長也。亨，嘉之會也。利，義之和也。貞，事之幹也。體仁足以長人，嘉德足以合禮，利物足以和義，貞固足以幹事。然故不可誣也，是以雖隨無咎。言不誣四德，乃遇隨無咎。明〔一〕無四德者，則爲淫而相隨，非吉事。今我婦人而與於亂，固在下位，婦人卑於丈夫。而有不仁，不可謂元；不靖國家，不可謂亨；作而害身，不可謂利；弃位而姣，姣，淫之别名。不可謂貞。有四德者，隨而無咎。我

〔一〕「明」，原作「朋」，據陽明文庫本、宋大字本、國會本、巾箱本、書院本、附釋音本、慶元本、金澤本改。

皆無之，豈隨也哉？我則取惡，能無咎乎？必死於此，弗得出矣！」傳言穆姜辯而不德。

秦景公使士雃乞師于楚，將以伐晉，楚子許之。子囊曰：「不可。當今吾不能與晉爭。晉君類能而使之，隨所能。舉不失選，得所選。官不易方。方，猶宜也。其卿讓於善，讓勝己者。其大夫不失守，各任其職。其士競於教，奉上命。其庶人力於農穡，種曰農，收曰穡。商工皁隸不知遷業。四民不雜。韓厥老矣，知罃稟焉以爲政。代將中軍。范匄少於中行偃而上之，使佐中軍。使匄佐中軍，偃將上軍。韓起少於欒黶，而欒黶、士魴上之，使佐上軍。黶、魴讓起，起佐上軍。黶將下軍，魴佐之。魏絳多功，以趙武爲賢而爲之佐。武，新軍將。君明臣忠，上讓下競。尊官相讓，勞職力競。當是時也，晉不可敵，事之而後可。君其圖之！」王曰：「吾既許之矣，雖不及晉，必將出師。」秋，楚子師于武城，以爲秦援。秦人侵晉；晉饑，弗能報也。爲十年晉伐秦傳。

冬十月，諸侯伐鄭，鄭從楚也。庚午，季武子、齊崔杼、宋皇鄖從荀罃、士匄門于鄟門，鄭城門也。三國從中軍。衛北宮括、曹人、邾人從荀偃、韓起門于師之梁，

師之梁，亦鄭城門。三國從上軍。滕人、薛人從欒黶、士魴門于北門，二國從下軍。杞人、郳人從趙武、魏絳斬行栗。二國從新軍。行栗，表道樹。甲戌，師于氾，衆軍還聚氾。氾，鄭地，東氾。令於諸侯曰：「脩器備，兵器戰備。盛餱糧，餱，乾食。歸老幼，示將久師。居疾于虎牢，諸侯已取鄭虎牢，故使諸軍疾病息其中。肆眚，圍鄭。」肆，緩也。眚，過也。不書圍鄭，逆〔一〕服不成圍。鄭人恐，乃行成。與晉成也。中行獻子曰：「遂圍之，以待楚人之救也，而與之戰，不然，無成。」獻子，荀偃也。恐楚救鄭，鄭復屬之。知武子曰：「許之盟而還師，以敝楚人。敝，罷也。吾三分四軍，分四軍爲三部。與諸侯之鋭，以逆來者，來者，楚也。於我未病，楚不能矣。晉各一動而楚三來，故曰「不能」。猶愈於戰，勝聚戰。暴骨以逞，不可以爭。言爭當以謀，不可以暴骨。大勞未艾，君子勞心，小人勞力，先王之制也。」艾，息也。言當從勞心之勞。諸侯皆不欲戰，乃許鄭成。

〔一〕「逆」上，金澤本有「鄭人」二字。

十一月己亥，同盟于戲，鄭服也。鄭服，故言同盟。將盟，鄭六卿公子騑、子駟。公子發、子國。公子嘉、子孔。公孫輒、子耳。公孫蠆、子蟜。公孫舍之子展。及其大夫、門子，皆從鄭伯。門子，卿之適子。晉士莊子爲載書，莊子，士弱。載書，盟書。曰：「自今日既盟之後，鄭國而不唯晉命是聽，而或有異志者，有如此盟。」如違盟之罰。公子騑趨進，曰：「天禍鄭國，使介居二大國之間。介，猶間也。大國不加德音，而亂以要之，謂以兵亂之力强要鄭。使其鬼神不獲歆其禋祀，其民人不獲享其土利，夫婦辛苦墊隘，無所厎告。墊隘，猶委頓。厎，至也。自今日既盟之後，鄭國而不唯有禮與彊可以庇民者是從，而敢有異志者，亦如之！」亦如此盟。荀偃曰：「改載書！」子駟亦以所言載於策，故欲改之。公孫舍之曰：「昭大神要言焉，要誓以告神。若可改也，大國亦可叛也。」知武子謂獻子曰：「我實不德，而要人以盟，豈禮也哉？非禮，何以主盟？姑盟而退，脩德息師而來，終必獲鄭，何必今日？我之不德，民將弃我，豈唯鄭？若能休和，遠人將至，何恃於鄭？」乃盟而還。遂兩用載書。

晉人不得志於鄭，以諸侯復伐之，十二月癸亥，門其三門。三門，鄟門、師之梁、北門也。癸亥，月五日。晉果三分其軍，各攻一門。閏月戊寅，濟于陰阪，侵鄭。以長歷參校上下，此年不得有閏月戊寅，戊寅是十二月二十日。疑「閏月」當爲「門五日」，「五」字上與「門」合爲「閏」，則後學者自然轉「日」爲「月」。晉人三番四軍，更攻鄭門，門各五日，晉各一攻，鄭三受敵，欲以苦之。癸亥去戊寅十六日，以癸亥始攻，攻輒五日，凡十五日，鄭故不服而去。明日戊寅，濟于陰阪，復侵鄭外邑。陰阪，洧津。次于陰口而還。陰口，鄭地名。子孔曰：「晉師可擊也，師老而勞，且有歸志，必大克之。」子展曰：「不可。」傳言子展能守信。

公送晉侯，晉侯以公宴于河上，問公年。季武子對曰：「會于沙隨之歲，寡君以生。」沙隨在成十六年。晉侯曰：「十二年矣，是謂一終，一星終也。歲星十二歲而一周天。國君十五而生子，冠而生子，禮也。冠，成人之服，故必冠而後生子。君可以冠矣。大夫盍爲冠具？」武子對曰：「君冠，必以裸享之禮行之，裸謂灌鬯酒也。享，祭先君也。以金石之樂節之，以鐘磬爲舉動之節。以先君之祧處之。諸侯以始祖之廟爲祧。今寡君在行，未可具也。請及兄弟之國而假備焉。」晉侯曰：「諾。」公還，及衛，冠于成公之廟。成公，今衛獻公之曾祖。從衛所處。假鐘磬焉，禮也。

楚子伐鄭，與晉成故。子駟將及楚平，子孔、子蟜曰：「與大國盟，口血未乾而背之，可乎？」子駟、子展曰：「吾盟固云：『唯彊是從。』今楚師至，晉不我救，則楚彊矣。盟誓之言，豈敢背之？且要盟無質，神弗臨也。質，主也。所臨唯信。信者，言之瑞也，瑞，符也。善之主也，是故臨之。神臨之。明神不蠲要盟，蠲，絜也。背之可也。」乃及楚平。公子罷戎入盟，同盟于中分。中分，鄭城中里名。罷戎，楚大夫。楚莊夫人卒，共王母。王未能定鄭而歸。

晉侯歸，謀所以息民。魏絳請施舍，施恩惠，舍勞役。輸積聚以貸。輸，盡也。自公以下，苟有積者，盡出之。國無滯積，散在民。亦無困人。不匱乏。公無禁利，與民共。亦無貪民。禮讓行。祈以幣更，不用牲。賓以特牲。務崇省。器用不作，因仍舊。車服從給。足給事也。行之期年，國乃有節，三駕而楚不能與爭。三駕，三興師，謂十年師於牛首，十一年師於向，其秋觀兵於鄭東門。自是鄭遂服。

春秋經傳集解襄元第十四

春秋經傳集解襄二第十五

杜氏　盡十五年

【經】十年春，公會晉侯、宋公、衛侯、曹伯、莒子、邾子、滕子、薛伯、杞伯、小邾子、齊世子光會吴于柤。吴子在柤，晉以諸侯往會之，故曰「會吴」。吴不稱子，從所稱也。柤，楚地。

夏五月甲午，遂滅偪陽〔一〕。偪陽，妘姓國，今彭城傅陽縣也。因柤會而滅之，故曰「遂」。

公至自會。無傳。

〔一〕「偪陽」，釋文云：「本或作『逼』。」

楚公子貞、鄭公孫輒帥師伐宋。

晉師伐秦。荀罃不書，不親兵也。

秋，莒人伐我東鄙。

公會晉侯、宋公、衛侯、曹伯、莒子、邾子、齊世子光、滕子、薛伯、杞伯、小邾子伐鄭。齊世子光先至於師，爲盟主所尊，故在滕上。

冬，盜殺鄭公子騑、公子發、公孫輒。非國討，當兩稱名氏。殺者非卿，故稱盜。以盜爲文，故不得言其大夫。

戍鄭虎牢。伐鄭諸侯各受晉命戍虎牢，不復爲告命，故獨書魯戍而不敘諸侯。

楚公子貞帥師救鄭。

公至自伐鄭。無傳。

【傳】

十年春，會于柤，會吴子壽夢也。壽夢，吴子乘。

三月癸丑，齊高厚相大子光，以先會諸侯于鍾離，不敬。吴子未至，光從東道與東諸侯會遇，非本期地，故不書會。高厚，高固子也。癸丑，月二十六日。士莊子曰：「高子相大子以會諸侯，將社稷是衛，而皆不敬，厚與光俱不敬。弃社稷也。其將不免乎！」爲十九年齊殺高厚、二十五年弑其君光傳。

夏四月戊午，會于柤。經書春，書始行也。戊午，月一日。

晉荀偃、士匄請伐偪陽，而封宋向戌焉。以宋常事晉，而向戌有賢行，故欲封之爲附庸。荀罃曰：「城小而固，勝之不武，弗勝爲笑。」固請。丙寅，圍之，弗克。丙寅，四月九日。孟氏之臣秦堇父輦重如役。堇父，孟獻子家臣，步挽重車以從師。偪陽人啓門，諸侯之士門焉。見門開，故攻之。縣門發，郰人紇抉之，以出門者。門者，諸侯之士在門內者也。紇，郰邑大夫，仲尼父叔梁紇也。郰邑，魯縣東南莝城是也。言紇多力，抉舉縣門，出在內者。狄虒彌建大車之輪，而蒙之以甲，以爲櫓。狄虒彌，魯人也。蒙，覆也。櫓，大楯。左執之，右拔戟，以成一隊。百人爲隊。孟獻子曰：「詩所謂『有力如虎』者也。」詩，邶風也。主人縣布，堇父登之，及堞而絕之，偪陽人縣布，以試外勇者。隊則又縣之，蘇而復上者三，主人辭焉，乃退。主人嘉其勇，故辭謝不復縣布。帶其斷以徇於軍三日。帶其斷布以示勇。

諸侯之師久於偪陽，荀偃、士匄請於荀罃曰：「水潦將降，懼不能歸，向夏恐有久雨。從丙寅至庚寅二十五日，故曰「久」。請班師。」班，還也。知伯怒，知伯，荀罃。投之以机〔一〕，出於其間，出偃、匄之間。曰：「女成二事，而後告余。二事，伐偪陽，封向戌。余恐亂命，以不女違。既成，改之爲亂命。女既勤君而興諸侯，牽帥老夫以至于此。既無武守，無武功可執守。而又欲易余罪，曰：『是實班師，不然克矣。』謂偃、匄將言爾。余羸老也，可重任乎？不任受女此責。七日不克，必爾乎取之！」言當取女以謝不克之罪。

五月庚寅，月四日。荀偃、士匄帥卒攻偪陽，親受矢石，躬在矢石間。甲午，滅之。月八日。書曰「遂滅偪陽」，言自會也。言其因會以滅國，非之也。以與向戌，向戌辭曰：「君若猶辱鎮撫宋國，而以偪陽光啓寡君，群臣安矣，其何貺如之？言見賜之厚無過此。若專賜臣，是臣興諸侯以自封也，其何罪大焉？敢以死請。」乃予宋公。

宋公享晉侯於楚丘，請以桑林，桑林，殷天子之樂名。荀罃辭。辭，讓之。荀偃、

〔一〕「以机」，釋文作「以几」，云：「本又作『机』。」

士匄曰：「諸侯宋、魯，於是觀禮。宋王者後，魯以周公故，皆用天子禮樂，故可觀。魯有禘樂，賓、祭用之。禘，三年大祭，則作四代之樂。別祭群公，則用諸侯樂。宋以桑林享君，不亦可乎？」言俱天子樂也。舞師題以旌夏，師，樂師也〔一〕。旌夏，大旌也。題，識也。以大旌表識其行列。晉侯懼而退入于房。旌夏非常，卒見之，人心偶有所畏。去旌，卒享而還。及著雍，疾。晉侯疾也。著雍，晉地。卜，桑林見。祟見於卜兆。荀偃、士匄欲奔請禱焉。奔走還宋禱謝。荀罃不可，曰：「我辭禮矣，彼則以之。以，用也。猶有鬼神，於彼加之。」言自當加罪於宋。晉侯有間，間，疾差也。以偪陽子歸，獻于武宮，謂之夷俘。諱俘中國，故謂之夷。偪陽，妘姓也。使周內史選其族嗣，納諸霍人，禮也。霍，晉邑。內史，掌爵祿廢置者。使選偪陽宗族賢者，令居霍，奉妘姓之祀。善〔二〕不滅

〔一〕「師樂師也」，宋大字本、慶元本、蜀石經作「師帥也」。阮校云：「宋本、淳熙本作『師帥也』，與釋文、正義皆合。案，鄭注周禮地官云『師之言帥也』，是也。」

〔二〕「善」下，金澤本有「其」字。

姓，故曰「禮也」。使周史〔一〕者，示有王命。

師歸，孟獻子以秦堇父爲右，嘉其勇力。生秦丕兹，事仲尼。言二父以力相尚。子事仲尼，以德相高。

六月，楚子囊、鄭子耳伐宋，師于訾毋，宋地。庚午，圍宋，門于桐門。不成圍而攻其城門。

晉荀罃伐秦，報其侵也。侵在九年。

衛侯救宋，師于襄牛。鄭子展曰：「必伐衛！不然，是不與楚也。得罪於晉，又得罪於楚，國將若之何？」子駟曰：「國病矣。」師數出，疲病也。子展曰：「得罪於二大國，必亡。病，不猶愈於亡乎？」諸大夫皆以爲然。故鄭皇耳帥師侵衛，楚令也。亦兼受楚之勑命也。皇耳，皇戌子。孫文子卜追之，獻兆於定姜，姜氏問繇，繇，兆辭。曰：「兆如山陵，有夫出征，而喪其雄。」姜氏曰：「征者喪雄，禦寇之利也。大夫圖之！」衛人追之，孫蒯獲鄭皇耳于犬丘。蒯，孫林父子。

〔一〕「史」上，金澤本有「内」字。

秋七月，楚子囊、鄭子耳侵我西鄙，於魯無所耻，諱而不書，其義未聞。還，圍蕭，八月丙寅，克之。蕭，宋邑。九月，子耳侵宋北鄙。孟獻子曰：「鄭其有災乎！師競已甚，競，爭競也。周猶不堪競，況鄭乎！周謂天王。有災，其執政之三士乎！」鄭簡公幼少，子駟、子國、子耳秉政，故知三士任其禍也。爲下盜殺三大夫傳。

莒人間諸侯之有事也，故伐我東鄙。諸侯有討鄭之事。

諸侯伐鄭，齊崔杼使大子光先至于師，故長於滕。大子，宜賓之以上卿，而今晉悼以一時之宜，令在滕侯上，故傳從而釋之。己酉，師于牛首。鄭地。

初，子駟與尉止有爭，將禦諸侯之師而黜其車，禦牛首師也。黜，減損。尉止獲，又與之爭。獲囚俘。子駟抑尉止曰：「爾車非禮也。」言女車猶多過制。遂弗使獻。不使獻所獲。初，子駟爲田洫，司氏、堵氏、侯氏、子師氏皆喪田焉。洫，田畔溝也。子駟爲田洫，以正封疆，而侵四族田。故五族聚群不逞之人，因公子之徒以作亂。八年，子駟所殺公子熙〔一〕等之黨。於是子駟當國，攝君事也。子國爲司馬，子耳爲司

〔一〕「熙」，釋文作「嫛」，云：「本又作『熙』。」

空，子孔爲司徒。冬十月戊辰，尉止、司臣、侯晉、堵女父、子師僕帥賊以入，晨攻執政于西宮之朝，公宮。殺子駟、子國、子耳，劫鄭伯以如北宮。子孔知之，故不死。子孔，公子嘉也。知難不告，利得其處也。爲十九年殺公子嘉傳。書曰「盜」，言無大夫焉。尉止等五人，皆士也。大夫，謂卿。

子西聞盜，不儆而出，子西，公孫夏，子駟子。尸而追盜。先臨尸而逐賊。盜入於北宮，乃歸，授甲。臣妾多逃，器用多喪。子産聞盜，子國子。爲門者，置守門。庀群司，具衆官。閉府庫，慎閉藏，完守備，成列而後出，兵車十七乘，千二百七十五人。尸而攻盜於北宮，子蟜帥國人助之，殺尉止、子師僕，盜衆盡死。侯晉奔晉，堵女父、司臣、尉翩、司齊奔宋。尉翩，尉止子。司齊，司臣子。

子孔當國，代子駟。爲載書，以位序，聽政辟。自群卿諸司，各守其職位，以受執政之法，不得與朝政。大夫、諸司、門子弗順，將誅之。子孔欲誅不順者。子産止之，請爲之焚書。既止子孔，又勸令燒除載書。子孔不可，曰：「爲書以定國，衆怒而焚之，是衆爲政也，國不亦難乎？」難以至治。子産曰：「衆怒難犯，專欲難成，合二難以安國，危之道也。不如焚書以安衆。子得所欲，欲爲政也。衆亦得安，不亦可乎？專欲無成，犯衆興禍，子必從之！」乃焚書於倉門之外，衆而後定。不於朝內燒，欲使遠近見所燒。

諸侯之師城虎牢而戍之，晉師城梧及制，欲以偪鄭也。不書城，魯不與也。梧、制，皆鄭舊地。士魴、魏絳戍之。書曰「戍鄭虎牢」，非鄭地也，言將歸焉。二年，晉城虎牢而居之，今鄭復叛，故脩其城而置戍，鄭服則欲以還鄭，故夫子追書，繫之于鄭，以見晉志。鄭及晉平。

楚子囊救鄭，十一月，諸侯之師還〔一〕鄭而南，至於陽陵，還，繞也。陽陵，鄭地。楚師不退。知武子欲退，曰：「今我逃楚，楚必驕，驕則可與戰矣。」武子，荀罃。欒黶曰：「逃楚，晉之恥也。合諸侯以益恥，不如死！我將獨進。」師遂進。己亥，與楚師夾潁而軍。潁水出城陽，至下蔡入淮。子矯曰：「諸侯既有成行，必不戰矣。言有成去之志。從之將退，不從亦退。從，猶服也。退，楚必圍我，猶將退也。不如從楚，亦以退之。」以退楚。宵涉潁，與楚人盟。夜渡，畏晉知之。欒黶欲伐鄭

〔一〕「還」，釋文云：「本又作『環』。」

師，伐涉潁者。荀罃不可，曰：「我實不能禦楚，又不能庇鄭。鄭何罪？不如致怨焉而還。致怨，爲後伐之資。今伐其師，楚必救之，戰而不克，爲諸侯笑。克不可命，勝負難要，不可命以必克。不如還也。」丁未，諸侯之師還，侵鄭北鄙而歸。欲以致怨。楚人亦還。鄭服故也。

王叔陳生與伯輿〔一〕争政，二子，王卿士。王右伯輿。右，助也。王叔陳生怒而出奔，及河，王復之，欲奔晉。殺史狡以説焉。説王叔也。不入，遂處之。處叔〔二〕河上。晉侯使士匄平王室，王叔與伯輿訟焉。争曲直。王叔之宰宰，家臣。與伯輿之大夫瑕禽瑕禽，伯輿屬大夫。坐獄於王庭，獄，訟也。周禮：命夫命婦不躬坐獄訟，故使宰與屬大夫對争曲直。士匄聽之。王叔之宰曰：「篳門閨〔三〕竇之人而皆陵其上，其難爲上矣。」篳門，柴門。閨竇，小户，穿壁爲户，上鋭下方，狀如圭也。言伯輿微賤之家。

〔一〕「伯輿」，釋文：「本又作『與』。」
〔二〕「叔」上，金澤本有「王」字。
〔三〕「閨」，釋文云：「本亦作『圭』。」

瑕禽曰：「昔平王東遷，吾七姓從王，牲用備具，王賴之而賜之騂旄之盟，平王徙時，大臣從者有七姓，伯輿之祖皆在其中，主爲王備犧牲，共祭祀，王恃其用，故與之盟，使世〔一〕其職。騂旄，赤牛也。舉騂旄者，言得重盟，不以犬雞。曰：『世世無失職。』若篳門閨竇，其能來東底乎？且王何賴焉？言我若貧賤，何能來東，使王恃其用而與之盟邪？底，至也。今自王叔之相也，政以賄成，隨財制政。而刑放於寵。寵臣專刑，不任法。官之師旅，不勝其富。師旅之長皆受賂。吾能無篳門閨竇乎？言王叔之屬富，故使吾貧。唯大國圖之。圖，猶議也。下而無直，則何謂正矣？」正者不失下之直。范宣子曰：「天子所右，寡君亦右之；所左，亦左之。」宣子知伯輿直，不欲自專，故推之於王。使王叔氏與伯輿合要，合要辭。王叔氏不能舉其契，要契之辭。王叔奔晉，不書，不告也。單靖公爲卿士，以相王室。代王叔。

〔一〕「世」下，陽明文庫本、宋大字本、國會本、巾箱本、書院本、附釋音本、慶元本、金澤本有「守」字。

【經】

十有一年春王正月，作三軍。增立中軍。萬二千五百人爲軍。

夏四月，四卜郊，不從，乃不郊。無傳。

鄭公孫舍之帥師侵宋。

公會晉侯、宋公、衛侯、曹伯、齊世子光、莒子、邾子、滕子、薛伯、杞伯、小邾子伐鄭。世子光至，復在莒子之先，故晉悼亦進之〔一〕。

秋七月己未，同盟于亳城北。亳城，鄭地。伐鄭而書「同盟」，鄭與盟可知。

公至自伐鄭。無傳。

楚子、鄭伯伐宋。

公會晉侯、宋公、衛侯、曹伯、齊世子光、莒子、邾子、滕子、薛伯、杞伯、小邾子伐鄭，晉遂尊光。會于蕭魚。鄭服而諸侯會。蕭魚，鄭地。

〔一〕「進之」，原作「道子」，據蜀石經、陽明文庫本、宋大字本、國會本、巾箱本、書院本、附釋音本、慶元本、金澤本改。今按：孔疏引作「進之」。

公至自會。無傳。以會至者，觀兵而不果侵伐。

楚人執鄭行人良霄。良霄，公孫輒子伯有也。

冬，秦人伐晉。

【傳】

十一年春，季武子將作三軍，魯本無中軍，唯上下二軍，皆屬於公。有事，三卿更帥〔一〕以征伐。季氏欲專其民人，故假立中軍，因以改作〔二〕。告叔孫穆子曰：「請爲三軍，各征其軍。」征，賦税也。三家各征其軍之家屬。穆子曰：「政將及子，子必不能。」政者，霸國之政令。禮，大國三軍。魯次國而爲大國之制，貢賦必重，故憂不能堪。武子固請之。穆子曰：「然則盟諸？」穆子知季氏將復變易，故盟之。乃盟諸僖閎。僖宮之門。詛諸五父之衢。五父衢，道名，在魯國東南。詛，以禍福之言相要。正月，作三

〔一〕「帥」，原作「師」，據蜀石經、陽明文庫本、宋大字本、國會本、巾箱本、書院本、附釋音本、慶元本、金澤本改。今按：孔疏云：「三卿更互帥之以征伐耳。」

〔二〕「作」下，原衍「一」字，據蜀石經、陽明文庫本、宋大字本、國會本、巾箱本、書院本、附釋音本、慶元本、金澤本删。

軍，三分公室而各有其一，三分國民衆。三子各毀其乘。壞其軍乘，分以足成三軍。季氏使其乘之人以其役邑入者無征，使軍乘之人率其邑役入季氏者，無公征。不入者倍征。不入季氏者，則使公家倍征之。設利病，欲驅使入己。故昭五年傳曰：「季氏盡征之。」民辟倍征，故盡屬季氏。孟氏使半爲臣，若子若弟。取其子弟之半也。四分其乘之人，以三歸公，而取其一。叔孫氏使盡爲臣，盡取子弟，以其父兄歸公。不然不舍。制軍分民，不如是，則三家不舍其故而改作也。此蓋三家盟詛之本言。

鄭人患晉、楚之故，諸大夫曰：「不從晉，國幾亡。幾，近也。楚弱於晉，晉不吾疾也。疾，急也。晉疾，楚將辟之。何爲而使晉師致死於我？言當作何計。楚弗敢敵而後可固與也。」固與晉也。子展曰：「與宋爲惡，諸侯必至，吾從之盟。楚師至，吾又從之，則晉怒甚矣。晉能驟來，楚將不能，吾乃固與晉。」大夫説之，使疆埸之司惡於宋，使守疆埸之吏侵犯宋。宋向戌侵鄭，大獲。子展曰：「師而伐宋可矣。若我伐宋，諸侯之伐我必疾，吾乃聽命焉，且告於楚。楚師至，吾又與之盟，而重賂晉師，乃免矣。」言如此乃免於晉、楚之難。夏，鄭子展侵宋。欲以致諸侯。

四月，諸侯伐鄭，己亥，齊大子光、宋向戌先至于鄭，門于東門。傳釋齊大子光所以序莒上也。向戌不書，宋公在會故。其莫，晉荀罃至于西郊，東侵舊許。許之舊國，鄭新邑。衛孫林父侵其北鄙。六月，諸侯會于北林，師于向，向，地在潁川長社縣東北。右還次于瑣，北行而西爲「右還」。熒陽〔一〕宛陵縣西有瑣候亭。圍鄭，觀兵于南門，觀，示也。西濟于濟隧。濟隧，水名。鄭人懼，乃行成。

秋七月，同盟于亳。范宣子曰：「不慎，必失諸侯。慎，敬威儀，謹辭令。諸侯道敝而無成，能無貳乎？」數伐鄭，皆罷於道路。乃盟。載書曰：「凡我同盟毋蘊年，蘊積年穀，而不分災。毋壅利，專山川之利。毋保姦，藏罪人。毋留慝，速去惡。救災患，恤禍亂，同好惡，奬王室。奬，助也。或閒茲命，司慎、司盟，名山、名川，二司，天神。群神群祀，群祀，在祀典者。先王、先公，先王，諸侯之大祖，宋祖帝乙、鄭祖厲王之比也。先公，始封君。七姓十二國之祖，七姓，晉、魯、衛、鄭、曹、滕，姬姓；邾、小邾，

〔一〕「熒陽」，原作「滎陽」，據宋大字本、國會本、巾箱本、書院本、金澤本改。

曹姓；宋，子姓；齊，姜姓；莒，己姓；杞，姒姓；薛，任姓。實十三國，言「十二」，誤也。明神殛之。殛，誅也。俾失其民，隊命亡氏，踣其國家。」踣，斃也。

楚子囊乞旅于秦，乞師旅於秦。秦右大夫詹帥師從楚子，將以伐鄭。鄭伯逆之。丙子，伐宋。鄭逆服，故更伐宋也。秦師不書，不與伐宋而還。

九月，諸侯悉師以復伐鄭。此夏諸侯皆復來，故曰「悉師」。鄭人使良霄、大宰石㚟如楚，告將服于晉，曰：「孤以社稷之故，不能懷君。君若能以玉帛綏晉，不然，則武震以攝威之，孤之願也。」楚人執之。書曰「行人」，言使人也。書行人，言非使人之罪。古者兵交，使在其間，所以通命示整。或執殺之，皆以爲譏也。既成而後告，故書在蕭魚下。石㚟爲介，故不書。

諸侯之師觀兵于鄭東門，鄭人使王子伯駢行成。甲戌，晉趙武入盟鄭伯。冬十月丁亥，鄭子展出盟晉侯。二盟不書，不告。十二月戊寅，會于蕭魚。經書秋，史失之。庚辰，赦鄭囚，皆禮而歸之。納斥候，不相備也。禁侵掠。晉侯使叔肸告于諸侯。叔肸，叔向也。告諸侯，亦使赦鄭囚。公使臧孫紇對曰：「凡我同盟，小國有罪，大國致討。苟有以藉手，鮮不赦宥。寡君聞命矣。」言晉討小國，有藉手之功，則赦其罪人。德義如是，不敢不承命。

鄭人賂晉侯以師悝、師觸、師蠲；悝、觸、蠲，皆樂師名。廣車、軘車淳十五乘，甲兵備，廣車、軘車，皆兵車名。淳，耦也。凡兵車百乘；他兵車及廣、軘共百乘。歌鐘二肆，肆，列也。縣鐘十六爲一肆。二肆，三十二枚。及其鎛、磬，鎛、磬，皆樂器。女樂二八。十六人。晉侯以樂之半賜魏絳，曰：「子教寡人和諸戎狄以正諸華，在四年。八年之中，九合諸侯。如樂之和，無所不諧。諧，亦和也。請與子樂之。」共此樂。辭曰：「夫和戎狄，國之福也。八年之中，九合諸侯，諸侯無慝，君之靈也，二三子之勞也。臣何力之有焉？抑臣願君安其樂而思其終也。詩曰：『樂只君子，殿天子之邦。詩，小雅也，謂諸侯有樂美之德，可以鎮撫天子之邦。殿，鎮也。樂只君子，福禄攸同。攸，所也。便蕃左右，亦是帥從。』便蕃，數也。言遠人相帥來服從，便蕃然在左右。夫樂以安德，和其心也。義以處之，處位以義。禮以行之，行教令。信以守之，守所行。仁以厲之。厲風俗。而後可以殿邦國，同福禄，來遠人，所謂樂也。言五德皆備，乃爲樂，非但金石。書曰：『居安思危。』逸書。思則有備，有備無患。敢以此規。」規正公〔一〕。公曰：「子之教，敢不承命！抑微子，寡人無以待戎，待遇接納。不能濟河。渡河南服鄭。夫賞，國之典也，藏在盟府，司盟之府有賞功之制。不可廢也。子其受之！」魏絳於是乎始有金石之樂，禮也。禮，大夫有功則賜樂。

秦庶長鮑、庶長武帥師伐晉以救鄭，庶長，秦爵也。不書「救鄭」，已屬晉，無所救。鮑先入晉地，士魴禦之，少秦師而弗設備。壬午，武濟自輔氏，從輔氏渡河。與鮑交伐晉師。己丑，秦、晉戰于櫟，晉師敗績，易秦故也。不書「敗績」，晉恥易秦而敗，故不告也。櫟，晉地。

【經】

十有二年春王三月，莒人伐我東鄙，圍台，琅邪費縣南有台亭。季孫宿帥師救台，遂入鄆。鄆，莒邑。

夏，晉侯使士魴來聘。

〔一〕「公」，蜀石經作「也」，則此句當作「規正也」。

秋九月，吴子乘卒。五年，會於戚，公不與盟，而赴以名。

冬，楚公子貞帥師侵宋。

公如晉。

【傳】

十二年春，莒人伐我東鄙，圍台，季武子救台，遂入鄆，乘勝入鄆，報見伐。取其鐘以爲公盤。

夏，晉士魴來聘，且拜師。謝前年伐鄭師。

秋，吴子壽夢卒，壽夢，吴子之號。臨於周廟，禮也。周廟，文王廟也。周公出文王，故魯立其廟。吴始通，故曰「禮」。凡諸侯之喪，異姓臨於外，於城外向其國。同姓於宗廟，所出王之廟。同宗於祖廟，始封君之廟。同族於禰廟。父廟也。同族，謂高祖以下。是故魯爲諸姬臨於周廟，諸姬，同姓國。爲邢、凡、蔣、茅、胙、祭臨於周公之廟。即祖廟也。六國皆周公之支子，別封爲國，共祖周公。

冬，楚子囊、秦庶長無地伐宋，師于楊梁〔一〕，以報晉之取鄭也。取鄭在前年。梁國睢陽縣東有地名楊梁。

靈王求后于齊，齊侯問對於晏桓子。桓子對曰：「先王之禮辭有之，天子求后於諸侯，諸侯對曰：『夫婦所生若而人，不敢譽，亦不敢毁，故曰若如人。妾婦之子若而人。』言非適也。無女而有姊妹及姑姊妹，則曰：『先守某公之遺女若而人。』」齊侯許昏，王使陰里結之。陰里，周大夫。結，成也。爲十五年劉夏逆王后傳。

公如晉朝，且拜士魴之辱，禮也。士魴聘在此年夏，嫌君臣不敵，故禮之。

秦嬴歸于楚。秦景公妹，爲楚共王夫人。楚司馬子庚聘于秦，爲夫人寧，禮也。子庚，莊王子午也。諸侯夫人，父母既没，歸寧使卿，故曰「禮」。

〔一〕「楊梁」，蜀石經、陽明文庫本、附釋音本、慶元本作「揚梁」。下注同。阮校云：「石經、宋本、淳熙本『楊』作『揚』，注同。郡國志梁國下有陽梁聚，引傳文作『楊』。案廣雅云：『楊，揚也。』詩王風揚之水，釋文云或作『楊』，二字古多通用。」

【經】十有三年春，公至自晉。

夏，取邿。邿，小國也，任城亢父縣有邿亭。傳例曰：「書取，言易也。」

秋九月庚辰，楚子審卒。共王也。成二年，大夫盟于蜀。

冬，城防。

【傳】十三年春，公至自晉，孟獻子書勞于廟，禮也。書勳勞於策也。桓二年傳曰：「公至自唐，告於廟也。凡公行，告於宗廟；反，行飲至，舍爵策勳焉，禮也。」桓十六年傳又曰：「公至自伐鄭，以飲至之禮也。」然則還告廟及飲至及書勞三事，偏行一禮，則亦書至，悉闕乃不書至。傳因獻子之事以發明凡例。釋例詳之。

夏，邿亂，分爲三，國分爲三部，志力各異。師救邿，遂取之。魯師也。經不稱師，不滿二千五百人。傳通言之。凡書取，言易也。不用師徒及用師徒而不勞，雖國，亦曰取。用大師焉曰滅。敵人距戰，斬獲俘馘，用力難重，雖邑，亦曰滅。弗地曰入。謂勝其國邑，不有其地。

荀罃、士魴卒。晉侯蒐于緜上以治兵，爲將命軍帥也。必蒐而命之，所以與衆共。使士匄將中軍，辭曰：「伯游長。伯游，荀偃。昔臣習於知伯，是以佐之，非能賢也。七年，韓厥老，知罃代將中軍，士匄佐之。匄今將讓，故謂爾時之舉，不以己賢。事見九年。請從伯游。」荀偃將中軍，代荀罃。士匄佐之。位如故。使韓起將上軍，辭以趙武。又使欒黶，以武位卑，故不聽，更命黶。辭曰：「臣不如韓起。韓起願上趙武，君其聽之。」使趙武將上軍，武自新軍超四等，代荀偃。韓起佐之。位如故。欒黶將下軍，魏絳佐之。黶亦如故。絳自新軍佐超一等，代士魴。新軍無帥，將佐皆遷。晉侯難其人，使其什吏率其卒乘官屬，以從於下軍，禮也。得慎舉之禮。晉國之民，是以大和，諸侯遂睦。君子曰：「讓，禮之主也。范宣子讓，其下皆讓。欒黶爲汰，弗敢違也。晉國以平，數世賴之。刑善也夫！刑，法也。一人刑善，百姓休和，可不務乎？書曰：『一人有慶，兆民賴之，其寧惟〔一〕永。』其是之謂乎！周書呂刑也。

〔一〕「惟」，原作「安」，據蜀石經、陽明文庫本、宋大字本、國會本、巾箱本、書院本、附釋音本、慶元本、金澤本改。今按：尚書周書作「惟」。

一人，天子也。寧，安也。永，長也。義取上有好善之慶，則下賴其福。周之興也，其詩曰：『儀刑文王，萬邦作孚。』詩，大雅，言文王善用法，故能爲萬國所信。孚，信也。言刑善也。及其衰也，其詩曰：『大夫不均，我從事獨賢。』詩，小雅，刺幽王役使不均，故從事者怨恨，稱己之勞，以爲獨賢，無讓心。言不讓也。世之治也，君子尚能而讓其下，能者在下位，則貴尚而讓之。小人農力以事其上，是以上下有禮，而讒慝黜遠，由不爭也，謂之懿德。及其亂也，君子稱其功以加小人，加，陵也。君子，在位者。小人伐其技以馮君子。馮，亦陵也。自稱其能爲伐。是以上下無禮，亂虐並生，由爭善也，爭自善也。謂之昏德。國家之敝，恒必由之。」傳言晉之所以興。

楚子疾，告大夫曰：「不穀不德，少主社稷，生十年而喪先君，未及習師、保之教訓，而應受多福。多福，謂爲君。是以不德，而亡師于鄢，鄢在成十六年。以辱社稷，爲大夫憂，其弘多矣。弘，大也。若以大夫之靈，獲保首領，以没於地，唯是春秋窀穸之事，窀，厚也。穸，夜也。厚夜，猶長夜。春秋，謂祭祀。長夜，謂葬埋。所以從先君於禰廟者，從先君代爲禰廟。請爲『靈』若『厲』。欲受惡謚，以歸先君也。亂而不損曰靈。戮殺不辜曰厲。大夫擇焉。」莫對。及五命，乃許。秋，楚共王卒。子囊謀謚。大夫曰：「君有命矣。」

子囊曰：「君命以『共』，若之何毁之？赫赫楚國，而君臨之，撫有蠻夷，奄征南海，以屬諸夏，而知其過，可不謂共乎？請謚之『共』。」大夫從之。傳言子囊之善。

吴侵楚，養由基奔命，子庚以師繼之。子庚，楚司馬。養叔曰：「吴乘我喪，謂我不能師也，養叔，養由基也。必易我而不戒。戒，備也。子爲三覆以待我，覆，伏兵。我請誘之。」子庚從之。戰于庸浦，庸浦，楚地。大敗吴師，獲公子黨。君子以吴爲不弔。不用天道相弔恤。詩曰：「不弔昊天，亂靡有定。」言不爲昊天所恤，則致罪也。爲明年會向傳。

冬，城防，書，事時也。土功雖有常節，通以事閒爲時。於是將早城。臧武仲請俟畢農事，禮也。

鄭良霄、大宰石臭猶在楚，十一年楚人執之至今。石臭言於子囊曰：「先王卜征五年，先征五年而卜〔一〕吉凶也。征，謂巡狩征行。而歲習其祥，祥習則行，五年五卜，

〔一〕「卜」，原作「十」，據蜀石經、陽明文庫本、宋大字本、國會本、巾箱本、書院本、附釋音本、慶元本、金澤本改。下「五年五卜」同改。

皆同吉，乃巡狩。不習，則增〔一〕脩德而改卜。不習，謂卜不吉。今楚實不競，行人何罪？不能脩德與晉競。止鄭一卿，以除其偪，一卿，謂良霄。使睦而疾楚，以固於晉，焉用之？位不偪則大臣睦，怨疾楚則事晉固。使歸而廢其使，行而見執於楚，鄭又遂堅事晉，是鄭廢本見使之意。怨其君以疾其大夫，而相牽引也，不猶愈乎？」楚人歸之。

【經】

十有四年春王正月，季孫宿、叔老會晉士匄、齊人、宋人、衛人、鄭公孫蠆、曹人、莒人、邾人、滕人、薛人、杞人、小邾人會吴于向。叔老，聲伯子也。魯使二卿會晉，敬事霸國。晉人自是輕魯幣，而益敬其使，故叔老雖介，亦列於會也。齊崔杼、宋華閱、衛北宮括在會惰慢不攝，故貶稱「人」，蓋欲以督率諸侯，獎成霸功也。吴來在向，諸侯會之，故曰「會吴」。向，鄭地。

二月乙未朔，日有食之。無傳。

〔一〕「增」，釋文云：「一本無『增』字。」

夏四月，叔孫豹會晉荀偃、齊人、宋人、衛北宮括、鄭公孫蠆、曹人、莒人、邾人、滕人、薛人、杞人、小邾人伐秦。齊、宋大夫不書，義與向同。

己未，衛侯出奔齊。諸侯之策書「孫、甯逐衛侯」。春秋以其自取奔亡之禍，故諸侯失國者，皆不書逐君之賊也。不書名，從告。

莒人侵我東鄙。無傳。報入鄆。

秋，楚公子貞帥師伐吳。

冬，季孫宿會晉士匄、宋華閱、衛孫林父、鄭公孫蠆、莒人、邾人于戚。

【傳】

十四年春，吳告敗于晉。前年爲楚所敗。會于向，爲吳謀楚故也。謀爲吳伐楚。范宣子數吳之不德也，以退吳人。吳伐楚喪，故以爲不德。數而遣之，卒不爲伐楚。執莒公子務婁，在會不書，非卿。以其通楚使也。莒貳於楚，故比年伐魯。

將執戎子駒支，駒支，戎子名。范宣子親數諸朝，行之所在，亦設朝位。曰：「來！姜戎氏！昔秦人迫逐乃祖吾離于瓜州，四嶽之後皆姜姓，又別爲允姓。瓜州，地在今燉煌。乃祖吾離被苫蓋，蓋，苫之別名。蒙荊棘，以來歸我先君。蒙，冒也。我先君惠公有不腆之田，腆，厚也。與女剖分而食之。中分爲剖。今諸侯之事我寡君不如昔者，蓋言語漏洩，則職女之由。職，主也。詰朝之事，爾無與焉！詰朝，明旦。不使復得與會事。與將執女！」對曰：「昔秦人負恃其衆，貪于土地，逐我諸戎。惠公蠲其大德，蠲，明也。謂我諸戎是四嶽之裔胄也。四嶽，堯時方伯，姜姓也。裔，遠也。胄，後也。毋〔一〕是翦弃，翦，削也。賜我南鄙之田，狐貍所居，豺狼所嘷。我諸戎除翦其荆棘，驅其狐貍豺狼，以爲先君不侵不叛之臣，至于今不貳。不内侵，亦不外叛。昔文公與秦伐鄭，秦人竊與鄭盟，而舍戍焉，在僖三十年。於是乎有殽之師。在僖三十三年。晉禦其上，戎亢其下，亢，猶當也。秦師不復，我諸戎實然。譬如捕鹿，晉人角之，諸戎掎之，掎其足也。與晉踣之。踣，僵也。戎何以不免？自是以來，晉之百役，與我諸戎相繼于時，言給晉役不曠時。以從執政，猶殽志也，意常如殽，無中二也。豈敢離逷？今官之師旅，無乃實有所闕，以攜諸侯，而罪我諸

〔一〕「毋」上，金澤本有「曰」字。

戎！我諸戎飲食衣服不與華同，贄幣不通，言語不達，何惡之能爲？不與於會，亦無瞢焉。」瞢，悶也。賦青蠅而退。青蠅，詩，小雅，取其「愷悌〔一〕君子，無信讒言」。宣子辭焉，辭，謝。使即事於會，成愷悌也。成愷悌，不信讒也。不書者，戎爲晉屬，不得特達。於是子叔齊子爲季武子介以會，自是晉人輕魯幣，而益敬其使。齊子，叔老字也。言晉敬魯使，經所以並書二卿。

吳子諸樊既除喪，諸樊，吳子乘之長子也。乘卒，至此春十七月，既葬而除喪。將立季札。札，諸樊少弟。季札辭曰：「曹宣公之卒也，諸侯與曹人不義曹君，曹君，公子負芻也，殺大子而自立。事在成十三年。將立子臧。子臧去之，遂弗爲也，以成曹君。君子曰：『能守節。』君，義嗣也，諸樊，適子，故曰「義嗣」。誰敢奸君？有國，非吾節也。札雖不才，願附於子臧，以無失節。」固立之。弃其室而耕，乃舍之。傳言季札之讓，且明吳兄弟相傳。

夏，諸侯之大夫從晉侯伐秦，以報櫟之役也。櫟役在十一年。晉侯待于竟，使

〔一〕「愷悌」，釋文作「凱悌」。

六卿帥諸侯之師以進，言經所以不稱晉侯。及涇，不濟。諸侯之師不肯渡也。涇水出安定朝那縣，至京兆高陸縣入渭。叔向見叔孫穆子，穆子賦匏有苦葉。詩邶風也，義取於「深則厲，淺則揭」，言己志在於必濟。叔向退而具舟，魯人、莒人先濟。鄭子蟜見衛北宮懿子曰：「與人而不固，取惡莫甚焉，若社稷何？」懿子説。二子見諸侯之師而勸之濟，濟涇而次。傳言北宮括所以書於伐秦。秦人毒涇上流，師人多死。飲毒水故。鄭司馬子蟜帥鄭師以進，師皆從之，至于棫林，棫林，秦地。不獲成焉。秦不服。荀偃令曰：「鷄鳴而駕，塞井夷竈，示不反。唯余馬首是瞻。」言進退從己。欒黶曰：「晉國之命，未是有也。余馬首欲東。」乃歸，黶惡偃自專，故弃之歸。下軍從之。左史謂魏莊子曰：「不待中行伯乎？」中行伯，荀偃也。莊子，魏絳也。左史，晉大史。莊子曰：「夫子命從帥。夫子，謂荀偃。欒伯，吾帥也，吾將從之。從帥，所以待夫子也。」以從命爲待也。欒黶，下軍帥，莊子爲佐，故曰「吾帥」。伯游曰：「吾今實過，悔之何及，多遺秦禽。」軍帥不和，恐多爲秦所禽獲。乃命大還。晉人謂之「遷延之役」。遷延，却退。

欒鍼曰：「此役也，報櫟之敗也。役又無功，晉之耻也。吾有二位於戎路，欒鍼，欒黶弟也。二位，謂黶將下軍，鍼爲戎右。敢不耻乎？」與士鞅馳秦師，死焉。士鞅反，鞅，士匄子〔一〕。欒黶謂士匄曰：「余弟不欲往，而子召之。余弟死，而子來，是而子殺余之弟也。弗逐，余亦將殺之。」士鞅奔秦。欒黶汰侈，誣逐士鞅也。而，女也。於是齊崔杼、宋華閱、仲江會伐秦，不書，惰也。臨事惰慢不脩也。仲江，宋公孫師之子。向之會亦如之。衛北宫括不書於向，亦惰。書於伐秦，攝也。能自攝整，從鄭子蟜俱濟涇。

秦伯問於士鞅曰：「晉大夫其誰先亡？」對曰：「其欒氏乎！」秦伯曰：「以其汰乎？」對曰：「然。欒黶汰虐已甚，猶可以免。其在盈乎！」盈，黶之子。秦伯曰：「何故？」對曰：「武子之德在民，如周人之思召公焉，愛其甘棠，況其子乎？武子，欒書，黶之父也。召公奭聽訟，舍於甘棠之下，周人思之，不害其樹，而作勿伐之詩，在召南。欒黶死，盈之善未能及人，武子所施没矣，而黶之怨實章，將於是乎在。」秦伯以爲知言，爲之請於晉而復之。爲傳二十一年晉滅欒氏張本。

〔一〕「子」，蜀石經作「也」。

衞獻公戒孫文子、甯惠子食，敕戒二子，欲共宴食。皆服而朝。服朝服，待命於朝。日旰不召，旰，晏也。而射鴻於囿，二子從之，從公於囿。不釋皮冠而與之言。皮冠，田獵之冠也。既不釋冠，又不與食。二子怒。孫文子如戚，戚，孫文子邑。孫蒯入使，孫蒯，孫文子之子。公飲之酒，使大師歌巧言之卒章。巧言，詩小雅，其卒章曰：「彼何人斯，居河之麋。無拳無勇，職爲亂階。」戚，衛河上邑。公欲以喻文子居河上而爲亂。大師，掌樂大夫。大師辭，師曹請爲之。辭以爲不可。師曹，樂人。初，公有嬖妾，使師曹誨之琴，誨，教也。師曹鞭之。公怒，鞭師曹三百。故師曹欲歌之，以怒孫子〔一〕，以報公。公使歌之，遂誦之。恐孫蒯不解故。蒯懼，告文子。文子曰：「君忌我矣，弗先，必死。」欲先公作亂。并帑於戚，帑，子也。而入，見蘧伯玉，曰：「君之暴虐，子所知也。大懼社稷之傾覆，將若之何？」伯玉，蘧瑗。對曰：「君制其國，臣敢奸之？奸，猶犯也。雖奸之，庸知愈乎？」言逐君更立，未知當差否。遂行，從近關出。懼難作，欲速出竟。

〔一〕「子」上，金澤本有「文」字。

公使子蟜、子伯、子皮與孫子盟于丘宮，孫子皆殺之。三子，衛群公子。疑孫子，故盟之。丘宮，近戚地。四月己未，子展奔齊。子展，衛獻公弟。公如鄄，鄄，衛地。使子行〔一〕於孫子，孫子又殺之。使往請和也。子行，群公子。公出奔齊，孫氏追之，敗公徒于阿澤，濟北東阿縣西南有大澤。鄄人執之。公徒因敗散還，故爲公執之。

初，尹公佗學射於庾公差，庾公差學射於公孫丁。二子追公，二子，佗與差，爲孫氏逐公。公孫丁御公。爲公御也。子魚曰：「射爲背師，不射爲戮，射爲禮乎？」子魚，庾公差。禮，射不求中。射兩軥而還。軥，車軛卷者。尹公佗曰：「子爲師，我則遠矣。」乃反之。佗不從丁學，故言「遠」。始與公差俱退，悔而獨還射丁。公孫丁授公轡而射之，貫臂。貫佗臂。

子鮮從公。子鮮，公母弟。及竟，公使祝宗告亡，且告無罪。告宗廟也。定姜曰：「無神，何告？若有，不可誣也。誣，欺也。定姜，公適母。有罪，若何告無？舍

〔一〕「子行」下，石經本有一字，後刊去。考文古本云：足利本有「請」字。金澤本有。

大臣而與小臣謀，一罪也。先君有冢卿以爲師保而蔑之，二罪也。謂不釋皮冠之比。余以巾櫛事先君而暴妾使余，三罪也。告亡而已，無告無罪！」時姜在國，故不使得告無罪。

公使厚〔一〕成叔弔于衞，曰：「寡君使瘠，聞君不撫社稷，而越在他竟，越，遠也。瘠，厚成叔名。若之何不弔？以同盟之故，使瘠敢私於執事，執事，衞諸大夫。曰：『有君不弔，弔，恤也。有臣不敏。敏，達也。君不赦宥，臣亦不帥職，增淫發洩，其若之何？』」衞人使大叔儀對，大叔儀，衞大夫。曰：「群臣不佞，得罪於寡君。寡君不以即刑而悼弃之，以爲君憂。君不忘先君之好，辱弔群臣，又重恤之。重恤，謂愍其不達也。敢拜君命之辱，重拜大貺。」謝重恤之賜。厚孫歸復命，語臧武仲曰：「衞君其必歸乎？有大叔儀以守，守於國。有母弟鱄以出，或撫其内，或營其外，能無歸乎？」

齊人以郲寄衞侯，郲，齊所滅郲國。及其復也，以郲糧歸。言其貪。右宰穀從

〔一〕「厚」，釋文云：「本或作『郈』。」

而逃歸，衛人將殺之。穀，衛大夫也。以其從君，故欲殺之。辭曰：「余不說初矣。言初從君，非說之，不獲已耳。余狐裘而羔袖。」言一身盡善，唯少有惡。喻己雖從君出，其罪不多。乃赦之。衛人立公孫剽，剽，穆公孫。孫林父、甯殖相之，以聽命於諸侯。聽盟會之命。

衛侯在郲，臧紇如齊唁衛侯，衛侯與之言，虐。退而告其人曰：「衛侯其不得入矣！其言糞土也。亡而不變，何以復國？」武仲不書，未爲卿。子展、子鮮聞之，見臧紇，與之言，道。順道理。臧孫說，謂其人曰：「衛君必入。夫二子者，或輓之，或推之，欲無入，得乎？」爲二十六年衛侯歸傳。

師歸自伐秦。晉侯舍新軍，禮也。成國不過半天子之軍，成國，大國。周爲六軍，諸侯之大者三軍可也。於是知朔生盈而死，朔，知罃之長子。盈，朔弟也。盈生而朔死。盈生六年而武子卒，彘裘亦幼，皆未可立也。新軍無帥，故舍之。裘，士魴子也。十三年，荀罃、士魴卒，其子皆幼，未任爲卿，故新軍無帥，遂舍之。

師曠侍於晉侯，師曠，晉樂大師子野。晉侯曰：「衛人出其君，不亦甚乎？」對曰：「或者其君實甚。良君將賞善而刑淫，養民如子，蓋之如天，容之如地。民奉其君，愛之如父母，仰之如日月，敬之如神明，畏之如雷霆〔一〕，其可出乎？夫君，神之主而民之望也。若困民之主，匱神乏祀，百姓絶望，社稷無主，將安用之？弗去何爲？天生民而立之君，使司牧之，勿使失性。有君而爲之貳，貳，卿佐。使師保之，勿使過度。是故天子有公，諸侯有卿，卿置側室，側室，支子之官。大夫有貳宗，貳宗，宗子之副貳者。士有朋友，庶人、工商、皁隸、牧圉皆有親暱，以相輔佐也。善則賞之，賞，謂宣揚。過則匡之，匡，正也。患則救之，救其難也。失則革之。革，更也。自王以下，各有父兄子弟以補察其政。補其愆過，察其得失。史爲書，謂大史。君舉則書。瞽爲詩，瞽，盲者。爲詩以風刺。工誦箴諫，工，樂人也。誦箴諫之辭。大夫規誨，規正諫誨其君。士傳言，士卑，不得徑達，聞君過失，傳告大夫。庶人謗，庶人不與政，聞君過，得誹謗。商旅于市，旅，陳也。陳其貨物，以示時所貴尚。百工獻藝。獻其技藝，以喻政事。故夏書曰：『遒人以木鐸徇於路，逸書。遒人，行令〔二〕之官

〔一〕「雷」，釋文云：「本亦作『電』。」
〔二〕「令」，蜀石經、金澤本、陽明文庫本、慶元本作「人」。

也。木鐸，木舌金鈴。徇於路，求歌謠之言。官師相規，官師，大夫，自相規正。工執藝事以諫。』所謂獻藝。正月孟春，於是乎有之，諫失常也。有遒人徇路之事。天之愛民甚矣，豈其使一人肆於民上，肆，放也。以從其淫，而弃天地之性？必不然矣！」傳善師曠能因問盡言。

秋，楚子爲庸浦之役故，在前年。子囊師于棠以伐吴，吴〔一〕不出而還。子囊殿，殿軍後。以吴爲不能而弗儆。吴人自皋舟之隘要而擊之。皋舟，吴險阸之道。楚人不能相救，吴人敗之，獲楚公子宜穀。傳言不備不可以師。

王使劉定公賜齊侯命，將昏於齊故也。定公，劉夏，位賤，以能而使之。傳稱謚，舉其終。曰：「昔伯舅大公右我先王，股肱周室，師保萬民。世胙大師，以表東海。胙，報也。表，顯也。謂顯封東海，以報大師之功。王室之不壞，繄伯舅是賴。繄，發聲。今余命女環，環，齊靈公名。兹率舅氏之典，纂乃祖考，無忝乃舊。敬之哉！無廢

〔一〕「吴」下，金澤本有「人」字。

朕命！」纂，繼也。因昏而加褒顯〔一〕。傳言王室不能命有功。

晉侯問衛故於中行獻子，問衛逐君當討否。獻子，荀偃。對曰：「不如因而定之。衛有君矣，謂剽已立。伐之，未可以得志，而勤諸侯。史佚有言曰：『因〔二〕重而撫之。』重不可移，就撫安之。仲虺有言曰：『亡者侮之，亂者取之。推亡、固存，國之道也。』仲虺，湯左相。君其定衛以待時乎！」待其昏亂之時乃伐之。冬，會于戚，謀定衛也。定立剽。

范宣子假羽毛於齊而弗歸，齊人始貳。析羽爲旌，王者游車之所建。齊私有之，因謂之羽毛。宣子聞而借觀之。

楚子囊還自伐吴，卒。將死，遺言謂子庚：「必城郢。」楚徙都郢，未有城郭。公子燮、公子儀因築城爲亂，事未得訖，子囊欲訖而未暇，故遺言見意。君子謂：「子囊忠。

〔一〕「褒顯」，原作「囊顯」，據蜀石經、陽明文庫本、宋大字本、國會本、巾箱本、書院本、附釋音本、慶元本、金澤本改。

〔二〕「因」，原作「國」，據蜀石經、陽明文庫本、宋大字本、國會本、巾箱本、書院本、附釋音本、慶元本、金澤本改。册府元龜卷七三二、七三六皆引作「因」。

君甍不忘增其名，謂前年謚君爲共。將死不忘衛社稷，可不謂忠乎？忠，民之望也。詩曰：『行歸于周，萬民所望。』忠也。」詩，小雅，忠信爲周，言德行歸於忠信，即爲萬民所瞻望。

【經】

十有五年春，宋公使向戌來聘。二月己亥，及向戌盟于劉。

劉夏逆王后于齊。劉，采地。夏，名也。天子卿書字，劉夏非卿，故書名。天子無外，所命則成，故不言逆女。

夏，齊侯伐我北鄙，圍成，公救成，至遇。無傳。遇，魯地。書「至遇」，公畏齊，不敢至成。

季孫宿、叔孫豹帥師城成郛。備齊，故夏城，非例所譏。

秋八月丁巳，日有食之。無傳。八月無丁巳；丁巳，七月一日也。日月必有誤。

邾人伐我南鄙。

冬十有一月癸亥，晉侯周卒。四同盟。

【傳】十五年春，宋向戌來聘，且尋盟。報二年豹之聘，尋十一年亳之盟。見孟獻子，尤其室，尤，責過也。曰：「子有令聞而美其室，非所望也。」對曰：「我在晉，吾兄爲之，毁之重勞，且不敢間。」傳言獻子友于兄，且不隱其實。

官師從單靖公逆王后于齊，卿不行，非禮也。官師，劉夏也。天子官師非卿也，劉夏獨過魯告昏，故不書單靖公。天子不親昏，使上卿逆而公監之，故曰「卿不行，非禮」。

楚公子午爲令尹，代子囊。公子罷戎爲右尹，蔿子馮爲大司馬，子馮，叔敖從子。公子橐師爲右司馬，公子成爲左司馬，屈到爲莫敖，屈到，屈蕩子。公子追舒爲箴尹，追舒，莊王子子南。屈蕩爲連尹，養由基爲宫廄尹，以靖國人。君子謂：「楚於是乎能官人。官人，國之急也。能官人，則民無覦心。無覬覦以求幸。詩云：『嗟我懷人，寘彼周行。』能官人也。詩，周南也。寘，置也。行，列也。周，徧也。詩人嗟歎，言我思得賢人，置之徧於列位。是后妃之志，以官人爲急。王及公、侯、伯、子、男、甸、采、衛大夫各居其列，所謂『周行』也。」言自王以下，諸侯大夫各任其職，則是詩人「周行」之志也。甸、采、衛，五服之名也。天子所居千里曰圻，其外曰侯服，次曰甸服，次曰男服，次曰采服，次曰衛服。五百里爲一服。不言侯、男，略舉也。

鄭尉氏、司氏之亂，其餘盜在宋，亂在十年。鄭人以子西、伯有、子産之故，納賂于宋，三子之父皆爲尉氏所殺故。以馬四十乘，百六十匹。與師茷、師慧。樂師也。茷、慧，其名。三月，公孫黑爲質焉。公孫黑，子晳。司城子罕以堵女父、尉翩、司齊與之，良司臣而逸之，賢而放之。託諸季武子，武子寘諸卞。子罕以司臣託季氏。鄭人醢之三人也。三人，堵女父、尉翩、司齊。

師慧過宋朝，將私焉。私，小便。其相曰：「朝也。」相師者。慧曰：「無人焉。」相曰：「朝也，何故無人？」慧曰：「必無人焉。若猶有人，豈其以千乘之相易淫樂之矇？必無人焉故也。」千乘相，謂子産等也。言不爲子産殺三盜，得賂而歸之，是重淫樂而輕國相。子罕聞之，固請而歸之。言子罕能改過。

夏，齊侯圍成，貳於晉故也。不畏霸主，故敢伐魯。於是乎城成郛。郛，郭也。

秋，邾人伐我南鄙，亦貳於晉故。使告于晉，晉將爲會以討邾、莒。十二年、十四年，莒人伐魯，未之討也。晉侯有疾，乃止。冬，晉悼公卒，遂不克會。爲明年會溴梁傳。

鄭公孫夏如晉奔喪，子蟜送葬。夏，子西也。言諸侯畏晉，故卿共葬。

宋人或得玉，獻諸子罕，子罕弗受。獻玉者曰：「以示玉人，玉人，能治玉者。玉人以爲寶也，故敢獻之。」子罕曰：「我以不貪爲寶，爾以玉爲寶。若以與我，皆喪寶也，不若人有其寶。」稽首而告曰：「小人懷璧，不可以越鄉，言必爲盜所害。納此以請死也。」請免死。子罕寘諸其里，使玉人爲之攻之，攻，治也。富而後使復其所。賣玉得富。

十二月，鄭人奪堵狗之妻〔一〕，而歸諸范氏。堵狗，堵女父之族，狗娶於晉范氏，鄭人既誅女父，畏狗因范氏而作亂，故奪其妻歸范氏，先絶之。傳言鄭之有謀。

春秋經傳集解襄二第十五

〔一〕「堵狗」，釋文作「堵苟」，云：「本或作『苟』。」

歷代經學要籍叢刊

春秋經傳集解

下

〔晉〕杜預　集解
王勇　于天寶　點校

中華書局

春秋經傳集解襄三第十六

杜氏　盡二十二年

【經】

十有六年春王正月，葬晉悼公。踰月而葬，速也。

三月，公會晉侯、宋公、衛侯、鄭伯、曹伯、莒子、邾子、薛伯、杞伯、小邾子于湨梁。不書高厚，逃歸故也。湨水出河内軹縣，東南至温入河。戊寅，大夫盟。諸大夫本欲盟高厚，高厚逃歸，故遂自共盟。雞澤會重序諸侯，今此間無異事，即上諸侯大夫可知。

晉人執莒子、邾子以歸。邾、莒二國數侵魯，又無道於其民，故稱人以執。不以歸京師，非禮也。

齊侯伐我北鄙。無傳。齊貳晉故。

夏，公至自會。無傳。

五月甲子，地震。無傳。

叔老會鄭伯、晉荀偃、衛甯殖、宋人伐許。荀偃主兵，當序鄭上，方示叔老可以會鄭伯，故荀偃在下。

秋，齊侯伐我北鄙，圍郕。

大雩。無傳。書，過。

冬，叔孫豹如晉。

【傳】

十六年春，葬晉悼公。平公即位。平公，悼公子彪。羊舌肸爲傅，肸，叔向也，代士渥濁。張君臣爲中軍司馬，張老子，代其父。祁奚、韓襄、欒盈、士鞅爲公族大夫，祁奚去中軍尉，爲公族大夫，去劇職，就閒官。韓襄，無忌子。虞丘書爲乘馬御。代程鄭。改服、脩官，烝于曲沃。既葬，改喪服。脩官，選賢能。曲沃，晉祖廟。烝，冬祭也。諸侯五月而葬。既葬，卒哭，作主，然後烝、嘗於廟。今晉踰月葬，作主而烝祭。傳言晉將有溴梁之會，故速葬。警守而下，會于溴梁，順河東行，故曰下。命歸侵田。諸侯相侵取之田。以我故，執邾宣公、莒犂比公，犂比，莒子號也。十二年、十四年，莒人侵魯。前年，邾人伐魯。晉將爲魯討之，悼公卒，不克會，故平公終其事。且曰「通齊、楚之使」。邾、莒在齊、楚往來道中，故并以此責之。經書「執」在「大夫盟」下，既盟而後告。

晉侯與諸侯宴于温，使諸大夫舞，曰：「歌詩必類。」歌古詩，當使各從義類。齊高厚之詩不類。齊有二心故。荀偃怒，且曰：「諸侯有異志矣。」使諸大夫盟高厚，高厚逃歸。齊爲大國，高厚若此，知小國必當有從者。於是叔孫豹、晉荀偃、宋向戌、衛甯殖、鄭公孫蠆、小邾之大夫盟，曰：「同討不庭。」自曹以下，大夫不書，故傳舉小邾以包之。

許男請遷于晉，許欲叛楚。諸侯遂遷許，許大夫不可。晉人歸諸侯。唯以其師討許之不肯遷。鄭子蟜聞將伐許，遂相鄭伯以從諸侯之師。鄭與許有宿怨，故其君親行。穆叔從公。從公歸。齊子帥師會晉荀偃。書曰「會鄭伯」，爲夷故也。夷，平也。春秋於魯事，所記不與外事同者，客主之言，所以爲文固當異也。魯卿每會公〔一〕侯，春秋無譏，故於此示例。不先書主兵之荀偃，而書後至之鄭伯，時皆諸侯大夫，義取皆平，得會

〔一〕「公」，金澤本旁校作「諸」。

鄭伯。

夏六月，次于棫林，庚寅伐許，次于函氏。棫林、函氏，皆許地。晉荀偃、欒黶帥師伐楚，以報宋楊梁之役。晉師獨進。楊梁役在十二年。楚公子格帥師及晉師戰于湛阪，襄城昆陽縣北有湛水，東入汝。楚師敗績。晉師遂侵方城之外，不書，不告。復伐許而還。許未遷故。

秋，齊侯圍成，成，魯孟氏邑。貳晉，故伐魯。孟孺子速徼之。孟獻子之子莊子速也。徼，要也。齊侯曰：「是好勇，去之以爲之名。」速遂塞海陘而還。海陘，魯隘道。

冬，穆叔如晉聘，且言齊故。言齊再伐魯。晉人曰：「以寡君之未禘祀，禘祀，三年喪畢之吉祭。與民之未息。新伐許及楚。不然，不敢忘。」穆叔曰：「以齊人之朝夕釋憾於敝邑之地，是以大請。敝邑之急，朝不及夕，引領西望曰：『庶幾乎！』庶幾晉來救。比執事之閒，恐無及也。」見中行獻子，賦圻父。圻父，詩小雅。周司馬掌封畿之兵甲，故謂之圻父。詩人責圻父爲王爪牙，不脩其職，使百姓受困苦之憂，而無所止居。獻子曰：「偃知罪矣。敢不從執事以同恤社稷，而使魯及此！」及此憂。見范宣子，賦鴻鴈之卒章。鴻鴈，詩小雅，卒章曰：「鴻鴈于飛，哀鳴嗸嗸。唯此哲人，謂我劬勞。」言魯憂困，嗸嗸然若鴻鴈之失所。大曰鴻，小曰鴈。宣子曰：「匄在此，敢使魯無鳩乎！」鳩，集也。

【經】

十有七年春王二月庚午，邾子牼卒。無傳。宣公也，四同盟。

宋人伐陳。

夏，衛石買帥師伐曹。買，石稷子。

秋，齊侯伐我北鄙，圍桃。

高厚帥師伐我北鄙，圍防。弁縣東南有桃虚。

九月，大雩。無傳。書，過。

宋華臣出奔陳。暴亂宗室，懼而出奔。實以冬出，書秋者，以始作亂時來告。

冬，邾人伐我南鄙。

【傳】

十七年春，宋莊朝伐陳，獲司徒卬，卑宋也。司徒卬，陳大夫。卑宋，不設備。

衛孫蒯田于曹隧，越竟而獵。孫蒯，林父之子。飲馬于重丘，重丘，曹邑。毀其瓶。重丘人閉門而訽之，訽，罵也。曰：「親逐而君，爾父爲厲。厲，惡鬼。林父逐君在十四年。是之不憂，而何以田爲？」

夏，衛石買、孫蒯伐曹，取重丘。孫蒯不書，非卿。曹人愬于晉。爲明年晉人執石買傳。

齊人以其未得志于我故，前年圍成，辟孟孺子。秋，齊侯伐我北鄙，圍桃，高厚圍臧紇于防。防，臧紇邑。師自陽關逆臧孫，至于旅松。陽關，在泰山鉅平縣東。旅松，近防地也。魯師畏齊，不敢至防。郰叔紇、臧疇、臧賈帥甲三百，宵犯齊師，送之而復。郰叔紇，叔梁紇。臧疇、臧賈，臧紇之昆弟也。三子與臧紇共在防，故夜送臧紇於旅松，而復還守防。齊師去之。失臧紇故。

齊人獲臧堅。堅，臧紇之族。齊侯使夙沙衛唁之，且曰：「無死！」使無自殺。堅稽首曰：「拜命之辱，抑君賜不終，姑又使其刑臣禮於士。」以杙抉其傷〔一〕而

〔一〕「傷」，釋文云：「一本作『瘍』。」

死。言使賤人來唁己，是惠賜不終也。夙沙衛，奄人，故謂之刑臣。

冬，邾人伐我南鄙，爲齊故也。齊未得志於魯，故邾助之。

宋華閲卒，華臣弱皋比之室，臣，閲之弟。皋比，閲之子。弱，侵易之。使賊殺其宰華吳，賊六人以鈹殺諸盧門合左師之後。盧門，宋城門。合，向戌邑。後，屋後。左師懼，曰：「老夫無罪。」賊曰：「皋比私有討於吳。」遂幽其妻，幽吳妻也。曰：「畀余而大璧。」畀，與也。宋公聞之，曰：「臣也，不唯其宗室是暴，大亂宋國之政，必逐之。」左師曰：「臣也，亦卿也。大臣不順，國之耻也。不如蓋之。」乃舍之。左師爲己短策，苟過華臣之門，必騁。惡之。

十一月甲午，國人逐瘈狗，瘈狗入於華臣氏，國人從之，華臣懼，遂奔陳。華臣心不自安，見逐狗而驚走。

宋皇國父爲大宰，爲平公築臺，妨於農收。周十一月，今九月，收斂時。子罕請俟農功之畢，公弗許。築者謳曰：「澤門之皙，實興[一]我役。澤門，宋東城南門也。

〔一〕經傳識異：「興」，一作「與」。

皇國父白皙而居近澤門。邑中之黔，實慰我心。」子罕黑色而居邑中。子罕聞之，親執朴，朴，杖。以行築者，而抶其不勉者，曰：「吾儕小人皆有闔廬，以辟燥濕寒暑，闔，謂門户閉塞。今君爲一臺而不速成，何以爲役？」役，事也。謳者乃止。或問其故，子罕曰：「宋國區區而有詛有祝，禍之本也。」傳善子罕分謗。

齊晏桓子卒，晏嬰父也。晏嬰麤縗斬，斬，不緝之也。縗在胷前。麤，三升布。苴絰、帶、杖，菅屨，苴，麻之有子者，取其麤也。杖，竹杖。菅屨，草屨。食鬻，居倚廬，寢苫，枕草。此禮與士喪禮略同，其異唯枕草耳。然枕凷亦非喪服正文。其老曰：「非大夫之禮也。」時之所行，士及大夫縗服各有不同。晏子爲大夫而行士禮，其家臣不解，故譏之。曰：「唯卿爲大夫。」晏子惡直己以斥時失禮，故孫辭略答家老。

【經】

十有八年春，白狄來。不言朝，不能行朝禮。

夏，晉人執衛行人石買。石買即是伐曹者，宜即懲治本罪，而晉因其爲行人之使執之，故書「行人」以罪晉。

秋，齊師伐我北鄙。不書齊侯，齊侯不入竟。

冬十月，公會晉侯、宋公〔一〕、衛侯、鄭伯、曹伯、莒子、邾子、滕子、薛伯、杞伯、小邾子同圍齊。齊數行不義，諸侯同心俱圍之。

曹伯負芻卒于師。無傳。禮當與許男同。三同盟。

楚公子午帥師伐鄭。

【傳】

十八年春，白狄始來。白狄，狄之别名，未嘗與魯接，故曰「始」〔二〕。

夏，晉人執衛行人石買于長子，執孫蒯于純留，長子、純留，二縣，今皆屬上黨郡。孫蒯不書，父在位，蒯非卿。爲曹故也。前年，衛伐曹。

秋，齊侯伐我北鄙。中行獻子將伐齊，夢與厲公訟，弗勝，厲公，獻子所弑者。公以戈擊之，首隊於前，跪而戴之，奉之以走，見梗陽之巫臯。梗陽，晉邑，在太原

〔一〕「宋公」，原作「宋伯」，據陽明文庫本、宋大字本、國會本、巾箱本、書院本、附釋音本、慶元本、金澤本改。

〔二〕「始」下，金澤本有「來」字。

晉陽縣南。皋，巫名也。夢并見之。他日，見諸道，與之言，同。巫亦夢見獻子與厲公訟。巫曰：「今茲主必死。若有事於東方，則可以逞。」巫知獻子有死徵，故勸使快意伐齊。獻子許諾。

晉侯伐齊，將濟河，獻子以朱絲係玉二瑴，雙玉曰瑴。而禱曰：「齊環怙恃其險，負其衆庶，環，齊靈公名。負，依也。弃好背盟，陵虐神主。神主，民也。謂數伐魯，殘民人。曾臣彪將率諸侯以討焉，彪，晉平公名。稱臣者，明上有天子，以謙告神。曾臣，猶末臣。其官臣偃實先後之。守官之臣。偃，獻子名。苟捷有功，無作神羞，羞，耻也。官臣偃無敢復濟。偃信巫言，故以死自誓。唯爾有神裁之。」沈玉而濟。

冬十月，會于魯濟，尋湨梁之言，同伐齊。湨梁，在〔一〕十六年，盟曰：「同討不庭。」齊侯禦諸平陰，塹防門而守之，廣里。平陰城，在濟北盧縣東北。其城南有防，防有門。於門外作塹橫行，廣一里，故經書「圍」。夙沙衛曰：「不能戰，莫如守險。」謂防門

〔一〕「在」上，金澤本有「盟」字。

不足爲險。弗聽。諸侯之士門焉，齊人多死。范宣子告析文子，析文子，齊大夫子家。曰：「吾知子，敢匿情乎？魯人、莒人皆請以車千乘自其鄉入，既許之矣。若入，君必失國。子盍圖之？」子家以告公，公恐。晏嬰聞之，曰：「君固無勇，而又聞是，弗能久矣。」不能久敵晉。

齊侯登巫山以望晉師。巫山，在盧縣東北。晉人使司馬斥山澤之險，雖所不至，必旆而疏陳之。斥，候也。疏建旌旗以爲陳，示衆也。使乘車者左實右僞，以旆先，僞以衣物爲人形也。建旆以先驅。輿曳柴而從之。以揚塵。齊侯見之，畏其衆也，乃脱歸。脱，不張旗幟。

丙寅晦，齊師夜遁。師曠告晉侯曰：「鳥烏之聲樂，齊師其遁。」鳥烏得空營，故樂也。邢伯告中行伯邢伯，晉大夫邢侯也。中行伯，獻子。曰：「有班馬之聲，夜遁，馬不相見，故鳴。班，别也。齊師其遁。」叔向告晉侯曰：「城上有烏，齊師其遁。」十一月丁卯朔，入平陰，遂從齊師。

夙沙衛連大車以塞隧而殿。此衛所欲守險。殖綽、郭最曰：「子殿國師，齊之辱也。奄人殿師，故以爲辱。子姑先乎！」乃代之殿。衛殺馬於隘以塞道。恨二子，故塞其道，欲使晉得之。晉州綽及之，射殖綽，中肩，兩矢夾脰。脰，頸也。曰：「止，將爲三軍獲；不止，將取其衷。」不止，復欲射兩矢中央。顧曰：「爲私誓。」州綽曰：「有如日！」言必不殺女，明如日。乃弛〔一〕弓而自後縛之。反縛之。其右具丙州綽之右。亦舍兵而縛郭最。皆衿甲面縛，衿甲，不解甲。坐于中軍之鼓下。

晉人欲逐歸者，魯、衛請攻險。險，固城守者。己卯，荀偃、士匄以中軍克京茲。在平陰城東南。乙酉，魏絳、欒盈以下軍克邿。欒黶死，其子盈佐下軍。平陰西有邿山。趙武、韓起以上軍圍盧，弗克。十二月戊戌，及秦周伐雍門之萩〔二〕。秦周，魯大夫，趙武及之共伐萩也。雍門，齊城門。范鞅門于雍門，其御追喜以戈殺犬于門中。殺犬示閒暇。孟莊子斬其橁以爲公琴。莊子，孺子速也。橁，木名。己亥，焚雍門及西郭、南郭。劉難、士弱率諸侯之師焚申池之竹木。二子，晉大夫。壬寅，焚東郭、北郭，范鞅門于揚門。齊西門。州綽門于東閭，齊東門。左驂迫，還于門中，

〔一〕「弛」，釋文云：「本又作『施』。」
〔二〕「萩」，釋文云：「本又作『秋』。」

以枚數闔。枚，馬檛也。闔，門扇也。數其板〔一〕，示不恐。齊侯駕，將走郵棠。郵棠，齊邑。大子與郭榮扣馬，大子，光也。榮，齊大夫。曰：「師速而疾，略也。言欲略行其地，無久攻意。將退矣，君何懼焉？且社稷之主不可以輕，輕則失衆。君必待之！」將犯之。大子抽劍斷鞅，乃止。甲辰，東侵及濰，南及沂。濰水在東莞東北，至北海都昌縣入海。沂水出東莞蓋縣，至下邳入泗。

鄭子孔欲去諸大夫，欲專權。將叛晉而起楚師以去之，使告子庚，子庚弗許。子庚，楚令尹公子午。楚子聞之，使揚豚尹宜告子庚曰：「國人謂不穀主社稷而不出師，死不從禮。不能承先君之業，死將不得從先君之禮。不穀即位，於今五年，師徒不出，人其以不穀爲自逸，而忘先君之業矣。謂己未嘗統師自出。大夫圖之，其若之何？」子庚歎曰：「君王其謂午懷安乎！吾以利社稷也。」見使者，稽首而對曰：「諸侯方睦於晉，臣請嘗之。嘗，試其難易也。若可，君而繼之。不可，收師而

〔一〕「板」，原作「枚」，據陽明文庫本、附釋音本、慶元本、金澤本改。阮校云：「宋本、淳熙本、岳本『枚』作『板』，是也。」

退，可以無害，君亦無辱。」子庚帥師治兵於汾。襄城縣東北有汾丘城。於是〔一〕子蟜、伯有、子張從鄭伯伐齊，子張，公孫黑肱。子孔、子展、子西守。二子知子孔之謀，二子，子展、子西。完守入保。完城郭，内保守。子孔不敢會楚師。

楚師伐鄭，次於魚陵。魚陵，魚齒山也，在南陽犨縣北，鄭地。右師城上棘，遂涉潁，次于旃然。將涉潁，故於水邊權築小城，以爲進退之備。旃然水出滎陽城皋縣〔二〕，東入汴。蔿子馮〔三〕、公子格率鋭師侵費滑、胥靡、獻于、雍梁。胥靡、獻于、雍梁，皆鄭邑。河南陽翟縣東北有雍氏城。右回梅山，在滎陽密縣東北。侵鄭東北，至于蟲牢而反。子庚門于純門，信于城下而還，信，再宿也。涉於魚齒之下。魚齒山之下有滍水，故言涉。甚雨及之，楚師多凍，役徒幾盡。

晉人聞有楚師，師曠曰：「不害。吾驟歌北風，又歌南風。南風不競，歌者，

〔一〕「於是」下，金澤本有「鄭」字。

〔二〕「城皋縣」，陽明文庫作「成皋縣」。阮校云：「宋本、纂圖本、監本『城皋』作『成皋』，按水經注引同。」

〔三〕「蔿子馮」，釋文作「薳子馮」。

吹律以詠八風。南風音微，故曰「不競」也。師曠唯歌南北風者，聽晉、楚之强弱。**多死聲。楚必無功。」董叔曰：「天道多在西北。**歲在豕韋，月又建亥，故曰「多在西北」。**南師不時，必無功。」**不時，謂觸歲月。**叔向曰：「在其君之德也。」**言天時、地利不如人和。

【經】

十有九年春王正月，諸侯盟于祝柯，前年圍齊之諸侯也。祝柯縣，今屬濟南郡。

晉人執邾子。稱人以執，惡及民也。

公至自伐齊。無傳。

取邾田，自漷水。取邾田，以漷水爲界也。漷水出東海合鄉縣，西南經魯國，至高平湖陸縣入泗。

季孫宿如晉。

葬曹成公。無傳。

夏，衛孫林父帥師伐齊。

秋七月辛卯，齊侯環卒。世子光三與魯同盟。

晉士匄帥師侵齊，至穀，聞齊侯卒，乃還。詳録所至及還者，善得禮。

八月丙辰，仲孫蔑卒。無傳。

齊殺其大夫高厚。

鄭殺其大夫公子嘉。

冬，葬齊靈公。無傳。

城西郛。魯西郭。

叔孫豹會晉士匄于柯。魏郡内黄縣東北有柯城。

城武城。泰山南武城縣。

【傳】

十九年春，諸侯還自沂上，盟于督揚，曰：「大毋侵小。」督揚即祝柯也。執邾悼公，以其伐我故。伐魯在十七年。遂次于泗上，疆我田。正邾、魯之界也。泗，水名。取邾田，自漷水歸之于我。邾田在漷水北，今更以漷爲界，故曰「取邾田」。

晉侯先歸。公享晉六卿于蒲圃，六卿過魯。賜之三命之服；軍尉、司馬、司空、輿尉、候奄皆受一命之服；如鞌戰還之賜，唯無先輅。賄荀偃束錦，加璧，乘馬，先吳壽夢之鼎。荀偃，中軍元帥，故特賄之。五匹爲束，四馬爲乘。壽夢，吳子乘也。獻鼎於魯，因以爲名。古之獻物，必有以先，今以璧馬爲鼎之先。

荀偃癉疽，生瘍於頭。癉疽，惡創。濟河，及著雍，病，目出。大夫先歸者皆反。士匄請見，弗内。請後，曰：「鄭甥可。」士匄，中軍佐，故問後也。鄭甥，荀吳，其母鄭女。二月甲寅，卒，而視，不可含。目開口噤。宣子盥而撫之，曰：「事吳敢不如事主！」猶視。大夫稱主。欒懷子曰：「其爲未卒事於齊故也乎？」懷子，欒盈。乃復撫之曰：「主苟終，所不嗣事于齊者，有如河！」乃瞑，受含。嗣，續也。宣子出，曰：「吾淺之爲丈夫也！」自恨以私待人。晉欒魴帥師從衛孫文子伐齊。爲懷子之言故也。欒魴，欒氏族。不書，兵并林父，不別告也。經書夏，從告。

季武子如晉拜師，謝討齊。晉侯享之。范宣子爲政，代荀偃將中軍。賦黍苗。黍苗，詩小雅，美召伯勞來諸侯，如陰雨之長黍苗也。喻晉君憂勞魯國，猶召伯。季武子興，再拜稽首，曰：「小國之仰大國也，如百穀之仰膏雨焉！若常膏之，其天下輯〔一〕

〔一〕「輯」，釋文云：「本又作『集』。」

睦，豈唯敝邑？」賦六月。六月，尹吉甫佐天子征伐之詩。以晉侯比吉甫，出征以匡王國。

季武子以所得於齊之兵，作林鐘而銘魯功焉。林鐘，律名。鑄鐘，聲應林鐘，因以爲名。臧武仲謂季孫曰：「非禮也！夫銘，天子令德，天子銘德不銘功。諸侯言時計功，舉得時，動有功，則可銘也。大夫稱伐。銘其功伐之勞。今稱伐，則下等也；從大夫故。計功，則借人也；借晉力也。言時，則妨民多矣，何以爲銘？且夫大伐小，取其所得以作彝器，彝，常也。謂鐘鼎爲宗廟之常器。銘其功烈以示子孫，昭明德而懲無禮也。今將借人之力以救其死，若之何銘之？小國幸於大國，以勝大國爲幸。而昭所獲焉以怒之，亡之道也。」爲城西郛武城傳。

齊侯娶于魯，曰顏懿姬，無子。其姪鬷聲姬生光，以爲大子。兄子曰姪。顏、鬷皆二姬母姓，因以爲號。懿、聲皆謚。諸子：仲子，戎子。戎子嬖。諸子，諸妾姓子者。二子，皆宋女。仲子生牙，屬諸戎子。屬，託之。戎子請以爲大子，許之。齊侯許之。仲子曰：「不可！廢常，不祥。廢立嫡之常。間諸侯，難。事難成也。光之立也，列於諸侯矣。列諸侯之會。今無故而廢之，是專黜諸侯，謂光已有諸侯之尊。而以難犯不祥也。君必悔之！」公曰：「在我而已。」遂東大子光。廢而徙之東鄙。使高厚傅牙以爲大子，夙沙衛爲少傅。

齊侯疾，崔杼微逆光。疾病，而立之。光殺戎子，終言之。尸諸朝，非禮也。婦人無刑。無黥、刖之刑。雖有刑，不在朝市。謂犯死刑者猶不暴尸。夏五月壬辰晦，齊靈公卒。經書「七月辛卯」，光定位而後赴。莊公即位，大子光也。執公子牙於句瀆之丘。以夙沙衛易己，衛奔高唐以叛。光謂衛教公易己。高唐在祝柯縣西北。

晉士匄侵齊，及穀，聞喪而還，禮也。禮之常，不必待君命。

於四月丁未，於此年四月。鄭公孫蠆卒，赴於晉大夫。范宣子言於晉侯，以其善於伐秦也。十四年，晉伐秦，子蟜見諸侯師，而勸之濟涇。六月，晉侯請於王，王追賜之大路，使以行，禮也。大路，天子所賜車之惣名，以行葬禮。傳言大夫有功，則賜服路。

秋八月，齊崔杼殺高厚於灑藍，而兼其室。灑藍，齊地。書曰「齊殺其大夫」，從君於昏也。傳解經不言崔杼殺，而爲國討文。

鄭子孔之爲政也專，專權。國人患之，乃討西宮之難十年，尉止等作難西宮，子孔知而不言。與純門之師。前年，子孔召楚師至純門。子孔當罪，以其甲及子革、子良氏之甲守。以自守也。甲辰，子展、子西率國人伐之，殺子孔而分其室。書曰「鄭殺其大夫」，專也。亦以國討爲文。子然、子孔，宋子之子也；子然，子革父。士子孔，圭嬀之子也。宋子、圭嬀，皆鄭穆公妾。士子孔，子良父。圭嬀之班亞宋子而相親也，亞，次也。二〔一〕子孔亦相親也。僖之四年，子然卒；鄭僖四年，魯襄六年。簡之元年，士子孔卒。魯襄八年。司徒孔實相子革、子良之室，司徒孔與二父相親，故相助其子。三室如一，言同心。故及於難。故二子并及難。子革、子良出奔楚。子革爲右尹。子革即鄭丹。鄭人使子展當國，子西聽政，立子產爲卿。簡公猶幼，故大夫當國。

齊慶封圍高唐，弗克。夙沙衛以叛，故圍之。冬十一月，齊侯圍之，見衛在城上，號之，乃下。衛下與齊侯語。問守備焉，以無備告。揖之，乃登。齊侯以衛告誠，揖而禮之，欲生之也。衛志於戰死，故不順齊侯之揖，而還登城。聞師將傅，食高唐人。

〔一〕「二」，原作「亡」，據陽明文庫本、附釋音本、慶元本改。此字疑作「士」，金澤本作「士」。阮校云：「石經、宋本『士』作『二』，不誤。」

殖綽、工僂會夜縋納師，因其會食。二子，齊大夫。醢衛于軍。城西郛，懼齊也。前年與晉伐齊，又鑄其器爲鐘，故懼。齊及晉平，盟于大隧。大隧，地，闕。故穆叔會范宣子于柯。齊、晉平，魯懼齊，故爲柯會以自固。穆叔見叔向，賦載馳之四章。四章曰：「控于大邦，誰因誰極！」控，引也。取其欲引大國以自救助。叔向曰：「肸敢不承命！」叔向度齊未肯以盟服，故許救魯。穆叔歸，曰：「齊猶未也，不可以不懼。」乃城武城。衛石共子卒，石買。悼子不哀。買之子石惡。孔成子曰：「是謂蹷其本，蹷，猶拔也。必不有其宗。」爲二十八年石惡出奔傳。

【經】

二十年春王正月辛亥，仲孫速會莒人，盟于向。向，莒邑。

夏六月庚申，公會晉侯、齊侯、宋公、衛侯、鄭伯、曹伯、莒子、邾子、滕子、薛伯、杞伯、小邾子，盟于澶淵。澶淵在頓丘縣南，今名繁汙。此衛地，又近戚田。

秋，公至自會。無傳。

仲孫速帥師伐邾。

蔡殺其大夫公子燮。莊公子。蔡公子履出奔楚。燮母弟也。

陳侯之弟黄出奔楚。稱弟，明無罪也。

叔老如齊。

冬十月丙辰朔，日有食之。無傳。

季孫宿如宋。

【傳】二十年春，及莒平。孟莊子會莒人，盟于向，督揚之盟故也。莒數伐魯，前年諸侯盟督揚以和解之，故二國自復共盟，結其好。

夏，盟于澶淵，齊成故也。齊與晉平。

邾人驟至，以諸侯之事弗能報也。驟，數也。謂十五年、十七年伐魯。秋，孟莊子伐邾以報之。既盟而又伐之，非。

蔡公子燮欲以蔡之晉，背楚。蔡人殺之。公子履，其母弟也，故出奔楚。與兄同謀故。

陳慶虎、慶寅畏公子黄之偪，二慶，陳卿。恐黄偪奪其政。愬諸楚曰：「與蔡司馬同謀。」同欲之晉。楚人以爲討。討，責陳。公子黄出奔楚。奔楚自理。

初，蔡文侯欲事晉，曰：「先君〔一〕與於踐土之盟，先君，文侯父莊侯甲午也。踐土盟在僖二十八年。晉不可弃，且兄弟也。」畏楚，不能行而卒。宣十七年文侯卒。楚人使蔡無常，徵發無准。公子燮求從先君以利蔡，不能而死。書曰「蔡殺其大夫公子燮」，言不與民同欲也；罪其違衆。「陳侯之弟黄出奔楚」，言非其罪也。稱弟，罪陳侯及二慶。公子黄將出奔，呼於國曰：「慶氏無道，求專陳國，暴蔑其君，而去其親，五年不滅，是無天也。」爲二十三年陳殺二慶傳。

齊子初聘于齊，禮也。齊、魯有怨，朝聘禮絶，今始復通，故曰「初」。繼好息民，故曰「禮」。

冬，季武子如宋，報向戌之聘也。向戌聘在十五年。褚師段逆之以受享，段，共公子子石也。逆以入國，受享禮。賦常棣之七章以卒。武子賦也。七章以卒，盡八章，取

〔一〕「先君」上，金澤本有「吾」字。

其「妻子好合，如鼓瑟琴。宜爾室家，樂爾妻帑」。言二國好合，宜其室家，相親如兄弟。宋人重賄之。歸，復命，公享之，賦魚麗之卒章。魚麗，詩小雅，卒章曰：「物其有矣，維其時矣。」喻聘宋得其時。公賦南山有臺。南山有臺，詩小雅，取其「樂只〔一〕君子，邦家之基」，「邦家之光」。喻武子奉使，能爲國光暉。武子去所，曰：「臣不堪也。」去所，辟席。

衛甯惠子疾，召悼子，悼子，甯喜。曰：「吾得罪於君，悔而無及也。名藏在諸侯之策，曰：『孫林父、甯殖出其君。』君入則掩之。掩惡名。若能掩之，則吾子也。若不能，猶有鬼神，吾有餒而已，不來食矣。」餒，餓也。悼子許諾，惠子遂卒。爲二十六年衛侯歸傳。

【經】二十有一年春王正月，公如晉。

邾庶其以漆、閭丘來奔。二邑在高平南平陽縣，東北有漆鄉，西北有顯閭亭。以邑

〔一〕「只」，釋文云：「本亦作『旨』。」

出爲叛，適魯而言來奔，内外之辭。

夏，公至自晉。無傳。

秋，晉欒盈出奔楚。盈不能防閑其母，以取奔亡。稱名，罪之。

九月庚戌朔，日有食之。無傳。

冬十月庚辰朔，日有食之。無傳。

曹伯來朝。

公會晉侯、齊侯、宋公、衞侯、鄭伯、曹伯、莒子、邾子于商任。商任，地，闕。

【傳】二十一年春，公如晉，拜師及取邾田也。謝十八年伐齊之師、漷水之田。

邾庶其以漆、閭丘來奔，庶其，邾大夫。季武子以公姑姊妻之，計公年不得有未嫁姑姊，蓋寡者二人。皆有賜於其從者。於是魯多盜。季孫謂臧武仲曰：「子盍詰盜？」詰，治也。武仲曰：「不可詰也。紇又不能。」季孫曰：「我有四封，而詰其盜，何故不可？子爲司寇，將盜是務去，若之何不能？」武仲曰：「子召外盜而大禮焉，何以止吾盜？吾，謂國中。子爲正卿而來外盜，使紇去之，將何以能？庶其竊邑於邾以來，子以姬氏妻之而與之邑，使食漆、閭丘。其從者皆有賜焉。若大盜，禮焉以君之姑姊與其大邑，其次阜牧輿馬，給其賤役。從阜至牧，凡八等之人。其小者衣裳劍帶，是賞盜也。賞而去之，其或難焉。紇也聞之，在上位者洒濯其心，壹以待人，軌度其信，可明徵也，徵，驗也。而後可以治人。夫上之所爲，民之歸也。上所不爲而民或爲之，是以加刑罰焉，而莫敢不懲。若上之所爲而民亦爲之，乃其所也，又可禁乎？夏書曰：『念茲在茲，逸書也。茲，此也。謂行此事，當念使可施之於此。釋茲在茲，釋，除也。謂欲有所治除於人，亦當顧己得無亦有之。名言茲在茲，名此事，言此事，亦皆當令可施於此。允出茲在茲，允，信也。信出於此，則善亦在此。惟帝念功。』言帝念功，則功成也。將謂由己壹也。信由己壹，而後功可念也。」言非但意念而已，當須信己誠至。庶其非卿也，以地來，雖賤必書，重地也。重地，故書其人；其人書，則惡名章〔一〕，以懲不義。

齊侯使慶佐爲大夫，慶佐，崔杼黨。復討公子牙之黨，執公子買于句瀆之丘，

〔一〕「章」，國會本、書院本、附釋音本、慶元本作「彰」。

公子鉏來奔，叔孫還奔燕。三子，齊公族。言莊公斥逐親戚，以成崔、慶之勢，終有弑殺之禍。

夏，楚子庚卒，楚子使薳子馮爲令尹。訪於申叔豫，叔豫，叔時孫。叔豫曰：「國多寵而王弱，弱，政教微而貴臣强。國不可爲也。」遂以疾辭。方暑，闕地，下冰而牀焉。重繭衣裘，鮮食而寢。繭，緜衣。楚子使醫視之，復曰：「瘠則甚矣！瘠，瘦也。而血氣未動。」言無疾。乃使子南爲令尹。子南，公子追舒也。爲二十二年殺追舒傳。

欒桓子娶於范宣子，生懷子。桓子，欒黶。懷子，盈也。范鞅以其亡也，怨欒氏，十四年，欒黶强逐范鞅使奔秦。故與欒盈爲公族大夫而不相能。桓子卒，欒祁與其老州賓通，欒祁，桓子妻，范宣子女，盈之母也。范氏，堯後，祁姓。幾亡室矣。言亂甚。懷子患之。祁懼其討也，愬諸宣子曰：「盈將爲亂，以范氏爲死桓主而專政矣，桓主，欒黶。曰：『吾父逐鞅也，不怒而以寵報之，謂宣子不爲黶責怒鞅，而反與鞅寵位。又與吾同官而專之，同爲公族大夫，而鞅專其權勢。吾父死而益富。死吾父而專於國，有死而已，吾蔑從之矣。』言宣子專政，盈欲以死作難。其謀如是，懼害於主，吾不敢不言。」范鞅爲之徵。證其有此。懷子好施，士多歸之。宣子畏其多士也，信之。懷子爲下卿，下軍佐。宣子使城著而遂逐之。著，晉邑。在外易逐。

秋，欒盈出奔楚，宣子殺箕遺、黄淵、嘉父、司空靖、邴豫、董叔、邴師、申書、羊舌虎、叔羆，十子，皆晉大夫，欒盈之黨也。羊舌虎，叔向弟。因伯華、叔向、籍偃。籍偃，上軍司馬。人謂叔向曰：「子離於罪，其爲不知乎？」譏其受囚而不能去。叔向曰：「與其死亡若何？言雖囚，何若於死亡。詩曰：『優哉游哉，聊以卒歲。』知也。」詩，小雅，言君子優游於衰世，所以辟害，卒其壽，是亦知也。欒王鮒見叔向曰：「吾爲子請！」叔向弗應，出，不拜。欒王鮒，晉大夫欒桓子。其人皆咎叔向，叔向曰：「必祁大夫。」祁大夫，祁奚也。食邑於祁，因以爲氏。祁縣，今屬大原。室老聞之，曰：「欒王鮒言於君，無不行，其言皆得行。求赦吾子，吾子不許。謂不應，出不拜。祁大夫所不能也，不能動君。而曰『必由之』，何也？」叔向曰：「欒王鮒，從君者也，何能行？祁大夫外舉不弃讎，内舉不失親，其獨遺我乎？詩曰：『有覺德行，四國順之。』詩，大雅，言德行直，則天下順之。夫子，覺者也。」覺，較然正直。

晉侯問叔向之罪於欒王鮒，對曰：「不弃其親，其有焉。」言叔向篤親親，必與叔虎同謀。於是祁奚老矣，老，去公族大夫。聞之，乘馹而見宣子，曰：「詩曰：『惠我無疆，子孫保之。』詩，周頌也，言文、武有惠訓之德，加於百姓，故子孫保賴之。書曰：『聖有謩勳，明徵定保。』逸書。謩，謀也。勳，功也。言聖哲有謀功者，當明信定安之。夫謀而鮮過、惠訓不倦者，叔向有焉，謀鮮過，有謩勳也。惠訓不倦，惠我無疆也。社稷之固也。猶將十世宥之，以勸能者。今壹不免其身，壹以弟故。以弃社稷，不亦惑乎？鯀殛而禹興；言不以父罪廢其子。伊尹放大甲而相之，卒無怨色；大甲，湯孫也。荒淫失度，伊尹放之桐宮，三年，改悔而復之，而無恨心。言不以一怨妨大德。管、蔡爲戮，周公右王。言兄弟罪不相及。若之何其以虎也弃社稷？子爲善，誰敢不勉？多殺何爲？」宣子說，與之乘，以言諸公而免之。共載入見公。不見叔向而歸。言爲國，非私叔向也。叔向亦不告免焉而朝。不告謝之，明不爲己。

初，叔向之母妬叔虎之母美而不使，不使見叔向父。其子皆諫其母。其母曰：「深山大澤，實生龍蛇。言非常之地多生非常之物。彼美，余懼其生龍蛇以禍女。女敝族也。敝，衰壞也。龍蛇，喻奇怪。國多大寵，六卿專權。不仁人間之，不亦難乎？余何愛焉？」使往視寢，生叔虎，美而有勇力，欒懷子嬖之，故羊舌氏之族及於難。

欒盈過於周，周西鄙掠之。劫掠財物。辭於行人，王行人也。曰：「天子陪臣盈，諸侯之臣稱於天子曰陪臣。得罪於王之守臣，范宣子爲王所命，故曰「守臣」。將逃罪。罪重於郊甸，重得罪於郊甸，謂爲郊甸所侵掠也。郭外曰郊，郊外曰甸。無所伏竄，敢布其死。布，陳也。昔陪臣書能輸力於王室，王施惠焉。輸力，謂輔相晉國以翼戴天子。其子黶不能保任其父之勞。大君若不弃書之力，亡臣猶有所逃。大君，謂天王。若弃書之力，而思黶之罪，臣，戮餘也，罪戮之餘。將歸死於尉氏，尉氏，討姦之官。不敢還矣。敢布四體，唯大君命焉。」布四體，言無所隱。王曰：「尤而效之，其又甚焉。」尤晉逐盈，而自〔一〕掠之，是效尤。使司徒禁掠欒氏者，歸所取焉，使候出諸轘轅。候，送迎賓客之官也。轘轅關，在緱氏縣東南。

冬，曹武公來朝，始見也。即位三年，始來見公。

〔一〕「自」，原作「日」，據陽明文庫本、國會本、巾箱本、書院本、附釋音本、慶元本、金澤本改。

會於商任，錮欒氏也。禁錮欒盈，使諸侯不得受。齊侯、衛侯不敬。叔向曰：「二君者必不免。會朝，禮之經也；禮，政之輿也；政須禮而行。政，身之守也。政存則身安。怠禮失政，失政不立，是以亂也。」爲二十五年齊弒光、二十六年衛弒剽傳。

知起、中行喜、州綽、邢蒯出奔齊，四子，晉大夫。皆欒氏之黨也。欒王鮒謂范宣子曰：「盍反州綽、邢蒯？勇士也。」宣子曰：「彼欒氏之勇也，余何獲焉？」言不爲己用。王鮒曰：「子爲彼欒氏，乃亦子之勇也。」言子待之如欒氏，亦爲子用也。

齊莊公朝，指殖綽、郭最曰：「是寡人之雄也。」州綽曰：「君以爲雄，誰敢不雄？然臣不敏，平陰之役，先二子鳴。」十八年，晉伐齊，及平陰，州綽獲殖綽、郭最，故自比於雞，鬬勝而先鳴。莊公爲勇爵，設爵位以命勇士。殖綽、郭最欲與焉。自以爲勇。州綽曰：「東閭之役，臣左驂迫，還於門中，識其枚[一]數。識門版數，亦在十八年。其可以與於此乎？」公曰：「子爲晉君也。」對曰：「臣爲隸新。言但爲僕隸尚新

[一]「枚」，釋文云：「本亦作『板』。」

耳。然二子者譬於禽獸，臣食其肉而寢處其皮矣。」言嘗射得之。

【經】

二十有二年春王正月，公至自會。無傳。

夏四月。

秋七月辛酉，叔老卒。無傳。子叔齊子。

冬，公會晉侯、齊侯、宋公、衞侯、鄭伯、曹伯、莒子、邾子、薛伯、杞伯、小邾子于沙隨。

公至自會。無傳。

楚殺其大夫公子追舒。書名者，寵近小人，貪而多馬，爲國所患。

【傳】

二十二年春，臧武仲如晉。公頻與晉侯外會，今各將罷還，魯之守卿遣武仲爲公謝不敏，故不書。雨，過御叔。御叔在其邑，將飲酒，御叔，魯御邑大夫。曰：「焉用聖人？武仲多知，時人謂之聖。我將飲酒而已，雨行，何以聖爲？」穆叔聞之，曰：「不可使也，而傲使人，言御叔不任使四方。國之蠹也。」令倍其賦。古者〔一〕家其國邑，故以重賦爲罰。傳言穆叔能用教。

夏，晉人徵朝于鄭，召鄭使朝。鄭人使少正公孫僑對，少正，鄭卿官也。公孫僑，子産。曰：「在〔二〕晉先君悼公九年，我寡君於是即位，魯襄八年。即位八月，即位年之八月。而我先大夫子駟從寡君以朝于執事，執事不禮於寡君。言朝執事，謙不敢斥晉侯。寡君懼，因是行也。我二年六月朝于楚，因朝晉不見禮，生朝楚心。晉是以有戲之役。在九年。楚人猶競，而申禮於敝邑。敝邑欲從執事，而懼爲大尤，曰：『晉其謂我不共有禮。』是以不敢攜貳於楚。我四年三月，先大夫子蟜又從寡君以觀釁於楚，實朝，言觀釁，飾辭也。言欲往視楚，知可去否。晉於是乎有蕭魚之役。在十一年。謂我敝邑，邇在晉國，譬諸草木，吾臭味也，晉、鄭同姓故。而何敢差池？差池，不齊一。楚亦不競，寡君盡其土實，土地所有。重之以宗器，宗廟禮樂之

〔一〕「古者」，原作「占者」，據陽明文庫本、國會本、巾箱本、書院本、附釋音本、慶元本、金澤本改。
〔二〕「在」上，金澤本有「昔」字。

器，鐘磬之屬。以受齊盟。齊，同也。遂帥群臣隨于執事，以會歲終。朝正。貳於楚者，子侯、石盂，歸而討之。石盂，石臭。湨梁之明年，湨梁在十六年。子蟜老矣，公孫夏從寡君以朝于君，見於嘗酎，酒之新熟，重者爲酎。嘗新飲酒爲嘗酎。與執燔焉。助祭。間二年，聞君將靖東夏，謂二十年澶淵盟。四月又朝，以聽事期。先澶淵二月往朝，以聽會期。不朝之間，無歲不聘，無役不從，以大國政令之無常，國家罷病，不虞荐至，荐，仍也。無日不惕，豈敢忘職？惕，懼也。大國若安定之，其朝夕在庭，何辱命焉？言自將往，不須來召。若不恤其患，而以爲口實，口實，但有其言而已。其無乃不堪任命，而翦爲仇讎，翦，削也。謂見剝削不堪命，則成仇讎。敝邑是懼，其敢忘君命？委諸執事，執事實重圖之！」傳言子產有辭，所以免大國之討。

秋，欒盈自楚適齊，晏平仲言於齊侯曰：「商任之會，受命於晉。受錮欒氏之命。今納欒氏，將安用之？小所以事大，信也。失信不立，君其圖之！」弗聽。退告陳文子曰：「君人執信，臣人執共。忠、信、篤、敬，上下同之，天之道也。君自弃也，弗能久矣。」爲二十五年齊弑其君光傳。

九月，鄭公孫黑肱有疾，歸邑于公，黑肱，子張。召室老、宗人立段，段，子石，黑肱子。而使黜官、薄祭。黜官，無多受職。祭以特羊，殷以少牢。四時祀，以一羊。三年盛祭，以羊、豕。殷，盛也。足以共祀，盡歸其餘邑，曰：「吾聞之，生於亂世，貴而能貧，民無求焉，可以後亡。敬共事君，與二三子。生在敬戒，不在富也。」己巳，伯張卒。君子曰：「善戒！詩曰：『慎爾侯度，用戒不虞。』鄭子張其有焉。」詩，大雅。侯，維也。義取慎法度，戒未然。

冬，會于沙隨，復錮欒氏也。晉知欒盈在齊，故復錮也。欒盈猶在齊，晏子曰：「禍將作矣！齊將伐晉，不可以不懼。」爲明年齊伐晉傳。

楚觀起有寵於令尹子南，未益禄而有馬數十乘。言子南偏寵觀起，令富。楚人患之，王將討焉。子南之子弃疾爲王御士，御王車者。王每見之，必泣。弃疾曰：「君三泣臣矣，敢問誰之罪也？」王曰：「令尹之不能，爾所知也。國將討焉，爾其居乎[一]？」問能止事我否。對曰：「父戮子居，君焉用之？洩命重刑，臣亦不爲。」漏洩君命，罪之重。王遂殺子南於朝，轘觀起於四竟。轘，車裂以徇。子南

[一]「乎」，金澤本作「之」。

之臣謂弃疾：「請徙子尸於朝。」欲犯命取殯。曰：「君臣有禮，唯二三子。」不欲犯命移尸。三日，弃疾請尸，王許之。既葬，其徒曰：「行乎？」行，去也。曰：「吾與殺吾父，行將焉入？」曰：「然則臣王乎？」曰：「弃父事讎，吾弗忍也！」於事是讎，於實是君，故雖謂讎而不敢報。遂縊而死。傳譏康王與人子謀〔一〕其父，失君臣之義。

復使薳子馮爲令尹，公子齮爲司馬，屈建爲莫敖。屈建，子木也。有寵於薳子者八人，皆無禄而多馬。他日朝，與申叔豫言，弗應而退。從之，入於人中。申叔辟薳子，不欲與語。又從之，遂歸。退朝，見之，薳子就申叔家見之。曰：「子三困我於朝，吾懼，不敢不見。吾過，子姑告我，何疾我也？」對曰：「吾不免是懼，何敢告子？」言恐與子并罪，故不敢與子語。曰：「何故？」對曰：「昔觀起有寵於子南，子南得罪，觀起車裂，何故不懼？」自御而歸，不能當道。薳子惶懼，意不在御。至，謂八人者曰：「吾見申叔，夫子所謂生死而肉骨也。已死復生，白骨更肉。知我

〔一〕「謀」下，金澤本有「殺」字。

者，如夫子則可，夫子，謂申叔也。如夫子，謂以義匡己。不然，請止。」止，不相知。辭八人者，而後王安之。辭，遣之。

十二月，鄭游販將歸晉，游販，公孫蠆子。未出竟，遭逆妻者，奪之，以館于邑。舍止其邑，不復行。丁巳，其夫攻子明，殺之，以其妻行。十二月無丁巳；丁巳，十一月十四日也。子展廢良〔一〕而立大叔，良，游販子。大叔，販弟。曰：「國卿，君之貳也，民之主也，不可以苟。請舍子明之類。」子明有罪，而良又不賢故。求亡妻者，使復其所。使游氏勿怨，鄭國不討專殺之人，所以抑强扶弱，臨時之宜。曰：「無昭惡也。」交怨，則父之不脩益明也。

春秋經傳集解襄三第十六

〔一〕「良」上，金澤本有「子」字。

春秋經傳集解襄四第十七

杜氏　盡二十五年

【經】

二十有三年春王二月癸酉朔，日有食之。無傳。

三月己巳，杞伯匄卒。五同盟。

夏，邾畀我來奔。無傳。畀我是庶其之黨，同有竊邑叛君之罪。來奔，故書。

葬杞孝公。無傳。

陳殺其大夫慶虎及慶寅。書名，皆罪其專國叛君。言及，史異辭，無義例。

陳侯之弟黄自楚歸于陳。諸侯納之曰歸。黄至楚自理得直，故爲楚所納。

晉欒盈復入于晉，以惡入曰復入。入于曲沃。兵敗奔曲沃。據曲沃衆，還與君争，非欲出附他國，故不言叛。

秋，齊侯伐衛，遂伐晉。兩事，故言遂。

八月，叔孫豹帥師救晉，次于雍榆。豹救晉，待命于雍榆，故書次。雍榆，晉地，汲郡朝歌縣東有雍城。

己卯，仲孫速卒。孟莊子也。

冬十月乙亥，臧孫紇出奔邾。書名者，阿順季氏，爲之廢長立少，以取奔亡，罪之。

晉人殺欒盈。

齊侯襲莒。輕行，掩其不備曰襲。因伐晉還襲莒，不言遂者，間有事。

【傳】二十三年春，杞孝公卒，晉悼夫人喪之。悼夫人，晉平公母，杞孝公姊妹。平公不徹樂，非禮也。徹，去也。禮，爲鄰國闕。禮：諸侯絕期。故以鄰國責之。

陳侯如楚。朝也。公子黃愬二慶於楚，楚人召之。二慶，虎及寅也。二十年，二慶譖黃，黃奔楚自理。今陳侯往，楚乃信黃，爲召二慶。使慶樂往，殺之。慶樂，二慶之族。二慶畏誅，故不敢自往。慶氏以陳叛。因陳侯在楚而叛之。不書叛，不以告。夏，屈建從陳侯圍陳。陳人城，治城以距君。屈建，楚莫敖。板隊而殺人。役人相命，各殺其長，慶氏怒〔一〕其板隊，遂殺築人，故役人怒而作亂。遂殺慶虎、慶寅。楚人納公子黃。君子謂：「慶氏不義，不可肆也。肆，放也。故書曰：『惟命不于常。』」周書康誥。言有義則存，無義則亡。

晉將嫁女于吳，齊侯使析歸父媵之，以藩載欒盈及其士，藩，車之有障蔽者，使若媵妾在其中。納諸曲沃。欒盈邑也。欒盈夜見胥午而告之。胥午，守曲沃大夫。對曰：「不可！天之所廢，誰能興之？子必不免！吾非愛死也，知不集也。」集，成也。盈曰：「雖然，因子而死，吾無悔矣。我實不天，子無咎焉。」言我雖不爲天所祐，子無天咎，故可因。許諾，伏之，而觴曲沃人，胥午匿盈而飲其衆。樂作，午言曰：「今也得欒孺子何如？」孺子，欒盈。對曰：「得主而爲之死，猶不死也！」皆歎，有泣者。爵行，又言。皆曰：「得主，何貳之有！」盈出，徧拜之。謝衆之思己。

四月，欒盈帥曲沃之甲，因魏獻子以晝入絳。獻子，魏舒。絳，晉國都。初，欒盈佐魏莊子於下軍，莊子，魏絳，獻子之父。獻子私焉，故因之。私，相親愛。趙氏以原、屏之難

〔一〕「怒」，陽明文庫本、國會本、書院本、附釋音本、金澤本作「忿」。

怨欒氏，成八年，莊姬譖之，欒郤爲徵。韓、趙方睦。韓起讓趙武，故和睦。中行氏以伐秦之役怨欒氏，十四年，晉伐秦，欒黶違荀偃命，曰：「余馬首欲東。」而固與范氏和親。范宣子佐中行偃於中軍。知悼子少，而聽於中行氏。悼子，知罃之子荀盈也。少，年十七。知氏、中行氏同祖，故相聽從。程鄭嬖於公。鄭亦荀氏宗。唯魏氏及七輿大夫與之。七輿，官名。

欒王鮒侍坐於范宣子。或告曰：「欒氏至矣！」宣子懼。桓子曰：「奉君以走固宮，必無害也。桓子，欒王鮒。且欒氏多怨，子爲政，欒氏自外，子在位，其利多矣。既有利權，又執民柄，賞罰爲民柄。將何懼焉？欒氏所得，其唯魏氏乎！而可强取也。夫克亂在權，子無懈矣。」公有姻喪，夫人有杞喪。王鮒使宣子墨縗冒絰，晉自殽戰還，遂常墨縗。二婦人輦以如公，恐欒氏有内應距之，故爲婦人服而入。奉公以如固宮。固宮，宮之有臺觀備守者。

范鞅逆魏舒，用王鮒計，欲强取之。則成列既乘，將逆欒氏矣。趨進，曰：「欒氏帥賊以入，鞅之父與二三子在君所矣，二三子，諸大夫。使鞅逆吾子。鞅請驂乘。」持帶，驂乘必持帶，備隋隊。遂超乘。跳上獻子車。右撫劍，左援帶，劫之。命驅之出。僕請，請所至。鞅曰：「之公。」宣子逆諸階，逆獻子也。執其手，賂之以曲沃。恐不與己同心。

初，斐豹，隸也，著於丹書。蓋犯罪没爲官奴，以丹書其罪。欒氏之力臣曰督戎，國人懼之。斐豹謂宣子曰：「苟焚丹書，我殺督戎。」宣子喜，曰：「而殺之，所不請於君焚丹書者，有如日！」言不負要，明如日。乃出豹而閉之，閉著門外。督戎從之。踰隱而待之，隱〔一〕，短牆也。督戎踰入，豹自後擊而殺之。

范氏之徒在臺後，公臺之後。欒氏乘公門。乘，登也。宣子謂鞅曰：「矢及君屋，死之！」鞅用劍以帥卒，用劍短兵接敵，欲致死。欒氏退，攝車從之。鞅攝宣子戎車。遇欒樂，欒，盈之族。曰：「樂免之。死，將訟女於天！」言雖死，猶不舍女罪。欒射之，不中；又注，注，屬矢於弦也。則乘槐本而覆。欒樂車轢槐而覆。或以戟鉤之，斷肘而死。欒魴傷。欒盈奔曲沃，晉人圍之。魴，欒氏族。

秋，齊侯伐衛。先驅：穀榮御王孫揮，召揚爲右。先驅，前鋒軍。申驅：成

〔一〕「隱」上，金澤本有注文「豹僞走踰牆隱居而待之」十字。

秩御莒恒，申鮮虞之傅摯〔一〕爲右。申驅，次前軍。傅摯，申鮮虞之子。曹開御戎，晏父戎爲右。公御右也。貳廣：上之登御邢公，盧蒲癸爲右。貳廣，公副車。啓：牢成〔二〕御襄罷師，狼蘧疏爲右。左翼曰啓。胠：商子車御侯朝，桓跳爲右。右翼曰胠。大殿：商子游御夏之御寇，崔如爲右；大殿，後軍。燭庸之越駟乘。四人共乘殿車也。傳具載此，言莊公廢舊臣，任武力。自衛將遂伐晉。

晏平仲曰：「君恃勇力以伐盟主，若不濟，國之福也。不德而有功，憂必及君。」崔杼諫曰：「不可！臣聞之：『小國間大國之敗而毁焉，必受其咎。』君其圖之！」弗聽。陳文子見崔武子，文子，陳完之孫須無。武子，崔杼也。曰：「將如君何？」武子曰：「吾言於君，君弗聽也。以爲盟主，而利其難。群臣若急，君於何有？言有急不能顧君，欲弒之以說晉。子姑止之。」文子退，告其人曰：「崔子將死乎！謂君甚而又過之，弒君之惡，過於背盟主。不得其死。過君以義，猶自抑也，況

〔一〕「申鮮虞之傅摯」，金澤本作「申鮮虞之子傅摯」。釋文或本同。

〔二〕「牢成」，釋文云：「一本作『罕成』」。

以惡乎？」自抑損。

齊侯遂伐晉，取朝歌。朝歌，今屬汲郡。爲二隊，入孟門，登大行，二隊，分兵爲二部。孟門，晉隘道。大行山在河内郡北。張武軍於熒庭。張武軍，謂築壘壁。熒庭，晉地。戍郫邵，取晉邑而守之。封少水，封晉尸於少水，以爲京觀。以報平陰之役，乃還。平陰役在十八年。趙勝帥東陽之師以追之，獲晏氂。趙勝，趙旃之子。東陽，晉之山東，魏郡廣平以北。晏氂，齊大夫。八月，叔孫豹帥師救晉，次于雍榆，禮也。救盟主，故曰禮。

季武子無適子，公彌長，而愛悼子，欲立之。公彌，公鉏。悼子，紇也。訪於申豐，曰：「彌與紇，吾皆愛之，欲擇才焉而立之。」申豐趨退，歸，盡室將行。申豐，季氏屬大夫。他日，又訪焉，對曰：「其然！將具敝車而行。」其然，猶必爾。乃止。止，不立紇。

訪於臧紇，臧紇曰：「飲我酒，吾爲子立之。」季氏飲大夫酒，臧紇爲客。爲上賓。既獻，已獻酒。臧孫命北面重席，新樽〔一〕絜之。酒樽既新，復絜澡之。召悼

〔一〕「樽」，釋文云：「本亦作『尊』。」

子，降，逆之。大夫皆起。臧孫下迎悼子。及旅，而召公鉏，獻酬禮畢而通行爲旅。使與之齒。使從庶子之禮，列在悼子之下。季孫失色。恐公鉏不從。

季氏以公鉏爲馬正，馬正，家司馬。慍而不出。閔子馬見之，閔子馬，閔馬父。曰：「子無然！禍福無門，唯人所召。爲人子者，患不孝，不患無所。所，位處。敬共父命，何常之有？言廢置在父，無常位也。若能孝敬，富倍季氏可也。父寵之，則可富。姦〔一〕回不軌，禍倍下民可也。」禍甚於貧賤。公鉏然之。敬共朝夕，恪居官次。次，舍也。季孫喜，使飲己酒，而以具往，盡舍旃。具，饗燕之具。故公鉏氏富，又出爲公左宰。出季氏家，臣仕於公。

孟孫惡臧孫，不相善。季孫愛之。愛其成己志。孟氏之御騶豐點好羯也，羯，孟莊子之庶子，孺子秩之弟孝伯也。曰：「從余言，必爲孟孫。」爲孟孫後。再三云，羯從之。孟莊子疾，豐點謂公鉏：「苟立羯，請讎臧氏。」使孟氏與公鉏共憎臧孫。公鉏

〔一〕「姦」上，金澤本有「若」字。

謂季孫曰：「孺子秩固其所也。固自當立。若羯立，則季氏信有力於臧氏矣。」臧氏因季孫之欲而爲定之，猶爲有力。今若專立孟氏之少，則季氏有力過於臧氏。弗應。己卯，孟孫卒，公鉏奉羯立于户側。户側，喪主。季孫至，入哭而出，曰：「秩焉在？」公鉏曰：「羯在此矣！」季孫曰：「孺子長。」公鉏曰：「何長之有？唯其才也。季孫廢鉏立紇，云欲擇才，故以此答之。且夫子之命也。」遂誣孟孫。遂立羯。秩奔邾。

臧孫入哭，甚哀，多涕。出，其御曰：「孟孫之惡子也而哀如是，季孫若死，其[一]若之何？」臧孫曰：「季孫之愛我，疾疢也；常志相順從，身之害。孟孫之惡我，藥石也。常志相違戾，猶藥石之療疾。美疢不如惡石。夫石猶生我，愈己疾也。疢之美其毒滋多。孟孫死，吾亡無日矣！」孟氏閉門，告於季孫曰：「臧氏將爲亂，不使我葬。」欲爲公鉏讎臧氏。季孫不信。臧孫聞之，戒。戒，爲備也。冬十[二]

[一]「其」上，金澤本有「子」字。

[二]「十」下，金澤本有「一」字。

月，孟氏將辟，藉除於臧氏。辟，穿藏也。於臧氏借人除葬道。臧孫使正夫助之，正夫，遂正。除於東門，甲從己而視之。畏孟氏，故從甲士視作者。孟氏又告季孫。季孫怒，命攻臧氏。見其有甲故。乙亥，臧紇斬鹿門之關以出，奔邾。魯南城東門。

初，臧宣叔娶于鑄，生賈及爲而死。鑄國，濟北蛇丘縣所治。繼室以其姪，女子謂兄弟之子爲姪。穆姜之姨子也，姪，穆姜姨母之子，與穆姜爲姨昆弟。生紇，長於公宮。姜氏愛之，故立之。立爲宣叔嗣。臧賈、臧爲出在鑄。還舅氏也。臧武仲自邾使告臧賈，且致大蔡焉，大蔡，大龜。曰：「紇不佞，失守宗祧，遠祖廟爲祧。敢告不弔。不爲天所弔恤。紇之罪，不及不祀。言應有後。子以大蔡納請，其可。」請爲先人立後。賈曰：「是家之禍也，非子之過也。賈聞命矣。」再拜受龜。使爲以納請，賈使爲爲己請。遂自爲也。爲自爲請。臧孫如防，防，臧孫邑。使來告曰：「紇非能害也，知不足也。言使甲從己，但慮事淺耳。非敢私請！爲其先人請也。苟守先祀，無廢二勳，二勳，文仲、宣叔。敢不辟邑！」據邑請後，故孔子以爲要君。乃立臧爲。

臧紇致防而奔齊。其人曰：「其盟我乎？」謂陳其罪惡，盟諸大夫以爲戒。臧孫曰：「無辭。」廢長立少，季孫所忌，故謂「無辭」以罪己。將盟臧氏，季孫召外史掌惡臣，而問盟首焉，惡臣，諸奔亡者。盟首，載書之章首。對曰：「盟東門氏也，曰：『毋或如東門遂，不聽公命，殺適立庶。』文公命立子惡，公子遂殺之，立宣公。盟叔孫氏也，曰：『毋或如叔孫僑如，欲廢國常，蕩覆公室。』」謂譖公與季、孟於晉。季孫曰：「臧孫之罪，皆不及此。」孟椒曰：「盍以其犯門斬關？」季孫用之，乃盟臧氏，曰：「毋〔一〕或如臧孫紇，干國之紀，犯門斬關！」干，亦犯也。臧孫聞之，曰：「國有人焉，誰居？其孟椒乎！」孟椒，孟獻子之孫子服惠伯。居，猶與也。

晉人克欒盈于曲沃，盡殺欒氏之族黨，欒魴出奔宋。書曰：「晉人殺欒盈。」不言大夫，言自外也。自外犯君而入，非復晉大夫。

齊侯還自晉，不入。不入國。遂襲莒，門于且于，且于，莒邑。傷股而退。齊侯傷。明日，將復戰，期于壽舒。壽舒，莒地。杞殖、華還載甲，夜入且于之隧，宿於

〔一〕「毋」，陽明文庫本、宋大字本、國會本、書院本、附釋音本、金澤本作「無」。

莒郊。二子，齊大夫。且于隧，狹路。明日，先遇莒子於蒲侯氏。蒲侯氏，近莒之邑。莒子重賂之，使無死，曰：「請有盟。」欲以盟要二子，無致死戰。華周對曰：「貪貨弃命，亦君所惡也。華周，即華還。昏而受命，日未中而弃之，何以事君？」莒子親鼓之，從而伐之，獲杞梁。杞梁，即杞殖。莒人行成。勝大國益懼，故行成。

齊侯歸，遇杞梁之妻於郊，梁戰死，妻行迎喪。使弔之。辭曰：「殖之有罪，何辱命焉？言若有罪，不足弔。若免於罪，猶有先人之敝廬在，下妾不得與郊弔。」婦人無外事故。下，猶賤也。齊侯〔一〕弔諸其室。傳善〔二〕婦人有禮。

齊侯將爲臧紇田，與之田邑。臧孫聞之，見。齊侯與之言伐晉。齊侯自道伐晉之功。對曰：「多則多矣，抑君似鼠。夫鼠晝伏夜動，不穴於寢廟，畏人故也。今君聞晉之亂而後作焉，作，起兵也。寧將事之，非鼠如何？」乃弗與田。臧孫知齊侯將敗，不欲受其邑，故以比鼠，欲使怒而止。仲尼曰：「知之難也。有臧武仲之知，謂能

〔一〕「侯」下，金澤本有「歸」字。
〔二〕「善」，附釋音本作「言」。

辟齊禍。而不容於魯國，抑有由也，作不順而施不恕也。夏書曰：『念茲在茲。』

逸書也。念此事在此身。言行事當常念如在己身也。順事恕施也。」

【經】

二十有四年春，叔孫豹如晉。賀克欒氏。

仲孫羯帥師侵齊。

夏，楚子〔一〕伐吴。

秋七月甲子朔，日有食之，既。無傳。

齊崔杼帥師伐莒。

大水。無傳。

八月癸巳朔，日有食之。無傳。

〔一〕「子」，金澤本無。

公會晉侯、宋公、衛侯、鄭伯、曹伯、莒子、邾子、滕子、薛伯、杞伯、小邾子于夷儀。

冬，楚子、蔡侯、陳侯、許男伐鄭。

公至自會。無傳。

陳鍼宜咎出奔楚。陳鍼子八世孫，慶氏之黨。書名，惡之也。

叔孫豹如京師。

大饑。無傳。

【傳】

二十四年春，穆叔如晉，范宣子逆之，問焉，曰：「古人有言曰：『死而不朽。』何謂也？」穆叔未對。宣子曰：「昔匄之祖，自虞以上爲陶唐氏，陶唐，堯所治地，大原晉陽縣也。終虞之世以爲號，故曰「自虞以上」。在夏爲御龍氏，謂劉累也。事見昭二十九年。在商爲豕韋氏，豕韋，國名，東郡白馬縣東南有韋城。在周爲唐、杜氏，唐、杜，二國名。殷末，豕韋國於唐。周成王滅唐，遷之於杜，爲杜伯。杜伯之子隰叔奔晉，四世及士會，食邑於范，復爲范氏。杜，今京兆杜縣。晉主夏盟爲范氏，其是之謂乎？」晉爲諸夏盟主，范氏復爲之佐。言己世爲興家。穆叔曰：「以豹所聞，此之謂世禄，非不朽也。魯有先大夫曰臧文仲，既没，其言立〔一〕。立，謂不廢絶。其是之謂乎？豹聞之：『太上有立德，黄帝、堯、舜。其次有立功，禹、稷。其次有立言。』史佚、周任、臧文仲。雖久不廢，此之謂不朽。若夫保姓受氏，以守宗祊，祊，廟門。世不絶祀，無國無之，禄之大者，不可謂不朽。」傳善穆叔之知言。

范宣子爲政，諸侯之幣重，鄭人病之。二月，鄭伯如晉，子産寓書於子西，以告宣子，寓，寄也。曰：「子爲晉國，四鄰諸侯不聞令德，而聞重幣，僑也惑之。僑聞君子長國家者，非無賄之患，而無令名之難。夫諸侯之賄聚於公室，則諸侯貳；貳，離也。若吾子賴之，則晉國貳。賴，恃用之。諸侯貳，則晉國壞；晉國貳，則子之家壞〔二〕。何没没也！没没，沈滅之言。將焉用賄？夫令名，德之輿也。德須令名以遠聞。德，國家之基也。有基無壞，無亦是務乎！有德則樂，樂則能久。

〔一〕「立」下，金澤本有「於世」二字。

〔二〕「則子之家壞」，阮校：「惠棟云：『石經改刻「則子家壞」，無「之」字。』」

詩云：『樂只〔一〕君子，邦家之基。』有令德也夫！詩，小雅，言君子樂美其道，爲邦家之基，所以濟令德。『上帝臨女，無貳爾心。』有令名也夫！詩，大雅，言武王爲天所臨，不敢懷貳心，所以濟令名。恕思以明德，則令名載而行之，是以遠至邇安。毋寧使人謂子『子實生我』，無〔二〕寧，寧也。而謂『子浚我以生』乎？浚，取也。言取我財以自生。象有齒以焚其身，賄也。」焚，斃也。宣子説，乃輕幣。是行也，鄭伯朝晉，爲重幣故，且請伐陳也。鄭伯稽首，宣子辭。子西相，曰：「以陳國之介恃大國而陵虐於敝邑，介，因也。大國，楚也。寡君是以請罪焉。請得罪於〔三〕陳也。敢不稽首？」爲明年鄭入陳傳。

孟孝伯侵齊，晉故也。前年齊伐晉，魯爲晉報侵。

夏，楚子爲舟師以伐吴，舟師，水軍。不爲軍政，不設賞罰之差。無功而還。爲

〔一〕「只」，阮校：「石經、宋本、岳本『只』作『旨』，案十一年傳、昭十三年傳引詩並作『旨』。」
〔二〕「無」，金澤本作「毋」，與傳文合。
〔三〕「於」，慶元本作「施」。阮校：「宋本『於』作『施』，是也。施陳，猶言加兵於陳。」

下吳召舒鳩起本。

齊侯既伐晉而懼，將欲見楚子。楚子使薳啓彊如齊聘，且請期。請會期。齊〔一〕社，蒐軍實，使客觀之。祭社，因閱數軍器，以示薳啓彊。陳文子曰：「齊將有寇。吾聞之：兵不戢，必取其族。」戢，藏也。族，類也。取其族，還自害也。

秋，齊侯聞將有晉師，夷儀之師。使陳無宇從薳啓彊如楚，辭，且乞師。辭，有晉師，未得相見。崔杼帥師送之，遂伐莒，侵介根。介根，莒邑，今城陽黔陬縣東北計基城是也。齊既與莒平，因兵出侵〔二〕之，言無信也。

會于夷儀，將以伐齊。水，不克。晉合諸侯以報前年見伐。

冬，楚子伐鄭以救齊，門于東門，次于棘澤。以齊無宇乞師故也。諸侯還救鄭。夷儀諸侯。晉侯使張骼、輔躒致楚師，求御于鄭。欲得鄭人自御，知其地利故也。鄭人卜宛

〔一〕「齊」下，金澤本有「人」字。
〔二〕「侵」下，金澤本有「其邑」二字。

射犬，吉。射犬，鄭公孫。子大叔戒之曰：「大國之人，不可與也。」言不可與等也。欲使卑下之。大叔，游吉。對曰：「無有衆寡，其上一也。」言在己上者有常分，無大小國之異。大叔曰：「不然，部婁無松柏。」部婁，小阜。松柏，大木。喻小國異於大國。二子在幄，坐射犬于外，二子，張骼、輔躒。幄，帳也。既食，而後食之。使御廣車而行，廣車，兵車。己皆乘乘車。乘車，安車。將及楚師，而後從之乘，皆踞轉〔一〕而鼓琴。轉，衣裝〔二〕。近，不告而馳之。射犬恨，故近敵不告而馳。皆取胄於櫜而胄，入壘皆下，搏人以投，收禽挾囚。禽，獲也。弗待而出。射犬又不待二子。皆超乘，抽弓而射。既免，復踞轉而鼓琴，曰：「公孫！同乘，兄弟也。言同乘義如兄弟。胡再不謀？」謂不告而馳，不待而出。對曰：「曩者志入而已，今則怯也。」皆笑，曰：「公孫之亟也。」亟，急也。言其性急不能受屈。

楚子自棘澤還，使薳啓彊帥師送陳無宇。傳言齊、楚固相結也。

〔一〕「轉」，阮校：「杜意謂『轉』即『縳』之假借字也；二十五年傳『申鮮虞以帷縳其妻』，縳，直轉反，即衣裝之義也。」

〔二〕「衣裝」，釋文云：「一本作『衣囊』。」

吴人爲楚舟師之役故，在此年夏。召舒鳩人，舒鳩人叛楚。舒鳩，楚屬國。召欲與共伐楚。楚子師于荒浦，荒浦，舒鳩地。使沈尹壽與師祁犂讓之。二子，楚大夫。舒鳩子敬逆二子，而告無之，且請受盟。二子復命，王欲伐之。薳子曰：「不可。令尹薳子馮。彼告不叛，且請受盟，而又伐之，伐無罪也。姑歸息民，以待其卒。卒，終也。卒而不貳，吾又何求？若猶叛我，無辭有庸。」乃還。彼無辭，我有功。爲明年楚滅舒鳩傳。

陳人復討慶氏之黨，鍼宜咎出奔楚。言宜咎所以稱名。

齊人城郟。郟，王城也。於是穀、雒鬭，毁王宫。齊叛晉，欲求媚於天子，故爲王城之。穆叔如周聘，且賀城。王嘉其有禮也，賜之大路。大路，天子所賜車之揔名。爲昭四年叔孫以所賜路葬張本。

晉侯嬖程鄭，使佐下軍。代欒盈也。鄭行人公孫揮如晉聘。揮，子羽也。程鄭問焉，曰：「敢問降階何由？」問自降下之道。子羽不能對。歸以語然明，然明，鬷蔑。然明曰：「是將死矣。不然，將亡。貴而知懼，懼而思降，乃得其階。階，猶道也。下人而已，又何問焉？言易知。且夫既登而求降階者，知人也，不在程鄭。

其有亡釁乎？不然，其有惑疾，將死而憂也。」言鄭本小人。爲明年程鄭卒張本。

【經】

二十有五年春，齊崔杼帥師伐我北鄙。

夏五月乙亥，齊崔杼弑其君光。齊侯雖背盟主，未有無道於民，故書臣，罪崔杼也。

公會晉侯、宋公、衛侯、鄭伯、曹伯、莒子、邾子、滕子、薛伯、杞伯、小邾子于夷儀。

六月壬子，鄭公孫舍之帥師入陳。子産之言，陳以不義見入，故舍之無譏。釋例詳之。

秋八月己巳，諸侯同盟于重丘。夷儀之諸侯也。重丘，齊地。己巳，七月十二日，經誤。

公至自會。無傳。

衛侯入于夷儀。夷儀，本邢地，衛滅邢而爲衛邑。晉愍衛衎失國，使衛分之一邑。書入者，自外而入之辭，非國逆之例。

楚屈建帥師滅舒鳩。傳在衛侯入夷儀上，經在下，從告。

冬，鄭公孫夏帥師伐陳。陳猶未服。

十有二月，吴子遏伐楚，門于巢，卒。遏，諸樊也，爲巢牛臣所殺。不書滅者，楚人不獲其尸。吴以卒告，未同盟而赴以名。

【傳】

二十五年春，齊崔杼帥師伐我北鄙，以報孝伯之師也。前年，魯使孟孝伯爲晉伐齊。公患之，使告于晉。孟公綽〔一〕曰："崔子將有大志，志在弑君。孟公綽，魯大夫。不在病我，必速歸，何患焉？其來也不寇，不爲寇害。使民不嚴，欲得民心。異於他日。"齊師徒歸。徒，空也。

齊棠公之妻，東郭偃之姊也。棠公，齊棠邑大夫。東郭偃臣崔武子。棠公死，偃御武子以弔焉，見棠姜而美之，美其色也。使偃取之。爲己取也。偃曰："男女辨姓。辨，别也。今君出自丁，齊丁公，崔杼之祖。臣出自桓，不可。"齊桓公小白，東郭

〔一〕"綽"，釋文云："徐本作『卓』。"

偃之祖。同姜姓，故不可昏。**武子筮之，遇困䷮**坎下兑上，困。**之大過䷛。**巽下兑上，大過。困六三〔一〕變爲大過。**史皆曰：「吉！」**阿崔子。**示陳文子，文子曰：「夫從風，**坎爲中男，故曰「夫」。變而爲巽，故曰「從風」。**風隕，妻不可娶也。**風能隕落物者，變而殞落，故曰「妻不可娶」。**且其繇曰：『困于石，據于蒺梨，入于其宮，不見其妻，凶。』**困六三爻辭。**『困于石』，往不濟也。**坎爲險、爲水，水之險者石，不可以動。**『據于蒺梨』，所恃傷也。**坎爲險，兑爲澤，澤之生物而險者蒺梨，恃之則傷。**『入于其宮，不見其妻，凶』，無所歸也。」**易曰：「非所困而困，名必辱。非所據而據，身必危。既辱且危，死其〔二〕將至，妻其可得見邪？」今卜昏而遇此卦，六三失位無應，則喪其妻，失其所歸也。**崔子曰：「嫠也何害？先夫當之矣。」**寡婦曰嫠。言棠公已當此凶。**遂取之。莊公通焉，驟如崔氏，以崔子之冠賜人。侍者曰：「不可。」公曰：「不爲崔子，其無冠乎？」**言雖

〔一〕「三」下，金澤本有「爻」字。
〔二〕「其」，陽明文庫本作「期」。阮校：「浦鏜正誤『其』作『期』，是也。」

不爲崔子，猶自應有冠。崔子因是，因是怒公。又以其間伐晉也，間晉之難而〔一〕伐之。曰：「晉必將報。」欲弑公以説于晉，而不獲閒。公鞭侍人賈舉而又近之，乃爲崔子間公。伺公間隙。

夏五月，莒爲且于之役故，莒子朝于齊。且于役在二十三年。甲戌，饗諸北郭。崔子稱疾不視事。欲使公來。乙亥，公問崔子，問疾。遂從姜氏。姜〔二〕入于室，與崔子自側户出。公拊楹而歌。歌以命姜。侍人賈舉止衆從者而入，閉門。爲崔子閉公也。重言侍人者，别下賈舉。甲興，公登臺而請，弗許。請免。請盟，弗許。請自刃於廟，弗許。求還廟自殺也。皆曰：「君之臣杼疾病，不能聽命。不能親聽公命。近於公宫，言崔子宫近公宫，或淫者詐稱公。陪臣干掫有淫者，不知二命。」干掫，行夜。言行夜得淫人，受崔子命討之，不知他命。公踰牆，又射之，中股，反隊，遂弑之。賈舉、州綽、邴師、公孫敖、封具、鐸父、襄伊、僂堙皆死。八子皆齊勇力之臣，爲公所嬖

〔一〕「而」，國會本作「又」。

〔二〕「姜」下，金澤本有「氏」字。

者，與公共死於崔子之宮。祝佗父祭於高唐，高唐有齊別廟也。至，復命，不說弁而死於崔氏。爵弁，祭服。申蒯，侍漁者，侍漁，監取魚之官。退，謂其宰曰：「爾以帑免，帑，宰之妻子。我將死。」其宰曰：「免，是反子之義也。」與之皆死。反死君之義。崔氏殺鬷蔑于平陰。鬷蔑，平陰大夫，公外嬖。傳言莊公所養非國士，故其死難，皆嬖寵之人。

晏子立於崔氏之門外，聞難而來。其人曰：「死乎？」曰：「獨吾君也乎哉？吾死也。」言己與衆臣無異。曰：「行乎？」曰：「吾罪也乎哉？吾亡也。」自謂無罪。曰：「歸乎？」曰：「君死安歸？言安可以歸。君民者，豈以陵民？社稷是主。臣君者，豈爲其口實？社稷是養。言君不徒居民上，臣不徒求禄，皆爲社稷。故君爲社稷死，則死之；爲社稷亡，則亡之。謂以公義死亡。若爲己死而爲己亡，非其私暱，誰敢任之？私暱，所親愛也。非所親愛，無爲當其禍。且人有君而弒之，吾焉得死之，而焉得亡之？言己非正卿，見待無異於衆臣，故不得死其難也。將庸何歸？」將用死亡之義，何所歸趣。門啓而入，枕尸股而哭，以公尸枕己股。興，三踊而出。人謂崔子：「必殺之！」崔子曰：「民之望也！舍之，得民。」舍，置也。盧蒲癸奔晉，王何奔莒。二子，莊公黨。爲二十八年殺慶舍張本。

叔孫宣伯之在齊也，宣伯，魯叔孫僑如，成十六年奔齊。叔孫還納其女於靈公，嬖，生景公。還，齊群公子，納宣伯女於靈公。丁丑，崔杼立而相之，慶封爲左相。盟國人於大宮，大宮，大公廟。曰：「所不與崔、慶者。」晏子仰天歎曰：「嬰所不唯忠於君、利社稷者是與，有如上帝！」乃歃。盟書云：「所不與崔、慶者，有如上帝。」讀書未終，晏子抄荅易其辭，因自歃。辛巳，公與大夫及莒子盟。莒子朝齊，遇崔杼作亂，未去，故復與景公盟。大史書曰：「崔杼弑其君。」崔子殺之。其弟嗣書，而死者二人。嗣，續也。并前有三人死。其弟又書，乃舍之。南史氏聞大史盡死，執簡以往。聞既書矣，乃還。傳言齊有直史，崔杼之罪所以聞。

閭丘嬰以帷縳其妻而載之，與申鮮虞乘而出。二子，莊公近臣。鮮虞推而下之，下嬰妻也。曰：「君昏不能匡，危不能救，死不能死，而知匿其暱，匿，藏也。暱，親也。其誰納之？」行及弇中，將舍。弇中，狹道。嬰曰：「崔、慶其追我！」鮮虞曰：「一與一，誰能懼我？」言道狹，雖衆，無所用。遂舍，枕轡而寢，恐失馬也。食馬而食。駕而行，出弇中，謂嬰曰：「速驅之！崔、慶之衆，不可當也。」遂來奔。道廣，衆得用，故不可當。

崔氏側莊公于北郭。側，瘞埋之，不殯於廟。丁亥，葬諸士孫之里，士孫，人姓，因名里。死十三日便葬，不待五月。四翣，喪車之飾，諸侯六翣。不蹕，蹕，止行人。下車七乘，不以兵甲。下車，送葬之車。齊舊依上公禮九乘，又有甲兵，今皆降損。

晉侯濟自泮，泮，闕。會于夷儀，伐齊，以報朝歌之役。朝歌役在二十三年。不書伐齊，齊人逆服，兵不加。齊人以莊公説，以弑莊公説晉也。使隰鉏請成。慶封如師，慶封獨使於晉，不通諸侯，故不書。鉏〔一〕，隰朋之曾孫。男女以班。賂晉侯以宗器、樂器。宗器，祭祀之器。樂器，鐘磬之屬。自六正、三軍之六卿。五吏、三十帥、五吏，文職；三十帥，武職，皆軍卿之屬官。三軍之大夫、百官之正長、師旅百官正長，群有司也。師旅，小將帥。及處守者，皆有賂。皆以男女爲賂。處守，守國者。晉侯許之。晉侯受賂還，不譏者，齊有喪，師自宜退。使叔向告於諸侯。告齊服。公使子服惠伯對曰：「君舍有罪，以靖小國，君之惠也。寡君聞命矣。」

〔一〕「鉏」上，金澤本有「隰」字。

晉侯使魏舒、宛没逆衛侯，衛獻公以十四年奔齊。將使衛與之夷儀。崔子止其帑，以求五鹿。崔杼欲得衛之五鹿，故留衛侯妻子於齊以質之。

初，陳侯會楚子伐鄭，在前年。當陳隧者，井堙木刊。隧，徑也。堙，塞也。刊，除也。鄭人怨之。六月，鄭子展、子産帥車七百乘〔一〕伐陳，宵突陳城，突，穿也。遂入之。陳侯扶其大子偃師奔墓，欲逃冢間。遇司馬桓子，曰：「載余！」陳之司馬。曰：「將巡城。」不欲載公，以巡城辭。遇賈獲，賈獲，陳大夫。載其母妻，下之而授公車。公曰：「舍而母！」辭曰：「不祥。」雖急，猶不欲男女無别。與其妻扶其母以奔墓，亦免。子展命師無入公宫，與子産親御諸門。欲服之而已，故禁侵掠。陳侯使司馬桓子賂以宗器。陳侯免，擁社。免，喪服。擁社，抱社主。示服。使其衆男女别而纍，以待於朝。纍，自囚係以待命。子展執縶而見，見陳侯。再拜稽首，承飲而進獻。承飲，奉觴。示不失臣敬。子美入，數俘而出。子美，子産也。但數其所獲人

〔一〕「乘」下，金澤本有「以」字。

數，不將以歸。祝祓社，司徒致民，司馬致節，司空致地，乃還。祓，除也。節，兵符。陳亂，故正其衆官，脩其所職，以安定之，乃還也。

秋七月己巳，同盟于重丘，齊成故也。伐齊而稱同盟，以明齊亦同盟。

趙文子爲政，趙武代范匄。令薄諸侯之幣而重其禮。以重禮待諸侯。穆叔見之。謂穆叔曰：「自今以往，兵其少弭矣！弭，止也。齊崔、慶新得政，將求善於諸侯。武也知楚令尹。令尹，屈建。若敬行其禮，道之以文辭，以靖諸侯，兵可以弭。」爲二十七年晉、楚盟于宋傳。

楚薳子馮卒，屈建爲令尹，屈建，子木。屈蕩爲莫敖。代屈建。宣十二年邲之役，楚有屈蕩，爲左廣之右。世本：屈蕩，屈建之祖父。今此屈蕩與之同姓名。舒鳩人卒叛。前年辭不叛。楚令尹子木伐之，及離城，離城，舒鳩城。吴人救之，子木遽以右師先，先至舒鳩。子彊、息桓、子捷、子駢、子盂帥左師以退。五人不及子木，與吴相遇而退。吴人居其間七日。居楚兩軍之間。子彊曰：「久將墊隘，隘乃禽也，不如速戰。墊隘，慮水雨。請以其私卒誘之，簡師，陳以待我。簡閱精兵，駐後爲陳。我克則進，奔則亦視之，視其形勢而救助之。乃可以免。不然，必爲吴禽。」從之。五人以其私卒先擊吳師。吳師奔，登山以望，見楚師不繼，復逐之，傅諸其軍。吳還逐五子，至其本軍。簡師會之，吳師大敗。遂圍舒鳩，舒鳩潰。八月，楚滅舒鳩。五子既敗吳師，遂前及子木，共圍滅舒鳩。

衛獻公入于夷儀。爲下自夷儀與甯喜言張本。

鄭子産獻捷于晉，獻入陳之功，而不獻其俘。戎服將事。戎服，軍旅之衣，異於朝服。晉人問陳之罪，對曰：「昔虞閼父爲周陶正，以服事我先王。閼父，舜之後，當周之興，閼父爲武王陶正。我先王賴其利器用也，與其神明之後也，舜聖，故謂之神明。庸以元女大姬配胡公，庸，用也。元女，武王之長女。胡公，閼父之子滿也。而封諸陳，以備三恪。周得天下，封夏、殷二王後，又封舜後，謂之恪〔一〕，并二王後爲三國。其禮轉降，示敬而已，故曰三恪。則我周之自出，至于今是賴。言陳，周之甥，至今賴周德。桓公之亂，蔡人欲立其出。陳桓公鮑卒，於是陳亂。事在魯桓五年。蔡出，桓公之子厲公也。

〔一〕「恪」，金澤本重文，則下「恪」字屬下讀。

我先君莊公奉五父而立之，五父〔一〕，佗，桓公弟，殺大子免而代之，鄭莊公因就定其位。蔡人殺之。欲立其出故。我又與蔡人奉戴厲公，奉戴，猶奉事。至於莊、宣，皆我之自立。陳莊公、宣公，皆厲公子。夏氏之亂，成公播蕩，又我之自入，君所知也。播蕩，流移失所。宣十一年〔二〕，陳夏徵舒弑靈公，靈公之子成公奔晉，自晉因鄭而入也。今陳忘周之大德，蔑我大惠，棄我姻親，介恃楚衆，以馮陵我敝邑，不可億逞。億，度也。逞，盡也。我是以有往年之告，謂鄭伯稽首告晉，請伐陳。未獲成命，未得伐陳命。則〔三〕有我東門之役，前年，陳從楚伐鄭東門。當陳隧者，井堙木刊。敝邑大懼不競，而耻大姬。上辱大姬之靈。天誘其衷，啓敝邑心。啓，開也。開道其心，故得勝。陳知其罪，授手于我。用敢獻功！」晉人曰：「何故侵小？」對曰：「先王之命，唯罪所在，各致其辟。辟，誅也。且昔天子之地一圻，方千里。列國一同，方百里。

〔一〕「父」下，金澤本有「也陳」二字。
〔二〕「十一年」，山井鼎云：「徵舒弑靈公在宣十年，諸本作『十一年』誤也。」
〔三〕「則」下，金澤本有「又」字。

自是以衰。衰，差降。今大國多數圻矣，若無侵小，何以至〔一〕焉？」晉人曰：「何故戎服？」對曰：「我先君武、莊爲平、桓卿士。鄭武公、莊公爲周平王、桓王卿士。城濮之役，文公布命曰：『各復舊職！』晉文公。命我文公戎服輔王，以授楚捷，不敢廢王命故也。」城濮在僖二十八年。士莊伯不能詰，士莊伯，士弱也。復於趙文子。文子曰：「其辭順，犯順不祥。」乃受之。

冬十月，子展相鄭伯如晉，拜陳之功。謝晉受其功。子西復伐陳，陳及鄭平。前雖入陳，服之而已，故更伐以結成。仲尼曰：「志有之：志，古書。『言以足志，文以足言。』足，猶成也。不言，誰知其志？言之無文，行而不遠。雖得行，猶不能及遠。晉爲伯，鄭入陳，非文辭不爲功。慎辭哉！」樞機之發，榮辱之主。

楚蔿掩爲司馬。蔿子馮之子。子木使庀賦，庀，治。數甲兵。閱數之。甲午，蔿掩書土田，書土地之所宜。度山林，度量山林之材，以共國用。鳩藪澤，鳩，聚也。聚成藪澤，使民不得焚燎壞之，欲以備田獵之處。辨京陵，辨，別也。絶高曰京。大阜曰陵。別之

〔一〕「至」下，金澤本有「大」字。

以爲冢墓之地。**表淳鹵**，淳鹵，埆薄之地。表異，輕其賦税。**數疆潦**，疆界有流潦者，計數減其租入。**規偃豬**，偃豬，下濕之地。規度其受水多少。**町原防**，廣平曰原。防，隄也。隄防閒地，不得方正如井田，别爲小頃町。**牧隰臯**，隰臯，水厓〔一〕下濕，爲芻牧之地。**井衍沃**，衍沃，平美之地，則如周禮制以爲井田。六尺爲步，步百爲畝，畝百爲夫，九夫爲井。**量入脩賦**，量九土之所入，而治理其賦税。**賦車籍馬**，籍，疏其毛色歲齒，以備軍用。**賦車兵、車兵，甲士。徒卒**〔二〕、步卒。**甲楯之數**。使器杖〔三〕有常數。**既成，以授子木，禮也**。得治國之禮。傳言楚之所以興。

十二月，吴子諸樊伐楚，以報舟師之役。舟師〔四〕，在二十四年也。**門于巢**。攻巢門。**巢牛臣曰：「吴王勇而輕，若啓之，將親門**。啓，開門也。**我獲射之，必殪**。

〔一〕「厓」，慶元本作「岸」，金澤本作「崖」。
〔二〕「卒」，陽明文庫本、附釋音本、慶元本作「兵」。
〔三〕「杖」，慶元本作「仗」。
〔四〕「師」下，金澤本有「役」字。

殪，死也。是君也死，疆其少安。」從之。吳子門焉，牛臣隱於短牆以射之，卒。

楚子以滅舒鳩賞子木，辭曰：「先大夫蒍子之功也。」以與蒍掩。往年，楚子將伐舒鳩，蒍子馮請退師以須其叛，楚子從之，卒獲舒鳩，故子木辭賞以與其子。

晉程鄭卒，子產始知然明，前年，然明謂程鄭將死，今如其言，故知之。問爲政焉。對曰：「視民如子。見不仁者誅之，如鷹鸇之逐鳥雀也。」子產喜，以語子大叔，且曰：「他日吾見蔑之面而已，蔑，然明名。今吾見其心矣。」子大叔問政於子產。子產曰：「政如農功，日夜思之，思其始而成其終，朝夕而行之，行無越思。思而後行。如農之有畔，言有次。其過鮮矣。」

衛獻公自夷儀使與甯喜言，求復國也。甯喜許之。大叔文子聞之，大叔儀也。曰：「嗚呼！詩所謂『我躬不說，皇恤我後』者，甯子可謂不恤其後矣。皇，暇也。詩，小雅，言今我不能自容說，何暇念其後乎？謂甯子必身受禍，不得恤其後也。將可乎哉？殆必不可。君子之行，思其終也，思使終可成。思其復也。思其可復行。書曰：『慎始而敬終，終以不困。』逸書。詩曰：『夙夜匪解，以事一人。』一人，以喻君。今甯子視君不如弈棋，弈，圍棋也。其何以免乎？弈者舉棋不定，不勝其耦，而況置君而弗定乎？必不免矣。九世之卿族一舉而滅之，可哀也哉！」甯氏出自衛武公，及喜九世也。

春秋經傳集解襄四第十七

春秋經傳集解襄五第十八

杜氏　盡二十八年

【傳】會于夷儀之歲，齊人城郟。在二十四年。不直言會夷儀者，别二十五年夷儀會。其五月，秦、晉爲成。晉韓起如秦涖盟，秦伯車如晉涖盟，伯車，秦伯之弟鍼也。成而不結。不結固也。傳爲後年脩成起本，當繼前年之末，而特跳此者，傳〔一〕寫失之。

【經】二十有六年春王二月辛卯，衛甯喜弑其君剽。

〔一〕「傳」，釋文云：「一本作『轉』。」

衛孫林父入于戚以叛。衍雖未居位，林父專邑背國，猶爲叛也。

甲午，衛侯衎復歸于衛。復其位曰復歸。名與不名，傳無義例。

夏，晉侯使荀吴來聘。吴，荀偃子。

公會晉人、鄭良霄、宋人、曹人于澶淵。卿會公侯皆應貶，方責宋向戌後期，故書良霄以駮之。若皆稱人，則嫌向戌直以會公貶之。

秋，宋公殺其世子痤。稱君以殺，惡其父子相殘害。

晉人執衛甯喜。

八月壬午，許男甯卒于楚。未同盟而赴以名。

冬，楚子、蔡侯、陳侯伐鄭。

葬許靈公。

【傳】

二十六年春，秦伯之弟鍼如晉脩成，脩會夷儀歲之成。叔向命召行人子員。欲使答秦命。行人子朱曰：「朱也當御。」御，進也。言次當行。三云，叔向不應。子朱怒，曰：「班爵同，同爲大夫。何以黜朱於朝？」黜，退也。撫劒從之。從叔向也。叔向曰：「秦、晉不和久矣！今日之事，幸而集，集，成。晉國賴之。不集，三軍暴骨。子員道二國之言無私，子常易之。姦以事君者，吾所能御也。」拂衣從之。拂衣，蹇裳〔一〕也。人救之。平公曰：「晉其庶乎！庶幾於治。吾臣之所爭者大。」師曠曰：「公室懼卑，臣不心競而力爭，謂二子不心競爲忠，而撫劒拂衣。不務德而爭善，爭謂所行爲善。私欲已侈，能無卑乎？」私欲侈，則公義廢。

衞獻公使子鮮爲復，使爲己求反國。辭。辭不能。敬姒强命之。敬姒，獻公及子鮮之母。對曰：「君無信，臣懼不免。」敬姒曰：「雖然，以吾故也。」許諾。初，獻公使與甯喜言，言復國〔二〕。甯喜曰：「必子鮮在，不然必敗。」子鮮賢，國人信之，必欲使在其間。故公使子鮮。子鮮不獲命於敬姒，不得止命。以公命與甯喜言曰：「苟反，政由甯氏，祭則寡人。」甯喜告蘧伯玉，伯玉曰：「瑗不得聞君之出，敢聞其入？」十四年，孫氏欲逐獻公，瑗走，從近關出。遂行，從近關出。告右宰穀，衞大夫。

〔一〕「蹇裳」，金澤本作「褰裳」。釋文出「騫裳」，云：「本或作『褰』。」

〔二〕「國」下，金澤本有「計也」二字。

右宰穀曰：「不可。獲罪於兩君，前出獻公，今弑剽。天下誰畜之？」畜，猶容也。悼子曰：「吾受命於先人，不可以貳。」悼子，甯喜也。受命在二十年。穀曰：「我請使焉而觀之。」觀，知可還否。遂見公於夷儀。反，曰：「君淹恤在外十二年矣，淹，久也。而無憂色，亦無寬言，猶夫人也。言其爲人猶如故。若不已，死無日矣。」已，止也。悼子曰：「子鮮在。」右宰穀曰：「子鮮在，何益？多而能亡，於我何爲？」言子鮮爲義多，不過亡出。悼子曰：「雖然，弗可以已。」

孫文子在戚，孫嘉聘於齊，孫襄居守。二子，孫文子之子。二月庚寅，甯喜、右宰穀伐孫氏，不克。伯國傷。伯國，孫襄也。父兄皆不在，故乘弱攻之。甯子出舍於郊。欲奔。伯國死，孫氏夜哭。國人召甯子，甯子復攻孫氏，克之。辛卯，殺子叔及大子角。子叔，衛侯剽。言子叔，剽無謚故。書曰：「甯喜弑其君剽。」言罪之在甯氏也。嫌受父命納舊君無罪，故發之。孫林父以戚如晉。以邑屬晉。書曰：「入于戚以叛。」罪孫氏也。臣之禄，君實有之。義則進，否則奉身而退。專禄以周旋，戮也。林父事剽而衎入，義可以退。唯以專邑自隨爲罪，故傳發之。

甲午，衛侯入。書曰：「復歸。」國納之也。本晉納之夷儀，今從夷儀入國，嫌若晉所納，故發國納之例，言國之所納而復其位。大夫逆於竟者，執其手而與之言；道逆者，自車揖之；逆於門者，頷之而已。頷，摇其頭。言衎驕心易生。

公至，使讓大叔文子曰：「寡人淹恤在外，二三子皆使寡人朝夕聞衛國之言，二三子，諸大夫。吾子獨不在寡人。在，存問之。公聞文子答甯喜之言，故忿之。古人有言曰：『非所怨，勿怨。』寡人怨矣。」所怨在親親。對曰：「臣知罪矣！臣不佞，不能負羈絏，以從〔一〕扞牧圉，臣之罪一也。有出者，有居者，出謂衎，居謂剽也。臣不能貳，通外内之言以事君，臣之罪二也。有二罪，敢忘其死？」乃行，從近關出。公使止之。傳言衛侯不能安和大臣。

衛人侵戚東鄙，以林父叛故。孫氏愬于晉，晉戍茅氏。茅氏，戚東鄙。殖綽伐茅氏，殺晉戍三百人。殖綽，齊人，今來在衛。孫蒯追之，弗敢擊。文子曰：「厲之不如。」厲，惡鬼也。遂從衛師，敗之圉。蒯感父言，更還逐殖綽。圉，衛地。雍鉏獲殖綽。

〔一〕「從」下，金澤本有「君」字。

雍鉏，孫氏臣。復愬于晉。爲下晉討衛張本。

鄭伯賞入陳之功。入陳在前年。三月甲寅朔，享子展，賜之先路、三命之服，先路、次路，皆王所賜車之揔名，蓋請之於王。先八邑。以路及命服爲邑先。八邑，三十二井。賜子產次路、再命之服，先六邑。子產辭邑，曰：「自上以下，隆殺以兩，禮也。臣之位在四，上卿子展，次卿子西。十一年良霄見經，十九年乃立子產爲卿，故位在四。且子展之功也。臣不敢及賞禮，請辭邑。」賞禮，以禮見賞，謂六邑也。公固予之，乃受三邑。位次當受二邑，以公固與之，故受三邑。公孫揮曰：「子產其將知政矣！知國政。讓不失禮。」

晉人爲孫氏故，召諸侯，將以討衛也。夏，中行穆子來聘，召公也。召公爲澶淵會。

楚子、秦人侵吳，及雩婁，聞吳有備而還。雩婁縣[一]，今屬安豐郡。遂侵鄭。五月，至于城麇。鄭皇頡戍之。皇頡，鄭大夫，守城麇之邑。出，與楚師戰，敗。穿

[一]「縣」，國會本、書院本無。

封戌囚皇頡，公子圍與之争之，公子圍，共王子，靈王也。正於伯州犂。正曲直也。伯州犂曰：「請問於囚。」乃立囚。伯州犂曰：「所争，君子也，其何不知？」言王子圍及穿封戌皆非細人，易別識也。上其手，曰：「夫子爲王子圍，寡君之貴介弟也。」介，大也。下其手，曰：「此子爲穿封戌，方城外之縣尹也。誰獲子？」上下手以道囚意。囚曰：「頡遇王子，弱焉。」弱，敗也。言爲王子所得。戌怒，抽戈逐王子圍，弗及。楚人以皇頡歸。

印堇父與皇頡戍城麇，印堇父，鄭大夫。楚人囚之，以獻於秦。鄭人取貨於印氏以請之，子大叔爲令正，主作辭令之正。以爲請。子産曰：「不獲。謂大叔辭以貨請堇父，必不得。受楚之功而取貨於鄭，不可謂國。秦不其然。受楚獻功，大名也。以貨免之，小利，故謂秦不爾〔一〕。若曰：『拜君之勤鄭國，微君之惠，楚師其猶在敝邑之城下。』其可。」辭如此，堇父可得。弗從，遂行。秦人不予。更幣，從子産，而

〔一〕「爾」，金澤本作「然」。

後獲之。更遣〔一〕使執幣，用子産辭，乃得堇父。傳稱子産之善。

六月，公會晉趙武、宋向戌、鄭良霄、曹人于澶淵以討衛，疆戚田。正戚之封疆。取衛西鄙懿氏六十以與孫氏。戚城西北五十里有懿城，因姓以名城。取田六十井也。趙武不書，尊公也。罪武會公侯。向戌不書，後也。後會期。鄭先宋，不失所也。如期至。於是衛侯會之。晉將執之，不得與會，故不書。晉人執甯喜、北宫遺，使女齊以先歸。討其弑君伐孫氏也。遺，北宫括之子。女齊，司馬侯。歸晉而後告諸侯，故經書在秋。衛侯如晉，晉人執而囚之於士弱氏。士弱，晉主獄大夫。

秋七月，齊侯、鄭伯爲衛侯故如晉，欲共請之。晉侯兼享之。晉侯賦嘉樂。嘉樂，詩大雅，取其「嘉樂君子，顯顯令德。宜民宜人，受禄於天」。國景子相齊侯，景子，國弱。賦蓼蕭。蓼蕭，詩小雅，言太平澤及遠，若露之在蕭，以喻晉君恩澤及諸侯。子展相鄭伯，賦緇衣。緇衣，詩鄭風，義取「適子之館兮，還予授子之粲兮」。言不敢違遠於晉。叔向命晉侯拜二君，曰：「寡君敢拜齊君之安我先君之宗祧也，敢拜鄭君之不貳也。」

〔一〕「遺」，經傳識異云：「一作『遣』。」

蓼蕭、緇衣二詩所趣各不同，故拜二君辭異。國子使晏平仲私於叔向，私與叔向語。曰：「晉君宣其明德於諸侯，恤其患而補其闕，正其違而治其煩，所以爲盟主也。今爲臣執君，若之何？」謂晉爲林父執衛侯。叔向告趙文子，文子以告晉侯。晉侯言衛侯之罪，使叔向告二君。言自以殺晉戍三百人爲罪，不以林父故。國子賦轡之柔矣，逸詩，見周書，義取寬政以安諸侯，若柔轡之御剛馬。子展賦將仲子兮，將仲子，詩鄭風，義取衆言可畏。言衛侯雖別有罪，而衆人[一]猶謂晉爲臣執君。晉侯乃許歸衛侯。叔向曰：「鄭七穆，罕氏其後亡者也。子展儉而壹。」子展，鄭子罕之子，居身儉而用心壹。鄭穆公十一子，子然、二子孔三族已亡，子羽不爲卿，故唯言七穆。

初，宋芮司徒生女子，芮司徒，宋大夫。赤而毛，弃諸堤下。共姬之妾取以入，共姬，宋伯姬也。名之曰弃，長而美。平公入夕，平公，共姬子也。共姬與之食。公見弃也而視之尤。尤，甚也。姬納諸御，嬖，生佐，佐，元公。惡而婉。佐貌惡而心

[一]「人」，原無，據陽明文庫本、國會本、書院本、附釋音本、慶元本、金澤本補。

順。大子痤美而很，貌美而心很戾。合左師畏而惡之。合左師，向戌。寺人惠牆伊戾爲大子内師而無寵。惠牆，氏；伊戾，名。

秋，楚客聘於晉，過宋。上已有秋，復發傳者，中間有「初」，不言「秋」，則嫌楚客過在他年。大子知之，請野享之。公使往，伊戾請從之。公曰：「夫不惡女乎？」夫，謂大子也。對曰：「小人之事君子也，惡之不敢遠，好之不敢近。敬以待命，敢有二心乎？縱有共其外，莫共其内。伊戾爲大子内師，不行，恐内侍廢闕。臣請往也。」遣之。至，則欿，用牲，加書，徵之。詐作盟處，爲大子反徵驗也。而騁告公，騁，馳也。曰：「大子將爲亂，既與楚客盟矣。」公曰：「爲我子，又何求？」對曰：「欲速。」言欲速得公位。公使視之，則信有焉。有盟徵也。問諸夫人與左師，夫人，佐母弃也。則皆曰：「固聞之。」公囚大子。大子曰：「唯佐也能免我。」以其婉也。召而使請，曰：「日中不來，吾知死矣。」左師聞之，聒而與之語。聒，讙也。欲使佐失期。過期，乃縊而死。佐爲大子。公徐聞其無罪也，乃亨伊戾。

左師見夫人之步馬者，步馬，習馬。問之，對曰：「君夫人氏也。」左師曰：「誰爲君夫人？余胡弗知？」圉人歸，以告夫人。夫人使饋之錦與馬，先之以玉，以玉爲錦馬之先。曰：「君之妾弃，使某獻。」左師改命曰「君夫人」，而後再拜稽首受之。左師令使者改命也。傳言宋公闇，左師諛，大子所以無罪而死。

鄭伯歸自晉，請衛侯歸。使子西如晉聘，辭曰：「寡君來煩執事，懼不免於戾。言自懼失敬於大國而得罪。使夏謝不敏。」夏，子西名。君子曰：「善事大國。」將求於人，必先下之。言鄭所以能自安。

初，楚伍參與蔡大師子朝友，其子伍舉與聲子相善也。聲子，子朝之子。伍舉，子胥祖父椒舉也。伍舉娶於王子牟，王子牟爲申公而亡，獲罪出奔。楚人曰：「伍舉實送之。」伍舉奔鄭，將遂奔晉。聲子將如晉，遇之於鄭郊，班荊相與食，而言復故。班，布也。布荊坐地，共議歸楚事。朋友世親。聲子曰：「子行也！吾必復子。」

及宋向戌將平晉、楚，平在明年。聲子通使於晉。爲國通平事。還如楚，令尹子木與之語，問晉故焉，故，事。且曰：「晉大夫與楚孰賢？」對曰：「晉卿不如楚，其大夫則賢，皆卿材也。如杞、梓、皮革，自楚往也。杞、梓皆木名。雖楚有材，晉實用之。」言楚亡臣多在晉。子木曰：「夫獨無族姻乎？」夫，謂晉。

對曰：「雖有，而用楚材實多。歸生聞之：歸生，聲子名。『善爲國者，賞不僭而刑不濫。』賞僭，則懼及淫人；刑濫，則懼及善人。若不幸而過，寧僭無濫。與其失善，寧其利淫。無善人，則國從之。從之亡也。詩曰：『人之云亡，邦國殄瘁。』無善人之謂也。詩，大雅。殄，盡也。瘁，病也。故夏書曰：『與其殺不辜，寧失不經。』懼失善也。逸書也。不經，不用常法。商頌有之曰：『不僭不濫，不敢怠皇。命于下國，封建厥福。』詩商頌，言殷湯賞不僭差，刑不濫溢，不敢怠解自寬暇，故能爲下國所命爲天子。此湯所以獲天福也。古之治民者，勸賞而畏刑，樂行賞而憚用刑。恤民不倦。賞以春夏，刑以秋冬。順天時。是以將賞爲之加膳，加膳則飫賜，飫，饜也。酒食賜下，無不饜足，所謂加膳也。此以知其勸賞也。將刑爲之不舉，不舉則徹樂，不舉盛饌。此以知其畏刑也。夙興夜寐，朝夕臨政，此以知其恤民也。三者，禮之大節也，有禮無敗。今楚多淫刑，其大夫逃死於四方，而爲之謀主，以害楚國，不可救療，所謂不能也。療，治也。所謂楚人不能用其材也。

「子儀之亂，析公奔晉，在文十四年。晉人寘諸戎車之殿，以爲謀主。殿，後軍。繞角之役，晉將遁矣，析公曰：『楚師輕窕，易震蕩也。若多鼓鈞聲，以夜軍之，鈞同其聲。楚師必遁。』晉人從之，楚師宵潰。晉遂侵蔡，襲沈，獲其君；敗申、息之師於桑隧，獲申麗而還。成六年，晉欒書救鄭，與楚師遇於繞角，楚師還。晉侵沈，獲沈子。八年，復侵楚，敗申、息，獲申麗。鄭於是不敢南面。楚失華夏，則析公之爲也。

「雍子之父兄譖〔一〕雍子，君與大夫〔二〕不善是也。不是其曲直。雍子奔晉，晉人與之鄐，鄐，晉邑。以爲謀主。彭城之役，晉、楚遇於靡角之谷，在成十八年。晉將遁矣。雍子發命於軍曰：『歸老幼，反孤疾，二人役，歸一人，簡兵蒐乘，簡，擇。蒐，閱。秣馬蓐食，師陳焚次，次，舍也。焚舍，示必死。明日將戰。』行歸者而逸楚囚，欲使楚知之。楚師宵潰。晉降彭城而歸諸宋，以魚石歸。在元年。楚失東夷，子辛死之，則雍子之爲也。楚東小國及陳，見楚不能救彭城，皆叛。五年，楚人討陳叛故，殺令尹子辛。

「子反與子靈爭夏姬，子靈，巫臣。而雍害其事，子反亦雍害巫臣，不使得取夏姬。子靈奔晉。晉人與之邢，邢，晉邑。以爲謀主。扞禦北狄，通吳於晉，教吳叛楚，

〔一〕「譖」，原作「諧」，據陽明文庫本、宋大字本、書院本、附釋音本、慶元本、金澤本改。

〔二〕「大夫」，原作「夫人」，據陽明文庫本、宋大字本、慶元本改。

教之乘車、射御、驅侵，使其子狐庸爲吴行人焉。吴於是伐巢，取駕，克棘，入州來。駕、棘，皆楚邑。譙國酇縣東北有棘亭。楚罷於奔命，至今爲患，則子靈之爲也。事見成七年。

「若敖之亂，伯賁之子賁皇奔晉。晉人與之苗，若敖亂在宣四年。苗，晉邑。以爲謀主。鄢陵之役，在成十六年。楚晨壓晉軍而陳，晉將遁矣。苗賁皇曰：『楚師之良，在其中軍王族而已。言楚之精卒，唯在中軍。若塞井夷竈，成陳以當之，塞井夷竈以爲陳。欒、范易行以誘之，欒書時將中軍，范燮佐之。易行，謂簡易兵備，欲令楚貪己，不復顧二穆之兵。中行、二郤必克二穆。郤錡時將上軍，中行偃佐之。郤至佐新軍。令此三人分良以攻二穆之兵。楚子重、子辛皆出穆王，故曰二穆。吾乃四萃於其王族，必大敗之。』四萃，四面集攻之。晉人從之，楚師大敗，王夷師熸，夷，傷也。吴、楚之間謂火滅爲熸。子反死之。鄭叛吴興，楚失諸侯，則苗賁皇之爲也。」

子木曰：「是皆然矣。」聲子曰：「今又有甚於此。椒舉娶於申公子牟，子牟得戾而亡，君大夫謂椒舉：『女實遣之！』懼而奔鄭，引領南望曰：『庶幾赦余！』亦弗圖也。言楚亦不以爲意。今在晉矣。晉人將與之縣，以比叔向。以舉材能比叔向。彼若謀害楚國，豈不爲患？」子木懼，言諸王，益其禄爵而復之。聲子使椒鳴逆之。椒鳴，伍舉子。傳言聲子有辭，伍舉所以得反，子孫復仕於楚。

許靈公如楚，請伐鄭，十六年，晉伐許，他國皆大夫，獨鄭伯自行，故許恚，欲報之。曰：「師不興，孤不歸矣！」八月，卒于楚。楚子曰：「不伐鄭，何以求諸侯？」冬十月，楚子伐鄭。爲許。鄭人將禦之，子産曰：「晉、楚將平，諸侯將和，和在明年。楚王是故昧於一來，昧猶貪冒。不如使逞而歸，乃易成也。逞，快也。夫小人之性，釁於勇，嗇於禍，以足其性而求名焉者，非國家之利也。若何從之？」釁，動也。嗇，貪也。言鄭之欲與楚戰者，皆釁勇貪名之人，非能爲國計慮久利，不可從也。子展説，不禦寇。十二月乙酉，入南里，墮其城。南里，鄭邑。涉於樂氏，樂氏，津名。門于師之梁。鄭城門。縣門發，獲九人焉。涉于氾而歸，於氾城下涉汝水南歸。而後葬許靈公。卒靈公之志，而後葬之。

衛人歸衛姬于晉，乃釋衛侯。衛侯以女説晉，而後得免。君子是以知平公之失政也。傳言晉之衰。

晉韓宣子聘于周，王使請事。問何事來聘。對曰：「晉士起將歸時事於宰旅，無他事矣。」起，宣子名。禮：諸侯大夫入天子國稱士。時事，四時貢職。宰旅，冢宰之下士。言獻職貢於宰旅，不敢斥尊。王聞之曰：「韓氏其昌阜於晉乎！辭不失舊。」阜，大也。傳言周衰，諸侯莫能如禮，唯韓起不失舊。

齊人城郟之歲，在二十四年。其夏，齊烏餘以廩丘奔晉，烏餘，齊大夫。廩丘，今東郡廩丘縣故城是。襲衛羊角，取之，今廩丘縣所治羊角城是。遂襲我高魚。高魚，城在廩丘縣東北。有大雨，自其竇入，雨，故水竇開。介于其庫，入高魚庫而介其甲。以登其城，克而取之。取魯高魚。無所諱而不書，其義未聞。又取邑于宋。於是范宣子卒，宣子，范匄。諸侯弗能治也，及趙文子爲政，乃卒治之。文子言於晉侯曰：「晉爲盟主。諸侯或相侵也，則討而〔一〕使歸其地。今烏餘之邑，皆討類也，言於此類宜見討。而貪之，是無以爲盟主也。請歸之！」公曰：「諾。孰可使也？」對曰：「胥梁帶能無用師。」晉侯使往。胥梁帶，晉大夫。能無用師，言有權謀。

〔一〕「而」，慶元本作「之」。

【經】

二十有七年春，齊侯使慶封來聘。景公即位，通嗣君也。

夏，叔孫豹會晉趙武、楚屈建、蔡公孫歸生、衛石惡、陳孔奂、鄭良霄、許人、曹人于宋。案傳，會者十四國，齊、秦不交相見，邾、滕爲私屬，皆不與盟。宋爲主人，地於宋，則與盟可知。故經唯序九國大夫。楚先晉歃，而書先晉，貴信也。陳于晉會常在衛上，孔奂非上卿，故在石惡下。

衛殺其大夫甯喜。甯喜殺〔一〕剽立衎，衎今雖不以弑剽致討，於大義宜追討之，故經以國討爲文書名也。書在宋會下，從赴。

衛侯之弟鱄出奔晉。衛侯始者云「政由甯氏，祭則寡人」，而今復患其專，緩答免餘，既負其前信，且不能友于賢弟，使至出奔，故書弟以罪兄。

秋七月辛巳，豹及諸侯之大夫盟于宋。夏會之大夫也。豹不倚順，以顯弱命之君，而辨小是以自從，故以違命貶之。釋例論之備矣。

〔一〕「殺」，金澤本作「弑」。

冬十有二月乙亥〔一〕朔，日有食之。今長曆推十一月朔，非十二月。傳曰：辰在申，再失閏。若是十二月，則爲三失閏，故知經誤。

【傳】

二十七年春，胥梁帶使諸喪邑者具車徒以受地，必周。諸喪邑，謂齊、魯、宋也。周，密也。必密來，勿以受地爲名。使烏餘具車徒以受封，烏餘以地來，故詐許封之。烏餘以其衆出，出受封也。使諸侯僞效烏餘之封者，效，致也。使齊、魯、宋僞若致邑封烏餘者。而遂執之，盡獲之。皆獲其徒衆。皆取其邑而歸諸侯，諸侯是以睦於晉。傳言趙文子賢，故平公雖失政，而諸侯猶睦。

齊慶封來聘，其車美。孟孫謂叔孫曰：「慶季之車，不亦美乎？」季，慶封字。叔孫曰：「豹聞之：『服美不稱，必以惡終。』美車何爲？」叔孫與慶封食，不敬。爲賦相鼠，亦不知也。相鼠，詩鄘風，曰：「相鼠有皮，人而無儀。人而無儀，不死何爲？」慶封不知此詩爲己，言其闇甚。爲明年慶封來奔傳。

〔一〕「亥」，金澤本作「卯」。

衛甯喜專，公患之。公孫免餘請殺之。免餘，衛大夫。公曰：「微甯子，不及此，及此，反國也。吾與之言矣。言政由甯氏。事未可知，恐伐之未必勝。祇成惡名，止也。」祇，適也。對曰：「臣殺之，君勿與知。」乃與公孫無地、公孫臣謀，二公孫，衛大夫。使攻甯氏，弗克，皆死。無地及臣皆死。公曰：「臣也無罪，父子死余矣。」獻公出時，公孫臣之父爲孫氏所殺。夏，免餘復攻甯氏，殺甯喜及右宰穀，尸諸朝。穀不書，非卿也。石惡將會宋之盟，受命而出。衣其尸，枕之股而哭之。欲斂以亡，懼不免，且曰：「受命矣。」乃行。行會于宋。爲明年石惡奔傳。

子鮮曰：「逐我者出，謂孫林父。納我者死，謂甯喜。賞罰無章，何以沮勸？君失其信，而國無刑，不亦難乎？難以治國。且鱄實使之。」使甯喜納君。遂出奔晉。公使止之，不可。不肯留。及河，又使止之，止使者而盟於河。誓不還。託於木門，木門，晉邑。不鄉衛國而坐。怨之深也。木門大夫勸之仕，不可，曰：「仕而廢其事，罪也；從之，昭吾所以出也。將誰愬乎？從之，謂治其事也。事治則明己出欲仕，無所自愬。吾不可以立於人之朝矣！終身不仕。」自誓不仕終身。公喪之，如稅服終身。稅，即繐也。喪服：繐，縗裳，縷細而希，非五服之常，本無月數。痛愍子鮮，故特爲此服。此服無月數，而獻公尋薨，故言終身。

公與免餘邑六十，辭曰：「唯卿備百邑，臣六十矣，下有上禄，亂也。此一乘之邑，非四井之邑。論語稱千室，又云十室，明通稱。臣弗敢聞〔一〕。且甯子唯多邑故死，臣懼死之速及也。」公固與之，受其半。以爲少師。公使爲卿，辭曰：「大叔儀不貳，能贊大事，贊，佐也。君其命之！」乃使文子爲卿。文子，大叔儀。

宋向戌善於趙文子，又善於令尹子木，欲弭諸侯之兵以爲名。欲獲息民之名。如晉，告趙孟。趙孟謀於諸大夫，韓宣子曰：「兵，民之殘也，財用之蠹，蠹，害物之蟲。小國之大菑也。將或弭之，雖曰不可，必將許之。言雖知兵不得久弭，今不可不許。弗許，楚將許之，以召諸侯，則我失爲盟主矣。」晉人許之。如楚，楚亦許之。如齊，齊人難之。陳文子曰：「晉、楚許之，我焉得已。且人曰『弭兵』，而我弗許，則固攜吾民矣！將焉用之？」齊人許之。告於秦，秦亦許之。皆告於小國，爲會於宋。

〔一〕「聞」下，金澤本有「命」字。

五月甲辰，晉趙武至於宋。丙午，鄭良霄至。六月丁未朔，宋人享趙文子，叔向爲介，司馬置折俎，禮也。折俎，體解節折，升之於俎，合卿享宴之禮，故曰「禮也。」周禮：司馬掌會同之事。仲尼使舉是禮也，以爲多文辭。宋向戌自美弭兵之意，敬逆趙武。趙武、叔向因享宴之會，展賓主之辭，故仲尼以爲多文辭。戊申，叔孫豹、齊慶封、陳須無、衛石惡至。須無，陳文子。甲寅，晉荀盈從趙武至。趙武命盈追己，故言「從趙武」。後武遣盈如楚。丙辰，邾悼公至。小國，故君自來。壬戌，楚公子黑肱先至，成言於晉。時令尹子木止陳，遣黑肱就晉大夫成盟載之言〔一〕，兩相然可。丁卯，宋向戌如陳，從子木成言於楚。就於陳，成楚之要言。戊辰，滕成公至。亦小國，君自來。子木謂向戌：「請晉、楚之從，交相見也。」使諸侯從晉、楚者，更相朝見。庚午，向戌復於趙孟。趙孟曰：「晉、楚、齊、秦，匹也。晉之不能於齊，猶楚之不能於秦也。不能服而使之。楚君若能使秦君辱於敝邑，寡君敢不固請於齊！」請齊使朝楚。壬

〔一〕「言」，金澤本作「信」。

申，左師復言於子木。子木使馹謁諸王。馹，傳也。謁，告也。王曰：「釋齊、秦，他國請相見也。」經所以不書齊、秦。秋七月戊寅，左師至。從陳還。是夜也，趙孟及子晳盟，以齊言。子晳，公子黑肱。素要齊其辭，至盟時，不得復訟爭。庚辰，子木至自陳。陳孔奐、蔡公孫歸生至。二國大夫與子木俱至。曹、許之大夫皆至。以藩爲軍，示不相忌。晉、楚各處其偏。晉處北，楚處南。伯夙謂趙孟伯夙，荀盈。曰：「楚氛甚惡，懼難。」氛，氣也。言楚有襲晉之氣。趙孟曰：「吾左還，入於宋，若我何？」營在宋北，東頭爲上，故晉營在東。有急，可左迴入宋東門。

辛巳，將盟於宋西門之外，楚人衷甲。甲在衣中，欲因會擊晉。伯州犂曰：「合諸侯之師，以爲不信，無乃不可乎？夫諸侯望信於楚，是以來服。若不信，是弃其所以服諸侯也。」固請釋甲。子木曰：「晉、楚無信久矣！事利而已。苟得志焉，焉用有信？」大宰退，大宰，伯州犂。告人曰：「令尹將死矣，不及三年。求逞志而弃信，志將逞乎？志以發言，言以出信，信以立志，參以定之。志、言、信三者具，而後身安存。信亡，何以及三？」爲明年子木死起本。趙孟患楚衷甲，以告叔向。叔向曰：「何害也？匹夫一爲不信，猶不可，單斃其死。單，盡也。斃，踣也。若合諸侯之卿，以爲不信，必不捷矣！食言者不病，不病者，單斃於死。非子之患也。楚食言當死。晉不食言，故無患。夫以信召人，而以僭濟之，濟，成也。必莫之與也。安能害我？且吾因宋以守病，爲楚所病，則欲入宋城。則夫能致死。與宋致死，雖倍楚可也。宋爲地主，致死助我，則力可倍楚。子何懼焉？又不及是。曰弭兵以召諸侯，而稱兵以害我，稱，舉也。吾庸多矣，非所患也。」晉獨取信，故其功多。

季武子使謂叔孫以公命，曰：「視邾、滕。」兩事晉、楚則貢賦重，故欲比小國。武子恐叔孫不從其言，故假公命以敦之。既而齊人請邾，宋人請滕，皆不與盟。私屬二國故。叔孫曰：「邾、滕，人之私也；我，列國也，何故視之？宋、衛，吾匹也。」乃盟。故不書其族，言違命也。季孫專政於國，魯君非得有命。今君唯以此命告豹，豹宜崇大順以顯弱命之君，而遂其小是，故貶之。

晉、楚爭先。爭先歃血。晉人曰：「晉固爲諸侯盟主，未有先晉者也。」楚人曰：「子言晉、楚匹也，若晉常先，是楚弱也。且晉、楚狎主諸侯之盟也久矣，狎，更也。豈專在晉？」叔向謂趙孟曰：「諸侯歸晉之德只，只，辭。非歸其尸盟也。尸，主也。子務德，無爭先！且諸侯盟，小國固必有尸盟者。小國主辨具。楚爲晉細，不亦可乎？」欲推使楚主盟。乃先楚人。書先晉，晉有信也。蓋孔子追正之。

壬午，宋公兼享晉、楚之大夫，趙孟爲客。客，一坐所尊，故季孫飲大夫酒，越紇爲客。子木與之言，弗〔一〕能對。使叔向侍言焉，子木亦不能對也。乙酉，宋公及諸侯之大夫盟于蒙門之外。前盟，諸大夫不敢敵公，禮也。今宋公以近在其國，故謙而重盟。重盟，故不書。蒙門，宋城門。子木問於趙孟曰：「范武子之德何如？」士會賢，聞於諸侯，故問之。對曰：「夫子之家事治，言於晉國無隱情，其祝史陳信於鬼神，無愧辭。」祝陳馨香，德足副之，故不愧。子木歸以語王。王曰：「尚矣哉！尚，上也。能歆神、人，歆，享也。使神享其祭，人懷其德。宜其光輔五君以爲盟主也！」五君，謂文、襄、靈、成、景。子木又語王曰：「宜晉之伯也！有叔向以佐其卿，楚無以當之，不可與爭。」晉荀盈〔二〕遂如楚涖盟。重結晉、楚之好。

鄭伯享趙孟于垂隴，自宋還，過鄭。子展、伯有、子西、子產、大叔、二子石從。

〔一〕「弗」上，金澤本有「趙孟」二字。
〔二〕「荀盈」，國會本、書院本作「荀寅」。

二子石，印段、公孫段。**趙孟曰：「七子從君，以寵武也。請皆賦，以卒君貺，武亦以觀七子之志。」**詩以言志。**子展賦草蟲，**草蟲，詩召南，曰：「未見君子，憂心忡忡。亦既見止，亦既覯止，我心則降。」以趙孟爲君子。**趙孟曰：「善哉！民之主也。**在上不忘降，故可以主民。**抑武也不足以當之。」**辭君子。**伯有賦鶉之賁賁，**鶉之賁賁，詩鄘風，衛人刺其君淫亂，鶉鵲之不若，義取「人之無良，我以爲兄，我以爲君」也。**趙孟曰：「牀笫之言不踰閾，況在野乎？非使人之所得聞也。」**笫，簀也。此詩刺淫亂，故云「牀笫之言」。閾，門限。使人，趙孟自謂。**子西賦黍苗之四章，**黍苗，詩小雅，四章曰：「肅肅謝功，召伯營之。列列征師，召伯成之。」比趙孟於召伯。**趙孟曰：「寡君在，武何能焉？」**推善於其君。**子產賦隰桑，**隰桑，詩小雅，義取思見君子，盡心以事之，曰：「既見君子，其樂如何？」**趙孟曰：「武請受其卒章。」**卒章曰：「心乎愛矣，遐不謂矣。中心藏〔一〕之，何日忘之？」趙武欲子產之見規誨。**子大叔賦野有蔓草，**野有蔓草，詩鄭風，取其「邂逅相遇，適我願

〔一〕「藏」，阮校：「山井鼎云：『一本後人改「藏」作「臧」。』案，作『臧』是也。」

兮」。趙孟曰：「吾子之惠也。」大叔喜於相遇，故趙孟受其惠。印段賦蟋蟀，蟋蟀，詩唐風，曰：「無以大康，職思其居。好樂無荒，良士瞿瞿。」言瞿瞿然顧禮儀。趙孟曰：「善哉！保家之主也。吾有望矣。」能戒懼不荒，所以保家。公孫段賦桑扈，桑扈，詩小雅，義取君子有禮文，故能受天之祐〔一〕。趙孟曰：「『匪交匪敖』，福將焉往？此桑扈詩卒章，趙孟因以取義。若保是言也，欲辭福祿，得乎？」卒享。文子告叔向曰：「伯有將爲戮矣！詩以言志，志誣其上，而公怨之，以爲賓榮，言誣，則鄭伯未有其實。趙孟倡賦詩以自寵，故言「公怨之，以爲賓榮」。其能久乎？幸而後亡。」言必先亡。叔向曰：「然。已侈！所謂不及五稔者，夫子之謂矣。」稔，年也。爲三十年鄭殺良霄傳。文子曰：「其餘皆數世之主也。子展其後亡者也，在上不忘降。謂賦草蟲，曰「我心則降」。印氏其次也，樂而不荒。謂賦蟋蟀，曰「好樂無荒」。樂以安民，不淫以使之，後亡，不亦可乎？」

〔一〕「祐」，書院本、附釋音本、慶元本、金澤本作「祜」。

宋左師請賞，曰：「請免死之邑。」欲宋君稱功加厚賞，故謙言免死之邑也。公與之邑六十，以示子罕。子罕曰：「凡諸侯小國，晉、楚所以兵威之。畏而後上下慈和，慈和而後能安靖其國家，以事大國，所以存也。無威則驕，驕則亂生，亂生必滅，所以亡也。天生五材，金、木、水、火、土也。民並用之，廢一不可，誰能去兵？兵之設久矣，所以威不軌而昭文德也。聖人以興，謂湯、武。亂人以廢，謂桀、紂。廢興、存亡、昏明之術，皆兵之由也。而子求去之，不亦誣乎？以誣道蔽諸侯，罪莫大焉。縱無大討，而又求賞，無厭之甚也！」削而投之。削賞左師之書。左師辭邑。向氏欲攻司城，司城，子罕。左師曰：「我將亡，夫子存我，德莫大焉，又可攻乎？」君子曰：「『彼己之子，邦之司直』，詩鄭風。司，主也。樂喜之謂乎？樂喜，子罕也。『何以恤我，我其收之』，逸詩。恤，憂也。收，取也。向戌之謂乎？」善向戌能知其過。

齊崔杼生成及彊而寡，偏喪曰寡。寡，特也。娶東郭姜，生明。東郭姜以孤入，曰棠无咎，无咎，棠公之子。與東郭偃相崔氏。東郭偃，姜之弟。崔成有疾而廢之，有惡疾也。而立明。成請老于崔，濟南東朝陽縣西北有崔氏城。成欲居崔邑以終老。崔子許之，偃與无咎弗予，曰：「崔，宗邑也，必在宗主。」宗邑，宗廟所在。宗主，謂崔明。成與彊怒，將殺之。告慶封曰：「夫子之身，亦子所知也，唯无咎與偃是從，父兄莫得進矣。大恐害夫子，敢以告。」夫子，謂崔杼。慶封曰：「子姑退，吾圖之。」告盧蒲嫳。嫳，慶封屬大夫。封以成、彊之言告嫳。盧蒲嫳曰：「彼，君之讎也。天或者將弃彼矣。彼實家亂，子何病焉？君，謂齊莊公，爲崔杼所弑。崔之薄，慶之厚也。」崔敗，則慶專權。他日又告。成、彊復告。慶封曰：「苟利夫子，必去之。難，吾助女。」

九月庚辰，崔成、崔彊殺東郭偃、棠无咎於崔氏之朝。崔子怒而出，其衆皆逃，求人使駕，不得。使圉人駕，寺人御而出。圉人，養馬者。寺人，奄士。且曰：「崔氏有福，止余猶可。」恐滅家，禍不止其身。遂見慶封。慶封曰：「崔、慶一也。言如一家。是何敢然？請爲子討之。」使盧蒲嫳率甲以攻崔氏，崔氏堞其宮而守之，堞，短垣。使其衆居短垣内以守。弗克。使國人助之，遂滅崔氏，殺成與彊，而盡俘其家，其妻縊。妻，東郭姜。嫳復命於崔子，且御而歸之。嫳爲崔子御。至，則無歸矣，乃縊。終「入於其宮，不見其妻，凶」。崔明夜辟諸大墓。開先人之冢以藏之。辛巳，崔明來奔。慶封當國。當國，秉政。

楚薳罷如晉涖盟，罷，令尹子蕩。報荀盈也。晉侯享之。將出，賦既醉。既醉，詩大雅，曰：「既醉以酒，既飽以德。君子萬年，介爾景福。」以美晉侯，比之大平君子也。叔向曰：「薳氏之有後於楚國也宜哉！承君命，不忘敏。子蕩將知政矣。敏以事君，必能養民，政其焉往？」言政必歸之。

崔氏之亂，在二十五年。申鮮虞來奔，僕賃於野，以喪莊公。爲齊莊公服喪〔一〕。冬，楚人召之，遂如楚，爲右尹。傳言楚能用賢。

十一月乙亥朔，日有食之。辰在申，司歷過也，再失閏矣。謂斗建指申。周十一月，今之九月，斗當建戌而在申，故知再失閏也。文十一年三月甲子，至今年七十一歲，應有二十六閏。今長歷推得二十四閏，通計少再閏。釋例言之詳矣。

【經】

二十有八年春，無冰。前年知其再失閏，頓置兩閏以應天正，故此年正月建子得以無

〔一〕「喪」下，金澤本有「服也」二字。

冰爲災而書。

夏，衛石惡出奔晉。甯喜之黨，書名，惡之。

邾子來朝。

秋八月，大雩。

仲孫羯如晉。告將朝楚。

冬，齊慶封來奔。崔杼之黨，耆酒荒淫而出，書名，罪之。自魯奔吴不書，以絶位不爲卿。

十有一月，公如楚。爲宋之盟故，朝楚。

十有二月甲寅，天王崩。靈王也。

乙未，楚子昭〔一〕卒。康王也。十二月無乙未，日誤。

【傳】

二十八年春，無冰。梓慎曰：「今兹宋、鄭其饑乎？梓慎，魯大夫。今年鄭游

〔一〕「昭」，阮校：「史記、論衡吉驗篇『昭』作『招』。」

吉、宋向戌言之，明年饑甚，傳乃詳其事。**歲在星紀，而淫於玄枵，**歲，歲星也。星紀在丑，斗牛之次。玄枵在子，虚危之次。十八年，晉董叔曰天道多在西北，是歲歲星在亥。至此年十一〔一〕歲，故在星紀。明年乃當在玄枵。今已在玄枵，淫行失次。**以有時菑，陰不堪陽。**時菑，無冰也。盛陰用事而温無冰，是陰不勝陽，地氣發洩。**蛇乘龍。**蛇，玄武之宿，虚危之星。龍，歲星。歲星，木也。木爲青龍，失次出虚危下，爲蛇所乘。**龍，宋、鄭之星也，**歲星本位在東方，東方房心爲宋，角亢爲鄭，故以龍爲宋、鄭之星。**宋、鄭必饑。玄枵，虚中也。**玄枵三宿，虚星在其中。**枵，耗名也。土虚而民耗，不饑何爲？」**歲爲宋、鄭之星，今失常，淫入虚耗之次。時復無冰，地氣發洩，故曰土虚民耗。

夏，齊侯、陳侯、蔡侯、北燕伯、杞伯、胡子、沈子、白狄朝于晉，宋之盟故也。陳侯、蔡侯、胡子、沈子，楚屬也。宋盟曰晉、楚之從交相見，故朝晉。燕國〔二〕，今薊縣〔三〕。

〔一〕「十一」，金澤本作「十二」。
〔二〕「燕國」上，金澤本有「北」字。
〔三〕「縣」下，金澤本有「是」字。

齊侯將行，慶封曰：「我不與盟，何爲於晉？」以宋盟釋齊、秦。陳文子曰：「先事後賄，禮也。事大國當先從其政事，而後薦賄，以副己心。小事大，未獲事焉，從之如志，禮也。言當從大國請事，以順其志。雖不與盟，敢叛晉乎？重丘之盟，未可忘也。子其勸行！」重丘盟在二十五年。

衞人討甯氏之黨，故石惡出奔晉。衞人立其從子圃以守石氏之祀，禮也。石惡之先石碏有大功於衞國，惡之罪不及不祀，故曰「禮」。

邾悼公來朝，時事也。傳言來朝非宋盟，宋盟唯施於朝晉、楚。

秋八月，大雩，旱也。

蔡侯歸自晉，入于鄭，鄭伯享之，不敬。子產曰：「蔡侯其不免乎？不免禍。日其過此也，往日至晉時。君使子展迋勞於東門之外而傲。迋，往也。吾曰：『猶將更之。』今還，受享而惰，乃其心也。君小國〔一〕，事大國，而惰傲以爲己心，將得死乎？若不免，必由其子。其爲君也，淫而不父。通大子班之妻。僑聞之，如是

〔一〕「君小國」，阮校：「釋文云：『古本無「小」字。……今定本作「小國」。』」

者，恒有子禍。」爲三十年蔡世子班弑其君傳。

孟孝伯如晉，告將爲宋之盟故如楚也。魯，晉屬，故告晉而行。

蔡侯之如晉也，鄭伯使游吉如楚。及漢，楚人還之，曰：「宋之盟，君實親辱。君，謂鄭伯。今吾子來，寡君謂吾子姑還！吾將〔一〕使馹奔問諸晉而以告。」問鄭君應來朝否。子大叔曰：「宋之盟，君命將利小國，而亦使安定其社稷，鎮撫其民人，以禮承天之休，休，福禄也。此君之憲令，而小國之望也。憲，法也。寡君是故使吉奉其皮幣，聘用乘皮束帛。以歲之不易，聘於下執事。言歲有饑荒之難，故鄭伯不得自朝楚。今執事有命曰：『女何與政令之有？必使而君弃而封守，跋涉山川，蒙犯霜露，以逞君心。』小國將君是望，敢不唯命是聽？無乃非盟載之言，以闕君德，而執事有不利焉，小國是懼。不然，其何勞之敢憚？」

子大叔歸，復命，告子展曰：「楚子將死矣！不脩其政德，而貪昧於諸侯，以

〔一〕「將」，原無，據陽明文庫本、宋大字本、書院本、附釋音本、金澤本補。

逞其願，欲久得乎？周易有之，在復䷗震下坤上，復。之頤䷚，震下艮上，頤。復上六變得頤。曰：『迷復，凶。』復上六爻辭也。復，反也。極陰反陽之卦，上處極位，迷而復反，失道已遠，遠而無應，故凶。其楚子之謂乎？欲復其願，謂欲得鄭朝，以復其願。而弃其本，不脩德。復歸無所，是謂『迷復』，失道已遠，又無所歸。能無凶乎？君其往也！送葬而歸，以快楚心。言楚子必死，君往當送其葬。楚不幾十年，未能恤諸侯也。幾，近也。言失道〔一〕遠者，復之亦難。吾乃休吾民矣。」休，息也。言楚不能復爲害。裨竈曰：「今兹周王及楚子皆將死。裨竈，鄭大夫。歲弃其次，而旅於明年之次，以害鳥帑，周、楚惡之。」旅，客處也。歲星弃星紀之次，客在玄枵。歲星所在，其國有福，失次於北，禍衝在南。南爲朱鳥，鳥尾曰帑。鶉火、鶉尾，周、楚之分，故周王、楚子受其咎。俱論歲星過次，梓慎則曰宋、鄭饑，裨竈則曰周、楚王死。傳故備舉，以示卜占惟人所在。

九月，鄭游吉如晉，告將朝于楚，以從宋之盟。子產相鄭伯以如楚，舍〔二〕不

〔一〕「道」下，金澤本有「已」字。
〔二〕「舍」上，金澤本有「草」字。

爲壇。至敵國郊，除地封土爲壇，以受郊勞。外僕言曰：「昔先大夫相先君，適四國，未嘗不爲壇。外僕，掌次舍者。自是至今，亦皆循之。今〔一〕子草舍，無乃不可乎？」子産曰：「大適小，則爲壇。小適大，苟舍而已，焉用壇？僑聞之，大適小有五美：宥其罪戾，赦其過失，救其菑患，賞其德刑，刑，法也。教其不及。小國不困，懷服如歸。是故作壇以昭其功，宣告後人，無怠於德。怠，解也。小適大有五惡：説其罪戾，自解説也。請其不足，行其政事，奉行大國之政。共其職貢，從其時命。從朝會之命。不然，則重其幣帛，以賀其福而弔其凶，皆小國之禍也，焉用作壇以昭其禍？所以告子孫，無昭禍焉可也。」無昭禍以告子孫。

齊慶封好田而耆酒，與慶舍政。舍，慶封子。慶封當國，不自爲政以付舍。則以其内實遷于盧蒲嫳氏，易内而飲酒。内實，寶物、妻妾也。移而居嫳家。數日，國遷朝焉。就於盧蒲氏朝見封。使諸亡人得賊者，以告而反之，亡人，辟崔氏難出奔者。故

〔一〕「今」下，金澤本有「吾」字。

反盧蒲癸。癸臣子之，子之，慶舍。有寵，妻之。子之以其女妻癸。慶舍之士謂盧蒲癸曰：「男女辨姓，子不辟宗，何也？」辨，別也。別姓而後可相取。慶氏、盧蒲氏皆姜姓。曰：「宗不余辟，言舍欲妻己。余獨焉辟之？賦詩斷章，余取所求焉，惡識宗？」言己苟欲有求於慶氏，不能復顧禮，譬如賦詩者，取其一章而已。癸言王何而反之。二人皆嬖，二子皆莊公黨。二十五年，崔氏弑莊公，癸、何出奔，今還求寵於慶氏，欲爲莊公報讎。使執寢戈而先後之。寢戈，親近兵杖。

公膳，日雙雞。卿大夫之膳食。饔人竊更之以鶩，御者知之，則去其肉而以其洎饋。御，進食者。饔人、御者欲使諸大夫怨慶氏，減其膳。蓋盧蒲癸、王何之謀。子雅、子尾怒。二子皆惠公孫。慶封告盧蒲嫳。以二子怒告嫳。盧蒲嫳曰：「譬之如禽獸，吾寢處之矣。」言能殺而席其皮。使析歸父告晏平仲。欲與共謀子雅、子尾。平仲曰：「嬰之衆不足用也，知無能謀也。言弗敢出，不敢洩謀。有盟可也。」子家曰：「子之言云，子家，析歸父。又焉用盟？」告北郭子車。子車，齊大夫。子車曰：「人各有以事君，非佐之所能也。」佐，子車名。陳文子謂桓子，桓子，文子之子無宇。曰：「禍將作矣！吾其何得？」對曰：「得慶氏之木百車於莊。」慶封時有此木，積於六軌之道。文子曰：「可慎守也已！」善其不志於貨財。

盧蒲癸、王何卜攻慶氏，示子之兆，龜兆。曰：「或卜攻讎，敢獻其兆。」子之曰：「克，見血。」冬十月，慶封田于萊，陳無宇從。丙辰，文子使召之。請曰：「無宇之母疾病，請歸。」慶季卜之，季，慶封。示之兆，曰：「死。」奉龜而泣。無宇泣。乃使歸。慶嗣聞之，嗣，慶封之族。曰：「禍將作矣！」謂子家：「速歸！子家，慶封字。禍作必於嘗，嘗，秋祭。歸猶可及也。」子家弗聽，亦無悛志。悛，改寤也。子息曰：「亡矣！幸而獲在吳、越。」子息，慶嗣。陳無宇濟水而戕舟發梁。戕，殘壞也。不欲慶封得救難。盧蒲姜謂癸曰：「有事而不告我，必不捷矣。」姜，癸妻，慶舍女。癸告之。告欲殺慶舍。姜曰：「夫子愎，莫之止，將不出。我請止之。」夫子，謂慶舍。癸曰：「諾。」十一月乙亥，嘗于大公之廟，慶舍涖事。臨祭事。盧蒲姜告之，且止之。弗聽，曰：「誰敢者？」遂〔一〕如公。至公所。麻嬰爲尸，爲祭尸。慶奊爲上獻。上獻，先獻者。盧蒲癸、王何執寢戈，慶氏以其甲環公宮。廟在宮內。陳氏、鮑氏之圉

〔一〕「遂」下，金澤本有「出」字。

人爲優。優俳。慶氏之馬善驚，士皆釋甲束馬束，絆之也。而飲酒，且觀優，至於魚里。魚里，里名。優在魚里，就觀之。欒、高、陳、鮑之徒介慶氏之甲。欒，子雅。高，子尾。陳，陳須無。鮑，鮑國。子尾抽桷，擊扉三，桷，椽也。扉，門闔也。以桷擊扉爲期。盧蒲癸自後刺子之，王何以戈擊之，解其左肩。猶援廟桷，動於甍，甍，屋棟。以俎、壺投，殺人而後死。言其多力。遂殺慶繩、麻嬰。慶繩，慶奊。公懼，鮑國曰：「群臣爲君故也。」言欲尊公室，非爲亂。陳須無以公歸，稅服而如內宮。言公懼於外難。

慶封歸，遇告亂者。丁亥，伐西門，弗克。還伐北門，克之。入，伐內宮，陳、鮑在公所故。弗克。反，陳于嶽，嶽，里名。請戰，弗許，遂來奔。獻車於季武子，美澤可以鑑。光鑑形也。展莊叔見之，魯大夫。曰：「車甚澤，人必瘁，宜其亡也。」叔孫穆子食慶封，慶封氾祭。禮，食有祭，示有所先也。氾祭，遠散所祭，不共。穆子不說，使工爲之誦茅鴟。工，樂師。茅鴟，逸詩，刺不敬。亦不知。既而齊人來讓，讓魯受慶封。奔吳。吳句餘予之朱方，句餘，吳子夷末也。朱方，吳邑。聚其族焉而居之，富於其舊。子服惠伯謂叔孫曰：「天殆富淫人，慶封又富矣！」穆子曰：「善人富謂之賞，淫人富謂之殃。天其殃之也，其將聚而殲旃？」殲，盡也。旃，之也。爲昭四年殺慶封傳。

癸巳，天王崩。未來赴，亦未書，禮也。嫌時已聞喪當書，故發例。

崔氏之亂，喪群公子。故鉏在魯，叔孫還在燕，賈〔一〕在句瀆之丘。在二十五年〔二〕。及慶氏亡，皆召之，具其器用而反其邑焉。反，還也。與晏子邶殿，其鄙六十，邶殿，齊別都。以邶殿邊鄙六十邑與晏嬰。弗受。子尾曰：「富，人之所欲也，何獨弗欲？」對曰：「慶氏之邑足欲，故亡。吾邑不足欲也，益之以邶殿，乃足欲。足欲，亡無日矣。在外，不得宰吾一邑。不受邶殿，非惡富也，恐失富也。且夫富，如布帛之有幅焉。爲之制度，使無遷也。遷，移也。夫民，生厚而用利，於是乎正德以幅之，言厚、利皆人之所欲，唯正德可以爲之幅。使無黜嫚，黜，猶放也。謂之幅利。利過則爲敗。吾不敢貪多，所謂幅也。」與北郭佐邑六十，受之。與子雅邑，辭多受少。與子尾邑，受而稍致之。致，還公。公以爲忠，故有寵。

〔一〕「賈」，阮校云：「案二十一年傳云『公執子賈于句瀆之丘』，此作『賈』，未知孰是。」

〔二〕「在二十五年」，金澤本作「在襄二十一年」，當是。

得之。釋盧蒲嫳于北竟。釋，放也。求崔杼之尸，將戮之，不得。叔孫穆子曰：「必得之。武王有亂十人，亂，治也。崔杼其有乎？不十人，不足以葬。」葬必須十人，崔氏不能令十人同心，故必得。既，崔氏之臣曰：「與我其拱璧，崔氏大璧。吾獻其柩。」於是得之。十二月乙亥朔，齊人遷莊公，殯于大寢。更殯之於路寢也。十二月戊戌朔，乙亥誤。以其棺尸崔杼於市，崔氏弒莊公，又葬不如禮，故以莊公棺著崔杼尸邊，以章其罪。國人猶知之，皆曰：「崔子也。」始求崔杼之尸不得，故傳云：國人皆知之。

爲宋之盟故，公及宋公、陳侯、鄭伯、許男如楚。公過鄭，鄭伯不在。已在楚。伯有迋勞於黄崖，不敬。滎陽宛陵縣西有黄水，西南至新鄭城西入洧。穆叔曰：「伯有無戾於鄭，鄭必有大咎。伯有不受戮，必還爲鄭國害。敬，民之主也，而弃之，何以承守？言無以承先祖，守其家。鄭人不討，必受其辜。濟澤之阿，言薄土。行潦之蘋藻，言賤菜。置諸宗室，薦宗廟。季蘭尸之，敬也。言取蘋藻之菜於阿澤之中，使服蘭之女而爲之主，神猶享之，以其敬也。敬〔一〕可弃乎？」爲三十年鄭殺良霄傳。

〔一〕「敬」下，金澤本有「其」字。

及漢，楚康王卒。公欲反，叔仲昭伯曰：「我楚國之爲，豈爲一人行也？」昭伯，叔仲帶。子服惠伯曰：「君子有遠慮，小人從邇。邇，近也。飢寒之不恤，誰遑〔一〕其後？遑，暇也。不如姑歸也。」叔孫穆子曰：「叔仲子專之矣，言足專任。子服子始學者也。」言未識遠。榮成伯曰：「遠圖者，忠也。」成伯，榮駕鵞。公遂行。從昭伯謀。宋向戌曰：「我一人之爲，非爲楚也。飢寒之不恤，誰能恤楚？姑歸而息民，待其立君而爲之備。」宋公遂反。

楚屈建卒，趙文子喪之如同盟，禮也。宋盟有衷甲之隙，不以此廢好，故曰「禮」。

王人來告喪。問崩日，以甲寅告，故書之，以徵過也。徵，審也。此緩告非有事宜，直臣子怠慢，故於此發例。

春秋經傳集解襄五第十八

〔一〕「遑」下，金澤本有「恤」字。

春秋經傳集解襄六第十九

杜氏　盡三十一年

【經】

二十有九年春王正月，公在楚。公在外，闕朝正之禮甚多，而唯書此一年者，魯公如楚，既非常，此公又踰年，故發此一事以明常。

夏五月，公至自楚。

庚午，衛侯衎卒。無傳。四同盟。

閽弒吴子餘祭。閽，守門者，下賤非士，故不言盗〔一〕。

仲孫羯會晉荀盈、齊高止、宋華定、衛世叔儀、鄭公孫段、曹人、莒人、滕人、

〔一〕「盗」，原無，據陽明文庫本、宋大字本、書院本、附釋音本、慶元本、金澤本補。

薛人、小邾人城杞。公孫段，伯石也，三十年伯有死，乃命爲卿，今蓋以攝卿行〔一〕。

晉侯使士鞅來聘。

杞子來盟。杞復稱子，用夷禮也。

吴子使札來聘。吴子，餘祭。既遣札聘上國而後死。札以六月到魯，未聞喪也。不稱公子，其禮未同於上國。

秋九月，葬衛獻公。無傳。

齊高止出奔北燕。止，高厚之子。

冬，仲孫羯如晉。

【傳】

二十九年春王正月，公在楚，釋不朝正于廟也。釋，解也。告廟在楚，解公所以不朝正。

〔一〕「行」下，金澤本有「事」字。

楚人使公親襚，諸侯有遺使賵襚〔一〕之禮，今楚欲依遺使之比。公患之。穆叔曰：「祓殯而襚，則布幣〔二〕也。」先使巫祓除殯之凶邪而行襚禮，與朝而布幣無異。乃使巫以桃茢先祓殯。茢，黍穰。楚人弗禁，既而悔之。禮，君臨臣喪乃祓殯，故楚悔之。

二月癸卯，齊人葬莊公於北郭。兵死不入兆域，故葬北郭。

夏四月，葬楚康王。公及陳侯、鄭伯、許男送葬，至于西門之外。諸侯之大夫皆至于墓。楚郟敖即位。郟敖，康王子熊麇也。王子圍爲令尹。圍，康王弟。鄭行人子羽曰：「是謂不宜，必代之昌。松柏之下，其草不殖。」言楚君弱，令尹强，物不兩盛。爲昭元年圍弑郟敖起本。

公還，及方城。季武子取卞，取卞邑以自益。使公冶問，問公起居。公冶，季氏屬大夫。璽書追而與之，璽，印也。曰：「聞守卞者將叛，臣帥徒以討之。既得之矣，敢告。」公冶致使而退，致季氏使命。及舍，而後聞取卞。發書，乃聞之。公曰：「欲

〔一〕「襚」，釋文云：「一本作『贈』。」

〔二〕「幣」，原作「弊」，今據書院本、慶元本改。下注同。

之而言叛，祇見疏也。」言季氏欲得卞，而欺我言叛，益疏我。

公謂公冶曰：「吾可以入乎？」以季氏疏己，故不敢入。對曰：「君實有國，誰敢違君？」公與公冶冕服。以卿服玄冕賞之。固辭，强之而後受。公欲無入，榮成伯賦式微，乃歸。式微，詩邶風，曰：「式微式微，胡不歸？」式，用也。義取寄寓之微陋，勸公歸。五月，公至自楚。公冶致其邑於季氏，本從季氏得邑，故還之。而終不入焉，不入季孫家。曰：「欺其君，何必使余？」季孫見之，則言季氏如他日。不見，則終不言季氏。及疾，聚其臣，大夫家臣。曰：「我死，必無以冕服斂，非德賞也。言公畏季氏而賞其使，非以我有德。且無使季氏葬我！」

葬靈王。不書，魯不會。鄭上卿有事，子展使印段往。伯有曰：「弱，不可。」印段年少官卑。子展曰：「與其莫往，弱不猶愈乎？詩云：『王事靡盬，不皇啓處。』詩，小雅。盬，不堅固也。啓，跪也。言王事無不堅固，故不暇跪處。東西南北，誰敢寧處？謂上卿。堅事晉、楚，以蕃王室也。言我固事晉、楚，乃所以蕃屏王室。王事無曠，何常之有？」遂使印段如周。傳言周衰，卑於晉、楚。

吴人伐越，獲俘焉，以爲閽，使守舟。吴子餘祭觀舟，閽以刀弑之。言「以刀」，明近刑人。

鄭子展卒，子皮即位。子皮代父爲上卿。於是鄭饑而未及麥，民病。子皮以子展之命，餼國人粟，户一鍾，在喪，故以父命也。六斛四斗曰鍾。是以得鄭國之民。故罕氏常掌國政，以爲上卿。宋司城子罕聞之，曰：「鄰於善，民之望也。」民亦望君爲善。宋亦饑，請於平公，出公粟以貸，使大夫皆貸。司城氏貸而不書，施而不德。爲大夫之無者貸。宋無饑人。叔向聞之，曰：「鄭之罕，宋之樂，其後亡者也。二者其皆得國乎！得掌國政。民之歸也。施而不德，樂氏加焉，其以宋升降乎！」升降，隨宋盛衰。

晉平公，杞出也，故治杞。治，理其地，脩其城。六月，知悼子合諸侯之大夫以城杞，孟孝伯會之。鄭子大叔與伯石往。大叔不書，不親事。子大叔見大叔文子，文子，衛大叔儀。與之語。文子曰：「甚乎其城杞也！」子大叔曰：「若之何哉？晉國不恤周宗之闕，而夏肄是屏。周宗，諸姬也。夏肄，杞也。肄，餘也。屏，城也。其弃諸姬，亦可知也已。諸姬是弃，其誰歸之？吉也聞之，弃同即異，是謂離德。詩曰：『協比其鄰，昏姻孔云。』詩，小雅，言王者和協近親，則昏姻甚歸附。晉不鄰矣，其誰云之！」云猶旋，旋歸之。

齊高子容與宋司徒見知伯，女齊相禮。子容，高止也。司徒，華定也。知伯，荀盈也。女齊，司馬侯也。相禮，侍威儀也。賓出，司馬侯言於知伯曰：「二子皆將不免。子容專，專，自是也。司徒侈，皆亡家之主也。」知伯曰：「何如？」對曰：「專則速及，速及禍也。侈將以其力斃，力盡而自斃。專則人實斃之，將及矣〔一〕。」爲此秋高止出奔燕、昭二十年華定出奔陳傳。

范獻子來聘，拜城杞也。謝魯爲杞城。公享之，展莊叔執幣。公將以酬賓。射者三耦，二人爲耦。公臣不足，取於家臣。家臣，展瑕、展王父爲一耦；公臣，公巫召伯、仲顏莊叔爲一耦，鄫鼓父、黨叔爲一耦。言公室卑微，公臣不能備於三耦。

晉侯使司馬女叔侯來治杞田，使魯歸前侵杞田。所歸少，故不書。弗盡歸也。晉悼夫人慍曰：「齊也取貨，夫人，平公母，杞女也。謂叔侯取貨於魯，故不盡歸杞田。先君若有知也，不尚取之。」不尚叔侯之取貨。公告叔侯。叔侯曰：「虞、虢、焦、

〔一〕「將及矣」，金澤本作「侈將自及矣」。

滑、霍、楊、韓、魏，皆姬姓也，八國皆晉所滅。焦在陝縣。楊屬平陽郡。晉是以大。若非侵小，將何所取？武、獻以下，兼國多矣，武公、獻公，晉始盛之君。誰得治之？杞，夏餘也，而即東夷。行夷禮。魯，周公之後也，而睦於晉。以杞封魯猶可，而何有焉？何有，盡歸之。魯之於晉也，職貢不乏，玩好時至，公卿大夫相繼於朝，史不絕書，書魯之朝聘。府無虛月。無月不受魯貢。如是可矣，何必瘠魯以肥杞？且先君而有知也，毋寧夫人，而焉用老臣？」言先君毋寧怪夫人之所爲，無用責我。

杞文公來盟，魯歸其田，故來盟。書曰「子」，賤之也。賤其用夷禮。

吳公子札來聘，見叔孫穆子，說之。謂穆子曰：「子其不得死乎！不得以壽終〔一〕。好善而不能擇人。吾聞君子務在擇人。吾子爲魯宗卿，而任其大政，不愼舉，何以堪之？禍必及子！」爲昭四年豎牛作亂起本。

請觀於周樂。魯以周公故，有天子禮樂。使工爲之歌周南、召南，此皆各依其本

〔一〕「終」，陽明文庫本、附釋音本、慶元本、金澤本作「死」。

國歌所常用聲曲。曰：「美哉！美其聲。始基之矣，周南、召南，王化之基。猶未也，猶有商紂，未盡善也。然勤而不怨矣。」未能安樂，然其音不怨怒。爲之歌邶、鄘、衛，武王伐紂，分其地爲三監。三監叛，周公滅之。更封康叔，并三監之地，故三國盡被康叔之化。曰：「美哉，淵乎！憂而不困者也。淵，深也。亡國之音哀以思，其民困。衛康叔、武公德化深遠，雖遭宣公淫亂，懿公滅亡，民猶秉義，不至於困。吾聞衛康叔、武公之德如是，是其衛風乎！」康叔，周公弟；武公，康叔九世孫，皆衛之令德君也。聽聲以爲别，故有疑言。爲之歌王，王，黍離也。幽王遇西戎之禍，平王東遷，王政不行於天下，風俗下與諸侯同，故不爲雅。曰：「美哉！思而不懼，其周之東乎！」宗周隕滅，故憂思。猶有先王之遺風，故不懼。爲之歌鄭，詩第七。曰：「美哉！其細已甚，民弗堪也，是其先亡乎！」美其有治政之音。譏其煩碎，知不能久。爲之歌齊，詩第八。曰：「美哉！泱泱乎，大風也哉！泱泱，弘大之聲。表東海者，其大公乎！大公封齊，爲東海之表式。國未可量也。」言其或將復興。爲之歌豳，詩第十五。豳，周之舊國，在新平漆縣東北。曰：「美哉，蕩乎！樂而不淫，其周公之東乎！」蕩乎，蕩然也。樂而不淫，言有節。周公遭管、蔡之變，東征三年，爲成王陳后稷、先公不敢荒淫，以成王業，故言「其周公之東乎」。爲之歌秦，詩第十一。後仲尼刪定，故不同。曰：「此之謂夏聲。夫能夏則大，大之至也，其周之舊乎！秦本在西戎汧、隴之西，秦仲始有車馬、禮樂，去戎狄之音而有諸夏之聲，故謂之「夏聲」。及襄公佐周平王東遷，而受其故地，故曰「周之舊」。爲之歌魏，詩第九。魏，姬姓國。閔元年，晉獻公滅之。曰：「美哉，渢渢乎！大而婉，險而易行，以德輔此，則明主也。」渢渢，中庸之聲。婉，約也。「險」當爲「儉」字之誤也。大而約，則儉節易行，惜其國小無明君也。爲之歌唐，詩第十。唐，晉詩。曰：「思深哉！其有陶唐氏之遺民乎！不然，何〔一〕憂之遠也？晉本唐國，故有堯之遺風。憂深思遠，情發於聲。非令德之後，誰能若是？」爲之歌陳，詩第十二。曰：「國無主，其能久乎！」淫聲放蕩，無所畏忌，故曰「國無主」。自鄶以下，無譏焉。鄶，第十三。曹，第十四。言季子聞此二國歌，不復譏論之，以其微也。爲之歌小雅，小雅，小正，亦樂歌之常。曰：「美哉！思而不貳，思文武之德，無貳叛之心。怨而不言，有哀音。其周德之衰乎！衰，小也。猶有先

〔一〕「何」下，金澤本有「其」字。阮校：「石經『何』下有『其』字。」

王之遺民焉。」謂有殷王餘俗，故未大衰〔一〕。爲之歌大雅，大雅陳文王之德，以正天下。曰：「廣哉，熙熙乎！熙熙，和樂聲。曲而有直體，論其聲。其文王之德乎！雅、頌，所以詠盛德形容，故但歌其美者，不皆歌變雅。爲之歌頌，頌者，以其成功告於明神。曰：「至矣哉！言道備。直而不倨，倨傲。曲而不屈，屈，橈。邇而不偪，謙退。遠而不攜，攜，貳。遷而不淫，淫，過蕩。復而不厭，常日新。哀而不愁，知命。樂而不荒，節之以禮。用而不匱，德弘大。廣而不宣，不自顯。施而不費，因民所利而利之。取而不貪，義然後取。處而不底，守之以道。行而不流。制之以義。五聲和，宮、商、角、徵、羽，謂之五聲。八風平，八方之氣，謂之八風。節有度，守有序，八音克諧，節有度也。無相奪倫，守有序也。盛德之所同也。」頌有殷、魯，故曰「盛德之所同」。

見舞象箾、南籥者，象箾，舞〔二〕所執。南籥，以籥舞也。皆文王之樂。曰：「美

〔一〕「衰」，陽明文庫本、慶元本、金澤本無。正義云「故使周德未得大也」，亦無「衰」字。經傳識異云：「一無『衰』字。」
〔二〕「舞」下，金澤本有「者」字。

哉！猶有憾〔一〕。」美哉，美其容也。文王恨不及己致太平。見舞大武者，武王樂。曰：「美哉！周之盛也，其若此乎！」見舞韶濩者，殷湯樂。曰：「聖人之弘〔二〕也，而猶有慙德，聖人之難也。」慙於始伐。見舞大夏者，禹之樂。曰：「美哉！勤而不德，非禹，其誰能脩之？」盡力溝洫，勤也。見舞韶箾者，舜樂〔三〕。曰：「德至矣哉，大矣〔四〕！如天之無不幬也，幬，覆也。如地之無不載也。雖甚盛德，其蔑以加於此矣。觀止矣！若有他樂，吾不敢請已。」魯用四代之樂，故及韶箾而季子知其終也。季札賢明才博，在吴雖已涉見此樂歌之文，然未聞中國雅聲，故請作〔五〕周樂，欲聽其聲，然後依聲以參時政，知其興衰也。聞秦詩，謂之夏聲；聞頌曰「五聲和，八風平」，皆論聲以參政也。舞畢，知其樂終，是素知其篇數。

〔一〕「憾」，釋文作「感」，云：「本亦作『憾』。」
〔二〕「弘」，阮校：蔡邕注典引引作「治」。
〔三〕「樂」下，書院本有「韶」字。
〔四〕「矣」下，金澤本有「哉」字。
〔五〕「作」，附釋音本作「此」。

其出聘也，通嗣君也。吴子餘祭嗣立。故遂聘于齊，説晏平仲，謂之曰：「子速納邑與政。納，歸之公。無邑無政，乃免於難。齊國之政，將有所歸。未獲所歸，難未歇也。」歇，盡也。故晏子因陳桓子以納政與邑，是以免於欒、高之難。難在昭八年。

聘於鄭，見子産，如舊相識，與之縞帶，子産獻紵衣焉。大帶也。吴地貴縞，鄭地貴紵，故各獻己所貴，示損己而不爲彼貨利。謂子産曰：「鄭之執政侈，難將至矣！政必及子。子爲政，慎之以禮，不然，鄭國將敗。」侈，謂伯有。

適衛，説蘧瑗、蘧伯玉。史狗、史朝之子文子。史鰌、史魚。公子荆、公叔發、公叔文子。公子朝，曰：「衛多君子，未有患也。」

自衛如晉，將宿於戚，戚，孫文子之邑。聞鐘聲焉，曰：「異哉！吾聞之也：『辯而不德，必加於戮。』辯，猶争也。夫子獲罪於君以在此，孫文子以戚叛。懼猶不足，而又何樂？夫子之在此也，猶燕之巢于幕上。言至危。君又在殯，而可以樂乎？」獻公卒，未葬。遂去之。不止宿。文子聞之，終身不聽琴瑟。聞義能改。

適晉，説趙文子、韓宣子、魏獻子，曰：「晉國其萃於三族乎！」言晉國之政〔一〕將集於三家。説叔向，將行，謂叔向曰：「吾子勉之！君侈而多良，大夫皆富，政將在家。富必厚施，故政在家〔二〕。吾子好直，必思自免於難。」

秋九月，齊公孫蠆、公孫竈放其大夫高止於北燕，蠆，子尾。竈，子雅。放者，宥之以遠。乙未出。書曰「出奔」，罪高止也。實放，書「奔」，所以示罪。高止好以事自爲功，且專，故難及之。

冬，孟孝伯如晉，報范叔也。范叔，士鞅也。此年夏來聘。

爲高氏之難故，高豎以盧叛。豎，高止子。十月庚寅，閭丘嬰帥師圍盧。高豎曰：「苟使高氏有後，請致邑。」還邑於君。齊人立敬仲之曾孫酀，敬仲，高傒。良敬仲也。良，猶賢也。十一月乙卯，高豎致盧而出奔晉，晉人城緜而寘旃。晉人善其致邑。

〔一〕「政」，阮校：「史記正義引作『祚』。」
〔二〕「故政在家」，阮校：「史記正義引作『故政在三家也』。」

鄭伯有使公孫黑如楚，黑，子皙。辭曰：「楚、鄭方惡，而使余往，是殺余也。」伯有曰：「世行也。」言女世爲行人。子皙曰：「可則往，難則已，何世之有？」伯有將强使之。子皙怒，將伐伯有氏，大夫和之。十二月己巳，鄭大夫盟於伯有氏。裨諶曰：「是盟也，其與幾何？言不能久也。裨諶，鄭大夫。詩曰：『君子屢盟，亂是用長。』今是長亂之道也。禍未歇也，必三年而後能紓。」紓，解也。然明曰：「政將焉往？」裨諶曰：「善之代不善，天命也，其焉辟子産？言政必歸子産。舉不踰等，則位班也。子産位班次應知政。擇善而舉，則世隆也。世所高也。天又除之，奪伯有魄。喪其精神，爲子産驅除。子西即世，將焉辟之？天禍鄭久矣，其必使子産息之，乃猶可以戾，戾，定也。不然，將亡矣。」

【經】

三十年春王正月，楚子使薳罷來聘。

夏四月，蔡世子般弑其君固。

五月甲午，宋災。天火曰災。宋伯姬卒。

天王殺其弟佞夫。稱弟，以惡王殘骨肉。

王子瑕奔晉。不言出奔，周無外。

秋七月，叔弓如宋，葬宋共姬。共姬，從夫謚也。叔弓，叔老之子。卿共葬事，禮過厚。三月而葬，速。

鄭良霄出奔許，耆酒荒淫，書名，罪之。自許入于鄭。不言復入，獨還無兵。鄭人殺良霄。

冬十月，葬蔡景公。無傳。

晉人、齊人、宋人、衛人、鄭人、曹人、莒人、邾人、滕人、薛人、杞人、小邾人會于澶淵，宋災故。會未有言其事者，此言「宋災故」，以惡宋人不克己自責，而出會求財。

【傳】

三十年春王正月，楚子使薳罷來聘，通嗣君也。郟敖即位。穆叔問：「王子〔一〕之爲政何如？」王子圍爲令尹。對曰：「吾儕小人，食而聽事，猶懼不給命而不免於

〔一〕「子」下，釋文有「圍」字，云：一本無。

戾，焉與知政？」固問焉，不告。穆叔告大夫曰：「楚令尹將有大事，子蕩將與焉，子蕩，薳罷。助之匿其情矣。」子圍素貴，郟敖微弱，諸侯皆知其將爲亂，故穆叔問之。

子產相鄭伯以如晉，叔向問鄭國之政焉。對曰：「吾得見與否，在此歲也。駟、良方爭，未知所成。駟氏，子晳也。良氏，伯有也。若有所成，吾得見，乃可知也。」叔向曰：「不既和矣乎？」對曰：「伯有侈而愎，愎，很也。子晳好在人上，莫能相下也。雖其和也，猶相積惡也，惡至無日矣。」爲此年秋良霄出奔傳。

二月癸未，晉悼夫人食輿人之城杞者。輿，衆也。城杞在往年。絳縣人或年長矣，無子，而往與於食。有與疑年，使之年。使言其年。曰：「臣小人也，不知紀年。臣生之歲，正月甲子朔，四百有四十五甲子矣。其季於今，三之一也。」所稱正月，謂夏正月也。三分六甲之一，得甲子甲戌，盡癸未。吏〔一〕走問諸朝。皆不知，故問之。師曠曰：「魯叔仲惠伯會郤成子于承匡之歲也。在文十一年。是歲也，狄伐

〔一〕「吏」，釋文作「使」。

魯，叔孫莊叔於是乎敗狄于鹹，獲長狄僑如及虺也、豹也，而皆以名其子。七十三年矣。」叔孫僑如、叔孫豹，皆取長狄名。史趙曰：「亥有二首六身，史趙，晉大史。亥字二畫在上，併三六爲身，如筭之六。下二如身，是其日數也。」下亥上二畫，豎置身旁。士文伯曰：「然則二萬六千六百有六旬也。」文伯，士弱之子。

趙孟問其縣大夫，則其屬也。屬趙武。召之，而謝過焉，曰：「武不才，任君之大事。以晉國之多虞，不能由吾子，由，用也。使吾子辱在泥塗久矣，武之罪也。敢謝不才。」遂仕之，使助爲政。辭以老。與之田，使爲君復陶，復陶，主衣服之官。以爲絳縣師，縣師，掌地域，辯其夫家人民。而廢其輿尉。以役孤老故。

於是魯使者在晉，歸以語諸大夫。季武子曰：「晉未可媮也。媮，薄也。有趙孟以爲大夫，有伯瑕以爲佐，伯瑕，士文伯。有史趙、師曠而咨度焉，有叔向、女齊以師保其君。其朝多君子，其庸可媮乎？勉事之而後可。」傳言晉所以〔一〕不失諸侯，且明歷也。

〔一〕「以」下，金澤本有「强」字。

夏四月己亥，鄭伯及其大夫盟。駟、良争故。君子是以知鄭難之不已也。鄭伯微弱，不能制其臣下，君臣詛盟，故曰亂未已。

蔡景侯爲大子般娶于楚，通焉。大子弑景侯。終子産言有子禍也。

初，王儋季卒，儋季，周靈王弟。其子括將見王，而歎。括除服，見靈王，入朝而歎。單公子愆期〔一〕爲靈王御士，過諸廷，愆期行過王廷。聞其歎，而言曰：「烏呼，必有此夫！」欲有此朝廷之權。入以告王，且曰：「必殺之！不慼而願大，視躁而足高，心在他矣。不殺，必〔二〕害。」王曰：「童子何知？」及靈王崩，儋括欲立王子佞夫，佞夫，靈王子，景王弟。佞夫弗知。戊子，儋括圍蒍，逐成愆。成愆，蒍邑大夫。成愆奔平時。平時，周邑。五月癸巳，尹言多、劉毅、單蔑、甘過、鞏成殺佞夫。五子，周大夫。括、瑕、廖奔晉。括、廖不書，賤也。書曰「天王殺其弟佞夫」，罪在王也。佞夫不知故。經書在「宋災」下，從赴。

〔一〕「期」，原作「旗」，據陽明文庫本、附釋音本、慶元本改。下同。
〔二〕「必」下，金澤本有「有」字。

或叫于宋大〔一〕廟，叫，呼也。曰：「譆譆！出出！」譆譆，熱也。出出，戒伯姬。鳥鳴于亳社，殷社。如曰「譆譆」。皆火妖也。甲午，宋大災。宋伯姬卒，待姆也。姆，女師。君子謂：「宋共姬，女而不婦。女待人，待人而行。婦義事也。」義，從宜也。伯姬時年六十左右。

六月，鄭子產如陳涖盟，歸復命，告大夫曰：「陳，亡國也，不可與也。不可與結好。聚禾粟，繕城郭，恃此二者，而不撫其民。其君弱植，公子侈，大子卑，大夫敖，政多門，政不由一人。以介於大國，介，間也。能無亡乎？不過十年矣。」爲昭八年楚滅陳傳。

秋七月，叔弓如宋，葬共姬也。傷伯姬之遇災，故使卿共葬。

鄭伯有耆酒，爲窟室，窟室，地室。而夜飲酒，擊鐘焉，朝至未已。朝者曰：「公焉在？」家臣，故謂伯有爲公。其人曰：「吾公在壑谷。」壑谷，窟室。皆自朝布路而罷。布路，分散。既而朝，伯有朝鄭君。則又將使子晳如楚，歸而飲酒。庚子，子

〔一〕「大」，釋文云：「一本無『大』字。」

皙以駟氏之甲伐而焚之。伯有奔雍梁，雍梁，鄭地。醒而後知之，遂奔許。大夫聚謀。子皮曰：「仲虺之志仲虺，湯左相。云：『亂者取之，亡者侮之。』推亡固存，國之利也。罕、駟、豐同生，罕，子皮；駟，子晳；豐，公孫段也。三家本同母兄弟。伯有汰侈，故不免。」三家同出，而伯有孤特，又汰侈，所以亡。人謂子産就直助彊。時謂子晳直，三家彊。子産曰：「豈爲我徒？徒，黨也。言不以駟、良爲黨。國之禍難，誰知所敝？或主彊直，難乃不生。言能彊能直，則可弭難。今三家未能，則伯有方争。姑成吾所。」欲以無所附著爲所。辛丑，子産斂伯有氏之死者而殯之，不及謀而遂行。不與於國謀。印段從之，義子産。子皮止之。衆曰：「人不我順，何止焉？」子皮曰：「夫子禮於死者，況生者乎？」遂自止之。壬寅，子産入。癸卯，子石入。子石，印段。皆受盟于子晳氏。

乙巳，鄭伯及其大夫盟于大宫。大宫，祖廟。盟國人于師之梁之外。師之梁，鄭城門。伯有聞鄭人之盟己也，怒；聞子皮之甲不與攻己也，喜，曰：「子皮與我矣。」癸丑晨，自墓門之瀆入，墓門，鄭城門。因馬師頡介于襄庫，以伐舊北門。馬師頡，子羽孫。駟帶率國人以伐之。駟帶，子西之子，子晳之宗主。皆召子産。駟氏、伯有俱召。子産曰：「兄弟而及此，吾從天所與。」兄弟恩等，故無所偏助。伯有死於羊肆，羊肆，市列。子産襚之，枕之股而哭之，斂而殯諸伯有之臣在市側者，既而葬諸斗城。斗城，鄭地名。子駟氏欲攻子産，子皮怒之，曰：「禮，國之幹也。殺有禮，禍莫大焉。」乃止。斂葬伯有爲有禮。

於是游吉如晉還，聞難不入，懼禍并及。復命于介。八月甲子，奔晉。駟帶追之，及酸棗。與子上盟，用兩珪質于河。子上，駟帶也。沈珪於河，爲信也。酸棗，陳留縣。使公孫肸入盟大夫。己巳，復歸。游吉歸也。書曰「鄭人殺良霄」，不稱大夫，言自外入也。既出，位絶，非復鄭大夫。

於子蟜之卒也，子蟜，公孫蠆，卒在十九年。將葬，公孫揮與裨竈晨會事焉。會葬事。過伯有氏，其門上生莠。子羽曰：「其莠猶在乎？」子羽，公孫揮。以莠喻伯有。伯有侈，知其不能久存。於是歲在降婁，降婁中而旦。降婁，奎婁也。周七月，今五月，降婁中而天明。裨竈指之，曰：「猶〔一〕可以終歲，指降婁也。歲星十二年而一終。

〔一〕「猶」上，金澤本有「其」字。

歲不及此次也已。」不及降婁。及其亡也，歲在娵訾之口。娵訾，營室東壁。二十八年歲星淫在玄枵，今三十年在娵訾，是歲星停在玄枵二年。其明年，乃及降婁。

僕展從伯有，與之皆死。僕展，鄭大夫，伯有黨。羽頡出奔晉，爲任大夫。羽頡，馬師頡。任，晉縣，今屬廣平郡。雞澤之會，在三年。鄭樂成奔楚，遂適晉。羽頡因之，與之比而事趙文子，言伐鄭之説焉。以宋之盟故，不可。宋盟約弭兵故。子皮以公孫鉏爲馬師。鉏，子罕之子，代羽頡。

楚公子圍殺大司馬蔿掩而取其室。薳掩〔一〕，二十五年爲大司馬。申無宇曰：「王子必不免。無宇，芋尹。善人，國之主也。王子相楚國，將善是封殖，而虐之，是禍國也。且司馬，令尹之偏，偏，佐也。而王之四體也。俱股肱也。絶民之主，去身之偏，艾王之體，以禍其國，無不祥大焉。何以得免？」爲昭十三年楚弒靈王傳。

爲宋災故，諸侯之大夫會，以謀歸宋財。冬十月，叔孫豹會晉趙武、齊公孫

〔一〕「薳掩」，金澤本作「蔿掩」。段玉裁云：「左傳『蔿』、『薳』錯出，『薳』即『蔿』字。」

蠆、宋向戌、衛北宮佗、佗，北宮括之子。鄭罕虎虎，子皮。及小邾之大夫，會于澶淵。既而無歸於宋，故不書其人。君子曰：「信其不可不慎乎！澶淵之會，卿不書，不信也夫！諸侯之上卿，會而不信，寵名皆弃，不信之不可也如是！寵，謂族也。詩曰：『文王陟降，在帝左右。』信之謂也。詩，大雅，言文王所以能上接天，下接人，動順帝者，唯以信。又曰：『淑慎爾止，無載爾僞。』不信之謂也。」逸詩也，言當善慎舉止，無載行詐僞。書曰「某人某人會于澶淵，宋災故」，尤之也。傳云「既而無歸」，所以釋諸侯大夫之不書也。又云「宋災故，尤之」，所以釋向戌之并貶也。戌爲正卿，深致火災，燒〔一〕殺其夫人，未聞克己之意，而以求財合諸侯，故與不歸財者同文。不書魯大夫，諱之也。向戌既以災求財，諸侯大夫許而不歸，客主皆貶。君子以尊尊之義也，君親有隱，故略不書魯大夫以示例。

鄭子皮授子產政，伯有死，子皮知政，以子產賢，故讓之。辭曰：「國小而偪，偪近大國。族大寵多，不可爲也。」爲，猶治也。子皮曰：「虎帥以聽，誰敢犯子？子善

〔一〕「燒」上，金澤本有「至」字。

相之。國無小，言在治政。小能事大，國乃寬。」爲大所恤故也。

子產爲政，有事伯石，賂與之邑。伯石，公孫段。有事，欲使之。子大叔曰：「國皆其國也，奚獨賂焉？」言鄭大夫共憂鄭國事，何爲獨賂之。子產曰：「無欲實難。言人不能無欲。皆得其欲，以從其事，而要其成。非我有成，其在人乎？言成猶在我，非在他。何愛於邑，邑將焉往？」言猶在國。子大叔曰：「若四國何？」恐爲四鄰所笑。子產曰：「非相違也，而相從也。言賂以邑，欲爲和順。四國何尤焉？鄭書有之，鄭國史書。曰：『安定國家，必大焉先。』先和大族，而後國家安。姑先安大，以待其所歸。」要其成也。既，伯石懼而歸邑，卒與之。卒，終也。伯有既死，使大史命伯石爲卿，辭。大史退，則請命焉。請大史更命己。復命之，又辭。如是三，乃受策入拜。子產是以惡其爲人也，惡其虛飾。使次己位。畏其作亂，故寵之。

子產使都鄙有章，國都及邊鄙車服尊卑各有分部。上下有服，公卿大夫服不相踰。田有封洫，封，疆也。洫，溝也。廬井有伍。廬，舍也。九夫爲井，使五家相保。大人之忠儉者，謂卿大夫。從而與之；泰侈者，因而斃之。因其有罪而斃踣之。豐卷將祭，請田焉，弗許，田，獵也。曰：「唯君用鮮，鮮，野獸。衆給而已。」衆臣祭以芻豢爲足。子張怒，子張，豐卷。退而徵役。召兵，欲攻子產。子產奔晉，子皮止之，而逐豐卷。豐卷奔晉。子產請其田里，請於公不没入。三年而復之，反其田里及其入焉。田里所收入。

從政一年，輿人誦之曰：「取我衣冠而褚之，褚，畜也。奢侈者畏法，故畜藏。取我田疇而伍之。孰殺子產，吾其與之。」並畔爲疇。及三年，又誦之曰：「我有子弟，子產誨之。我有田疇，子產殖之。殖，生也。子產而〔一〕死，誰其嗣之？」嗣，續也。傳言鄭所以興。

【經】

三十有一年春王正月。

夏六月辛巳，公薨于楚宫。公不居先君之路寢，而安所樂，失其所也。

秋九月癸巳，子野卒。不書葬，未成君。

〔一〕「而」，阮校：「案吕覽樂成篇『而』作『若』，李善東都賦注、潘安仁關中詩注、褚淵碑文注引並作『若』。」

己亥，仲孫羯卒。

冬十月，滕子來會葬。諸侯會葬，非禮。

癸酉，葬我君襄公。

十有一月，莒人弒其君密州〔一〕。不稱弒者主名，君無道也。

【傳】

三十一年春王正月，穆叔至自會，澶淵會還。見孟孝伯，語之曰：「趙孟將死矣。其語偷，不似民主，偷，苟且。且年未盈五十而諄諄焉如八九十者，弗能久矣。成二年戰於鞌，趙朔已死，於是趙文子始生，至襄三十年會澶淵，蓋年四十七八，故言「未盈五十」。若趙孟死，爲政者其韓子乎！韓子，韓起。吾子盍與季孫言之，可以樹善，君子也。言韓起有君子之德，今方知政，可素往立善。晉君將失政矣，若不樹焉，使早備魯，使韓子早爲魯備。既而政在大夫，韓子懦弱，大夫多貪，求欲無厭，齊、楚

〔一〕「密州」，阮校：「案：傳作『買朱鉏』。段玉裁云：與『密州』音相同，左傳經自作『買朱鉏』，疑後人以公、穀之經易此。」

未足與也，魯其懼哉！」孝伯曰：「人生幾何，誰能無偷？朝不及夕，將安用樹？」穆叔出而告人曰：「孟孫將死矣。吾語諸趙孟之偷也，而又甚焉。」言朝不及夕，偷之甚也。又與季孫語晉故，如與孟孫言。季孫不從。及趙文子卒，在昭元年。晉公室卑，政在侈家。韓宣子爲政，不能圖諸侯。魯不堪晉求，讒慝弘多，是以有平丘之會。平丘會在昭十三年，晉人執季孫意如。

齊子尾害閭丘嬰，欲殺之，使帥師以伐陽州。陽州，魯地。我問師故。魯以師往，問齊何故伐我。夏五月，子尾殺閭丘嬰，以說于我師。言伐魯者，嬰所爲也。伐陽州不書，不成伐。工僂灑、渻竈、孔虺、賈寅出奔莒，四子，嬰之黨。出群公子。爲昭十年欒高之難復群公子起本。

公作楚宮。適楚，好其宮，歸而作之。穆叔曰：「大誓云：『民之所欲，天必從之。』今尚書大誓亦無此文，故諸儒疑之。君欲楚也夫，故作其宮。若不復適楚，必死是宮也。」六月辛巳，公薨于楚宮。叔仲帶竊其拱璧，拱璧，公大璧。以與御人，納諸其懷而從取之，由是得罪。得罪，謂魯人薄之，故子孫不得志於魯。立胡女敬歸之子子野，胡，歸姓之國。敬歸，襄公妾。次于季氏。秋九月癸巳，卒，毀也。過哀毀瘠，以致滅性。

己亥，孟孝伯卒。終穆叔言。

立敬歸之娣齊歸之子公子裯。齊，謚。裯，昭公名。穆叔不欲，曰：「大子死，有母弟則立之，無則立長，立庶子，則以年。年鈞擇賢，義鈞則卜，古之道也。先人事，後卜筮也。義鈞，謂賢等。非適嗣，何必娣之子？言子野非適嗣。且是人也，居喪而不哀，在慼而有嘉容，是謂不度。不度之人，鮮不爲患。若果立之，必爲季氏憂。」武子不聽，卒立之。比及〔一〕葬，三易衰，衰衽如故衰。言其嬉戲無度。於是昭公十九年矣，猶有童心，君子是以知其不能終也。爲昭二十五年公孫於齊傳。

冬十月，滕成公來會葬，惰而多涕。惰，不敬也。子服惠伯曰：「滕君將死矣。怠於其位，而哀已甚，兆於死所矣，有死兆。能無從乎？」爲昭三年滕子卒傳。

癸酉，葬襄公。

公薨之月，子產相鄭伯以如晉，晉侯以我喪故，未之見也。子產使盡壞其館

〔一〕「及」，釋文云：「一本無『及』字。」

之垣，而納車馬焉。士文伯讓之，曰：「敝邑以政刑之不脩，寇盜充斥，充，滿；斥，見。言其多。無若諸侯之屬辱在寡君者何？是以令吏人完客所館，館，舍也。高其閈閎，閎，門也〔一〕。厚其牆垣，以無憂客使。無令客使憂寇盜。今吾子壞之，雖從者能戒，其若異客何？以敝邑之爲盟主，繕完葺牆，葺，覆也。以待賓客。若皆毁之，其何以共命？寡君使匄〔二〕請命。」請問毁垣之命。對曰：「以敝邑褊小，介於大國，介，間也。誅求無時，誅，責也。是以不敢寧居，悉索敝賦，以來會時事。隨時來朝會。逢執事之不閒，而未得見，又不獲聞命，未知見時，不敢輸幣，亦不敢暴露。其輸之，則君之府實也。非薦陳之，不敢輸也。薦陳，猶獻見也。其暴露之，則恐燥濕之不時而朽蠹，以重敝邑之罪。僑聞文公之爲盟主也，僑，子産名。文公，晉重耳。宫室卑庳，無觀臺榭，以崇大諸侯之館。館如公寢，庫廄繕脩，司空

〔一〕「閎門也」，阮校：「後漢書馬援傳注引杜氏左傳注『閈，閭門也』，此但解『閎』，疑有脱。」

〔二〕「匄」，正義：「『匄』，士文伯名也。晉、宋古本及釋例皆作『丐』，俗本作『匄』。此士文伯是范氏之别族，不宜與范宣子同名。今定本作『匄』，恐非。」

以時平易道路，易，治也。圬人以時塓館宮室。圬人，塗者。塓，塗也。諸侯賓至，甸設庭燎，庭燎，設火於庭〔一〕。僕人巡宮。巡宮，行夜。車馬有所，有所處。賓從有代。代客役。巾車脂轄，巾車，主車之官。隸人、牧、圉各瞻其事，瞻視客所當得。百官之屬各展其物。展，陳也。謂群官各陳其物以待賓。公不留賓，而亦無廢事。賓得速去，則事不廢。憂樂同之，事則巡之。巡，行也。教其不知，而恤其不足。賓至如歸，無寧菑患？言見遇如此，寧當復有菑患邪。無寧，寧也。不畏寇盜，而亦不患燥濕。今銅鞮之宮數里，銅鞮，晉離宮。而諸侯舍於隸人。舍如隸人舍。門不容車，而不可踰越。門庭之內迫迮，又有牆垣之限。盜賊公行，而夭〔二〕癘不戒。癘，猶災也。言水潦無〔三〕時。賓見無時，命不可知。若又勿壞，是無所藏幣以重罪也。敢請執事，將何所命之？問晉命己所止之宜。雖君之有魯喪，亦敝邑之憂也。言鄭與魯亦有同姓之憂。若

〔一〕「庭」下，金澤本有「中也」二字。
〔二〕「夭」，阮校云：「石經、宋本、淳熙本、纂圖本、明翻岳本『夭厲』作『夭癘』。」
〔三〕「無」下，金澤本有「常不」二字。

獲薦幣，薦，進也。脩垣而行，行，去也。君之惠也。敢憚勤勞！」文伯復命。反命於晉君。趙文子曰：「信。信如子産言。我實不德，而以隸人之垣以贏諸侯，贏，受也。是吾罪也。」使士文伯謝不敏焉。

晉侯見鄭伯，有加禮，禮加敬。厚其宴好而歸之，乃築諸侯之館。叔向曰：「辭之不可以已也如是夫！子産有辭，諸侯賴之，若之何其釋辭也。詩曰：『辭之輯矣，民之協矣。辭之繹矣，民之莫矣。』詩，大雅，言辭輯睦則民協同，辭説繹則民安定。莫，猶定也。其知之矣。」謂詩人知辭之有益。

鄭子皮使印段如楚，以適晉告，禮也。得事大國之禮。

莒犂比公生去疾及展輿，犂比，莒子密州之號。既立展輿，立以爲世子。又廢之。犂比公虐，國人患之。十一月，展輿因國人以攻莒子，弑之，乃立。展輿立爲君。去疾奔齊，齊出也。母，齊女也。展輿，吴出也。爲明年奔吴傳。書曰「莒人弑其君買朱鉏」，買朱鉏，密州之字。言罪之在也。罪在鉏也。傳始例申明君臣書弑，今者父子，故復重明例。

吴子使屈狐庸聘于晉，狐庸，巫臣之子也，成七年適吴爲行人。通路也。通吴、晉之路。趙文子問焉，曰：「延州來季子，其果立乎？延州來，季札邑。巢隕諸樊，在二十五年。閽戕戴吴，在二十九年。戴吴，餘祭。天似啓之，何如？」對曰：「不立。是二王之命也，非啓季子也。若天所啓，其在今嗣君乎！嗣君，謂夷末〔一〕。甚德而度，德不失民，民歸德。度不失事，審事情。民親而事有序，其天所啓也。有吴國者，必此君之子孫實終之。季子，守節者也。雖有國，不立。」言其三兄雖欲傳國與之，終不肯立。

十二月，北宫文子相衛襄公以如楚，文子，北宫佗。襄公，獻公子。宋之盟故也。晉、楚之從，交相見也。過鄭，印段迋勞于棐林，如聘禮而以勞辭。用聘禮而用郊勞之辭。文子入聘。報印段。子羽爲行人，馮簡子與子大叔逆客。逆文子。事畢而出，言於衛侯曰：「鄭有禮，其數世之福也。其無大國之討乎！詩云：『誰能執熱，逝不以濯。』詩，大雅。濯，以水濯手。禮之於政，如熱之有濯也。濯以救熱，何患之有？」此以上文子辭。

〔一〕「末」，金澤本作「昧」。

子產之從政也，擇能而使之。馮簡子能斷大事；子大叔美秀而文；其貌美，其才秀。公孫揮能知四國之爲，知諸侯所欲爲。而辨於其大夫之族姓、班位、貴賤、能否，而又善爲辭令；裨諶能謀，謀於野則獲，得所謀也。謀於邑則否。此才性之敝。鄭國將有諸侯之事，子產乃問四國之爲於子羽，且使多爲辭令；與裨諶乘以適野，使謀可否；而告馮簡子，使斷之；事成，乃授子大叔使行之，以應對賓客，是以鮮有敗事。北宮文子所謂有禮也。傳跡子產行事，以明北宮文子之言。

鄭人游于鄉校，鄉之學校。以論執政。論其得失。然明謂子產曰：「毁鄉校，如何？」患人於中謗議國政。子產曰：「何爲？夫人朝夕退而游焉，以議執政之善否。其所善者，吾則行之；其所惡者，吾則改之。是吾師也，若之何毁之？我聞忠善以損怨，爲忠善，則怨謗〔一〕息。不聞作威以防怨。欲毁鄉校，即作威。豈不遽止？然猶防川，遽，畏懼也。大決所犯，傷人必多，吾不克救也。不如小決使道，道，通也。不如吾聞而藥之也。」以爲己藥石。然明曰：「蔑也今而後知吾子之信可

〔一〕「謗」，原作「者」，據陽明文庫本、宋大字本、附釋音本、慶元本、金澤本改。

事也。小人實不才，若果行此，其鄭國實賴之，豈唯二三臣？」仲尼聞是語也，曰：「以是觀之，人謂子產不仁，吾不信也。」仲尼以二十二年生，於是十歲，長而後聞之。

子皮欲使尹何爲邑。爲邑大夫。子產曰：「少，未知可否。」尹何年少。子皮曰：「愿，吾愛之，不吾叛也。愿，謹善也。使夫往而學焉，夫亦愈知治矣。」夫，謂尹何。子產曰：「不可。人之愛人，求利之也。今吾子愛人則以政，以政與之。猶未能操刀而使割也，其傷實多。多自傷。子之愛人，傷之而已，其誰敢求愛於子？子於鄭國，棟也。棟折榱崩，僑將厭焉，敢不盡言？子有美錦，不使人學製焉。製，裁也。大官大邑，身之所庇也，而使學者製焉。其爲美錦，不亦多乎？言官邑之重，多於美錦。僑聞學而後入政，未聞以政學者也。若果行此，必有所害。譬如田獵，射御貫，則能獲禽。貫，習也。若未嘗登車射御，則敗績厭覆是懼，何暇思獲？」子皮曰：「善哉！虎不敏。吾聞君子務知大者遠者，小人務知小者近者。我，小人也。衣服附在吾身，我知而慎之；大官大邑，所以庇身也，我遠而慢之。慢，易也。微子之言，吾不知也。他日我曰：『子爲鄭國，我爲吾家，以庇焉。』其可也。今而後知不足。自知謀慮不足謀其家。自今請雖吾家，聽子而行。」子產曰：「人心之不同，如其面焉。吾豈敢謂子面如吾面乎？抑心所謂危，亦以告也。」子皮以爲忠，故委政焉。子產是以能爲鄭國。傳言子產之治乃子皮之力。

衛侯在楚，北宮文子見令尹圍之威儀，言於衛侯曰：「令尹似君矣，將有他志。言語瞻視行步不常。雖獲其志，不能終也。詩云：『靡不有初，鮮克有終。』終之實難，令尹其將不免。」公曰：「子何以知之？」對曰：「詩云：『敬慎威儀，惟民之則。』令尹無威儀，民無則焉。民所不則，以在民上，不可以終。」公曰：「善哉！何謂威儀？」對曰：「有威而可畏謂之威，有儀而可象謂之儀。君有君之威儀，其臣畏而愛之，則而象之，故能有其國家，令聞〔一〕長世。臣有臣之威儀，其下畏而愛之，故能守其官職，保族宜家。順是以下皆如是，是以上下能相固也。衛詩曰：『威儀棣棣〔二〕，不可選也。』詩邶風。棣棣，富而閑也。選，數也。言君臣上

〔一〕「聞」，釋文云：「本亦作『問』。」
〔二〕「棣棣」，釋文云：「本又作『逮逮』。」

下，父子兄弟，内外大小，皆有威儀也。周詩曰：『朋友攸攝，攝以威儀。』詩大雅。攸，所也。攝，佐也。言朋友之道，必相教訓以威儀也。周書數文王之德逸書。曰：『大國畏其力，小國懷其德。』言畏而愛之也。詩云：『不識不知，順帝之則。』言則而象之也。大雅，又言文王行事無所斟酌，唯在則象上天。紂囚文王七年，諸侯皆從之囚，紂於是乎懼而歸之，可謂愛之。文王伐崇，再駕而降爲臣，文王聞崇德亂而伐之，三旬不降，退脩教而復伐之，因壘而降。蠻夷帥服，可謂畏之。文王之功天下誦而歌舞之，可謂則之。文王之行，至今爲法，可謂象之。有威儀也。故君子在位可畏，施舍可愛，進退可度，周旋可則，容止可觀，作事可法，德行可象，聲氣可樂，動作有文，言語有章，以臨其下，謂之有威儀也。」

春秋經傳集解襄六第十九

春秋經傳集解昭元第二十

杜氏　盡三年

【經】

元年春王正月，公即位。無傳。

叔孫豹會晉趙武、楚公子圍、齊國弱、宋向戌、衛齊惡、陳公子招、蔡公孫歸生、鄭罕虎、許人、曹人于虢。招，實陳侯母弟。不稱弟者，義與莊二十五年公子友同。今讀舊書，則楚當先晉，而先書趙武者，亦取宋盟貴武之信，故尚之也。衛在陳、蔡上，先至於會。

三月，取鄆。不稱將師，將卑師少。書「取」，言易也。

夏，秦伯之弟鍼出奔晉。稱弟，罪秦伯。

六月丁巳，邾子華卒。無傳。三同盟。

晉荀吴帥師敗狄于大鹵。大鹵，大原晉陽縣。

秋，莒去疾自齊入于莒。國逆而立之曰入。

莒展輿〔一〕出奔吴。弑君賊。未會諸侯，故不稱爵。

叔弓帥師疆鄆田。春取鄆，今正其封疆。

葬邾悼公。無傳。

冬十有一月己酉，楚子麇卒。楚以瘧疾赴，故不書弑。

楚公子比出奔晉。書名，罪之。

【傳】

元年春，楚公子圍聘于鄭，且娶於公孫段氏，伍舉爲介。伍舉，椒舉。介，副也。將入館，就客舍。鄭人惡之。知楚懷詐。使行人子羽與之言，乃館於外。舍城外。既聘，將以衆逆。以兵入逆婦。子産患之，使子羽辭曰：「以敝邑褊小，不足以容

〔一〕「莒展輿」，釋文無「輿」字，云：「一本作『莒展輿』。」

從者，請墠聽命！」欲於城外除地爲墠，行昏禮。令尹命大宰伯州犂對曰：「君辱貺寡大夫圍，謂圍：『將使豐氏撫有而室。』豐氏，公孫段。圍布几筵，告於莊、共之廟而來。莊王，圍之祖〔一〕。共王，圍之父。若野賜之，是委君貺於草莽也，是寡大夫不得列於諸卿也。言不得從卿禮。不寧唯是，又使圍蒙其先君，蒙，欺也。告先君而來，不得成禮於女氏之廟，故以爲欺先君。將不得爲寡君老，大臣稱老。其蔑以復矣。懼辱命而黜退。唯大夫圖之！」子羽曰：「小國無罪，恃實其罪。恃大國而無備則是罪。將恃大國之安靖己，而無乃包藏禍心以圖之？小國失恃而懲諸侯，使莫不憾者，距違君命，而有所壅塞不行是懼。言己失所恃，則諸侯懲恨以距君命，壅塞不行，所懼唯此。不然，敝邑，館人之屬也，館人，守舍人也。其敢愛豐氏之祧？」祧，遠祖廟。伍舉知其有備也，請垂櫜而入。垂櫜，示無弓。許之。正月乙未，入逆而出，遂會於虢，虢，鄭地。尋宋之盟也。宋盟在襄二十七年。

〔一〕「祖」下，金澤本有「父」字。

祁午謂趙文子曰：「宋之盟，楚人得志於晉。得志，謂先歃。午，祁奚子。今令尹之不信，諸侯之所聞也。子弗戒，懼又如宋。恐楚復得志。子木之信稱於諸侯，猶詐晉而駕焉，駕，猶陵也。詐，謂衷甲。況不信之尤者乎？尤，甚也。楚重得志於晉，晉之耻也。子相晉國，以爲盟主，於今七年矣，襄二十五年，始爲政。以春言，故云七年。再合諸侯，襄二十五年，會夷儀。二十六年，會澶淵。三合大夫，襄二十七年會于宋，三十年會澶淵及今會虢也。服齊、狄，寧東夏，襄二十八年，齊侯、白狄朝晉。平秦亂，襄二十六年，秦、晉爲成。城淳于，襄二十九年，城杞之淳于，杞遷都。師徒不頓，國家不罷，民無謗讟，讟，誹也。諸侯無怨，天無大災，子之力也。有令名矣，而終之以耻，午也是懼。吾子其不可以不戒！」文子曰：「武受賜矣。受午言。然宋之盟，子木有禍人之心，武有仁人之心，是楚所以駕於晉也。今武猶是心也，楚又行僭，僭，不信。非所害也。武將信以爲本，循而行之。譬如農夫，是穮是蔉，穮，耘也。壅苗爲蔉。雖有饑饉，必有豐年。言耕鉏不以水旱息，必獲豐年之收。且吾聞之：『能信，不爲人下。』吾未能也。自恐未能信也。詩曰：『不僭不賊，鮮不爲則。』信也。詩，大雅。僭，不信。賊，害人也。能爲人則者，不爲人下矣。吾不能是難，楚不爲患。」

楚令尹圍請用牲，讀舊書，加于牲上而已。舊書，宋之盟書。楚恐晉先歃，故欲從舊書。加于牲上，不歃血，經所以不書盟。晉人許之。三月甲辰，盟。楚公子圍設服離衛。設君服，二人執戈陳於前，以自衛。離，陳也。叔孫穆子曰：「楚公子美矣，君哉！」美服似君。鄭子皮曰：「二執戈者前矣！」禮，國君行，有二執戈者在前。蔡子家曰：「蒲宮有前，不亦可乎？」公子圍在會，特緝蒲爲王殿屋屏蔽，以自殊異。言既造王宮而居之，雖服君服，無所怪也。楚伯州犁曰：「此行也，辭而假之寡君。」聞諸大夫譏之，故言「假」以飾令尹過。鄭行人揮曰：「假不反矣！」言將遂爲君。伯州犁曰：「子姑憂子晳之欲背誕也。」襄三十年，鄭子晳殺伯有，背命放誕，將爲國難。言子且自憂此，無爲憂令尹不反戈。子羽曰：「當璧猶在，假而不反，子其無憂乎？」子羽，行人揮。當璧，謂弃疾。事在昭十三年。言弃疾有當璧之命，圍雖取國，猶將有難，不無憂也。齊國子曰：「吾代二子愍矣！」國子，國弱也。二子，謂王子圍及伯州犁。圍此冬便簒位，不能自終；州犁亦尋爲圍所殺，故言可愍。陳公子招曰：「不憂何成？二子樂矣。」言以憂生事，事成而樂。衛齊子曰：「苟或知之，雖憂何害？」齊子，齊惡。言先知爲備，雖有憂難，無所損害。宋合左師曰：「大國令，小國共，吾知共而已。」共承大國命，不能知其禍福。晉樂王鮒曰：「小旻之卒章善矣，吾從之。」小旻，詩小雅，其卒章義取非唯暴虎馮河之可畏也，不敬小人亦危殆。王鮒從斯義，故不敢譏議公子圍。

退會，子羽謂子皮曰：「叔孫絞而婉，絞，切也。譏其似君，反謂之美，故曰「婉」。宋左師簡而禮，無所臧否，故曰「簡」。共事大國，故曰「禮」。樂王鮒字而敬，字，愛也。不犯凶人，所以自愛敬。子與子家持之，子，子皮。子家，蔡公孫歸生。持之，言無所取與。皆保世之主也。齊、衛、陳大夫其不免乎？國子代人憂，子招樂憂，齊子雖憂弗害。夫弗及而憂，與可憂而樂，與憂而弗害，皆取憂之道也，憂必及之。大誓曰：『民之所欲，天必從之。』逸書。三大夫兆憂，憂能無至乎？開憂兆也。言以知物，其是之謂矣。」物，類也。察言以知禍福之類。八年，陳招殺大子。國弱、齊惡當身各無患。

季武子伐莒，取鄆。兵未加莒而鄆服，故書「取」而不言伐。莒人告於會。楚告於晉曰：「尋盟未退，尋弭兵之盟。而魯伐莒，瀆齊盟。瀆，慢也。請戮其使。」時叔孫豹在會，欲戮之。樂桓子相趙文子，桓子，樂王鮒。相，佐也。欲求貨於叔孫而爲之請，使請帶焉。難指求貨，故以帶爲辭。弗與。梁其踁曰：「貨以藩身，子何愛焉？」踁，叔孫家臣。叔孫曰：「諸侯之會，衛社稷也。我以貨免，魯必受師。言不戮其使，必伐其國。是禍之也，何衛之爲？人之有牆，以蔽惡也。喻己爲國衛，如牆爲人蔽。牆之隙壞，誰之咎也？咎在牆。衛而惡之，吾又甚焉。罪甚牆。雖怨季孫，魯國何罪？怨季孫之伐莒。叔出季處，有自來矣，吾又誰怨？季孫守國，叔孫出使，所從來久。今遇此戮，無所怨也。然鮒也賄，弗與不已。」召使者，裂裳帛而與之，曰：「帶其褊矣。」言帶褊盡，故裂裳，示不相逆。

趙孟聞之，曰：「臨患不忘國，忠也。謂言魯國何罪。思難不越官，信也。謂言叔出季處。圖國忘死，貞也。謂不以貨免。謀主三者，義也。三者，忠、信、貞。有是四者，又可戮乎？」并義而四。乃請諸楚曰：「魯雖有罪，其執事不辟難，執事，謂叔孫。畏威而敬命矣。謂不敢辟戮。子若免之，以勸左右，可也。若子之群吏處不辟污，污，勞事。出不逃難，不苟免。其何患之有？患之所生，污而不治，難而不守，所由來也。能是二者，又何患焉？不靖其能，其誰從之？安靖賢能，則衆附從。魯叔孫豹可謂能矣，請免之，以靖能者。子會而赦有罪，不伐魯。又賞其賢，赦叔孫。諸侯其誰不欣焉望楚而歸之，視遠如邇？疆埸之邑，一彼一此，何常之有？

言今衰世，疆場無定主。王伯之令也，言三王、五伯有令德時。引其封疆，引，正也。正封界。而樹之官，樹，立也。立官以守國。舉之表旗，旌旗以表貴賤。而著之制令。爲諸侯作制度法令，使不得相侵犯。過則有刑，猶不可壹。於是乎虞有三苗，三苗，饕餮，放三危者。夏有觀、扈，觀國，今頓丘衛縣。扈在始平鄠縣。書序曰：「啓與有扈戰於甘之野。」商有姺、邳，二國，商諸侯。邳，今下邳縣。周有徐、奄。二國皆嬴姓。書序曰：「成王伐淮夷，遂踐〔一〕奄。」徐即淮夷。自無令王，諸侯逐進，逐，猶競也。狎主齊盟，其又可壹乎？彊弱無常，故更主盟。恤大舍小，足以爲盟主，大，謂篡弑滅亡之禍。又焉用之？焉用治小事。封疆之削，何國蔑有？主齊盟者，誰能辯焉？辯，治也。吳、濮有釁，楚之執事，豈其顧盟？吳在東，濮在南。今建寧郡南有濮夷。釁，過也。莒之疆事，楚勿與知，諸侯無煩，不亦可乎？莒、魯爭鄆，爲日久矣。苟無大害於其社稷，可無亢也。亢，禦。去煩宥善，莫不競勸。子其圖之！」固請諸楚，楚人

〔一〕「踐」，金澤本作「翦」。

許之，乃免叔孫。

令尹享趙孟，賦大明之首章，大明，詩大雅，首章言文王明明照於下，故能赫赫盛於上。令尹意在首章，故特稱首章以自光大。趙孟賦小宛之二章。小宛，詩小雅，二章取其「各敬爾儀，天命不又」。言天命一去，不可復還，以戒令尹。事畢，趙孟謂叔向曰：「令尹自以爲王矣，何如？」問將能成否。對曰：「王弱，令尹彊，其可哉！言可成。雖可，不終。」趙孟曰：「何故？」對曰：「彊以克弱而安之，彊不義也。安於勝君，是彊而不義。不義而彊，其斃必速。詩曰：『赫赫宗周，褒姒滅之。』彊不義也。詩，小雅。褒姒，周幽王后，幽王惑焉，而行不義，遂至滅亡。言雖赫赫盛彊，不義足以滅之。令尹爲王，必求諸侯。晉少懦矣，懦，弱也。諸侯將往。若獲諸侯，其虐滋甚，滋，益也。民弗堪也，將何以終？夫以彊取，取不以道。不義而克，必以爲道。以不義爲道。道以淫虐，弗可久已矣！」爲十三年楚弒靈王傳。

夏四月，趙孟、叔孫豹、曹大夫入于鄭，會罷過鄭。鄭伯兼享之。子皮戒趙孟，戒享期。禮終，趙孟賦瓠葉。受所戒，禮畢而賦詩。瓠葉，詩小雅，義取古人不以微薄廢禮，雖瓠葉兔首，猶與賓客享之。子皮遂戒穆叔，且告之。告以趙孟賦瓠葉。穆叔曰：「趙孟欲一獻，瓠葉詩義取薄物而以獻酬，知欲一獻〔一〕。子其從之！」子皮曰：「敢乎？」言不敢。穆叔曰：「夫人之所欲也，又何不敢？」夫人，趙孟。及享，具五獻之籩豆於〔二〕幕下。朝聘之制，大國之卿五獻。趙孟辭，趙孟自以今非聘鄭，故辭五獻。私於子産，私語。曰：「武請於冢宰矣。」冢宰，子皮。請，謂賦瓠葉。乃用一獻。趙孟爲客，禮終乃宴。卿會公侯，享宴皆折俎，不體薦。穆叔賦鵲巢。鵲巢，詩召南，言〔三〕鵲有巢而鳩居之，喻晉君有國，趙孟治之。趙孟曰：「武不堪也。」又賦采蘩，亦詩召南，義取蘩菜薄物，可以薦公侯，享其信，不求其厚。曰：「小國爲蘩，大國省穡而用之，其何實非命？」穆叔言小國微薄猶蘩菜，大國能省愛用之而不弃，則何敢不從命。穡，愛也。子皮賦野有死麕之卒章，野有死麕，詩召南，卒章曰：「舒而脱脱兮，無感我帨兮，無使尨也吠。」脱脱，安徐。帨，佩巾。義取君子徐以禮來，無使我失節而使狗驚吠。喻趙孟以義撫諸侯，無

〔一〕「獻」下，原有「之禮」二字，據陽明文庫本、宋大字本、附釋音本、慶元本删。
〔二〕「於」下，金澤本有「其」字。
〔三〕「言」下，金澤本有「惟」字。

以非禮相加陵。趙孟賦常棣，常棣，詩小雅，取其「凡今之人，莫如兄弟」，言欲親兄弟之國。且曰：「吾兄弟比以安，尨也可使無吠。」受子皮之詩。穆叔、子皮及曹大夫興，拜，三大夫，皆兄弟國。興，起也。舉兕爵，曰：「小國賴子，知免於戾矣。」兕爵，所以罰不敬。言小國蒙趙孟德比以安，自知免此罰戮。飲酒樂。趙孟出，曰：「吾不復此矣。」不復見此樂。

天王使劉定公勞趙孟於潁，館於雒汭。王，周景王。定公，劉夏。潁水出陽城縣。雒汭在河南鞏縣南。水曲流爲汭。劉子曰：「美哉禹功，見河、雒而思禹功。明德遠矣！微禹，吾其魚乎！吾與子弁冕端委，以治民臨諸侯，禹之力也。弁冕，冠也。端委，禮衣。言今得共服冠冕有國家者，皆由禹之力[一]。子盍亦遠績禹功，而大庇民乎？」勸趙孟使纂禹功。對曰：「老夫罪戾是懼，焉能恤遠？吾儕偷食，朝不謀夕，何其長也。」言欲苟免目前，不能念長久。劉子歸以語王曰：「諺所謂老將知[二]而耄

[一]「力」，金澤本作「功」。
[二]「知」，附釋音本作「至」。

及之者，八十曰耄。耄，亂也。其趙孟之謂乎！爲晉正卿，以主諸侯，而儕於隸人，朝不謀夕，言其自比於賤人，而無恤民之心。弃神人矣。民爲神主，不恤民，故神人皆去。神怒民叛，何以能久？趙孟不復年矣。言將死，不復見明年。神怒，不歆其祀；民叛，不即其事。祀事不從，又何以年？」爲此冬趙孟卒起本。

叔孫歸，號會歸。曾夭御季孫以勞之。旦及日中，不出。恨季孫伐莒，使己幾被戮。曾夭謂曾阜曾阜，叔孫家臣。曰：「旦及日中，吾知罪矣。魯以相忍爲國也。忍其外，不忍其內，焉用之？」欲受楚戮，是忍其外。日中不出，是不忍其內。阜曰：「數月於外，言叔孫勞役在外數月。一旦於是，庸何傷？賈而欲贏而惡囂乎？」言譬如商賈求贏利者，不得惡諠〔一〕囂之聲。阜謂叔孫曰：「可以出矣！」叔孫指楹曰：「雖惡是，其可去乎？」乃出見之。楹，柱也。以諭魯有季孫，猶屋有柱。

鄭徐吾犯之妹美，犯，鄭大夫。公孫楚聘之矣，楚，子南，穆公孫。公孫黑又使強

〔一〕「諠」，釋文作「讙」，云：「或作『諠』。」

委禽焉。禽，鴈也。納采用鴈。犯懼，告子產。子產曰：「是國無政，非子之患也。唯所欲與。」犯請於二子，請使女擇焉。皆許之。子晳盛飾入，布幣而出。布陳贄幣。子晳，公孫黑。子南戎服入，左右射，超乘而出。女自房觀之，曰：「子晳信美矣，抑子南，夫也。言丈夫。夫夫婦婦，所謂順也。」適子南氏。子晳怒，既而櫜甲以見子南，欲殺之而取其妻。子南知之，執戈逐之，及衝，擊之以戈。衝，交道。子晳傷而歸，告大夫曰：「我好見之，不知其有異志也，故傷。」

大夫皆謀之。子產曰：「直鈞，幼賤有罪，罪在楚也。」先聘，子南直也。子南用戈，子晳直也。子產力未能討，故鈞其事，歸罪於楚。乃執子南而數之，曰：「國之大節有五，女皆奸之。奸，犯也。畏君之威，聽其政，尊其貴，事其長，養其親，五者所以爲國也。今君在國，女用兵焉，不畏威也。奸國之紀，不聽政也。奸國之紀，謂傷人。子晳上大夫，女嬖大夫，而弗下之，不尊貴也。幼而不忌，不事長也。忌，畏也。兵其從兄，不養親也。君曰：『余不女忍殺，宥女以遠。』勉，速行乎，無重而罪！」

五月庚辰，鄭放游楚於吳。將行子南，子產咨於大叔。大叔，游楚之兄子。大叔曰：「吉不能亢身，焉能亢宗？亢，蔽也。彼國政也，非私難也。子圖鄭國，利則行之，又何疑焉？周公殺管叔而蔡蔡叔，蔡，放也。夫豈不愛？王室故也。吉若獲戾，子將行之，何有於諸游？」爲二年鄭殺公孫黑傳。

秦后子有寵於桓，如二君於景。后子，秦桓公子，景公母弟鍼也。其權寵如兩君。其母曰：「弗去，懼選。」選，數也。恐景公數其罪而加戮。癸卯，鍼適晉，其車千乘。書曰「秦伯之弟鍼出奔晉」，罪秦伯也。罪失教。后子享晉侯，爲晉侯設享禮。造舟于河，造舟爲梁，通秦、晉之道。十里舍車，一舍八乘，爲八反之備。自雍及絳。雍、絳相去千里，用車八百乘。歸取酬幣，備九獻之儀。始禮自齎其一，故續送其八酬酒幣。終事八反。每十里以八乘車，各以次載幣相授而還，不徑至，故言「八反」。千里用車八百乘，其二百乘以自隨，故言「千乘」。傳言秦鍼之出，極奢富以成禮，欲盡敬於所赴。司馬侯問焉，曰：「子之車，盡於此而已乎？」對曰：「此之謂多矣！若能少此，吾何以得見？」言己坐車多，故出奔。女叔齊以告公，叔齊，司馬侯。且曰：「秦公子必歸。臣聞君子能知其過，必有令圖。令圖，天所贊也。」

后子見趙孟。趙孟曰：「吾子其曷歸？」問何時當歸。對曰：「鍼懼選於寡君，是以在此，將待嗣君。」趙孟曰：「秦君何如？」對曰：「無道。」趙孟曰：「亡乎？」對曰：「何爲？一世無道，國未艾也。艾，絶也。國於天地，有與立焉。言欲輔助之者多。不數世淫，弗能斃也。」趙孟曰：「天乎？」對曰：「有焉。」趙孟曰：「其幾何？」對曰：「鍼聞之，國無道而年穀和熟，天贊之也，贊，佐助也。鮮不五稔。」鮮，少也。少尚當歷五年，多則不啻。趙孟視蔭曰：「朝夕不相及，誰能待五？」蔭，日景也。趙孟意衰，以日景自喻，故言朝夕不相及，誰能待五。后子出而告人曰：「趙孟將死矣。主民，翫歲而愒日，翫、愒，皆貪也。其與幾何？」言不能久。

鄭爲游楚亂故，游楚，子南。六月丁巳，鄭伯及其大夫盟于公孫段氏。罕虎、公孫僑、公孫段、印段、游吉、駟帶私盟于閨門之外，實薰隧。閨門，鄭城門。薰隧，門外道名。實之者，爲明年子産數子晳罪，稱「薰隧盟」起本。公孫黑强與於盟，使大史書其名，且曰「七子」。自欲同於六卿，故曰「七子」。子産弗討。子晳强，討之恐亂國。

晉中行穆子敗無終及群狄于大原，即大鹵也。無終，山戎。崇卒也。崇，聚也。

將戰，魏舒曰：「彼徒我車，所遇又阸〔一〕，地險不便車。以什共車，必克。更增十人，以當一車之用。困諸阸，又克。車每困於阸道，今去車，故爲必克。請皆卒，去車爲步卒。自我始。」乃毁車以爲行，魏舒先自毁其屬車爲步陳。五乘爲三伍。乘車者，車三人，五乘十五人。今改去車，更以五人爲伍，分爲三伍。荀吴之嬖人不肯即卒，斬以徇。魏舒輒斬之，荀吴不恨，所以能立功。爲五陳以相離，兩於前，伍於後，專爲右角，參爲左角，偏爲前拒，皆臨時處置之名。以誘之。翟人笑之。笑其失常。未陳而薄之，大敗之。傳言荀吴能用善謀。

莒展輿立，而奪群公子秩。公子召去疾于齊。秋，齊公子鉏納去疾，齊雖納去疾，莒人先召之，故從國逆例書「入」。去疾奔齊，在襄三十一年。展輿奔吴。吴外孫。

叔弓帥師疆鄆田，因莒亂也。此春取鄆，今正其疆界。於是莒務婁、瞀胡及公子滅明以大厖與常儀靡奔齊。三子，展輿黨。大厖、常儀靡，莒二邑。君子曰：「莒展

〔一〕「阸」，釋文云：「本又作『隘』。」

之不立，弃人也夫！奪群公子秩，是弃人。人可弃乎？詩曰：『無競惟人。』善矣。」詩，周頌，言惟得人，則國家彊。

晉侯有疾。鄭伯使公孫僑如晉聘，且問疾。叔向問焉，曰：「寡君之疾病，卜人曰『實沈、臺駘爲祟』，史莫之知，敢問此何神也？」子産曰：「昔高辛氏有二子，伯曰閼伯，季曰實沈，高辛，帝嚳。居于曠林，不相能也。曠林，地，闕。日尋干戈，以相征討。尋，用也。后帝不臧，后帝，堯也。臧，善也。遷閼伯于商丘，主辰。商丘，宋地。主祀辰星，辰，大火也。商人是因，故辰爲商星。商人，湯先相土〔一〕封商丘，因閼伯故國，祀辰星。遷實沈于大夏，主參。大夏，今晉陽縣。唐人是因，以服事夏、商。唐人，若劉累之等。累遷魯縣，此在大夏。其季世曰唐叔虞。唐人之季世，其君曰叔虞。當武王邑姜方震大叔，邑姜，武王后，齊大公之女。懷胎爲震。大叔，成王之弟叔虞。夢帝謂己：『余命而子曰虞，帝，天。取唐君之名。將與之唐，屬諸參，而蕃育其子孫。』及生，有文在其手曰『虞』，遂以命之。及成王滅唐而封大叔焉，故參爲晉

〔一〕「土」，原作「士」，據陽明文庫本、宋大字本、附釋音本、慶元本改。

星。叔虞封唐，是爲晉侯。由是觀之，則實沈，參神也。昔金天氏有裔子曰昧，爲玄冥師，生允格、臺駘。金天氏，帝少皞。裔，遠也。玄冥，水官。昧爲水官之長。臺駘能業其官，纂昧之業。宣汾、洮，宣，猶通也。汾、洮，二水名。障大澤，陂障之。以處大原。大原，晉陽也，臺駘之所居。帝用嘉之，封諸汾川。帝，顓頊。沈、姒、蓐、黄，實守其祀。四國，臺駘之後。今晉主汾而滅之矣。滅四國。由是觀之，則臺駘，汾神也。抑此二者，不及君身。山川之神，則水旱癘疫之災，於是乎禜之。有水旱之災，則禜祭山川之神若臺駘者。周禮：四曰禜祭。爲營欑，用幣，以祈福祥。日月星辰之神，則雪霜風雨之不時，於是乎禜之。星辰之神，若實沈者。若君身，則亦出入飲食哀樂之事也。山川星辰之神，又何爲焉？言實沈、臺駘不爲君疾。僑聞之，君子有四時：朝以聽政，聽國政。晝以訪問，問可否。夕以脩令，念所施。夜以安身。於是乎節宣其氣，宣，散也。勿使有所壅閉湫底，以露其體。湫，集也。底，滯也。露，羸也。壹之則血氣集滯而體羸露。茲心不爽，而昏亂百度。茲，此也。爽，明也。百度，百事之節。今無乃壹之，同四時也。則生疾矣。僑又聞之：内官不及同姓，内官，嬪御。其生不殖。殖，長也。美先盡矣，則相生疾，同姓之相與，先美矣。美極則盡，盡則生疾。君子是以惡之。故志曰：『買妾不知其姓，則卜之。』違此二者，古之所慎也。壹四時，取同姓，二者古人所慎。男女辨姓，禮之大司也。辨，别也。今君内實有四姬焉，同姓姬四人。其無乃是也乎？若由是二者，弗可爲也已。爲，治也。四姬有省猶可，無則必生疾矣。」據異姓，去同姓，故言省。叔向曰：「善哉！肸未之聞也，此皆然矣。」

叔向出，行人揮送之。送叔向。叔向問鄭故焉，且問子晳。對曰：「其與幾何？言將敗，不久。無禮而好陵人，怙富而卑其上，弗能久矣。」爲明年鄭殺公孫黑傳。晉侯聞子産之言，曰：「博物君子也。」重賄之。

晉侯求醫於秦，秦伯使醫和視之，曰：「疾不可爲也。是謂近女室〔一〕，疾如蠱。蠱，惑疾。非鬼非食，惑以喪志。惑女色而失志。良臣將死，天命不祐。」良臣不匡救君過，故將死而不爲天所祐。公曰：「女不可近乎？」對曰：「節之。先王之樂，

〔一〕「室」，阮校：「王念孫云：『室』乃『生』之誤，『近女』爲句，『生疾如蠱』爲句。女、蠱爲韻，下文食、志、祐爲韻。」

所以節百事也，故有五節，五聲之節。遲速本末以相及，中聲以降，五降之後，不容彈矣。此謂先王之樂得中聲，聲成五降而息也。降，罷退。於是有煩手淫聲，慆堙心耳，乃忘平和，君子弗聽也。五降而不息，則雜聲並奏，所謂鄭、衛之聲。物亦如之。言百事皆如樂，不可失節。至於煩，乃舍也已，無以生疾。煩不舍，則生疾。君子之近琴瑟，以儀節也，非以慆心也。爲心之節儀，使動不過度。天有六氣，謂陰、陽、風、雨、晦、明也。降生五味，謂金味辛、木味酸、水味鹹、火味苦、土味甘，皆由陰、陽、風、雨〔一〕而生。發爲五色，辛色白，酸色青，鹹色黑，苦色赤，甘色黄。發，見也。徵爲五聲，白聲商，青聲角，黑聲羽，赤聲徵，黄聲宫。徵，驗也。淫生六疾。淫，過也。滋味聲色所以養人，然過則生害。六氣曰陰、陽、風、雨、晦、明也。分爲四時，序爲五節。六氣之化，分而序之，則成四時，得五行之節。過則爲菑：陰淫寒疾，寒過則爲冷。陽淫熱疾，熱過則喘渴。風淫末疾，末，四支也。風爲緩急。雨淫腹疾，雨濕之氣爲洩注。晦淫惑疾，晦，夜也。

〔一〕「雨」下，金澤本有「晦明」二字。

爲宴寢過節，則心惑亂。明淫心疾。明，晝也。思慮煩多，心勞生疾。女，陽物而晦時，淫則生内熱惑蠱之疾。女常隨男，故言「陽物」。家道常在夜，故言「晦時」。今君不節不時，能無及此乎？」

出，告趙孟。趙孟曰：「誰當良臣？」對曰：「主是謂矣。主相晉國，於今八年，晉國無亂，諸侯無闕，可謂良矣。和聞之：國之大臣，榮其寵禄，任其大節。有菑禍興，而無改焉，改，改行以救菑。必受其咎。今君至於淫以生疾，將不能圖恤社稷，禍孰大焉！主不能禦，吾是以云也。」云主將死。趙孟曰：「何謂蠱？」對曰：「淫溺惑亂之所生也。溺，沈没於耆欲。於文，皿蟲爲蠱，文，字也。皿，器也。器受蟲害者爲蠱。穀之飛亦爲蠱。穀久積則變爲飛蟲，名曰蠱。在周易，女惑男，風落山，謂之蠱☶☴。巽下艮上，蠱。巽爲長女，爲風。艮爲少男，爲山。少男而説長女，非匹，故惑。山木得風而落。皆同物也。」物，猶類也。趙孟曰：「良醫也。」厚其禮而歸之。贈賄之禮。

楚公子圍使公子黑肱、伯州犂城犨、櫟、郟，黑肱，王子圍之弟子晳也。犨縣，屬南陽。郟縣，屬襄城。櫟，今河南陽翟縣。三邑，本鄭地〔一〕。鄭人懼。子產曰：「不害。令尹將行大事，謂將弒君。而先除二子也。二子，謂黑肱、伯州犁。禍不及鄭，何患焉？」

冬，楚公子圍將聘于鄭，伍舉爲介。未出竟，聞王有疾而還。伍舉遂聘。十一月己酉，公子圍至，入問王疾，縊而弒之，縊，絞也。孫卿曰：「以冠纓絞之。」長歷推己酉十二月六日，經、傳皆言十一月，月誤也。遂殺其二子幕及平夏。皆郟敖子。右尹子干出奔晉，子干，王子比。宮廐尹子晳出奔鄭。因築城而去。殺大宰伯州犁于郟。葬王于郟，謂之郟敖。郟敖，楚子麇。使赴于鄭，伍舉問應爲後之辭焉。問赴者。對曰：「寡大夫圍。」伍舉更之曰：「共王之子圍爲長。」伍舉更赴辭，使從禮。此告終稱嗣，不以簒弒赴諸侯。

子干奔晉，從車五乘。叔向使與秦公子同食，食祿同。皆百人之餼。百人，一卒也。其祿足百人。趙文子曰：「秦公子富。」謂秦鍼富强，秩祿不宜與子干同。叔向

〔一〕「地」，原作「也」，據陽明文庫本、宋大字本、附釋音本、慶元本改。

曰：「厎禄以德，厎，致也。德鈞以年，年同以尊。公子以國，不聞以富。且夫以千乘去其國，彊禦已甚。詩曰：『不侮鰥寡，不畏彊禦。』詩，大雅。侮，陵也。秦、楚，匹也。」使后子與子干齒。以年齒爲高下而坐。辭曰：「鍼懼選，楚公子不獲，是以皆來，亦唯命。不獲，不得自安。言俱奔，事有優劣，唯主人命所處。謙辭。且臣與羈齒，無乃不可乎？后子先來仕，欲自同於晉臣，爲主人。子干後來奔，以爲羈旅之客。史佚有言曰：『非羈何忌？』」忌，敬也。欲謙以自別。

楚靈王即位，薳罷爲令尹，薳啓彊爲大宰。靈王，公子圍也，即位易名熊虔。鄭游吉如楚，葬郟敖，且聘立君。歸，謂子産曰：「具行器矣。行器，會備。楚王汏侈而自説其事，必合諸侯。吾往無日矣。」子産曰：「不數年，未能也。」爲四年會申傳。

十二月，晉既烝，烝，冬祭也。趙孟適南陽，將會孟子餘，孟子餘，趙衰，趙武之曾祖，其廟在晉之南陽温縣。往會祭之。甲辰朔，烝于温。趙氏烝祭。甲辰，十二月朔。晉既烝，趙孟乃烝其家廟，則晉烝當在甲辰之前。傳言十二月，月誤。庚戌，卒。十二月七日。終劉定公、秦后子之言。鄭伯如晉弔，及雍乃復。弔趙氏。蓋趙氏辭之而還。傳言大夫彊，諸侯畏而弔之。

【經】

二年春，晉侯使韓起來聘。

夏，叔弓如晉。叔弓，叔老子。

秋，鄭殺其大夫公孫黑。書名，惡之。薰隧盟，子産不討，遂以爲卿，故書之。

冬，公如晉，至河乃復。弔少姜也。晉人辭之，故還。季孫宿如晉。致襚服也。公實以秋行，冬還乃書。

【傳】

二年春，晉侯使韓宣子來聘，公即位故。且告爲政而來見，禮也。代趙武爲政。雖盟主，而脩好同盟，故曰「禮」。觀書於大史氏，見易象與魯春秋，曰：「周禮盡在魯矣。易象，上下經之象辭。魯春秋，史記之策書。春秋遵周公之典以序事，故曰「周禮盡在魯矣」。吾乃今知周公之德，與周之所以王也。」易象、春秋，文王、周公之〔一〕制。當此時，儒道廢，諸國多闕，唯魯備，故宣子適魯而説之。公享之。季武子賦緜之卒章。緜，詩大

〔一〕「之」下，金澤本有「所法」二字。

雅，卒章義取文王有四臣，故能以緜緜致興盛。以晉侯比文王，以韓子比四輔。韓子賦角弓。角弓，詩小雅，取其「兄弟昏姻，無胥遠矣」，言兄弟之國宜相親。季武子拜曰：「敢拜子之彌縫敝邑，寡君有望矣。」彌縫，猶補合也。謂以兄弟之義。武子賦節之卒章。節，詩小雅，卒章取「式訛爾心，以畜萬邦」，以言晉德可以畜萬邦。既享，宴于季氏，有嘉樹焉，宣子譽之。譽其好也。武子曰：「宿敢不封殖此樹，以無忘角弓。」封，厚也。殖，長也。遂賦甘棠。甘棠，詩召南，召伯息於甘棠之下，詩人思之，而愛其樹。武子欲封殖嘉樹如甘棠，以宣子比召公。宣子曰：「起不堪也，無以及召公。」

宣子遂如齊納幣，爲平公聘少姜。見子雅。子雅召子旗，子旗，子雅之子。使見宣子。宣子曰：「非保家之主也，不臣。」志氣亢。見子尾。子尾見彊。彊，子尾之子。宣子謂之如子旗。亦不臣。大夫多笑之。唯晏子信之，曰：「夫子，君子也。夫子，韓起。君子有信，其有以知之矣。」爲十年齊欒施、高彊來奔張本。自齊聘於衛，衛侯享之。北宮文子賦淇澳。淇澳，詩衛風，美武公也。言宣子有武公之德。宣子賦木瓜。木瓜，亦衛風，義取於欲厚報以爲好。

夏四月，韓須如齊逆女。須，韓起之子。逆少姜。齊陳無宇送女，致少姜。少姜有寵於晉侯，晉侯謂之少齊。爲立別號，所以寵異之。謂陳無宇非卿，欲使齊以適夫人禮送少姜。執諸中都。中都，晉邑，在西河界休縣東南。少姜爲之請，曰：「送從逆班。班，列也。畏大國也，猶有所易，是以亂作。」韓須，公族大夫。陳無宇，上大夫。言齊畏晉，改易禮制，使上大夫送，遂致此執辱之罪。蓋少姜謙以示譏。

叔弓聘于晉，報宣子也。此春，韓宣子來聘。晉侯使郊勞。聘禮：賓至近郊，君使卿勞之。辭曰：「寡君使弓來繼舊好，固曰：『女無敢爲賓！』徹命於執事，敝邑弘矣。徹，達也。敢辱郊使？請辭。」辭郊勞。致館，辭曰：「寡君命下臣來繼舊好，好合使成，臣之禄也。得通君命，則於己爲榮禄。敢辱大館？」敢，不敢。叔向曰：「子叔子知禮哉！吾聞之曰：『忠信，禮之器也。卑讓，禮之宗也。』宗，猶主也。辭不忘國，忠信也。謂稱舊好。先國後己，卑讓也。始稱敝邑之弘，先國也；次稱臣之禄，後己也。詩曰：『敬慎威儀，以近有德。』夫子近德矣。」詩，大雅。

秋，鄭公孫黑將作亂，欲去游氏而代其位，游氏，大叔之族。黑爲游楚所傷，故欲害其族。傷疾作而不果。前年游楚所擊創。駟氏與諸大夫欲殺之。駟氏，黑之族。子産在鄙聞之，懼弗及，乘遽而至。遽，傳驛。使吏數之，責數其罪。曰：「伯有之亂，在襄三十年。以大國之事，而未爾討也。務共大國之命，不暇治女罪。爾有亂心無厭，國不女堪。專伐伯有，而罪一也。昆〔一〕弟爭室，而罪二也。謂爭徐吾犯之妹。薰隧之盟，女矯君位，而罪三也。謂使大史書七子。有死罪三，何以堪之？不速死，大刑將至。」再拜稽首，辭曰：「死在朝夕，無助天爲虐。」子產曰：「人誰不死。凶人不終，命也。作凶事，爲凶人。不助天，其助凶人乎？」請以印爲褚師。印，子晳之子。褚師，市官。子產曰：「印也若才，君將任之。不才，將朝夕從女。女罪之不恤，而又何請焉？不速死，司寇將至。」七月壬寅，縊。尸諸周氏之衢，衢，道也。加木焉。書其罪於木，以加尸上。

晉少姜卒。公如晉，及河。晉侯使士文伯來辭，曰：「非伉儷也，晉侯溺於所幸，爲少姜行夫人之服，故諸侯弔。不敢以私煩諸侯，故止之。請君無辱！」公還，季孫宿遂致服焉。致少姜之襚服。公以末秋行，始冬還，還乃書之，故經在冬。叔向言陳無宇於晉侯曰：「彼何罪？彼，無宇。君使公族逆之，齊使上大夫送之，猶曰不共，君

〔一〕「昆」，金澤本作「兄」。

求以貪。國則不共，逆卑於送，是晉國不共。而執其使。君刑已頗，何以爲盟主？頗，不平。且少姜有辭。」謂請無宇之辭。冬十月，陳無宇歸。晉侯赦之。十一月，鄭印段如晉弔。弔少姜。

【經】

三年春王正月丁未，滕子原卒。襄二十五年，盟重丘。

夏，叔弓如滕。

五月，葬滕成公。卿共小國之葬，禮過厚。葬襄公，滕子來會，故魯厚報之。

秋，小邾子來朝。

八月，大雩。

冬，大雨雹。無傳。記災。

北燕伯款出奔齊。不書大夫逐之而言奔，罪之也。書名，從告。

【傳】

三年春王正月，鄭游吉如晉，送少姜之葬。梁丙與張趯見之。二子，晉大夫。

梁丙曰：「甚矣哉！子爲此來也。」卿共妾葬，過禮甚。子大叔曰：「將得已乎？言不得止。昔文、襄之霸也，晉文公、襄公。其務不煩諸侯，令諸侯三歲而聘，五歲而朝，有事而會，不協而盟。明王之制，歲聘間朝，在十三年，今簡之。君薨，大夫弔，卿共葬事。夫人，士弔，大夫送葬。先王之制，諸侯之喪，士弔，大夫送葬。在三十年。蓋時俗過制，故文、襄雖節之，猶過於古。足以昭禮、命事、謀闕而已，朝聘以昭禮，盟會以謀闕。無加命矣。命有常。今嬖寵之喪，不敢擇位，而數於守適，不敢以其位卑而令禮數如守適夫人，然則時適夫人之喪，弔送之禮，以過文、襄之制。唯懼獲戾，豈敢憚煩？少齊[一]有寵而死，齊必繼室。繼室，復薦女。今茲吾又將來賀，不唯此行也。」張趯曰：「善哉！吾得聞此數也。然自今子其無事矣。譬如火焉，火，心星。火中，寒暑乃退。心以季夏昏中而暑退，季冬旦中而寒退。此其極也，能無退乎？晉將失諸侯，諸侯求煩不獲。」言將不能復煩諸侯。二大夫退。子大叔告人曰：「張趯有知，

[一]「齊」，國會本、金澤本作「姜」。

其猶在君子之後乎！」譏其無隱諱。

丁未，滕子原卒。同盟，故書名。同盟於襄之世，亦應從同盟之禮，故傳發之。

齊侯使晏嬰請繼室於晉，復以女繼少姜。曰：「寡君使嬰曰：『寡人願事君，朝夕不倦，將奉質幣，以無失時，則國家多難，是以不獲。不得自來。不腆先君之適，謂少姜。以備內官，焜燿寡人之望，則又無禄，早世隕命，寡人失望。君若不忘先君之好，惠顧齊國，辱收寡人，徼福於大公、丁公，徼，要也。二公，齊先君。言收恤寡人，則先君與之福也。照臨敝邑，鎮撫其社稷，則猶有先君之適適夫人之女。及遺姑姊妹，遺，餘也。若而人。言如常人，不敢謦。君若不弃敝邑，而辱使董振擇之，以備嬪嬙，寡人之望也。』」董，正也。振，整也。嬪嬙，婦官。

韓宣子使叔向對曰：「寡君之願也。寡君不能獨任其社稷之事，未有伉儷，在縗經之中，是以未敢請。制夫人之服，則葬訖，君臣乃釋服。君有辱命，惠莫大焉。若惠顧敝邑，撫有晉國〔一〕，賜之内主，豈唯寡君，舉群臣實受其貺。其自唐叔以

〔一〕「國」，附釋音本作「陽」。

下，實寵嘉之。」唐叔，晉之祖。

既成昏，許昏成。晏子受禮，受賓享之禮。叔向從之宴，相與語。叔向曰：「齊其何如？」問興衰。晏子曰：「此季世也，吾弗知。齊其爲陳氏矣！不知其他，唯知齊將爲陳氏。公弃其民而歸於陳氏。弃民不恤。齊舊四量：豆、區、釜、鍾。四升爲豆，各自其四，以登於釜。四豆爲區，區斗六升。四區爲釜，釜六斗四升。登，成也。釜十則鍾。六斛四斗。陳氏三量，皆登一焉，鍾乃大矣。登，加也。加一，謂加舊量之一也。以五升爲豆，五豆爲區，五區爲釜，則區二斗，釜八斗，鍾八斛。以家量貸，而以公量收之。貸厚而收薄。山木如市，弗加於山；魚鹽蜃蛤，弗加於海。賈如在山、海，不加貴。民參其力，二入於公，而衣食其一。言公重賦斂。公聚朽蠹，而三老凍餒。三老，謂上壽、中壽、下壽，皆八十已上，不見養遇。國之諸市，屨賤踊貴，踊，刖足者屨。言刑〔一〕多。民人痛疾，而或燠休之。燠休，痛念之聲。謂陳氏也。其愛之如父母，而歸

〔一〕「刑」，慶元本、釋文作「刖」。

之如流水。欲無獲民，將焉辟之？箕伯、直柄、虞遂、伯戲，四人皆舜後，陳氏之先。其相胡公〔一〕、大姬，已在齊矣。」胡公，四人之後，周始封陳之祖。大姬，其妃也。言陳氏雖爲人臣，然將有國。其先祖鬼神已與胡公共在齊。

叔向曰：「然。雖吾公室，今亦季世也。戎馬不駕，卿無軍行，言晉衰弱，不能征討救諸侯。公乘無人，卒列無長。百人爲卒。言人皆非其人，非其長。庶民罷敝，而宫室滋侈。滋，益也。道殣相望，餓死爲殣。而女富溢尤。女，嬖寵之家。民聞公命，如逃寇讎。欒、郤、胥、原、狐、續、慶、伯，降在皁隸。八姓，晉舊臣之族也。皁隸，賤官。政在家門，大夫專政。民無所依。君日不悛，以樂慆憂。慆，藏也。悛，改也。公室之卑，其何日之有？言今至。讒鼎之銘讒，鼎名也。曰：『昧旦丕顯，後世猶怠。』昧旦，早起也。丕，大也。言夙興以務大顯，後世猶解怠。況日不悛，其能久乎？」

晏子曰：「子將若何？」問何以免此難。叔向曰：「晉之公族盡矣。肸聞之：公室將卑，其宗族枝葉先落，則公從之。肸之宗十一族，同祖爲宗。唯羊舌氏在

〔一〕「相胡公」，經傳識異云：「孔氏云『相』當作『祖』。」

而已，肸又無子。無賢子。公室無度，無法度。幸而得死，言得以壽終爲幸。豈其獲祀？」言必不得祀。

初，景公欲更晏子之宅，曰：「子之宅近市，湫隘囂塵，不可以居，湫，下。隘，小。囂，聲。塵，土。請更諸爽塏者。」爽，明。塏，燥。辭曰：「君之先臣容焉，先臣，晏子之先人。臣不足以嗣之，於臣侈矣。侈，奢也。且小人近市，朝夕得所求，小人之利也，敢煩里旅？」旅，衆也。不敢勞衆爲己宅。公笑曰：「子近市，識貴賤乎？」對曰：「既利之，敢不識乎？」公曰：「何貴何賤？」於是景公繁於刑，繁，多也。有鬻踊者，故對曰：「踊貴屨賤。」既已告於君，故與叔向語而稱之。傳護晏子，令不與張趯同譏。景公爲是省於刑。君子曰：「仁人之言，其利博哉！晏子一言而齊侯省刑。詩曰：『君子如祉，亂庶遄已。』詩，小雅。如，行也。祉，福也。遄，疾也。言君子行福，則庶幾亂疾止也。其是之謂乎！」

及晏子如晉，公更其宅，反，則成矣。既拜，拜謝新宅。乃毀之，而爲里室，皆如其舊。本壞里室，以大晏子之宅，故復之。則使宅人反之。還其故室。「且諺曰：『非宅是卜，唯鄰是卜。』卜良鄰。二三子先卜鄰矣，二三子，謂鄰人。違卜不祥。君子不犯非禮，去儉即奢爲非禮。小人不犯不祥，古之制也。吾敢違諸乎？」卒復其舊宅。公弗許。因陳桓子以請，乃許之。傳言齊、晉之衰，賢臣懷憂，且言陳氏之興。

夏四月，鄭伯如晉，公孫段相，甚敬而卑，禮無違者。晉侯嘉焉，授之以策，策，賜命之書。曰：「子豐有勞於晉國，子豐，段之父。余聞而弗忘。賜女州田，州縣，今屬河内郡。以胙乃舊勳。」伯石再拜稽首，受策以出。君子曰：「禮，其人之急也乎！伯石之汰也，汰，驕也。一爲禮於晉，猶荷其祿，況以禮終始乎？詩曰：『人而無禮，胡不遄死？』其是之謂乎！」

初，州縣，欒豹之邑也。豹，欒盈族。及欒氏亡，范宣子、趙文子、韓宣子皆欲之。文子曰：「温，吾縣也。」州本屬温。温，趙氏邑。二宣子曰：「自郤稱以別，三傳矣。郤稱，晉大夫，始受州。自是州與温別，至今傳三家。晉之別縣，不唯州，誰獲治之？」言縣邑既別甚多，無有得追而治取之。文子病之，乃舍之。二子曰：「吾不可以正議而自與也。」皆舍之。及文子爲政，趙獲曰：「可以取州矣。」獲，趙文子之子。文子曰：「退！使獲退也。二子之言，義也。二子，二宣子也。違義，禍也。余不能治余縣，又焉用州？其以徼禍也。君子曰：『弗知實難。』患不知禍所起。知而弗從，禍莫大焉。有言州，必死！」

豐氏故主韓氏，故，猶舊也。豐氏至晉，舊以韓氏爲主人。伯石之獲州也，韓宣子爲之請之，爲其復取之之故。後若還晉，因自欲取之。爲七年豐氏歸州張本。

五月，叔弓如滕，葬滕成公，子服椒爲介。及郊，遇懿伯之忌，敬子不入。忌，怨也。懿伯，椒之叔父。敬子，叔弓也。叔弓禮椒，爲之辟仇。惠伯曰：「公事有公利，無私忌。椒請先入。」乃先受館，敬子從之。惠伯，子服椒也。傳言叔弓之有禮。

晉韓起如齊逆女。爲平公逆。公孫蠆爲少姜之有寵也，以其子更公女而嫁公子。更嫁公女。人謂宣子：「子尾欺晉，晉胡受之？」宣子曰：「我欲得齊而遠其寵，寵將來乎？」寵，謂子尾。

秋七月，鄭罕虎如晉，賀夫人，且告曰：「楚人日徵敝邑，以不朝立王之故。楚靈王新立。敝邑之往，則畏執事，其謂寡君『而固有外心』。其不往，則宋之盟云。云「交相見」。進退罪也。寡君使虎布之。」布，陳也。宣子使叔向對曰：「君若辱有寡君，在楚何害？脩宋盟也。君苟思盟，寡君乃知免於戾矣。君若不有寡君，雖朝夕辱於敝邑，寡君猜焉。猜，疑也。君實有心，何辱命焉？言若有事晉心〔一〕，至楚可不須告。君其往也！苟有寡君，在楚猶在晉也。」

張趯使謂大叔曰：「自子之歸也，歸在此年春。小人糞除先人之敝廬，曰：『子其將來。』今子皮實來，小人失望。」大叔曰：「吉賤，不獲來，賤，非上卿。畏大國，尊夫人也。且孟曰：『而將無事。』吉庶幾焉。」孟，張趯也。庶幾，如趯言。

小邾穆公來朝，季武子欲卑之。不欲以諸侯禮待之。穆叔曰：「不可。曹、滕、二邾實不忘我好。敬以逆之，猶懼其貳，又卑一睦焉，一睦，謂小邾。逆群好也。其如舊而加敬焉！志曰：『能敬無災。』又曰：『敬逆來者，天所福也。』」季孫從之。

八月，大雩，旱也。

齊侯田於莒，莒，齊東竟。盧蒲嫳見，泣且請曰：「余髮如此種種，余奚能

〔一〕「心」，全澤本作「之志」。

爲？」欒，慶封之黨。襄二十八年，放之於竟。種種，短也。自言衰老，不能復爲害。公曰：「諾，吾告二子。」二子，子雅、子尾。歸而告之。子尾欲復之，子雅不可，曰：「彼其髮短而心甚長，其或寢處我矣。」言不可信。九月，子雅放盧蒲嫳于北燕。恐其復作亂。

燕簡公多嬖寵，欲去諸大夫而立其寵人。冬，燕大夫比以殺公之外嬖。比，相親比。公懼，奔齊。書曰「北燕伯款出奔齊」，罪之也。款罪輕於衛衎，重於蔡朱，故舉中示例。

十月，鄭伯如楚，子産相。楚子享之，賦吉日。吉日，詩小雅，宣王田獵之詩。楚王欲與鄭伯共田，故賦之。既享，子産乃具田備，王以田江南之夢。楚之雲夢，跨江南北。

齊公孫竈卒。竈，子雅。司馬竈見晏子，司馬竈，齊大夫。曰：「又喪子雅矣。」晏子曰：「惜也，子旗不免，殆哉！以其不臣。姜族弱矣，而嬀將始昌。嬀，陳氏。二惠競爽，猶可，子雅、子尾皆齊惠公之孫也。競，彊也。爽，明也。又弱一个焉，姜其危哉！」

春秋經傳集解昭二第二十一

杜氏　盡七年

【經】

四年春王正月，大雨雹。當雪而雹，故以爲災而書之。

夏，楚子、蔡侯、陳侯、鄭伯、許男、徐子、滕子、頓子、胡子、沈子、小邾子、宋世子佐、淮夷會于申。楚靈王始合諸侯。

楚人執徐子。稱人以執，以不道於其民告。

秋七月，楚子、蔡侯、陳侯、許男、頓子、胡子、沈子、淮夷伐吴。因申會以伐吴。不言諸侯者，鄭、徐、滕、小邾、宋不在故也。胡，國，汝陰縣西北有胡城。

執齊慶封，殺之。楚子欲行霸，爲齊討慶封，故稱「齊」。遂滅賴。

九月，取鄫。鄫，莒邑。傳例曰：「克邑不用師徒曰取。」

冬十有二月乙卯，叔孫豹卒。

【傳】

四年春王正月，許男如楚，楚子止之，欲與俱田。遂止鄭伯，復田江南，許男與焉。前年，楚子已與鄭伯田江南，故言「復」。使椒舉如晉求諸侯，二君待之。二君，鄭、許。椒舉致命曰：「寡君使舉曰：日君有惠，賜盟于宋，宋盟在襄二十七年。曰：『晉、楚之從，交相見也。』以歲之不易，不易，言有難。寡人願結驩於二三君。欲得諸侯，謀事補闕。使舉請間。君若苟無四方之虞，虞，度也。則願假寵以請於諸侯。」欲借君之威寵以致諸侯。

晉侯欲勿許。司馬侯曰：「不可。楚王方侈，天〔一〕或者欲逞其心，以厚其毒而降之罰，未可知也。其使能終，亦未可知也。晉、楚唯天所相，相，助也。不可與爭。君其許之，而脩德以待其歸。若歸於德，吾猶將事之，況諸侯乎？若適

〔一〕「天」下，金澤本有「其」字。

淫虐，楚將弃之，弃，不以爲君。吾又誰與争？」公曰：「晉有三不殆，其何敵之有？殆，危也。國險而多馬，齊、楚多難。多篡弑〔一〕之難。有是三者，何鄉而不濟？」對曰：「恃險與馬，而虞鄰國之難，是三殆也。四嶽、東嶽岱、西嶽華、南嶽衡、北嶽恒。三塗、在河南陸渾縣南。陽城、在〔二〕陽城縣東北。大室、在河南陽城縣西南〔三〕。荆山、在新城沶鄉縣南。中南，在始平武功縣南。九州之險也，是不一姓。雖是天下至險，無德則滅亡。冀之北土，燕、代。馬之所生，無興國焉。恃險與馬，不可以爲固也，從古以然。是以先王務脩德音，以亨神人，亨，通也。不聞其務險與馬也。鄰國之難，不可虞也。或多難以固其國，啓其疆土；或無難以喪其國，失其守宇。於國則四垂爲宇。若何虞難？齊有仲孫之難，而獲桓公，至今賴之。仲孫，公孫無

〔一〕「弑」，金澤本作「殺」。
〔二〕「在」下，金澤本有「河南」二字。
〔三〕「南」，宋大字本、書院本作「北」，疑是。

知。事在莊九年。晉有里、丕之難，而獲文公，是以爲盟主。里克、丕鄭，事〔一〕在僖九年。衛、邢無難，敵亦喪之。閔二年，狄滅衛。僖二十五年，衛滅邢。故人之難，不可虞也。恃此三者，而不脩政德，亡於不暇，又何能濟？君其許之。紂作淫虐，文王惠和，殷是以隕，周是以興，夫豈爭諸侯？」乃許楚使。使叔向對曰：「寡君有社稷之事，是以不獲春秋時見。言不得自往，謙辭。諸侯，君實有之，何辱命焉？」椒舉遂請昏，蓋楚子遣舉時，兼使求昏。晉侯許之。

楚子問於子產曰：「晉其許我諸侯乎？」對曰：「許君。晉君少安，不在諸侯。安於小小，不能遠圖。其大夫多求，貪也。莫匡其君。在宋之盟，又曰如一。晉、楚同也。若不許君，將焉用之？」焉用宋盟。王曰：「諸侯其來乎？」對曰：「必來。從宋之盟，承君之歡，不畏大國，大國，晉也。何故不來？不來者，其魯、衛、曹、邾乎！曹畏宋，邾畏魯，魯、衛偪於齊而親於晉，唯是不來。其餘，君之所及也，誰敢不至？」言楚威力所能及。王曰：「然則吾所求者，無不可乎？」對曰：

〔一〕「事」，國會本作「難」。

「求逞於人，不可；逞，快也。求人以快意，人必違之。與人同欲，盡濟。」爲下會申傳。

大雨雹。季武子問於申豐曰：「雹可禦乎？」禦，止也。申豐，魯大夫。對曰：「聖人在上，無雹；雖有，不爲災。古者，日在北陸而藏冰，陸，道也。謂夏十二月，日在虛危，冰堅而藏之。西陸朝覿而出之。謂夏三月，日在昴畢，蟄蟲出而用冰。春分之中，奎星朝見東方。其藏冰也，深山窮谷，固陰沍寒，於是乎取之。沍，閉也。必取積陰之冰，所以道達其氣，使不爲災。其出之也，朝之祿位，賓食喪祭，於是乎用之。言不獨共公。其藏之也，黑牡秬黍，以享司寒。黑牡，黑牲也。秬，黑黍也。司寒，玄冥，北方之神，故〔一〕物皆用黑。有事於冰，故祭其神。其出之也，桃弧棘矢，以除其災。桃弓棘箭，所以禳除凶邪，將御至尊故。其出入也時，食肉之祿，冰皆與焉。食肉之祿，謂在朝廷治其職事就官食者。大夫命婦，喪浴用冰。命婦，大夫妻。祭寒而藏之，享〔二〕司

〔一〕「故」下，金澤本有「其」字。
〔二〕「享」，原作「亨」，據宋大字本、書院本、附釋音本、慶元本、金澤本改。

寒。**獻羔而啓之，**謂二月春分獻羔、祭韭，始〔一〕開冰室。**公始用之。**公先用，優尊。**火出而畢賦，**火星昏見東方，謂三月、四月中。**自命夫命婦，至於老疾，無不受冰。**老，致仕在家者。**山人取之，縣人傳之，**山人，虞官。縣人，遂屬。**輿人納之，隸人藏之。**輿、隸，皆賤官。**夫冰以風壯，**冰因風寒而堅。**而以風出。**順春風而散用。**其藏之也周，**周，密也。**其用之也徧，**及老疾。**則冬無愆陽，**愆，過也。謂冬溫。**夏無伏陰，**伏陰，謂夏寒。**春無淒風，**淒，寒也。**秋無苦雨，**霖雨爲人所患苦。**雷出不震，**震，霆也。**無菑霜雹，癘疾不降，**癘，惡氣也。**民不夭札。**短折爲夭，夭死爲札。**今藏川池之冰，弃而不用，**既不藏深山窮谷之冰，又火出不畢賦，有餘則弃之。**風不越而殺，雷不發而震。**越，散也。言陰陽失序，雷風爲害。**雹之爲菑，誰能禦之？七月之卒章，藏冰之道也。」**七月，詩豳風，卒章曰「二之日鑿冰冲冲」，謂十二月鑿而取之；「三之日納於凌陰」，凌陰，冰室也；「四之日其蚤，獻羔祭韭」，謂二月春分，蚤開冰室，以薦宗廟。

夏，諸侯如楚，魯、衛、曹、邾不會。曹、邾辭以難，公辭以時祭，衛侯辭以疾。

〔一〕「始」，書院本無。

如子産言。鄭伯先待于申。自楚先至會地。六月丙午，楚子合諸侯于申。椒舉言於楚子曰：「臣聞諸侯無歸，禮以爲歸。今君始得諸侯，其慎禮矣。霸之濟否，在此會也。夏啓有鈞臺之享，啓，禹子也。河南陽翟縣南有鈞臺陂，蓋啓享諸侯於此。商湯有景亳之命，河南鞏縣西南有湯亭。或言亳即偃師〔一〕。周武有孟津之誓，將伐紂也。成有岐陽之蒐，周成王歸自奄，大蒐於岐山之陽。岐山在扶風美陽縣西北。康有酆宫之朝，酆，在始平鄠縣東，有靈臺，康王於是朝諸侯。穆有塗山之會，周穆王會諸侯於塗山。塗山在壽春東北。齊桓有召陵之師，在僖四年。晉文有踐土之盟。在僖二十八年。君其何用？」宋向戌、鄭公孫僑在，諸侯之良也，君其選焉。」選擇所用。王曰：「吾用齊桓。」用會召陵之禮。

王使問禮於左師與子産。左師曰：「小國習之，大國用之，敢不薦聞。」言所聞，謙示所未行。獻公合諸侯之禮六。其禮六儀也。宋爵公，故獻公禮。子産曰：「小

〔一〕「偃師」，金澤本作「今偃師城也」。

國共職，敢不薦守！」獻伯、子、男會公之禮六。鄭伯爵，故獻伯、子、男會公之禮。其禮同，所從言之異。君子謂：「合左師善守先代，子產善相小國。」王使椒舉侍於後，以規過。規正二子之過。卒事，不規。王問其故，對曰：「禮，吾所未見者有六焉，又何以規？」左師、子產所獻六禮，楚皆未嘗行。

宋大子佐後至，王田於武城，久而弗見。椒舉請辭焉。請王辭謝之。王使往曰：「屬有宗祧之事於武城，言爲宗廟田獵。寡君將墮幣焉，敢謝後見。」恨其後至，故言將因諸侯會，布幣乃相見。經并書「宋大子佐」，知此言在會前。徐子，吴出也，以爲貳焉，故執諸申。言楚子以疑罪執諸侯。

楚子示諸侯侈。自奢侈。椒舉曰：「夫六王二公之事，六王，啓、湯、武、成、康、穆也。二公，齊桓、晉文。皆所以示諸侯禮也，諸侯所由用命也。夏桀爲仍之會，有緡叛之；仍、緡，皆國名。商紂爲黎之蒐，東夷叛之；黎，東夷國名。周幽爲大室之盟，戎狄叛之。大室，中嶽。皆所以示諸侯汰也，諸侯所由弃命也。今君以汰，無乃不濟乎？」王弗聽。

子產見左師曰：「吾不患楚矣。汰而愎諫，愎，很也。不過十年。」左師曰：

「然。不十年侈，其惡不遠，遠惡而後弃。惡及遠方，則人弃之。善亦如之，德遠而後興。」爲十三年楚弒其君傳。

秋七月，楚子以諸侯伐吳。宋大子、鄭伯先歸，經所以更叙諸侯也。時晉之屬國皆歸，獨言二國者，鄭伯久於楚，宋大子不得時見，故慰遣之。宋華費遂、鄭大夫從。從伐吳，以答見慰。使屈申圍朱方，朱方，吳邑，齊慶封所封也。屈申，屈蕩之子。八月甲申，克之，執齊慶封而盡滅其族。慶封以襄二十八年奔吳。八月無甲申，日誤。

將戮慶封。椒舉曰：「臣聞無瑕者可以戮人。慶封唯逆命，是以在此，逆命謂性不恭順。其肯從於戮乎？言不肯默而從戮。播於諸侯，焉用之？」播，揚也。王弗聽，負之斧鉞，以徇於諸侯。使言曰：「無或如齊慶封，弒其君，弱其孤，以盟其大夫。」齊崔杼弒君，慶封其黨也，故以弒君罪責之。慶封曰：「無或如楚共王之庶子圍，弒其君兄之子麇而代之，以盟諸侯。」王使速殺之。

遂以諸侯滅賴。賴子面縛銜璧，士袒輿櫬從之，造於中軍。中軍，王所將。王問諸椒舉。對曰：「成王克許，在僖六年。許僖公如是。王親釋其縛，受其璧，焚其櫬。」王從之，從舉言。遷賴於鄢。鄢，楚邑。楚子欲遷許於賴，使鬬韋龜與公子弃疾城之而還。爲許城也。韋龜，子文之玄孫。申無宇曰：「楚禍之首，將在此矣。召諸侯而來，伐國而克，城竟莫校，謂築城於外竟，諸侯無與爭。王心不違，民其居乎？言將有事，不得安也。民之不處，其誰堪之？不堪王命，乃禍亂也。」

九月，取鄫，言易也。莒亂，著丘公立而不撫鄫，鄫叛而來，故曰取。凡克邑不用師徒曰取。著丘公，去疾也。不書奔者，潰散而來，將帥微也。重發例者，以通叛而自來。

鄭子產作丘賦。丘，十六井，當出馬一匹，牛三頭。今子產別賦其田，如魯之田賦。田賦在哀十三年。國人謗之，謗，毀也。曰：「其父死於路，謂子國爲尉氏所殺。己爲蠆尾，謂子產重賦，毒害百姓。以令於國，國將若之何？」子寬以告〔一〕。子寬，鄭大夫。子產曰：「何害？苟利社稷，死生以之。以，用也。且吾聞爲善者不改其度，故能有濟也。民不可逞，度不可改。度，法也。詩曰：『禮義不愆，何恤於人言？』逸詩也。子產自以爲權制濟國，於禮義無愆。吾不遷矣。」遷，移也。渾罕曰：「國

〔一〕「告」下，金澤本有「子產」二字。

氏其先亡乎！渾罕，子寬。君子作法於涼，其敝猶貪。涼，薄也。作法於貪，敝將若之何？言不可久行。姬在列者，在列國也。蔡及曹、滕，其先亡乎！偪而無禮。蔡偪楚，曹、滕偪宋。鄭先衛亡，偪而無法。偪晉、楚。政不率法，而制於心。民各有心，何上之有？」子產權時救急，渾罕譏之正道。

冬，吴伐楚，入棘、櫟、麻，棘、櫟、麻，皆楚東鄙邑。譙國酇縣東北有棘亭，汝陰新蔡縣東北有櫟亭。以報朱方之役。朱方役在此年秋。楚沈尹射奔命於夏汭，夏汭，漢水曲入江，今夏口也。吴兵在東北，楚盛兵在東南，以絶其後。葴尹宜咎城鍾離，宜咎，本陳大夫，襄二十四年奔楚。薳啓彊城巢，然丹城州來。然丹，鄭穆公孫，襄十九年奔楚。東國水，不可以城，彭生罷賴之師。彭生，楚大夫。罷鬭韋龜城賴之師。

初，穆子去叔孫氏，及庚宗，成十六年，辟僑如之難奔齊。庚宗，魯地。遇婦人，使私爲食而宿焉。問其行，告之故，哭而送之。婦人聞而哭之。適齊，娶於國氏，國氏，齊正卿，姜姓。生孟丙、仲壬。夢天壓己，弗勝。穆子夢也。顧而見人，黑而上僂，上僂，肩偪。深目而豭喙，口象豬。號之曰：「牛！助余！」乃勝之。旦而皆召其徒，無之。徒，從者。且曰：「志之。」志，識也。及宣伯奔齊，饋之。宣伯，僑如，穆子之兄。成十六年，奔齊，穆子饋宣伯。宣伯曰：「魯以先子之故，先子，宣伯先人。將存吾宗，必召女。召女何如？」對曰：「願之久矣。」言兄始爲亂，己則有今日之願，蓋忿言。

魯人召之，不告而歸。既立，在齊生孟丙、仲壬。魯召之，立爲卿，襄二年始見經。所宿庚宗之婦人，獻以雉。獻穆子。問其姓，問有子否。對曰：「余子長矣，能奉雉而從我矣。」襄二年，豎牛五六歲。召而見之，則所夢也。未問其名，號之曰「牛」，曰〔一〕：「唯。」皆召其徒，使視之，遂使爲豎。豎，小臣也。傳言從夢未必吉。有寵，長使爲政。爲家政。公孫明知叔孫於齊，公孫明，齊大夫子明也，與叔孫相親知。歸，未逆國姜，子明取之。國姜，孟仲母。故怒其子，長而後使逆之。子，孟丙、仲壬。田於丘蕕，丘蕕，地名。遂遇疾焉。豎牛欲亂其室而有之，强與孟盟，不可。欲使從己，孟不肯。叔孫爲孟鐘，曰：「爾未際，際，接也。孟未與諸大夫相接見。饗大夫以落

〔一〕「曰」上，金澤本有「對」字。

之。」以豭豬血釁鐘曰落。既具，饗禮具。使豎牛請日。請饗日。入〔一〕，弗謁。謁，白也。出，命之日。詐命日。及賓至，聞鐘聲。牛曰：「孟有北婦人之客。」北婦人，國姜也。客謂公孫明。怒，將往，牛止之。賓出，使拘而殺諸外。殺孟丙。牛又强與仲盟，不可。仲與公御萊書觀於公，萊書，公御士名。仲與之私遊觀於公宫。公與之環，賜玉環。使牛入示之。示叔孫。入，不示。出，命佩之。牛謂叔孫：「見仲而何？」而何，如何。叔孫曰：「何爲？」怪牛言。曰：「不見。既自見矣，言仲已自往見公。公與之環而佩之矣。」遂逐之，奔齊。疾急，命召仲。牛許而不召。

杜洩見，告之飢渴，授之戈。杜洩，叔孫氏宰也。牛不食叔孫，叔孫怒，欲使杜洩殺之。對曰：「求之而至，又何去焉？」言求食可得，無爲去豎牛。蓋杜洩力不能去，設辭以免。豎牛曰：「夫子疾病，不欲見人。」使寘饋于个而退。寘，置也。个，東西廂。牛弗進，則置虛，命徹。寫器令空，示若叔孫已食，命去之。十二月癸丑，叔孫不食。乙卯，卒。三日絶糧。牛立昭子而相之。昭子，豹之庶子，叔孫婼也。

〔一〕「入」上，金澤本有「牛」字。

公使杜洩葬叔孫。豎牛賂叔仲昭子與南遺，昭子，叔仲帶也。南遺，季氏家臣。使惡杜洩於季孫而去之。憎洩不與己同志。杜洩將以路葬，且盡卿禮。路，王所賜叔孫車。南遺謂季孫曰：「叔孫未乘路，葬焉用之？且冢卿無路，介卿以葬，不亦左乎？」冢卿，謂季孫。介，次也。左，不便〔一〕。季孫曰：「然。」使杜洩舍路，舍，置也。不可。曰：「夫子受命於朝，而聘於王，在襄二十四年。夫子，謂叔孫。王思舊勳而賜之路，感其有禮，以念其先人。復命而致之君，豹不敢自乘。君不敢逆王命，而復賜之，使三官書之。吾子爲司徒，實書名。謂季孫也。書名，定位號。夫子爲司馬，與工正書服。謂叔孫也。服，車服之器，工正所書。孟孫爲司空，以書勳。勳，功也。今死而弗以，是弃君命也。書在公府而弗以，是廢三官也。若命服，生弗敢服，死又不以，將焉用之？」乃使以葬。

季孫謀去中軍，豎牛曰：「夫子固欲去之。」誣叔孫以媚季孫。

〔一〕「便」下，書院本有「葬」字。

【經】

五年春王正月，舍中軍。襄十一年，始立中軍。

楚殺其大夫屈申。書名，罪之。

公如晉。

夏，莒牟夷以牟婁及防、兹來奔。城陽平昌縣西南有防亭。姑幕縣東北有兹亭。

秋七月，公至自晉。

戊辰，叔弓帥師敗莒師于蚡泉。蚡泉，魯地。

秦伯卒。無傳。不書名，未同盟。

冬，楚子、蔡侯、陳侯、許男、頓子、沈子、徐人、越人伐吴。

【傳】

五年春王正月，舍中軍，卑公室也。罷中軍。季孫稱左師，孟氏稱右師，叔孫氏則自以叔孫爲軍名。毁中軍于施氏，成諸臧氏。季孫不欲親其議，勑〔一〕二家會諸大夫發毁

〔一〕「勑」上，金澤本有「故」字。

置之計，又取其令名。初作中軍，三分公室而各有其一。三家各有一軍家屬。季氏盡征之，無所入於公。叔孫氏臣其子弟，以父兄歸公。孟氏取其半焉。復以子弟之半歸公。及其舍之也，四分公室，季氏擇〔一〕二，簡擇取二分。二子各一，皆盡征之，而貢于公。國人盡屬三家，三家隨時獻公而已。以書使杜洩告於殯，告叔孫之柩。曰：「子固欲毁中軍，既毁之矣，故〔二〕告。」杜洩曰：「夫子唯不欲毁也，故盟諸僖閎，詛諸五父之衢。」皆在襄十一年。受其書而投之，投，擲地〔三〕。帥士而哭之。痛叔孫之見誣。

叔仲子謂季孫曰：「帶受命於子叔孫曰：葬鮮者自西門。」不以壽終爲鮮。西門，非魯朝正門。季孫命杜洩。命使從西門。杜洩曰：「卿喪自朝，魯禮也。從生存朝覲之正路。吾子爲國政，未改禮而又遷之，遷，易也。群臣懼死，不敢自也。」自，從

〔一〕「擇」下，金澤本有「其」字。
〔二〕「故」下，金澤本有「敢」字。
〔三〕「地」，宋大字本、附釋音本作「也」。

也。既葬而行。善杜洩能辟禍。

仲至自齊，聞喪而來。季孫欲立之。南遺曰：「叔孫氏厚則季氏薄。彼實家亂，子勿與知，不亦可乎？」南遺使國人助豎牛，以攻諸大庫之庭。攻仲壬也。魯城內有大庭氏之虛，於其上作庫。司宮射之，中目而死。豎牛取東鄙三十邑，以與南遺。取叔孫氏邑。

昭子即位，朝其家衆，曰：「豎牛禍叔孫氏，使亂大從，使從於亂。殺適立庶，又披其邑，將以赦罪，披，析也。謂以邑與南遺。昭子不知豎牛餓殺其父，故但言其見罪。罪莫大焉。必速殺之。」豎牛懼，奔齊。孟、仲之子殺諸塞關之外，齊、魯界上關。投其首於寧風之棘上。寧風，齊地。

仲尼曰：「叔孫昭子之不勞，不可能也。不以立己爲功勞，據其所言善之。時魯人不以餓死語昭子。周任有言曰：『爲政者不賞私勞，不罰私怨。』詩云：『有覺德行，四國順之。』」詩，大雅。覺，直也。言德行直則四方順從之。

初，穆子之生也，莊叔以周易筮之，莊叔，穆子父得臣也。遇明夷䷣離下坤上，明

夷。之謙䷎，艮下坤上，謙。明夷初九變爲謙。**以示卜楚丘。**楚丘，卜人姓名。**曰**〔一〕**：「是將行，**行，出奔。**而歸爲子祀，**奉祭祀。**以讒人入，其名曰牛，卒以餒死。明夷，日也。**離爲日。夷，傷也。日明傷。**日之數十，**甲至癸。**故有十時，亦當十位。自王已下，其二爲公，其三爲卿。**日中當王，食時當公，平旦爲卿，雞鳴爲士，夜半爲皁，人定爲輿，黄昏爲隸，日入爲僚，晡時爲僕，日昳爲臺，隅中日出，闕不在第。尊王公，曠其位。**日上其中，**日中盛明，故以當王。**食日爲二，**公位。**旦日爲三。**卿位。**明夷之謙，明而未融，其當旦乎！**融，朗也。離在坤下，日在地中之象。又變爲謙，謙道卑退，故曰「明而未融」。日明未融，故曰「其當旦乎」。**故曰『爲子祀』。**莊叔，卿也。卜豹爲卿，故知「爲子祀」。**日之謙，當鳥，故曰『明夷于飛』。**離爲日、爲鳥，離變爲謙，日光不足，故當鳥。鳥飛行，故曰「于飛」。**明而未融，故曰『垂其翼』。**於日爲未融，於鳥爲垂翼。**象日之動，故曰『君子于行』。**明夷初九，得位有應，君子象也。在明傷之世，居謙下之位，故將辟難而

〔一〕「曰」上，金澤本有「楚丘」二字。

行。當三在旦，故曰『三日不食』。旦位在三，又非食時，故曰「三日不食」。離，火也。艮，山也。離爲火，火焚山，山敗。離、艮合體故。於人爲言，艮爲言。敗言爲讒，爲離所焚，故言敗。故曰『有攸往，主人有言』。言必讒也。離變爲艮，故言有所往。往而見燒，故〔一〕「主人有言」。言而見敗，故必讒言。純離爲牛。易：「離上離下，離，畜牝牛，吉。」故言「純離爲牛」。世亂讒勝，勝將適離，故曰『其名曰牛』。離焚山則離勝，譬世亂則讒勝，山焚則離獨存，故知名牛也。豎牛非牝牛，故不吉。謙不足，飛不翔，謙道沖退，故飛不遠翔。垂不峻，翼不廣，峻，高也。翼垂下，故不能廣遠。故曰『其爲子後乎』！不遠翔，故知不遠去。吾子，亞卿也，抑少不終。」旦日，正卿之位。莊叔父子世爲亞卿，位不足以終盡卦體，蓋引而致之。

楚子以屈申爲貳於吳，乃殺之。造生貳心。以屈生爲莫敖，生，屈建子。使與令尹子蕩如晉逆女。過鄭，鄭伯勞子蕩于氾，勞屈生于菟氏。氾、菟氏，皆鄭地。晉侯送女于邢丘。子産相鄭伯會晉侯于邢丘。傳言楚彊，諸侯畏敬其使。

〔一〕「故」下，金澤本有「曰」字。

公如晉，即位而往見。自郊勞至于贈賄，往有郊勞，去有贈賄。無失禮。揖讓之禮。晉侯謂女叔齊曰：「魯侯不亦善於禮乎？」對曰：「魯侯焉知禮！」公曰：「何爲？自郊勞至于贈賄，禮無違者，何故不知？」對曰：「是儀也，不可謂禮。禮〔一〕所以守其國，行其政令，無失其民者也。今政令在家，在大夫。不能取也。有子家羈，弗能用也。羈，莊公玄孫懿伯也。奸大國之盟，陵虐小國。謂伐莒取鄆。利人之難，謂往年莒亂而取鄫。不知其私。不自知有私難。公室四分，民食於他，謂三家也。言魯君與民無異。思莫在公，不圖其終。無爲公謀終始者。爲國君，難將及身，不恤其所。禮之本末，將於此乎在，在恤民與憂國。而屑屑焉習儀以亟。言以習儀爲急。言善於禮，不亦遠乎？」君子謂：「叔侯於是乎知禮。」時晉侯亦失政，叔齊以此諷諫。

晉韓宣子如楚送女，叔向爲介。鄭子皮、子大叔勞諸索氏。河南成皋縣東有大索城。大叔謂叔向曰：「楚王汰侈已甚，子其戒之！」叔向曰：「汰侈已甚，身

〔一〕「禮」下，金澤本有「者」字。

之災也，焉能及人？若奉吾幣帛，慎吾威儀，守之以信，行之以禮，敬始而思終，終無不復。事皆可復行。從而不失儀，從，順也。敬而不失威，道之以訓辭，奉之以舊法，考之以先王，以先王之禮成其好。度之以二國，度晉、楚之勢而行之。雖汰侈，若我何？」

及楚，楚子朝其大夫曰：「晉，吾仇敵也。苟得志焉，無恤其他。今其來者，上卿、上大夫也。若吾以韓起爲閽，刖足使守門。以羊舌肸爲司宮，加宮刑。足以辱晉，吾亦得志矣，可乎？」大夫莫對。薳啓彊曰：「可。苟有其備，何故不可？恥匹夫不可以無備，況恥國乎？是以聖王務行禮，不求恥人。朝聘有珪，珪以爲信。享覜有璋，享，饗也。覜，見也。既朝聘而享見也。臣爲君使執璋。小有述職，諸侯適天子曰述職。大有巡功。天子巡守曰巡功。設机而不倚，爵盈而不飲。言務行禮。宴有好貨，宴飲以貨爲好。衣服、車馬，在客所無。飧有陪鼎，熟食爲飧。陪，加也，加鼎所以厚殷勤。入有郊勞，賓至，逆勞之於郊。出有贈賄，去則贈之以貨賄。禮之至也。國家之敗，失之道也，則禍亂興。失朝聘宴好之道。城濮之役，在僖二十八年。晉無楚備，以敗於邲。在宣十二年，言兵禍始於城濮。邲之役，楚無晉備，以敗於鄢。在成十六年。自鄢以來，晉不失備，而加之以禮，重之以睦，君臣和也。是以楚弗能報，而求親焉。既獲姻親，又欲恥之，以召寇讎，備之若何？言何以爲備。誰其重此？言怨重。若有其人，恥之可也。謂有賢人以敵晉，則可恥之。若其未有，君亦圖之。晉之事君，臣曰可矣。求諸侯而麇至。麇，群也。求昏而薦女，薦，進也。君親送之，上卿及上大夫致之。猶欲恥之，君其亦有備矣。不然，奈何？韓起之下，趙成、中行吴、魏舒、范鞅、知盈；五卿位在韓起之下，皆三軍之將佐也。成，趙武之子。吴，荀偃之子。羊舌肸之下，祁午、張趯、籍談、女齊、梁丙、張骼、輔躒、苗賁皇，皆諸侯之選也。言非凡人。韓襄爲公族大夫，韓須受命而使矣。襄，韓無忌子也，爲公族大夫。須，起之門子，年雖幼，已任出使。箕襄、邢帶、二人，韓氏族。叔禽、叔椒、子羽，皆韓起庶子。皆大家也。韓賦七邑，皆成縣也。成縣，賦百乘也。羊舌四族，皆彊家也。四族，銅鞮伯華、叔向、叔魚、叔虎兄弟四人。晉人若喪韓起、楊肸，五卿、八大夫五卿，趙成以下。八大夫，祁午以下。輔韓須、楊石，石，叔向子食我也。因其十家九縣，韓氏七，羊舌氏四，而言十家，舉大數也。羊舌四家，共二縣，故但言「彊家」。長轂九百，長轂，戎車也。縣百乘。其餘四十縣遺守四千，計遺守國者尚有四千乘。奮其武怒，以報其大恥，伯華謀之，伯華，叔向兄。中行伯、魏舒帥之，伯，中行吳。其蔑不濟矣。君將以親易怨，失昏姻之親。實無禮以速寇，而未有其備，使群臣往遺之禽，以逞君心，何不可之有？」王曰：「不穀之過也，大夫無辱。」謝蘧啓彊。厚爲韓子禮。王欲敖叔向以其所不知而不能，言叔向之多知。亦厚其禮。

韓起反，鄭伯勞諸圉，圉，鄭地名。辭不敢見，禮也。奉使君命未反故。

鄭罕虎如齊，娶於子尾氏。自爲逆也。晏子驟見之，陳桓子問其故，對曰：「能用善人，民之主也。」謂授子産政。

夏，莒牟夷以牟婁及防、茲來奔。牟夷非卿而書，尊地也。尊，重也。重地，故書以名。其人終爲不義。莒人愬于晉。愬魯受牟夷。晉侯欲止公。范獻子曰：「不可。人朝而執之，誘也。討不以師，而誘以成之，惰也。爲盟主而犯此二者，無乃不可乎？請歸之，間而以師討焉。」間，暇〔一〕也。乃歸公。秋七月，公至

〔一〕「暇」上，金澤本有「閑」字。

自晉。

莒人來討，討受牟夷。不設備。戊辰，叔弓敗諸蚡泉，莒未陳也。嫌君臣異，故重發例。

冬十月，楚子以諸侯及東夷伐吳，以報棘、櫟、麻之役。役在四年。薳射以繁揚之師，會於夏汭。會楚子。越大夫常壽過帥師會楚子于瑣。瑣，楚地。聞吳師出，薳啓彊帥師從之，從吳師也。遽不設備，吳人敗諸鵲岸。廬江舒縣有鵲尾渚。楚子以馹至於羅汭。馹，傳也。羅，水名。

吳子使其弟蹶由犒師，犒，勞。楚人執之，將以釁鼓。王使問焉，曰：「女卜來吉乎？」對曰：「吉。寡君聞君將治兵於敝邑，卜之以守龜，曰：『余亟使人犒師，請行以觀王怒之疾徐，而爲之備，尚克知之。』言吳令龜如此。龜兆告吉，曰：『克可知也。』君若驩焉，好逆使臣，滋敝邑休怠〔一〕，休，解也。而忘其死，亡無日矣。今君奮焉，震電馮怒，馮，盛也。虐執使臣，將以釁鼓，則吳知所備

〔一〕「怠」，書院本、金澤本作「殆」。

矣。敝邑雖羸，若早脩完，完器備。其可以息師。息楚之師。難易有備，可謂吉矣。且吳社稷是卜，豈爲一人？使臣獲釁軍鼓，而敝邑知備，以禦不虞，其爲吉孰大焉？國之守龜，其何事不卜？言常卜。一臧一否，其誰能常之？城濮之兆，其報在邲。城濮戰，楚卜吉，其效乃在邲。今此行也，其庸有報志？」言吳有報楚意。乃弗殺。

楚師濟於羅汭，沈尹赤會楚子次於萊山。薳射帥繁揚[一]之師，先入南懷，楚師從之，及汝清，南懷、汝清，皆楚界。吳不可入。有備。楚子遂觀兵於坻箕之山。觀，示也。是行也，吳早設備，楚無功而還，以蹶由歸。楚子懼吳，使沈尹射待命于巢，薳啓彊待命于雩婁，禮也。善有備。

秦后子復歸於秦，元年，奔晉。景公卒故也。終五稔之言。

〔一〕「揚」，金澤本作「楊」。阮校：「石經作『陽』，與襄四年傳合。」

【經】六年春王正月，杞伯益姑卒。再同盟。

葬秦景公。

夏，季孫宿如晉。

葬杞文公。無傳。

宋華合比出奔衛。合比事君不以道，自取奔亡，書名罪之。

秋九月，大雩。

楚薳罷帥師伐吴。

冬，叔弓如楚。

齊侯伐北燕。

【傳】六年春王正月，杞文公卒，弔如同盟，禮也。魯怨杞因晉取其田，而今不廢喪紀，故禮之。大夫如秦，葬景公，禮也。合先王士弔、大夫送葬之禮。

三月，鄭人鑄刑書。鑄刑書於鼎，以爲國之常法。叔向使詒子産書，詒，遺也。曰：

「始吾有虞於子，虞，度也。言準度子産以爲己法。今則已矣。已，止也。昔先王〔一〕議事以制，不爲刑辟，懼民之有争心也。臨事制刑，不豫設法也。法豫設，則民知争端。猶不可禁禦，是故閑之以義，閑，防也。糾之以政，糾，舉也。行之以禮，守之以信，奉之以仁，奉，養也。制爲禄位，以勸其從，勸從教。嚴斷刑罰，以威其淫。淫，放也。懼其未也，故誨之以忠，聳之以行，聳，懼也。教之以務，時所急。使之以和，説以使民。臨之以敬，涖之以彊，施之於事爲涖。斷之以剛。義斷恩。猶求聖哲之上，明察之官，上，公王〔二〕也。官，卿大夫也。忠信之長，慈惠之師，民於是乎可任使也，而不生禍亂。民知有〔三〕辟，則不忌於上。權移於法，故民不畏上。並有争心，以徵於書，而徼幸以成之，因危文以生争，緣徼幸以成其巧僞。弗可爲矣。爲，治也。夏有亂政，而作禹刑。商有亂政，而作湯刑。夏、商之亂，著禹、湯之法。言不能議事以制。周

〔一〕「王」，原作「生」，據宋大字本、書院本、附釋音本、慶元本、金澤本改。
〔二〕「公王」，阮校：「『公王』乃『王公』之誤倒。」
〔三〕「有」下，金澤本有「刑」字。

有亂政，而作九刑。周之衰亦爲刑書，謂之九刑〔一〕。三辟之興，皆叔世也。言刑書不起於始盛之世。今吾子相鄭國，作封洫，在襄三十年。立謗政，作丘賦，在四年。制參辟，鑄刑書，制參辟，謂用三代之末法。將以靖民，不亦難乎？詩曰：『儀式刑文王之德，日靖四方。』詩，頌，言文王以德爲儀式，故能日有安靖四方之功。刑，法也。又曰：『儀刑文王，萬邦作孚。』詩大雅，言文王作儀法，爲天下所信。孚，信也。如是，何辟之有？言詩唯以德與信，不以刑也。民知爭端矣，將弃禮而徵於書。以刑書爲徵。錐刀之末，將盡爭之。錐刀末，喻小事。亂獄滋豐，賄賂並行〔二〕。終子之世，鄭其敗乎！肸聞之：『國將亡，必多制。』數改法。其此之謂乎！」復書曰：「若〔三〕子之言，復，報也。僑不才，不能及子孫，吾以救世也。既不承命，敢忘大惠？」以見箴戒爲〔四〕惠。

〔一〕「九刑」，原作「九州」，據宋大字本、書院本、附釋音本、慶元本、金澤本改。
〔二〕「賄賂並行」，阮校：「漢書刑法志引作『貨賂並行』。」
〔三〕「若」下，金澤本有「吾」字。
〔四〕「爲」下，金澤本有「大」字。

士文伯曰：「火見，鄭其火乎！火，心星也。周五月昏見。火未出而作火，以鑄刑器，刑器，鼎也。藏争辟焉。火如象之，不火何爲？」象，類也。同氣相求，火未出而用火，相感而致災。

夏，季孫宿如晉，拜莒田也。謝前年受牟夷邑不見討。晉侯享之，有加籩。籩豆之數，多〔一〕於常禮。武子退，使行人告曰：「小國之事大國也，苟免於討，不敢求貺。貺，賜也。得貺不過三獻。周禮：「大夫三獻。」今豆有加，下臣弗堪，無乃戾也！」懼以不堪爲罪。韓宣子曰：「寡君以爲驩也。」以加〔二〕禮致驩心。對曰：「寡君猶未敢，未敢當此加〔三〕也。況下臣，君之隸也，敢聞加貺？」固請徹加，而後卒事。晉人以爲知禮，重其好貨。宴好之貨。

〔一〕「多」，附釋音本作「加」。
〔二〕「加」下，金澤本有「豆之」二字。
〔三〕「加」下，金澤本有「禮」字。

宋寺人柳有寵，有寵於平公。大子佐惡之。華合比曰：「我殺之。」欲以求媚〔一〕大子。柳聞之，乃坎，用牲，埋書，詐爲盟處。而告公曰：「合比將納亡人之族，亡人，華臣也。襄十七年奔衛〔二〕。既盟于北郭矣。」公使視之，有焉，遂逐華合比。合比奔衛。於是華亥欲代右師，亥，合比弟。欲得合比處。乃與寺人柳比，從爲之徵，曰：「聞之久矣。」聞合比欲納華臣。公使代之。代合比爲右師。見於左師，左師，向戌。左師曰：「女夫也，必亡！夫謂華亥。女喪而宗室，於〔三〕人何有？人亦於女何有？言人亦不能愛女。詩曰：『宗子維城，毋俾城壞，毋獨斯畏。』詩，大雅，言宗子之固若城。俾，使也。女其畏哉！」爲二十年華亥出奔傳。

六月丙戌，鄭災。終士文伯之言。

楚公子棄疾如晉，報韓子也。報前年送女。過鄭，鄭罕虎、公孫僑、游吉從鄭

〔一〕「媚」，原作「嬪」，據宋大字本、附釋音本、慶元本、金澤本改。
〔二〕「衛」，據襄十七年經、傳，當作「陳」。
〔三〕「於」上，金澤本有「汝」字。

伯以勞諸柤，辭不敢見。不敢當國君之勞。柤，鄭地。固請見之，見如見王，見鄭伯如見楚王。言棄疾共而有禮。以其乘馬八匹私面。私見鄭伯。見子皮如上卿，如見楚卿〔一〕。以馬六匹。見子産，以馬四匹。見子大叔，以馬二匹。降殺以兩。禁芻牧采樵，不入田，不犯田種。不樵樹，不采蓺，蓺，種也。不抽屋，不强匄。誓曰：「有犯命者，君子廢，小人降。」君子則廢黜不得居位，小人則退給下劇也。舍不爲暴，主不慁賓。慁，患也。往來如是。鄭三卿皆知其將爲王也。三卿，罕虎、公孫僑、游吉。

韓宣子之適楚也，楚人弗逆。公子弃疾及晉竟，晉侯將亦弗逆。叔向曰：「楚辟我衷，辟，邪也。衷，正也。若何效辟？詩曰：『爾之教矣，民胥效矣。』詩，小雅，言上教下效。從我而已，焉用效人之辟？書曰：『聖作則。』逸書。則，法也。無寧以善人爲則，無寧，寧。而則人之辟乎？匹夫爲善，民猶則之，況國君乎？」晉侯説，乃逆之。傳言叔向知禮。

〔一〕「卿」上，金澤本有「上」字。

秋九月，大雩，旱也。

徐儀楚聘于楚。儀楚，徐大夫。楚子執之，逃歸。懼其叛也，使薳洩伐徐。薳洩，楚大夫。吴人救之。令尹子蕩帥師伐吴，師于豫章，而次于乾谿。乾谿，在譙國城父縣南，楚東竟。吴人敗其師於房鍾，房鍾，吴地。獲宫廄尹弃疾。鬭韋龜之父。子蕩歸罪於薳洩而殺之。歸罪於薳洩。不以敗告，故不書。

冬，叔弓如楚聘，且弔敗也。弔爲吴所敗。

十一月，齊侯如晉，請伐北燕也。告盟主。士匄〔一〕相士鞅逆諸河，禮也。士匄，晉大夫。相爲介，得敬逆來者之禮。晉侯許之。十二月，齊侯遂伐北燕，將納簡公。簡公，北燕伯。三年出奔齊。晏子曰：「不入，燕有君矣，民不貳。吾君〔二〕賄，左右諂諛，作大事不以信，未嘗可也。」爲明年暨齊平傳。

〔一〕「士匄」，阮校：「釋文云：今傳本皆作『士匄』，古本或作『王正』，董遇、王肅本亦作『王正』。陸德明、孔穎達皆以『王正』爲是，穎達以釋例作『王正』爲證，然則杜注當本是『王正』，晉大夫也。」

〔二〕「君」下，金澤本有「貪」字。

【經】

七年春王正月，暨齊平。暨，與也。燕與齊平。前年冬，齊伐燕，間無異事，故不重言燕，從可知。

三月，公如楚。叔孫婼如齊涖盟。無傳。公將遠適楚，故叔孫〔一〕如齊尋舊好。

夏四月甲辰朔，日有食之。

秋八月戊辰，衛侯惡卒。元年，大夫盟于虢。

九月，公至自楚。

冬十有一月癸未，季孫宿卒。

十有二月癸亥，葬衛襄公。

【傳】

七年春王正月，暨齊平，齊求之也。齊伐燕，燕人賂之，反從〔二〕求平，如晏子言。

〔一〕「孫」下，金澤本有「先」字。

〔二〕「從」下，金澤本有「來」字，旁校作「齊」。

癸巳，齊侯次于虢。虢，燕竟。燕人行成，曰：「敝邑知罪，敢不聽命？先君之敝器，請以謝罪。」敝器，瑶罋、玉櫝之屬。公孫皙曰：「受服而退，俟釁而動，可也。」皙，齊大夫。二月戊午，盟于濡上。濡水出高陽縣東北，至河間鄚縣入易水。燕人歸燕姬，嫁女與齊侯。賂以瑶罋、玉櫝、斝耳，不克而還。瑶，玉也。櫝，匵也。斝耳，玉爵。

楚子之爲令尹也，爲王旌以田。析羽爲旌。王旌游至於軫。芋尹無宇斷之曰：「一國兩君，其誰堪之？」及即位，爲章華之宫，納亡人以實之。章華，南郡華容縣。無宇之閽入焉。有罪，亡入章華宫。無宇執之，有司弗與，王有司也。曰：「執人於王宫，其罪大矣。」執而謁諸王。執無宇也。王將飲酒，遇其歡也。無宇辭曰：「天子經略，經營天下，略有四海，故曰「經略」。諸侯正封，封疆有定分。古之制也。封略之内，何非君土？食土之毛，誰非君臣？毛，草也。故詩曰：『普〔一〕天之下，莫非王土。率土之濱，莫非王臣。』詩，小雅。濱，涯也。天有十日，甲至癸。人有十等，

〔一〕「普」，釋文作「溥」。

王至臺。下所以事上，上所以共神也。故王臣公，公臣大夫，大夫臣士，士臣皁，皁臣輿，輿臣隸，隸臣僚，僚臣僕，僕臣臺。馬有圉，牛有牧，養馬曰圉，養牛曰牧。以待百事。今有司曰：『女胡執人於王宮？』將焉執之？周文王之法曰：『有亡，荒閱。』荒，大也。閱，蒐也。有亡人當大蒐其衆。所以得天下也。吾先君文王，楚文王。作僕區之法，僕區，刑書名。曰：『盜所隱器，隱盜所得器。與盜同罪。』所以封汝也。行〔一〕善法，故能啓疆北至汝水。若從有司，是無所執逃臣也。逃而舍之，是無陪臺也。言皆將逃。王事無乃闕乎？昔武王數紂之罪，以告諸侯曰：『紂爲天下逋逃主，萃淵藪。』萃，集也。天下逋逃，悉以紂爲淵藪，集而歸之。故夫〔二〕致死焉。人欲致死討紂。君王始求諸侯而則紂，無乃不可乎？若以二文之法取之，盜有所在矣。」言王亦爲盜。王曰：「取而臣以往。往，去也。盜有寵，未可得也。」盜有寵，王自謂，爲葬靈王張本。遂赦之。赦無宇。

〔一〕「行」上，原衍「所」字，據宋大字本、書院本、附釋音本、慶元本、金澤本刪。

〔二〕「夫」下，金澤本有「人」字。

楚子成章華之臺，願與諸侯落之。宮室始成，祭之爲落。臺今在華容城內。大宰薳啓彊曰：「臣能得魯侯。」薳啓彊來召公，辭曰：「昔先君成公命我先大夫嬰齊曰：『吾不忘先君之好，將使衡父照臨楚國，鎮撫其社稷，以輯寧爾民。』嬰齊受命于蜀，蜀盟在成二年。衡父，公衡。奉承以來，弗敢失隕，而致諸宗祧，言奉成公此語以告宗廟。日我先君共王，引領北望，日月以冀。冀魯朝。傳序相授，於今四王矣。四王，共、康、郟敖及靈王。嘉惠未至，唯襄公之辱臨我喪。襄公二十八年，如楚臨康王喪。孤與其二三臣，悼心失圖，在哀喪故。社稷之不皇，況能懷思君德！皇，暇也。言有大喪，多不暇。今君若步玉趾，辱見寡君，趾，足也。寵靈楚國，以信蜀之役，致君之嘉惠，是寡君既受貺矣，何蜀之敢望！言但欲使君來，不敢望如蜀復有質子。其先君鬼神，實嘉賴之，豈唯寡君？君若不來，使臣請問行期，問魯見伐之期。寡君將承質幣而見于蜀，以請先君之貺。」請，問也。

公將往，夢襄公祖。祖，祭道神。梓愼曰：「君不果行。襄公之適楚也，夢周公祖而行。今襄公實祖，君其不行。」子服惠伯曰：「行。先君未嘗適楚，故周公祖以道之。襄公適楚矣，而祖以道君。不行，何之？」三月，公如楚，鄭伯勞于師之梁。鄭城門。孟僖子爲介，不能相儀。僖子，仲孫貜。及楚，不能答郊勞。爲下僖子病不能相禮張本。

夏四月甲辰朔，日有食之。晉侯問於士文伯曰：「誰將當日食？」對曰：「魯、衛惡之，受其凶惡。衛大魯小。」公曰：「何故？」對曰：「去衛地，如魯地。衛地，豕韋也。魯地，降婁也。日食於豕韋之末，及降婁之始乃息，故禍在衛大，在魯小也。周四月，今二月，故曰在降婁。於是有災，魯實受之。災發於衛，而魯受其餘禍。其大咎，其衛君乎，魯將上卿。」八月，衛侯卒。十一月，季孫宿卒。公曰：「詩所謂『彼日而食〔一〕，于何不臧』者，何也？」感日食而問詩。對曰：「不善政之謂也。國無政，不用善，則自取謫于日月之災。謫，譴也。故政不可不慎也。務三而已，一曰擇人，擇賢人。二曰因民，因民所利而利之。三曰從時。」順四時之所務。

晉人來治杞田，前女叔侯不盡歸，今公適楚，晉人恨，故復來治杞田。季孫將以成與之。成，孟氏邑，本杞田。謝息爲孟孫守，不可。謝息，僖子家臣。曰：「人有言曰：

〔一〕「彼日而食」，阮校：「陳樹華云：詩作『此日而食』，漢書五行志引亦作『此日』。」

『雖有挈缾之知，守不假器，禮也。』挈缾，汲者，喻小知。爲人守器，猶知不以借人。夫子從君，而守臣喪邑，夫子，謂孟僖子，從公如楚。雖吾子亦有猜焉。」言季孫亦將疑我不忠。季孫曰：「君之在楚，於晉罪也。言晉罪君之至〔一〕楚。又不聽晉，魯罪重矣。晉師必至，吾無以待之，不如與之，間晉而取諸杞。候晉間隙，可復伐杞取之。吾與子桃，魯國卞縣東南有桃虛。成反，誰敢有之，是得二成也。魯無憂，而孟孫益邑，子何病焉？」辭以無山，與之萊、柞，萊、柞，二山。乃遷于桃。謝息遷也。晉人爲杞取成。不書，非公命。

楚子享公于新臺，章華臺也。使長鬣者相，鬣，鬚也。欲光夸魯侯。好以大屈。宴好之賜。大屈，弓名。既而悔之。薳啓彊聞之，見公。公語之，拜賀。公曰：「何賀？」對曰：「齊與晉、越欲此久矣。寡君無適與也，而傳諸君，君其備禦三鄰。言齊、晉、越將伐魯而取之。慎守寶矣，敢不賀乎？」公懼，乃反之。傳言楚靈不信，所以不終。

〔一〕「至」，附釋音本作「在」。

鄭子產聘于晉。晉侯有疾，韓宣子逆客，私焉，私語。曰：「寡君寢疾，於今三月矣，並走群望，晉所望祀山川，皆走往祈禱。有加而無瘳。今夢黃熊入于寢門，其何厲鬼也？」對曰：「以君之明，子爲大政，其何厲之有？昔堯殛鯀于羽山，羽山在東海祝其縣西南。其神化爲黃熊，以入于羽淵，實爲夏郊，三代祀之。鯀，禹父，夏家郊祭之，歷殷、周二代，又通在群神之數，並見祀。晉爲盟主，其或者未之祀也乎？」言周衰，晉爲盟主，得佐天子祀群神。韓子祀夏郊，祀鯀。晉侯有間，間，差也。賜子產莒之二方鼎。方鼎，莒所貢。

子產爲豐施歸州田於韓宣子，豐施，鄭公孫段之子。三年，晉以州田賜段。曰：「日君以夫公孫段爲能任其事，而賜之州田。今無祿早世，不獲久享君德。其子弗敢有，不敢以聞於君，私致諸子。」此年正月，公孫段卒。宣子辭。子產曰：「古人有言曰：『其父析薪，其子弗克負荷。』荷，擔也。以微薄喻重貴〔一〕。施將懼不能任

〔一〕「重貴」，附釋音本、金澤本作「貴重」。

其先人之禄，其況能任大國之賜？縱吾子爲政而可，後之人若屬有疆場之言，敝邑獲戾，恐後代宣子者，將以鄭取晉邑罪鄭。而豐氏受其大討。吾子取州，是免敝邑於戾，而建置豐氏也。敢以爲請。」傳言子産貞而不諒。宣子受之，以告晉侯。晉侯以與宣子。宣子爲初言，病有之，初言，謂與趙文子争州田。以易原縣於樂大心。樂大心，宋大夫。原，晉邑，以賜樂大心也。

鄭人相驚以伯有，曰「伯有至矣」，則皆走，不知所往。襄三十年，鄭人殺伯有。言其鬼至。鑄刑書之歲三〔一〕月，在前年。或夢伯有介而行，介，甲也。曰：「壬子，余將殺帶也。駟帶助子晳殺伯有。壬子，六年三月三日。明年壬寅，余又將殺段也。」公孫段，豐氏黨〔二〕。壬寅，此年正月二十八日。及壬子，駟帶卒。國人益懼。齊、燕平之月，此年正月。壬寅，公孫段卒，國人愈懼。其明月，子産立公孫洩及良止以撫之，乃止。公孫洩，子孔之子也。襄十九年，鄭殺子孔。良止，伯有子也，立以爲大夫，使有

〔一〕「三」，金澤本作「二」。

〔二〕「公孫段豐氏黨」，經傳識異云：「孔氏云『豐』當作『駟』，傳寫誤。」

宗廟。子大叔問其故。子産曰：「鬼有所歸，乃不爲厲，吾爲之歸也。」大叔曰：「公孫洩何爲？」子孔不爲厲，問何爲復立洩。子産曰：「説也，爲身無義而圖説。伯有無義，以妖鬼故立之。恐惑民，并立洩，使若自以大義存誅絶之後者，以解説民心。從政有所反之，以取媚也。民不可使知之，故治政或當反道以求媚於民。不媚不信，説而後信之。不信，民不從也。」

及子産適晉，趙景子問焉，景子，晉中軍佐趙成。曰：「伯有猶能爲鬼乎？」子産曰：「能。人生始化曰魄，魄，形也。既生魄，陽曰魂。陽，神氣也。用物精多，則魂魄彊。物，權勢。是以有精爽，至於神明。爽，明也。匹夫匹婦强死，其魂魄猶能馮依於人，以爲淫厲。强死，不病也。人謂匹夫匹婦賤身。況良霄，我先君穆公之冑，子良之孫，子耳之子，敝邑之卿，從政三世矣。鄭雖無腆〔一〕，腆，厚也。抑諺曰『蕞爾國』，蕞，小貌。而三世執其政柄，其用物也弘矣，其取精也多矣。其族又大，

〔一〕「無腆」，原作「腆無」，據宋大字本、書院本、附釋音本、慶元本、金澤本乙正。

所馮厚矣。良霄魂魄所馮者貴重。而强死，能爲鬼，不亦宜乎？」傳言子産之博敏。

子皮之族飲酒無度，相尚以奢，相困以酒。故馬師氏與子皮氏有惡。馬師氏，公孫鉏之子罕朔也。襄三十年，馬師頡出奔，公孫鉏代之爲馬師，與子皮俱同一族。齊師還自燕之月，在此年二月。罕朔殺罕魋。魋，子皮弟。罕朔奔晉。韓宣子問其位於子産。問朔可使在何位。子産曰：「君之羈臣，苟得容以逃死，何位之敢擇？卿違，從大夫之位，謂以禮去者，降位一等。罪人以其罪降，罪重則降多。古之制也。朔於敝邑，亞大夫也，其官，馬師也。大夫位，馬師職。獲戾而逃，唯執政所寘之。得免其死，爲惠大矣。又敢求位？」宣子爲子産之敏也，使從嬖大夫。爲子産故，使降一等，不以罪降。

秋八月，衛襄公卒。晉大夫言於范獻子曰：「衛事晉爲睦，睦，和也。晉不禮焉，庇其賊人而取其地，賊人，孫林父。其地，戚也。故諸侯貳。詩曰：『鶺鴒在原，兄弟急難。』詩，小雅。鶺鴒，雝渠也。飛則鳴，行則遥。喻兄弟相救於急難，不可自舍。又曰：『死喪之威，兄弟孔懷。』威，畏也。言有死喪，則兄弟宜相懷思。兄弟之不睦，於是乎不弔，不相弔恤。況遠人，誰敢歸之？今又不禮於衛之嗣，嗣，新君也。衛必叛我，是絶諸侯也。」獻子以告韓宣子。宣子説，使獻子如衛弔，且反戚田。傳言戚田所由還衛。衛齊惡告喪于周，且請命。王使成簡公如衛弔。簡公，王卿士也。且追命襄公曰：「叔父陟恪，在我先王之左右，以佐事上帝。陟，登也。恪，敬也。帝，天也。叔父謂襄公。命如今之哀策。余敢忘高圉、亞圉？」二圉，周之先〔一〕也，爲殷諸侯，亦受殷王追命者。

九月，公至自楚。孟僖子病不能相禮，不能相儀答郊勞，以此爲己病。乃講學之，講，習也。苟能禮者從之。及其將死也，二十四年，孟僖子卒，傳終言之。召其大夫，僖子屬大夫。曰：「禮，人之幹也。無禮，無以立。吾聞將有達者，曰孔丘，僖子卒時，孔丘年三十五。聖人之後也，聖人，殷湯。而滅於宋。孔子六代祖孔父嘉，爲宋督所殺，其子奔魯。其祖弗父何，以有宋而授厲公。弗父何，孔父嘉之高祖，宋閔公之子，厲公之兄。何適嗣當立，以讓厲公。及正考父弗父何之曾孫。佐戴、武、宣，三人皆宋君。三命茲益共。三命，上卿也。言位高益共。故其鼎銘云：考父廟之鼎。『一命而

〔一〕「先」下，金澤本有「祖」字。

僂，再命而傴，三命而俯。俯共於傴，傴共於僂。循牆而走，言不敢安行。亦莫余敢侮。其共如是，人亦不敢侮慢之。饘於是，鬻於是，以餬余口。』於是鼎中爲饘鬻。饘鬻，餬屬。言至儉。其共也如是。藏孫紇有言紇，武仲也。曰：『聖人有明德者，若不當世，其後必有達人。』聖人之後，有明德而不當大位，謂正考父。今其將在孔丘乎？我若獲没，得以壽終。必屬説與何忌於夫子，使事之，説，南宮敬叔；何忌，孟懿子，皆僖子之子。而學禮焉，以定其位。」知禮則位安。故孟懿子與南宮敬叔師事仲尼。仲尼曰：「能補過者，君子也。詩曰：『君子是則是效。』詩，小雅。孟僖子可則效已矣。」

單獻公弃親用羇。獻公，周卿士，單靖公之子，頃公之孫。羇，寄客也。冬十月辛酉，襄、頃之族殺獻公而立成公。襄公，頃公之父。成公，獻公弟。

十一月，季武子卒。晉侯謂伯瑕伯瑕，士文伯。曰：「吾所問日食，從矣，可常乎？」衛侯、武子皆卒故。對曰：「不可。六物不同，各異時。民心不壹，政教殊。事序不類，有變易。官職不則，治官居職非一法。同始異終，胡可常也？詩曰：『或燕燕〔一〕居息，或憔悴事國。』詩，小雅，言不同。其異終也如是。」公曰：「何謂六物？」

對曰：「歲、時、日、月、星、辰是謂也。」公曰：「多語寡人辰，而莫同。何謂辰？」

對曰：「日月之會是謂辰，一歲日月十二會，所會謂之辰。故以配日。」謂以子丑配

甲乙。

衛襄公夫人姜氏無子，姜氏，宣姜。嬖人婤姶生孟縶。孔成子夢康叔謂己：

「立元，成子，衛卿，孔達之孫烝鉏也。元，孟縶弟，夢時元未〔二〕生。余使羈之孫圉與史

苟相之。」羈，烝鉏子。苟，史朝子。史朝亦夢康叔謂己：「余將命而子苟，與孔烝鉏

之曾孫圉，相元。」史朝見成子，告之夢，夢協。協，合也。晉韓宣子爲政，聘于諸

侯之歲，在二年。婤姶生子，名之曰元。孟縶之足不良能行。跛也。孔成子以周

易筮之，曰：「元尚享衛國，主其社稷。」令蓍辭。遇屯䷂。震下坎上，屯。又曰：

「余尚立縶，尚克嘉之。」嘉，善也。遇屯䷂之比䷇。坤下坎上，比。屯初九爻變。以示

〔一〕「燕」下，金澤本有「以」字。

〔二〕「未」，原作「夫」，據宋大字本、書院本、附釋音本、慶元本、金澤本改。

史朝。史朝曰：「元亨，又何疑焉？」周易曰：「屯，元亨。」成子曰：「非長之謂乎？」言屯之元亨，謂年長，非謂名元。對曰：「康叔名之，可謂長矣。善之長也。孟非人也，將不列於宗，不可謂長。足跛非全人，不可列爲宗主。且其繇曰『利建侯』，繇，卦辭。嗣吉，何建〔一〕？建非嗣也。嗣子有常位，故無所卜，又無〔二〕所建。今以位不定，卜嗣得吉，則當從吉而建之也。二卦皆云，謂再得屯卦，皆有建侯之文。子其建之。康叔命之，二卦告之。筮襲於夢，武王所用也。弗從何爲？外傳云：「大誓曰：『朕夢協朕卜，襲於休祥，戎商必克。』」此武王辭。弱足者居。跛則偏弱，居其家，不能行。侯主社稷，臨祭祀，奉民人，事鬼神，從會朝，又焉得居？各以所利，不亦可乎？」孟跛利居，元吉利建。故孔成子立靈公。十二月癸亥，葬衛襄公。靈公，元也。

春秋經傳集解昭二第二十一

〔一〕「何建」，阮校：「釋文云：『何』，本或作『可建』。陳樹華云：『可』乃古『何』字。」

〔二〕「無」，原無，據宋大字本、書院本、附釋音本、慶元本、金澤本補。

春秋經傳集解昭三第二十二

杜氏　盡十二年

【經】

八年春，陳侯之弟招殺陳世子偃師。以首惡從殺例，故稱弟，又稱世子。

夏四月辛丑，陳侯溺卒。襄二十七年，大夫盟于宋。

叔弓如晉。

楚人執陳行人干徵師，殺之。稱行人，明非行人罪。

陳公子留出奔鄭。留爲招所立，未成君而出奔。

秋，蒐于紅。革車千乘，不言大者，經文闕也。紅，魯地，沛國蕭縣西有紅亭。遠，疑。

陳人殺其大夫公子過。與招共殺偃師，書名，罪之。

大雩。無傳。不旱而秋雩，過[一]也。

冬十月壬午，楚師滅陳。不稱將帥，不以告。壬午，月十八日。

執陳公子招，放之于越。無傳。復稱公子，兄已卒。

殺陳孔奐。無傳。招之黨，楚殺之。

葬陳哀公。嬖人袁克葬之。魯往會，故書。

【傳】

八年春，石言于晉魏榆。魏榆，晉地。晉侯問於師曠曰：「石何故言？」對曰：「石不能言，或[二]馮焉。謂有精神馮依石而言。不然，民聽濫也。濫，失也。抑臣又聞之抑，疑辭。曰：『作事不時，怨讟動於民，則有非言之物而言。』今宮室崇侈，民力彫盡，彫，傷也。怨讟並作，莫保[三]其性。性，命也。民不敢自保其性命。石

〔一〕「過」上，金澤本有「書」字。
〔二〕「或」上，金澤本有「神」字。
〔三〕「保」，經傳識異云：「『保』一作『信』。」

言，不亦宜乎！」於是晉侯方築虒祁之宮。虒祁，地名，在絳西四十里，臨汾水。叔向曰：「子野之言，君子哉！子野，師曠字。君子之言，信而有徵，故怨〔一〕遠於其身。怨咎遠其身也。小人之言，僭而無徵，故怨咎及之。詩曰：『哀哉不能言，匪舌是出，唯躬是瘁。詩，小雅也。不能言，謂不知言理。以僭言見退者，其言非不從舌出，以僭而無信，自取瘁病，故哀之。哿矣能言，巧言如流，俾躬處休。』其是之謂乎！哿，嘉也。巧言如流，謂非正言而順叙，以聽言見答者。言其可嘉，以信而有徵，自取安逸。師曠此言，緣問流轉，終歸于諫，故以比巧言如流也。當叔向時，詩義如此，故與今説詩者小異。是宮也成，諸侯必叛，君必有咎，夫子知之矣。」謂十年晉侯彪卒傳。

陳哀公元妃鄭姬生悼大子偃師，元妃，嫡夫人也。二妃生公子留，下妃生公子勝。二妃嬖，留有寵，屬諸司徒招與公子過。招及過皆哀公弟也。哀公有廢疾。三月甲申，公子招、公子過殺悼大子偃師，而立公子留。

夏四月辛亥，哀公縊。憂恚自殺。經書辛丑，從赴。干徵師赴于楚，干徵師，陳大

〔一〕「怨」下，金澤本有「咎」字。

夫。且告有立君。公子勝愬之于楚，以招、過殺偃師告愬也。楚人執而殺之。殺干徵師。公子留奔鄭。書曰「陳侯之弟招殺陳世子偃師」，罪在招也；「楚人執陳行人干徵師殺之」，罪不在行人也。疑爲招赴楚，當同罪，故重發之。

叔弓如晉，賀虒祁也。賀宮成。游吉相鄭伯以如晉，亦賀虒祁也。史趙見子大叔曰：「甚哉，其相蒙也！蒙，欺也。可弔也，而又賀之？」子大叔曰：「若何弔也？其非唯我賀，將天下實賀。」言諸侯畏晉，非獨鄭。

秋，大蒐于紅，自根牟至于商、衛，革車千乘。大蒐，數軍實，簡車馬也。根牟，魯東界，琅邪陽都縣有牟鄉。商，宋地。魯西竟接宋、衛也。言千乘，明大蒐，且見魯衆之大數也。

七月甲戌，齊子尾卒，子旗欲治其室。子旗，欒施也。欲并治子尾之家政。丁丑，殺梁嬰。梁嬰，子尾家宰。八月庚戌，逐子成、子工、子車，三子，齊大夫，子尾之屬。子成，頃公子固也。子工，成〔一〕之弟鑄也。子車，頃公之孫捷也。皆來奔，不書，非卿。

〔一〕「成」上，金澤本有「子」字。

而立子良氏之宰。子良，子尾之子高彊也。子旗爲子良立宰。其臣曰：「孺子長矣，孺子謂子良。而相吾室，欲兼我也。」兼，并也。授甲，將攻之。陳桓子善於子尾，亦授甲，將助之。或告子旗，子旗不信，則數人告。將往，又數人告於道，遂如陳氏。桓子將出矣，聞之而還，聞子旗至。游服而逆之，去戎備，著常游戲之服。請命。問桓子所至。對曰：「聞彊氏授甲將攻子，子聞諸？」曰：「弗聞。」「子盍亦授甲？無宇請從。」無宇，桓子名。子旗曰：「子胡然？彼孺子也，吾誨之，猶懼其不濟，吾又寵秩之。謂爲之立宰。其若先人何？子盍謂之？謂之使無攻我。周書曰：『惠不惠，茂不茂。』周書，康誥也，言當施惠於不惠者，勸勉於不勉者。茂，勉也。康叔所以服弘大也。」服，行也。桓子稽顙曰：「頃、靈福子，頃公、靈公，欒氏所事之君。吾猶有望。」望子旗惠及己。遂和之如初。和欒、高二家。

陳公子招歸罪於公子過而殺之。言招所以不死而得放。九月，楚公子弃疾帥師奉孫吴圍陳，孫吴，悼大子偃師之子惠公。宋戴惡會之。戴惡，宋大夫。冬十一月壬午，滅陳。壬午，十月十八日。傳言十一月，誤。輿嬖袁克，殺馬毁玉以葬。輿，衆也。袁克，嬖人之貴者。欲以非禮厚葬哀公。楚人將殺之，請寘之。置馬、玉。既又請私，私

盡君臣恩。私於幄，加絰於顙而逃。幄，帳也。逃，不欲爲楚臣。**使穿封戌爲陳公，**戌，楚大夫。滅陳爲縣，使戌爲縣公。**曰：「城麇之役，不諂〔一〕。」**成麇役在襄二十六年。戌與靈王争皇頡。**侍飲酒於王。王曰：「城麇之役，女知寡人之及此，女其辟寡人乎？」**及此，謂爲王。**對曰：「若知君之及此，臣必致死禮，以息楚國。」**息，寧靜也。

晉侯問於史趙曰：「陳其遂亡乎？」對曰：「未也。」公曰：「何故？」對曰：「陳，顓頊之族也。陳祖舜，舜出顓頊。**歲在鶉火，是以卒滅，陳將如之。**顓頊氏以歲在鶉火而滅，火盛而水滅。**今在析木之津，猶將復由。**箕、斗之間有天漢，故謂之析木之津。由，用也。**且陳氏得政于齊，而後陳卒亡。**物莫能兩盛。**自幕至于瞽瞍，無違命。**幕，舜之先。瞽瞍，舜父。從幕至瞽瞍間，無違天命廢絶者。**舜重之以明德，寘德於遂，**遂，舜後。蓋殷之興，存舜之後而封遂，言舜德乃至於遂。**遂世守之。及胡公不淫，故周賜之姓，使祀虞帝。**胡公滿，遂之後也，事周武王，賜姓曰嬀，封諸陳，紹舜後〔二〕。**臣聞**

〔一〕「諂」，宋大字本、附釋音本、慶元本作「謟」，疑是。
〔二〕「舜後」，原作「爲侯」，據宋大字本、書院本、附釋音本、慶元本、金澤本改。

盛德必百世祀，虞之世數未也。繼守將在齊，其兆既存矣。」言陳氏興盛於齊，形兆已見。

【經】

九年春，叔弓會楚子于陳。以事往，非行會禮。

許遷于夷。許畏鄭，欲遷，故以自遷爲文。

夏四月，陳災。天火曰災。陳既已滅，降爲楚縣，而書「陳災」者，猶晉之梁山、沙鹿崩，不書晉災。言〔一〕繫於所災所害，故以所在爲名。

秋，仲孫貜如齊。

冬，築郎囿。

【傳】

九年春，叔弓、宋華亥、鄭游吉、衛趙黶會楚子于陳。楚子在陳，故四國大夫往。

〔一〕「言」，金澤本作「害」。

非盟主所召，不行會禮，故不摠書。

二月庚申，楚公子弃疾遷許于夷，實城父。此時改城父爲夷，故傳實之。城父縣屬譙郡。取州來淮北之田以益之。益許田。伍舉授許男田，然丹遷城父人於陳，以夷濮西田益之。以夷田在濮水西者與城父人。遷方城外人於許。成十五年，許遷於葉，因謂之許。今許遷於夷，故以方城外人實其處。傳言靈王使民不安。

周甘人與晉閻嘉爭閻田。甘人，甘大夫襄也。閻嘉，晉閻縣大夫。晉梁丙、張趯率陰戎伐潁。陰戎，陸渾之戎。潁，周邑。王使詹桓伯辭於晉，辭，責讓之。桓伯，周大夫。曰：「我自夏以后稷，魏、駘〔一〕、芮、岐、畢，吾西土也。在夏世以后稷功，受此五國爲西土之長。駘在始平武功縣所治釐城，岐在扶風美陽縣西北。及武王克商，蒲姑、商奄，吾東土也。樂安博昌縣北有蒲姑城。巴、濮、楚、鄧，吾南土也。肅慎、燕、亳，吾北土也。肅慎，北夷，在玄菟北三千餘里。吾何邇封之有？邇，近也。文、武、成、康之建母弟，以蕃屏周，亦其廢隊是爲，爲後世廢隊，兄弟之國當救濟之。豈如弁髦，而因

〔一〕「駘」，釋文云：「依字應作『邰』。」

以敝之？童子垂髦始冠，必三加冠，成禮而弃其始冠，故言「弁髦因以敝之」。弁亦冠也〔一〕。先王居檮杌于四裔，以禦螭魅，言檮杌，略舉四凶之一。下言四裔，則三苗在其中。故允姓之姦，居于瓜州。允姓，陰戎之祖，與三苗俱放三危者。瓜州，今敦煌。伯父惠公歸自秦，而誘以來，僖十五年，晉惠公自秦歸。二十二年，秦、晉遷陸渾之戎於伊川。使偪我諸姬，入我郊甸，則戎焉取之。邑外爲郊，郊外爲甸。言戎取周郊甸之地。戎有中國，誰之咎也？咎在晉。后稷封殖天下，今戎制之，不亦難乎？后稷脩封疆，殖五穀，今戎得之，唯以畜牧。伯父圖之。我在伯父，猶衣服之有冠冕，木水之有本原，民人之有謀主也。民人謀主，宗族之師長。伯父若裂冠毀冕，拔本塞原，專弃謀主，雖戎狄，其何有余一人？」伯父猶然，則雖戎狄，無所可責。晉率陰戎伐周邑，故云然。

叔向謂宣子曰：「文之伯也，豈能改物？言文公雖霸，未能改正朔，易服色。翼戴天子，而加之以共。翼，佐也。自文以來，世有衰德，而暴蔑宗周，宗周，天子。以宣示其侈，諸侯之貳，不亦宜乎？且王辭直，子其圖之！」宣子說。

〔一〕「弁亦冠也」，宋大字本、書院本、附釋音本無。

王有姻喪，外親之喪。使趙成如周弔，且致閻田與襚，襚，送死衣。反潁俘。王亦使賓滑執甘大夫襄以説於晉。晉人禮而歸之。賓滑，周大夫。

夏四月，陳災。鄭裨竈曰：「五年，陳將復封，封五十二年而遂亡。」子産問其故。對曰：「陳，水屬也。陳，顓頊之後，故爲水屬。火，水妃也，火畏水，故爲之妃。而楚所相也。相，治也。楚之先祝融，爲高辛氏火正，主治火事。今火出而火陳，火，心星也。火出，於周爲五月，而以四月出者，以長歷推，前年誤置閏。逐楚而建陳也。水得妃而興，陳興則楚衰，故曰「逐楚而建陳」。妃以五成，故曰五年。妃，合也。五行各相妃合，得五而成，故五歲而陳復封。爲十三年陳侯吳歸于陳傳。歲五及鶉火，而後陳卒亡，楚克有之，天之道也，故曰五十二年。」是歲歲在星紀，五歲及大梁，而陳復封。自大梁四歲而及鶉火，後四周四十八歲，凡五及鶉火，五十二年。天數以五爲紀，故五及鶉火，火盛水衰。

晉荀盈如齊逆女，自爲逆。還，六月，卒于戲陽。魏郡内黄縣北有戲陽城。殯于絳，未葬。晉侯飲酒樂。膳宰屠蒯趨入，請佐公使尊。公之使人執尊酌酒，請爲之佐。許之。而遂酌以飲工，工，樂師師曠也。曰：「女爲君耳，將司聰也。

樂所以聰耳。辰在子卯，謂之疾日。疾，惡也。紂以甲子喪，桀以乙卯亡，故國君以爲忌日。君徹宴樂，學人舍業，爲疾故也。君之卿佐，是謂股肱。股肱或虧，何痛如之！言痛疾過於忌日。女弗聞而樂，是不聰也。」不聞是義而作樂。又飲外嬖嬖叔，外都大夫之嬖者。曰：「女爲君目，將司明也。職在外，故主視。服以旌禮，旌，表也。禮以行事，事，政令。事有其物，物，類也。物有其容。容，貌也。今君之容，非其物也，有卿佐之喪而作樂歡會，故曰「非其物」。而女不見，是不明也。」亦自飲也，曰：「味以行氣，氣以實志，氣和則志充。志以定言，在心爲志，發口爲言。言以出令。臣實司味，二御失官，而君弗命，臣之罪也。」工與嬖叔，侍〔一〕御君者。失官，不聰明。公說，徹酒。

初，公欲廢知氏而立其外嬖，爲是悛而止。秋八月，使荀躒佐下軍以說焉。躒，荀盈之子知文子也。佐下軍，代父也。說，自解說。

孟僖子如齊殷聘，禮也。自叔老聘齊，至今二十年，禮意久曠。今脩盛聘，以無忘舊好，故曰「禮」。

〔一〕「侍」，附釋音本作「時」。

冬，築郎囿，書，時也。季平子欲其速成也，叔孫昭子曰：「詩曰：『經始勿亟，庶民子來。』詩，大雅，言文王始經營靈臺，非急疾之，衆民自以子義來，勸樂爲之。焉用速成？其以勦民也。勦，勞也。無囿猶可，無民其可乎？」

【經】

十年春王正月。

夏，齊欒施來奔。耆酒好内，以取敗亡，故書名。

秋七月，季孫意如、叔弓、仲孫貜帥師伐莒。三大夫皆卿，故書之。季孫爲主，二子從之。

戊子，晉侯彪卒。五同盟。

九月，叔孫婼如晉。葬晉平公。三月而葬，速。

十有二月甲子，宋公成卒。十一同盟也。無冬，史闕文。

【傳】

十年春王正月，有星出于婺女。客星也，不書，非孛。鄭裨竈言於子產曰：「七月戊子，晉君將死。今兹歲在顓頊之虚，歲，歲星也。顓頊之虚謂玄枵。姜氏、任氏實守其地〔一〕。姜，齊姓。任，薛姓。齊、薛二國守玄枵之地。居其維首，而有妖星焉，告邑姜也。客星居玄枵之維首。邑姜，齊大公女，晉唐叔之母。星占，婺女爲既嫁之女，織女爲處女。邑姜，齊之既嫁女。妖星在婺女，齊得歲，故知禍歸邑姜。邑姜，晉之妣也。天以七紀，二十八宿，面七。戊子，逢公以登，星斯於是乎出。逢公，殷諸侯居齊地者。逢公將死，妖星出婺女，時非歲星所在，故齊自當禍，而以戊子日卒。吾是以譏之。」爲晉侯彪卒傳。

齊惠欒、高氏皆耆酒，欒、高二族，皆出惠公。信内多怨，説婦人言，故多怨。彊於陳、鮑氏而惡之。惡陳、鮑。

夏，有告陳桓子曰：「子旗、子良將攻陳、鮑。」亦告鮑氏。桓子授甲而如鮑氏，遭子良醉而騁，欲及子良醉，故騁〔二〕告鮑文子。遂見文子，文子，鮑國。則亦授甲

〔一〕「其地」，阮校：「韋昭周語注引作『其祀』。」
〔二〕「騁」，原作「聘」，據金澤本改。

矣。使視二子，二子，子旗、子良。則皆將飲酒。桓子曰：「彼雖不信，彼，傳言者。聞我授甲，則必逐我。及其飲酒也，先伐諸。」陳、鮑方睦，遂伐欒、高氏。子良曰：「先得公，陳、鮑焉往？」欲以公自輔助〔一〕。遂伐虎門。欲入，公不聽，故伐公門。晏平仲端委立于虎門之外，端委，朝服。四族召之，無所往。四族，欒、高、陳、鮑。其徒曰：「助陳、鮑乎？」曰：「何善焉？」言無善義可助。「助欒、高乎？」曰：「庸愈乎？」罪惡不差於陳、鮑。「然則歸乎？」曰：「君伐焉歸？」公召之而後入。公卜使王黑以靈姑銔率，吉。請斷三尺焉而用之。王黑，齊大夫。靈姑銔，公旗名。斷三尺，不敢與君同。

五月庚辰，戰于稷，稷，祀后稷之處。欒、高敗，又敗諸莊。莊，六軌之道。國人追之，又敗諸鹿門。鹿門，齊城門。欒施、高彊來奔。高彊不書，非卿。陳、鮑分其室。晏子謂桓子：「必致諸公。讓，德之主也，讓之謂懿德。凡有血氣，皆有爭

〔一〕「助」，原作「佐」，據宋大字本、國會本、書院本、附釋音本、慶元本、金澤本改。

心，故利不可强，不可强取。思義爲愈。義，利之本也，蘊利生孽。蘊，畜也。孽，妖害也。姑使無蘊乎！可以滋長。」桓子盡致諸公，而請老于莒。莒，齊邑。桓子召子山，子山、子商、子周，襄三十一年子尾所逐群公子。私具幄幕、器用、從者之衣屨，私具，不告公。而反棘焉。棘，子山故邑。齊國西安縣東有戟里亭。子商亦如之，而反其邑。子周亦如之，而與之夫于。子周本無邑，故更與之。濟南於陵縣西北有于亭。反子城、子公、公孫捷，三子，八年子旗所逐。而皆益其禄。凡公子、公孫之無禄者，私分之邑。桓子以己邑分之。國之貧約孤寡者，私與之粟。曰：「詩云『陳錫載周』，能施也。詩，大雅，言文王能布陳大利，以賜天下，行之周徧。桓公是以霸。」齊桓公亦能施以致霸。

公與桓子莒之旁邑，辭。讓不受。穆孟姬爲之請高唐，陳氏始大。穆孟姬，景公母。傳言陳氏所以興。

秋七月，平子伐莒，取郠，郠，莒邑〔一〕。取郠不書，公見討於平丘，魯諱之。獻俘，

〔一〕「邑」，附釋音本作「地」。

始用人於亳社。以人祭殷社。臧武仲在齊，聞之，曰：「周公其不饗魯祭乎！周公饗義，魯無義。詩曰：『德音孔昭，視民不佻。』詩，小雅。佻，偷也。言明德君子必愛民。佻之謂甚矣，而壹用之，將誰福哉！」壹，同也，同人於畜牲。

戊子，晉平公卒。如禆竈之言。鄭伯如晉，及河，晉人辭之。游吉遂如晉。禮，諸侯不相弔，故辭。

九月，叔孫婼、齊國弱、宋華定、衛北宮喜、鄭罕虎、許人、曹人、莒人、邾人、滕人、薛人、杞人、小邾人如晉，葬平公也。經不書諸侯大夫者，非盟會。鄭子皮將以幣行。見新君之贄。子產曰：「喪焉用幣？用幣必百兩，載幣用車百乘。百兩必千人，千人至，將不行。行，用也。不行，必盡用之。不得見新君，將自費用盡。幾千人而國不亡？」言千人之費不可數。子皮固請以行。既葬，諸侯之大夫欲因見新君。叔孫昭子曰：「非禮也。」弗聽。叔向辭之，曰：「大夫之事畢矣。送葬禮畢。而又命孤，孤〔一〕斬焉在衰絰之中，既葬，未卒哭，故猶服斬衰。其以嘉服見，則喪禮未

〔一〕「孤」下，金澤本有「新」字。

畢。其以喪服見，是重受弔也。大夫將若之何？」皆無辭以見。子皮盡用其幣，歸，謂子羽曰：「非知之實難，將在行之。言不患不知，患不能行。夫子知之矣，我則不足。言己由子產之戒，既知其不可，而遂行之，是我之不足。書曰：『欲敗度，縱敗禮。』逸書。我之謂矣。夫子知度與禮矣，我實縱欲，而不能自克也。」欲因喪以慶新君，故縱而行之，不能自勝。

昭子至自晉，大夫皆見。高彊見而退。高彊，子良。昭子語諸大夫曰：「爲人子，不可不慎也哉！昔慶封亡，子尾多受邑而稍致諸君，君以爲忠而甚寵之。將死，疾于公宮，在公宮被疾。輦而歸，吾親推之。推其車而送之。其子不能任，是以在此。忠爲令德，其子弗能任，罪猶及之，難不慎也。喪夫人之力，弃德曠宗，以及其身，不亦害乎？夫人謂子尾。曠，空也。詩曰：『不自我先，不自我後。』其是之謂乎。」詩，小雅，言禍亂不在他，正當己身。以喻高彊身自取此禍。

冬十二月，宋平公卒。初，元公〔一〕惡寺人柳，欲殺之。元公，平公大子佐也。

〔一〕「元公」上，金澤本有「宋」字。

及喪，柳熾炭于位，以温地。將至，則去之。使公坐其處。比〔一〕葬，又有寵。言元公好惡無常。

【經】

十有一年春王二月，叔弓如宋。葬宋平公。

夏四月丁巳，楚子虔誘蔡侯般，殺之于申。蔡侯雖弑父而立，楚子誘而殺之，刑其群士，蔡大夫深怨，故以楚子名告。

楚公子弃疾帥師圍蔡。

五月甲申，夫人歸氏薨。昭公母，胡女，歸姓。

大蒐于比蒲。

仲孫貜會邾子盟于祲祥。祲祥，地，闕。

秋，季孫意如會晉韓起、齊國弱、宋華亥、衛北宫佗、鄭罕虎、曹人、杞人于

〔一〕「比」下，書院本、金澤本有「及」字。

厥慭。厥慭，地，闕。

九月己亥，葬我小君齊歸。齊，謚。

冬十有一月丁酉，楚師滅蔡，執蔡世子有以歸，用之。用之，殺以祭山。

【傳】

十一年春王二月，叔弓如宋，葬平公也。嫌以聘事行，故傳具之。

景王問於萇弘曰：「今兹諸侯，何實吉？何實凶？」萇弘，周大夫。對曰：「蔡凶。此蔡侯般弑其君之歲也，歲在豕韋，襄三十年，蔡世子般弑其君，歲在豕韋。至今十三歲，歲復在豕韋。般即靈侯也。弗過此矣。言蔡凶不過此年。楚將有之，然壅也。蔡近楚，故知楚將有之。楚無德而享大利，所以壅積其惡。歲及大梁，蔡復楚凶，天之道也。」楚靈王弑立之歲，歲在大梁，到昭十三年，歲復在大梁。美惡周必復，故知楚凶。

楚子在申，召蔡靈侯。靈侯將往。蔡大夫曰：「王貪而無信，唯蔡於感，蔡近楚之大國，故楚常恨其不服順。今幣重而言甘，誘我也，不如無往。」蔡侯不可。三月丙申，楚子伏甲而饗蔡侯於申，醉而執之。夏四月丁巳，殺之，刑其士七十人。公子弃疾帥師圍蔡。傳言楚子無道。

韓宣子問於叔向曰：「楚其克乎？」對曰：「克哉！蔡侯獲罪於其君，謂弑父而立。而不能其民，不能施德。天將假手於楚以斃之，借楚手以討蔡。何故不克？然肸聞之：不信以幸，不可再也。楚王奉孫吴以討於陳，曰：『將定而國。』陳人聽命，而遂縣之。事在八年。今又誘蔡而殺其君，以圍其國，雖幸而克，必受其咎，弗能久矣。桀克有緡，以喪其國。紂克東夷，而隕其身。紂爲黎之蒐，東夷叛之；桀爲仍之會，有緡叛之，故伐而克之。楚小位下，而亟暴於二王，能無咎乎？天之假助不善，非祚〔一〕之也，厚其凶惡而降之罰也。且譬之如天，其有五材而將用之，力〔二〕盡而敝之，是以無拯，不可沒振。」金木水火土五者爲物，用久則必有敝盡，盡則弃捐，故言無拯。拯，猶救助也。不可沒振，猶沒〔三〕不可復振。

五月，齊歸薨，大蒐于比蒲，非禮也。孟僖子會邾莊公，盟于祲祥，脩好，禮

〔一〕「祚」，阮校：「釋文『祚』作『胙』，云：本又作『祚』。陳樹華云：當作『胙』爲正。」
〔二〕「力」上，金澤本有「其」字。
〔三〕「沒」，附釋音本無。「沒」下，書院本、金澤本有「而」字。

也。蒐非存亡之由，故臨喪不宜爲之。盟會以安社稷，故喪盟謂之禮。泉丘人有女，夢以其帷幕孟氏之廟，泉丘，魯邑。遂奔僖子，其僚從之。鄰女爲僚友者，隨而奔僖子。盟于清丘之社，曰：「有子，無相弃也。」二女自共盟。僖子使助薳氏之簉。簉，副倅也。薳氏之女爲僖子副妾，别居在外，故僖子納泉丘人女，令副助之。反自祲祥，宿於薳氏，生懿子及南宮敬叔於泉丘人。其僚無子，使字敬叔。字，養也。似雙生。

楚師在蔡，向四月之師。晉荀吴謂韓宣子曰：「不能救陳，又不能救蔡，物以無親。物，事也。晉之不能，亦可知也已。爲盟主而不〔一〕恤亡國，將焉用之？」

秋，會于厥憖，謀救蔡也。不書救蔡，不果救。鄭子皮將行。子産曰：「行不遠，不能救蔡也。蔡小而不順，楚大而不德，天將弃蔡以壅楚，盈而罰之，盈楚惡。蔡必亡矣。且喪君而能守者，鮮矣。三年，王其有咎乎！美惡周必復，王惡周矣。」元年，楚子弒君而立，歲在大梁。後三年，十三歲，歲星周，復於大梁。晉人使狐父請

〔一〕「不」下，金澤本有「能」字。

蔡于楚，弗許。狐父，晉大夫。

單子會韓宣子于戚，單子，單成公。視下言徐。叔向曰：「單子其將死乎！朝有著定，著定，朝内列位常處，謂之表著。會有表，野會，設表以爲位。衣有禬，帶有結。禬，領會。結，帶結也。會朝之言，必聞于表著之位，所以昭事序也。視不過結禬之中，所以道容貌也。言以命之，容貌以明之，失則有闕。今單子爲王官伯，而命事於會，視不登帶，言不過步，貌不道容，而言不昭矣。不道不共，不昭不從，貌正曰共，言順曰從。無守氣矣。」爲此年冬單子卒起本。

九月，葬齊歸，公不慼。晉士之送葬者，歸以語史趙。史趙曰：「必爲魯郊。」言昭公必出在郊野，不能有國。侍者曰：「何故？」曰：「歸，姓也。不思親，祖不歸也。」姓，生也。言不思親則不爲祖考所歸祐。叔向曰：「魯公室其卑乎！君有大喪，國不廢蒐。謂蒐比蒲。有三年之喪，而無一日之慼。國不恤喪，不忌君也。君無慼容，不顧親也。國不忌君，君不顧親，能無卑乎？殆其失國。」爲忌，畏也。二十五年「公孫於齊」傳。

冬十一月，楚子滅蔡，用隱大子于岡山。蔡靈公之大子，蔡侯廬之父。申無宇曰：「不祥。五牲不相爲用，況用諸侯乎？五牲，牛、羊、豕、犬、雞。王必悔之。」悔爲暴虐。

十二月，單成公卒。終叔向之言。

楚子城陳、蔡、不羹。襄城縣東南有不羹城，定陵西北有不羹亭。使弃疾爲蔡公。王問於申無宇曰：「弃疾在蔡，何如？」對曰：「擇子莫如父，擇臣莫如君。鄭莊公城櫟而寘子元焉，使昭公不立。子元，鄭公子。莊公寘子元於櫟。桓十五年，厲公因之，以殺櫟大夫檀伯，遂居櫟，卒使昭公不安位而見殺。齊桓公城穀而寘管仲焉，至于今賴之。城穀在莊三十二年。臣聞五大不在邊，五細不在庭。上古金木水火土謂之五官。玄鳥氏、丹鳥氏亦有五。又以五鳩鳩民，五雉爲五工〔一〕正，蓋立官之本也。末世隨事施職，是以官無常數。今無宇稱習古言，故云「五大」也。言五官之長專盛過節，則不可居邊。細弱不勝任，亦不可居朝廷。親不在外，羈不在內。今弃疾在外，鄭丹在內，襄十九年，丹奔楚。君其少戒。」王曰：「國有大城，何如？」對曰：「鄭京、櫟實殺曼伯，曼伯，

〔一〕「工」，附釋音本作「官」。

檀伯也。厲公得櫟，又并京。宋蕭、亳實殺子游，在莊十二年。齊渠丘實殺無知，在莊九年。渠丘，今齊國西安縣也。齊大夫雍廩邑。衛蒲、戚實出獻公，蒲，甯殖邑。戚，孫林父邑。出獻公在襄十四年。若由是觀之，則害於國。末大必折，折其本。尾大不掉，君所知也。」爲十三年陳、蔡作亂傳。

【經】十有二年春，齊高偃帥師納北燕伯于陽。三年，燕伯出奔齊。高偃，高傒玄孫，齊大夫。陽即唐，燕別邑。中山有唐縣。不言于燕，未得國都。

三月壬申，鄭伯嘉卒。五同盟。

夏，宋公使華定來聘。定，華椒孫。

公如晉，至河乃復。晉人以莒故辭公。

五月，葬鄭簡公。三月而葬，速。

楚殺其大夫成熊。傳在「葬簡公」上，經從赴。

秋七月。

冬十月，公子憖出奔齊。書名，謀亂故也。

楚子伐徐。不書圍，以乾谿師告。

晉伐鮮虞。不書將帥，史闕文。

【傳】

十二年春，齊高偃納北燕伯款于唐，因其衆也。言因唐衆欲納之，故得先入唐。

三月，鄭簡公卒，將爲葬除，除葬道。及游氏之廟，游氏，子大叔族。將毀焉。子大叔使其除徒執用以立，而無庸毀。用，毀廟具。曰：「子產過女，而問何故不毀，乃曰：『不忍〔一〕廟也。諾，將毀矣！』」教毀廟者之辭。既如是，子產乃使辟之。司墓之室有當道者，簡公別營葬地，不在鄭先公舊墓，故道有臨時迂直也。司墓之室，鄭之掌公墓大夫徒屬之家。毀之，則朝而塴；塴，下棺。弗毀，則日中而塴。子大叔請毀之，曰：「無若諸侯之賓何？」不欲久留賓。子產曰：「諸侯之賓能來會吾

〔一〕「忍」下，金澤本有「毀」字。

喪，豈憚日中？無損於賓而民不害，何故不爲？」遂弗毁，日中而葬。君子謂：「子産於是乎知禮。禮，無毁人以自成也。」

夏，宋華定來聘，通嗣君也。宋元公新即位。享之，爲賦蓼蕭，弗知，又不答賦。蓼蕭，詩小雅，義取「燕笑語兮，是以有譽處兮」，樂與華定燕語也；又曰「既見君子，爲龍爲光」，欲以寵光賓也；又曰「宜兄宜弟，令德壽豈」，言賓有令德，可以壽樂也；又曰「和鸞雝雝，萬福攸同」，言欲與賓同福禄也。昭子曰：「必亡。宴語之不懷，懷，思也。寵光之不宣，宣，揚也。令德之不知，同福之不受，將何以在？」爲二十年華定出奔傳。

齊侯、衛侯、鄭伯如晉，朝嗣君也。晉昭公新立。公如晉，亦欲朝嗣君。至河乃復。取郠之役，在十年。莒人愬于晉，晉有平公之喪，未之治也，故辭公。公子憖遂如晉。憖，魯大夫。如晉不書，還不復命而奔，故史不書於策。晉侯享諸侯，子産相鄭伯，辭於享，請免喪而後聽命。簡公未葬。晉人許之，禮也。善晉不奪孝子之情。

晉侯以齊侯晏，中行穆子相。穆子，荀吴。投壺，晉侯先。穆子曰：「有酒如淮，有肉如坻。淮，水名。坻，山名。寡君中此，爲諸侯師。」中之。齊侯舉矢曰：

「有酒如澠，有肉如陵。澠水出齊國臨淄縣北，入時水。陵，大阜也。寡人中此，與君代興。」代，更也。亦中之。伯瑕謂穆子伯瑕，士文伯。曰：「子失辭。吾固師諸侯矣，壺何爲焉？其以中儁也？言投壺中，不足爲儁異。齊君弱吾君，歸弗來矣。」欲與晉君代興，是弱之。穆子曰：「吾軍帥彊禦，卒乘競勸，今猶古也，齊將何事？」言晉德不衰於古，齊不事晉，將無所事。公孫傁趨進曰：「日旰君勤，可以出矣。」以齊侯出。傁，齊大夫。傳言晉之衰。

楚子謂成虎，若敖之餘也，遂殺之。成虎，令尹子玉之孫，與鬭氏同出於若敖。宣四年，鬭椒作亂。今楚子信譖而託討若敖之餘。或譖成虎於楚子，成虎知之而不能行。書曰：「楚殺其大夫成虎。」懷寵也。解經所以書名。

六月，葬鄭簡公。傳終子産辭享，明既葬則爲免喪。經書五月，誤。

晉荀吴僞會齊師者，假道於鮮虞，遂入昔陽。鮮虞，白狄別種，在中山新市縣。昔陽，肥國都，樂平沾縣東有昔陽城。秋八月壬午，滅肥，以肥子緜皋歸。肥，白狄也。緜皋，其君名。鉅鹿下曲陽縣西南有肥累城。爲下晉伐鮮虞起。

周原伯絞虐其輿臣，使曹逃。原伯絞，周大夫原公也。輿，衆也。曹，群也。冬十月壬申朔，原輿人逐絞而立公子跪尋，跪尋，絞弟。絞奔郊。郊，周地。甘簡公無子，立其弟過。甘簡公，周卿士。過將去成、景之族。成公、景公皆過之先君。成、景之族賂劉獻公。欲使殺過。劉獻公亦周卿士，劉定公子。丙申，殺甘悼公，悼公即過。而立成公之孫鰌。鰌，平公。丁酉，殺獻大子之傅庾皮之子過，過，劉獻公大子之傅。殺瑕辛于市，及宫嬖綽、王孫没、劉州鳩、陰忌、老陽子。六子，周大夫，及庾過皆甘悼公之黨。傳言周衰，原、甘二族所以遂微。

季平子立而不禮於南蒯。蒯，南遺之子，季氏費邑宰。南蒯謂子仲：子仲，公子憖。「吾出季氏，而歸其室於公，室，季氏家財。子更其位，更，代也。我以費爲公臣。」子仲許之。南蒯語叔仲穆子，且告之故。穆子，叔仲帶之子叔仲小也。語以欲出季氏，以不見禮故。季悼子之卒也，叔孫昭子以再命爲卿。悼子，季武子之子，平子父也。傳言叔孫之見命，乃在平子爲卿之前。及平子伐莒，克之，更受三命。十年，平子伐莒，以功加三命。昭子不伐莒，亦以例加爲三命。叔仲子欲構二家，欲構，使相憎。謂平子曰：「三命踰父兄，非禮也。」言昭子受三命，自踰其先人。平子曰：「然。」故使昭子。使昭子自貶黜。昭子曰：「叔孫氏有家禍，殺適立庶，故婼也及此。禍在四年。

若因禍以斃之，則聞命矣。言因亂討己，不敢辭。若不廢君命，則固有著矣。」著，位次。昭子朝而命吏曰：「婼將與季氏訟，書辭無頗。」頗，偏也。季孫懼，而歸罪於叔仲子。故叔仲小、南蒯、公子慭謀季氏。慭告公，而遂從公如晉。慭，子仲。南蒯懼不克，以費叛如齊。子仲還及衛，聞亂，逃介而先。介，副使也。及郊，聞費叛，遂奔齊。言及郊，解經所以書出。

南蒯之將叛也，其鄉人或知之，過之而歎，鄉人過蒯而歎。且言曰：「恤恤乎！湫乎攸乎！恤恤，憂患。湫，愁隘。攸，懸危之貌。深思而淺謀，邇身而遠志，家臣而君圖，家臣而圖人君之事，故言思深而謀淺，身近而志遠。有人矣哉！」言今有此人，微以感之。

南蒯枚筮之，不指其事，汎卜吉凶。遇坤䷁坤下坤上，坤。之比䷇，坤下坎上，比。坤六五爻變。曰：「黃裳元吉。」坤六五爻辭。以爲大吉也。示子服惠伯曰：「即欲有事，何如？」惠伯曰：「吾嘗學此矣，忠信之事則可，不然必敗。外彊內溫，忠也。坎險，故彊；坤順，故溫。彊而能溫，所以爲忠。和以率貞，信也。水和而土安正。和、正，信之本也。故曰『黃裳元吉』。黃，中之色也。裳，下之飾也。元，善之長也。中不忠，不得其色。言非黄。下不共，不得其飾。不爲裳。事不善，不得其極。失中德。外内倡和爲忠，不相違也。率事以信爲共，率，猶行也。供養三德爲善，三德，謂正直、剛克、柔克也。非此三者弗當。非忠、信、善不當此卦。且夫易不可以占險，將何事也，且可飾乎？夫易，猶此易，謂「黄裳元吉」之卦。問其何事，欲令從下之飾。中美能黄，上美爲元，下美則裳，參成可筮。參美盡備，吉可如筮。猶有闕也，筮雖吉，未也。」有闕，謂不參成。

將適費，飲鄉人酒。南蒯自其家還適費。鄉人或歌之曰：「我有圃，生之杞乎！言南蒯在費，欲爲亂，如杞生於園圃，非宜也。杞，世所謂狗〔一〕杞也。從我者子乎，子，男子之通稱。言從己可不失今之尊。去我者鄙乎，倍其鄰者耻乎！鄰，猶親也。已乎已乎，非吾黨之士乎！」已乎已乎，言自遂不改。

平子欲使昭子逐叔仲小。欲以自解説。小聞之，不敢朝。昭子命吏謂小待政

〔一〕「狗」，書院本、附釋音本、金澤本作「枸」。釋文作「枸」，云：「本又作『狗』。」

於朝，曰：「吾不爲怨府。」言不能爲季氏逐小，生怨禍之聚。爲明年叔弓圍費傳。

楚子狩于州來，狩，冬獵也。次于潁尾，潁水之尾在下蔡西。使蕩侯、潘子、司馬督、囂尹午、陵尹喜帥師圍徐，以懼吴。五子，楚大夫。徐，吴與國，故圍之以偪吴。楚子次于乾谿，在譙國城父縣南。以爲之援。雨雪，王皮冠，秦復陶，秦所遺羽衣也。翠被，以翠羽飾被。豹舄，以豹皮爲履。執鞭以出，執鞭以教令。僕析父從。楚大夫。

右尹子革夕，子革，鄭丹。夕，莫見。王見之，去冠被舍鞭。敬大臣。與之語曰：「昔我先王熊繹，楚始封君。與吕伋〔一〕、齊大公之子丁公。王孫牟、衛康叔子康伯。燮父、晉唐叔之子。禽父，周公子伯禽。並事康王。康王，成王子。四國皆有分，我獨無有。四國，齊、晉、魯、衛。分，珍寶之器。今吾使人於周，求鼎以爲分，王其與我乎？」對曰：「與君王哉！昔我先王熊繹辟在荆山，在新城沶鄉縣南。篳路藍縷，以處草莽，跋涉山林，以事天子，唯是桃弧、棘矢，以共禦王事。桃弧、棘矢，以禦不祥。言楚在山

〔一〕「伋」，宋大字本、書院本、附釋音本、慶元本、金澤本作「級」。釋文作「級」，云：「本亦作『伋』。」

林，少所出有。齊，王舅也。成王母，齊大公女。晉及魯、衛，王母弟也。楚是以無分，而彼皆有。今周與四國服事君王，將唯命是從，豈其愛鼎！」王曰：「昔我皇祖伯父昆吾，舊許是宅。陸終氏生六子，長曰昆吾，少曰季連。季連，楚之祖，故謂昆吾爲伯父。昆吾嘗居許地，故曰「舊許是宅」。今鄭人貪賴其田，而不我與。我若求之，其與我乎？」對曰：「與君王哉！周不愛鼎，鄭敢愛田？」王曰：「昔諸侯遠我而畏晉，今我大城陳、蔡、不羹，賦皆千乘，子與有勞焉。諸侯其畏我乎？」對曰：「畏君王哉！是四國者，專足畏也，四國，陳、蔡、二不羹。又加之以楚，敢不畏君王哉？」

工尹路請曰：「君王命剥圭以爲鏚柲，鏚，斧也。柲，柄也。破圭玉以飾斧柄。敢請命。」請制度之命。王入視之。

析父謂子革：「吾子，楚國之望也！今與王言如響，國其若之何？」譏其順王心如響應聲。子革曰：「摩厲以須，王出，吾刃將斬矣。」以己喻鋒刃，欲自摩厲以斷[一]王之淫慝。

[一]「斷」，書院本、附釋音本、慶元本、金澤本作「斬」。

王出，復語。左史倚相趨過。倚相，楚史名。王曰：「是良史也，子善視之。是能讀三墳、五典、八索、九丘。」皆古書名。對曰：「臣嘗問〔一〕焉。昔穆王欲肆其心，周穆王。肆，極也。周行天下，將皆必有車轍馬跡焉。祭公謀父作祈招之詩，以止王心。謀父，周卿士。祈父，周司馬，世掌甲兵之職，招其名。祭公方諫遊行，故指司馬官而言。此詩逸。王是以獲没於祗宮。獲没，不見篡弑。臣問其詩而不知也。若問遠焉，其焉能知之？」王曰：「子能乎？」對曰：「能。其詩曰：『祈招之愔愔，式昭德音。愔愔，安和貌。式，用也。昭，明也。思我王度，式如玉，式如金。金、玉，取其堅重。形民之力，而無醉飽之心。』」言國之用民，當隨其力任，如金冶之器，隨器而制形。故言形民之力，去其醉飽過盈之心。王揖而入，饋不食，寢不寐，數日。深感子革之言。不能自克，以及於難。克，勝也。仲尼曰：「古也有志：『克己復禮，仁也。』信善哉！楚靈王若能如是，豈其

〔一〕「問」，金澤本作「聞」。

辱於乾谿？」

晉伐鮮虞，因肥之役也。肥役在此年。

春秋經傳集解昭三第二十二

春秋經傳集解昭四第二十三

杜氏　盡十七年

【經】

十有三年春，叔弓帥師圍費。不書南蒯以費叛，不以告廟。

夏四月，楚公子比自晉歸于楚，弑其君虔于乾谿。比去晉而不送，書歸者，依陳、蔡以入，言陳、蔡猶列國也。比歸而靈王死，故書弑其君。靈王無道而弑稱臣，比非首謀而反書弑，比雖脅立，猶以罪加也。靈王死在五月，又不在乾谿，楚人生失靈王，故本其始禍以赴之。

楚公子弃疾殺公子比。比雖爲君，而未列於諸侯，故不稱爵。殺不稱人，罪弃疾。

秋，公會劉子、晉侯、齊侯、宋公、衛侯、鄭伯、曹伯、莒子、邾子、滕子、薛伯、杞伯、小邾子于平丘。平丘在陳留長垣縣西南。

八月甲戌，同盟于平丘。書同，齊服故。

公不與盟。魯不堪晉求，讒慝弘多，公不與盟，非國惡，故不諱。

晉人執季孫意如以歸。

公至自會。無傳。

蔡侯廬歸于蔡。陳侯吳歸于陳。陳、蔡皆受封于楚，故稱爵。諸侯納之曰歸。

冬十月，葬蔡靈公。蔡復，而後以君禮葬之。

公如晉，至河乃復。晉人辭公。

吳滅州來。州來，楚邑。用大師焉曰滅。

【傳】

十三年春，叔弓圍費，弗克，敗焉。爲費人所敗。不書，諱之。平子怒，令見費人，執之以爲囚俘。冶區夫曰：「非也。區夫，魯大夫。若見費人，寒者衣之，飢者食之，爲之令主，而共其乏困，費來如歸，南氏亡矣。民將叛之，誰與居邑？若憚之以威，懼之以怒，民疾而叛，爲之聚也。若諸侯皆然，費人無歸，不親南氏，將焉入矣？」平子從之。費人叛南氏。費叛南氏在明年。傳善區夫之謀，終言其效。

楚子之爲令尹也，殺大司馬薳掩，而取其室。在襄三十年。及即位，奪薳居田。居，掩之族。言薳氏所以怨。遷許而質許圍。遷許在九年。圍，許大夫。蔡洧有寵於王，王之滅蔡也，其父死焉，楚滅蔡在十一年。洧仕楚，其父在國，故死。王使與於守而行。使洧守國，王行至乾谿。申之會，越大夫戮焉。申會在四年。王奪鬬韋龜中犫，韋龜，令尹子文玄孫。中犫，邑名。又奪成然邑而使爲郊尹。成然，韋龜子。郊尹，治郊竟大夫。蔓成然故事蔡公。蔡公，弃疾也。故猶舊也。韋龜以弃疾有當璧之命，故使成然事之。故薳氏之族及薳居、許圍、蔡洧、蔓成然，皆王所不禮也，因群喪職之族，啓越大夫常壽過作亂，常壽過，申會所戮者。圍固城，克息舟，城而居之。息舟，楚邑，城之堅固者。

觀起之死也，其子從在蔡，事朝吴，觀起死在襄二十二年。朝吴，故蔡大夫聲子之子。曰：「今不封蔡，蔡不封矣。我請試之。」觀從以父死怨楚，故欲試作亂。以蔡公之命召子干、子晳，二子皆靈王弟。元年，子干奔晉，子晳奔鄭。及郊而告之情，告以蔡公不知謀。强與之盟，入襲蔡。蔡公將食，見之而逃。不知其故，驚起辟之。

觀從使子干食，坎用牲，加書而速行。使子干居蔡公之牀，食蔡公之食，並僞與蔡公盟之徵驗以示衆。己徇於蔡，己，觀從也。曰：「蔡公召二子，將納之，與之盟而遣之矣，將師而從之。」詐言蔡公將以師助二子。蔡人聚，將執之。執觀從。辭曰：「失賊成軍，而殺余何益？」乃釋之。賊謂子干、子晳也。言蔡公已成軍，殺己不解罪。朝吳曰：「二三子若能死亡，則如違之，以待所濟。言若能爲靈王死亡，則可違蔡公之命，以待成敗所在〔一〕。若求安定，則如與之，以濟所欲。言與蔡公則可得安定。且違上，何適而可？」言不可違上也。上謂蔡公。衆曰：「與之。」乃奉蔡公，召二子而盟于鄧，潁川召陵縣西南有鄧城。二子，子干、子晳。依陳、蔡人以國。國陳、蔡而依之。楚公子比、子干。公子黑肱、子晳。公子弃疾、蔡公。蔓成然、蔡朝吳帥陳、蔡、不羹、許、葉之師，因四族之徒，四族，薳氏、許圍、蔡洧、蔓成然。以入楚。

〔一〕「所在」，書院本、附釋音本作「如何」。

及郊，陳、蔡欲爲名，故請爲武軍。欲築壘壁以示後人，爲復讎之名。蔡公知之，曰：「欲速。且役病矣，請藩而已。」乃藩爲軍。藩，籬也。蔡公使須務牟與史猈先入，因正僕人殺大子禄及公子罷敵。須務牟、史猈，楚大夫，蔡公之黨也。正僕，大子之近官。公子比爲王，公子黑肱爲令尹，次于魚陂。竟陵縣城西北有甘魚陂。公子弃疾爲司馬，先除王宮。使觀從從師于乾谿，而遂告之。從乾谿之師，告使叛靈王。且曰：「先歸復所，後者劓。」劓，截鼻。師及訾梁而潰。靈王還至訾梁而衆散。

王聞群公子之死也，自投于車下，曰：「人之愛其子也，亦如余乎？」侍者曰：「甚焉，小人老而無子，知擠于溝壑矣。」擠，隊也。王曰：「余殺人子多矣，能無及此乎？」右尹子革曰：「請待于郊，以聽國人。」聽國人之所與。王曰：「衆怒不可犯也。」曰：「若入於大都而乞師於諸侯。」王曰：「皆叛矣。」曰：「若亡於諸侯，以聽大國之圖君也。」王曰：「大福不再，祇取辱焉。」然丹乃歸于楚。然丹，子革。弃王歸。

王沿夏，將欲入〔一〕鄢。夏，漢别名。順流爲沿。順漢水南至鄢。芋尹無宇之子申亥曰：「吾父再奸王命，謂斷王〔二〕旌，執人於章華宫。王弗誅，惠孰大焉？君不可忍，惠不可弃，吾其從王。」乃求王，遇諸棘闈〔三〕以歸。棘，里名。闈，門也。夏五月癸亥，王縊于芋尹申亥氏。癸亥，五月二十六日，皆在乙卯、丙辰後。傳終言之，經書四月，誤。申亥以其二女殉而葬之。

觀從謂子干曰〔四〕：「不殺弃疾，雖得國，猶受禍也。」子干曰：「余不忍也。」子玉曰：「人將忍子，子玉，觀從。吾不忍俟也。」乃行。

國每夜駭曰：「王入矣！」相恐以靈王也。乙卯夜，弃疾使周走而呼曰：「王至矣！」周，徧也。乙卯，十八日。國人大驚。使蔓成然走告子干、子皙曰：「王至

〔一〕「入」，釋文云：「本或作『至』。」
〔二〕「王」，原作「其」，據宋大字本、書院本、附釋音本、慶元本、金澤本改。
〔三〕「闈」，原作「圍」，據宋大字本、慶元本改。
〔四〕「謂子干曰」，阮校：「石經『曰』字後人旁增。釋文云『謂子干』本或作『謂子干曰』。」

矣！國人殺君司馬，將來矣！司馬謂弃疾也。言司馬見殺，以恐子干。君若早自圖也，可以無辱。衆怒如水火焉，不可爲謀。」又有呼而走至者曰：「衆至矣！」二子皆自殺。不書弑，君位未定也。

丙辰，棄疾即位，名曰熊居。葬子干于訾，實訾敖。不成君，無號謚者，楚皆謂之「敖」。殺囚，衣之王服而流諸漢，乃取而葬之，以靖國人。使子旗爲令尹。子旗，蔓成然。

楚師還自徐，前年圍徐之師。吴人敗諸豫章，獲其五帥。定二年，楚人伐吴師于豫章。吴人見舟于豫章，而潛師于巢以軍楚師於豫章。又柏舉之役，吴人舍舟于淮汭，而自豫章與楚夾漢。此皆當在江北淮水南，蓋後徙在江南豫章。

平王封陳、蔡，復遷邑，復九年所遷邑。致群賂，始舉事時所貨賂。施舍寬民，宥罪舉職。舉職，脩廢官。召觀從，王曰：「唯爾所欲。」觀從教子干殺弃疾，弃疾今召用之，明在君爲君之義。對曰：「臣之先，佐開卜。」乃使爲卜尹。佐卜人開龜兆。

使枝如子躬聘于鄭，且致犨、櫟之田。犨、櫟，本鄭邑，楚中取之。平王新立，故還以賂鄭。事畢，弗致。知鄭自説服，不復須賂故。鄭人請曰：「聞諸道路，將命寡君以犨、櫟，敢請命。」對曰：「臣未聞命。」既復〔一〕，王問犨、櫟。降服而對降服，如今解冠也，謝違命。曰：「臣過失命，未之致也。」王執其手曰：「子毋勤。姑歸，不穀有事，其告子也。」王善其有權，有事將復使之。

他年，芋尹申亥以王柩告，乃改葬之。

初，靈王卜曰：「余尚得天下。」尚，庶幾。不吉，投龜詬〔二〕天而呼曰：「是區區者而不余畀，區區，小天下。余必自取之。」民患王之無厭也，故從亂如歸。

初，共王無冢適，冢，大也。有寵子五人，無適立焉。乃大有事于群望，群望，星辰山川。而祈曰：「請神擇於五人者，使主社稷。」乃徧以璧見於群望曰：「當璧而拜者，神所立也，誰敢違之？」既乃與巴姬密埋璧於大室之庭，巴姬，共王妾。大室，祖廟。使五人齊而長入拜。從長幼以次拜。康王跨之。過其上也。靈王肘加焉。子干、子晳皆遠之。平王弱，抱而入，再拜，皆厭紐。微見璧紐以爲審識。鬭韋

〔一〕「復」下，金澤本有「命」字。
〔二〕「詬」，釋文云：「本又作『訽』。」

龜屬成然焉，如其將立，故託其子。且曰：「弃禮違命，楚其危哉！」弃立長之禮，違當璧之命，終致靈王之亂。

子干歸，韓宣子問於叔向曰：「子干其濟乎？」對曰：「難。」宣子曰：「同惡相求，如市賈焉，何難？」宣子謂弃疾親恃子干，共同好惡，故言如市賈同利以相求。對曰：「無與同好，誰與同惡？言弃疾本不與子干同好，則亦不得同惡。取國有五難：有寵而無人，一也；寵須賢人而固。有人而無主，二也；雖有賢人，當須內主爲應。有主而無謀，三也；謀，策謀也。有謀而無民，四也；民，衆。有民而無德，五也。四者既備，當以德成。子干在晉十三年矣，晉、楚之從，不聞達者，可謂無人。晉、楚之士從子干遊，皆非達人。族盡親叛，可謂無主。無親族在楚。無釁而動，可謂無謀。召子干時，楚未有大釁。爲羈終世，可謂無民。終身羈客在晉，是無民。亡無愛徵，可謂無德。楚人無愛念之者。王虐而不忌，靈王暴虐，無所畏忌，將自亡。楚君子干涉五難以弑舊君，誰能濟之？言楚借君子干以弑靈王，終無能成。有楚國者，其弃疾乎！君陳、蔡，城外屬焉。城，方城也。時穿封戌既死，弃疾并領陳事。苛慝不作，盜賊伏隱，私欲不違，不以私欲違民事。民無怨心。先神命之，先神謂群望。國民信之，芈姓有亂，必季實立，楚之常也。獲神，一也。民信之。令德，二也。當璧拜。有民，三也。無苛慝。寵貴，四也。貴妃子。居常，五也。弃疾，季。有五利以去五難，誰能害之？子干之官，則右尹也。數其貴寵，則庶子也。以神所命，則又遠之。其貴亡矣，位不尊。其寵弃矣，父既没故。民無懷焉，非令德。國無與焉，無内主。將何以立？」宣子曰：「齊桓、晉文，不亦是乎？」皆庶賤。對曰：「齊桓，衛姬之子也，有寵於僖。衛姬，齊僖公妾。有鮑叔牙、賓須無、隰朋以爲輔佐，有莒、衛以爲外主，齊桓出奔莒、衛，有舅氏之助。有國、高以爲内主。國氏、高氏，齊上卿。從善如流，言其疾也。下善齊肅，齊，嚴也。肅，敬也。不藏賄，清也。不從欲，儉也。施舍不倦，施舍，猶言布恩德。求善不厭，是以有國，不亦宜乎？我先君文公，狐季姬之子也，有寵於獻。好學而不貳，言篤志。生十七年，有士五人。狐偃、趙衰、顛頡、魏武子、司空季子，五士從出。有先大夫子餘、子犯以爲腹心，子餘，趙衰。子犯，狐偃。有魏犨、賈佗以爲股肱，魏犨，魏武子也。稱五人而説四士，賈佗又不在本數，蓋叔向所賢。有齊、宋、秦、楚以爲外主，齊妻以女，宋贈以馬，楚王享之，秦伯納之。有欒、郤、狐、先以爲内主。謂欒枝、郤縠、狐突、先軫也。亡十九年，守志彌篤。惠、懷弃民，惠公、懷公不恤民也。民從而與之。獻無異親，民無異望，獻公之子九人，唯文公在。天方相晉，將何以代文？此二君者，異於子干。共有寵子，國有奧主。謂弃疾也。無施於民，無援於外，去晉而不送，歸楚而不逆，何以冀國？」傳言子干所以蒙弑君之名，弃疾所以得國。

晉成虒祁，在八年。諸侯朝而歸者，皆有貳心。賤其奢也。爲取郠故，取郠在十年。晉將以諸侯來討。叔向曰：「諸侯不可以不示威。」知晉德薄，欲以威服之。乃並徵會，告于吴。秋，晉侯會吴子于良。下邳有良城縣。水道不可，吴子辭，乃還。辭不會。

七月丙寅，治兵于邾南，甲車四千乘，三十萬人。羊舌鮒攝司馬，鮒，叔向弟也。攝，兼官。遂合諸侯于平丘。子産、子大叔相鄭伯以會。子産以幄幕九張行。幄幕，軍旅之帳。子大叔以四十，既而悔之，每舍損焉。及會，亦如之。亦九張也。傳言子産之適宜，大叔之從善。

次于衛地，叔鮒求貨於衛，淫芻蕘者。欲使衛患之而致貨。衛人使屠伯饋叔向羹，與一篋錦，屠伯，衛大夫。曰：「諸侯事晉，未敢攜貳，況衛在君之宇下，屋宇之下，喻近也。而敢有異志？芻蕘者異於他日，敢請之。」請止之。叔向受羹反錦，受羹示不逆其意，且非貨。曰：「晉有羊舌鮒者，瀆貨無厭，瀆，數也。亦將及矣，將及禍。爲此役也。役，事也。子若以君命賜之，其已。」客從之。未退而禁之。禁芻蕘者。

晉人將尋盟，齊人不可。有貳心故。晉侯使叔向告劉獻公，獻公，王卿士劉子。曰：「抑齊人不盟，若之何？」對曰：「盟以厎信。厎，致也。君苟有信，諸侯不貳，何患焉？告之以文辭，董之以武師，雖齊不許，君庸多矣。董，督也。庸，功也。討之有辭，故功多也。天子之老，請帥王賦，元戎十乘，以先啓行。天子大夫稱老。元戎，戎車在前者。啓，開也。行，道也。遲速唯君。」欲佐晉討齊。叔向告于齊曰：「諸侯求盟，已在此矣。今君弗利，寡君以爲請。」對曰：「諸侯討貳，則有尋盟。若皆用命，何盟之尋？」託用命以拒晉。叔向曰：「國家之敗，有事而無業，事則不經。業，貢賦之業。有業而無禮，經則不序。須禮而有次序。有禮而無威，序則不共。禮須威嚴而後共。有威而不昭，共則不明。威須昭告神明，而後信義著。不明弃共，百事不終，所由傾覆也。信義不明則弃威，不威弃禮。無禮無經，無經無業，故百事不成。是故明王之制，使諸侯歲聘以志業，志，識也。歲聘以脩其職業。間朝以講禮，三年而一朝，正班爵之義，率長幼之序。再朝而會以示威，六年而一會，以訓上下之則，制財用之節。再會而盟以顯昭明。十二年而一盟，所以昭信義也。凡八聘四朝再會，王一巡守，盟于方嶽之下。志業於好，聘也。講禮於等，朝也。示威於衆，會也。昭明於神，盟也。自古以來，未之或失也。存亡之道，恒由是興。晉禮主盟，依先王、先公舊禮，主諸侯盟。懼有不治，奉承齊犧，齊盟之犧牲。而布諸君，求終事也。終，竟也。君曰：『余必廢之，何齊之有？』唯君圖之，寡君聞命矣！」齊人懼，對曰：「小國言之，大國制之，敢不聽從？既聞命矣，敬共以往，遲速唯君。」

叔向曰：「諸侯有間矣，間，隙也。不可以不示衆。」八月辛未，治兵，習戰。建而不旆。建立旌旗，不曳其旆。旆，游也。壬申，復旆之。諸侯畏之。軍將戰則旆，故曳旆以恐之。

邾人、莒人愬于晉曰：「魯朝夕伐我，幾亡矣。自昭公即位，邾、魯同好，又不朝夕伐莒，無故怨愬，晉人信之，所謂「讒慝弘多」。我之不共，魯故之以。」不共晉貢，以魯故也。晉侯不見公，使叔向來辭曰：「諸侯將以甲戌盟，寡君知不得事君矣，請君無勤。」託謙辭以絕魯。子服惠伯對曰：「君信蠻夷之訴，蠻夷，謂邾、莒。以絕兄弟之國，弃周公之後，亦唯君。寡君聞命矣。」叔向曰：「寡君有甲車四千乘在，雖以無道行之，必可畏也。況其率道，其何敵之有？牛雖瘠，僨於豚上，其畏不死？僨，仆也。南蒯、子仲之憂，其庸可弃乎？弃，猶忘也。若奉晉之衆，用諸侯之師，因邾、莒、杞、鄫之怒，四國近魯，數以小事相忿。鄫已滅，其民猶存，故并以恐魯。以討魯罪，閒其二憂，因南蒯、子仲二憂爲閒隙。何求而弗克？」魯人懼，聽命。不敢與盟。

甲戌，同盟于平丘，齊服也。經所以稱同。令諸侯日中造于除。除地爲壇〔一〕，盟會處。癸酉，退朝。先盟朝晉。子產命外僕速張於除，張幄〔二〕幕。子大叔止之，使待明日。及夕，子產聞其未張也，使速往，乃無所張矣。地已滿也。傳言子產每事敏於大叔。

〔一〕「壇」，釋文作「墠」，云：「本或作『壇』。」
〔二〕「幄」，金澤本作「帳」。

及盟，子産爭承，承，貢賦之次。曰：「昔〔一〕天子班貢，輕重以列，列，位也。列尊貢重，周之制也。公侯地廣，故所貢者多。卑而貢重者，甸服也。甸服，謂天子畿内共職貢者。鄭，伯男也，而使從公侯之貢，言鄭國在甸服外，爵列伯子男，不應出公侯之貢。懼弗給也。敢以爲請。諸侯靖兵，好以爲事。靖，息也。行理之命，行理，使人通聘問者。無月不至。貢之無藝，藝，法制。小國有闕，所以得罪也。諸侯脩盟，存小國也。貢獻無極，亡可待也。存亡之制，將在今矣。」自日中以爭，至于昏，晉人許之。

既盟，子大叔咎之曰：「諸侯若討，其可瀆乎？」瀆，易也。子産曰：「晉政多門，政不出一家。貳偷之不暇，何暇討？貳，不壹。偷，苟且。國不競亦陵，何國之爲？」不競争，則爲人所侵陵，不成爲國。

公不與盟。信邾、莒之訴，欲討魯故。晉人執季孫意如，以幕蒙之，蒙，裹也。使

〔一〕「昔」下，書院本、金澤本有「者」字。

狄人守之。司鐸射魯大夫。懷錦，奉壺飲冰，以蒲伏〔一〕焉。守者御之，乃與之錦而入。蒲伏竊往，飲季孫。冰，箭筩蓋，可以取飲。晉人以平子歸，子服湫〔二〕從。湫，子服惠伯，從至晉。子產歸，未至，聞子皮卒，哭，且曰：「吾已！已，猶決竟。無爲爲善矣，唯夫子知我。」言子皮知己之善。仲尼謂：「子產於是行也，足以爲國基矣。詩云：『樂只〔三〕君子，邦家之基。』詩，小雅，言樂與君子爲治，乃國家之基本。子產，君子之求樂者也。」且曰：「合諸侯，藝貢事，禮也。」嫌爭競不順，故以禮明之。

鮮虞人聞晉師之悉起也，五年傳曰：「遺守四千。」今甲車四千乘，故爲悉起。而不警邊，且不脩備。言夷狄無謀。晉荀吳自著雍以上軍侵鮮虞，及中人，驅衝競，中山望都縣西北有中人城。驅衝車，與狄爭逐。大獲而歸。爲十五年晉伐鮮虞起。

楚之滅蔡也，靈王遷許、胡、沈、道、房、申於荊焉。平王即位，既封陳、蔡，而

〔一〕「蒲伏」，釋文云：「本又作『匍匐』。」
〔二〕「子服湫」，釋文云：「又作『子服椒』，止一人耳。」
〔三〕「只」，附釋音本、慶元本作「旨」。

皆復之，禮也。滅蔡在十一年。許、胡、沈，小國也。道、房、申，皆故諸侯，楚滅以爲邑。荆，荆山也。傳言平王得安民之禮。汝南有吴防縣，即防國。隱大子之子廬歸于蔡，禮也。隱大子，大子有也。廬，蔡平侯。悼大子之子吴歸于陳，禮也。悼大子，偃師也。吴，陳惠公。冬十月，葬蔡靈公，禮也。國復，成禮以葬也。此陳、蔡事，傳皆言禮，嫌楚所封不得比諸侯，故明之。

公如晉。荀吴謂韓宣子曰：「諸侯相朝，講舊好也。執其卿而朝其君，有不好焉，不如辭之。」乃使士景伯辭公于河。景伯，士文伯之子彌牟也。

吴滅州來。令尹子旗〔一〕請伐吴，王弗許，曰：「吾未撫民人，未事鬼神，未脩守備，未定國家，而用民力，敗不可悔。州來在吴，猶在楚也。子姑待之。」傳言平王所以能有國。

季孫猶在晉，子服惠伯私於中行穆子，私與之語。曰：「魯事晉何以不如夷之小國？魯，兄弟也，土地猶大，所命能具。若爲夷弃之，使事齊、楚，其何瘳於

〔一〕「旗」，附釋音本、金澤本作「期」。

晉？謬，差也。親親與大，賞共罰否，所以爲盟主也。子其圖之。諺曰：『臣一主二。』言一臣必有二主，道不合得去事他國。吾豈無大國？」言非獨晉可事。穆子告韓宣子，且曰：「楚滅陳、蔡，不能救，而爲夷執親，將焉用之？」乃歸季孫。惠伯曰：「寡君未知其罪，合諸侯而執其老。老，尊卿稱。若猶有罪，死命可也。死晉命也。若曰無罪，而惠免之，諸侯不聞，是逃命也，何免之爲？請從君惠於會。」欲得盟會，見遣，不欲私去。宣子患之，謂叔向曰：「子能歸季孫乎？」對曰：「不能。鮒也能。」鮒，叔魚。乃使叔魚。叔魚見季孫曰：「昔鮒也得罪於晉君，自歸於魯君。蓋襄二十一年，坐叔虎與欒氏黨，并得罪。微武子之賜，不至於今。武子，季平子祖父。雖獲歸骨於晉，猶子則肉之，敢不盡情？歸子而不歸，鮒也聞諸吏，將爲子除館於西河，西使近河。其若之何？」且泣。泣以信其言。平子懼，先歸。惠伯待禮。待見遣之禮。

【經】十有四年春，意如至自晉。書至者，喜得免。

三月，曹伯滕卒。無傳。四同盟。

夏四月。無傳。

秋，葬曹武公。無傳。

八月，莒子去疾卒。未同盟。

冬，莒殺其公子意恢。以禍亂告，不必繫於爲卿，故雖公子亦書。意恢與亂君爲黨，故書名，惡之。

【傳】

十四年春，意如至自晉，尊晉罪己也。以舍族爲尊晉罪己。尊晉罪己，禮也。禮，脩己而不責人。南蒯之將叛也，盟費人。司徒老祁、慮癸二人，南蒯家臣。僞廢疾，使請於南蒯曰：「臣願受盟而疾興，若以君靈不死，請待間而盟。」間，差也。許之。二子因民之欲叛也，請朝衆而盟。欲因合衆以作亂。遂劫南蒯曰：「群臣不忘其君，君謂季氏。畏子以及今，三年聽命矣。子若弗圖，費人不忍其君，將不能畏子矣。不能復畏子。子何所不逞欲？請送子。」送使出奔。請期五日。南蒯請期，冀有變。遂奔齊。侍飲酒於景公。公曰：「叛夫！」戲之。對曰：「臣欲張公室也。」張，强也。子韓晳曰：齊大夫。「家臣而欲張公室，罪莫大焉。」言越職。司徒老祁、慮癸來歸費。歸魯。齊侯使鮑文子致之。南蒯雖叛，費人不從，未專屬齊。二子逐蒯而復其舊，故經不書歸費。齊使文子致邑，欲以假好，非事實也。

夏，楚子使然丹簡上國之兵於宗丘，且撫其民，上國在國都之西。西方居上流，故謂之上國。宗丘，楚地。分貧振窮，分，與也。振，救也。長孤幼，養老疾，收介特，介特，單身民也。收聚不使流散。救災患，宥孤寡，寬其賦稅。赦罪戾，詰姦慝，詰，責問也。舉淹滯，淹滯，有才德而未敘者。禮新敘舊，新，羈旅也。禄勳合親，勳，功也。親，九族。任良物官。物，事也。使屈罷簡東國之兵於召陵，兵在國都之東者。亦如之。如然丹。好於邊疆，結好四鄰。息民五年，而後用師，禮也。

秋八月，莒著丘公卒，郊公不慼。郊公，著丘公子。國人弗順，欲立著丘公之弟庚輿。庚輿，莒共公。蒲餘侯惡公子意恢，而善於庚輿；蒲餘侯，莒大夫茲夫也。意恢，莒群公子。郊公惡公子鐸，而善於意恢。鐸亦群公子。公子鐸因蒲餘侯而與之謀曰：「爾殺意恢，我出君而納庚輿。」許之。爲下冬殺意恢傳。

楚令尹子旗有德於王，不知度，有佐立之德。與養氏比，而求無厭。養氏，子旗之黨，養由基之後。王患之。九月甲午，楚子殺鬭成然，而滅養氏之族。使鬭辛居鄖，以無忘舊勳。辛，子旗之子鄖公辛。

冬十二月，蒲餘侯茲夫殺莒公子意恢，郊公奔齊。公子鐸逆庚輿於齊。齊隰黨、公子鉏送之，有賂田。莒賂齊以田。

晉邢侯與雍子爭鄐田，邢侯，楚申公巫臣之子也。雍子，亦故楚人。久而無成。士景伯如楚，士景伯，晉理官。叔魚攝理。攝，代景伯。韓宣子命斷舊獄，罪在雍子。雍子納其女於叔魚，叔魚蔽罪邢侯。蔽，斷也。邢侯怒，殺叔魚與雍子於朝。宣子問其罪於叔向。叔向曰：「三人同罪，施生戮死可也。施，行罪也。雍子自知其罪，而賂以買直，鮒也鬻獄，邢侯專殺，其罪一也。己惡而掠美爲昏，掠，取也。昏，亂也。貪以敗官爲墨，墨，不絜之稱。殺人不忌爲賊。忌，畏也。夏書曰：『昏、墨、賊，殺。』逸書。三者皆死刑。皋陶之刑也。請從之。」乃施邢侯而尸雍子與叔魚於市。仲尼曰：「叔向，古之遺直也。言叔向之直有古人遺風。治國制刑，不隱於親，謂國之大問，己所答當也。至於他事，則宜有隱。三數叔魚之惡，不爲末減。末，薄也。減，輕也。皆以正言之。曰義也夫，可謂直矣。於義未安，直則有之。平丘之會，數其賄也，謂言瀆貨無厭。以寬衛國，晉不爲暴。歸魯季孫，稱其詐也，謂言鮒也能。以寬魯國，晉不爲虐。邢侯之獄，言其貪也，以正刑書，晉不爲頗。三言而除三惡，加三利，三惡，暴、虐、頗也。三惡除，則三利加。殺親益榮，榮名益己。猶義也夫！」三罪唯答宣子問，不可以不正，其餘則以直傷義，故重疑之。

【經】

十有五年春王正月，吴子夷末卒。無傳，未同盟。

二月癸酉，有事于武宫。籥入，叔弓卒，去樂卒事。略書有事，爲叔弓卒起也。武宫，魯武公廟，成六年復立之。

夏，蔡朝吴出奔鄭。朝吴不遠讒人，所以見逐而書名。

六月丁巳朔，日有食之。無傳。

秋，晉荀吴帥師伐鮮虞。

冬，公如晉。

【傳】

十五年春，將禘于武公，戒百官。齋戒。梓慎曰：「禘之日，其有咎乎！吾見赤黑之祲，非祭祥也，喪氛也。祲，妖氛也。蓋見於宗廟，故以爲非祭祥也。氛，惡氣也。其在涖事乎？」涖，臨也。二月癸酉，禘，叔弓涖事，籥入而卒，去樂卒事，禮也。大臣卒，故爲之去樂。

楚費無極害朝吳之在蔡也，朝吳，蔡大夫，有功於楚平王，故無極恐其有寵，疾害之。欲去之。乃謂之曰：「王唯信子，故處子於蔡。子亦長矣，而在下位，辱。必求之，吾助子請。」請求上位。又謂其上之人蔡人在上位者。曰：「王唯信吳，故處諸蔡，二三子莫之如也。而在其上，不亦難乎？弗圖，必及於難。」夏，蔡人逐朝吳。朝吳出奔鄭。王怒曰：「余唯信吳，故寘諸蔡。且微吳，吾不及此，女何故去之？」無極對曰：「臣豈不欲吳？非不欲善吳。然而前知其爲〔一〕人之異也。言其多權謀。吳在蔡，蔡必速飛。去吳，所以翦其翼也。」以鳥喻也。言吳在蔡，必能使蔡

〔一〕「爲」，原脱，據國會本、書院本、附釋音本、慶元本、金澤本補。

速强而背楚。

六月乙丑，王大子壽卒。周景王子。

秋八月戊寅，王穆后崩。大子壽之母也。傳爲晉荀躒如周葬穆后起。

晉荀吴帥師伐鮮虞，圍鼓。鼓，白狄之别。鉅鹿下曲陽縣有鼓聚。鼓人或請以城叛，穆子弗許。左右曰：「師徒不勤，而可以獲城，何故不爲？」穆子曰：「吾聞諸叔向曰：『好惡不愆，民知所適，事無不濟。』愆，過也。適，歸也。或以吾城叛，吾所甚惡也。人以城來，吾獨何好焉？賞所甚惡，若所好何？無以復加所好。若其弗賞，是失信也，何以庇民？力能則進，否則退，量力而行。吾不可以欲城而邇姦，所喪滋多。」使鼓人殺叛人，而繕守備。圍鼓三月，鼓人或請降，使其民見，曰：「猶有食色，姑脩而城。」軍吏曰：「獲城而弗取，勤民而頓兵，何以事君？」穆子曰：「吾以事君也。獲一邑而教民怠，將焉用邑？邑以賈怠，不如完舊。完，猶保守。賈怠無卒，卒，終也。弃舊不祥。鼓人能事其君，我亦能事吾君。率義不爽，爽，差也。好惡不愆，城可獲而民知義所，知義所在也。荀吴必其能獲，故因以示義。有死命而無二心，不亦可乎！」鼓人告食竭力盡，而後取之。克鼓而反，不戮一人，以鼓子鳶鞮歸。鳶鞮，鼓君名。

冬，公如晉，平丘之會故也。平丘會，公不與盟。季孫見執，今既得免，故往謝之。

十二月，晉荀躒〔一〕如周葬穆后，籍談爲介。既葬除喪，以文伯宴，樽〔二〕以魯壺。文伯，荀躒也。魯壺，魯所獻壺樽。王曰：「伯氏，諸侯皆有以鎮撫王室，晉獨無有，何也？」感魯壺而言也。鎮撫王室，謂貢獻之物。文伯揖籍談，文伯無辭，揖籍談使對。對曰：「諸侯之封也，皆受明器於王室，謂明德之分器。以鎮撫其社稷，故能薦彝器於王。薦，獻也。彝，常也。謂可常寶之器，若魯壺之屬。晉居深山，戎狄之與鄰，而遠於王室。王靈不及，拜戎不暇，言王寵靈不見及，故數爲戎所加陵。其何以獻器？」王曰：「叔氏，而忘諸乎？叔，籍談字〔三〕。叔父唐叔，成王之母弟也，其反無分乎？密須之鼓，與其大路，文所以大蒐也。密須，姞姓國也，在安定陰密縣。文王伐

〔一〕「躒」，釋文出「櫟」，云：「本又作『躒』。」

〔二〕「樽」，釋文云：「本或作『尊』，又作『罇』，並同。」

〔三〕「字」，國會本、書院本、附釋音本作「也」。

之，得其鼓路以蒐。闕鞏之甲〔一〕，武所以克商也，闕鞏國所出鎧。唐叔受之，以處參虚，匡有戎狄。參虚，實沈之次，晉之分野。其後襄之二路，周襄王所賜晉文公大路、戎路。鏚鉞秬鬯、鏚，斧也。鉞，金鉞。秬，黑黍。鬯，香酒。彤弓虎賁，文公受之，以有南陽之田，事在僖二十八年。撫征東夏，非分而何？夫有勳而不廢，加重賞。有績而載，書功於策。奉之以土田，有南陽。撫之以彝器，弓鉞之屬。旌之以車服，襄之二路。明之以文章，旌旗。子孫不忘，所謂福也。福祚之不登叔父，焉在？言福祚不在叔父，當在誰邪？且昔而高祖孫伯黶，司晉之典籍，以爲大政，故曰籍氏。孫伯黶，晉正卿，籍談九世祖。及辛有之二子董之晉，於是乎有董史。辛有，周人也。其二子適晉爲大史，籍黶與之共董督晉典，因爲董氏，董狐其後。女，司典之後也，何故忘之？」籍談不能對。賓出，王曰：「籍父其無後乎！數典而忘其祖。」忘祖業。

籍談歸，以告叔向。叔向曰：「王其不終乎！吾聞之，所樂必卒焉。今王樂

〔一〕「闕鞏之甲」，阮校：「釋文亦作『鞏』。案説文『䂬』字注引春秋傳曰『闕䂬之甲』，九經字樣『䂬』字下亦云『見春秋』。」

憂，若卒以憂，不可謂終。王一歲而有三年之喪二焉，天子絶期，唯服三年，故后雖期，通謂之三年喪。於是乎以喪賓宴，又求彝器，樂憂甚矣，且非禮也。彝器之來，嘉功之由，非由喪也。三年之喪，雖貴遂服，禮也。天子諸侯除喪當在卒哭，今王既葬而除，故譏其不遂。王雖弗遂，宴樂以早，亦非禮也。言今雖不能遂服，猶當静嘿，而便宴樂，又失禮也。禮，王之大經也。一動而失二禮，無大經矣。失二禮，謂既不遂服，又設宴樂。言以考典，考，成也。典以志經，忘經而多言舉典，將焉用之？」爲二十二年王室亂傳。

【經】

十有六年春，齊侯伐徐。

楚子誘戎蠻子，殺之。

夏，公至自晉。

秋八月己亥，晉侯夷卒。未同盟。

九月，大雩。

季孫意如如晉。

冬十月，葬晉昭公。三月而葬，速。

【傳】

十六年春王正月，公在晉，晉人止公。不書，諱之也。猶以取鄆故也。公爲晉人所執止，故諱不書。

齊侯伐徐。楚子聞蠻氏之亂也，與蠻子之無質也，質，信也。使然丹誘戎蠻子嘉，殺之，遂取蠻氏。既而復立其子焉，禮也。詐之，非也；立其子，禮也。河南新城縣東南有蠻城。

二月丙申，齊師至于蒲隧。蒲隧，徐地。下邳取慮縣東有蒲如陂。徐人行成。徐子及郯人、莒人會齊侯，盟于蒲隧，賂以甲父之鼎。甲父，古國名，高平昌邑縣東南有甲父亭。徐人得甲父鼎以賂齊。叔孫昭子曰：「諸侯之無伯，害哉！爲小國害。齊君之無道也，興師而伐遠方，會之有成而還，莫之亢也。無亢禦。無伯也夫！詩曰：『宗周既滅，靡所止戾。正大夫離居，莫知我肄。』詩，小雅。戾，定也。肄，勞也。言周舊爲天下宗，今乃衰滅，亂無息定，執政大夫離居異心，無有念民勞者。其是之謂乎！」傳言晉之衰。

三月，晉韓起聘于鄭，鄭伯享之。子產戒〔一〕曰：「苟有位於朝，無有不共恪。」孔張後至，立於客間，孔張，子孔之孫。執政禦之；執政，掌位列者。禦，止也。適客後，又禦之；適縣間，縣，樂肆。客從而笑之。

事畢，富子諫富子，鄭大夫。諫子產也。曰：「夫大國之人，不可不慎也，幾爲之笑而不陵我？言數見笑，則心陵侮我。我皆有禮，夫猶鄙我。鄙，賤也。國而無禮，何以求榮？孔張失位，吾子之恥也。」子產怒曰：「發命之不衷，衷，當也。出令之不信，刑之頗類，緣事類以成偏頗。獄之放紛，放，縱也。紛，亂也。會朝之不敬，謂國無禮敬之心。使命之不聽，下不從上命。取陵於大國，罷民而無功，罪及而弗知，僑之恥也。孔張，君之昆孫，子孔之後也，昆，兄也。子孔，鄭襄公兄，孔張之祖父。執政之嗣也。子孔嘗執鄭國之政。爲嗣大夫，承命以使，周於諸侯，國人所尊，諸侯

〔一〕「戒」下，附釋音本有「之」字。

所知。立於朝而祀於家，卿得自立廟於家。有祿於國，受祿邑。有賦於軍，軍出，卿賦百乘。喪祭有職，有所主。受脤歸脤，受脤，謂君祭，以肉賜大夫；歸脤，謂大夫祭，歸肉於公，皆社之戎祭也。其祭在廟，已有著位，在位數世，世守其業，而忘其所，僑焉得耻之？其祭在廟，謂助君祭。辟邪之人，而皆及執政，是先王無刑罰也。言爲過謬者，自應用刑罰。子寧以他規我。」規，正也。

宣子有環，其一在鄭商。玉環，同工共朴，自共爲雙。宣子謁諸鄭伯，謁，請也。子產弗與，曰：「非官府之守器也，寡君不知。」子大叔、子羽謂子產曰：「韓子亦無幾求，言所求少。晉國亦未可以貳，晉國、韓子不可偷也。偷，薄也。若屬有讒人交鬬其間，鬼神而助之，以興其凶怒，悔之何及？吾子何愛於一環，其以取憎於大國也？盍求而與之？」子產曰：「吾非偷晉而有二心，將終事之，是以弗與，忠信故也。僑聞君子非無賄之難，立而無令名之患。僑聞爲國，非不能事大字小之難，無禮以定其位之患。夫大國之人，令於小國，而皆獲其求，將何以給之？一共一否，爲罪滋大。滋，益也。大國之求，無禮以斥之，何饜之有？吾且爲鄙邑，則失位矣。不復成國。若韓子奉命以使，而求玉焉，貪淫甚矣，獨非罪乎？出一玉以起二罪，吾又失位，韓子成貪，將焉用之？且吾以玉賈罪，不亦鋭乎？」鋭，細小也。

韓子買諸賈人，既成賈矣，商人曰：「必告君大夫。」韓子請諸子産曰：「日起請夫環，執政弗義，弗敢復也。復，重求也。今買諸商人，商人曰必以聞，敢以爲請。」子産對曰：「昔我先君桓公，與商人皆出自周。鄭本在周畿内，桓公東遷，并與商人俱。庸次比耦，庸，用也。用次更相從耦耕。以艾殺此地，斬之蓬蒿藜藋，而共處之。世有盟誓，以相信也，曰：『爾無我叛，我無强賈，無强市其物。毋或匄奪。爾有利市寶賄〔一〕，我勿與知。』恃此質誓，故能相保，以至于今。今吾子以好來辱，而謂敝邑强奪商人，是教敝邑背盟誓也，毋乃不可乎！吾子得玉而失諸侯，必不爲也。若大國令，而共無藝，藝，法也。鄭鄙邑也，亦弗爲也。不欲爲鄙邑之事。僑若獻玉，不知所成，敢私布之。」布，陳也。韓子辭玉，曰：「起不敏，敢求玉以徼二罪？敢辭之。」傳言子産知禮，宣子能改過。

〔一〕「賄」，釋文云：「或作『貨』。」

夏四月，鄭六卿餞宣子於郊。餞，送行飲酒。宣子曰：「二三君子請皆賦，起亦以知鄭志。」詩言志也。子齹賦野有蔓草。子齹，子皮之子嬰齊也。野有蔓草，詩鄭風，取其「邂逅相遇，適我願兮」。宣子曰：「孺子善哉，吾有望矣。」君子相願，已所望也。子産賦鄭之羔裘。言鄭，别於唐羔裘也，取其「彼己之子，舍命不渝」、「邦之彦兮」，以美韓子。宣子曰：「起不堪也。」不堪國之司直。子大叔賦褰裳。褰裳詩曰：「子惠思我，褰裳涉溱。子不我思，豈無他人？」言宣子思己，將有褰裳之志；如不我思，亦豈無他人。宣子曰：「起在此，敢勤子至於他人乎？」言己今崇好在此，不復令子適他人。子大叔拜。謝宣子之有鄭。宣子曰：「善哉，子之言是。是，褰裳。不有是事，其能終乎？」韓起不欲令鄭求他人。子大叔拜以答之，所以晉、鄭終善。子游賦風雨，子游，駟帶之子駟偃也。風雨詩取其「既見君子，云胡不夷」。子旗賦有女同車，子旗，公孫段之子豐施也。有女同車取其「詢美且都」，愛樂宣子之志。子柳賦蘀兮。子柳，印段之子印癸也。蘀兮詩取其「倡予和女」，言宣子倡，己將和從之。宣子喜曰：「鄭其庶乎！言鄭庶幾於興盛。二三君子以君命貺起，賦不出鄭志，六詩皆鄭風，故曰「不出鄭志」。皆昵燕好也。昵，親也。賦不出其國，以示親好。二三君子，數世之主也，可以無懼矣。」宣子皆獻馬焉，而賦我將。我將，詩頌，取其「日靖四方」、「我其夙夜，畏天之威」，言志在靖亂，畏懼天威。子產拜，使五卿皆拜，曰：「吾子靖亂，敢不拜德？」宣子私覿於子產，以玉與馬，曰：「子命起舍夫玉，是賜我玉而免吾死也，敢不藉手以拜？」以玉馬藉手拜謝子產。

公至自晉。晉人聽公得歸〔一〕。子服昭伯語季平子昭伯，惠伯之子子服回也，隨公從晉還。曰：「晉之公室，其將遂卑矣。君幼弱，六卿彊而奢傲，將因是以習。習實爲常，能無卑乎？」平子曰：「爾幼，惡識國？」昭伯尚少，平子不信其言。

秋八月，晉昭公卒。爲下「平子如晉葬」起。

九月，大雩，旱也。

鄭大旱，使屠擊、祝欵、豎柎有事於桑山。三子，鄭大夫。有事，祭也。斬其木，不雨。子產曰：「有事於山，蓺山林也。蓺，養護令繁殖。而斬其木，其罪大矣。」奪之官邑。

〔一〕「歸」，書院本作「回」。

冬十月，季平子如晉，葬昭公。平子曰：「子服回之言猶信，自往見之，乃信回言。子服氏有子哉！」有賢子也。

【經】

十有七年春，小邾子來朝。

夏六月甲戌朔，日有食之。

秋，郯子來朝。

八月，晉荀吳帥師滅陸渾之戎。

冬，有星孛于大辰。大辰，房心尾也。妖變非常，故書。

楚人及吳戰于長岸。吳、楚兩敗，莫肯告負，故但書戰而不書敗也。長岸，楚地。

【傳】

十七年春，小邾穆公來朝，公與之燕。季平子賦采叔，采叔，詩小雅，取其「君子來朝，何錫與之」，以穆公喻君子。穆公賦菁菁者莪。菁菁者莪，亦詩小雅，取其「既見君子，樂且有儀」，以答采叔。昭子曰：「不有以國，其能久乎？」嘉其能答，賦言其賢，故能久有國。

夏六月甲戌朔，日有食之。祝史請所用幣。禮，正陽之月日食，當用幣於社，故請之。昭子曰：「日有食之，天子不舉，不舉盛饌。伐鼓於社；責群陰。諸侯用幣於社，請上公。伐鼓於朝，退自責。禮也。」平子禦之，禦，禁也。曰：「止也。唯正月朔，慝未作，日有食之，於是乎有伐鼓用幣，禮也。其餘則否。」大史曰：「在此月也。正月，謂建巳正陽之月也。於周爲六月，於夏爲四月。慝，陰氣也。四月純陽用事，陰氣未動而侵陽，災重，故有伐鼓用幣之禮也。平子以爲六月非正月，故大史答言在此月也。日過分而未至，過春分而未夏至。三辰有災，三辰，日月星也。日月相侵，又犯是宿，故三辰皆爲災。於是乎百官降物，降物，素服。君不舉，辟移時，辟正寢過日食時。樂奏鼓，伐鼓。祝用幣，用幣於社。史用辭。用辭以自責。故夏書曰：『辰不集于房，逸書也。集，安也。房，舍也。日月不安其舍則食。瞽奏鼓，瞽，樂師。嗇夫馳，庶人走。』車馬曰馳，步曰走，爲救日食備也。此月朔之謂也。當夏四月，是謂孟夏。」言此六月當夏家之四月。平子弗從。昭子退曰：「夫子將有異志，不君君矣。」安君之災，故曰「有異志」。

秋，郯子來朝，公與之宴。昭子問焉，曰：「少皞氏鳥名官，何故也？」少皞，金天氏，黃帝之子，己姓之祖也。問何故以鳥名官。郯子曰：「吾祖也，我知之。昔者黃帝氏以雲紀，故爲雲師而雲名。黃帝，軒轅氏，姬姓之祖也。黃帝受命有雲瑞，故以雲紀事。百官師長皆以雲爲名，號縉雲氏，蓋其一官也。炎帝氏以火紀，故爲火師而火名。炎帝，神農氏，姜姓之祖也。亦有火瑞，以火紀事，名百官。共工氏以水紀，故爲水師而水名。共工，以諸侯霸有九州者，在神農前，大皞後，亦受水瑞，以水名官。大皞氏以龍紀，故爲龍師而龍名。大皞，伏羲氏，風姓之祖也。有龍瑞，故以龍命官。我高祖少皞摯之立也，鳳鳥適至，故紀於鳥，爲鳥師而鳥名。鳳鳥氏，歷正也。鳳鳥知天時，故以名歷正之官。玄鳥氏，司分者也。玄鳥，燕也，以春分來，秋分去。伯趙氏，司至者也。伯趙，伯勞也，以夏至鳴，冬至止。青鳥氏，司啓者也。青鳥，鶬鴳也，以立春鳴，立夏止。丹鳥氏，司閉者也。丹鳥，鷩雉也，以立秋來，立冬去，入大水爲蜃。上四鳥皆歷正之屬官。祝鳩氏，司徒也。祝鳩，鷦鳩也。鷦鳩孝，故爲司徒，主教民。鴡鳩氏，司馬也。鴡鳩，王鴡也。鷙而有別，故爲司馬，主法制。鳲鳩氏，司空也。鳲鳩，鴶鵴也。鳲鳩平均，故爲司空，平水土。爽鳩氏，司寇也。爽鳩，鷹也，鷙，故爲司寇，主盜賊。鶻鳩氏，司事也。鶻鳩，鶻鵰〔一〕也，春來冬去，故爲司事。五鳩，鳩民者也。鳩，聚也。治民上〔二〕聚，故以鳩爲名。五雉，爲五工正，五雉，雉有五種，西方曰鷷雉，東方曰鶅雉，南方曰翟雉，北方曰鵗雉，伊洛之南曰翬〔三〕雉。利器用，正度量，夷民者也。夷，平也。九扈，爲九農正，扈有九種也。春扈鳻鶞，夏扈竊玄，秋扈竊藍，冬扈竊黄，棘扈竊丹，行扈唶唶，宵扈嘖嘖，桑扈竊脂，老扈鷃鷃。以九扈爲九農之號，各隨其宜以教民事。扈民無淫者也。扈，止也。止民使不淫放。自顓頊以來，不能紀遠，乃紀於近。爲民師而命以民事，則不能故也。」顓頊氏，代少皡者，德不能致遠瑞，而以民事命官。仲尼聞之，見於郯子而學之。於是仲尼年二十八〔四〕。既而告人曰：「吾聞之，天子失官，學在四夷，猶信。」失官，官不脩其職也。傳言聖人無常師。

〔一〕「鵰」，阮校：爾雅釋鳥疏引作「鵃」。
〔二〕「上」，書院本作「法」。
〔三〕「翬」，底本漫漶不清，據宋大字本、書院本、慶元本、金澤本補。
〔四〕「八」，金澤本旁校作「七」。

晉侯使屠蒯如周，請有事於雒與三塗。屠蒯，晉侯之膳宰也，以忠諫見進。雒，雒水也。三塗，山名，在陸渾南。萇弘謂劉子曰：「客容猛，非祭也。其伐戎乎？陸渾氏甚睦於楚，必是故也。君其備之！」乃警戒備。警戒以備戎也。欲因晉以合勢。九月丁卯，晉荀吳帥師涉自棘津，河津名。使祭史先用牲于雒。陸渾人弗知，師從之。庚午，遂滅陸渾，數之以其貳於楚也。陸渾子奔楚，其衆奔甘鹿。甘鹿，周地。周大獲。先警戎備，故獲。宣子夢文公攜荀吳而授之陸渾，故使穆子帥師，獻俘于文宮。欲以應夢。

冬，有星孛于大辰，西及漢。夏之八月，辰星見在天漢西。今孛星出辰西，光芒東及天漢。申須曰：「彗所以除舊布新也。申須，魯大夫。天事恒象，天道恒以象類告示人。今除於火，火出必布焉。諸侯其有火災乎？」今火向伏，故知當須火出，乃布散爲災。梓慎曰：「往年吾見之，是其徵也。徵，始有形象而微也。火出而見。前年火出時。今茲火出而章，必火入而伏。隨火沒也。其居火也久矣，歷二〔一〕年。其與不

〔一〕「二」，附釋音本作「三」。

然乎？言必然也。火出，於夏爲三月，謂昏見。於商爲四月，於周爲五月。夏數得天，得天正。若火作，其四國當之〔一〕，在宋、衛、陳、鄭乎？宋，大辰之虚也；大辰，大火，宋分野。陳，大皞之虚也；大皞居陳，木火所自出。鄭，祝融之虚也，祝融，高辛氏之火正，居鄭。皆火房也。房，舍也。星孛及漢，漢，水祥也。天漢，水也。衛，顓頊之虚也，故爲帝丘。衛，今濮陽縣，昔帝顓頊居之，其城内有顓頊冢。其星爲大水，衛星營室，營室，水也。水，火之牡也。牡，雄也。其以丙子若壬午作乎？水火所以合也。丙午火，壬子水，水火合而相薄〔二〕，水少而火多，故水不勝火。若火入而伏，必以壬午，尚未知今孛星當復隨火星俱伏不，故言若。不過其見之月。」火見周之五月。

鄭裨竈言於子産曰：「宋、衛、陳、鄭將同日火，若我用瓘斝玉瓚，鄭必不火。」瓘，珪也。斝，玉爵也。瓚，勺也。欲以禳火。子産弗與。以爲天災流行，非禳所息故也。爲明年宋、衛、陳、鄭災傳。

〔一〕「其四國當之」，經傳識異云：「『當之』下一有『六物之占』四字。」

〔二〕「薄」，釋文作「搏」，云：「本又作『薄』。」

吴伐楚。陽匄爲令尹，卜戰，不吉。陽匄，穆王曾孫令尹子瑕。司馬子魚曰：「我得上流，何故不吉？子魚，公子魴也。順江而下，易用勝敵。且楚故，司馬令龜，我請改卜。」令曰：「魴也以其屬死之，楚師繼之，尚大克之！」吉。得吉兆。戰于長岸。子魚先死，楚師繼之，大敗吴師，獲其乘舟餘皇。餘皇，舟名。使隨人與後至者守之，環而塹之，及泉，環，周也。盈其隧炭，陳以待命。隧，出入道。吴公子光光，諸樊子闔廬。請於其衆曰：「喪先王之乘舟，豈唯光之罪，衆亦有焉。請藉取之，以救死。」藉衆之力以取舟。衆許之。使長鬛者三人長鬛，多頿鬚〔一〕。與吴人異形狀，詐爲楚人。潛伏於舟側，曰：「我呼餘皇，則對。」師夜從之。師，吴師也。三呼，皆迭對。迭，更也。楚人從而殺之。楚師亂，吴人大敗之，取餘皇以歸。傳言吴光有謀。

春秋經傳集解昭四第二十三

〔一〕「鬚」，慶元本作「須」。

春秋經傳集解昭五第二十四

杜氏　盡二十二年

【經】

十有八年春王三月，曹伯須卒。未同盟而赴以名。

夏五月壬午，宋、衛、陳、鄭災。來告，故書。天火曰災。

六月，邾人入鄅。鄅，國，今琅邪開陽縣。

秋，葬曹平公。

冬，許遷于白羽。自葉遷也。畏鄭而樂遷，故以自遷爲文。

【傳】

十八年春王二月乙卯，周毛得殺毛伯過毛伯過，周大夫。得，過之族。而代之。

代居其位。萇弘曰：「毛得必亡，是昆吾稔之日也，侈故之以。昆吾，夏伯也。稔，熟也。侈惡積熟，以乙卯日與桀同誅。而毛得以濟侈於王都，不亡何待！」爲二十六年毛伯奔楚傳。

三月，曹平公卒。爲下會葬見原伯起本。

夏五月，火始昏見。火，心星。丙子，風。梓慎曰：「是謂融風，火之始也。東北曰融風。融風，木也。木，火母，故曰火之始。七日，其火作乎？」從丙子至壬午七日。壬午，水火合之日，故知當火作。戊寅，風甚。壬午，大甚。宋、衛、陳、鄭皆火。梓慎登大庭氏之庫以望之，大庭氏，古國名，在魯城内。魯於其處作庫。高顯，故登以望氣〔一〕，參近占以審前年之言。曰：「宋、衛、陳、鄭也。」數日，皆來告火。言經所以書。裨竈曰：「不用吾言，鄭又將火。」前年，裨竈欲用瓘斝玉瓚禳火，子産不聽。今復請用之。鄭人請用之。子産不可。子大叔曰：「寶，以保民也。若有火，國幾亡。可以救亡，子何愛焉？」子産曰：「天道遠，人道邇，非所及也，何以知之？竈焉知天道？是亦多言矣，豈不或信？」多言者或時有中。遂不與，亦不復火。傳言天

〔一〕「故登以望氣」，釋文云：「本或作『以望氛氣』。」

道難明，雖禆竈猶不足以盡知之。

鄭之未災也，里析告子產曰：「將有大祥，里析，鄭大夫。祥，變異之氣。民震動，國幾亡。吾身泯焉，弗良及也。言將先災死。國遷，其可乎？」子產曰：「雖可，吾不足以定遷矣。」子產知天災不可逃，非遷所免，故託以知不足。及火，里析死矣，未葬，子產使輿三十人遷其柩。以其嘗與己言故。火作，子產辭晉公子、公孫于東門。晉人新來，未入，故辭不使前也。使司寇出新客，新來聘者。禁舊客勿出於宮。爲其知國情，不欲令去。使子寬、子上巡群屏攝，至于大宮。二子，鄭大夫。屏攝，祭祀之位。大宮，鄭祖廟。巡行宗廟，不得使火及之。使公孫登徙大龜。登，開卜大夫。使祝史徙主祏於周廟，告于先君。祏，廟主石函。周廟，厲王廟也。有火災，故合群主於祖廟，易救護。使府人、庫人各儆其事。儆，備火也。商成公儆司宮，商成公，鄭大夫。司宮，巷伯寺人之宮。出舊宮人，寘諸火所不及。舊宮人，先公宮女。司馬、司寇列居火道，備非常也。行火所焮。焮，炙也。城下之人伍列登城。爲部伍登城，備姦也。明日，使野司寇各保其徵。野司寇，縣士也。火之明日，四方乃聞災，故戒保所徵役之人。郊人助祝史除於國北，爲祭處於國北者，就大陰禳火。禳火于玄冥、回祿，玄冥，水神。回祿，火神。祈于四鄘。鄘，城也。城積土，陰氣所聚，故祈祭之，以禳火之餘災。書焚室而寬其征，與之材。征，賦稅也。三日哭，國不市。示憂戚，不會市。使行人告於諸侯。宋、衛皆如是。陳不救火，許不弔災，君子是以知陳、許之先亡也。不義，所以亡。

六月，鄅人藉稻。鄅，妘姓國也。其君自出藉稻，蓋履行之。邾人襲鄅，鄅人將閉門。邾人羊羅攝其首焉。斬得閉門者頭。遂入之，盡俘以歸。鄅子曰：「余無歸矣。」從帑於邾。邾莊公反鄅夫人，而舍其女。爲明年宋伐邾起〔一〕。

秋，葬曹平公。往者見周原伯魯焉，原伯魯，周大夫。與之語，不説學。歸以語閔子馬。閔子馬曰：「周其亂乎！夫必多有是説，而後及其大人。國亂俗壞，言者適多，漸以及大人。大人，在位者。大人患失而惑，又曰：『可以無學，無學不害。』患有學而失道者以惑其意。不害而不學，則苟而可。以爲無害，遂不學，則皆懷苟且。於是乎下陵上替，能無亂乎？夫學，殖也。不學，將落。原氏其亡乎！」殖，

〔一〕「起」下，金澤本有「本」字。

生長也。言學之進德，如農之殖苗，日新日益。

七月，鄭子産爲火故，大爲社，爲，治也。祓禳於四方，振除火災，禮也。振，弃也。乃簡兵大蒐，將爲蒐除。治兵於廟，城内地迫，故除廣之。子大叔之廟在道南，其寢在道北，其庭小。庭，蒐場也。過期三日，處小不得一時畢。使除徒陳於道南廟北，曰：「子産過女而命速除，乃毁於而向。」而，女也。毁女所向。子産朝，朝君。過而怒之，怒不毁。除者南毁。子産及衝，使從者止之曰：「毁於北方。」言子産仁，不忍毁人廟。

火之作也，子産授兵登陴。子大叔曰：「晉無乃討乎！」辟晉公子、公孫而授兵，似若叛晉。子産曰：「吾聞之，小國忘守則危，況有災乎！國之不可小，有備故也。」既，晉之邊吏讓鄭曰：「鄭國有災，晉君大夫不敢寧居，卜筮走望，不愛牲玉。鄭之有災，寡君之憂也。今執事撊〔一〕然授兵登陴，撊然，勁忿貌。將以誰

〔一〕「撊」，阮校：「錢大昕云：『撊』當爲『僩』字之譌。説文『僩，武貌』；……方言『晉魏之間謂猛爲僩』，今本方言亦從手旁。」

罪？邊人恐懼，不敢不告。」子産對曰：「若吾子之言，敝邑之災，君之憂也。敝邑失政，天降之災，又懼讒慝之間謀之，以啓貪人，荐爲敝邑不利，荐，重也。以重君之憂。幸而不亡，猶可説也。説，解也。不幸而亡，君雖憂之，亦無及也。鄭有他竟，望走在晉。言鄭雖與他國爲竟，每瞻望晉歸赴之。既事晉矣，其敢有二心？」傳言子産有備。

楚左尹王子勝言於楚子曰：「許於鄭，仇敵也，而居楚地，以不禮於鄭。十三年，平王復遷邑，許自夷遷居葉，恃楚而不事鄭。晉、鄭方睦，鄭若伐許，而晉助之，楚喪地矣。君盍遷許？許不專於楚，自以舊國，不專心事楚。鄭方有令政，許曰『余舊國也』，許先鄭封。鄭曰『余俘邑也』，隱十一年，鄭滅許而復存之，故曰我俘邑。葉在楚國，方城外之蔽也。爲方城外之蔽障。土不可易，易，輕也。國不可小，謂鄭。許不可俘，讎不可啓。君其圖之！」楚子説。冬，楚子使王子勝遷許於析〔一〕，實白羽。於傳時白羽改爲析。

〔一〕「於析」，阮校：「諸本作『析』。案水經注丹水篇引作『於淅』。」

【經】

十有九年春，宋公伐邾。爲鄅。

夏五月戊辰，許世子止弑其君買。加弑者，責止不舍藥物。

己卯，地震。無傳。

秋，齊高發帥師伐莒。

冬，葬許悼公。無傳。

【傳】

十九年春，楚工尹赤遷陰于下陰，陰縣，今屬南鄉郡。令尹子瑕城郟。叔孫昭子曰：「楚不在諸侯矣！其僅自完也，以持其世而已。」遷陰城郟，皆欲以自完守。

楚子之在蔡也，蓋爲大夫時往聘蔡。郥陽封人之女奔之，生大子建。郥陽，蔡邑。及即位，使伍奢爲之師。伍奢，伍舉之子，伍員之父。費無極爲少師，無寵焉，欲譖諸王，曰：「建可室矣。」室，妻也。王爲之聘於秦，無極與逆，勸王取之。正月，楚夫人嬴氏至自秦。王自取之，故稱夫人至。爲下拜夫人起。

鄅夫人，宋向戌之女也，故向寧請師。寧，向戌子也。請於宋公伐邾。二月，宋公伐邾，圍蟲，三月，取之，蟲，邾邑。不書圍取，不以告。乃盡歸鄅俘。

夏，許悼公瘧。五月戊辰，飲大子止之藥，卒。止獨進藥，不由醫。大子奔晉。書曰：「弑〔一〕其君。」君子曰：「盡心力以事君，舍藥物可也。」藥物有毒，當由醫，非凡人所知。譏止不舍藥物，所以加弑君之名。

邾人、郳人、徐人會宋公。乙亥，同盟于蟲。終宋公伐邾事。

楚子爲舟師以伐濮。濮，南夷也。費無極言於楚子曰：「晉之伯也，邇於諸夏，而楚辟陋，故弗能與爭。若大城城父而寘大子焉，城父，今襄城城父縣。以通北方，王收南方，是得天下也。」王説，從之。故大子建居于城父。令尹子瑕聘于秦，拜夫人也。爲明年譖大子張本。改以爲夫人，遣謝秦。

秋，齊高發帥師伐莒，莒不事齊故。莒子奔紀鄣，紀鄣，莒邑也。東海贛榆縣東北有紀城。使孫書伐之。孫書，陳無宇之子子占也。

〔一〕「弑」上，金澤本有「止」字。

初，莒有婦人，莒子殺其夫，已爲嫠婦。寡婦爲嫠。及老，託於紀鄣，紡焉以度而去之。因紡纑連所紡以度城而藏之，以待外攻者，欲以〔一〕報讎。及師至，則投諸外。投繩城外，隨之而出。或獻諸子占，子占使師夜縋而登。緣繩登城。登者六十人，縋絶，師鼓譟。城上之人亦譟。莒共公懼，啓西門而出。七月丙子，齊師入紀。傳言怨不在大。

是歲也，鄭駟偃卒。子游娶於晉大夫，生絲，弱。子游，駟偃也。弱，幼少。其父兄立子瑕。子瑕，子游叔父駟乞。子產憎其爲人也，憎子瑕。且以爲不順，舍子立叔，不順禮也。弗許，亦弗止。許之爲違禮，止之爲違衆，故中立。駟氏聳〔二〕。聳，懼也。他日，絲以告其舅。冬，晉人使以幣如鄭，問駟乞之立故。駟氏懼，駟乞欲逃。子產弗遣。請龜以卜，亦弗予。大夫謀對。子產不待而對客曰：「鄭國不天，不獲天福。寡君之二三臣札瘥夭昏。大死曰札，小疫曰瘥，短折曰夭，未名曰昏。今又喪

〔一〕「以」，巾箱本、書院本、附釋音本無。

〔二〕「聳」，阮校：「諸本作『聳』，説文『愯』字注引傳作『愯』，張載注魏都賦引同。段玉裁云：作『聳』，後人所易也。」

我先大夫偃，其子幼弱，其一二父兄懼隊宗主，私族於謀而立長親。於私族之謀，宜立親之長者。寡君與其二三老曰：『抑天實剝亂是，吾何知焉？』言天自欲亂駟氏，非國所知。諺曰：『無過亂門。』民有兵亂〔一〕，猶憚過之，而況敢知天之所亂？今大夫將問其故，抑寡君實不敢知，其誰實知之？平丘之會，在十三年。君尋舊盟，曰：『無或失職。』若寡君之二三臣，其即世者，晉大夫而專制其位，是晉之縣鄙也，何國之爲？」辭客幣而報其使。晉人舍之。遣人報晉使。

楚人城州來。沈尹戌曰：「楚人必敗。十三年，吴滅州來，今就城而取之。戌，莊王曾孫葉公諸梁父也。昔吴滅州來，在十三年。子旗請伐之。王曰：『吾未撫吾民。』今亦如之，而城州來以挑吴，能無敗乎？」侍者曰：「王施舍不倦，息民五年，可謂撫之矣。」戌曰：「吾聞撫民者，節用於內，而樹德於外，民樂其性，而無寇讎。今宮室無量，民人日駭，勞罷死轉，轉，遷徙也。忘寢與食，非撫之也。」傳言平王所以不能霸。

〔一〕「兵亂」，金澤本作「亂兵」。經傳識異云：「一作『亂兵』。」

鄭大水，龍鬭于時門之外洧淵。時門，鄭城門也。洧水出滎陽密縣東南，至潁川長平入潁。國人請爲禜焉，子産弗許，曰：「我鬭，龍不我覿也。覿，見也。龍鬭，我獨何覿焉？禳之，則彼其室也。淵，龍之室。吾無求於龍，龍亦無求於我。」乃止也。傳言子産之知。

令尹子瑕言蹶由於楚子，蹶由，吴王弟。五年，靈王執以歸。曰：「彼何罪？諺所謂『室於怒，市於色』者，楚之謂矣。言靈王怒吴子而執其弟，猶人忿於室家而作色於市人。舍前之忿可也。」乃歸蹶由。言楚子能用善言。

【經】

二十年春王正月。

夏，曹公孫會自鄸出奔宋。無傳。嘗有玉帛之使來告，故書。鄸，曹邑。

秋，盜殺衛侯之兄縶。齊豹作而不義，故書曰「盜」，所謂求名而不得。

冬十月，宋華亥、向寧、華定出奔陳。與君争而出，皆書名，惡之。

十有一月辛卯，蔡侯廬卒。無傳。未同盟而赴以名。

【傳】

二十年春王二月己丑，日南至。是歲朔旦，冬至之歲也。當言「正月己丑朔，日南至」。時史失閏，閏更在二月後，故經因史而書正月，傳更具於二月，記南至日，以正歷也。梓慎望氛，氛，氣也。時魯侯不行登臺之禮，使梓慎望氛〔一〕。曰：「今兹宋有亂，國幾亡，三年而後弭。蔡有大喪。」爲宋華、向出奔，蔡侯卒傳。叔孫昭子曰：「然則戴、桓也。戴族，華氏；桓族，向氏。汰侈，無禮已甚，亂所在也。」傳言妖由人興。

費無極言於楚子曰：「建與伍奢〔二〕將以方城之外叛，自以爲猶宋、鄭也。齊、晉又交輔之，將以害楚，其事集矣。」王信之，問伍奢。伍奢對曰：「君一過多矣，一過，納建妻。何信於讒？」王執伍奢，忿奢切言。使城父司馬奮揚殺大子。未至，而使遣之。知大子冤，故遣令去。三月，大子建奔宋。王召奮揚，奮揚使城父人執己以至。王曰：「言出於余口，入於爾耳，誰告建也？」對曰：「臣告之。君王

〔一〕「氛」，金澤本作「氣」。
〔二〕「伍奢」，阮校：「廣韻引作『五奢』；呂覽孟冬紀『伍員』作『五員』，是也。」

命臣曰：『事建如事余。』臣不佞，佞，才也。不能苟貳。奉初以還，奉初命以周旋。不忍後命，故遣之。既而悔之，亦無及已。」王曰：「而敢來，何也？」對曰：「使而失命，召而不來，是再奸也，奸，犯也。逃無所入。」王曰：「歸，從政如他日。」善其言，舍使還。

無極曰：「奢之子材，若在吳，必憂楚國，盍以免其父召之。彼仁，必來。不然，將爲患。」王使召之，曰：「來，吾免而父〔一〕。」棠君〔二〕尚謂其弟員棠君，奢之長子尚也，爲棠邑大夫。員，尚弟子胥。曰：「爾適吳，我將歸死。吾知不逮，自以知不及員。我能死，爾能報。聞免父之命，不可以莫之奔也；親戚爲戮，不可以莫之報也。奔死免父，孝也；度功而行，仁也；仁者貴成功。擇任而往，知也；員任報讎。知死不辟，勇也。尚爲勇。父不可弃，俱去爲弃父。名不可廢，俱死爲廢名。爾其勉

〔一〕「父」下，金澤本有「不來吾殺而父」六字。
〔二〕「君」，釋文云：「或作『尹』。」

之！相從爲愈。」愈，差也。伍尚〔一〕歸。奢聞員不來，曰：「楚君、大夫其旰食乎！」將有吴憂，不得早食。楚人皆殺之。

員如吴，言伐楚之利於州于。州于，吴子僚。公子光曰：「是宗爲戮，而欲反其讎，不可從也。」光，吴公子闔廬也。反，復也。員曰：「彼將有他志，光欲弑僚，不利員用事，故破其議，而員亦知之。余姑爲之求士，而鄙以待之。」計未得用，故進勇士以求入於光，退居邊鄙。乃見鱄設諸焉，鱄諸，勇士。而耕於鄙。爲二十七年吴弑僚傳。

宋元公無信多私，而惡華、向。華定、華亥與向寧謀曰：「亡愈於死，先諸？」恐元公殺己，欲先作亂。華亥僞有疾，以誘群公子。公子問之，則執之。夏六月丙申，殺公子寅、公子御戎、公子朱、公子固、公孫援、公孫丁，拘向勝、向行於其廩。八子皆公黨。公如華氏請焉，弗許，遂劫之。劫公。癸卯，取大子欒與母弟辰、公子地以爲質。欒，景公也。辰及地皆元公弟〔二〕。公亦取華亥之子無慼、向寧

〔一〕「尚」下，金澤本有「遂」字。

〔二〕「辰及地皆元公弟」，釋文：「案公子辰是景公之母弟，地是辰兄，皆當爲元公之子。今注皆作元公弟，誤耳。」

之子羅、華定之子啓，與華氏盟，以爲質。爲此冬華、向出奔傳。

衛公孟縶狎齊豹，公孟，靈公兄也。齊豹，齊惡之子，爲衛司寇。狎，輕也。奪之司寇與鄄。鄄，豹邑。有役則反之，無〔一〕則取之。縶足不良，故有役則以官邑還豹使行。公孟惡北宮喜、褚師圃，欲去之。喜，貞子。公子朝通于襄夫人宣姜，宣姜，靈公嫡母。懼而欲以作亂。故齊豹、北宮喜、褚師圃、公子朝作亂。

初，齊豹見宗魯於公孟，薦達也。爲驂乘焉。爲公孟驂乘。將作亂，而謂之曰：「公孟之不善，子所知也，勿與乘，吾將殺之。」對曰：「吾由子事公孟，子假吾名焉，故不吾遠也。言子借我以善名，故公孟親近我。雖其不善，吾亦知之；抑以利故，不能去，是吾過也。今聞難而逃，是僭子也。使子言不信也。子行事乎，吾將死之，以周事子；周，猶終竟也。而歸死於公孟，其可也。」

丙辰，衛侯在平壽。平壽，衛下邑。公孟有事於蓋獲之門外，有事，祭也。蓋獲，

〔一〕「無」下，金澤本有「役」字。

衛郭門。齊子氏帷於門外，而伏甲焉。齊豹之家。使祝鼃寘戈於車薪以當門，要其前也。使一乘從公孟以出；亦如前車寘戈於薪，尋其後。使華齊〔一〕御公孟，宗魯驂乘。及閎中，閎，曲門中。齊氏用戈擊公孟，宗魯以背蔽之，斷肱，以中公孟之肩。皆殺之。

公聞亂，乘，驅自閱門入。慶比御公，公南楚驂乘。使華寅乘貳車。公副車。及公宮，鴻駵魋駟乘于公。鴻駵魋復就公乘，一車四人。公載寶以出。褚師子申遇公于馬路之衢，遂從〔二〕。從公出。過齊氏，使華寅肉袒，執蓋以當其闕，肉袒，示不敢與齊氏争。執蓋，蔽公而去。闕，空也。以蓋當侍從空闕之處。齊氏射公，中南楚之背，公遂出。寅閉郭門，不欲令追者出。踰而從公。踰郭出。公如死鳥。死鳥，衛地。析朱鉏宵從竇出，徒行從公。朱鉏，成子黑背孫。

〔一〕「使華齊」，阮校：「正義云：諸本皆『華』上有『使』字。計華齊是公孟之臣，自爲公孟之御，非齊氏所當使，必不得有『使』字。今定本有『使』，非也。」

〔二〕「從」下，金澤本有「公」字。

齊侯使公孫青聘于衛。青，頃公之孫。既出，聞衛亂，使請所聘。公曰：「猶在竟内，則衛君也。」乃將事焉，將事，行聘事。遂從諸死鳥。請將事。辭曰：「亡人不佞，失守社稷，越在草莽，吾子無所辱君命。」賓曰：「寡君命下臣於朝曰：『阿下執事。』阿，比也。命己使比衛臣下。臣不敢貳。」貳，違命也。主人曰：「君若惠顧先君之好，照臨敝邑，鎮撫其社稷，則有宗祧在。」言受聘當在宗廟也。乃止。止，不行聘事。衛侯固請見之。欲與青相見。不獲命，以其良馬見，以爲相見之禮。爲未致使故也。未致使，故不敢以客禮見。衛侯以爲乘馬。喜其敬己，故貴其物。賓將掫〔一〕，掫，行夜。主人辭曰：「亡人之憂，不可以及吾子；草莽之中，不足以辱從者。敢辭。」賓曰：「寡君之下臣，君〔二〕之牧圉也。若不獲扞外役，是不有寡君也。有，相親

〔一〕「掫」，阮校：「説文手部『掫』字，注引同。案，周禮掌固杜子春注引作『趣』，鎛師注引作『趨』。……惠棟云：子春受學于劉歆，歆傳左氏春秋，以『趣』爲『掫』，必有依據。」

〔二〕「君」上，金澤本有「亦」字。

有。臣懼不免於戾，請以除死。」親執鐸，終夕與於燎〔一〕。設火燎以備守。

齊氏之宰渠子召北宫子。北宫喜也。北宫氏之宰不與聞謀，殺渠子，遂伐齊氏，滅之。丁巳晦，公入，與北宫喜盟于彭水之上。喜本與齊氏同謀，故公先與喜盟。秋七月戊午朔，遂盟國人。八月辛亥，公子朝、褚師圃、子玉霄、子高魴出奔晉。皆齊氏黨。閏月戊辰，殺宣姜。與公子朝通謀故。衛侯賜北宫喜謚曰貞子，滅齊氏故。賜析朱鉏謚曰成子，霄〔二〕從公故。而以齊氏之墓予之。皆死而賜謚及墓田，傳終言之。

衛侯告寧于齊，且言子石。子石，公孫青，言其有禮。齊侯將飲酒，徧賜大夫曰：「二三子之教也。」喜青敬衛侯。苑何忌〔三〕辭，曰：「與於青之賞，必及於其罰。何忌，齊大夫。言青若有罪，亦當并受其罰。在康誥曰：『父子兄弟，罪不相及。』

〔一〕「終夕與於燎」，阮校：「釋文無『於』字，云：一本作『終夕與於燎』。惠棟云：古本無『於』字，杜子春注周禮可據也。」

〔二〕「霄」，岳氏九經三傳沿革例云：「霄，夜也。當作宵，則注與傳上文合。」

〔三〕「苑何忌」，阮校：「案，廣韻二十阮『苑』字注云『左傳齊大夫苑何忌』，賈氏群經音辨云『苑，姓也，於阮反，春秋傳有苑何忌』。」

尚書康誥。況在群臣？臣〔一〕敢貪君賜以干先王？」言受賜，則犯康誥之義。琴張聞宗魯死，琴張，孔子弟子，字子開，名牢。將往弔之。仲尼曰：「齊豹之盜，而孟縶之賊，女何弔焉？言齊豹所以爲盜，孟縶所以見賊，皆由宗魯。君子不食姦，如公孟不善而受其祿，是食姦也。不受亂，許豹行事，是受亂也。不爲利疚於回，疚，病；回，邪也。以利故不能去，是病身於邪。不以回待人，知難不告，是以邪待人。不蓋不義，以周事豹，是蓋不義。不犯非禮。」以二心事縶，是非禮。

宋華、向之亂，公子城、平公子。公孫忌、樂舍、舍，樂喜孫。司馬彊、向宜、向鄭、宜、鄭皆向戌子。楚建、楚平王之亡大子。郳甲〔二〕小邾穆公子。出奔鄭。八子，宋大夫，皆公黨，辟難出。其徒與華氏戰于鬼閻，八子之徒衆也。潁川長平縣西北有閻亭。敗子城。子城適晉。子城爲華氏所敗，別走至晉。爲明年子城以晉師至起本。華亥與其

〔一〕「臣」下，金澤本有「不」字。
〔二〕「郳甲」，經傳識異云：「『甲』一作『申』。」

妻必〔一〕盟而食所質公子者而後食。公與夫人每日必適華氏，食公子而後歸。華亥患之，欲歸公子。向寧曰：「唯不信，故質其子。若又歸之，死無日矣。」公請於華費遂，將攻華氏。費遂，大司馬，華氏族。對曰：「臣不敢愛死，無乃求去憂而滋長乎！恐殺大子，憂益長。臣是以懼，敢不聽命？」公曰：「子死亡有命，余不忍其詢〔二〕。」詢，恥也。

冬十月，公殺華、向之質而攻之。戊辰，華、向奔陳，華登奔吴。登，費遂之子，黨華、向者。向寧欲殺大子。華亥曰：「干君而出，又殺其子，其誰納我？且歸之有庸。」可以爲功善。使少司寇牼以歸，以三公子歸公也。牼，華亥庶兄。曰：「子之齒長矣，不能事人。以三公子爲質，必免。」質，信也。送公子歸，可以自明不叛之信。公子既入，華牼將自門行。從公門去。公遽見之，執其手，曰：「余知而無罪也，入，復而所。」而，女也。所，所居官。

〔一〕「必」，金澤本無。
〔二〕「詢」，釋文云：「本或作『詬』，同。」

齊侯疥[一]，遂痁，痁，瘧疾。期而不瘳。諸侯之賓問疾者多在。多在齊。梁丘據與裔款二子，齊嬖大夫。言於公曰：「吾事鬼神豐，於先君有加矣。今君疾病，爲諸侯憂，是祝、史之罪也。諸侯不知，其謂我不敬，君盍誅於祝固、史嚚以辭賓？」欲殺嚚、固以辭謝來問疾之賓。

公說，告於晏子。晏子曰：「日宋之盟，日，往日也。宋盟在襄二十七年。屈建問范會之德於趙武。趙武曰：『夫子之家事治；言於晉國，竭情無私。其祝、史祭祀，陳信不愧；其家事無猜，其祝、史不祈。』家無猜疑之事，故祝、史無求於鬼神。建以語康王。楚王。康王曰：『神、人無怨，宜夫子之光輔五君以爲諸侯主也。』」五君，文、襄、靈、成、景。公曰：「據與款謂寡人能事鬼神，故欲誅於祝、史，子稱是語，何故？」對曰：「若有德之君，外內不廢，無廢事。上下無怨，動無違事，其祝、史薦信，無愧心矣。君有功德，祝、史陳說之，無所愧。是以鬼神用饗，國受其福，祝、史與焉。與受國福。其所以蕃祉老壽者，爲信君使也，其言忠信於鬼神。其適遇

〔一〕「齊侯疥」，經傳識異云：「袁狎云『疥』當作『痎』。」

淫君，外内頗邪，上下怨疾，動作辟違，從欲厭私，使私情厭足。高臺深池，撞鐘舞女。斬刈民力，輸掠其聚，掠，奪取也。以成其違，不恤後人。暴虐淫從，肆行非度，無所還忌，還，猶顧也。不思〔一〕謗讟，不憚鬼神。神怒民痛，無悛於心。其祝、史薦信，是言罪也；以實白神，是爲言君之罪。其蓋失數美，是矯誣也。蓋，掩也。進退無辭，則虛以求媚。作虛辭以求媚於神。是以鬼神不饗其國以禍之，祝、史與焉。所以夭昏孤疾者，爲暴君使也，其言僭嫚於鬼神。」公曰：「然則若之何？」對曰：「不可爲也。言非誅祝、史所能治。山林之木，衡鹿守之；澤之萑蒲，舟鮫守之；藪之薪蒸，虞候守之；海之鹽、蜃，祈望守之。衡鹿、舟鮫、虞候、祈望，皆官名也。言公專守山澤之利，不與民共。縣鄙之人，入從其政；偪介之關，暴征其私；介，隔也。迫近國都之關。言邊鄙既入服政役，又爲近關所征税枉暴，奪其私物。承嗣大夫，强易其賄。承嗣大夫，世位者。布常無藝，藝，法制也。言布政無法制。徵斂無度；宮室

〔一〕「思」，正義云：「俗本作『畏』。」

日更，淫樂不違。違，去也。內寵之妾，肆奪於市；肆，放也。外寵之臣，僭令於鄙。詐爲教令於邊鄙。私欲養求，不給則應。養，長也。所求不給則應之以罪。民人苦病，夫婦皆詛。祝有益也，詛亦有損。聊、攝以東，聊、攝，齊西界也。平原聊城縣東北有攝城。姑、尤以西，姑、尤，齊東界也。姑水、尤水皆在城陽郡東南入海。其爲人也多矣。雖其善祝，豈能勝億兆人之詛？萬萬曰億，萬億曰兆。君若欲誅於祝、史，脩德而後可。」公説，使有司寬政，毁關，去禁，薄斂，已責。除逋責。

十二月，齊侯田于沛，言疾愈行獵。沛，澤名。招虞人以弓，不進。虞人，掌山澤之官。公使執之。辭曰：「昔我先君之田也，旃以招大夫，弓以招士，皮冠以招虞人。臣不見皮冠，故不敢進。」乃舍之。仲尼曰：「守道不如守官。」君招當往，道之常也。非物不進，官之制也。君子韙之。韙，是也。

齊侯至自田，晏子侍于遄臺，子猶馳而造焉。子猶，梁丘據。公曰：「唯據與我和夫！」晏子對曰：「據亦同也，焉得爲和？」公曰：「和與同異乎？」對曰：「異。和如羹焉，水、火、醯、醢、鹽、梅，以烹魚肉，燀之以薪，燀，炊也。宰夫和之，齊之以味，濟其不及，以洩其過。濟，益也。洩，減也。君子食之，以平其心。君臣亦然。亦如羹。君所謂可而有否焉，否，不可也。臣獻其否，以成其可；獻君之否，以成君可。君所謂否而有可焉，臣獻其可，以去其否，是以政平而不干，民無争心。故詩曰：『亦有和羹，既戒既〔一〕平。詩頌殷中宗，言中宗能與賢者和齊可否，其政如羹，敬戒且平。和羹備五味，異於大羹。鬷嘏無言，時靡有争。』鬷，總也。嘏，大也。言總大政能使上下皆如和羹。先王之濟五味、濟，成也。和五聲也，以平其心，成其政也。聲亦如味，一氣，須氣以動。二體，舞者有文武。三類，風、雅、頌。四物，雜用四方之物以成器。五聲，宫、商、角、徵、羽。六律，黄鐘、大簇、姑洗、蕤賓、夷則、無射也。陽聲爲律，陰聲爲吕。此十二月氣。七音，周武王伐紂，自午及子凡七日，王因此以數合之，以聲昭之，故以七同其數，以律和其聲，謂之七音。八風，八方之風。九歌，九功之德，皆可歌也。六府、三事謂之九功。以相成也；言此九者合，然後相成爲和樂。清濁、小大，短長、疾徐，哀樂、剛柔，遲速、高下，出入、周疏，以相濟也。周，密也。君子聽之，以平其

〔一〕「既」，金澤本旁校作「且」。

心。心平德和，故詩曰『德音不瑕』。詩，豳風也，義取心平則德音無瑕闕。今據不然。君所謂可，據亦曰可；君所謂否，據亦曰否。若以水濟水，誰能食之？若琴瑟之專壹，誰能聽之？同之不可也如是。」

飲酒樂。公曰：「古而無死，其樂若何？」晏子對曰：「古而無死，則古之樂也，君何得焉？昔爽鳩氏始居此地，爽鳩氏，少皞氏之司寇也。季萴因之，季萴，虞、夏諸侯，代爽鳩氏者。有逢伯陵因之，逢伯陵，殷諸侯，姜姓。蒲姑氏因之，蒲姑氏，殷周之間代逢公者。而後大公因之。古若〔一〕無死，爽鳩氏之樂〔二〕，非君所願也。」齊侯甘於所樂，志於不死。晏子稱古以節其情願。

鄭子産有疾，謂子大叔曰：「我死，子必爲政。唯有德者能以寬服民，其次莫如猛。夫火烈，民望而畏之，故鮮死焉；水懦弱，民狎而翫之，狎，輕也。則多死焉，故寬難。」難以治。疾數月而卒。大叔爲政，不忍猛而寬。鄭國多盜，取人

〔一〕「若」，金澤本作「者」。
〔二〕「之樂」，釋文作「樂之」，云：「一本作『之樂』。」

於萑苻之澤。萑苻，澤名。於澤中劫人。大叔悔之，曰：「吾早從夫子，不及此。」興徒兵以攻萑苻之盜，盡殺之〔一〕。盜少止。

仲尼曰：「善哉！政寬則民慢，慢則糾之以猛。糾，猶攝也。猛則民殘，殘則施之以寬。寬以濟猛，猛以濟寬，政是以和。詩曰『民亦勞止，汔可小康；惠此中國，以綏四方』，施之以寬也。詩，大雅。汔，其也。康、綏，皆安也。周厲王暴虐，民勞於苛政，故詩人刺之，欲其施之以寬。『毋〔二〕從詭隨，詭人、隨人無正心，不可從。以謹無良。謹，勑慎也。式遏寇虐，憯不畏明』，糾之以猛也。式，用也。遏，止也。憯，曾也。言爲寇虐，曾不畏明法者，亦當用猛政糾治之。『柔遠能邇，以定我王』，平之以和也。柔，安也。邇，近也。遠者懷附，近者各以能進，則王室定。又曰『不競不絿，不剛不柔。詩殷頌，言湯政得中和。競，强也。絿，急也。布政優優，百禄是遒』，優優，和也。遒，聚也。和之至也。」及子産卒，仲尼聞之，出涕曰：「古之遺愛也。」子産見愛，有古人之遺風。

〔一〕「盡殺之」，釋文作「盡之」，云：「本或作『盡殺之』，『殺』，衍字。」
〔二〕「毋」，釋文作「無」，云：「本又作『毋』。」

【經】

二十有一年春王三月，葬蔡平公。

夏，晉侯使士鞅來聘。晉頃公即位，通嗣君。

宋華亥、向寧、華定自陳入于宋南里以叛。自外至，故曰「入」。披其邑，故曰「叛」。南里，宋城内里名。

秋七月壬午朔，日有食之。

八月乙亥，叔輒卒。叔弓之子伯張。

冬，蔡侯朱出奔楚。朱爲大子則失位，遂微弱，爲國人所逐，故以自出爲文。

公如晉，至河乃復。晉人辭公，故還。

【傳】

二十一年春，天王將鑄無射，周景王也。無射，鐘名，律中無射。泠〔一〕州鳩曰：「王其以心疾死乎！泠，樂官，州鳩其名也。夫樂，天子之職也。職，所主也。

〔一〕「泠」，釋文云：「字或作『伶』，樂官也。或作『冷』字，非。」

夫音，樂之輿也；樂因音而行。而鐘，音之器也。音由器以發。天子省風以作樂，省風俗，作樂以移之。器以鐘之，鐘，聚也。以器聚音。輿以行之。樂須音而行。小者不窕，窕，細不滿。大者不槬，槬，横大不入。則和於物，物和則嘉成。嘉樂成也。故和聲入於耳而藏於心，心億則樂。億，安也。窕則不咸，不充滿人心。槬則不容，心不堪容。心是以感，感實生疾。今鐘槬矣，王心弗堪，其能久乎！」爲明年天王崩傳。

三月，葬蔡平公。蔡大子朱失位，位在卑。不在適子位，以長幼齒。大夫送葬者，歸見昭子。昭子問蔡故，以告。昭子歎曰：「蔡其亡乎！若不亡，是君也必不終。詩曰：『不解于位，民之攸塈。』詩，大雅。塈，息也。今蔡侯始即位，而適卑，身將從之。」爲蔡侯朱出奔傳。

夏，晉士鞅來聘，叔孫爲政。叔孫昭子以三命爲國政。季孫欲惡諸晉，憎叔孫在己上位，欲使得罪於晉。使有司以齊鮑國歸費之禮爲士鞅。鮑國歸費，在十四年。牢禮各如其命數。魯人失禮，故爲鮑國七牢。士鞅怒，曰：「鮑國之位下，其國小，而使鞅從其牢禮，是卑敝邑也，將復諸寡君。」魯人恐，加四牢焉，爲十一牢。言〔一〕魯不能以禮事大國，且爲哀七年吳徵百牢起。

宋華費遂生華貙、華多僚、華登，貙爲少司馬，多僚爲御士，公御士。與貙相惡，乃譖諸公曰：「貙將納亡人。」亡人，華亥等。亟言之。公曰：「司馬以吾故，亡其良子。司馬謂費遂，爲大司馬。良子，謂華登。死亡有命，吾不可以再亡之。」對曰：「君若愛司馬，則如亡。言若愛大司馬，則當亡走失國。死如可逃，何遠之有？」言亡可以逃死，勿慮其遠，以恐動公。公懼，使侍人召司馬之侍人宜僚，飲之酒，而使告司馬。告司馬，使逐貙。司馬歎曰：「必多僚也。吾有讒子，而弗能殺，吾又不死。抑君有命，可若何？」乃與公謀逐華貙，將使田孟諸而遣之。公飲之酒，厚酬之。酬酒幣。賜及從者。司馬亦如之。亦如公賜。張匄尤之，張匄，華貙臣。尤，怪賜之厚。曰：「必有故。」使子皮承宜僚以劒而訊之。子皮，華貙。訊，問也。宜僚盡以告。告欲因田以遣之。張匄欲殺多僚，子皮曰：「司馬老矣，登之謂甚，言登

〔一〕「言」上，金澤本有「傳」字。

亡，傷司馬心已甚。吾又重之，不如亡也。」五月丙申，子皮將見司馬而行，則遇多僚御司馬而朝。張匄不勝其怒，遂與子皮、臼任、鄭翩殺多僚，任、翩亦貙家臣。劫司馬以叛，而召亡人。壬寅，華、向入。樂大心、豐愆〔一〕、華牼禦諸橫。梁國睢陽縣南有橫亭。華氏居盧門，以南里叛。盧門，宋東城南門。六月庚午，宋城舊鄘及桑林之門而守之。舊鄘，故城也。桑林，城門名。

秋七月壬午朔，日有食之。公問於梓慎曰：「是何物也？禍福何爲？」物，事也。對曰：「二至二分，二至，冬至、夏至。二分，春分、秋分。日有食之，不爲災。日月之行也，分，同道也；至，相過也。二分日夜等，故言同道。二至長短極，故相過。其他月則爲災，陽不克也，故常爲水。」陰侵陽，是陽不勝陰。於是叔輒哭日食。意在於憂災。昭子曰：「子叔將死，非所哭也。」八月，叔輒卒。

冬十月，華登〔二〕以吳師救華氏。登前年奔吳。齊烏枝鳴戍宋。烏枝鳴，齊大

〔一〕「愆」，釋文云：「本或作『衍』。」
〔二〕「華登」上，金澤本有「宋」字。

夫。廚人濮曰：濮，宋廚邑大夫。「軍志有之：『先人有奪人之心，後人有待其衰。』盍及其勞且未〔一〕定也伐諸！若入而固，則華氏衆矣，悔無及也。」從之。丙寅，齊師、宋師敗吴師于鴻口，梁國睢陽縣東有鴻口亭。獲其二帥公子苦雂、偃州員。二帥，吴大夫。華登帥其餘吴餘師。以敗宋師。公欲出，出奔。廚人濮曰：「吾小人，可藉死，可借使死難。而不能送亡，君請待之。」請君待復戰，決勝負。乃徇曰：「揚徽者，公徒也。」徽，識也。衆從之。公自揚門見之，見國人皆揚徽。睢陽正東門名揚門。下而巡之，曰：「國亡君死，二三子之耻也，豈專孤之罪也？」齊烏枝鳴曰：「用少莫如齊致死，齊致死莫如去備。備，長兵也。彼多兵矣，請皆用劒。」從之。華氏北，復即之。北，敗走。廚人濮以裳裹首而荷以走，曰：「得華登矣！」遂敗華氏于新里。新里，華氏所取邑。

翟僂新居于新里，既戰，説甲于公而歸。居華氏地而助公戰。華姓居于公里，

〔一〕「未」下，金澤本有「有」字。

亦如之。姓，華氏族，故助華氏，亦如僂新説甲歸。傳言古之爲軍，不皆〔一〕小忿。

十一月癸未，公子城以晉師至。城以前年奔晉，今還救宋。曹翰胡曹大夫。會晉荀吴、中行穆子。齊苑何忌、齊大夫。衛公子朝前年出奔晉，今還衛。救宋。丙戌，與華氏戰于赭丘。赭丘，宋地。鄭翩願爲鸛，其御願爲鵝。鄭翩，華氏黨。鸛、鵝皆陳名。子禄御公子城，莊堇爲右。子禄，向宜。干犨御吕封人華豹，張匄爲右。吕封人華豹，華氏黨。相遇，城還。華豹曰：「城也！」城怒而反之。怒其呼己，反還戰。將注，豹則關〔二〕矣。注，傅矢。關，引弓。曰：「平公之靈，尚輔相余！」平公，公子城之父。豹射，出其間。出子城、子禄之間。將注，則〔三〕又關矣。曰：「不狎，鄙。」狎，更也。抽矢，豹止不射。城射之，殪。豹死。張匄抽殳而下，殳長丈二，在車邊。射之，折股。扶伏〔四〕而擊之，折軫。折城車軫。又射之，死。匄死。干犨請一矢，求死。

〔一〕「皆」，巾箱本作「訾」。經傳識異云：「『皆』一作『訾』。」
〔二〕「關」，釋文云：「本又作『彎』，同。」
〔三〕「則」上，金澤本有「豹」字。
〔四〕「扶伏」，釋文云：「本或作『匍匐』，同。」

城曰：「余言女於君。」欲活之。對曰：「不死伍乘，軍之大刑也。同乘共伍當皆死。干刑而從子，君焉用之？子速諸！」乃射之，殪。𩇯又死。大敗華氏，圍諸南里。華亥搏膺而呼，見華貙，曰：「吾爲欒氏矣！」晉欒盈還入，作亂而死，事在襄二十三年。貙曰：「子無我迋，不幸而後亡。」迋，恐也。使華登如楚乞師，華貙以車十五乘、徒七十人犯師而出，犯公師出送華登。食於睢上，哭而送之，乃復入。入南里。

楚薳越帥師將逆華氏，大宰犯諫曰：「諸侯唯宋事其君，今又爭國，釋君而臣是助，無乃不可乎！」王曰：「而告我也後，既許之矣。」爲明年華向出奔楚傳。

蔡侯朱出奔楚。費無極取貨於東國，東國，隱大子之子，平侯廬之弟，朱叔父也。而謂蔡人曰：「朱不用命於楚，君王將立東國。若不先從王欲，楚必圍蔡。」蔡人懼，出朱而立東國。朱愬于楚，楚子將討蔡。無極曰：「平侯與楚有盟，故封。盟于鄧，依陳、蔡人以國。其子有二心，故廢之。子謂朱也。靈王殺隱大子，其子與君同惡，德君必甚。又使立之，不亦可乎！且廢置在君，蔡無他矣。」言權在楚，則蔡無他心。

公如晉，及河。鼓叛晉，叛晉屬鮮虞。晉將伐鮮虞，故辭公。將有軍事，無暇於待賓，且懼洩軍謀。

【經】

二十有二年春，齊侯伐莒。

宋華亥、向寧、華定自宋南里出奔楚。言自南里，別從國去。

大蒐于昌間。無傳。

夏四月乙丑，天王崩。

六月，叔鞅如京師，葬景王。叔鞅，叔弓子。三月而葬，亂，故速。

王室亂。承叔鞅言而書之，未知誰是，故但曰「亂」。

劉子、單子以王猛居于皇。河南鞏縣西南有黃亭。辟子朝難出居皇。王猛書名，未即位。

秋，劉子、單子以王猛入于王城。王城，郟鄏，今河南縣。晉助猛，故得還王都。

冬十月，王子猛卒。未即位，故不書崩。

十有二月癸酉朔，日有食之。無傳。此月有庚戌。又以長歷推校前後，當爲癸卯朔，書癸酉，誤。

【傳】

二十二年春王二月甲子，齊北郭啓帥師伐莒。啓，齊大夫，北郭佐之後。莒子將戰，苑羊牧之諫牧之，莒大夫。曰：「齊帥賤，其求不多，不如下之，大國不可怒也。」弗聽，敗齊師于壽餘。莒地。齊侯伐莒，怒敗。莒子行成。司馬竈如莒涖盟。竈，齊大夫。莒子如齊涖盟，盟于稷門之外。稷門，齊城門也。莒於是乎大惡其君。爲明年莒子來奔傳。

楚薳越使告于宋曰：「寡君聞君有不令之臣爲君憂，無寧以爲宗羞，無寧，寧也。言華氏爲宋宗廟之羞耻。寡君請受而戮之。」對曰：「孤不佞，不能媚於父兄，華、向，公族也，故稱父兄。以爲君憂，拜命之辱。抑君臣日戰，君曰『余必臣是助』，亦唯命。人有言曰：『唯亂門之無過。』君若惠保敝邑，無亢不衷，以獎亂人，孤之望也。唯君圖之！」楚人患之。患宋以義距之。諸侯之戍謀曰：「若華氏知困而致死，楚耻無功而疾戰，非吾利也。不如出之，以爲楚功，其亦無能爲也已。言華氏不能復爲宋患。救宋而除其害，又何求？」乃固請出之，宋人從之。己巳，宋華亥、向寧、華定、華貙、華登、皇奄傷、省臧、士平出奔楚。華貙已下五子不書，非卿。

宋公使公孫忌爲大司馬，代華費遂。邊卬爲大司徒，卬，平公曾孫，代華定。樂祁爲司城，祁，子罕孫樂祁犂。仲幾爲左師，幾，仲江〔一〕孫，代向寧。樂大心爲右師，代華亥。樂輓爲大司寇，輓，子罕孫。以靖國人。終梓慎之言，三年而後弭。

王子朝、賓起有寵於景王，子朝，景王之長庶子。賓起，子朝之傅。王與賓孟説之，欲立之。孟即起也。王語賓孟，欲立子朝爲大子。劉獻公之庶子伯蚠事單穆公，獻公，劉摯。伯蚠，劉狄。穆公，單旗。惡賓孟之爲人也，願殺之；又惡王子朝之言，以爲亂，願去之。子朝有欲位〔二〕之言，故劉蚠惡之。賓孟適郊，見雄雞自斷其尾。問之，侍者曰：「自憚其犧也。」畏其爲犧牲奉宗廟，故自殘毀。遽歸告王，且曰：「雞其憚爲人用乎！人異於是。雞犧雖見寵飾，然卒當見殺。若人見寵飾，則當貴盛，故言

〔一〕「江」下，金澤本有「之也」二字，「之」下有旁校「玄」字。
〔二〕「位」，釋文云：「一本作『立』。」

異於雞。**犧者實用人，人犧實難，己犧何害？」**言設使寵人如寵犧，則不宜假人以招禍難。使犧在己，則無患害。己喻子朝，欲使王早寵異之。**王弗應。**十五年，大子壽卒，王立子猛。後復欲立子朝而未定。賓孟感雞，盛稱子朝，王心許之，故不應。

夏四月，王田北山，使公卿皆從，將殺單子、劉子。北山，洛北芒也。王知單、劉不欲立子朝，欲因田獵先殺之。**王有心疾，乙丑，崩于榮錡氏。**四月十九日。河南鞏縣西有榮錡澗。**戊辰，劉子摯卒，**二十二日。**無子，單子立劉蚠。**蚠事單子故。**五月庚辰，見王，**見王猛。**遂攻賓起，殺之。**黨子朝故。**盟群王子于單氏。**王子猛次正〔一〕，故單、劉立之。懼諸王子或黨子朝，故盟之。

晉之取鼓也，在十五年。**既獻而反鼓子焉。**獻於廟。**又叛於鮮虞。**叛晉屬鮮虞。**六月，荀吳略東陽，**略，行也。東陽，晉之山東邑，魏郡廣平以北。**使師僞糴者負甲以息於昔陽之門外，**昔陽，故肥子所都。**遂襲鼓，滅之，以鼓子鳶鞮歸，使涉佗守之。**守鼓之地。涉佗，晉大夫。

〔一〕「正」，原作「三」，據宋大字本、慶元本改。

丁巳，葬景王。王子朝因舊官、百工之喪職秩者與靈、景之族以作亂。百工，百官也。靈王、景王之子孫。帥郊、要、餞之甲三邑，周地。以逐劉子。逐伯蚠。壬戌，劉子奔揚。揚，周邑。單子逆悼王于莊宮以歸。悼王，子猛也。王子還夜取王以如莊宮。王子還，子朝黨也。不欲使單子得王猛，故取之。癸亥，單子出。失王〔一〕，故出奔。王子還與召莊公謀，莊公，召伯奐，子朝黨也。曰：「不殺單旗，不捷。旗，單子也。與之重盟，必來。背盟而見者多矣。」從之。從還謀也。樊頃子曰：「非言也，必不克。」頃子，樊齊，單、劉黨。遂奉王以追單子，王子還奉王。及領，大盟而復。領，周地。欲重盟，令單子、劉子復歸。殺摯荒以說。委罪於荒。劉子如劉，歸其采邑。單子亡。乙丑，奔于平時。平時，周地。知王子還欲背盟，故亡走。群王子追之，單子殺還、姑、發、弱、鬷、延、定、稠，八子，靈、景之族，因戰而殺之。子朝奔京。其黨死故。丙寅，伐之。單子伐京。京人奔山。劉子入于王城。子朝奔京，故得

〔一〕「王」，巾箱本作「位」。

入。辛未，鞏簡公敗績于京。乙亥，甘平公亦敗焉。甘、鞏二公，周卿士，皆爲子朝所敗。

叔鞅至自京師，葬景王還。言王室之亂也。經所以書。閔馬父曰：「子朝必不克。其所與者，天所廢也。」閔馬父，閔子馬，魯大夫。天所廢，謂群喪職秩者。單子欲告急於晉。秋七月戊寅，以王如平時，遂如圃車，次于皇。出次以示急。戊寅，七月三日；經書六月，誤。劉子如劉。單子使王子處守于王城。王子處，子猛黨。守王城，距子朝。盟百工于平宮。平宮，平王廟。辛卯，鄩肸伐皇。鄩肸，子朝黨。大敗，獲鄩肸。壬辰，焚諸王城之市。焚鄩肸。八月辛酉，司徒醜以王師敗績于前城。醜，悼王司徒。前城，子朝所得邑。百工叛。司徒醜敗故。己巳，伐單氏之宮，敗焉。百工伐單氏，爲單氏所敗。庚午，反伐之。單氏反伐百工。辛未，伐東圉。百工所在。洛陽東南有圉鄉。冬十月丁巳，晉籍談、荀躒帥九州之戎九州戎，陸渾戎，十七年滅，屬晉。州，鄉屬也，五州爲鄉。及焦、瑕、溫、原之師，焦、瑕、溫、原，晉四邑。以納王于王城。丁巳在十月，經書秋，誤。庚申，單子、劉蚠以王師敗績于郊，爲子朝之黨所敗。前城人敗陸渾于社[一]。前城，子朝衆。社，周地。十一月乙酉，王子猛卒。乙酉在十一月，經書十月，誤。雖未即位，周人謚曰悼王。不成喪也。釋所以不稱王崩。己丑，敬王即位。敬王，王子猛母弟王子匄。館于子旅氏。子旅，周大夫。

十二月庚戌，晉籍談、荀躒、賈辛、司馬督司馬烏。帥師軍于陰，籍談所軍。于侯氏，荀躒所軍。于谿泉，賈辛所軍。鞏縣西南有明谿泉。次于社。司馬督所次。王師軍于汜，于解，次于任人。王師分在三邑。洛陽西南有大解、小解。閏月，晉箕遺、樂徵、右行詭濟師，取前城，三子，晉大夫。濟師，渡伊、洛。軍其東南。王師軍于京楚。辛丑，伐京，毁其西南。京楚，子朝所在。

春秋經傳集解昭五第二十四

〔一〕「社」，釋文云：「一本或作『杜』。」

春秋經傳集解昭六第二十五

杜氏　盡二十六年

【經】

二十有三年春王正月，叔孫婼如晉。謝取郲師。

癸丑，叔鞅卒。無傳。

晉人執我行人叔孫婼。稱行人，譏晉執使人。

晉人圍郊。討子朝也。郊，周邑。圍郊，在叔鞅卒前，經書後，從赴。

夏六月，蔡侯東國卒于楚。無傳。未同盟而赴以名。

秋七月，莒子庚輿來奔。

戊辰，吴敗頓、胡、沈、蔡、陳、許之師于雞父。不書楚，楚不戰也。雞父，楚地。

安豐縣南有雞備亭。胡子髡、沈子逞滅，國雖存，君死曰滅。獲陳夏齧。大夫死生通曰獲。夏齧，徵舒玄孫。

天王居于狄泉。敬王辟子朝也。狄泉，今洛陽城内大倉西南池水也。時在城外。尹氏立王子朝。尹氏，周世卿也。書尹氏立子朝，明非周人所欲立。

八月乙未，地震。

冬，公如晉，至河，有疾，乃復。

【傳】

二十三年春王正月壬寅朔，二師圍郊。二師，王師、晉師也。王師不書，不以告。癸卯，郊、鄩潰。河南鞏縣西南有地名鄩中。郊、鄩二邑，皆子朝所得。丁未，晉師在平陰，王師在澤邑。平陰，今河陰縣。王使告間。子朝敗故。庚戌，還。晉師還。

邾人城翼，翼，邾邑。還，將自離姑。離姑，邾邑。從離姑則道徑魯之武城。公孫鉏曰：「魯將御我。」鉏，邾大夫。欲自武城還，循山而南。至武城而還，依山南行，不欲過武城。徐鉏、丘弱、茅地三子，邾大夫。曰：「道下，遇雨，將不出，是不歸也。」謂此山道下濕。遂自離姑。遂過武城。武城人塞其前，以兵塞其前道。斷其後之木而弗殊，邾師過之，乃推而蹷之，遂取邾師，獲鉏、弱、地。取邾師不書，非公命。邾人愬于晉，晉人來討。叔孫婼如晉，晉人執之，書曰「晉人執我行人叔孫婼」，言使人也。嫌外内異〔一〕，故重發傳。晉人使與邾大夫坐，坐訟曲直。叔孫曰：「列國之卿當小國之君，固周制也。在禮，卿得會伯、子、男，故曰「當小國之君」。邾又夷也。邾雜有東夷之風。寡君之命介子服回在，子服回，魯大夫，爲叔孫之介副。請使當之，不敢廢周制故也。」乃不果坐。

韓宣子使邾人聚其衆，將以叔孫與之。與邾使執之。叔孫聞之，去衆與兵而朝。示欲以身死。士彌牟謂韓宣子彌牟，士景伯。曰：「子弗良圖，而以叔孫與其讎，叔孫必死之。魯亡叔孫，必亡邾。邾君亡國，將焉歸？時邾君在晉，若亡國，無所歸，將益晉憂。子雖悔之，何及？所謂盟主，討違命也。若皆相執，焉用盟主？」乃弗與。使各居一館。分别叔孫、子服回。士伯聽邾衆取叔孫，是爲諸侯皆得輒相執。

〔一〕「嫌外内異」，國會本作「嫌外異内」，書院本作「嫌内外異」。

聽其辭，而愬諸宣子，乃皆執之。二子辭不屈，故士伯愬而執之。

士伯御叔孫，從者四人，過邾館以如吏。欲使邾人見叔孫之屈辱。先歸邾子。士伯曰：「以芻蕘之難，從者之病，將館子於都。」都，別都，謂箕也。叔孫旦而立，期焉。立，待命也。從旦至旦爲期。乃館諸箕。舍子服昭伯於他邑。別囚之。范獻子求貨於叔孫，使請冠焉。以求冠爲辭。取其冠法，而與之兩冠，曰：「盡矣。」既送作冠模法，又進二冠以與之，僞若不解其意。爲叔孫故，申豐以貨如晉。欲行貨以免叔孫。叔孫曰：「見我，吾告女所行貨。」見，而不出。留申豐不使得出，不欲以貨免。吏人之與叔孫居於箕者，請其吠狗，弗與。及將歸，殺而與之食之。示不愛。叔孫所館者雖一日，必葺其牆屋，葺，補治也。去之如始至。不以當去而有所毀壞。

夏四月乙酉，單子取訾，劉子取牆人、直人。三邑屬子朝者。訾在河南鞏縣西南。六月壬午，王子朝入于尹〔一〕。自京入尹氏之邑。癸未，尹圉誘劉佗殺之。尹

〔一〕「尹」下，金澤本有「氏」字。

圉，尹文公也。劉佗，劉盆族，敬王黨。丙戌，單子從阪道、劉子從尹道伐尹。單子先至而敗，劉子還。單子敗故。己丑，召伯奂、南宮極以成周人戍尹。二子，周卿士，子朝黨。奂，召莊公。庚寅，單子、劉子、樊齊以王如劉。辟子朝，出居劉子邑。甲午，王子朝入于王城，次于左巷。近東城。

秋七月戊申，鄩羅納諸莊宮。鄩羅，周大夫鄩肸之子。尹辛敗劉師于唐。尹辛，尹氏族。唐，周地。丙辰，又敗諸鄩。甲子，尹辛取西闈。西闈，周地。丙寅，攻蒯，蒯潰。河南縣西南蒯鄉是也。於是敬王居狄泉，尹氏立子朝。

莒子庚輿虐而好劒，苟鑄劒，必試諸人，國人患之。又將叛齊，烏存帥國人以逐之。烏存，莒大夫。庚輿將出，聞烏存執殳而立於道左，懼將止死。殳長丈二而無刃。苑羊牧之曰：「君過之！牧之亦莒大夫。烏存以力聞可矣，何必以弒君成名？」遂來奔。齊人納郊公。郊公，著丘公之子，十四年奔齊。

吳人伐州來，楚薳越帥師令尹以疾從戎，故薳越攝其事。及諸侯之師奔命救州來。吳人禦諸鍾離。子瑕卒，楚師熸。子瑕即令尹，不起所疾也。吳、楚之間謂火滅爲熸。軍之重主喪亡，故其軍人無復氣勢。

吴公子光曰：「諸侯從於楚者衆，而皆小國也。畏楚而不獲已，是以來。吾聞之曰：『作事威克其愛，雖小，必濟。』克，勝也。軍事尚威。胡、沈之君幼而狂，性〔一〕無常。陳大夫齧壯而頑，頓與許、蔡疾楚政。楚令尹死，其師熸。帥賤，多寵，政令不壹。帥賤，薳越非正卿也。軍多寵人。政令不壹於越。七國同役而不同心，七國，楚、頓、胡、沈、蔡、陳、許。帥賤而不能整，無大威命，楚可敗也。若分師先以犯胡、沈與陳，必先奔。三國敗，諸侯之師乃摇心矣。諸侯乖亂，楚必大奔。請先者去備薄威，示之以不整以誘之。後者敦陳整旅。」敦，厚也。吴子從之。戊辰晦，戰于雞父。七月二十九日，遣〔二〕兵忌晦戰，擊楚所不意。吴子以罪人三千先犯胡、沈與陳，囚徒不習戰，以示不整。三國争之。吴爲三軍以繫於後，中軍從王，從吴王。光帥右，掩餘帥左。掩餘，吴王壽夢子。吴之罪人或奔或止，三國亂，吴師擊之，三國敗，獲胡、沈之君及陳大夫。舍胡、沈之囚，使奔許與蔡、頓，曰：「吾君死矣！」

〔一〕「性」，國會本、書院本、附釋音本作「狂」。
〔二〕「遣」，宋大字本作「違」。

師譟而從之，三國奔，三國，許、蔡、頓。楚師大奔。書曰「胡子髡、沈子逞滅，獲陳夏齧」，君臣之辭也。國君，社稷之主，與宗廟共其存亡者，故稱「滅」。大夫輕，故曰「獲」。獲，得也。不言戰，楚未陳也。嫌與陳例相涉，故重發之。

八月丁酉，南宮極震。經書乙未地動，魯地也。丁酉，南宮極震，周地亦震也，爲屋所壓而死。萇弘謂劉文公曰：「君其勉之！先君之力可濟也。文公，劉蚠也。先君，謂蚠之父獻公也。獻公亦欲立子猛，未及而卒。周之亡也，其三川震。謂幽王時也。三川，涇、渭、洛水也。地動，川岸崩。今西王之大臣亦震，天弃之矣。子朝在王城西，故謂西王。東王必大克。」敬王居狄泉，在王城之東，故曰東王。

楚大子建之母在郥，郥，郥陽也。平王娶秦女，廢大子建，故母歸其家。召吴人而啓之。冬十月甲申，吴大子諸樊入郥，諸樊，吴王僚之大子。取楚夫人與其寶器以歸。楚司馬薳越追之，不及。將死，衆曰：「請遂伐吴以徼之。」徼，要其勝負。薳越曰：「再敗君師，死且有罪。此年秋敗於雞父，設往復敗爲再敗。亡君夫人，不可以莫之死也。」乃縊於薳澨。薳澨，楚地。

公爲叔孫故如晉，及河，有疾而復。此年春，晉爲邾人執叔孫，故[一]公如晉謝之。

楚囊瓦爲令尹，囊瓦，子囊之孫子常也，代陽匄。城郢。楚用子囊遺言，已築郢城矣。今畏吴，復增脩以自固。沈尹戌曰：「子常必亡郢。苟不能衛，城無益也。古者天子守在四夷；德及遠。天子卑，守在諸侯。政卑損。諸侯守在四鄰；鄰國爲之守。諸侯卑，守在四竟。裁自完。慎其四竟，結其四援，結四鄰之國爲援助。民狎其野，狎，安習也。三務成功。春、夏、秋三時之務。民無内憂，而又無外懼，國焉用城？今吴是懼，而城於郢，守已小矣。卑之不獲，能無亡乎？不獲守四竟。昔梁伯溝其公宫而民潰，在僖十八年。民弃其上，不亡何待？夫正其疆埸，脩其土田，險其走集，走集，邊竟之壘壁。親其民人，明其伍候，使民有部伍，相爲候望。信其鄰國，慎其官守，守其交禮，交接之禮。不僭不貪，不懦不耆，懦，弱也。耆，强也。完其守備，以待不虞，又何畏矣？詩曰：『無念爾祖，聿脩厥德。』詩，大雅。無念，念也。聿，述也。

〔一〕「故」下，金澤本有「曰」字。

義取念祖考，則述治其德以顯之。無亦監乎若敖、蚡冒至于武、文，四君皆楚先君之賢者。土不過同，方百里爲一同，言未滿一圻。慎其四竟，猶不城郢。今土數圻，方千里爲圻。而郢是城，不亦難乎？」言守若是，難以爲安也。爲定四年吳入楚傳。

【經】

二十有四年春王二月丙戌，仲孫貜卒。無傳。孟僖子也。

婼至自晉。喜得赦歸，故書「至」。

夏五月乙未朔，日有食之。

秋八月，大雩。

丁酉，杞伯郁釐卒。無傳。未同盟而赴以名。丁酉，九月五日。有日無月。

冬，吳滅巢。楚邑也，書滅用大師。

葬杞平公。無傳。

【傳】

二十四年春王正月辛丑，召簡公、南宮嚚以甘桓公見王子朝。簡公，召莊公之子召伯盈也。嚚，南宮極之子。桓公，甘平公之子。劉子謂萇弘曰：「甘氏又往矣。」對曰：「何害？同德度義。度，謀也。言唯同心同德，則能謀義。子朝不能，於我無害。大誓曰：『紂有億兆夷人，亦有離德；言紂衆億兆，兼有四夷，不能同德，終敗亡。余有亂臣十人，同心同德。』武王言我有治臣十人，雖少，同心也。今大誓無此語。此周所以興也。君其務德，無患無人。」戊午，王子朝入于鄔。緱氏西南有鄔聚。言子朝稍强。

晉士彌牟逆叔孫于箕。將禮而歸之。叔孫使梁其踁待于門內，踁，叔孫家臣。曰：「余左顧而欬，乃殺之。疑士伯來殺己，故謀殺之。右顧而笑，乃止。」叔孫見士伯。士伯曰：「寡君以爲盟主之故，是以久子。久執子以謝邾。不腆敝邑之禮，將致諸從者，使彌牟逆吾子。」叔孫受禮而歸。二月，婼至自晉，尊晉也。貶婼族，所以尊晉。婼，行人，故不言罪己。

三月庚戌，晉侯使士景伯涖問周故。涖，臨也。就問子朝、敬王，知誰曲直。士伯立于乾祭而問於介衆。乾祭，王城北門。介，大也。晉人乃辭王子朝，不納其使。衆言子朝曲故。

夏五月乙未朔，日有食之。梓慎曰：「將水。」陰勝陽，故曰「將水」。昭子曰：「旱也。日過分而陽猶不克，克必甚，能無旱乎？過春分，陽氣盛時而不勝陰，陽將猥出，故爲旱。陽不克莫，將積聚也。」陽氣莫然不動，乃將積聚。

六月壬申，王子朝之師攻瑕及杏，皆潰。瑕、杏，敬王邑。

鄭伯如晉，子大叔相，見范獻子。獻子曰：「若王室何？」對曰：「老夫其國家不能恤〔一〕，敢及王室？抑人亦有言曰：『嫠不恤其緯，嫠，寡婦也。織者常苦緯少，寡婦所宜憂。而憂宗周之隕，爲將及焉。』恐禍及己。今王室實蠢蠢焉，蠢蠢，動擾貌。吾小國懼矣，然大國之憂也。吾儕何知焉？吾子其早圖之！詩曰：『缾之罄矣，惟罍之恥。』詩，小雅。罍，大器。缾，小器。常稟於罍者，而所受罄盡，則罍爲無餘，故恥之。王室之不寧，晉之恥也。」獻子懼，而與宣子圖之。宣子，韓起。乃徵會於諸侯，期以明年。爲明年會黃父傳。

〔一〕「不能恤」，金澤本作「是不能恤之」。

秋八月，大雩，旱也。終如叔孫之言。

冬十月癸酉，王子朝用成周之寶珪于河〔一〕。禱河求福。甲戌，津人得諸河上。珪自出水。陰不佞以温人南侵，不佞，敬王大夫。晉以温兵助敬王南侵子朝。拘得玉者，取其玉。將賣之，則爲石。王定而獻之〔二〕，不佞獻玉。與之東訾。喜得玉，故與之邑。鞏縣西南訾城是也。

楚子爲舟師以略吳疆，略，行也。行吳界，將侵之。沈尹戌曰：「此行也，楚必亡邑。不撫民而勞之，吳不動而速之，速，召也。吳踵楚，躡楚踵跡。而疆埸無備，邑能無亡乎？」

越大夫胥犴勞王於豫章之汭，汭，水曲。越公子倉歸王乘舟。歸，遺也。倉及壽夢帥師從王，壽夢，越大夫。王及圉陽而還。圉陽，楚地。

吳人踵楚，而邊人不備，遂滅巢及鍾離而還。鍾離不書，告敗略。沈尹戌曰：

〔一〕「于河」，釋文云：「本或作『沈于河』。」

〔二〕「王定而獻之」，釋文云：「本或作『王定之』。」

「亡郢之始於此在矣。王壹動而亡二姓之帥，二姓之帥，守巢、鍾離大夫。幾如是而不及郢？詩曰：『誰生厲階？至今爲梗。』詩，大雅。厲，惡；階，道；梗，病也。其王之謂乎！」爲定四年吴入郢傳。

【經】

二十有五年春，叔孫婼如宋。

夏，叔詣會晉趙鞅、宋樂大心、衛北宫喜、鄭游吉、曹人、邾人、滕人、薛人、小邾人于黄父。

有鸜〔一〕鵒來巢。此鳥穴居，不在魯界，故曰「來巢」。非常，故書。

秋七月上辛，大雩。季辛，又雩。季辛，下旬之辛也。言又，重上事。

九月己亥，公孫于齊，次于陽州。諱奔，故曰「孫」，若自孫讓而去位者。陽州，齊、

〔一〕「鸜」，釋文云：「本又作『鴝』。」

魯竟上邑。未敢直前，故次于竟。齊侯唁公于野井。濟南祝阿縣東[一]有野井亭。齊侯來唁公，公不敢遠勞，故逆之，往至野井。

冬十月戊辰，叔孫婼卒。公不與小斂而書日者，公在外，非無恩。

十有一月己亥，宋公佐卒于曲棘。陳留外黄縣城中有曲棘里，宋地。未同盟而赴以名。

十有二月，齊侯取鄆。取鄆以居公也。

【傳】

二十五年春，叔孫婼聘于宋，桐門右師見之。右師，樂大心，居桐門。語，卑宋大夫而賤司城氏。司城，樂氏之大宗也。卑、賤，謂其[二]才德薄。昭子告其人曰：「右師其亡乎！君子貴其身而後能及人，是以有禮。唯禮可以貴身，貴身，故尚禮。今夫子卑其大夫而賤其宗，是賤其身也，賤人，人亦賤己。能有禮乎？無禮，必亡。」爲定

[一]「東」下，金澤本有「北」字。
[二]「其」下，金澤本有「人」字。

十年樂大心出奔傳。宋公享昭子，賦新宮。逸詩。昭子賦車轄〔一〕。詩小雅，周人思得賢女以配君子。昭子將爲季孫迎宋公女，故賦之。明日宴，飲酒樂，宋公使昭子右坐，坐宋公右以相近，言改禮坐。語相泣也。樂祁佐，助宴禮。退而告人曰：「今茲君與叔孫其皆死乎！吾聞之：『哀樂，可樂而哀。而樂哀，可哀而樂。皆喪心也。』心之精爽，是謂魂魄。魂魄去之，何以能久？」爲此冬叔孫、宋公卒傳。

季公若之姊爲小邾夫人，平子庶姑，與公若同母，故曰公若姊。生宋元夫人，宋元夫人，平子之外姊。生子以妻季平子，昭子如宋聘且逆之，平子人臣而因卿逆，季氏强横。公若從，從昭子。謂曹氏勿與，魯將逐之。曹氏，宋元夫人。曹氏告公。公告樂祁。樂祁曰：「與之。如是，魯君必出。政在季氏三世矣，文子、武子、平子。魯君喪政四公矣，宣、成、襄、昭。無民而能逞其志者，未之有也。國君是以鎮撫其民。詩曰：『人之云亡，心之憂矣。』詩，大雅，言無人則憂患至。魯君失民矣，焉得逞其志？靖以待命猶可，動必憂。」爲下公孫傳。

〔一〕「轄」，釋文云：「本又作『舝』。」

夏，會于黃父，謀王室也。王室有子朝亂，謀定之。趙簡子令諸侯之大夫簡子，趙鞅。輸王粟、具戍人，曰：「明年將納王。」納王於王城。子大叔見趙簡子，簡子問揖讓周旋之禮焉。對曰：「是儀也，非禮也。」簡子曰：「敢問何謂禮？」對曰：「吉也聞諸先大夫子產曰：『夫禮，天之經也，經者，道之常。地之義也，義者，利之宜。民之行也。』行者，人所履。天地之經，而民實則之。則天之明，日月星辰，天之明也。因地之性，高下剛柔，地之性也。生其六氣，謂陰、陽、風、雨、晦、明。用其五行。金、木、水、火、土。氣爲五味，酸、鹹、辛、苦、甘。發爲五色，青、黃、赤、白、黑。發，見也。章爲五聲。宮、商、角、徵、羽。淫則昏亂，民失其性。滋味聲色，過則傷性。是故爲禮以奉之。制禮以奉其性。爲六畜、馬、牛、羊、雞、犬、豕。五牲、麋、鹿、麏、狼、兔。三犧，祭天、地、宗廟三者謂之犧。以奉五味；爲九文、謂山、龍、華、蟲、藻、火、粉米、黼、黻也。華若草華。藻，水草。火，畫火。粉米若白米。黼若斧。黻若兩已相戾。傳曰：「火龍黼黻，昭其文也。」六采、畫繢之事，雜用天地四方之色。青與白，赤與黑，玄與黃，皆相次，謂之六色。五章，以奉五色；青與赤謂之文，赤與白謂之章，白與黑謂之黼，黑與青謂之黻，五色備謂之繡。集此五章，以奉成五色之用。爲九歌、八風、七音、六律，以奉五聲。解見二十年。爲君臣上下，以則地義；君臣有尊卑，法地〔一〕有高下。爲夫婦外内，以經二物；夫治外，婦治内，各治其物。爲父子、兄弟、姑姊、甥舅、昏媾、姻亞，以象天明；六親和睦，以事嚴父，若衆星之共辰極也。妻父曰昏，重昏曰媾。壻父曰姻，兩壻相謂曰亞。爲政事、庸力、行務，以從四時；在君爲政，在臣爲事，民功曰庸，治功曰力，行其德教，務其時要，禮之本也。爲刑罰、威獄，使民畏忌，以類其震曜殺戮；雷震電曜〔二〕，天之威也。聖人作刑獄，以象類之。爲温慈惠和，以效天之生殖長育。民有好惡、喜怒、哀樂，生于六氣，此六者，皆稟陰、陽、風、雨、晦、明之氣。是故審則宜類，以制六志。爲禮以制好、惡、喜、怒、哀、樂六志，使不過節。哀有哭泣，樂有歌舞，喜有施舍，怒有戰鬬。喜生於好，怒生於惡。是故審行信令，禍福賞罰，以制死生。生，好物也；死，惡物也。好物，樂也；惡物，哀也。哀樂不失，乃能協于天地之性，是以長久。」協，和也。簡子曰：「甚哉，禮之大也！」對

〔一〕「地」，巾箱本作「則」。
〔二〕「雷震電曜」，阮校：「後漢書馬融傳注引作『靁霆震耀』。」

曰：「禮，上下之紀、天地之經緯也，經緯，錯居以相成者。民之所以生也，是以先王尚之。故人之能自曲直以赴〔一〕禮者，謂之成人。大，不亦宜乎！」曲直以弼其性。簡子曰：「鞅也，請終身守此言也。」鞅能守此言，故終免於晉陽之難。

宋樂大心曰：「我不輸粟。我於周爲客，二王後爲賓客。若之何使客？」晉士伯曰：「自踐土以來，踐土在僖二十八年。宋何役之不會，而何盟之不同？曰『同恤王室』，子焉得辟之？子奉君命，以會大事，而宋背盟，無乃不可乎？」右師不敢對，受牒而退。右師，樂大心。士伯告簡子曰：「宋右師必亡。奉君命以使，而欲背盟以干盟主，無不祥大焉。」言不善無大此者。爲定十年宋樂大心出奔傳。

「有鸜鵒來巢」，書所無也。師己曰：「異哉！吾聞文、成之世，童謡有之，師己，魯大夫。曰：『鸜之鵒之，公出辱之。言鸜鵒來，則公出辱也。鸜鵒之羽，公在外野，往饋之馬。饋，遺也。鸜鵒跦跦，公在乾侯，跦跦，跳行貌。徵褰與襦。褰，袴。

〔一〕「赴」，釋文云：「或作『從』。」

鸜鵒之巢，遠哉遥遥〔一〕。裯父〔二〕喪勞，宋父以驕。裯父，昭公，死外，故喪勞。宋父，定公，代立，故以驕。鸜鵒鸜鵒，往歌來哭。』昭公生出歌，死還哭。童謡有是。今鸜鵒來巢，其將及乎！」將及禍也。

秋，書再雩，旱甚也。

初，季公鳥娶妻於齊鮑文子，生甲。公鳥，季公亥之兄，平子庶叔父。公鳥死，季公亥與公思展與公鳥之臣申夜〔三〕姑相其室。公亥即公若也。展，季氏族。相，治也。及季姒與饔人檀通，季姒，公鳥妻，鮑文子女。饔人，食官。而懼，乃使其妾抶己，以示秦遄之妻，秦遄，魯大夫。妻，公鳥妹秦姬也。曰：「公若欲使余，余不可而抶余。」又訴於公甫，公甫，平子弟。曰：「展與夜姑將要余。」要劫我以非禮。秦姬以告公之。公之，亦平子弟。公之與公甫告平子，平子拘展於卞，而執夜姑，將殺之。公若泣

〔一〕「遠哉遥遥」，阮校：「漢書五行志作『遠哉摇摇』，師古曰『摇摇，不安之貌』。臧琳曰：『遥』爲俗字，當從漢志作『摇』。」

〔二〕「裯父」，金澤本作「稠父」，下注同。

〔三〕「夜」，釋文云：「本或作『射』，音夜，又音亦。」

而哀之，曰：「殺是，是殺余也。」將爲之請。平子使豎勿内，日中不得請。有司逆命，執夜姑之有司，欲迎受殺生之命。公之使速殺之。故公若怨平子。

季、郈之雞鬭。季平子、郈昭伯二家相近，故雞鬭。季氏介其雞，擣芥子播其羽也。或曰以膠沙播之爲介雞。郈氏爲之金距。平子怒，怒其不下己。益宫於郈氏，侵郈氏室以自益。且讓之，讓，責也。故郈昭伯亦怨平子。臧昭伯之從弟會昭伯，臧爲子。爲讒於臧氏，而逃於季氏。臧氏執旃。平子怒，拘臧氏老。將禘於襄公，萬者二人〔一〕，其衆萬於季氏。禘，祭也。萬，舞也。於禮，公當三十六人。臧孫曰：「此之謂不能庸先君之廟。」不能用禮也，蓋襄公别立廟。大夫遂怨平子。公若獻弓於公爲，公爲，昭公子務人。且與之出射於外，而謀去季氏。公爲告公果、公賁。果、賁皆公爲弟。公果、公賁使侍〔二〕人僚柤告公。公寢，將以戈擊之，乃走。公曰：「執之！」亦無命也。獨言執之，無勑命。懼而不出，數月不見。公不怒。又使言，公

〔一〕「人」，阮校：惠棟云「人」當作「八」，傳文誤也。
〔二〕「侍」，釋文云：「本亦作『寺』。」

執戈以懼之，乃走。又使言，公曰：「非小人之所及也。」謂僚柤爲小人。公果自言，公以告臧孫，臧孫以難。言難逐〔一〕。告郈孫，郈孫以可，勸。告子家懿伯，子家羈，莊公之玄孫。懿伯曰：「讒人以君徼幸，事若不克〔二〕，君受其名，受惡名。不可爲也。舍民數世，以求克事，不可必也。且政在焉，其難圖也。」公退之。退，使去。辭曰：「臣與聞命矣，言若洩，臣不獲死。」乃館於公〔三〕。恐受洩命之罪，故留公宮以自明。

叔孫昭子如闞，闞，魯邑。公居於長府。官〔四〕府名。九月戊戌，伐季氏，殺公之于門，遂入之。平子登臺而請曰：「君不察臣之罪，使有司討臣以干戈，臣請待於沂上以察罪。」弗許。魯城南自有沂水，平子欲出城待罪也。大沂水出蓋縣南，至下

〔一〕「逐」，附釋音本作「遂」。
〔二〕「克」，附釋音本作「免」。
〔三〕「公」下，金澤本有「宮」字。
〔四〕「官」上，金澤本有「長府」二字。

郈入泗。請囚于費，弗許。請以五乘亡，弗許。子家子曰：「君其許之！政自之出久矣，隱民多取食焉，隱約，窮困。爲之徒者衆矣。日入慝作，弗可知也。慝，姦惡也。日冥，姦人將起叛君助季氏，不可知。衆怒不可蓄也。蓄而弗治，將薀。薀，積也。薀蓄，民將生心。生心，同求將合。與季氏同求叛君者。君必悔之！」弗聽。郈孫曰：「必殺之。」公使郈孫逆孟懿子。懿子，仲孫何忌。叔孫氏之司馬鬷戾言於其衆曰：「若之何？」莫對。衆疑所助。又曰：「我，家臣也，不敢知國。凡有季氏與無，於我孰利？」皆曰：「無季氏，是無叔孫氏也。」鬷戾曰：「然則救諸！」帥徒以往，陷西北隅以入。陷公圍也。公徒釋甲，執冰而踞，言無戰心也。冰，櫝丸蓋。或云櫝丸是箭筩，其蓋可以取飲。遂逐之。逐公徒。孟氏使登西北隅，以望季氏，見叔孫氏之旌，以告。孟氏執郈昭伯，殺之于南門之西，遂伐公徒。子家子曰：「諸臣僞劫君者，而負罪以出，君止。使若非君本意者，君自可止不出。意如之事君也，不敢不改。」意如，季平子名。公曰：「余不忍也。」與臧孫如墓謀，辭先君，且謀所奔。遂行。

己亥，公孫于齊，次于陽州。齊侯將唁公于平陰，公先至于野井。齊侯曰：

「寡人之罪也。使有司待〔一〕于平陰，爲近故也。」齊侯自咎，本不敕有司遠詣陽州，而欲近會于平陰，故令魯侯過共，先至野井，遠見迎逆，自咎以謝公。書曰「公孫于齊，次于陽州。齊侯唁公于野井」，禮也。將求於人，則先下之，禮之善物也。物，事也。謂先往至野井。齊侯曰：「自莒疆以西，請致千社，二十五家爲社。千社，二萬五千家，欲以給公。以待君命。待君伐季氏之命。寡人將帥敝賦以從執事，唯命是聽。君之憂，寡人之憂也。」公喜。子家子曰：「天禄不再。天若胙君，不過周公，以魯足矣。失魯而以千社爲臣，誰與之立？爲齊臣。且齊君無信，不如早之晉。」弗從。臧昭伯率從者將盟，載書曰：「戮力壹心，好惡同之。信罪之有無，信，明也。處者有罪，從者無罪。繾綣從公，無通外内！」繾綣，不離散。以公命示子家子。子家子曰：「如此，吾不可以盟。羈〔二〕也不佞，不能與二三子同心，而以爲皆有罪。從者陷君，留者逐君，皆有罪也。或欲通外内，且欲去君。去君，僞負罪出奔，不必繾綣從

〔一〕「待」下，金澤本有「公」字。
〔二〕「羈」上，金澤本有「且」字。

公。二三子好亡而惡定，焉可同也？陷君於難，罪孰大焉？通外內〔一〕而去君，君將速入，弗通何爲？而何守焉？」乃不與盟。何必守公？

昭子自闞歸，見平子。平子稽顙，曰：「子若我何？」昭子曰：「人誰不死？子以逐君成名，子孫不忘，不亦傷乎？將若子何？」平子曰：「苟使意如得改事君，所謂生死而肉骨也。」昭子從公于齊，與公言。子家子命適公館者執之。恐從者知叔孫謀。公與昭子言於幄內，曰：「將安衆而納公。」昭子請歸安衆。公徒將殺昭子，伏諸道。伏兵。左師展告公。公使昭子自鑄歸。辟伏兵。平子有異志。不欲復納公。冬十月辛酉，昭子齊於其寢，使祝宗祈死。戊辰，卒。恥爲平子所欺，因祈而自殺。左師展將以公乘馬而歸，公徒執之。展，魯大夫，欲與公俱輕歸。

壬申，尹文公涉于鞏，焚東訾，弗克。文公，子朝黨，於鞏縣涉洛水也。東訾，敬王邑。

十一月，宋元公將爲公故如晉，請納公。夢大子欒即位於廟，己與平公服而相之。平公，元公父。旦，召六卿。公曰：「寡人不佞，不能事父兄，父兄謂華、向。

〔一〕「外內」，附釋音本、金澤本作「內外」。

以爲二三子憂，寡人之罪也。若以群子之靈獲保首領以没，唯是楄柎所以藉幹者，楄柎，棺中笭牀也。幹，骸骨也。請無及先君。」欲自貶損。仲幾對曰：「君若以社稷之故私降昵宴，群臣弗敢知。昵，近也。降昵宴，謂損親近聲樂飲食之事。若夫宋國之法，死生之度，先君有命矣。群臣以死守之，弗敢失隊。臣之失職，常刑不赦。臣不忍其死，君命祇辱。」言君命必不行。祇，適也。宋公遂行。己亥，卒于曲棘。爲明年梁丘據語起本。

十二月庚辰，齊侯圍鄆。欲取以居公。不書圍，鄆人自服，不成圍。

初，臧昭伯如晉，臧會竊其寶龜僂句，僂句，龜所出地名。以卜爲信與僭，僭吉。僭，不信也。臧氏老將如晉問，問昭伯起居。會請往。代家老行。昭伯問〔一〕家故，故，事也。盡對。及内子與母弟叔孫，則不對。内子，昭伯妻。不對，若有他故。再三問，不對。歸及郊，會逆。問，又如初。又不對。至，次於外而察之，皆無之。執而戮之，逸，奔郈。郈魴假使爲賈正焉。郈在東平無鹽縣東南。魴假，郈邑大夫。

〔一〕「問」下，金澤本有「其」字。

賈正，掌貨物使有常價，若市吏。計〔一〕於季氏，送計簿於季氏。臧氏使五人以戈楯伏諸桐汝之閭，桐汝，里名。會出，逐之，反奔，執諸季氏中門之外。平子怒，曰：「何故以兵入吾門？」拘臧氏老。季、臧有惡。相怨惡。及昭伯從公，平子立臧會。立以爲臧氏後。會曰：「僂句不余欺也。」傳言卜筮之驗，善惡由人。

楚子使薳射城州屈，復茄人焉；還復茄人於州屈。城丘皇，遷訾人焉。移訾人於丘皇。使熊相禖郭巢，季然郭卷。使二大夫爲巢、卷築郭也。卷城在南陽葉縣南。子大叔聞之，曰：「楚王將死矣。使民不安其土，民必憂，憂將及王，弗能久矣。」爲明年楚子居卒傳。

【經】

二十有六年春王正月，葬宋元公。三月而葬，速。

三月，公至自齊，居于鄆。

〔一〕「計」上，金澤本有「大」字。

夏，公圍成。成，孟氏邑。不書齊師，帥賤衆少，重在公。

秋，公會齊侯、莒子、邾子、杞伯，盟于鄟陵。鄟陵，地闕。

公至自會，居于鄆。無傳。

九月庚申，楚子居卒。未同盟而赴以名。

冬十月，天王入于成周。傳天〔一〕王入在子朝奔後。經在前者，子朝來告晚。

尹氏、召伯、毛伯以王子朝奔楚。召伯當言召氏，經誤也。尹、召族奔，非一人，故言氏。書奔在王入下者，王入乃告諸侯。

【傳】

二十六年春王正月庚申，齊侯取鄆。前年已取鄆，至是乃發傳者，爲公處鄆起。

葬宋元公，如先君，禮也。善宋人違命以合禮。

三月，公至自齊，處于鄆，言魯地也。入魯竟，故書至。猶在外，故書地。夏，齊侯將納公，命無受魯貨。申豐從女賈，豐、賈二人，皆季氏家臣。以幣錦二兩，二丈爲

〔一〕「天」，金澤本作「言」。

一端，二端爲一兩，所謂匹也。二兩，二匹。縛一如瑱，瑱，充耳。縛，卷也。急卷使如充耳，易懷藏。適齊師，謂子猶之人高齮：齮，子猶家臣。子猶，梁丘據。「能貨子猶，爲高氏後，粟五千庾。」言若能爲我行貨於子猶，當爲[一]請，使得爲高氏後。又當致粟五千庾。庾，十六斗，凡八千斛。高齮以錦示子猶，子猶欲之。齮曰：「魯人買之，百兩一布。以道之不通，先入幣財。」言魯人買此甚多，布陳之，以百兩爲數。子猶受之，言於齊侯曰：「群臣不盡力于魯君者，非不能事君也。欲行其説，故先示欲盡力納魯君。然據有異焉。異，猶怪也。宋元君[二]爲魯君如晉，卒於曲棘；叔孫昭子求納其君，無疾而死。不知天之弃魯邪，抑魯君有罪於鬼神，故及此也？君若待于曲棘，使群臣從魯君以卜焉。卜知可伐否。若可，師有濟也。君而繼之，兹無敵矣。若其無成，君無辱焉。」齊侯從之，使公子鉏帥師從公。鉏，齊大夫。成大夫公孫朝謂平子曰：「有都以衛國也，請我受師。」許之。以成邑禦齊師。請納質，恐見疑。弗許。

[一]「爲」下，金澤本有「子」字。
[二]「君」，金澤本作「公」。

曰：「信女，足矣。」告於齊師曰：「孟氏，魯之敝室也。敝，壞也。用成已甚，弗能忍也，請息肩于齊。」公孫朝詐齊師言欲降，使來取成。齊師圍成。成人伐齊師之飲馬于淄者，曰：「將以厭衆。」以厭衆心，不欲使知已降也。淄水出泰山梁父縣，西北入汶。魯成備而後告曰：「不勝衆。」告齊言衆不欲降，已不能勝。師及齊師戰于炊鼻。季氏師距公，非公命，則不書。炊鼻，魯地。齊子淵捷從洩聲子，聲子，魯大夫。射之，中楯瓦，瓦，楯脊。繇朐〔一〕汏輈，匕入者三寸。入楯瓦也。朐，車軛。輈，車轅。繇，過也。汏，矢激。匕，矢鏃也。聲子射其馬，斬鞅，殪。殪，死也。改駕，人以爲鬷戾也，而助之。人，魯人也。鬷戾，叔孫氏司馬。子車曰：「齊人也。」子車，即淵捷。將擊子車，子車射之，殪。其御曰：「又之。」又欲使射餘人。子車曰：「衆可懼也，而不可怒也。」子囊帶從野洩，叱之。囊帶，齊大夫。野洩，即聲子。洩曰：「軍無私怒，報乃私也，將亢子。」欲以公戰禦之，不欲私報其叱。又叱之，子囊復叱之。亦叱之。野洩亦叱

〔一〕「朐」，釋文云：「本又作『軥』。」

也。言齊無戰心，但相叱。冉豎射陳武子，中手，冉豎，季氏臣。失弓而罵。武子罵。以告平子，曰：「有君子白皙，鬒鬚眉，甚口。」平子曰：「必子彊也，無乃亢諸？」子彊，武子字。對曰：「謂之君子，何敢亢之？」僞言不敢違季氏。林雍羞爲顏鳴右，下。皆魯人，羞爲右，故下車戰。苑何忌取其耳。何忌，齊大夫。不欲殺雍，但截其耳以辱之。顏鳴去之。其右見獲，懼而去之。苑子之御曰：「視下顧！」復欲使苑子擊其足。苑子刜林雍，斷其足，鑋而乘於他車以歸。鑋，一足行。顏鳴三入齊師，呼曰：「林雍乘！」言魯人皆致力於季氏，不以私怨而相弃。

四月，單子如晉告急。五月戊午，劉人敗王城之師于尸氏。劉人，劉蚠之屬。王城，子朝之徒。尸氏在鞏縣西南偃師城。戊辰，王城人、劉人戰于施谷，劉師敗績。施谷，周地。

秋，盟于鄟陵，謀納公也。齊侯謀。

七月己巳，劉子以王出。師敗，懼而出。庚午，次于渠。渠，周地。王城人焚劉。燒劉子邑。丙子，王宿于褚氏。洛陽縣南有褚氏亭。丁丑，王次于萑谷。庚辰，王入于胥靡。辛巳，王次于滑。萑谷、胥靡、滑，皆周地〔一〕。胥靡、滑本鄭邑。晉知躒、趙鞅帥師納王，使女寬守闕塞。女寬，晉大夫。闕塞，洛陽西南伊闕口也。守之，備子朝。

九月，楚平王卒。令尹子常欲立子西，子西，平王之長庶。曰：「大子壬弱，其母非適也，壬〔二〕，昭王也。王子建實聘之。子西長而好善。立長則順，建善則治，王順、國治，可不務乎？」子西怒曰：「是亂國而惡君王也。言王子建聘之，是章君王之惡。國有外援，不可瀆也；外援，秦也。瀆，慢也。王有適嗣，不可亂也。敗親、速讎、不立壬〔三〕，秦將來討，是速讎也。亂嗣，不祥。我受其名。受惡名。賂吾以天下，吾滋不從也，滋，益也。楚國何爲？必殺令尹！」令尹懼，乃立昭王。

冬十月丙申，王起師于滑。起，發也。辛丑，在郊，郊，子朝邑。遂次于尸。十

〔一〕經傳識異云：「『地』一作『邑』。」

〔二〕「壬」，阮校：「陳樹華云：哀六年云『楚子軫卒』，則昭王名軫，疑壬非昭王，或者即位後改名邪？」

〔三〕經傳識異云：「『壬』一作『王』。」

一月辛酉，晉師克鞏。知躒、趙鞅之師。召伯盈逐王子朝，伯盈本黨子朝，晉師克鞏，知子朝不成，更逐之而逆敬王。王子朝及召氏之族、毛伯得、尹氏固、南宮嚚奉周之典籍以奔楚。尹、召二族皆奔，故稱氏。重見尹固名者，爲後還見殺。陰忌奔莒以叛。陰忌，子朝黨。莒，周邑。召伯逆王于尸，及劉子、單子盟。召伯新還，故盟。遂軍圉澤，次于隄上。圉澤、隄上，皆周地。癸酉，王入于成周。成周，今洛陽。甲戌，盟于襄宮。襄王之廟。晉師使成公般戍周而還。般，晉大夫。十二月癸未，王入于莊宮。莊宮，在王城。

王子朝使告于諸侯曰：「昔武王克殷，成王靖四方，康王息民，並建母弟，以蕃屏周，亦曰：『吾無專享文、武之功。不敢專，故建母弟。且爲後人之迷敗傾覆而溺入于難，則振救之。』至于夷王，王愆于厥身，夷王，厲王父也。愆，惡疾也。諸侯莫不並走其望，以祈王身。至于厲王，王心戾虐，萬民弗忍，居王于彘。不忍害王也。厲王之末，周人流王于彘。諸侯釋位，以間王政。間，猶與也。去其位，與治王之政事。宣王有志，而後效官。宣王，厲王子。彘之亂，宣王尚少，召公虎取而長之。效，授也。至于幽王，天不弔周，王昏不若，用愆厥位。幽王，宣王子。若，順也。愆，失也。攜王奸命，諸侯替之，而建王嗣，用遷郟鄏，攜王，幽王少子伯服也。王嗣，宜臼也。幽王后申姜，生大子宜臼。王幸褒姒，生伯服，欲立之而殺大子。大子奔申，申伯與鄫及西戎伐周，戰于戲。幽王死，諸侯廢伯服而立宜臼，是爲平王，東遷郟鄏。則是兄弟之能用力於王室也。至于惠王，天不靖周，生穨禍心，施于叔帶。惠、襄辟難，越去王都。惠王，平王六世孫。穨，惠王庶叔也。莊十九年作亂，惠王適鄭。襄王，惠王子。叔帶，襄王弟。僖二十四年，叔帶作難，襄王處氾。則有晉、鄭，咸黜不端，黜，去也。晉文殺叔帶，鄭厲殺子穨，爲王室去不端直之人。以綏定王家。則是兄弟之能率先王之命也。在定王六年，秦人降妖〔一〕，定王，襄王孫。定王六年，魯宣八年。曰：『周其有頿王，亦克能脩其職，諸侯服享，二世共職。二世，謂靈、景。王室其有間王位，諸侯不圖，而受其亂災。』間王位，謂子朝也，今子朝以爲王猛。受亂災，謂楚也，今子朝以爲晉。至于靈王，生而有頿。靈王，定王孫。王甚神聖，無惡於諸侯。靈王、景王，克終其世。景王，靈王子。今王室亂，單旗、劉狄剥亂天下，壹行不若。單旗，穆公也。劉狄，劉蚠也。壹，專也。謂先王何常之有？言先王無常法。唯余心所命，其誰敢討之？帥群不弔

〔一〕「妖」，釋文云：「本又作『訞』。」

之人，弔，至也。以行亂于王室。侵欲無厭，規求無度，貫瀆鬼神，貫，習也。瀆，易也。慢弃刑法，倍奸齊盟，傲很威儀，矯誣先王。晉爲不道，是攝是贊，攝，持也。贊，佐也。先王謂景王。思肆其罔極。肆，放也。茲不穀震盪播越，竄在荆蠻，茲，此也。此不穀，子朝自謂。未有攸厎。厎，至也。攸，所也。若我一二兄弟甥舅奬順天法，無助狡猾，以從先王之命，毋速天罰，赦圖不穀，赦其憂而圖其難。則所願也。敢盡布其腹心及先王之經，而諸侯實深圖之。昔先王之命曰：『王后無適，則擇立長。年鈞以德，德鈞以卜。』此所謂先王之經。王不立愛，公卿無私，古之制也。穆后及大子壽早夭即世，在十五年。單、劉贊私立少，以間先王。間錯先王之制。亦唯伯仲叔季圖之！」伯仲叔季，揔謂諸侯。

閔馬父聞子朝之辭，曰：「文辭以行禮也。子朝干景之命，遠晉之大，以專其志，無禮甚矣，文辭何爲？」傳終王室亂。

齊有彗星，出齊之分野，不書，魯不見。齊侯使禳之。祭以禳除之。晏子曰：「無益也，祇取誣焉。誣，欺也。天道不謟，謟，疑也。不貳其命，若之何禳之？且天之有彗也，以除穢也。君無穢德，又何禳焉？若德之穢，禳之何損？詩曰：

『惟此文王，小心翼翼。昭事上帝，聿懷多福。厥德不回，以受方國。』詩，大雅。翼翼，共也。聿，惟也。回，違也。言文王德不違天人，故四方之國歸往之。君無違德，方國將至，何患於彗？詩曰：『我無所監，夏后及商。用亂之故，民卒流亡。』逸詩也，言追監夏、商之亡，皆以亂故。若德回亂，民將流亡，祝史之爲，無能補也。」公說，乃止。

齊侯與晏子坐于路寢。公歎曰：「美哉室！其誰有此乎？」景公自知德不能久有國，故歎也。晏子曰：「敢問何謂也？」公曰：「吾以爲在德。」對曰：「如君之言，其陳氏乎！陳氏雖無大德，而有施於民。豆、區、釜、鍾之數，其取之公也薄，謂以公量收。其施之民也厚。謂以私量貸。公厚斂焉，陳氏厚施焉，民歸之矣。詩曰：『雖無德與女，式歌且舞。』詩，小雅，義取雖無大德，要有喜說之心，欲歌舞之。式，用也。陳氏之施，民歌舞之矣。後世若少惰，陳氏而不亡，則國其國也已。」公曰：「善哉！是可若何？」對曰：「唯禮可以已之。在禮，家施不及國，民不遷，農不移，工賈不變，守常業。士不濫，不失職。官不滔，滔，慢也。大夫不收公利。」不作福。公曰：「善哉！我不能矣。吾今而後知禮之可以爲國也。」對曰：「禮之可以爲國也久矣，與天地並。有天地則禮義興。君令、臣共，父慈、子孝，兄愛、弟敬，夫和、妻柔，姑慈、婦聽，禮也。君令而不違，臣共而不貳；父慈而教，子孝而箴；箴，諫也。兄愛而友，弟敬而順；夫和而義，妻柔而正；姑慈而從，從，不自專。婦聽而婉：婉，順也。禮之善物也。」公曰：「善哉，寡人今而後聞此禮之上也！」對曰：「先王所禀於天地以爲其民也，是以先王上之。」禀，受也。

春秋經傳集解昭六第二十五

春秋經傳集解昭七第二十六

杜氏　盡三十二年

【經】

二十有七年春，公如齊。自鄆行。

公至自齊，居于鄆。

夏四月，吴弑其君僚。僚亟戰民罷，又伐楚喪，故光乘間而動。稱國以弑，罪在僚。

楚弑〔一〕其大夫郤宛。無極，楚之讒人，宛所明知，而信近之，以取敗亡，故書名罪宛。

秋，晉士鞅、宋樂祁犂、衛北宫喜、曹人、邾人、滕人會于扈。

〔一〕「弑」，金澤本作「殺」。

冬十月，曹伯午卒。無傳。未同盟而赴以名。

邾快來奔。無傳。快，邾命卿也，故書。

公如齊。自鄆行。

公至自齊，居于鄆。無傳。

【傳】

二十七年春，公如齊。公至自齊，處于鄆，言在外也。在外邑，故書地〔一〕。

吴子欲因楚喪而伐之，前年，楚平王卒。使公子掩餘、公子燭庸帥師圍潛，二子，皆王僚母弟。潛，楚邑，在廬江六縣西南。使延州來季子聘于上國，季子本封延陵，後復封州來，故曰延州來。遂聘于晉，以觀諸侯。觀彊弱。楚莠尹然、工尹麇帥師救潛，二尹，楚官。然、麇，其名。左司馬沈尹戌帥都君子與王馬之屬以濟師，都君子，在都邑之士有復除者。王馬之屬，王之養馬官屬校人也。濟，益也。與吴師遇于窮，令尹子常以舟師及沙汭

〔一〕「地」，國會本、巾箱本、書院本、附釋音本作「也」。

而還。沙，水名。左尹郤宛、工尹壽帥師至于潛，吴師不能退。楚師彊，故吴不得退去。吴公子光曰：「此時也，弗可失也。」欲因其師徒在外，國不堪役，以弑〔一〕王。告鱄設諸曰：「上國有言曰：『不索何獲？』我，王嗣也，吾欲求之。光，吴王諸樊子也，故曰「我王嗣」。事若克，季子雖至，不吾廢也。」至，謂聘還。鱄設諸曰：「王可弑也。母老、子弱，是無若我何。」猶言我無若是何，欲以老弱託光。光曰：「我，爾身也。」言我身猶爾身。

夏四月，光伏甲於掘〔二〕室而享王。掘地爲室。王使甲坐於道及其門，坐道邊至光門。門、階、户、席皆王親也，夾之以鈹。羞者獻體改服於門外，羞，進食也。獻體，解衣。執羞者坐行而入，坐行，膝行。執鈹者夾承之，承執羞者。及體，以相授也。鈹及進羞者體，以所食授王。光僞足疾，入于掘室。恐難作，王黨殺己，素辟之。鱄設諸寘劒於魚中以進，全魚炙。抽劒刺王，鈹交於胸，交鱄諸胸。遂弑王。闔廬以

〔一〕「弑」，金澤本作「殺」。
〔二〕「掘」，釋文云：「本又作『窟』。」

其子爲卿。闔廬，光也，以鱄諸子爲卿。季子至，曰：「苟先君無廢祀，民人無廢主，社稷有奉，國家無傾，乃吾君也，吾誰敢怨？哀死事生，以待天命。非我生亂，立者從之，先人之道也。」吴自諸樊以下兄弟相傳，而不立適，是亂由先人起也。季子自知力不能討光，故云爾。復命哭墓，復使命於僚墓。復位而待。復本位，待光命。吴公子掩餘奔徐，公子燭庸奔鍾吾。鍾吾，小國。楚師聞吴亂而還。言聞吴亂，明郤宛不取賂而還。

郤宛直而和，國人説之。以直事君，以和接類。鄢將師爲右領，右領，官名。與費無極比而惡之。惡郤宛。令尹子常賄而信讒。無極譖郤宛焉，謂子常曰：「子惡欲飲子酒。」子惡，郤宛。又謂子惡：「令尹欲飲酒於子氏。」子惡曰：「我，賤人也，不足以辱令尹。令尹將必來辱，爲惠已甚，吾無以酬〔一〕之，若何？」酬，報獻。無極曰：「令尹好甲兵，子出之，吾擇焉。」擇取以進子常。取五甲五兵，曰：「寘諸

〔一〕「酎」，金澤本作「酬」，與注文合。

門。令尹至，必觀之，而從以酬之。」曰，無極辭。及饗日，帷諸門左。張帷，陳甲兵其中。無極謂令尹曰：「吾幾禍子。子惡將爲子不利，甲在門矣。子必無往！且此役也，此春救潛之役。吳可以得志。子惡取賂焉而還，又誤群帥，使退其師，曰『乘亂不祥』。吳乘我喪，我乘其亂，不亦可乎？」令尹使視郤氏，則有甲焉。不往，召鄢將師而告之。告子惡門有甲兵，將害己。將師退，遂令攻郤氏，且爇之。爇，燒也。子惡聞之，遂自殺也。國人弗爇，令曰：「不爇郤氏，與之同罪。」或取一編菅焉，或取一秉秆焉，編菅，苫也。秉，把也。秆，藁也。國人投之，遂弗爇也。令尹炮之，燒燔郤宛。盡滅郤氏之族黨，殺陽令終與其弟完及佗，令終，陽匄子。與晉陳及其子弟。晉陳，楚大夫。皆郤氏黨。晉陳之族呼於國曰：「鄢氏、費氏自以爲王，專禍楚國，弱寡王室，蒙王與令尹以自利也。蒙，欺也。令尹盡信之矣，國將如何？」令尹病之。爲下殺無極張本。

秋，會于扈，令戍周，且謀納公也。宋、衛皆利納公，固請之。范獻子取貨於季孫，謂司城子梁與北宮貞子子梁，宋樂祁也。貞子，衛北宮喜。曰：「季孫未知其罪，而君伐之。請囚、請亡，於是乎不獲。君又弗克，而自出也。夫豈無備而能出君乎？季氏之復，天救之也。復，猶安也。休公徒之怒，休，息也。而啓叔孫氏之心。不然，豈其伐人而説甲執冰以游？叔孫氏懼禍之濫，而自同於季氏，天之道也。魯君守齊三年而無成。季氏甚得其民，淮夷與之，淮夷，魯東夷。有十年之備，有齊、楚之援，公雖在齊，言齊不致力。有天之贊，有民之助，有堅守之心，有列國之權，而弗敢宣也，宣，用也。事君如在國。書公行，告公至，是也。故鞅以爲難。二子皆圖國者也，而欲納魯君，鞅之願也。請從二子以圍魯。無成，死之。」二子懼，皆辭。乃辭小國，而以難復。以難納白晉君。

孟懿子、陽虎伐鄆，陽虎，季氏家臣。伐鄆，欲奪公。鄆人將戰。子家子曰：「天命不慆久矣，慆，疑也。言弃君不疑。使君亡者，必此衆也。言君據鄆衆以與魯戰，必敗亡。天既禍之，而自福也，不亦難乎！猶有鬼神，此必敗也。嗚呼，爲無望也夫！其死於此乎！」公使子家子如晉。公徒敗于且知。且知，近鄆地。

楚郤宛之難，國言未已，進胙者莫不謗令尹。進胙，國中祭祀也。謗，詛也。沈尹戌言於子常曰：「夫左尹與中廄尹，莫知其罪，而子殺之，以興謗讟，至于今不已。左尹，郤宛也。中廄尹，陽令終。戌也惑之：仁者殺人以掩謗，猶弗爲也。今吾子殺人以興謗，而弗圖，不亦異乎！夫無極，楚之讒人也，民莫不知。去朝吳，在十五年。出蔡侯朱，在二十一年。喪太子建，殺連尹奢，在二十年。屏王之耳目，使不聰明。不然，平王之温惠共儉有過成、莊，無不及焉，所以不獲諸侯，邇無極也。邇，近也。今又殺三不辜，以興大謗，三不辜，郤氏、陽氏、晉陳氏。幾及子矣。子而不圖，將焉用之？夫鄢將師矯子之命，以滅三族，國〔一〕之良也，而不愆位。在位無愆過。吳新有君，光新立也。疆埸日駭，楚國若有大事，子其危哉！知者除讒以自安也，今子愛讒以自危也，甚矣其惑也！」子常曰：「是瓦之罪，敢不良圖！」九月己未，子常殺費無極與鄢將師，盡滅其族，以説于國，謗言乃止。

冬，公如齊，齊侯請饗之。設饗禮。子家子曰：「朝夕立於其朝，又何饗焉？其飲酒也。」乃飲酒，使宰獻，而請安。比公於大夫也。禮，君不敵臣，宴大夫，使宰爲主。獻，獻爵也。請安，齊侯請自安，不在坐也。

子仲之子曰重，爲齊侯夫人，曰：「請使重見。」子仲，魯公子憖也。十二年，謀逐

〔一〕「國」上，金澤本疊「三族」二字。

季氏，不能而奔齊。今行飲酒禮，而欲使重見，從宴媟也。子家子乃以君出。辟齊夫人。

十二月，晉籍秦致諸侯之戍于周，魯人辭以難。經所以不書戍周。籍秦，籍談子。

【經】

二十有八年春王三月，葬曹悼公。無傳。六月而葬，緩。

公如晉，次于乾侯。乾侯，在魏郡斥丘縣，晉竟内邑。

夏四月丙戌，鄭伯寧卒。無傳。未同盟而赴以名。

六月，葬鄭定公。無傳。三月而葬，速。

秋七月癸巳，滕子寧卒。無傳。未同盟而赴以名。

冬，葬滕悼公。無傳。

【傳】

二十八年春，公如晉，將如乾侯。齊侯卑公，故適晉。子家子曰：「有求於人，而即其安，人孰矜之？其造於竟。」欲使次於竟以待命。弗聽，使請逆於晉。晉人曰：「天禍魯國，君淹恤在外，君亦不使一个〔一〕辱在寡人，一个，單使。而即安於甥舅，其亦使逆君？」言自使齊逆君。使公復于竟，而後逆之。逆〔二〕著乾侯也。言公不能用子家，所以見辱。

晉祁勝與鄔臧通室，二子，祁盈家臣也。通室，易妻。祁盈將執之，盈，祁午之子。訪於司馬叔游。叔游，司馬叔侯之子。叔游曰：「鄭書有之：『惡直醜正，實蕃有徒。』鄭書，古書名也。言害正直者，實多徒衆。無道立矣，子懼不免。言世亂讒勝〔三〕。詩曰：『民之多辟，無自立辟。』詩，大雅。姑已若何？」姑，且也。已，止也。盈曰：「祁氏私有討，國何有焉？」言討家臣，無與國事。遂執之。祁勝賂荀躒，荀躒爲之言於晉侯。晉侯執祁盈。以其專戮。祁盈之臣曰：「鈞將皆死，鈞，同也。憖使吾君聞勝與臧之死也以爲快。」憖，發語之音。乃殺之。夏六月，晉殺祁盈及楊食我。

〔一〕「个」，國會本作「介」，下注同。
〔二〕「逆」，原作「竟」，據宋大字本、國會本、巾箱本、書院本、附釋音本、慶元本改。
〔三〕「勝」，書院本作「説」。

楊，叔向邑。食我，叔向子伯石也。食我，祁盈之黨也，而助亂，故殺之，遂滅祁氏、羊舌氏。

初，叔向欲娶於申公巫臣氏，夏姬女也。其母欲娶其黨。叔向曰：「吾母多而庶鮮，吾懲舅氏矣。」言父多妾媵，而庶子鮮少。嫌母氏性不曠。其母曰：「子靈之妻殺三夫，子靈，巫臣。妻，夏姬也。三夫，陳御叔、楚襄老及巫臣也。時巫臣已死。一君、陳靈公。一子，夏徵舒。而亡一國、陳也。兩卿矣，孔寧、儀行父。可無懲乎？吾聞之：『甚美必有甚惡。』是鄭穆少妃姚子之子，子貉之妹也。子貉，鄭靈公夷。子貉早死，無後，而天鍾美於是，是，夏姬也。鍾，聚也。子貉死在宣四年。將必以是大有敗也。昔有仍氏生女，黰黑有仍，古諸侯也。美髮爲黰。而甚美，光可以鑑，髮膚光色可以照人。名曰玄妻。以髮黑故。樂正后夔取之，夔，舜典樂之君長。生伯封，實有豕心，貪惏無饜，忿纇〔一〕無期，謂之封豕。纇，戾也。封，大也。有窮后羿滅之，夔

〔一〕「纇」，釋文云：本又作「類」。服作「類」。

是以不祀。羿，篡夏后者。且三代之亡、共子之廢，皆是物也，夏以末喜，殷以妲己，周以褒姒，三代所由亡也。共子，晉申生，以驪姬廢。女何以爲哉？夫有尤物，足以移人。苟非德義，則必有禍。」尤，異也。叔向懼，不敢取。平公强使取之，生伯石。伯石始生，子容之母走謁諸姑，子容母，叔向嫂，伯華妻也。姑，叔向母。曰：「長叔姒生男。」兄弟之妻相謂姒。姑視之。及堂，聞其聲而還，曰：「是豺狼之聲也。狼子野心，非是，莫喪羊舌氏矣。」遂弗視。

秋，晉韓宣子卒，魏獻子爲政，獻子，魏舒。分祁氏之田以爲七縣，七縣，鄔、祁、平陵、梗陽、塗水、馬首、盂也。分羊舌氏之田以爲三縣。銅鞮、平陽、楊氏。司馬彌牟爲鄔大夫，大原鄔縣。賈辛爲祁大夫，大原祁縣。司馬烏爲平陵大夫，魏戊爲梗陽大夫，戊，魏舒庶子。梗陽，在大原晉陽縣南。知徐吾爲塗水大夫，徐吾，知盈孫。塗水，大原榆次縣。韓固爲馬首大夫，固，韓起孫。孟丙〔一〕爲盂大夫，大原盂縣。樂霄爲銅

〔一〕「孟丙」，阮校：「顧炎武云：今本作『孟丙』者，非。漢書地理志云：盂，晉大夫盂丙邑，以其爲盂大夫而謂之盂丙。」

鞮大夫，上黨銅鞮縣。趙朝爲平陽大夫，朝，趙勝曾孫。平陽，平陽縣。僚安爲楊氏大夫。平陽楊氏縣。謂賈辛、司馬烏爲有力於王室，二十二年，辛、烏帥師納敬王。故舉之；謂知徐吾、趙朝、韓固、魏戊，餘子之不失職、能守業者也；卿之庶子爲餘子。其四人者，皆受縣而後見於魏子，以賢舉也。四人，司馬彌牟、孟丙、樂霄、僚安也。受縣而後見，言采衆而舉，不以私也。魏子謂成鱄：鱄，晉大夫。「吾與戊也縣，人其以我爲黨乎？」對曰：「何也！戊之爲人也，遠不忘君，遠，疏遠也。近不偪同，不偪同位。居利思義，不苟得。在約思純，無濫心。有守心而無淫行，雖與之縣，不亦可乎！昔武王克商，光有天下，光，大也。其兄弟之國者十有五人，姬姓之國者四十人，皆舉親也。夫舉無他，唯善所在，親疏一也。詩曰：『唯此文王，帝度其心。莫其德音，其德克明。克明克類，克長克君。王此大國，克順克比。比于文王，其德靡悔。既受帝祉，施于孫子。』詩，大雅，美文王能王大國，受天福，施及子孫。心能制義曰度，帝度其心。德正應和曰莫，莫然清静。照臨四方曰明，勤施無私曰類，施而無私，物得其所，無失類也。教誨不倦曰長，教誨長人之道。賞慶刑威曰君，作威作福，君之職也〔一〕。慈和徧服曰順，唯順，故天下徧服。擇善而從之曰比，比方善事，使相從也。經緯天地曰文。經緯相錯，故織成文。九德不愆，作事無悔，九德，上九曰也。皆無愆過，則動無悔吝。故襲天禄，子孫賴之。襲，受也。主之舉也，近文德矣，所及其遠哉！」舉魏戊等，勤施無私也。其四人者，擇善而從，故曰近文德，所及遠也。

賈辛將適其縣，見於魏子。魏子曰：「辛來！昔叔向適鄭，鬷蔑惡，惡，貌醜。欲觀叔向，從使之收器者，從，隨也。隨使人應斂俎豆者。而往立於堂下，一言而善。叔向將飲酒，聞之，曰：『必鬷明也！』素聞其賢，故聞其言而知之。下執其手以上，曰：『昔賈大夫惡，賈，國之大夫。惡亦醜也。娶妻而美，三年不言不笑，御以如皋，爲妻御之皋澤。射雉，獲之，其妻始笑而言。賈大夫曰：「才之不可以已。我不能射，女遂不言不笑夫！」今子少不颺，顔貌不揚顯。子若無言，吾幾失子矣。言之不可以已也如是！』遂如故知。今女有力於王室，吾是以舉女。因賈辛有功而後

〔一〕「作威作福君之職也」，阮校：「詩大雅皇矣之篇正義引作『作福作威，君之道也』。」

舉之，言人不可無能。行乎！敬之哉！毋墮乃力！」墮，損也。

仲尼聞魏子之舉也，以爲義，曰：「近不失親，謂舉魏戊。遠不失舉，以賢舉。可謂義矣。」又聞其命賈辛也，以爲忠，先賞王室之功，故爲忠。詩曰『永言配命，自求多福』，忠也。詩，大雅。永，長也。言能長配天命，致多福者，唯忠。魏子之舉也義，其命也忠，其長有後於晉國乎！」

冬，梗陽人有獄，魏戊不能斷，以獄上。上魏子。其大宗賂以女樂，訟者之大宗。魏子將受之。魏戊謂閻没、女寬二人，魏子之屬大夫。曰：「主以不賄聞於諸侯，若受梗陽人賄，莫甚焉。吾子必諫！」皆許諾。退朝，待於庭。魏子朝君退，而待於魏子之庭。饋入，召之。召二大夫食。比置，三歎。既食，使坐。更命之令坐。魏子曰：「吾聞諸伯叔，諺曰：『唯食忘憂。』吾子置食之間三歎，何也？」同辭而對曰：「或賜二小人酒，不夕食。或，他人也。言飢甚。饋之始至，恐其不足，是以歎。中置，自咎曰：『豈將軍食之而有不足？』是以再歎。魏子，中軍帥，故謂之將軍。及饋之畢，願以小人之腹爲君子之心，屬厭而已。」屬，足也。言小人之腹飽，猶知厭足。君子之心亦宜然。獻子辭梗陽人。傳言魏氏所以興。

【經】

二十有九年春，公至自乾侯，居于鄆。以乾侯致〔一〕，不得見晉侯故。齊侯使高張來唁公。唁公至晉不見受。高張，高偃子。公如晉，次于乾侯。復不見受，往乾侯。

夏四月庚子，叔詣卒。無傳。

秋七月。

冬十月，鄆潰。無傳。民逃其上曰潰，潰散叛公。

【傳】

二十九年春，公至自乾侯，處于鄆。齊侯使高張來唁公，稱主君。比公於大夫。子家子曰：「齊卑君矣，君祇辱焉。」言往事齊，適取辱。公如乾侯。爲齊所卑，故復適晉，冀見恤。

三月己卯，京師殺召伯盈、尹氏固及原伯魯之子。皆子朝黨也。稱伯魯子，終

〔一〕「致」，國會本、書院本、附釋音本作「至」。

不說學。尹固之復也，二十六年，尹固與子朝俱奔楚而道還。有婦人遇之周郊，尤之曰：「處則勸人爲禍，行則數日而反，是夫也，其過三歲乎？」夏五月庚寅，王子趙車入于鄻以叛，陰不佞敗之。趙車，子朝之餘也。見王殺伯盈等，故叛。鄻，周邑。

平子每歲賈馬，賈，買也。具從者之衣屨，而歸之于乾侯。公執歸馬者，賣之，賣其馬。乃不歸馬。衛侯來獻其乘馬，曰啓服，啓服，馬名。塹而死。隋塹死也。公將爲之櫝。爲作棺也。子家子曰：「從者病矣，請以食之。」乃以帷裹之。禮曰敝帷不弃，爲埋馬也。

公賜公衍羔裘，使獻龍輔於齊侯，龍輔，玉名。遂入羔裘。齊侯喜，與之陽穀。陽穀，齊邑。公衍、公爲之生也，其母偕出。出之產舍。公衍先生。公爲之母曰：「相與偕出，請相與偕告。」留公衍母，使待己，共白公。三日，公爲生。其母先以告，公爲爲兄。公私喜於陽穀，而思於魯，曰：「務人爲此禍也。務人，公爲也。始與公若謀逐季氏。且後生而爲兄，其誣也久矣。」乃黜之，而以公衍爲大子。

秋，龍見于絳郊。絳，晉國都。魏獻子問於蔡墨，蔡墨，晉大史。曰：「吾聞之：蟲莫知於龍，以其不生得也。謂之知，信乎？」對曰：「人實不知，非龍實知。言龍無知，乃人不知之耳。古者畜龍，故國有豢龍氏，有御龍氏。」豢、御，養也。獻子曰：「是二氏者，吾亦聞之，而不知其故，是何謂也？」對曰：「昔有飂叔安，飂，古國也。叔安，其君名。有裔子曰董父，裔，遠也。玄孫之後爲裔。實甚好龍，能求其耆欲以飲食之，龍多歸之，乃擾畜龍，以服事帝舜。帝賜之姓曰董，擾，順也。氏曰豢龍，豢龍，官名。官有世功，則以官氏。封諸鬷川，鬷夷氏其後也。鬷，水上夷，皆董姓。故帝舜氏世有畜龍。及有夏孔甲，擾于有帝，孔甲，少康之後九世君也。其德能順於天。帝賜之乘龍，河、漢各二，合爲四。各有雌雄。孔甲不能食，而未獲豢龍氏。有陶唐氏既衰，其後有劉累，陶唐，堯所治地〔一〕。學擾龍于豢龍氏，以事孔甲，能飲食之。夏后嘉之，賜氏曰御龍，夏后，孔甲。以更豕韋之後。更，代也。以劉累代彭姓之豕韋。累尋遷魯縣。豕韋復國，至商而滅。累之後世，復承其國爲豕韋氏，在襄二十四年。龍一雌死，潛醢以食夏后。潛，藏也。藏以爲醢，明龍不知。夏后饗之，既而使求之。求致龍也。懼而遷于魯縣，不能致龍，故懼；遷魯縣，自貶退也。魯縣，今魯

〔一〕「地」，國會本作「也」。

陽也。范氏其後也。」晉范氏也。獻子曰：「今何故無之？」對曰：「夫物，物有其官，官脩其方，方，法術。朝夕思之。一日失職，則死及之。失職有罪。失官不食。不食禄。官宿其業，宿，猶安也。其物乃至。設水官脩則龍至。若泯弃之，物乃坻伏，泯，滅也。坻，止也。鬱湮不育。鬱，滯也。湮，塞也。育，生也。故有五行之官，是謂五官，實列受氏姓，封爲上公，爵上公。祀爲貴神。社稷五祀，是尊是奉。五官之君長能脩其業者，死皆配食於五行之神，爲王者所尊奉。木正曰句芒，正，官長也。取木生句曲而有芒角也，其祀重焉。火正曰祝融，祝融，明貌，其祀犂焉。金正曰蓐〔一〕收，秋物摧蓐而可收也，其祀該焉。水正曰玄冥，水陰而幽冥，其祀脩及熙焉。土正曰后土。土爲群物主，故稱后也，其祀句龍焉。在家則祀中霤，在野則爲社。龍，水物也。水官弃矣，故龍不生得。弃，廢也。不然，周易有之，言若不爾，周易無緣有龍。在乾䷀乾下乾上，乾。之姤䷫巽下乾上，姤。乾初九變。曰『潛龍勿用』，乾初九爻辭。其同人䷌離下乾上，同

〔一〕「蓐」，釋文云：「本又作『辱』」。

人。乾九二變。曰『見龍在田』，乾九二爻辭。其大有䷍乾下離上，大有。乾九五變。曰『飛龍在天』，乾九五爻辭。其夬䷪乾下兑上，夬。乾上九變。曰『亢龍有悔』，乾上九爻辭。其坤䷁坤下坤上，坤。乾六爻皆變。曰『見群龍無首，吉』，乾用九爻辭。坤之剝䷖坤下艮上，剝。坤上六變。曰『龍戰于野』。坤上六爻辭。若不朝夕見，誰能物之？」物，謂上六卦所稱龍各不同也。今説易者，皆以龍喻陽氣，如史墨之言，則爲皆是真龍。獻子曰：「社稷五祀，誰氏之五官也？」問五官之長皆是誰。對曰：「少皞氏有四叔，少皞，金天氏。曰重、曰該、曰脩、曰熙，實能金、木及水。能治其官。使重爲句芒，木正。該爲蓐收，金正。脩及熙爲玄冥，二子相代爲水正。世不失職，遂濟窮桑，此其三祀也。窮桑，少皞之號也。四子能治其官，使不失職，濟成少皞之功，死皆爲民所祀。窮桑地在魯北。顓頊氏有子曰犂，爲祝融；犂爲火正。共工氏有子曰句龍，爲后土，共工在大皞後，神農前，以水名官者〔一〕。其子句龍，能平水土，故死而見祀。此其二祀也。

〔一〕「者」，國會本、書院本無。

后土爲社；方答社稷，故明言爲社。稷，田正也。掌播殖也。有烈山氏之子曰柱，爲稷，烈山氏，神農世諸侯。自夏以上祀之。祀柱。周弃亦爲稷，弃，周之始祖，能播百穀。湯既勝夏，廢柱而以弃代之。自商以來祀之。」傳言蔡墨之博物。

冬，晉趙鞅、荀寅帥師城汝濱，趙鞅，趙武孫也。荀寅，中行荀吴之子。汝濱，晉所取陸渾地。遂賦晉國一鼓鐵，以鑄刑鼎，令晉國各出功力，共鼓石爲鐵，計令一鼓而足。因軍役而爲之，故言「遂」。著范宣子所爲刑書焉。

仲尼曰：「晉其亡乎！失其度矣。夫晉國將守唐叔之所受法度，以經緯其民，卿大夫以序守之，序，位次也。民是以能尊其貴，貴是以能守其業。貴賤不愆，所謂度也。文公是以作執秩之官，爲被廬之法，僖二十七年，文公蒐被廬，脩唐叔之法。以爲盟主。今弃是度也，而爲刑鼎，民在鼎矣，何以尊貴？弃禮徵書，故不尊貴。貴何業之守〔一〕？民不奉上，則上失業。貴賤無序，何以爲國？且夫宣子之刑，

〔一〕「守」，金澤本作「有」。

夷之蒐也，晉國之亂制也，范宣子所用刑，乃夷蒐之法也。夷蒐在文六年。一蒐而三易中軍帥，賈季、箕鄭之徒遂作亂，故曰「亂制」。若之何以爲法？」蔡史墨曰：「范氏、中行氏其亡乎！蔡史墨即蔡墨。中行寅爲下卿，而干上令，擅作刑器，以爲國法，是法姦也。又加范氏焉，易之，亡也。范宣子刑書中既廢矣，今復興之，是成其咎。其及趙氏，趙孟與焉。然不得已，若德，可以免。」鑄刑鼎本非趙鞅意，不得已而從之。若能脩德，可以免禍。爲定十三年荀寅、士吉射入朝歌以叛。

【經】

三十年春王正月，公在乾侯。釋不朝正于廟。

夏六月庚辰，晉侯去疾卒。未同盟而赴以名。

秋八月，葬晉頃公。三月而葬，速。

冬十有二月，吳滅徐，徐子章羽奔楚。徐子稱名，以名告也。

【傳】

三十年春王正月，公在乾侯，不先書鄆與乾侯，非公，且徵過也。徵，明也。

二十七年、二十八年公在鄆，二十九年公在乾侯，而經不釋朝正之禮者，所以非責公之妄，且明過謬猶可掩，故不顯書其所在，使若在國然。自是鄆人潰叛，齊、晉卑公，子家忠謀終不能用，外內弃之，非復過誤所當掩塞，故每歲書公所在。

夏六月，晉頃公卒。秋八月，葬。鄭游吉弔，且送葬。魏獻子使士景伯詰之，曰：「悼公之喪，子西弔，子蟜送葬。在襄十五年。今吾子無貳，何故？」弔、葬共使。對曰：「諸侯所以歸晉君，禮也。禮也者，小事大、大字小之謂。事大在共其時命，隨時共所求。字小在恤其所無。以敝邑居大國之間，共其職貢，與其備御不虞之患，豈忘共命？言不敢忘共命，以所〔一〕備御者多，不及辨之。先王之制，諸侯之喪，士弔，大夫送葬。唯嘉好、聘享、三軍之事於是乎使卿。晉之喪事，敝邑之間，先君有所助執紼矣。紼，輓索也。禮，送葬必執紼。若其不間，雖士、大夫有所不獲數矣。不得如先王禮數。大國之惠，亦慶其加，慶，善也。謂善其君自行。而不討其乏，明厎其情，厎，致也。取備而已，以爲禮也。靈王之喪，在襄二十九年。我先君

〔一〕「所」，國會本、巾箱本、書院本、附釋音本作「新」。

簡公在楚，我先大夫印段實往，敝邑之少卿也。少，年少也。王吏不討，恤所無也。今大夫曰：『女盍從舊？』盍，何不也。舊有豐有省，不知所從。從其豐，則寡君幼弱，是以不共。從其省，則吉在此矣。唯大夫圖之！」晉人不能詰。傳言大叔之敏。

吳子使徐人執掩餘，使鍾吾人執燭庸，二十七年奔故。二公子奔楚。楚子大封而定其徙，大封與土田，定其所徙之居。使監馬尹〔一〕大心逆吳公子，使居養，二子奔楚，楚使逆之於竟也。養，即所封之邑。莠尹然、左司馬沈尹戍城之；城養。取於城父與胡田以與之，胡田，故胡子之地。將以害吳也。子西諫曰：「吳光新得國，而親其民，視民如子，辛苦同之，將用之也。若好吾〔二〕邊疆，使柔服焉，猶懼其至。吳，周之柔服，謂不與吳構怨。吾又彊其讎，以重怒之，無乃不可乎！讎，謂二公子。

〔一〕「尹」下，金澤本有「樂」字。

〔二〕「吾」，宋大字本、國會本、巾箱本、書院本、附釋音本、金澤本作「吴」。「若好吾」，釋文出「吾好」，云：「一本作『若好吾』。」經傳識異云：「『吾』一作『吴』。」

胥裔也，而弃在海濱，不與姬通。今而始大，比于諸華。光又甚文，將自同於先王。先王，謂大王、王季，亦自西戎始比諸華。不知天將以爲虐乎？使翦喪吳國而封大異姓乎？其抑亦將卒以祚吳乎？其終不遠矣。言其事行可知不久。我盍姑億吾鬼神，億，安也。而寧吾族姓，以待其歸，善惡之歸。將焉用自播揚焉？」播揚，猶勞動也。王弗聽。吳子怒。

冬十二月，吳子執鍾吾子。遂伐徐，防山以水之。防壅山水以灌徐。己卯，滅徐。徐子章禹斷其髮，斷髮自刑，示懼。攜其夫人以逆吳子。吳子唁而送之，使其邇臣從之，遂奔楚。邇，近也。楚沈尹戌帥師救徐，弗及。遂城夷，使徐子處之。夷，城父也。

吳子問於伍員曰：「初而言伐楚，在二十年。余知其可也，而恐其使余往也，又惡人之有余之功也。今余將自有之矣。伐楚何如？」對曰：「楚執政衆而乖，莫適任患。若爲三師以肄焉，肄，猶勞也。一師至，彼必皆出。彼出則歸，彼歸則出，楚必道敝。罷敝於道。亟肄以罷之，亟，數也。多方以誤之。既罷而後以三軍繼之，必大克之。」闔廬從之，楚於是乎始病。爲定四年吳入楚傳。

【經】

三十有一年春王正月，公在乾侯。季孫意如會晉荀躒于適歷。適歷，晉地。

夏四月丁巳，薛伯穀卒。襄二十五年，盟重丘。

晉侯使荀躒唁公于乾侯。將使意如迎公，故荀躒來唁。

秋，葬薛獻公。無傳。

冬，黑肱以濫來奔。黑肱，邾大夫。濫，東海昌慮縣。不書邾，史闕文。

十有二月辛亥朔，日有食之。

【傳】

三十一年春王正月，公在乾侯，言不能外内〔一〕也。公内不容於臣子，外不容於齊、晉，所以久在乾侯。晉侯將以師納公。范獻子曰：「若召季孫而不來，則信不臣矣，然後伐之，若何？」晉人召季孫。獻子使私焉，曰：「子必來，我受其無

〔一〕「外内」，巾箱本作「内外」。

咎。」言我爲子受無咎之任。季孫意如會晉荀躒于適歷。荀躒曰：「寡君使躒謂吾子：『何故出君？有君不事，周有常刑。子其圖之！』」季孫練冠、麻衣，跣行，示憂慼。伏而對曰：「事君，臣之所不得也，敢逃刑命？言願事君，君不肯還，不敢辟罪。君若以臣爲有罪，請囚于費，以待君之察也，亦唯君。若以先臣之故，不絶季氏，而賜之死。雖賜以死，不絶其後。若弗殺弗亡，君之惠也，死且不朽。若得從君而歸，則固臣之願也，敢有異心？」君皆謂魯侯也。蓋季孫探言罪己輕重，以答荀躒。

夏四月，季孫從知伯如乾侯。知伯，荀躒。子家子曰：「君與之歸。一慙之不忍，而終身慙乎？」公曰：「諾。」衆曰：「在一言矣，君必逐之！」言晉既憂君，君一言使晉，晉必逐之。荀躒以晉侯之命唁公，且曰：「寡君使躒以君命討於意如，意如不敢逃死，君其入也！」公曰：「君惠顧先君之好，施及亡人，將使歸糞除宗祧以事君，則不能見夫人。己所能見夫人者，有如河！」夫人，謂季孫也。言若見季孫，己當受禍，明如河以自誓。荀躒掩耳而走，怪公所言，示不忍聽。曰：

「寡君其罪之恐，敢與知魯國之難？言恐獲不納君之罪，今〔一〕納而不入，何敢復知邪？臣請復於寡君。」退而謂季孫：「君怒未怠，子姑歸祭。」歸攝君事。子家子曰：「君以一乘入于魯師，季孫必與君歸。」公欲從之。衆從者脅公，不得歸。傳言君弱，不得復自在〔二〕。

薛伯穀卒，同盟，故書。謂書名也。入春秋來，薛始書名，故發傳。經在「荀躒唁公」上，傳在下者，欲魯事相次。

秋，吳人侵楚，伐夷，侵潛、六。皆楚邑。楚沈尹戌帥師救潛，吳師還。楚師遷潛於南岡而還。吳師圍弦，左司馬戌、右司馬稽帥師救弦，及豫章，左司馬沈尹戌。吳師還。始用子胥之謀也。謀在前年。

冬，邾黑肱以濫來奔。賤而書名，重地故也。黑肱非命卿，故曰「賤」。君子曰：「名之不可不慎也如是。是，黑肱也。夫有所有名而不如其已。有所，謂有地

〔一〕「今」，金澤本作「令」。
〔二〕「在」，巾箱本作「任」。

也。言雖有名，不如無名。已，止也。以地叛，雖賤必書。地以名其人，終爲不義，弗可滅已。是故君子動則思禮，行則思義，不爲利回，回，正心也。不爲義疚。疚，病也。見義則爲之。或求名而不得，或欲蓋而名章，懲不義也。齊豹爲衛司寇，守嗣大夫，守先人嗣，言其尊。作而不義，其書爲『盜』。求名而不得也。二十年，豹殺衛侯兄，欲求不畏彊禦之名。邾庶其、在襄二十一年。莒牟夷、在五年。邾黑肱以土地出，求食而已，不求其名，賤而必書。春秋叛者多，唯取三人來適魯者。三人皆小國大夫，故曰「賤」。此二物者，所以懲肆而去貪也。物，事也。肆，放也。齊豹書盜，懲肆也。三叛人名，去貪也。若艱難其身，身爲艱難。以險危大人，大人，在位者。而有名章徹，謂得勇名。攻難之士將奔走之。攻，猶作也。奔走，猶赴趣也。若竊邑叛君以徼大利而無名，謂不書其人名。貪冒之民將寘力焉。盡力爲之，不顧於見書。是以春秋書齊豹曰『盜』，三叛人名，以懲不義，數惡無禮，其善志也。無禮惡逆，皆數而不忘，記事之善者也。故曰：春秋之稱微而顯，文微而義著。婉而辨。辭婉而旨別。上之人能使昭明，上之人，謂在位者。在位者能行其法，非賤人所能。善人勸焉，淫人懼焉，是以君子貴之。」

十二月辛亥朔，日有食之。是夜也，趙簡子夢童子贏而轉以歌。轉，婉轉也。旦占諸史墨，曰：「吾夢如是，今而日食，何也？」簡子夢適與日食會，謂咎在己，故問之。對曰：「六年及此月也，吳其入郢乎，終亦弗克。史墨知夢非日食之應，故釋日食之咎，而不釋其夢。入郢必以庚辰，庚日有變，日在辰尾，故曰「以庚辰」。定四年十一月庚辰，吳入郢。日月在辰尾。辰尾，龍尾也。周十二月，今之十月，日月合朔於辰尾而食。庚午之日，日始有謫。火勝金，故弗克。」謫，變氣也。庚午，十月十九日，去辛亥朔四十一日。雖食在辛亥，更以始變爲占也。午，南方，楚之位也。午，火；庚，金也。日以庚午有變，故災在楚。楚之仇敵唯吳，故知入郢必吳。火勝金者，金爲火妃，食在辛亥，亥，水也。水數六，故六年也。

【經】三十有二年春王正月，公在乾侯。取闞。無傳。公別居乾侯，遣人誘闞而取之，不用師徒。

夏，吳伐越。

秋七月。

冬，仲孫何忌會晉韓不信、齊高張、宋仲幾、衛世叔申、鄭國參、曹人、莒人、薛人、杞人、小邾人城成周。世叔申，世叔儀孫也。國參，子產之子。不書盟，時公在外，未及告公，公已薨。

十有二月己未，公薨于乾侯。十五日。

【傳】

三十二年春王正月，公在乾侯，言不能外内〔一〕，又不能用其人也。其人，謂子家羈也。言公不能用其人，故於今猶在乾侯。

夏，吴伐越，始用師於越也。自此之前，雖疆事小争，未嘗用大兵。史墨曰：「不及四十年，越其有吴乎！存亡之數不過三紀。歲星三周三十六歲，故曰「不及四十年」。哀二十二年，越滅吴，至此三十八歲。越得歲而吴伐之，必受其凶。」此年歲在星紀。星紀，吴、越之分也。歲星所在，其國有福。吴先用兵，故反受其殃。

〔一〕「外内」，書院本、金澤本作「内外」。

秋八月，王使富辛與石張如晉，請城成周。子朝之亂，其餘黨多在王城，敬王畏之，徙都成周，成周狹小，故請城之。天子曰：「天降禍于周，俾我兄弟並有亂心，以爲伯父憂。俾，使也。兄弟，謂子朝也。伯父，謂晉侯。我一二親昵甥舅，不皇啓處，於今十年。謂二十三年，二師圍郊，至于今。勤戍五年。謂二十八年，晉籍秦致諸侯之戍，至于今。余一人無日忘之，念諸侯勞。閔閔焉如農夫之望歲，懼以待時。閔閔，憂貌。王憂亂，常閔閔冀望安定，如農夫之憂飢，冀望來歲之將熟。伯父若肆大惠，復二文之業，弛周室之憂，肆，展放也。二文，謂文侯仇、文公重耳也。弛，猶解也。徼文、武之福，以固盟主，宣昭令名，則余一人有大願矣。昔成王合諸侯城成周，以爲東都，崇文德焉。作成周，遷殷民，以爲京師之東都，所以崇文王之德。今我欲徼福假靈于成王，脩成周之城，俾戍人無勤，諸侯用寧，蝥賊遠屏，晉之力也。蝥賊，喻〔一〕災害。其委諸伯父，使伯父實重圖之，俾我一人無徵怨於百姓，徵，召也。

〔一〕「喻」，原作「諭」，據附釋音本、慶元本改。

而伯父有榮施，先王庸之。」庸，功也。先王之靈以爲大功。范獻子謂魏獻子曰：「與其成周，不如城之。天子實云，云欲罷戍而城。雖有後事，晉勿與知可也。從王命以紓諸侯，晉國無憂，是之不務，而又焉從事？」魏獻子曰：「善。」使伯音對伯音，韓不信。曰：「天子有命，敢不奉承以奔告於諸侯，遲速衰序，衰，差也。序，次也。於是焉在。」在周所命。

冬十一月，晉魏舒、韓不信如京師，合諸侯之大夫于狄泉，尋盟，且令城成周。尋平丘盟。魏子南面。居君位。衛彪傒曰：「魏子必有大咎。干位以令大事，非其任也。彪傒，衛大夫。詩曰：『敬天之怒，不敢戲豫。敬天之渝，不敢馳驅。』詩，大雅，戒王者，言當敬畏天之譴怒，不可遊戲逸豫，馳驅〔一〕自恣。渝，變也。況敢干位以作大事乎？」

己丑，士彌牟營成周，計丈數，計所當城之丈數。揣高卑，度高曰揣。度厚薄，仞

〔一〕「馳驅」，國會本、巾箱本、書院本、附釋音本倒。

溝洫，度深曰仞。物土方，議遠邇，物，相也。相取土之方面，遠近之宜。量事期，知事幾時畢。計徒庸，知用幾人功。慮材用，知費幾材用。書餱糧，知用幾糧食。以令役於諸侯。屬役賦丈，付〔一〕所當城尺丈。書以授帥，帥，諸侯之大夫。而効諸劉子。効，致也。韓簡子臨之，以爲成命。臨履其事，以命諸侯。經所以不書魏舒。

十二月，公疾，徧賜大夫，從公者。大夫不受。賜子家子雙琥，琥，玉器。一環、一璧、輕服，細好之服。受之。大夫皆受其賜。己未，公薨。子家子反賜於府人，曰：「吾不敢逆君命也。」大夫皆反其賜。書曰「公薨于乾侯」，言失其所也。不薨路寢爲失所。

趙簡子問於史墨曰：「季氏出其君，而民服焉，諸侯與之，君死於外，而莫之或罪也。」對曰：「物生有兩，有三，有五，有陪貳。故天有三辰，謂有三。地有五行，謂有五。體有左右，謂有兩。各有妃耦。謂陪貳。王有公，諸侯有卿，皆有貳

〔一〕「付」，國會本、書院本、金澤本作「賦」。

也。天生季氏，以貳魯侯，爲日久矣。民之服焉，不亦宜乎！魯君世從〔一〕其失，季氏世脩其勤，民忘君矣。雖死於外，其誰矜之？社稷無常奉，奉之無常人，言唯德也。君臣無常位，自古以然。史墨跡古今以實言。故詩曰：『高岸爲谷，深谷爲陵。』詩，小雅，言高下有變易。三后之姓，於今爲庶，主所知也。三后，虞、夏、商〔二〕。在易卦，雷乘乾曰大壯䷡，乾下震上，大壯。震在乾上，故曰「雷乘乾」。天之道也。乾爲天子，震爲諸侯，而在乾上，君臣易位，猶臣大〔三〕强壯，若天上有雷。昔成季友，桓之季也，文姜之愛子也。始震而卜，卜人謁之，曰：『生有嘉聞，嘉名聞於世。其名曰友，爲公室輔。』及生，如卜人之言，有文在其手，曰『友』，遂以名之。既而有大功於魯，立僖公。受費以爲上卿。至於文子、武子，文子，行父；武子，宿。世增其業，不廢舊績。魯文公薨，而東門遂殺適立庶，魯君於是乎失國，失國權。政在季氏，

〔一〕「從」，釋文云：「本亦作『縱』。」
〔二〕「商」，巾箱本作「殷」。
〔三〕「臣大」，書院本、金澤本作「大臣」。

於此君也四公矣。民不知君，何以得國？是以爲君愼器與名，不可以假人。」器，車服。名，爵號。

春秋經傳集解昭七第二十六

春秋經傳集解定上第二十七

杜氏　盡七年

【經】

元年春王。公之始年，而不書正月，公即位在六月故。

三月，晉人執宋仲幾于京師。晉執人于天子之側，而不以歸京師，故但書其執，不書所歸。

夏六月癸亥，公之喪至自乾侯。告於廟，故書至。

戊辰，公即位。定公不得以正月即位，失其時，故詳而日之，記事之宜，無義例。

秋七月癸巳，葬我君昭公。公在外薨，故八月乃葬。

九月，大雩。無傳，過也。

立煬宮。煬公，伯禽子也。其廟已毁，季氏禱之而立其宫，書以譏之。

冬十月，隕霜殺菽。無傳。周十月，今八月。隕霜殺菽，非常之災。

【傳】

元年春王正月辛巳，晉魏舒合諸侯之大夫于狄泉，將以城成周。魏子涖政。涖，臨也。代天子大夫爲政。衛彪傒衛大夫。曰：「將建天子，立天子之居。而易位以令，非義也。大事奸義，必有大咎。晉不失諸侯，魏子其不免乎？」是行也，魏獻子屬役於韓簡子及原壽過，簡子，韓起孫不信也。原壽過，周大夫。而田於大陸，焚焉。禹貢：大陸在鉅鹿北。嫌絶遠，疑此田在汲郡吴澤荒蕪之地。火田，并見燒也。爾雅：廣平曰陸。還，卒於甯。甯，今脩武縣，近吴澤。范獻子去其柏椁，以其未復命而田也。范獻子代魏子爲政，去其柏椁，示貶之。

孟懿子會城成周。不書，公未即位。庚寅，栽。栽，設板築。宋仲幾不受功，曰：「滕、薛、郳，吾役也。」欲使三國代宋受功役也。郳，小邾。薛宰曰：「宋爲無道，絶我小國於周，以我適楚，故我常從宋。晉文公爲踐土之盟，在僖〔一〕二十八年。

〔一〕「僖」下，巾箱本有「公」字。

曰：『凡我同盟，各復舊職。』若從踐土，若從宋，亦唯命。」仲幾曰：「踐土固然。」固曰從舊。薛舊爲宋役。薛宰曰：「薛之皇祖奚仲，居薛，以爲夏車正。皇，大也。奚仲爲夏禹掌車服大夫。奚仲遷于邳，邳，下邳縣。仲虺居薛，以爲湯左相。仲虺，奚仲之後。若復舊職，將承王官，何故以役諸侯？」承，奉也。仲幾曰：「三代各異物，薛焉得有舊？言居周世，不得以夏、殷爲舊。爲宋役，亦其職也。」士彌牟曰：「晉之從政者新，言范獻子新爲政，未習故事。子姑受功。歸，吾視諸故府。」求故事。仲幾曰：「縱子忘之，山川鬼神〔一〕其忘諸乎？」山川鬼神，盟所告。士伯怒，謂韓簡子曰：「薛徵於人，典籍故事，人所知也。宋徵於鬼，取證於鬼神。宋罪大矣。且己無辭而抑我以神，誣我也。啓寵納侮，其此之謂矣。開寵過分，則納受侵侮。必以仲幾爲戮。」乃執仲幾以歸。三月，歸諸京師。知以歸不可，故復歸之京師。

城三旬而畢，乃歸諸侯之戍。

〔一〕「山川鬼神」，阮校：「鄭氏注儀禮覲禮引作『山川神祇』。」

齊高張後，不從諸侯。後期，不及諸侯之役。晉女叔寬曰：「周萇弘、齊高張皆將不免。叔寬，女寬也。萇叔違天，高子違人。天既厭周德，萇弘欲遷都以延其祚，故曰「違天」。諸侯相帥以崇天子，而高子後期，故曰「違人」。天之所壞，不可支也；衆之所爲，不可奸也。」爲哀三年周人殺萇弘、六年高張來奔起。

夏，叔孫成子逆公之喪于乾侯。成子，叔孫婼之子。季孫曰：「子家子亟言於我，未嘗不中吾志也。吾欲與之從政，子必止之，且聽命焉。」衆事皆諮問子家子。子家子不見叔孫，易幾而哭。幾，哭會也。不欲見叔孫，故朝夕哭不同會。叔孫請見子家子，子家子辭曰：「羈未得見，而從君以出。出時成子未爲卿。君不命而薨，羈不敢見。」言未受昭公之命，託辭以距叔孫。叔孫使告之曰：「公衍、公爲實使群臣不得事君。二子始謀逐季氏。若公子宋主社稷，則群臣之願也。宋，昭公弟定公。凡從君出而可以入者，將唯子是聽。子家氏未有後，季孫願與子從政。此皆季孫之願也，使不敢以告。」不敢，叔孫成子名。對曰：「若立君，則有卿士大夫與守龜在，羈弗敢知。若從君者，則貌而出者，入可也；貌出，謂以義從公，與季氏無實怨。寇而出者，行可也。與季氏爲寇讎者，自可去。若羈也，則君知其出也，君，昭公。而未知其入也，羈將逃也。」

喪及壞隤，公子宋先入，從公者皆自壞隤反。出奔。六月癸亥，公之喪至自乾侯。戊辰，公即位。諸侯薨，五日而殯，殯則嗣子即位。癸亥，昭公喪至，五日殯於宮，定公乃即位。季孫使役如闞，公氏將溝焉。闞，魯群公墓所在也。季孫惡昭公，欲溝絶其兆域，不使〔一〕與先君同。榮駕鵝曰：「生不能事，死又離之，以自旌也。駕鵝，魯大夫榮成伯也。旌，章也。縱子忍之，後必或耻之。」乃止。

季孫問於榮駕鵝曰：「吾欲爲君謚，使子孫知之。」爲惡謚。對曰：「生弗能事，死又惡之，以自信也。將焉用之？」乃止。秋七月癸巳，葬昭公於墓道南。孔子之爲司寇也，溝而合諸墓。明臣無貶君之義。

昭公出，故季平子禱于煬公。九月，立煬宮。平子逐君，懼而請禱於煬公，昭公死於外，自以爲獲福，故立其宮。

周鞏簡公弃其子弟，而好用遠人。簡公，周卿士。遠人，異族也。爲明年鞏氏賊簡

〔一〕「使」，國會本作「欲」。

公張本。

【經】

二年春王正月。

夏五月壬辰，雉門及兩觀災。無傳。雉門，公宮之南門。兩觀，闕也。天火曰災。

秋，楚人伐吴。囊瓦稱人，見誘以敗軍。

冬十月，新作雉門及兩觀。無傳。

【傳】

二年夏四月辛酉，鞏氏之群子弟賊簡公。傳言弃親用疏，所以敗也。

桐叛楚。桐，小國，廬江舒縣西南有桐鄉。吴子使舒鳩氏誘楚人，舒鳩，楚屬國。曰：「以師臨我，教舒鳩誘楚，使以師臨吴。我伐桐，爲我使之無忌。」吴伐桐也，僞若畏楚師之臨己，而爲伐其叛國以取媚者也。欲使楚不忌吴，所謂多方以誤之。

秋，楚囊瓦伐吴師于豫章，從舒鳩言。吴人見舟于豫章，僞將爲楚伐桐。而潛師于巢。實欲以擊楚。冬十月，吴軍楚師于豫章，敗之。楚不忌故。遂圍巢，克之，獲楚公子繁。繁，守巢大夫。邾莊公與夷射姑飲酒，私出。射姑，邾大夫，出辟酒。閽乞肉焉，奪之杖以敲之。奪閽杖以敲閽頭也。爲明年邾子卒傳。

【經】

三年春王正月，公如晉，至河乃復。無傳。

二月辛卯，邾子穿卒。再同盟。

夏四月。

秋，葬邾莊公。六月乃葬，緩。

冬，仲孫何忌及邾子盟于拔。拔，地，闕。

【傳】

三年春二月辛卯，邾子在門臺，門上有臺。臨廷。閽以缾水沃廷。邾子望見之，怒。閽曰：「夷射姑旋焉。」旋，小便。命執之。見其不潔，執射姑。弗得，滋怒，自投于牀，廢于鑪炭，爛，遂卒。廢，墮也。先葬以車五乘，殉五人。欲藏中之絜，故先内車及殉，別爲便房，蓋其遺命。莊公卞急而好絜，故及是。卞，躁疾也。

秋九月，鮮虞人敗晉師於平中，平中，晉地。獲晉觀虎，恃其勇也。爲五年士鞅圍鮮虞張本。

冬，盟于郯，郯即拔也。脩邾好也。公即位，故脩好。

蔡昭侯爲兩佩與兩裘，佩，佩玉也。以如楚，獻一佩一裘於昭王。昭王服之，以享蔡侯。蔡侯亦服其一。子常欲之，弗與，三年止之。唐成公如楚，有兩肅爽馬，子常欲之，成公，唐惠侯之後。肅爽，駿馬名。弗與，亦三年止之。唐人或相與謀，請代先從者，許之。飲先從者酒，醉之，竊馬而獻之子常。子常歸唐侯。自拘於司敗，竊馬者自拘。曰：「君以弄馬之故，隱君身，隱，憂約也。弃國家。群臣請相夫人以償馬，必如之。」相，助也。夫人，謂養馬者。唐侯曰：「寡人之過也。二三子無辱。」皆賞之。蔡人聞之，固請而獻佩于子常。子常朝，見蔡侯之徒，命有司曰：「蔡君之久也，官不共也。言楚所以禮遣蔡侯之物，不共備故。明日禮不畢，將死。」遺蔡侯之禮。蔡侯歸及漢，執玉而沈，曰：「余所有濟漢而南者，有若大川！」自誓言若復渡漢，當受禍，明如大川。蔡侯如晉，以其子元與其大夫之子爲質焉，而請伐楚。爲明年會召陵張本。

【經】

四年春王二月癸巳，陳侯吳卒。無傳。未同盟而赴以名。癸巳，正月七日，書二月，從赴。

三月，公會劉子、晉侯、宋公、蔡侯、衛侯、陳子、鄭伯、許男、曹伯、莒子、邾子、頓子、胡子、滕子、薛伯、杞伯、小邾子、齊國夏于召陵，侵楚。於召陵先行會禮，入楚竟，故書「侵」。

夏四月庚辰，蔡公孫姓〔一〕帥師滅沈，以沈子嘉歸，殺之。

五月，公及諸侯盟于臯鼬。召陵會劉子、諸侯，揔言之也。繁昌縣東南有城臯亭。復稱公者，會盟異處故。

杞伯成卒于會。無傳。

〔一〕「姓」，釋文作「生」，云：「本又作『姓』。」

六月，葬陳惠公。無傳。

許遷于容城。無傳。

秋七月，公至自會。無傳。

劉卷卒。無傳。即劉蚠也。劉子奉命出盟召陵，死則天王爲告同盟，故不具爵。

葬杞悼公。無傳。

楚人圍蔡。不服故也。

晉士鞅、衛孔圉帥師伐鮮虞。無傳。孔圉，孔羈孫。士鞅即范鞅。

葬劉文公。無傳。

冬十有一月庚午，蔡侯以吴子及楚人戰于柏舉，楚師敗績。師能左右之曰以，皆陳曰戰，大崩曰敗績。吴爲蔡討楚，從〔一〕蔡計謀，故書「蔡侯以吴子」，言能左右之也。囊瓦稱人，貪以致敗，不能死難，罪賤之。柏舉，楚地。昭三十一年傳曰：六年十二月庚辰，吴其入郢。今以十一月者，并數閏。

〔一〕「從」上，金澤本有「吴」字。

楚囊瓦出奔鄭。書名，惡之。

庚辰，吴入郢。弗地曰入。吴不稱子，史略文。

【傳】

四年春三月，劉文公合諸侯于召陵，謀伐楚也。文公，王官伯也。晉人假王命以討楚之久留蔡侯，故曰「文公〔一〕合諸侯」。

晉荀寅求貨於蔡侯，弗得。言於范獻子曰：「國家方危，諸侯方貳，將以襲敵，不亦難乎！水潦方降，疾瘧方起，中山不服，中山，鮮虞。弃盟取怨，無損於楚，晉、楚同盟，伐之爲取怨。而失中山，不如辭蔡侯。吾自方城以來，楚未可以得志，晉敗楚，侵方城，在襄十六年。祇取勤焉。」乃辭蔡侯。

晉人假羽旄於鄭，鄭人與之。析羽爲旌，王者遊車之所建，鄭私有之，因謂之羽旄，借觀之。明日，或旆以會。或，賤者也。繼旐曰旆。令賤人施其旆，執以從會，示卑鄭。晉於是乎失諸侯。傳言晉無禮，所以遂弱。將會，衛子行敬子言於靈公子行敬子，衛大夫。

〔一〕「文公」上，金澤本有「劉」字。

曰：「會同難，難得宜。嘖有煩言，莫之治也。嘖，至也。煩言，忿爭。其使祝佗〔一〕從。」祝佗，大祝子魚。公曰：「善。」乃使子魚。子魚辭曰：「臣展四體，以率舊職，猶懼不給，而煩刑書。若又共二，共二職。徼大罪也。且夫祝，社稷之常隸也。隸，賤臣也。社稷不動，祝不出竟，官之制也。社稷動，謂國遷。君以軍行，祓社釁鼓，師出，先有事祓禱於社，謂之宜社。於是殺牲，以血塗鼓鼙〔二〕，爲釁鼓。祝奉以從，奉社主也。於是乎出竟。若嘉好之事，謂朝會。君行師從，二千五百人。卿行旅從，五百人。臣無事焉。」公曰：「行也！」及皋鼬，將盟。將長蔡於衛。欲令蔡先衛歃。衛侯使祝佗私於萇弘曰：「聞諸道路，不知信否。若聞蔡將先衛，信乎？」萇弘曰：「信。蔡叔，康叔之兄也，蔡叔，周公兄；康叔，周公弟。先衛，不亦可乎？」子魚曰：「以先王觀之，則尚德也。昔武王克商，成王定之，選建明德，以蕃屏周。故周公相王室，以尹天下，尹，正也。於周爲睦。睦，親厚也。以盛德見親厚。

〔一〕「佗」，阮校：「諸本作『佗』，詩下泉正義、書舜典正義、論語疏引傳並作『鮀』。」
〔二〕「鼙」，釋文作「鞞」，云：「本又作『鼙』。」

分魯公以大路、大旂，魯公，伯禽也。此大路，金路，錫同姓諸侯車也。交龍爲旂。周禮：「同姓以封。」夏后氏之璜，璜，美玉名。封父之繁弱，封父，古諸侯也。繁弱，大弓名。殷氏六族，條氏、徐氏、蕭氏、索氏、長勺氏、尾勺氏，使帥其宗氏，輯其分族，將其類醜，醜，衆也。以法則周公，用即命于周。即，就也。使六族就周，受周公之法制。是〔一〕使之職事于魯，共魯公之職事。以昭周公之明德。昭，顯也。分之土田陪敦，陪，增也。敦，厚也。祝、宗、卜、史，大祝、宗人、大卜、大史，凡四官。備物、典策，典策，春秋之制。官司、彝器；官司，百官〔二〕也。彝器，常用器。因商奄之民，商奄，國名也。與四國流言，或迸散在魯，皆令即屬魯懷柔之。命以伯禽，伯禽，周公世子。時周公唯遣伯禽之國，故皆以付伯禽。而封於少皞之虚。少皞虚，曲阜也，在魯城内。分康叔康叔，衛之祖。以大路、少帛、綪茷、旃旌、少帛，雜帛也。綪茷，大赤，取染草名也。通帛爲旃，析羽爲旌。大呂，鐘名。殷氏七族，陶氏、施氏、繁氏、錡氏、樊氏、饑氏、終葵氏，封畛土略，自

〔一〕「是」下，金澤本有「以」字。
〔二〕「官」，國會本作「司」。

武父以南，及圃田之北竟，畛，塗所徑也。略，界也。武父，衛北界。圃田，鄭藪名。取於有閻之土，以共王職。有閻，衛所受朝宿邑，蓋近京畿。取於相土之東都，以會王之東蒐。爲湯沐邑，王東巡守，以助祭泰山。聃季授土，聃季，周公弟，司空。陶叔授民，陶叔，司徒。命以康誥，而封於殷虚，康誥，周書。殷虚，朝歌也。皆啓以商政，疆以周索。皆，魯、衛也。啓，開也。居殷故地，因其風俗，開用其政，疆理土地以周法。索，法也。分唐叔唐叔，晉之祖。以大路、密須之鼓、密須，國名。闕鞏、甲名。沽洗，鐘名。懷姓九宗，職官五正。懷姓，唐之餘民。九宗，一姓爲九族。職官五正，五官之長。命以唐誥，而封於夏虚，唐誥，誥命篇名也。夏虚，大夏，今大原晉陽也。啓以夏政，亦因夏風俗，開用其政。疆以戎索。大原近戎而寒，不與中國同，故自以戎法。三者皆叔也，而有令德，故昭之以分物。不然，文、武、成、康之伯猶多，而不獲是分也，唯不尚年也。管、蔡啓商，惎間王室，惎，毒也。周公攝政，管叔、蔡叔開道紂子禄父，以毒亂王室。王於是乎殺管叔而蔡蔡叔，周公稱王命以討二叔。蔡，放也。以車七乘，徒七十人。與蔡叔車徒而放之。其子蔡仲，改行帥德，周公舉之，以爲己卿士，爲周公臣。見諸王，而命之以蔡。命爲蔡侯。其命書云：『王曰：胡！無若爾考之違王命也！』胡，蔡仲名。若之何其使蔡先衞也？武王之母弟八人，周公爲大宰，康叔爲司寇，聃季爲司空，五叔無官，豈尚年哉？五叔，管叔鮮、蔡叔度、成叔武、霍叔處、毛叔聃〔一〕也。曹，文之昭也；文王子，與周公異母。晉，武之穆也。武王子。曹爲伯甸，非尚年也。以伯爵居甸服，言小。今將尚之，是反先王也。晉文公爲踐土之盟，衞成公不在，夷叔，其母弟也，猶先蔡。踐土、召陵二會，經書蔡在衞上，霸主以國大小之〔二〕序也。子魚所言，盟歃之次。其載書云：『王若曰：晉重、文公。魯申、僖公。衞武、叔武。蔡甲午、莊侯。鄭捷、文公。齊潘、昭公。宋王臣、成公。莒期。』兹丕公也。齊序鄭下，周之宗盟，異姓爲後。藏在周府，可覆視也。吾子欲復文、武之略，略，道也。而不正其德，將如之何？」萇弘説，告劉子，與范獻子謀之，乃長衞侯於盟。

反自召陵，鄭子大叔未至而卒。晉趙簡子爲之臨，甚哀，曰：「黄父之會，在昭二十五年。夫子語我九言，曰：『無始亂，無怙富，無恃寵，無違同，無敖禮，無驕

〔一〕「聃」，阮校：「陸粲附注云：逸周書及史記皆云毛叔名鄭，此作『聃』，誤也。」
〔二〕「之」，金澤本作「爲」。

能，以能驕人。無復怒，復，重也。無謀非德，非所謀也。無犯非義。』」傳言簡子能用善言，所以遂興。

沈人不會于召陵，晉人使蔡伐之。夏，蔡滅沈。秋，楚爲沈故，圍蔡。伍員爲吴行人以謀楚。楚之殺郤宛也，在昭二十七年。伯氏之族出，郤宛黨。伯州犁之孫嚭爲吴大宰以謀楚。楚自昭王即位，無歲不有吴師。蔡侯因之，以其子乾與其大夫之子爲質於吴。

冬，蔡侯、吴子、唐侯伐楚，唐侯不書，兵屬於吴、蔡。舍舟于淮汭，吴乘舟從淮來，過蔡而舍之。自豫章與楚夾漢。豫章，漢東江北地名。左司馬戌謂子常曰：「子沿漢而與之上下，沿，緣也。緣漢上下，遮使勿渡。我悉方城外以毁其舟，以方城外人毁吴所舍舟。還塞大隧、直轅、冥阨。三者，漢東之隘道。子濟漢而伐之，我自後擊之，必大敗之。」既謀而行。武城黑謂子常黑，楚武城大夫。曰：「吴用木也，我用革也，用，軍器。不可久也，不如速戰。」史皇謂子常：「楚人惡子而好司馬。史皇，楚大夫。司馬，沈尹戌。若司馬毁吴舟于淮，塞城口而入，城口，三隘道之摠名。是獨克吴也。子必速戰！不然，不免。」乃濟漢而陳，自小别至于大别。禹貢：漢水至大別南入江。然則此二別在江夏界。三戰，子常知不可，欲奔。知吴不可勝。史皇曰：「安求其事，求知政事。難而逃之，將何所入？子必死之，初罪必盡説。」言致死以克吴，可以免貪賄致寇之罪。

十一月庚午，二師陳于柏舉。經所以書戰。二師，吴、楚師。闔廬之弟夫槩王晨請於闔廬曰：「楚瓦不仁，瓦，子常名。其臣莫有死志。先伐之，其卒必奔。而後大師繼之，必克。」弗許。夫槩王曰：「所謂『臣義而行，不待命』者，其此之謂也。今日我死，楚可入也。」以其屬五千先擊子常之卒，子常之卒奔，楚師亂，吴師大敗之。子常奔鄭。史皇以其乘廣死。以戰死。

吴從楚師及清發，清發，水名。將擊之。夫槩王曰：「困獸猶鬬，况人乎？若知不免而致死，必敗我。若使先濟者知免，後者慕之，蔑有鬬心矣。半濟而後可擊也。」從之，又敗之。楚人爲食，吴人及之，奔食而從之，敗諸雍澨。五戰，及郢。奔食，食者走不陳，故不在戰數。己卯，楚子取其妹季芈、畀我以出，涉睢。睢水出新城昌魏縣，東南至枝江縣入江，是楚王西走。鍼尹固與王同舟，王使執燧象以奔吴師。燒火燧繫象尾，使赴吴師，驚卻之。庚辰，吴入郢，以班處宫。以尊卑班次處楚王宫室。子山處令尹之宮，子山，吳王子。夫槩王欲攻之，懼而去之，夫槩王入之。入令尹宮也。言吳無禮，所以不能遂克。

左司馬戌及息而還，息，汝南新息也。聞楚敗，故還。敗吳師于雍澨，傷。司馬先敗吳師而身被創。初，司馬臣闔廬，故恥爲禽焉。司馬嘗在吳爲闔廬臣，是以今恥於見禽。謂其臣曰：「誰能免吾首？」吳句卑曰：「臣賤，可乎？」司馬曰：「我實失子，可哉！」失不知子賢。三戰皆傷，曰：「吾不可用也已。」句卑布裳，剄而裹之，司馬已死，剄取其首。藏其身，而以其首免。傳言司馬之忠壯。

楚子涉雎，濟江，入于雲中。入雲夢澤中，所謂江南之夢。王寢，盜攻之，以戈擊王，王孫由于以背受之，中肩。王奔鄖。鍾建負季芈以從。鍾建，楚大夫。由于徐蘇而從。以背受戈，故當時悶絕。鄖公辛之弟懷將弒王，曰：「平王殺吾父，我殺其子，不亦可乎？」辛，蔓成然之子鬭辛也。昭十四年，楚平王殺成然。辛曰：「君討臣，誰敢讎之？君命，天也。若死天命，將誰讎？詩曰：『柔亦不茹，剛亦不吐。不侮矜寡，不畏彊禦。』唯仁者能之。詩，大雅，言仲山甫不辟强陵弱。違彊陵弱，非勇也；乘人之約，非仁也；滅宗廢祀，非孝也；弒君罪應滅宗。動無令名，非知也。

必犯是，余將殺女。」

鬭辛與其弟巢以王奔隨。吴人從之，謂隨人曰：「周之子孫在漢川者，楚實盡之。天誘其衷，致罰於楚，而君又竄之，竄，匿也。周室何罪？君若顧報周室，施及寡人，以獎天衷，獎，成也。君之惠也。漢陽之田，君實有之。」楚子在公宫之北，隨公宫也。吴人在其南。子期似王，子期，昭王兄公子結也。逃王，而己爲王，曰：「以我與之，王必免。」隨人卜與之，不吉，乃辭吴曰：「以隨之辟小，而密邇於楚，楚實存之。世有盟誓，至于今未改。若難而弃之，何以事君？執事之患，不唯一人。一人，楚王。若鳩楚竟，敢不聽命？」吴人乃退。鳩，安集也。鑪初宦於子期氏，實與隨人要言。要言無以楚王與吴，并欲脱子期。王使見，王喜其意，欲引見之，以比王臣，且欲使盟隨人。辭曰：「不敢以約爲利。」此約謂要言也。此一時之事，非爲德舉，故辭不敢見，亦不肯爲盟主。王割子期之心，以與隨人盟。當心前割取血以盟，示其至心。

初，伍員與申包胥友。包胥，楚大夫。其亡也，謂申包胥曰：「我必復楚國。」復，報也。申包胥曰：「勉之！子能復之，我必能興之。」及昭王在隨，申包胥如秦乞師，曰：「吴爲封豕、長蛇，以荐食上國，荐，數也。言吴貪害如蛇、豕。虐始於楚。寡君失守社稷，越在草莽〔一〕，使下臣告急，曰：『夷德無厭，若鄰於君，疆埸之患也。吴有楚，則與秦鄰。逮吴之未定，君其取分焉。與吴共分楚地。若楚之遂亡，君之土也。若以君靈撫之，世以事君。』撫，存恤也。秦伯使辭焉，曰：「寡人聞命矣。子姑就館，將圖而告。」對曰：「寡君越在草莽，未獲所伏，伏，猶處也。下臣何敢即安？」立依於庭牆而哭，日夜不絶聲，勺飲不入口七日。秦哀公爲之賦無衣，詩秦風，取其「王于興師，脩我戈矛，與子同仇」、「與子偕作」、「與子偕行」。九頓首而坐。無衣三章，章三頓首。秦師乃出。爲明年包胥以秦師至張本。

【經】五年春王三月辛亥朔，日有食之。無傳。

〔一〕「莽」，釋文作「茅」，云：「今本多作『莽』。」

夏，歸粟于蔡。蔡爲楚所圍，飢乏，故魯歸之粟。

於越入吴。於，發聲也。

六月丙申，季孫意如卒。

秋七月壬子，叔孫不敢卒。無傳。

冬，晉士鞅帥師圍鮮虞。

【傳】

五年春，王人殺子朝于楚。因楚亂也。終閔馬父之言。

夏，歸粟于蔡，以周亟，矜無資。亟，急也。

越入吴，吴在楚也。

六月，季平子行東野。東野，季氏邑。還，未至，丙申，卒于房〔一〕。陽虎將以璵璠斂，璵璠，美玉，君所佩。仲梁懷弗與，懷亦季氏家臣。曰：「改步改玉。」昭公之

〔一〕「房」，顧炎武云：「『房』疑即『防』字。」

出，季孫行君事，佩璵璠，祭宗廟。今定公立，復臣位，改君步，則亦當去璵璠。陽虎欲逐之，告公山不狃。不狃〔一〕曰：「彼爲君也，子何怨焉？」不狃，季氏臣費宰子洩也。爲君，不欲使僭。既葬，桓子行東野，桓子，意如子季孫斯。及費。子洩爲費宰，逆勞於郊，桓子敬之。勞仲梁懷，仲梁懷弗敬。懷時從桓子行，輕慢子洩。子洩怒，謂陽虎：「子行之乎？」行，逐懷也。爲下陽虎囚桓子起。

申包胥以秦師至，秦子蒲、子虎帥車五百乘以救楚。五百乘，三萬七千五百人。子蒲曰：「吾未知吳道。」道，猶法術。使楚人先與吳人戰，而自稷會之，大敗夫槩王于沂。稷、沂皆楚地。吳人獲薳射於柏舉，薳射，楚大夫。其子帥奔徒奔徒，楚散卒。以從子西，敗吳師於軍祥。楚地。秋七月，子期、子蒲滅唐。從吳伐楚故。九月，夫槩王歸，自立也，以與王戰而敗，自立爲吳王，號夫槩。奔楚，爲堂谿氏。傳終言之。吳師敗楚師于雍澨，秦師又敗吳師，吳師居麇，麇，地名。子期將焚之，子西

〔一〕「不狃」上，金澤本有「公山」二字。

曰：「父兄親暴骨焉，不能收，又焚之，不可。」前年，楚人與吳戰，多死麇中，言不可并焚。子期曰：「國亡矣，死者若有知也，可以歆舊祀，言焚吳復楚，則祭祀不廢。豈憚焚之？」焚之而又戰，吳師敗。又戰于公壻之谿，楚地名。吳師大敗，吳子乃歸。囚闉輿罷。闉輿罷請先，遂逃歸。輿罷，楚大夫。請先至吳而逃歸。言吳唯得楚一大夫，復失之，所以不克。葉公諸梁之弟后臧從其母於吳，不待而歸。諸梁，司馬沈尹戌之子葉公子高也。吳入楚，獲后臧之母。楚定，臧弃母而歸。葉公終不正視。不義之。

乙亥，陽虎囚季桓子及公父文伯，文伯，季桓子從父昆弟也。陽虎欲爲亂，恐二子不從，故囚之。而逐仲梁懷。冬十月丁〔一〕亥，殺公何藐。藐，季氏族。己丑，盟桓子于稷門之内。魯南城門。庚寅，大詛。逐公父歜及秦遄，皆奔齊。歜即文伯也。秦遄，平子姑壻也。傳言季氏之亂。

楚子入于郢。吳師已歸。初，鬭辛聞吳人之争宫也，曰：「吾聞之：『不讓，則不和；不和，不可以遠征。』吳争於楚，必有亂，有亂則必歸，焉能定楚？」王之

〔一〕「丁」，原作「乙」，據宋大字本、巾箱本、附釋音本、慶元本改。

奔隨也，將涉於成臼。江夏竟陵縣西有臼水，出聊屈山，西南入漢。藍尹亹涉其帑〔一〕，亹，楚大夫。不與王舟。及寧，王欲殺之。寧，安定也。子西曰：「子常唯思舊怨以敗，君何效焉？」王曰：「善。使復其所，吾以志前惡。」惡，過也。王賞鬭辛、王孫由于、王孫圉、鍾建、鬭巢、申包胥、王孫賈、宋木、鬭懷。九子皆從王有大功者。子西曰：「請舍懷也。」以初謀弑王也。王曰：「大德滅小怨，道也。」終從其兄，免王大難，是大德。申包胥曰：「吾爲君也，非爲身也。君既定矣，又何求？且吾尤子旗，其又爲諸？」子旗，蔓成然也。以有德於平王，求欲無厭，平王殺之。在昭十四年。遂逃賞。王將嫁季芈，季芈辭曰：「所以爲女子，遠丈夫也。鍾建負我矣。」以妻鍾建，以爲樂尹。司樂大夫。

王之在隨也，子西爲王輿服以保路，國于脾洩。脾洩，楚邑也。失王，恐國人潰散，故僞爲王車服，立國脾洩，以保安道路人。聞王所在，而後從王。王使由于城麇，於

〔一〕「帑」，原作「奴」，據宋大字本、巾箱本、書院本、附釋音本、慶元本改。

麇築城。復命，子西問高厚〔一〕焉，弗知。子西曰：「不能，如辭。言自知不能，當辭勿行。城不知高厚小大，何知？」對曰：「固辭不能，子使余也。人各有能有不能。王遇盜於雲中，余受其戈，其所猶在。」袒而示之背，曰：「此余所能也。脾洩之事，余亦弗能也。」傳言昭王所以復國，有賢臣也。

晉士鞅圍鮮虞，報觀虎之敗〔二〕也。三年，鮮虞獲晉觀虎。

【經】

六年春王正月癸亥，鄭游速帥師滅許，以許男斯歸。游速，大叔子。

二月，公侵鄭。公至自侵鄭。無傳。

夏，季孫斯、仲孫何忌如晉。

秋，晉人執宋行人樂祁犂。稱「行人」，言非其罪。

〔一〕「厚」下，金澤本有「大小」二字。

〔二〕「敗」，巾箱本、書院本、附釋音本作「役」。

冬，城中城。無傳。公爲晉侵鄭，故懼而城之。

季孫斯、仲孫忌帥師圍鄆。無傳。「何忌」不言「何」，史闕文。鄆貳於齊，故圍之。

【傳】

六年春，鄭滅許，因楚敗也。

二月，公侵鄭，取匡，爲晉討鄭之伐胥靡也。胥靡，周地也。周儋翩因鄭人以作亂，鄭爲之伐胥靡，故晉使魯討之。匡，鄭地。取匡不書，歸之晉。往不假道於衛。及還，陽虎使季、孟自南門入，出自東門，陽虎將逐三桓，欲使得罪於鄰國。舍於豚澤。衛侯怒，使彌子瑕追之。彌子瑕，衛嬖大夫。公叔文子老矣，文子，公叔發。輦而如公，曰：「尤人而效之，非禮也。昭公之難，君將以文之舒鼎，衛文公之鼎。成之昭兆，寶龜。定之鞶鑑，鞶帶而以鏡爲飾也。今西方羌胡猶然，古之遺服。苟可以納之，擇用一焉。公子與二三臣之子，諸侯苟憂之，將以爲之質。爲質，求納魯昭公。此群臣之所聞也。今將以小忿蒙舊德，蒙，覆也。無乃不可乎？大姒之子，大姒，文王妃。唯周公、康叔爲相睦也。而效小人以弃之，不亦誣乎？天將多陽虎之罪以斃之，君姑待之，若何？」乃止。止不伐魯師。

夏，季桓子如晉，獻鄭俘也。獻此春取匡之俘。陽虎强使孟懿子往報夫人之幣。虎欲困辱三桓，并求媚於晉，故强使正卿報晉夫人之聘。晉人兼享之。賤魯，故不復兩設禮，明經所以不備書。孟孫立于房外，謂范獻子曰：「陽虎若不能居魯，而息肩於晉，所不以爲中軍司馬者，有如先君！」稱先君以徵其言，若欲使晉，必厚待之。獻子曰：「寡君有官，將使其人，擇得其人。鞅何知焉？」獻子謂簡子曰：「魯人患陽虎矣。孟孫知其釁，以爲必適晉，故强爲之請，以取入焉。」欲令晉人聞虎當逃走，故强設請託之辭。因此言以入晉，令晉素知之。

四月己丑，吴大子終累敗楚舟師，終累，闔廬子，夫差兄。舟師，水戰。獲潘子臣、小惟子〔一〕二子，楚舟師之帥。及大夫七人。楚國大惕，懼亡。子期又以陵師敗于繁楊〔二〕。陵師，陸軍。令尹子西喜曰：「乃今可爲矣。」言知懼而後可治。於是乎遷郢於鄀，而改紀其政，以定楚國。傳言楚賴子西以安。

〔一〕「小惟子」，阮校：「吕覽作『小帷子』，與釋文合。」

〔二〕「繁楊」，襄四年傳作「繁陽」。

周儋翩率王子朝之徒，因鄭人將以作亂于周，儋翩，子朝餘黨。鄭於是乎伐馮、滑、胥靡、負黍、狐人、闕外。鄭伐周六邑，在魯伐鄭取匡前。於此見者，爲戍周起也。陽城縣西南有負黍亭。六月，晉閻没戍周，且城胥靡。爲下天王出居姑蕕起。

秋八月，宋樂祁言於景公曰：「諸侯唯我事晉，今使不往，晉其憾矣。」樂祁告其宰陳寅。以與公言告之。陳寅曰：「必使子往。」他日，公謂樂祁曰：「唯寡人説子之言，子必往。」陳寅曰：「子立後而行，吾室亦不亡，寅知晉政多門，往必有難，故使樂祁立後而行。唯君亦以我爲知難而行也。」見溷而行。溷，樂祁子也。見於君，立以爲後。趙簡子逆而飲之酒於緜上，獻楊楯六十於簡子。楊，木名。陳寅曰：「昔吾主范氏，今子主趙氏，又有納焉，以楊楯賈禍，弗可爲也已。知范氏必怨，將得禍。然子死晉國，子〔一〕孫必得志於宋。」以其爲國死。范獻子言於晉侯曰：「以君命越疆而使，未致使而私飲酒，不敬二君，不可不討也。」乃執樂祁。獻子怒祁比趙氏，經所以稱行人。

〔一〕「子」下，書院本有「子」字。

陽虎又盟公及三桓於周社，盟國人于亳社，詛于五父之衢。傳言三桓微，陪臣專政。爲八年陽虎作亂起。

冬十二月，天王處于姑蕕[一]，姑蕕，周地。辟儋翩之亂也。爲明年單、劉逆王起。

【經】

七年春王正月。

夏四月。

秋，齊侯、鄭伯盟于鹹。衛地。

齊人執衛行人北宫結以侵衛。稱「行人」，非使人之罪。

齊侯、衛侯盟于沙。結叛晉也。陽平元城縣東南有沙亭。

大雩。無傳。過也。

齊國夏帥師伐我西鄙。夏，國佐孫。

〔一〕「蕕」，釋文云：「本又作『猶』。」

九月，大雩。無傳。過也。

冬十月。

【傳】七年春二月，周儋翩入于儀栗以叛。儀栗，周邑。

齊人歸鄆、陽關，陽虎居之以爲政。鄆、陽關皆魯邑，中貳於齊，齊今歸之。不書，虎專之。

夏四月，單武公、穆公子。劉桓公文公子。敗尹氏于窮谷。尹氏復黨儋翩，共爲亂也。

秋，齊侯、鄭伯盟于鹹，徵會于衛。徵，召也。衛侯欲叛晉，屬齊、鄭也。諸大夫不可。使北宮結如齊，而私於齊侯曰：「執結以侵我。」欲以齊師懼諸大夫。齊侯從之，乃盟于瑣。瑣，即沙也。爲明年涉佗捘衛侯手起。

齊國夏伐我，齊叛晉故。陽虎御季桓子，公斂處父御孟懿子，處父，孟氏家臣成宰公斂陽。將宵軍齊師。齊師聞之，墮，伏而待之。墮毁其軍以誘敵，而設伏兵。處父曰：「虎不圖禍，而必死。」而，女也。苫夷〔一〕曰：「虎陷二子於難，苫夷，季氏家臣。二子，季、孟。不待有司，余必殺女。」虎懼，乃還，不敗。傳言陪臣強，能自相制。季、孟不敢有心。

冬十一月戊午，單子、劉子逆王于慶氏，慶氏，守姑蕕大夫。晉籍秦送王，己巳，王入于王城，己巳，十二月五日，有日無月。館于公族黨氏，黨氏，周大夫。而後朝于莊宮。莊王廟也。

春秋經傳集解定上第二十七

〔一〕「夷」，釋文作「蕛」。

春秋經傳集解定下第二十八

杜氏　盡十五年

【經】

八年春王正月，公侵齊。報前年伐我西鄙。

公至自侵齊。無傳。

二月，公侵齊。未得志故。

三月，公至自侵齊。無傳。

曹伯露卒。無傳。四年，盟皋鼬。

夏，齊國夏帥師伐我西鄙。

公會晉師于瓦。瓦，衛地。將來救魯，公逆會之。東郡燕縣東北有瓦亭。

公至自瓦。無傳。

秋七月戊辰，陳侯柳卒。無傳。四年，盟皋鼬。

晉士鞅帥師侵鄭，遂侵衛。兩事，故曰「遂」。

葬曹靖公。無傳。

九月，葬陳懷公。無傳。三月而葬，速。

季孫斯、仲孫何忌帥師侵衛。

冬，衛侯、鄭伯盟于曲濮。無傳。結叛晉。曲濮，衛地。

從祀先公。從，順也。先公，閔公、僖公也。將正二公之位次，所順非一。親盡，故通言「先公」。

盜竊寶玉、大弓。盜，謂陽虎也。家臣賤，名氏不見，故曰「盜」。寶玉，夏后氏之璜。大弓，封父之繁弱。

【傳】

八年春王正月，公侵齊，門于陽州。攻其門。士皆坐列，言無鬭志。曰：「顏高之弓六鈞。」顏高，魯人。三十斤爲鈞，六鈞，百八十斤。古稱重，故以爲異强。皆取而傳觀之。陽州人出，顏高奪人弱弓，籍丘子鉏擊之，與一人俱斃。子鉏，齊人。斃，仆也。偃，且射子鉏，中頰，殪。子鉏死。顏息射人中眉，顏息，魯人。退曰：「我無勇，吾志其目也。」以自矜。師退，冉猛僞傷足而先。猛，魯人，欲先歸。其兄會乃呼曰：「猛也殿！」會見師退而猛不在列，乃大呼，詐言猛在後爲殿。傳言魯無軍政。

二月己丑，單子伐穀城，劉子伐儀栗。討儋翩之黨。穀城在河南縣西。辛卯，單子伐簡城，劉子伐盂，以定王室。傳終王室之亂。

趙鞅言於晉侯曰：「諸侯唯宋事晉，好逆其使，猶懼不至；今又執之，是絶諸侯也。」將歸樂祁。士鞅曰：「三年止之，無故而歸之，宋必叛晉。」執樂祁在六年。獻子私謂子梁獻子，范鞅。子梁，樂祁。曰：「寡君懼不得事宋君，是以止子。子姑使溷代子。」溷，樂祁子。子梁以告陳寅。陳寅曰：「宋將叛晉，是弃溷也，不如待之。」留待，勿以子自代。樂祁歸，卒于大行。大行，晉東南山。士鞅曰：「宋必叛，不如止其尸以求成焉。」乃止諸州。州，晉地。爲明年宋公使樂大心如晉張本。

公侵齊，攻廩丘之郛。郛，郭也。主人焚衝，衝，戰車。或濡馬褐以救之，馬褐，馬衣。遂毁之。毁郛。主人出，師奔。攻郛人少，故遣後師走往助之。陽虎僞不見冉猛者，曰：「猛在此，必敗。」陽州之役，猛先歸。言若在此，必復敗。猛逐之，顧而無繼，僞顛。逐麇丘人。虎曰：「盡客氣也。」言皆客氣，非勇。苦越生子，將待事而名之。苦越，苦夷。陽州之役獲焉，名之曰陽州。欲自比僑如。

夏〔一〕，齊國夏、高張伐我西鄙，報上二侵。晉士鞅、趙鞅、荀寅救我。救不書，齊師已去，未入竟。公會晉師于瓦，范獻子執羔，趙簡子、中行文子皆執鴈。魯於是始尚羔。獻子，士鞅也。簡子，趙鞅也。中行文子，荀寅也。禮，卿執羔，大夫執鴈，魯則同之，今始知執羔之尊也。卿不書，禮不敵公，史略之。

晉師將盟衛侯于鄟澤，自瓦還，就衛地盟。趙簡子曰：「群臣誰敢盟衛君者？」前年，衛叛晉屬齊，簡子意欲摧辱之。涉佗、成何曰：「我能盟之。」二子，晉大夫。衛人請執牛耳。盟禮，尊者涖牛耳，主次盟者。衛侯與晉大夫盟，自以當涖牛耳，故請之。成何曰：「衛，吾温、原也，焉得視諸侯？」言衛小，可比晉縣，不得從諸侯禮。將歃，涉佗捘衛侯之手，及捥。捘，擠也。血至捥。衛侯怒，王孫賈趨進，賈，衛大夫。曰：

〔一〕「夏」下，金澤本有「四月」二字。

「盟以信禮也，信，猶明也。有如衛君。其敢不唯禮是事，而受此盟也？」言晉無禮，不欲受其盟。

衛侯欲叛晉，而患諸大夫。王孫賈使次于郊，大夫問故。問不入故。公以晉詬語之，詬，耻也。且曰：「寡人辱社稷，其改卜嗣，寡人從焉。」使改卜他公子以嗣先君，我從大夫所立。大夫曰：「是衛之禍，豈君之過也？」公曰：「又有患焉，謂寡人必以而子〔一〕與大夫之子爲質。」爲質於晉。大夫曰：「苟有益也，公子則往，群臣之子敢不皆負羈絏以從？」將行，王孫賈曰：「苟衛國有難，工商未嘗不爲患，使皆行而後可。」欲以激怒國人。公以告大夫，乃皆將行之。行有日，有期日。公朝國人，使賈問焉，曰：「若衛叛晉，晉五伐我，病何如矣？」皆曰：「五伐我，猶可以能戰。」賈曰：「然則如叛之，病而後質焉，何遲之有？」乃叛晉。晉人請改盟，弗許。

秋，晉士鞅會成桓公侵鄭，圍蟲牢，報伊闕也。桓公，周卿士。不書，監師不親侵

〔一〕「子」下，原有「厚」字，據宋大字本、慶元本、金澤本删。

也。六年，鄭伐周闕外，晉爲周報之。遂侵衛。討叛。

九月，師侵衛，晉故也。魯爲晉討衛。

季寤、季桓子之弟。公鉏極、公彌曾孫，桓子族子。公山不狃費宰。皆不得志於季氏，叔孫輒無寵於叔孫氏，輒，叔孫氏之庶子。叔仲志不得志於魯，志，叔孫帶之孫。皆爲國人所薄。故五人因陽虎。陽虎欲去三桓，以季寤更季氏，代桓子。以叔孫輒更叔孫氏，代武叔。己更孟氏。陽虎自代懿子。冬十月，順祀先公而祈焉。將作大事，欲以順祀取媚。辛卯，禘于僖公。辛卯，十月二日。不於大廟者，順祀之義，當退僖公，懼於僖神，故於僖廟行順祀。壬辰，將享季氏于蒲圃而殺之，戒都車曰：「癸巳至。」都邑之兵車也。陽虎欲以壬辰夜殺季孫，明日癸巳，以都車攻二家。成宰公斂處父告孟孫曰：「季氏戒都車，何故？」孟孫曰：「吾弗聞。」處父曰：「然則亂也。必及於子，先備諸。」與孟孫以壬辰爲期。處父期以兵救孟氏。壬辰，先癸巳一日。

陽虎前驅，林楚御桓子，虞人以鈹、盾夾之，陽越殿。越，陽虎從弟。將如蒲圃，桓子咋謂林楚咋，暫也。曰：「而先皆季氏之良也，爾以是繼之。」欲使林楚免己於難，以繼其先人之良。對曰：「臣聞命後。後，猶晚也。陽虎爲政，魯國服焉，違之徵死，死無益於主。」桓子曰：「何後之有？而能以我適孟氏乎？」對曰：「不敢愛死，懼不免主。」桓子曰：「往也！」言必往。孟氏選圉人之壯者三百人，以爲公期築室於門外。實欲以備難，不欲使人知，故僞築室於門外，因得聚衆。公期，孟氏支子。林楚怒馬，及衢而騁。騁，馳也。陽越射之，不中。築者闔門。季孫既得入，乃閉門。有自門間射陽越，殺之。陽虎劫公與武叔，武叔，叔孫不敢之子州仇也。以伐孟氏。公斂處父帥成人自上東門入，魯東城之北門。與陽氏戰于南門之内，弗勝；又戰于棘下，城内地名。陽氏敗。陽虎説[一]甲如公宮，取寶玉、大弓以出，舍于五父之衢，寢而爲食。其徒曰：「追其將至。」虎曰：「魯人聞余出，喜於徵死，何暇追余？」徵，召也。陽虎召季氏於蒲圃，將欲[二]殺之，今得脱，必喜，故言喜於召死。從者曰：「嘻！速駕，公斂陽在。」嘻，懼聲。公斂陽請追之，孟孫弗許。畏陽虎。陽欲

[一]「説」，釋文云：「本又作『税』，同。」
[二]「欲」，宋大字本、國會本、巾箱本、書院本、附釋音本無。

殺桓子，欲因亂討季氏，以强孟氏。孟孫懼而歸之。不敢殺。子言辨舍爵於季氏之廟而出。子言，季寤。辨，猶周徧也。徧告廟飲酒，示無懼。陽虎入于讙、陽關以叛。叛不書，略家臣。

鄭駟歂嗣子大叔爲政。歂，駟乞子子然也。爲明年殺鄧析張本。

【經】

九年春王正月。

夏四月戊申，鄭伯蠆卒。無傳。四年，盟皋鼬。

得寶玉、大弓。弓、玉，國之分器，得之足以爲榮，失之足以爲辱，故重而書之。

六月，葬鄭獻公。無傳。三月而葬，速。

秋，齊侯、衛侯次于五氏。五氏，晉地。不書伐者，諱伐盟主，以次告。

秦伯卒。無傳。不書名，未同盟。

冬，葬秦哀公。無傳。

【傳】

九年春，宋公使樂大心盟于晉，且逆樂祁之尸。辭，僞有疾。乃使向巢如晉盟，且逆子梁之尸。巢，向戌曾孫。子明謂桐門右師出，子明，樂祁之子溷也。右師，樂大心，子明族父也。右師往到子明舍，子明逐使出門去。曰：「吾猶衰絰，而子擊鐘，何也？」怨其不逆父喪，因責其無同族之恩。右師曰：「喪不在此故也。」既而告人曰：「己衰絰而生子，余何故舍鐘？」己，子明也。子明聞之，怒，言於公曰：「右師將不利戴氏，樂氏，戴公族。不肯適晉，將作亂也。不然，無疾。」乃逐桐門右師。逐之在明年，終叔孫昭子之言。

鄭駟歂殺鄧析，而用其竹刑。鄧析，鄭大夫。欲改鄭所鑄舊制，不受君命，而私造刑法，書之於竹簡，故言竹刑。君子謂：「子然於是不忠。苟有可以加於國家者，弃其邪可也。加，猶益也。弃，不責其邪惡也。靜女之三章，取彤管焉。詩邶風也，言靜女三章之詩，雖説美女，義在彤管。彤管，赤管筆，女史記事規誨之所執。竿旄『何以告之』，取其忠也。詩鄘風也，録竿旄詩者，取其中心願告人以善道也。言此二詩，皆以一善見采，而鄧析不以一善存身。故用其道，不弃其人。詩云：『蔽芾甘棠，勿翦勿伐，召伯所茇。」詩，召南也，召伯決訟於蔽芾小棠之下，詩人思之，不伐其樹。茇，草舍也。思其人，猶愛其樹，況用其道而不恤其人乎！子然無以勸能矣。」傳言子然嗣大叔爲政，鄭所以衰弱。

夏，陽虎歸寶玉、大弓。無益近用，而秪爲名，故歸之。書曰「得」，器用也。凡獲器用曰得，器用者，謂物之成器可爲人用者也。得用焉曰獲。謂用器物以有獲，若麟〔一〕爲田獲，俘爲戰獲。

六月，伐陽關，討陽虎也。陽虎使焚萊門。陽關邑門。師驚，犯之而出。奔齊，請師以伐魯，曰：「三加，必取之。」三加兵於魯。齊侯將許之，鮑文子諫曰：「臣嘗爲隸於施氏矣，施氏，魯大夫。文子，鮑國也。成十七年，齊人召而立之，至今七十四歲，於是文子蓋九十餘矣。魯未可取也。上下猶和，衆庶猶睦，能事大國，大國，晉也。而無天菑，若之何取之？陽虎欲勤齊師也，齊師罷，大臣必多死亡，己於是乎奮其詐謀。夫陽虎有寵於季氏，而將殺季孫，以不利魯國，而求容焉。求自容。親富

〔一〕「麟」，釋文云：「本又作『驎』。」

不親仁，君焉用之？君富於季氏，而大於魯國，茲陽虎所欲傾覆也。魯免其疾，而君又收之，無乃害乎？」

齊侯執陽虎，將東之。陽虎願東，陽虎欲西奔晉，知齊必反己，故詐以東爲願。乃囚諸西鄙。盡借邑人之車，鍥其軸，麻約而歸之。鍥，刻也。欲絶追者。載葱靈，寢於其中而逃。葱靈，輜車名。追而得之，囚於齊。又以葱靈逃，奔宋，遂奔晉，適趙氏。仲尼曰：「趙氏其世有亂乎！」受亂人故。

秋，齊侯伐晉夷儀。爲衛討也。敝無存之父將室之，辭，以與其弟，無存，齊人也。室之，爲取婦。曰：「此役也不死，反必娶於高、國。」高氏、國氏，齊貴族也。無存欲必有功，還取卿相之女。先登，求自門出，死於霤下。既入城，夷儀人不服，故鬬死於門屋霤下也。東郭書讓登，登城非人所樂，故讓衆使後，而己先登。犂彌從之，曰：「子讓而左，我讓而右，使登者絶而後下。」恐書先下，故又譎以讓之。下，入城也。書左，彌先下。書從彌言左行，彌遂自先下，亦讓也。書與王猛息。戰訖，共止息。猛曰：「我先登。」書斂甲曰：「曩者之難，今又難焉。」斂甲，起欲擊猛。猛笑曰：「吾從子，如驂之靳。」靳，車中馬也。猛不敢與書爭，言己從書如驂馬之隨靳也。傳言齊師和，所以能克。

晉車千乘在中牟，救夷儀也。今滎陽有中牟縣，迴遠，疑非也。衞侯將如五氏，齊侯在五氏，將往助之。卜過之，龜焦。衞至五氏，道過中牟，畏晉，故卜。龜焦，兆不成，不可以行事也。衞侯曰：「可也！衞車當其半，寡人當其半，敵矣。」衞侯怒晉甚，不復顧卜，欲以身當五百乘。乃過中牟。中牟人欲伐之，衞褚師圃亡在中牟，曰：「衞雖小，其君在焉，未可勝也。齊師克城而驕，其帥又賤，城，謂夷儀也。帥，謂東郭書。遇，必敗之，不如從齊。」乃伐齊師，敗之。獲齊車五百乘。事見哀十五年。齊侯致禚、媚、杏於衞。三邑皆齊西界，以答謝衞意。齊侯賞犂彌，犂彌辭曰：「有先登者，臣從之，晳幘〔一〕而衣貍製。」晳，白也。幘，齒上下相值。製，裘也。公使視東郭書，曰：「乃夫子也，吾貺子。」貺，賜也。公賞東郭書，辭曰：「彼賓旅也。」言彼與我若賓主相讓。旅，俱進退。乃賞犂彌。

齊師之在夷儀也，齊侯謂夷儀人曰：「得敝無存者，以五家免。」給其五家，令

〔一〕「幘」，阮校：「幘，說文引作『齰』，齒相值也。按，『齰』正字，『幘』假借字。」

常不共役事。乃得其尸。公三襚之，襚，衣也。比殯，三加襚，深禮厚之。與之犀軒與直蓋，犀軒，卿車。直蓋，高蓋。而先歸之。坐引者，以師哭之，停喪車以盡哀也。君方爲位而哭，故挽喪者不敢立。親推之三。齊侯自推喪車輪三轉。

【經】

十年春王三月，及齊平。平前八年再侵齊之怨。

夏，公會齊侯于夾谷。平故。

公至自夾谷。無傳。

晉趙鞅帥師圍衛。

齊人來歸鄆、讙、龜陰田。三邑皆汶陽田也。泰山博縣北有龜山，陰田在其北也。

會夾谷，孔子相，齊人服義而歸魯田。

叔孫州仇、仲孫何忌帥師圍郈。郈，叔孫氏邑。

秋，叔孫州仇、仲孫何忌帥師圍郈。

宋樂大心出奔曹。傳在前年春，書名，罪其稱疾不適晉。

宋公子地出奔陳。貪弄馬以距君命，書名，罪之也。

冬，齊侯、衛侯、鄭游速會于安甫。無傳。安甫，地闕。

叔孫州仇如齊。

宋公之弟辰暨仲佗、石彄出奔陳。暨，與也。宋公寵向魋，不聽辰請，辰忿而將大臣出奔，虛請自忿。稱弟，示首惡也。仲佗、石彄皆爲國卿，不能匡君靜難，而爲辰所牽帥出奔。稱名，亦罪之也。

【傳】

十年春，及齊平。

夏，公會齊侯于祝其，實夾谷。夾谷即祝其也。孔丘相，相，會儀也。犂彌言於齊侯曰：「孔丘知禮而無勇，若使萊人以兵劫魯侯，必得志焉。」萊人，齊所滅萊夷也。齊侯從之。孔丘以公退，曰：「士兵之！以兵擊萊人。兩君合好，而裔夷之俘以兵亂之，裔，遠也。非齊君所以命諸侯也。裔不謀夏，夷不亂華，俘不干盟，兵不偪好，於神爲不祥，盟將告神，犯之爲不善。於德爲愆義，於人爲失禮，君必不然。」齊侯聞之，遽辟之。辟去萊兵也。

將盟，齊人加於載書曰：「齊師出竟，而不以甲車三百乘從我者，有如此盟！」如此盟詛之禍。孔丘使兹無還揖對，無還，魯大夫。曰：「而不反我汶陽之田，吾以共命者，亦如之。」須齊歸汶陽田，乃當共齊命。於是孔子以公退，賤者終其事。要盟不絜，故略不書。齊侯將享公，孔丘謂梁丘據曰：「齊、魯之故，吾子何不聞焉？故，舊典。事既成矣，會事成。而又享之，是勤執事也。且犧、象不出門，嘉樂不野合。犧、象，酒器，犧尊、象尊也。嘉樂，鐘、磬也。饗而既具，是弃禮也；若其不具，用〔一〕秕稗也。秕，穀不成者。稗，草之似穀者。言享不具禮，穢薄若秕稗。用秕稗，君辱；弃禮，名惡。子盍圖之？夫享，所以昭德也。不昭，不如其已也。」乃不果享。孔子知齊侯懷詐，故以禮距之。

齊人來歸鄆、讙〔二〕、龜陰之田。陽虎九年以此奔齊。經文倒者，次魯事。

晉趙鞅圍衛，報夷儀也。前年，齊爲衛伐晉夷儀，故伐衛以爲報。初，衛侯伐邯鄲

〔一〕「用」上，金澤本有「是」字。

〔二〕「讙」，阮校：陳樹華云：漢書地理志引「讙」作「酄」。案，説文亦作「酄」。

午於寒氏，邯鄲，廣平縣也。午，晉邯鄲大夫。寒氏即五氏也。前年，衛人助齊伐五氏。城其西北〔一〕而守之，宵熸。午衆宵散。及晉圍衛，午以徒七十人門於衛西門，殺人於門中，曰：「請報寒氏之役。」衛開門與午鬭。涉佗曰：「夫子則勇矣，然我往，必不敢啓門。」亦以徒七十人，旦門焉，步左右，皆至而立，如植。至其門下，步行門左右，然後立待，如立木不動，以示整。日中不啓門，乃退。反役，晉人討衛之叛故，曰：「由涉佗、成何。」捘衛侯手故。於是執涉佗以求成於衛。衛人不許。晉人遂殺涉佗，成何奔燕。君子曰：「此之謂弃禮，必不鈞。言必見殺，不得與人等。詩曰：『人而無禮，胡不遄死？』涉佗亦遄矣哉！」詩，鄘風。遄，速也。

初，叔孫成子欲立武叔，公若藐固諫曰：「不可。」藐，叔孫氏之族。成子立之而卒。公南使賊射之，不能殺。公南，叔孫家臣，武叔之黨。公南爲馬正，使公若爲郈宰。武叔既定，使郈馬正侯犯殺公若，弗能。其圉人曰：武叔之圉人。「吾以劍

〔一〕「北」下，金澤本有「隅」字。

過朝，公若必曰：『誰之劍也？』吾稱子以告，必觀之。吾僞固而授之末，則可殺也。」僞爲固陋不知禮者，以劍鋒末授〔一〕之。使如之。公若曰：「爾欲吴王我乎？」見劍向己，逆呵之。鱄諸殺吴王，亦用劍刺之。遂殺公若。

侯犯以郈叛，犯以不能副武叔之命，故叛。叛而以圍告廟，故書圍。武叔懿子圍郈，弗克。秋，二子及齊師復圍郈，弗克。叔孫謂郈工師駟赤工師，掌工匠之官。曰：「郈非唯叔孫氏之憂，社稷之患也。將若之何？」對曰：「臣之業，在揚水卒章之四言矣。」揚水，詩唐風，卒章四言曰「我聞有命」。叔孫稽首。謝其受己命。駟赤謂侯犯曰：「居齊、魯之際而無事，必不可矣。無所服事。子盍求事於齊以臨民？不然，將叛。」侯犯從之。齊使至，駟赤與郈人爲之宣言於郈中，詐爲齊使言也。曰：「侯犯將以郈易于齊，齊人將遷郈民。」謂易其民人。衆兇懼。不欲遷。駟赤謂侯犯曰：「衆言異矣，不與始同。子不如易於齊。與其死也，猶是郈也。而得紓焉，何

〔一〕「授」下，金澤本有「殺」字。

必此？言以郈民〔一〕易取齊人，與郈無異，勝於守郈爲叛人所殺。齊人欲以此偪魯，必倍與子地。言非徒得民，又將得齊地。且盍多舍甲於子之門，以備不虞？」侯犯曰：「諾。」乃多舍甲焉。

侯犯請易於齊，齊有司觀郈。將至，駟赤使周走呼曰：「齊師至矣！」郈人大駭，介侯犯之門甲，以圍侯犯。駟赤將射之，僞爲侯犯射郈人。侯犯止之，曰：「謀免我。」侯犯請行，許之。郈人許之。駟赤先如宿，宿，東平無鹽縣，故宿國。侯犯殿。每出一門，郈人閉之。閉其後門。及郭門，止之曰：「子以叔孫氏之甲出，有司若誅之，誅，責也。群臣懼死。」駟赤曰：「叔孫氏之甲有物，吾未敢以出。」物，識也。赤還救侯犯也。犯〔二〕謂駟赤曰：「子止而與之數。」數甲以相付。駟赤止而納魯人。侯犯奔齊，齊人乃致郈。致其名簿也。爲下武叔如齊傳。

宋公子地嬖蘧富獵，地，宋景公弟，辰之兄也。十一分其室，而以其五與之。與

〔一〕「民」，國會本作「氏」。
〔二〕「犯」上，金澤本有「侯」字。

富獵也。公子地有白馬四，公嬖向魋，魋欲之。向魋，司馬桓魋也。公取而朱其尾、鬣以與之。與魋也。地怒，使其徒抶魋而奪之。魋懼，將走，公閉門而泣之，目盡腫。母弟辰曰：「子分室以與獵也，而獨卑魋，亦有頗焉。子爲君禮，禮，辟君也。不過出竟，君必止子。」公子地出奔陳，公弗止。辰爲之請，弗聽。辰曰：「是我迋吾兄也。迋，欺也。吾以國人出，君誰與處？」冬，母弟辰暨仲佗、石彄出奔陳。佗，仲幾子。彄，褚師段子。皆宋卿。衆之所望，故言「國人」。

武叔聘于齊。謝致郈也。經書辰奔在聘後者，從告。齊侯享之，曰：「子叔孫！若使郈在君之他竟，寡人何知焉？屬與敝邑際，故敢助君憂之。」以致郈德叔孫。對曰：「非寡君之望也。所以事君，封疆社稷是以，以，猶爲也。敢以家隸勤君之執事？夫不令之臣，天下之所惡也。君豈以爲寡君賜？」言義在討惡，非所以賜寡君。

【經】十有一年春，宋公之弟辰及仲佗、石彄、公子地自陳入于蕭以叛。蕭，宋邑。稱弟，例在前年。

夏四月。

秋，宋樂大心自曹入于蕭。入蕭從叛人，叛可知，故不書叛。

冬，及鄭平。平六年侵鄭取匡之怨。

叔還如鄭涖盟。還，叔詣曾孫。

【傳】

十一年春，宋公母弟辰暨仲佗、石彄、公子地入于蕭以叛。秋，樂大心從之，大爲宋患，寵向魋故也。惡宋公寵不義以致國患。

冬，及鄭平，始叛晉也。魯自僖公以來，世服於晉，至今而叛，故曰「始」。

【經】

十有二年春，薛伯定卒。無傳。四年，盟皋鼬。

夏，葬薛襄公。無傳。

叔孫州仇帥師墮郈。墮，毁也。患其險固，故毁壞其城。

衛公孟彄帥師伐曹。彄，孟縶子。

季孫斯、仲孫何忌帥師墮費。

秋，大雩。無傳。書，過。

冬十月癸亥，公會齊侯盟于黃。無傳。結叛晉。

十有一月丙寅朔，日有食之。無傳。

公至自黃。無傳。

十有二月，公圍成。

公至自圍成。無傳。國內而書「至」者，成彊若列國，興動大衆，故出入皆告廟。

【傳】

十二年夏，衛公孟彄伐曹。克郊。郊，曹邑。還，滑羅殿。羅，衛大夫。未出，不退於列。未出曹竟，羅不退，在行列之後。其御曰：「殿而在列，其爲無勇乎？」羅曰：「與其素厲，寧爲無勇。」素，空也。厲，猛也。言伐小國當如畏者以誘致之。

仲由爲季氏宰，仲由，子路。將墮三都。三都，費、郈、成也。彊盛將爲國害，故仲由欲毀之。於是叔孫氏墮郈。季氏將墮費，公山不狃、叔孫輒帥費人以襲魯。不狃，費宰也。輒不得志於叔孫氏。公與三子入于季氏之宮，登武子之臺。費人攻之，弗克。入及公側。至臺下。仲尼命申句須、樂頎下伐之，二子，魯大夫。仲尼時爲司寇。費人北，國人追之，敗諸姑蔑。二子奔齊。二子，不狃、叔孫輒。遂墮費。將墮成，公斂處父謂孟孫：「墮成，齊人必至于北門。成在魯北竟故。且成，孟氏之保障也。無成，是無孟氏也。子僞不知，佯不知。我將不墮。」

冬十二月，公圍成，弗克。

【經】

十有三年春，齊侯、衛侯次于垂葭。二君將使師伐晉，次垂葭以爲之援。

夏，築蛇淵囿。無傳。書不時也。

大蒐于比蒲。無傳。夏蒐非時。

衛公孟彄帥師伐曹。無傳。

秋，晉趙鞅入于晉陽以叛。書叛，惡可知。

冬，晉荀寅、士吉射入于朝歌以叛。吉射，士鞅子。

晉趙鞅歸于晉。韓、魏請而復之，故曰「歸」。言韓、魏之彊，猶列國。

薛弑其君比。無傳。稱君，君無道。

【傳】

十三年春，齊侯、衛侯次于垂葭，實郹氏。垂葭，改名郹氏。高平鉅野縣西南有郹亭。使師伐晉，將濟河。諸大夫皆曰：「不可。」邴意兹曰：「可。意兹，齊大夫。鋭師伐河内，今河内汲郡。傳必數日而後及絳。傳，告晉。絳不三月，不能出河，則我既濟水矣。」乃伐河内。齊侯皆斂諸大夫之軒，唯邴意兹乘軒。以其言當。齊侯欲與衛侯乘，共載。與之宴，而駕乘廣，載[一]甲焉。使告曰：「晉師至矣。」齊侯曰：「比君之駕也，寡人請攝。」以己車攝代衛車。乃介而與之乘，驅之。或告曰：「無晉師。」乃止。傳言齊侯輕，所以不能成功。

晉趙鞅謂邯鄲午曰：「歸我衛貢五百家，吾舍諸晉陽。」午許諾。十年，趙鞅圍衛，衛人懼，貢五百家。鞅置之邯鄲，今欲徙著晉陽。晉陽，趙鞅邑。歸告其父兄。父兄

[一]「載」上，金澤本有「豫」字。

皆曰：「不可。衞是以爲邯鄲，言衞以五百家在邯鄲，常爲是故，與邯鄲親。而寘諸晉陽，絶衞之道也。不如侵齊而謀之。」侵齊則齊當來報，欲因懼齊而徙，則衞與邯鄲好不絶。乃如之，而歸之于晉陽。欲如是謀而後歸衞貢。趙孟怒，召午，而囚諸晉陽，趙鞅不察其謀，謂午不用命，故囚之。使其從者説劒而入，涉賓不可。涉賓，午家臣。不肯説劒入，欲謀叛。乃使告邯鄲人曰：「吾私有討於午也，二三子唯所欲立。」午，趙鞅同族，别封邯鄲，故使邯鄲人更立午宗親。遂殺午。趙稷、涉賓以邯鄲叛。稷，趙午子。夏六月，上軍司馬籍秦圍邯鄲。邯鄲午，荀寅之甥也；荀寅，范吉射之姻也，壻父曰姻。荀寅子娶吉射女。而相與睦，故不與圍邯鄲，將作亂。作亂，攻趙鞅。董安于聞之，安于，趙氏臣。告趙孟曰：「先備諸？」趙孟曰：「晉國有命，始禍者死，爲後可也。」安于曰：「與其害於民，寧我獨死。懼見攻，必傷害民。請以我説。」趙孟不可。晉國若討，可殺我以自解説。

秋七月，范氏、中行氏伐趙氏之宫，趙鞅奔晉陽，晉人圍之。范皋夷無寵於范吉射，而欲爲亂於范氏。皋夷，范氏側室子。梁嬰父嬖於知文子，文子，荀躒。文子欲以爲卿。韓簡子與中行文子相惡，簡子，韓起孫不信也。中行文子，荀寅也。魏襄子亦與范昭子相惡。襄子，魏舒孫曼多也。昭子，士吉射。故五子謀，五子，范皋夷、梁嬰父、知文子、韓簡子、魏襄子。將逐荀寅，而以梁嬰父代之；逐范吉射，而以范皋夷代之。荀躒言於晉侯曰：「君命大臣，始禍者死，載書在河。爲盟書沈之河。今三臣始禍，而獨逐鞅，刑已不鈞矣。請皆逐之。」

冬十一月，荀躒、韓不信、魏曼多奉公以伐范氏、中行氏，弗克。二子將伐公。齊高彊曰：「三折肱知爲良醫。高彊，齊子尾之子，昭十年奔魯，遂適晉。唯伐君爲不可，民弗與也。我以伐君在此矣。三家未睦，三家，知、韓、魏。可盡克也。克之，君將誰與？若先伐君，是使睦也。」弗聽，遂伐公。國人助公，二子敗，從而伐之。丁未，荀寅、士吉射奔朝歌。韓、魏以趙氏爲請。經所以書趙鞅歸。十二月辛未，趙鞅入于絳，盟于公宫。傳録晉衰亂。

初，衛公叔文子朝，而請享靈公。欲令公臨其家。退，見史鰌而告之。史鰌，史魚也。史鰌曰：「子必禍矣！子富而君貪，罪其及子乎！」文子曰：「然吾不先告子，是吾罪也。君既許我矣，其若之何？」史鰌曰：「無害。子臣，可以免。言能執臣禮。富而能臣，必免於難。上下同之。言尊卑皆然。戍也驕，其亡乎！戍，文子之子。富而不驕者鮮，吾唯子之見。驕而不亡者，未之有也。戍必與焉。」與禍難。及文子卒，衛侯始惡於公叔戍，以其富也。公叔戍又將去夫人之黨，靈公夫人南子黨，宋朝之徒。夫人愬之曰：「戍將爲亂。」爲明年戍來奔傳。

【經】

十有四年春，衛公叔戍來奔。

衛趙陽出奔宋。陽，趙黶孫，書名者，親富不親仁。

二月辛巳，楚公子結、陳公孫佗人帥師滅頓，以頓子牂歸。

夏，衛北宫結來奔。亦黨公叔戍，皆惡之。

五月，於越敗吴于檇李。於越，越國也。使罪人詐吴亂陳，故從未陳之例書「敗」也。檇李，吴郡嘉興縣南醉李城。

吴子光卒。未同盟而赴以名。

公會齊侯、衛侯于牽。魏郡黎陽縣東北有牽城。

公至自會。無傳。

秋，齊侯、宋公會于洮。洮，曹地。

天王使石尚來歸脤〔一〕。無傳。石尚，天子之士。石，氏；尚，名。脤，祭社之肉，盛以脤器，以賜同姓諸侯，親兄弟之國，與之共福。

衛世子蒯聵出奔宋。

衛公孟彄出奔鄭。彄書名，與蒯聵黨，罪之。

宋公之弟辰自蕭來奔。無傳。稱宋公之弟，例在十年。

大蒐于比蒲。

邾子來會公。無傳。會公于比蒲，來而不用朝禮，故曰「會」。

城莒父及霄。無傳。公叛晉助范氏，故懼而城二邑也。此年無冬，史闕文。

【傳】

十四年春，衛侯逐公叔戍與其黨，故趙陽奔宋，戍來奔。終史魚之言。

梁嬰父惡董安于，謂知文子曰：「不殺安于，使終爲政於趙氏，趙氏必得晉

〔一〕「脤」，阮校：「説文作『祳』；鄭注周禮地官掌蜃引作『蜃』。」

國，盍以其先發難也，討於趙氏？」文子使告於趙孟曰：「范、中行氏雖信爲亂，安于則發之，是安于與謀亂也。晉國有命，始禍者死。二子既伏其罪矣，敢以告。」告使討安于。趙孟患之。安于曰：「我死而晉國寧，趙氏定，將焉用生？人誰不死，吾死莫矣。」乃縊而死。趙孟尸諸市，而告於知氏曰：「主命戮罪人安于，既伏其罪矣，敢以告。」知伯從趙孟盟，知伯，荀躒。而後趙氏定，祀安于於廟。趙氏廟。

頓子牂欲事晉，背楚而絕陳好。二月，楚滅頓。傳言小不事大，所以亡。

夏，衛北宮結來奔，公叔戍之故也。

吳伐越，報五年越入吳。越子句踐禦之，陳于檇李。句踐，越王允常子。句踐患吳之整也，使死士再禽焉，不動。使敢死之士往，輒爲吳所禽。欲使吳師亂取之，而吳不動。使罪人三行，屬劍於頸，以劍注頸。而辭曰：「二君有治，治軍旅。臣奸旗鼓，犯軍令。不敏於君之行前，不敢逃刑，敢歸死。」遂自剄〔一〕也。師屬之目，越子因

〔一〕「剄」，釋文云：「本又作『刎』。」

而伐之，大敗之。靈姑浮以戈擊闔廬，姑浮，越大夫。闔廬傷將指，取其一屨。其足大指見斬，遂失屨，姑浮取之。還，卒於陘，去檇李七里。釋經所以不書滅。夫差使人立於庭，夫差，闔廬嗣子。苟出入，必謂己曰：「夫差，而忘越王之殺而父乎？」則對曰：「唯。不敢忘！」三年，乃報越。後三年，哀元年。

晉人圍朝歌，公會齊侯、衞侯于脾、上梁之間，脾、上梁間即牽。謀救范、中行氏。齊、魯叛晉，故助范、中行也。析成鮒、小王桃甲〔一〕率狄師以襲晉，二子，晉大夫，范、中行氏之黨。戰于絳中，不克而還。士鮒奔周，小王桃甲入于朝歌。秋，齊侯、宋公會于洮，范氏故也。謀救范氏。

衞侯爲夫人南子召宋朝，南子，宋女也。朝，宋公子，舊通于南子，在宋呼之。會于洮。大子蒯聵獻盂于齊，過宋野。蒯聵，衞靈公大子。盂，邑名也。就會獻之，故自衞行而過宋野。野人歌之曰：「既定爾婁豬，盍歸吾艾豭？」婁豬，求子豬，以喻南子。艾

〔一〕「桃」，釋文云：「本又作『姚』。」

豭，喻宋朝。艾，老也。大子羞之，謂戲陽速曰：「從我而朝少君〔一〕，速，大子家臣。少君見我，我顧，乃殺之。」速曰：「諾。」乃朝夫人。夫人見大子，大子三顧，速不進。夫人見其色，啼而走，見大子色變，知其欲殺己。曰：「蒯聵將殺余。」公執其手以登臺。大子奔宋，盡逐其黨。故公孟彄出奔鄭，自鄭奔齊。大子告人曰：「戲陽速禍余。」戲陽速告人曰：「大子則禍余。大子無道，使余殺其母。余不許，將戕於余；戕，殘殺也。若殺夫人，將以余說。余是故許而弗爲，以紓余死。諺曰：『民保於信。』吾以信義也。」使義可信，不必信言。

冬十二月，晉人敗范、中行氏之師於潞，獲籍秦、高彊。二子，黨范氏者。終景王言籍父無後。又敗鄭師及范氏之師于百泉。鄭助范氏，故并敗。

【經】

十有五年春王正月，邾子來朝。

〔一〕「少君」，釋文云：「本亦作『小君』。」

鼷鼠食郊牛，牛死，改卜牛。無傳。不言所食處，舉死，重也；改卜，禮也。

二月辛丑，楚子滅胡，以胡子豹歸。

夏五月辛亥，郊。無傳。書，過。

壬申，公薨于高寢。高寢，宮名。不於路寢，失其所。

鄭罕達帥師伐宋。

齊侯、衛侯次于蘧蒢。不果救，故書「次」。

邾子來奔喪。無傳。諸侯奔喪，非禮。

秋七月壬申，姒氏卒。定公夫人。

八月庚辰朔，日有食之。無傳。

九月，滕子來會葬。無傳。諸侯會葬，非禮也。

丁巳，葬我君定公，雨，不克葬。戊午，日下昃，乃克葬。

辛巳，葬定姒。辛巳，十月三日。有日無月。

冬，城漆。邾庶其邑。

【傳】

十五年春，邾隱公來朝。邾子益。子貢觀焉。邾子執玉高，其容仰；公受玉卑，其容俯。玉，朝者之贄。子貢曰：「以禮觀之，二君者，皆有死亡焉。夫禮，死生存亡之體也，將左右周旋，進退俯仰，於是乎取之。朝祀喪戎，於是乎觀之。今正月相朝，而皆不度，不合法度。心已亡矣。嘉事不體，何以能久？嘉事，朝禮。高仰，驕也；卑俯，替也。驕近亂，替近疾。君爲主，其先亡乎？」爲此年公薨、哀七年以邾子益歸傳。

吳之入楚也，在四年。胡子盡俘楚邑之近胡者。俘，取也。楚既定，胡子豹又不事楚，曰：「存亡有命，事楚何爲？多取費焉。」二月，楚滅胡。傳言小不事大，所以亡。

夏五月壬申，公薨。仲尼曰：「賜不幸言而中，是使賜多言者也。」以微知著，知之難者。子貢言語之士，今言而中，仲尼懼其易言，故抑之。

鄭罕達敗宋師于老丘。罕達，子齹之子。老丘，宋地。宋公子地奔鄭，鄭人爲之伐宋，欲取地以處之。事見哀十二年。

齊侯、衛侯次于蘧挐，謀救宋也。

秋七月壬申，姒氏卒。不稱夫人，不赴，且不祔也。赴同、祔姑，夫人之禮。二者皆闕，故不曰夫人。

葬定公，雨，不克襄事，禮也。襄，成也。雨而成事，若汲汲於欲葬。

葬定姒，不稱小君，不成喪也。公未葬而夫人薨，煩於喪禮，不赴不祔，故不稱小君，臣子怠慢也。反哭於寢，故書葬。

冬，城漆，書，不時告也。實以秋城，冬乃告廟。魯知其不時，故緩告。從而書之，以示譏。

春秋經傳集解定下第二十八

春秋經傳集解哀上第二十九

杜氏　盡十三年

【經】

元年春王正月，公即位。無傳。

楚子、陳侯、隨侯、許男圍蔡。隨世服於楚，不通中國。吳之入楚，昭王奔隨，隨人免之，卒復楚國。楚人德之，使列於諸侯，故得見經。定六年，鄭滅許，此復見者，蓋楚封之。

鼷鼠食郊牛，改卜牛。

夏四月辛巳，郊。無傳。書，過也。不言所食，所食非一處。

秋，齊侯、衛侯伐晉。

冬，仲孫何忌帥師伐邾。無傳。

【傳】

元年春，楚子圍蔡，報柏舉也。在定四年。里而栽，栽，設版築爲圍壘，周市去蔡城一里。廣丈，高倍。壘厚一丈，高二丈。夫屯晝夜九日，夫猶兵也。壘未成，故令人在壘裏屯守蔡。如子西之素。子西本計，爲壘當用九日而成。蔡人男女以辨，辨，別也。男女各別，係纍而出降。使疆于江、汝之間而還。楚欲使蔡徙國在江水之北，汝水之南，求田以自安也。蔡權聽命，故楚師還。蔡於是乎請遷于吳。楚既還，蔡人更叛楚就吳。爲明年蔡遷州來傳。

吳王夫差敗越于夫椒，報檇李也。檇李，在定十四年。夫椒，吳郡吳縣西南大湖中椒山。遂入越。越子以甲楯五千保于會稽，上會稽山也。在會稽山陰縣南。使大夫種因吳大宰嚭以行成。吳子將許之。伍員曰：「不可。臣聞之：『樹德莫如滋，去疾〔一〕莫如盡。』昔有過澆殺斟灌以伐斟鄩，澆，寒浞子，封於過者。二斟，夏同姓諸侯。襄四年傳曰：「澆用師滅斟灌。」滅夏后相。夏后相，啓孫也。后相失國，依於二斟，復

〔一〕「去疾」，釋文云：「本又作『去惡』。」

爲澆所滅。后緡方娠，逃出自竇，后緡，相妻。娠，懷身也。歸于有仍，后緡，有仍氏女。生少康焉。爲仍牧正，牧官之長。惎澆，能戒之。惎，毒也。戒，備也。澆使椒求之，椒，澆臣。逃奔有虞，爲之庖正，以除其害。虞舜後諸侯也。梁國有虞縣。庖正，掌膳羞之官。賴此以得除己害。虞思於是妻之以二姚，思，有虞君也。虞思自以二女妻少康。姚，虞姓。而邑諸綸。綸，虞邑。有田一成，有衆一旅。方十里爲成，五百人爲旅。能布其德，而兆其謀，兆，始。以收夏衆，撫其官職。襄四年傳曰：「靡自有鬲氏，收二國之燼，以滅浞而立少康。」使女艾諜澆，女艾，少康臣。諜，候也。使季杼誘豷，豷，澆弟也。季杼，少康子后杼也。遂滅過、戈，復禹之績[一]。過，澆國。戈，豷國。祀夏配天，不失舊物。物，事也。今吳不如過，而越大於少康，或將豐之，不亦難乎！言與越成，是使越豐大，必爲吳難。句踐能親而務施，施不失人，所加惠賜，皆得其人。親不弃勞。推親愛之誠，則不遺小勞。與我同壤，而世爲仇讎。於是乎克而弗取，將又存之，違

[一]「績」，釋文云：「一本作『迹』。」

天而長寇讎，猶言天與不取。後雖悔之，不可食已。食，消也。已，止也。姬之衰也，日可俟〔一〕也。姬，吴姓。言可計日而待。介在蠻夷，而長寇讎，以是求伯，必不行矣。」弗聽。退而告人曰：「越十年生聚，而十年教訓，生民聚財，富而後教之。二十年之外，吴其爲沼乎！」謂吴宫室廢壞，當爲汙池。爲二十二年越入吴起本。三月，越及吴平。吴入越，不書，吴不告慶，越不告敗也。嫌夷狄不與華同，故復發傳。

夏四月，齊侯、衛侯救邯鄲，圍五鹿。趙稷以邯鄲叛，范、中行氏之黨也。五鹿，晉邑。

吴之入楚也，在定四年。使召陳懷公。懷公朝國人而問焉，曰：「欲與楚者右，欲與吴者左。陳人從田，無田從黨。」都邑之人無田者，隨黨而立，不知所與，故直從所居。田在西者居右，在東者居左。逢滑〔二〕當公而進，當公，不左不右。曰：「臣聞國之興也以福，其亡也以禍。今吴未有福，楚未有禍，楚未可弃，吴未可從。而晉，盟主也。若以晉辭吴，若何？」公曰：「國勝君亡，非禍而何？」楚爲吴所勝。對

〔一〕「俟」，釋文云：「本又作『竢』。」
〔二〕「滑」，原作「猾」，據宋大字本、國會本、巾箱本、書院本、附釋音本、慶元本改。

曰：「國之有是多矣，何必不復？小國猶復，況大國乎？臣聞國之興也，視民如傷，是其福也；如傷，恐驚動。其亡也，以民爲土芥，是其禍也。芥，草也。楚雖無德，亦不艾殺其民。吴日敝於兵，暴骨如莽，草之生於廣野，莽莽然，故曰草莽。而未見德焉。天其或者正訓楚也。使懼而改過。禍之適吴，其何日之有？」言今至。陳侯從之。及夫差克越，乃脩先君之怨。秋八月，吴侵陳，脩舊怨也。傳言吴不脩德而脩怨，所以亡。

齊侯、衛侯會于乾侯，救范氏也。師及齊師、衛孔圉、鮮虞人伐晉，取棘蒲。魯師不書，非公命也。孔圉，孔烝鉏曾孫。鮮虞，狄帥賤，故不書。

吴師在陳，楚大夫皆懼，曰：「闔廬惟能用其民，以敗我於柏舉。今聞其嗣又甚焉，將若之何？」子西曰：「二三子恤不相睦，無患吴矣。昔闔廬食不二味，居不重席，室不崇壇，平地作室，不起壇也。器不彤鏤，彤，丹也。鏤，刻也。宫室不觀，觀，臺榭。舟車不飾，衣服財用，擇不取費。選取堅厚，不尚細靡。在國，天有菑癘，癘，疾疫也。親巡孤寡而共其乏困。在軍，熟食者分，而後敢食。必須軍士皆分熟食，不敢先食。分，猶徧也。其所嘗者，卒乘與焉。所嘗，甘珍非常食。勤恤其民，而與之勞逸，是以民不罷勞，死知不曠。知身死不見曠弃。吾先大夫子常易之，所以敗我也。易，猶反也。今聞夫差，次有臺榭陂池焉，積土爲高曰臺，有木曰榭，過再宿曰次。宿有妃嬙嬪御焉。妃嬙，貴者。嬪御，賤者。皆内官。一日之行，所欲必成，玩好必從。珍異是聚，觀樂是務。視民如讎，而用之日新。夫先自敗也已，安能敗我？」爲二十二年越滅吴起。

冬十〔一〕月，晉趙鞅伐朝歌。討范、中行氏。

【經】

二年春王二月，季孫斯、叔孫州仇、仲孫何忌帥師伐邾，取漷東田及沂西田。邾人以賂，取之易也。癸巳，叔孫州仇、仲孫何忌及邾子盟于句繹。句繹，邾地。取邑，盟以要之。

夏四月丙子，衛侯元卒。定四年，盟臯鼬。

〔一〕「十」下，國會本、巾箱本、附釋音本有「一」字，金澤本有「二」字。

滕子來朝。無傳。

晉趙鞅帥師納衞世子蒯聵于戚。

秋八月甲戌，晉趙鞅帥師及鄭罕達帥師戰于鐵，鄭師敗績。皆陳曰戰。大崩曰敗績。鐵在戚城南。罕達，子皮孫。

冬十月，葬衞靈公。無傳。七月而葬，緩〔一〕。

十有一月，蔡遷于州來。畏楚而請遷，故以自遷爲文。

蔡殺其大夫公子駟。懷土而欺大國，故罪而書名。

【傳】

二年春，伐邾，將伐絞。絞，邾邑。邾人愛其土，故賂以漷、沂之田而受盟。

初，衞侯遊于郊，子南僕。子南，靈公子郢也。僕，御也。公曰：「余無子，將立女。」蒯聵奔，無大子。不對。他日，又謂之。對曰：「郢不足以辱社稷，君其改圖。君夫人在堂，三揖在下，三揖，卿、大夫、士。君命祇辱。」言立適當以禮，與外内同之。

〔一〕「緩」下，金澤本有「慢也」二字。

今君私命，事必不從，適爲辱。夏，衛靈公卒。夫人曰：「命公子郢爲大子，君命也。」對曰：「郢異於他子，言用意不同。且君没於吾手，若有之，郢必聞之。言當以臨没爲正。且亡人之子輒在。」輒，蒯聵之子出公也，靈公適孫。乃立輒。

六月乙酉，晉趙鞅[一]納衛大子于戚。宵迷，陽虎曰：「右河而南，必至焉。」是時河北流過元城界，戚在河外，晉軍已渡河，故欲出河右而南。使大子絻，絻者，始發喪之服。八人衰經，僞自衛逆者，欲爲衛人逆，故衰經成服。告於門，哭而入，遂居之。

秋八月，齊人輸范氏粟，鄭子姚、子般送之。子姚，罕達。子般，駟弘。士吉射逆之，趙鞅禦之，遇於戚。陽虎曰：「吾車少，以兵車之旆與罕、駟兵車先陳。旆，先驅車也。以先驅車益其[二]兵車以示衆。罕、駟自後隨而從之，彼見吾貌，必有懼心，晉人先陳，鄭人隨之，不知其虛實，見車多必懼。於是乎會之，會，合戰。必大敗之。」從之。卜戰，龜焦。兆不成。樂丁曰：「詩曰：『爰始爰謀，爰契我龜。』樂丁，晉大

[一]「鞅」下，金澤本有「帥師」二字。
[二]「其」，國會本、巾箱本、書院本、附釋音本作「以」。

夫。詩，大雅。言先人事，後卜筮。謀協以故兆，詢可也。」詢，諮詢也。故兆，始納衛大子，卜得吉兆。言今既謀同，可不須更卜。簡子誓曰：「范氏、中行氏反易天明，不事君也。斬艾百姓，欲擅晉國而滅其君。寡君恃鄭而保焉。今鄭爲不道，弃君助臣，二三子順天明，從君命，經德義，除詬耻，在此行也。克敵者，上大夫受縣，下大夫受郡，周書作雒篇：千里百縣，縣有四郡。士田十萬，十萬畝也。庶人工商遂，得遂進仕。人臣隸圉免。去斯役。志父無罪，君實圖之。志父，趙簡子之一名也。言已事濟，君當圖其賞。若其有罪，絞縊以戮，絞，所以縊人物。桐棺三寸，不設屬辟，屬辟，棺之重數。王棺四重，君再重，大夫一重。素車樸馬，以載柩。無入于兆，兆，葬域。下卿之罰也。」爲衆設賞，自設罰，所以能克敵。甲戌，將戰，郵無恤御簡子，衛大子爲右。郵無恤，王良〔一〕也。登鐵上，鐵，丘名。望見鄭師衆，大子懼，自投于車下。子良授大子綏而乘之，曰：「婦人也。」言其怯。簡子巡列，曰：「畢萬，匹夫也，七戰皆獲，

〔一〕「王良」，金澤本作「子良」。

有馬百乘，死於牖下。畢萬，晉獻公卿也。皆獲，有功。死於牖下，言得壽終。群子勉之，死不在寇。」言有命。繁羽御趙羅，宋勇爲右。三子，晉大夫。羅無勇，麇之。麇，束縛也。吏詰之，御對曰：「痁作而伏。」痁，瘧疾也。衛大子禱曰：「曾孫蒯聵，敢昭告皇祖文王、周文王。皇，大也。烈祖康叔、烈，顯也。文祖襄公：繼業守文，故曰「文祖」。蒯聵，襄公之孫。鄭勝亂從，勝，鄭聲公名。釋君助臣，爲從於亂。晉午在難，午，晉定公名。不能治亂，使鞅討之。鞅，簡子名。蒯聵不敢自佚，備持矛焉。戎右持矛。敢告無絶筋，無折骨，無面傷，以集大事，無作三祖羞。集，成也。大命不敢請，佩玉不敢愛。」不敢愛，故以祈禱。鄭人擊簡子，中肩，斃于車中，斃，踣也。獲其蠭旗。蠭旗，旗名。大子救之以戈，鄭師北，獲溫大夫趙羅。羅無勇，故鄭師雖北，猶獲羅。大子復伐之，鄭師大敗，獲齊粟千車。趙孟喜曰：「可矣。」趙孟，簡子也。喜大子前怯，今更勇。傅傁曰：「雖克鄭，猶有知在，憂未艾也。」傅傁，簡子屬也。言知氏將爲難，後竟有晉陽之患。

初，周人與范氏田，公孫尨税焉，尨，范氏臣，爲范氏收周人所與田之税。趙氏得而獻之。得尨以獻簡子。吏請殺之，趙孟曰：「爲其主也，何罪？」止而與之田。

還其所稅。及鐵之戰，以徒五百人宵攻鄭師，取蠭旗於子姚之幕下，獻曰：「請報主德。」追鄭師，姚、般、公孫林殿而射，前列多死。晉前列。趙孟曰：「國無小。」言雖小國，猶有善射者。既戰，簡子曰：「吾伏弢嘔血，弢，弓衣。嘔，吐也。鼓音不衰，今日我上也。」功爲上。大子曰：「吾救主於車，退敵於下，我右之上也。」郵良曰：「我兩靷將絶，吾能止之，止，使不絶。我御之上也。」駕而乘材，兩靷皆絶。材，橫木。明細小也。傳言簡子不讓下〔一〕自伐。

吴洩庸如蔡納聘，而稍納師。師畢入，衆知之。元年，蔡請遷于吴，中悔，故因聘襲之。蔡侯告大夫，殺公子駟以説。殺駟以説吴，言不時遷，駟之爲。哭而遷墓。將遷，與先君辭，故哭。

冬，蔡遷于州來。

〔一〕「下」下，金澤本有「皆」字。

【經】

三年春，齊國夏、衛石曼姑帥師圍戚。曼姑爲子圍父，知其不義，故推齊使爲兵首。戚不稱衛，非叛人。

夏四月甲午，地震。無傳。

五月辛卯，桓宫、僖宫災。天火曰災。

季孫斯、叔孫州仇帥師城啓陽。無傳。魯黨范氏，故懼晉，比年四城。啓陽，今琅邪開陽縣。

宋樂髡帥師伐曹。無傳。

秋七月丙子，季孫斯卒。

蔡人放其大夫公孫獵于吴。無傳。公子駟之黨。

冬十月癸卯，秦伯卒。無傳。不書名，未同盟。

叔孫州仇、仲孫何忌帥師圍邾。無傳。

【傳】

三年春，齊、衛圍戚，求援于中山。中山，鮮虞。

夏五月辛卯，司鐸火。司鐸，宮名。火踰公宮，桓、僖災。桓公、僖公廟。救火者皆曰顧府。言常人愛財。南宮敬叔至，命周人出御書，俟於宮，敬叔，孔子弟子南宮閱。周人，司周書典籍之官。御書，進於君者也。使待命於宮。曰：「庀女而不在，死。」庀，具也。子服景伯至，命宰人出禮書，景伯，子服何也。宰人，冢宰之屬。以待命。命不共，有常刑。待求之命。校人乘馬，巾車脂轄，校人，掌馬。巾車，掌車。乘馬，使四四相從，爲駕之易。百官官備，府庫慎守，官人肅給。國有火災，恐有變難，故慎爲備。濟濡帷幕，鬱攸從之。鬱攸，火氣也。濡物於水，出用爲濟。蒙葺公屋，以濡物冒覆公屋。自大廟始，外内以悛，悛，次也。先尊後卑，以次救之。助所不給。有不用命，則有常刑，無赦。公父文伯至，命校人駕乘車。乘車，公車。季桓子至，御公立于象魏之外，象魏，門闕。命救火者傷人則止，財可爲也。命藏象魏，周禮，正月縣教令之法于象魏，使萬民觀之，故謂其書爲象魏。曰：「舊章不可亡也。」富父槐至，曰：「無備而官辦者，猶拾瀋也。」槐，富父終生之後。瀋，汁也。言不備而責辦，不可得。於是乎去表之槀，表，表火道。風所向者，去其槀積。道還公宮。開除道，周帀公宮，使火無相連。孔子在陳，聞火，曰：「其桓、僖乎！」言桓、僖親盡而廟不毁，宜爲天所災。

劉氏、范氏世爲昏姻，劉氏，周卿士。范氏，晉大夫。萇弘事劉文公，爲之屬大夫。故周與范氏。趙鞅以爲討。責周與范氏。六月癸卯，周人殺萇弘。終違天之禍。

秋，季孫有疾，命正常曰：「無死！正常，桓子之寵臣。欲付以後事，故敕令勿從己死。南孺子之子，男也，則以告而立之；南孺子，季桓子之妻。言若生男，告公而立之。女也，則肥也可。」肥，康子也。季孫卒，康子即位。既葬，康子在朝。在公朝也。南氏生男，正常載以如朝，告曰：「夫子有遺言，命其圉臣曰：『南氏生男，則以告於君與大夫而立之。』今生矣，男也，敢告。」遂奔衛。康子請退。退，辟位也。公使共劉視之，共劉，魯大夫。則或殺之矣。乃討之。討殺者。召正常，正常不反。畏康子也。傳備言季氏家事。

冬十月，晉趙鞅圍朝歌，師于其南。范、中行所在。荀寅伐其郛，伐其北郭圍。使其徒自北門入，己犯師而出。荀寅使在外救己之徒擊趙氏，圍之北門，因外内攻得出。癸丑，奔邯鄲。十一月，趙鞅殺士皋夷，惡范氏也。惡范氏而殺其族，言遷怒。

【經】

四年春王二月庚戌，盜殺蔡侯申。賤者故稱盜，不言弒其君，賤盜也。

蔡公孫辰出奔吴。弒君賊之黨，故書名。

葬秦惠公。無傳。

宋人執小邾子。無傳。邾子無道於其民，故稱人以執。

夏，蔡殺其大夫公孫姓〔一〕、公孫霍。皆弒君黨。

晉人執戎蠻子赤，歸于楚。晉耻爲楚執諸侯，故稱人以告，若蠻子，不道於其民也。赤本屬楚，故言「歸」。

城西郛。無傳。魯西郭，備晉也。

六月辛丑，亳社災。無傳。天火也。亳社，殷社，諸侯有之，所以戒亡國。

秋八月甲寅，滕子結卒。無傳。同盟於皋鼬。

冬十有二月，葬蔡昭公。無傳。亂故，是以緩。

〔一〕「姓」，釋文云：「本又作『生』。」

葬滕頃公。無傳。

【傳】

四年春，蔡昭侯將如吴，諸大夫恐其又遷也，承。承音懲，蓋楚言。公孫翩逐而射之，入於家人而卒。翩，蔡大夫。以兩矢門之，衆莫敢進。翩以矢自守其門。文之鍇後至，鍇，蔡大夫。曰：「如牆而進，多而殺二人。」併行如牆俱進。鍇執弓而先，翩射之，中肘。鍇遂殺之。故逐公孫辰而殺公孫姓、公孫盱。盱，即霍也。

夏，楚人既克夷虎，夷虎，蠻夷叛楚者。乃謀北方。左司馬眅、申公壽餘、葉公諸梁致蔡於負函，三子，楚大夫也。此蔡之故地人民，楚因以爲邑。致之者，會其衆也。致方城之外於繒關。負函、繒關皆楚地。曰：「吴將泝江入郢，逆流曰泝。將奔命焉。」爲一昔之期，襲梁及霍。僞辭當備吴，夜結期，明日便襲梁、霍，使不知之。梁，河南梁縣西南故城也。梁南有霍陽山，皆蠻子之邑也。單浮餘圍蠻氏，蠻氏潰。浮餘，楚大夫。蠻子赤奔晉陰地。陰地，河南山北自上雒以東至陸渾。司馬起豐、析與狄戎，楚司馬眅也。析縣屬南鄉郡，析南有豐鄉，皆楚邑。發此二邑人及戎狄。以臨上雒。

左師軍于菟和，菟和山在上雒東也。右師軍于倉野，倉野在上雒縣〔一〕。使謂陰地之命大夫士蔑命大夫，别縣監尹。曰：「晉、楚有盟，好惡同之。若將不廢，寡君之願也。不然，將通於少習以聽命。」少習，商縣〔二〕武關也。將大開武關道以伐晉。士蔑請諸趙孟，趙孟曰：「晉國未寧，安能惡於楚？必速與之！」未寧，時有范、中行之難。士蔑乃致九州之戎，九州戎在晉陰地，陸渾者。將裂田以與蠻子而城之，以詐蠻子。且將爲之卜。卜城。蠻子聽卜，遂執之，與其五大夫，以畀楚師于三户。今丹水縣北三户亭。司馬致邑立宗焉，以誘其遺民，楚復詐爲蠻子作邑，立其宗主。而盡俘以歸。

秋七月，齊陳乞、弦施、衛甯跪救范氏。陳乞，僖子。弦施，弦多。庚午，圍五鹿。五鹿，晉邑。九月，趙鞅圍邯鄲。冬十一月，邯鄲降。荀寅奔鮮虞，趙稷奔臨。臨，晉邑。十二月，弦施逆之，遂墮臨。國夏伐晉，取邢、任、欒、鄗、逆時、陰

〔一〕「縣」下，阮校：「郡國志引注『縣』下有『南』字。」
〔二〕「縣」下，阮校：「郡國志引注『縣』下有『東』字。」

人、盂、壺口。八邑，晉地。欒在趙國平棘縣西北。鄗即高邑縣也。路縣東有壺口關。會鮮虞，納荀寅于柏人。晉邑也。今趙國柏人縣也。弦施與鮮虞會也。

【經】

五年春，城毗。無傳。備晉也。

夏，齊侯伐宋。無傳。

晉趙鞅帥師伐衛。

秋九月癸酉，齊侯杵臼卒。再同盟也。

冬，叔還如齊。

閏月，葬齊景公。無傳。

【傳】

五年春，晉圍柏人，荀寅、士吉射奔齊。初，范氏之臣王生惡張柳朔，言諸昭子，使爲柏人。爲柏人宰也。昭子，范吉射也。昭子曰：「夫非而讎乎？」對曰：「私讎不及公，公家之事也。好不廢過，惡不去善，義之經也，臣敢違之？」及范氏出，出柏人奔齊。張柳朔謂其子：「爾從主，勉之！我將止死，王生授我矣，授我死節。吾不可以僭之。」遂死於柏人。爲吉射距晉戰死。

夏，趙鞅伐衛，范氏之故也，遂圍中牟。衛助范氏故也。

齊燕姬生子，不成而死。燕姬，景公夫人。不成，未冠也。諸子鬻姒之子荼，嬖，諸子，庶公子也。鬻姒，景公妾。荼，安孺子。諸大夫恐其爲大子也，言於公曰：「君之齒長矣，未有大子，若之何？」公曰：「二三子間於憂虞，則有疾疢〔一〕，亦姑謀樂，何憂於無君？」景公意欲立荼而未發，故以此言塞大夫請。公疾，使國惠子、高昭子立荼，惠子，國夏。昭子，高張。寘群公子於萊。萊，齊東鄙邑。秋，齊景公卒。冬十月，公子嘉、公子駒、公子黔奔衛，公子鉏、公子陽生來奔。皆景公子在萊者。萊人歌之曰：「景公死乎不與埋，三軍之事乎不與謀，師乎師乎，何黨之乎？」師，衆也。黨，所也。之，往也。稱謚，蓋葬後而爲此歌，哀群公子失所。鄭駟秦富而侈，嬖大夫

〔一〕「疢」，釋文云：「本或作『疹』。」

也，而常陳卿之車服於其庭。鄭人惡而殺之。子思曰：「詩曰：『不解于位，民之攸塈。』子思，子産子國參也。詩，大雅。攸，所也。塈，息也。不守其位，而能久者鮮矣。商頌曰：『不僭不濫，不敢怠皇，命以多福。』」僭，差也。濫，溢也。皇，暇也。言駟秦違詩商頌，故受禍。

【經】

六年春，城郱瑕。無傳。備晉也。任城亢父縣北有郱婁城。

晉趙鞅帥師伐鮮虞。

吳伐陳。

夏，齊國夏及高張來奔。二子阿君，廢長立少。既受命，又不能全，書名，罪之也。

叔還會吳于柤。無傳。

秋七月庚寅，楚子軫〔一〕卒。未同盟而赴以名。

〔一〕「軫」，釋文云：「史記作『珍』。」

齊陽生入于齊。爲陳乞所逆，故書「入」。

齊陳乞弑其君荼。弑荼者，朱毛與陽生也，而書陳乞，所以明乞立陽生而荼見弑，則禍由乞始也。楚比劫立，陳乞流涕，子家憚老，皆疑於免罪，故春秋明而書之以爲弑主。

冬，仲孫何忌帥師伐邾。無傳。

宋向巢帥師伐曹。無傳。

【傳】

六年春，晉伐鮮虞，治范氏之亂也。四年，鮮虞納荀寅于柏人。

吴伐陳，復脩舊怨也。元年，未得志故也。楚子曰：「吾先君與陳有盟，不可以不救。」乃救陳，師于城父。陳盟在昭十三年。

齊陳乞僞事高、國者，高張、國夏受命立荼，陳乞欲害之，故先僞事焉。每朝必驂乘焉。所從必言諸大夫，言其罪過。曰：「彼皆偃蹇，將弃子之命。偃蹇，驕敖。皆曰：『高、國得君，得君寵也。必偪我，盍去諸？』固將謀子，子早圖之。圖之，莫如盡滅之。需，事之下也。」需，疑也。及朝，則曰：「彼虎狼也，見我在子之側，殺我無日矣。請就之位。」欲與諸大夫謀高、國，故求就之。又謂諸大夫曰：「二子者禍矣！恃得君而欲謀二三子，曰：『國之多難，貴寵之由，盡去之而後君定。』既成謀矣，盍及其未作也，先諸？作而後悔〔一〕，亦無及也。」大夫從之。夏六月戊辰，陳乞、鮑牧牧，鮑國孫。及諸大夫以甲入于公宫。昭子聞之，與惠子乘如公，戰于莊，敗。高、國敗也。莊，六軌之道。國人追之，國夏奔莒，遂及高張、晏圉、弦施來奔。圉，晏嬰〔二〕之子。圉、施不書，非卿。

秋七月，楚子在城父，將救陳，卜戰不吉，卜退不吉。王曰：「然則死也。再敗楚師，不如死。前已敗於柏舉，今若退還，亦是敗。弃盟逃讎，亦不如死。死一也，其死讎乎！」命公子申爲王，不可；則命公子結，亦不可；則命公子啓，申，子西；結，子期；啓，子閭，皆昭王兄。五辭而後許。將戰，王有疾。庚寅，昭王攻大冥，卒于城父。大冥，陳地，吴師所在。子閭退，曰：「君王舍其子而讓群臣，敢忘君乎？從君之命，順也。從命許立。立君之子，亦順也。二順不可失也。」與子西、

〔一〕「後悔」，金澤本作「悔後」。
〔二〕「晏嬰」，巾箱本、書院本、附釋音本作「晏圉嬰」。

子期謀，潛師閉塗，逆越女之子章，立之而後還。潛師，密發也。閉塗，不通外使也。越女，昭王妾。章，惠王。

是歲也，有雲如衆赤鳥，夾日以飛，三日。楚子使問諸周大史。周大史曰：「其當王身乎！日爲人君，妖氣守之，故以爲當王身。雲在楚上，唯楚見之，故禍不及他國。若禜之，可移於令尹、司馬。」禜，禳祭。王曰：「除腹心之疾，而寘諸股肱，何益？不穀不有大過，天其夭諸？有罪受罰，又焉移之？」遂弗禜。

初，昭王有疾。卜曰：「河爲祟。」王弗祭。大夫請祭諸郊。王曰：「三代命祀，祭不越望。諸侯望祀竟內山川星辰。江、漢、睢、漳，楚之望也。四水在楚界。禍福之至，不是過也。不穀雖不德，河非所獲罪也。」遂弗祭。孔子曰：「楚昭王知大道矣。其不失國也，宜哉！夏書曰：『惟彼陶唐，帥彼天常，逸書。言堯循天之常道。有此冀方。今失其行，亂其紀綱，乃滅而亡。』滅亡，謂夏桀也。唐、虞及夏同都冀州，不易地而亡，由於不知大道故。又曰：『允出茲在茲。』由己率常，可矣。」又逸書。言信出己，則福亦在己。

八月，齊邴意茲來奔。高、國黨。

陳僖子使召公子陽生。召在七月，今在八月下，記事之次。陽生駕而見南郭且于，且于，齊公子鉏，在魯南郭。曰：「嘗獻馬於季孫，不入於上乘，故又獻此，請與子乘之。」畏在家人聞其言，故欲二人共載以試馬爲辭。出萊門而告之故。魯郭門也。闞止知之，先待諸外。闞止，陽生家臣子我也。待外，欲俱去。公子曰：「事未可知，反與壬也處。」壬，陽生子簡公。戒之，遂行。戒使無泄言。逮夜至於齊，國人知之。故以昏至，不欲令人知也。國人知而不言，言陳氏得衆。僖子使子士之母養之，隱於僖子家内。子士母，僖子妾。與饋者皆入。陳僖子又令陽生隨饋食之人入處公宫。冬十月丁卯，立之。將盟，盟諸大夫。鮑子醉而往。其臣差車鮑點點〔一〕，鮑牧臣也。差車，主車之官。曰：「此誰之命也？」陳子曰：「受命于鮑子。」遂誣鮑子曰：「子之命也。」見其醉，故誣之。鮑子曰：「女忘君之爲孺子牛而折其齒乎？而背之也！」孺子，荼也。景公嘗銜繩爲牛，使荼牽之，荼頓地，故折其齒。悼公稽首，悼公，陽生。曰：

〔一〕「點」上，金澤本有「鮑」字。

「吾子奉義而行者也。若我可，不必亡一大夫；言己可爲君，必不怨鮑子。若我不可，不必亡一公子。公子，自謂也。恐鮑子殺己，故要之。義則進，否則退，敢不唯子是從？廢興無以亂，則所願也。」鮑子曰：「誰非君之子？」乃受盟。言陽生亦君之子，固可立。使胡姬以安孺子〔一〕如賴，胡姬，景公妾也。賴，齊邑。安，號也。去鬻姒，荼之母。殺王甲，拘江說，囚王豹于句竇之丘。三子，景公嬖臣，荼之黨也。公使朱毛告於陳子朱毛，齊大夫。曰：「微子則不及此。然君異於器，不可以二。器二不匱，君二多難。敢布諸大夫。」僖子不對而泣，曰：「君舉不信群臣乎？舉，皆也。以齊國之困，困又有憂。內有飢荒之困，又有兵革之憂。少君不可以訪，是以求長君，庶亦能容群臣乎！不然，夫孺子何罪？」毛復命，公悔之。悔失言。毛曰：「君大訪於陳子，而圖其小可也。」大謂國政。小謂殺荼。使毛遷孺子於駘，不至，殺諸野幕之下，葬諸殳冒淳。恐駘人不從，故毛駐於野，張帳而殺之。駘，齊邑。殳冒淳，地名。實以冬殺，經書秋者，史書秋，記始事，遂連其死，通以冬告魯。

〔一〕「安孺子」，阮校：史記、漢書並作「晏孺子」。陳樹華云：「安」與「晏」，古字通也。

【經】

七年春，宋皇瑗帥師侵鄭。

晉魏曼多帥師侵衛。

夏，公會吴于鄫。鄫，今琅邪鄫縣。

秋，公伐邾。

八月己酉，入邾，以邾子益來。他國言「歸」，於魯言「來」，外内〔一〕之辭。

宋人圍曹。

冬，鄭駟弘帥師救曹。

【傳】

七年春，宋師侵鄭，鄭叛晉故也。定八年，鄭始叛。

晉師侵衛，衛不服也。五年，晉伐衛，至今未服。

〔一〕「外内」，金澤本作「内外」。

夏，公會吳于鄫。吳欲霸中國。吳來徵百牢，子服景伯對曰：「先王未之有也。」吳人曰：「宋百牢我，是時，吳過宋，得百牢。魯不可以後宋。且魯牢晉大夫過十，晉大夫，范鞅也。在昭二十一年。吳王百牢，不亦可乎？」景伯曰：「晉范鞅貪而弃禮，以大國懼敝邑，故敝邑十一牢之。君若以禮命於諸侯，則有數矣。有常數。若亦弃禮，則有淫者矣。淫，過也。周之王也，制禮，上物不過十二，上物，天子之牢。以爲天之大數也。天有十二次，故制禮象之。今弃周禮，而曰必百牢，亦唯執事。」吳人弗聽。景伯曰：「吳將亡矣，弃天而背本。違周爲背本。不與，必弃疾於我。」放弃凶疾，來伐擊我。與〔一〕之。

大宰嚭召季康子，嚭，吳大夫。康子使子貢辭。大宰嚭曰：「國君道長，言〔二〕君長大於道路。而大夫不出門，此何禮也？」對曰：「豈以爲禮？畏大國也。畏大國，不敢虛國盡行。大國不以禮命於諸侯，苟不以禮，豈可量也？寡君既共命焉，

〔一〕「與」上，金澤本有「乃」字。
〔二〕「言」上，附釋音本有「蓋」字。

其老豈敢弃其國？大伯端委以治周禮，仲雍嗣之，斷髮文身，羸以爲飾，豈禮也哉？有由然也。」大伯，周大王之長子。仲雍，大伯弟也。大伯、仲雍讓其弟季歷，俱適荆蠻，遂有民衆。大伯卒，無子。仲雍嗣立，不能行禮致化，故效吴俗。言其權時制宜以辟災害，非以爲禮也。端委，禮衣也。反自鄫，以吴爲無能爲也。弃禮，知其不能霸也。

季康子欲伐邾，乃饗大夫以謀之。子服景伯曰：「小所以事大，信也；大所以保小，仁也。背大國，不信；大國，吴也。伐小國，不仁。民保於城，城保於德。失二德者危，將焉保？」二德，信與仁也。孟孫曰：「二三子以爲何如？怪諸大夫不言，故指問之。惡賢而逆之？」孟孫賢景伯，欲使大夫不逆其言。惡猶安也。對曰：「禹合諸侯於塗山，執玉帛者萬國。諸大夫對也。諸侯執玉，附庸執帛。塗山在壽春東北。今其存者，無數十焉。唯大不字小，小不事大也。言諸侯相伐，古來以然。知必危，何故不言？知伐邾必危，自當言。今不言者，不危故也。大夫以答孟孫所怪，且阿附季孫。魯德如邾，而以衆加之，可乎？」孟孫忿答大夫。今魯德無以勝邾，但欲恃衆，可乎？言不可。不樂而出。季、孟意異，佞直不同，故罷饗。

秋，伐邾，及范門，邾郭門也。猶聞鐘聲。邾不禦寇。大夫諫，不聽。茅成子請告於吳，成子，邾大夫茅夷鴻。不許。曰：「魯擊柝聞於邾，言以近。吳二千里，不三月不至，何及於我？且國内豈不足？」言足以距魯。成子以茅叛。高平西南有茅鄉亭。師遂入邾，處其公宫，衆師晝掠。虜掠，取財物也。邾衆保于繹。繹，邾山也，在鄒縣北。師宵掠，以邾子益來，益，邾隱公也。晝夜掠，傳言康子無法。獻于亳社，以其亡國與殷同。囚諸負瑕，負瑕故有繹。負瑕，魯邑。高平南平陽縣西北有瑕丘城。前者魯得邾之繹民，使在負瑕，故使相就以辱之。邾茅夷鴻以束帛乘韋，自請救於吳，無君命，故言「自」。曰：「魯弱晉而遠吳，馮恃其衆，馮，依。而背君之盟，辟君之執事，辟，陋。以陵我小國。邾非敢自愛也，懼君威之不立。君威之不立，小國之憂也。若夏盟於鄫衍，鄫衍，即鄫也。鄫盟不書，吳行夷禮，禮儀不典，非所以結信義，故不録。秋而背之，成求而不違，言魯成其所求，無違逆也。四方諸侯，其何以事君？且魯賦八百乘，君之貳也；貳，敵也。魯以八百乘之賦貢于吳，言其國大。邾賦六百乘，君之私也。爲私屬。以私奉貳，唯君圖之。」吳子從之。爲明年吳伐我傳。

宋人圍曹，鄭桓子思曰：「宋人有曹，鄭之患也，不可以不救。」桓，謚。冬，鄭師救曹，侵宋。初，曹人或夢衆君子立于社宫，社宫，社也。而謀亡曹，曹叔振鐸請待公孫彊，許之。振鐸，曹始祖。旦而求之曹，無之。戒其子曰：「我死，爾聞公孫彊爲政，必去之。」及曹伯陽即位，好田弋。曹鄙人公孫彊好弋，獲白鴈，獻之，且言田弋之説，説之。因訪政事，大説之。有寵，使爲司城以聽政。夢者之子乃行。彊言霸説於曹伯，曹伯從之，乃背晉而奸宋。宋人伐之，晉人不救，築五邑於其郊，曰黍丘、揖丘、大城、鍾、邘。爲明年入曹傳也。梁國下邑縣西南有黍丘亭。

【經】

八年春王正月，宋公入曹，以曹伯陽歸。曹人背晉而奸宋，是以致討。宋公既還，而不忍褚師之詬，怒而反兵，一舉滅曹，滅非本志，故以入告。

吴伐我。

夏，齊人取讙〔一〕及闡。不書伐，兵未加而魯與之邑。闡在東平剛縣北。

〔一〕「讙」，阮校：漢書地理志引作「酄」。

歸邾子益于邾。

秋七月。

冬十有二月癸亥，杞伯過卒。無傳。未同盟而赴以名。

齊人歸讙及闡。不言來，命歸之，無旨使也。

【傳】八年春，宋公伐曹，將還，褚師子肥殿。子肥，宋大夫。曹人詬之，不行。詬，詈辱〔一〕也。不行，殿兵止也。師待之。公聞之怒，命反之，遂滅曹。執曹伯〔二〕及司城彊以歸，殺之。終曹人之夢。

吴爲邾故，將伐魯，問於叔孫輒。問可伐不。輒，故魯人。叔孫輒對曰：「魯有名而無情，有大國名，無情實。伐之，必得志焉。」退而告公山不狃。不狃，亦故魯人。公山不狃曰：「非禮也。君子違，不適讎國。違，奔亡也。未臣而有伐之，奔命

〔一〕「詈辱」，附釋音本作「辱詈」。

〔二〕「伯」下，金澤本有「陽」字。阮校：「石經『伯』下有『陽』字，與李善注運命論同。」

焉，死之可也。未臣所適之國，若有伐本國者，則可還奔命，死其難。所託也則隱。曾所因託，則爲之隱惡。且夫人之行也，不以所惡廢鄉。不以其私怨惡廢弃其鄉黨之好。今子以小惡而欲覆宗國，不亦難乎？輒，魯公族，故謂之「宗國」。若使子率，子必辭，王將使我。」子張病之。子張，輒也。王問於子洩，子洩，不狃。對曰：「魯雖無與立，緩時，若無能自立。必有與斃。急則人人知懼，皆將同死戰。諸侯將救之，未可以得志焉。晉與齊、楚輔之，是四讎也。與魯而四。夫魯，齊、晉之脣。脣亡齒寒，君所知也。不救何爲？」三月，吳伐我。子洩率，故道險，從武城。故由險道，欲使魯成備。

初，武城人或有因於吳竟田焉，僑田吳界。拘鄫人之漚菅者，曰：「何故使吾水滋？」鄫人亦僑田吳。滋，濁也。及吳師至，拘者道之，以伐武城，克之。鄫人教吳，必可克。王犯嘗爲之宰，澹臺子羽之父好焉，國人懼。王犯，吳大夫，故嘗奔魯爲武城宰。澹臺子羽，武城人，孔子弟子也。其父與王犯相善，國人懼其爲內應。懿子謂景伯：「若之何？」對曰：「吳師來，斯與之戰，何患焉？且召之而至，又何求焉？」言犯盟伐邾，所以召吳。吳師克東陽而進，舍於五梧。明日，舍於蠶室。三邑，魯地。公賓庚、公甲叔子與戰于夷，獲叔子與析朱鉏。公賓庚、公甲叔子并析朱鉏爲三人，皆同車。傳互言之。獻於王，王曰：「此同車，必使能，國未可望也。」同車能俱死，是國能使人，故不可望得。明日，舍于庚宗，遂次於泗上。微虎欲宵攻王舍，微虎，魯大夫。私屬徒七百人，三踊於幕庭。於帳前設格，令士試躍之。卒三百人，有若與焉，卒，終也。終得三百人任行。有若，孔子弟子。與，在三百人中。及稷門之内。三百人行至稷門。或謂季孫曰：「不足以害吴，而多殺國士，不如已也。」乃止之。吴子聞之，一夕三遷。畏微虎也。吴人行成。求與魯成。將盟，景伯曰：「楚人圍宋，易子而食，析骸而爨，在宣十五年。猶無城下之盟。我未及虧，而有城下之盟，是弃國也。吴輕而遠，不能久，將歸矣。請少待之。」弗從。景伯負載，造於萊門。以言不見從，故負載書，將欲出盟。乃請釋子服何於吴，吴人許之。以王子姑曹當之，而後止。釋，舍也。魯人不以盟爲了，欲因留景伯爲質於吴。既得吴之許，復求吴王之子以交質。吴人不欲留王子，故遂兩止。吴人盟而還。不書盟，耻吴夷。

齊悼公之來也，在五年。季康子以其妹妻之，即位而逆之。季魴侯通焉，魴侯，康子叔父。女言其情，弗敢與也。齊侯怒。夏五月，齊鮑牧帥師伐我，取讙及闡。

或譖胡姬於齊侯，胡姬，景公妾。曰：「安孺子之黨也。」六月，齊侯殺胡姬。傳言齊侯無道，所以不終。

齊侯使如吴請師，將以伐我，乃歸邾子。齊未得季姬，故請師也。吴前爲邾討魯，懼〔一〕二國同心，故歸邾子。邾子又無道，吴子使大宰子餘討之，子餘，大宰嚭。囚諸樓臺，栫之以棘。栫，雍也。使諸大夫奉大子革以爲政。革，邾大子桓公也。爲十年邾子來奔傳。

秋，及齊平。九月，臧賓如如齊涖盟。賓如，臧會子。齊閭丘明來涖盟，明，閭丘嬰之子也。盟不書，諱略之。且逆季姬以歸，嬖。季姬，魴侯所通者。

鮑牧又謂群公子曰：「使女有馬千乘乎？」有馬千乘，使爲君也。鮑牧本不欲立陽生，故諷〔二〕動群公子。公子愬之。公謂鮑子：「或譖子，子姑居於潞以察之。

〔一〕「懼」上，金澤本有「魯」字。

〔二〕「諷」，原作「誠」，據宋大字本、國會本、巾箱本、附釋音本、慶元本、金澤本改。

潞，齊邑。若有之，則分室以行；若無之，則反子之所。」出門，使以三分之一行。半道，使以二乘。及潞，麇之以入，遂殺之。麇亦束縛。

冬十二月，齊人歸讙及闡，季姬嬖故也。

【經】

九年春王二月，葬杞僖公。無傳。三月而葬，速。

宋皇瑗帥師取鄭，師于雍丘。書「取」，覆而敗之。雍丘縣屬陳留。

夏，楚人伐陳。

秋，宋公伐鄭。

冬十月。

【傳】

九年春，齊侯使公孟綽辭師于吴。齊與魯平，故辭吴師。吴子曰：「昔歲寡人聞命，今又革之，不知所從，將進受命於君。」爲十年吴伐齊傳。

鄭武子賸之嬖許瑕求邑，無以與之。賸，罕達也。瑕，武子之屬。請外取，許

之。瑕請取於他國。故圍宋雍丘。宋皇瑗圍鄭師，許瑕師。每日遷舍，作壘塹成，輒
徙舍合其圍。壘合，鄭師哭。子姚救之，大敗。子姚，武子賸也。二月甲戌，宋取鄭
師于雍丘，使有能者無死，惜其能也。以郟張與鄭羅歸。鄭之有能者。

夏，楚人伐陳，陳即吴故也。

宋公伐鄭。報雍丘。

秋，吴城邗，溝通江、淮。於邗江築城穿溝，東北通射陽湖，西北至宋口〔一〕入淮，通
糧道也。今廣陵韓江是。

晉趙鞅卜救鄭，遇水適火，水火之兆。占諸史趙、史墨、史龜。皆晉史。史龜
曰：「是謂沈陽，火陽得水，故沈。可以興兵。兵，陰類也，故可以興兵。利以伐姜，不
利子商。姜，齊姓。子商，謂宋。伐齊則可，敵宋不吉。」史墨曰：「盈，水名也。子，
水位也。趙鞅姓盈，宋姓子。水盈坎乃行，子姓又得北方水位。名位敵，不可干也。二
水俱盛，故言「不可干」。炎帝爲火師，神農有火瑞，以火名官。姜姓其後也。水勝火，

〔一〕「宋口」，金澤本作「末口」。

伐姜則可。」史趙曰：「是謂如川之滿，不可游也。既盈而得水位，故爲如川之滿，不可馮游，言其波流盛。**鄭方有罪，不可救也。**鄭以嬖寵伐人，故以爲有罪。**救鄭則不吉，不知其他。」**救鄭，則當伐宋，故不吉也。**陽虎以周易筮之，遇泰䷊**乾下坤上，泰。**之需䷄，**乾下坎上，需。泰六五[一]變。**曰：「宋方吉，不可與也。**不可與戰。泰六五曰：「帝乙歸妹，以祉元吉。」帝乙，紂父，立[二]爲天子，故稱帝乙。陰而得中，有似王者嫁妹，得如其願，受福禄而大吉。**微子啓，帝乙之元子也。宋、鄭，甥舅也。**宋、鄭爲昏姻甥舅之國。宋爲微子之後，今卜得帝乙之卦，故以爲宋吉。**祉，禄也。若帝乙之元子歸妹，而有吉禄，我安得吉焉？」乃止。**吉在彼，則我伐之爲不吉。

冬，吴子使來儆師伐齊。前年，齊與吴謀伐魯，齊既與魯成而止，故吴恨之，反與魯謀[三]伐齊。

〔一〕「五」下，金澤本有「爻」字。
〔二〕「立」，金澤本作「五」。
〔三〕「謀」，國會本、書院本、附釋音本無。

【經】

十年春王二月，邾子益來奔。

公會吴伐齊。書「會」，從不與謀。

三月戊戌，齊侯陽生卒。以疾赴，故不書弒。

夏，宋人伐鄭。無傳。

晉趙鞅帥師侵齊。

五月，公至自伐齊。無傳。

葬齊悼公。無傳。

衛公孟彄自齊歸于衛。無傳。書「歸」，齊納之。

薛伯夷卒。無傳。赴以名，故書。

秋，葬薛惠公。無傳。

冬，楚公子結帥師伐陳。

吴救陳。季子不書，陳人來告，不以名。

【傳】

十年春，邾隱公來奔，齊甥也，故遂奔齊。終子貢之言。

公會吳子、邾子、郯子伐齊南鄙，師于鄎。鄎，齊地。邾、郯不書，兵并屬吳，不列於諸侯。齊人弑悼公，赴于師。以説吳。吳子三日哭于軍門之外。徐承帥舟師將自海入齊，齊人敗之，吳師乃還。承，吳大夫。

夏，趙鞅帥師伐齊，經書「侵」，以「侵」告。大夫請卜之。趙孟曰：「吾卜於此起兵，謂往歲卜伐宋不吉，利以伐姜，故今興兵。事不再令，再令，瀆也。卜不襲吉，襲，重也。行也。」於是乎取犂及轅，犂，一名隰，濟南有隰陰縣。祝阿縣西有轅城。毁高唐之郭，侵及賴而還。

秋，吳子使來復儆師。伐齊未得志，故〔一〕爲明年吳伐齊傳。

冬，楚子期伐陳。陳即吳故。吳延州來季子救陳，謂子期曰：「二君不務德，

〔一〕「故」下，金澤本有「也」字，屬上讀。

二君，吴、楚。而力争諸侯，民何罪焉？我請退，以爲子名，務德而安民。」乃還。季子，吴王壽夢少子也。壽夢以襄〔一〕十二年卒，至今七十七歲。壽夢卒，季子已能讓國，年當十五六，至今蓋〔二〕九十餘。

【經】

十有一年春，齊國書帥師伐我。

夏，陳轅頗出奔鄭。書名，貪也。

五月，公會吴伐齊。

甲戌，齊國書帥師及吴戰于艾陵，齊師敗績，獲齊國書。公與伐，而不與戰。艾陵，齊地。

秋七月辛酉，滕子虞母卒。無傳。赴以名，故書之。

〔一〕「襄」下，金澤本有「公」字。

〔二〕「蓋」下，金澤本有「將」字。

冬十有一月，葬滕隱公。無傳。

衛世叔齊出奔宋。書名，淫也。

【傳】

十一年春，齊爲鄎故，鄎在前年。國書、高無丕帥師伐我，及清。清，齊地。濟北盧縣東有清亭。季孫謂其宰冉求冉求，魯人，孔子弟子。曰：「齊師在清，必魯故也，若之何？」求〔一〕曰：「一子守，二子從公禦諸竟。」季孫曰：「不能。」自度力不能使二子禦諸竟。求曰：「居封疆之間。」封疆，竟内近郊之地。季孫告二子，二子，叔孫、孟孫也。二子不可。求曰：「若不可，則君無出。一子帥師背城而戰。不屬者，非魯人也。屬，臣屬也。言不戰爲不臣。魯之群室，衆於齊之兵車，群室，都邑居家。一室敵車，優矣。子何患焉？二子之不欲戰也宜，政在季氏。言二子恨季氏專政，故不盡力。當子之身，齊人伐魯而不能戰，子之耻也。大不列於諸侯矣。」季孫

〔一〕「求」上，金澤本有「冉」字。

使從於朝，使冉求隨己之公朝。俟於黨氏之溝。黨氏溝，朝中地名。武叔呼而問戰焉。問冉求。對曰：「君子有遠慮，小人何知？」懿子强問之，對曰：「小人慮材而言，量力而共者也。」言子所問，非己材力所及，故不能言。武叔曰：「是謂我不成丈夫也。」知冉求非己不欲戰，故不對。退而蒐乘，蒐，閱。孟孺子洩帥右師，孺子，孟懿子之子武伯彘。顔羽御，邴洩爲右。二子，孟氏臣。冉求帥左師，管周父御，樊遲爲右。樊遲，魯人，孔子弟子樊須。季孫曰：「須也弱。」有子〔一〕曰：「就用命焉。」雖年少，能用命。有子，冉求也。季氏之甲七千，冉有以武城人三百爲己徒卒。步卒，精兵。老幼守宫，次于雩門之外。南城門也。五日，右師從之。五日乃從，言不欲戰。公叔務人務人，公爲，昭公子。見保者而泣保，守城者。曰：「事充繇役煩。政重，賦税多。上不能謀，士不能死，何以治民？吾既言之矣，敢不勉乎！」既言人不能死，已不敢不死。

〔一〕「有子」，阮校：「劉原父春秋權衡云：案，『有子』當作『子有』。『子有』者，冉求字也。仲尼門人字多云子某者，不得云『有子』也。」

師及齊師戰于郊，齊師自稷曲，稷曲，郊地名。師不踰溝。樊遲曰：「非不能也，不信子也。請三刻而踰之。」與衆三刻約信。如之，衆從之。如樊遲言，乃踰溝。師入齊軍。冉求之師。右師奔，齊人從之。逐右師。陳瓘、陳莊涉泗。二陳，齊大夫。孟之側後入以爲殿，之側，孟氏族也，字反。抽矢策其馬曰：「馬不進也。」不欲伐善。林不狃之伍曰：「走乎？」不狃，魯士。五〔一〕人爲伍。敗而欲走。不狃曰：「誰不如？」我不如誰而欲走。曰：「然則止乎？」不狃曰：「惡賢？」言止戰惡足爲賢，皆無戰志。徐步而死。徐行而死。言魯非無壯士，但季孫不能使。師獲甲首八十，冉求所得。齊人不能師。不能整其師。宵，諜曰：「齊人遁。」諜，間〔二〕也。冉有請從之三，季孫弗許。孟孺子語人曰：「我不如顏羽，而賢於邴洩。二子與孟孺子同車。子羽鋭敏，子羽，顏羽。鋭，精也。敏，疾也。言欲戰。我不欲戰而能默。心雖不欲，口不言奔。洩曰：『驅之。』」言驅馬欲奔。公爲與其嬖僮汪錡乘，皆死，皆殯。皆，俱也。孔

〔一〕「五」，原作「伍」，據宋大字本、書院本、附釋音本、慶元本改。

〔二〕「間」下，金澤本有「人」字。

子曰：「能執干戈以衛社稷，可無殤也。」時人疑童子當殤。冉有用矛於齊師，故能入其軍。孔子曰：「義也。」言能以義勇。不書戰，不皆陳也。不書敗，勝負不殊。

夏，陳轅頗出奔鄭。初，轅頗爲司徒，賦封田以嫁公女。封內之田，悉賦稅之。有餘，以爲己大器。大器，鐘鼎之屬。國人逐之，故出。道渴，其族轅咺進稻醴、粱糗、腶脯焉。糗，乾飯也。喜曰：「何其給也？」對曰：「器成而具。」具此醴糗。曰：「何不吾諫？」對曰：「懼先行。」恐言不從，先見逐。

爲郊戰故，公會吴子伐齊。欲以報也。五月，克博。壬申，至于嬴。博、嬴，齊邑也。二縣皆屬泰山。中軍從王，吴中軍。胥門巢將上軍，王子姑曹將下軍，展如將右軍。三將，吴大夫。齊國書將中軍，高無丕將上軍，宗樓將下軍。陳僖子謂其弟書〔一〕：「爾死，我必得志。」書，子占也。欲獲死事之功。宗子陽與閭丘明相厲也。相勸厲致死。子陽，宗樓也。桑掩胥御國子。國子，國書。公孫夏曰：「二子必死。」亦

〔一〕「書」下，金澤本有「曰」字。

勸勉之。將戰，公孫夏命其徒歌虞殯。虞殯，送葬歌曲。示必死。陳子行命其徒具含玉。子行，陳逆也。具含玉，亦示必死。公孫揮命其徒曰：「人尋約，吴髮短。」約，繩也。八尺爲尋。吴髮短，欲以繩貫其首。東郭書曰：「三戰必死，於此三矣。」三戰，夷儀、五氏與今。使問弦多以琴，弦多，齊人也。六年，奔魯。問，遺也。曰：「吾不復見子矣。」言將死戰。陳書曰：「此行也，吾聞鼓而已，不聞金矣。」鼓以進軍，金以退軍。不聞金，言將死也。傳言吴師彊，齊人皆自知將敗。

甲戌，戰于艾陵，展如敗高子，齊上軍敗。國子敗胥門巢。吴上軍亦敗。王卒助之，大敗齊師。獲國書、公孫夏、閭丘明、陳書、東郭書，革車八百乘，甲首三千，以獻于公。公以兵從，故以勞公。將戰，吴子呼叔孫叔孫，武叔州仇。曰：「而事何也？」問何職。對曰：「從司馬。」從吴司馬所命。王賜之甲、劒鈹，曰：「奉爾君事，敬無廢命。」叔孫未能對，衛賜進賜，子貢，孔子弟子。曰〔一〕：「州仇奉甲從君。」而拜。拜受之。公使大史固歸國子之元，歸於齊也。元，首也。吴以獻魯。寘之新

〔一〕「曰」上，金澤本有「對」字。

篋，褽之以玄纁，褽，薦也。加組帶焉。寘書于其上曰：「天若不識不衷，何以使下國？」言天識不善，故殺國子。

吴將伐齊，越子率其衆以朝焉，王及列士皆有饋賂。吴人皆喜，唯子胥懼，曰：「是豢吴也夫！」豢，養也。若人養犧牲，非愛之，將殺之。諫曰：「越在我，心腹之疾也。壤地同而有欲於我。欲得吴。夫其柔服，求濟其欲也，不如早從事焉。從事，擊之。得志於齊，猶獲石田也，無所用之。石田，不可耕。越不爲沼，吴其泯矣。使醫除疾，而曰必遺類焉者，未之有也。盤庚之誥曰：『其有顛越不共，則劓殄無遺育，無俾易種于兹邑。』盤庚，商書也。顛越不共，從横不承命者也。劓，割也。殄，絶也。育，長也。俾，使也。易種，轉生種類。是商所以興也。今君易之，將以求大，不亦難乎！」弗聽。使於齊，屬其子於鮑氏，爲王孫氏。私使人至齊屬其子，改姓爲王孫，欲以辟吴禍。反役，王聞之，使賜之屬鏤以死。艾陵役也。屬鏤，劍名。將死，曰：「樹吾墓檟，檟可材也，吴其亡乎！三年，其始弱矣。盈必毁，天之道也。」越人朝之，伐齊勝之，盈之極也。爲十三年越伐吴起。

秋，季孫命脩守備，曰：「小勝大，禍也。齊至無日矣。」善有備。

冬，衛大叔疾出奔宋。疾即齊也。初，疾娶于宋子朝，子朝，宋人，仕衛爲大夫。其娣嬖。娣，所娶女之娣。子朝出，出奔。孔文子使疾出其妻而妻之。疾使侍人誘其初妻之娣，寘於犂，犂，衛邑。而爲之一宮，如二妻。文子怒，欲攻之，仲尼止之。遂奪其妻。或淫于外州，外州人奪之軒以獻。外州，衛邑。軒，車也，以獻於君。恥是二者，故出。衛人立遺，使室孔姞。遺，疾之弟。孔姞，孔文子之女，疾之妻。疾臣向魋，爲宋向魋臣。納美珠焉，與之城鉏。城鉏，宋邑。宋公求珠，魋不與〔一〕，由是得罪。及桓氏出，出在十四年。城鉏人攻大叔疾，衛莊公復之。聽使還。使處巢，死焉。殯於鄖，葬於少禘。終言疾之失所也。巢、鄖、少禘，皆衛地。初，晉悼公子憖亡在衛，使其女僕而田。僕，御。田，獵。大叔懿子止而飲之酒，懿子，大叔儀之孫。遂聘之，生悼子。悼子，大叔疾。悼子即位，故夏戊爲大夫。夏戊，悼子之甥。悼子亡，衛人翦夏戊。翦，削其爵邑。孔文子之將攻大叔也，訪於仲尼。仲尼曰：

〔一〕「不與」，金澤本作「弗授」。

「胡簋之事，則嘗學之矣。胡簋，禮器名。夏曰胡，周曰簋。甲兵之事，未之聞也。」退，命駕而行，曰：「鳥則擇木，木豈能擇鳥？」以鳥自喻。文子遽止之，曰：「圉豈敢度其私，訪衛國之難也。」圉，文子名。度，謀也。將止，仲尼止。魯人以幣召之，乃歸。於是「自衛反魯，樂正，雅、頌各得其所」。

季孫欲以田賦，丘賦之法，因其田財，通出馬一匹，牛三頭。今欲別其田及家財，各爲一賦，故言「田賦」。使冉有訪諸仲尼。仲尼曰：「丘不識也。」三發，三發問。卒曰：卒，終也。「子爲國老，待子而行，若之何子之不言也？」仲尼不對，不公答。而私於冉有曰：「君子之行也，行政事。度於禮，施取其〔一〕厚，事舉其中，斂從其薄。如是，則以丘亦足矣。丘，十六井，出戎馬一匹，牛三頭，是賦之常法。若不度於禮，而貪冒無厭，則雖以田賦，將又不足。且子季孫若欲行而法，則〔二〕周公之典在。

〔一〕「其」，國會本、巾箱本、書院本作「於」。
〔二〕「則」下，金澤本有「有」字。

若欲苟而行〔一〕，又何訪焉？」弗聽。爲明年用田賦傳。

【經】

十有二年春，用田賦。直書之者，以示改法重賦。

夏五月甲辰，孟子卒。魯人諱娶同姓，謂之孟子，春秋不改，所以順時。

公會吳于橐皋。橐皋在淮南逡遒縣東南。

秋，公會衛侯、宋皇瑗于鄖。鄖，發陽也。廣陵海陵縣東南有發繇口〔二〕。

宋向巢帥師伐鄭。

冬十有二月，螽。周十二月，今十月，是歲應置閏，而失不置，雖書十二月，實今之九月，司歷誤一月。九月之初尚温，故得有螽。

〔一〕「行」下，金澤本有「之」字。

〔二〕「口」，國會本、巾箱本、書院本作「亭」。

【傳】十二年春王正月，用田賦。終前年事。

夏五月，昭夫人孟子卒。昭公娶于吴，故不書姓。諱娶同姓，故謂之孟子，若宋女。死不赴，故不稱夫人。不稱夫人，故不言薨。不反哭，故不言葬小君。反哭者，夫人禮也。以同姓故，不成其夫人喪。孔子與弔，適季氏。季氏不絻，放絰而拜。孔子始老，故與弔也。絻，喪冠也。孔子以小君禮往弔，季孫不服喪，故去絰，從主節制。

公會吴于橐皋。吴子使大宰嚭請尋盟。尋鄫盟。公不欲，使子貢對曰：「盟，所以周信也，周，固。故心以制之，制其義。玉帛以奉之，奉贄明神。言以結之，結其信。明神以要之。要以禍福。寡君以爲苟有盟焉，弗可改也已。若猶可改，日盟何益？今吾子曰必尋盟。若可尋也，亦可寒也。」尋，重也。寒，歇也。乃不尋盟。

吴徵會于衛。初，衛人殺吴行人且姚而懼，謀於行人子羽。子羽，衛大夫。子羽曰：「吴方無道，無乃辱吾君，不如止也。」子木曰：「吴方無道，子木，衛大夫。國無道，必弃疾於人。吴雖無道，猶足以患衛。爲衛患也。往也！長木之斃，無不摽也。摽，擊。國狗之瘈，無不噬也。瘈，狂也。噬，齧也。而況大國乎？」秋，衛侯會吴于鄖。公及衛侯、宋皇瑗盟，盟不書，畏吴竊盟。而卒辭吴盟。吴人藩衛侯之舍。藩，籬。子服景伯謂子貢曰：「夫諸侯之會，事既畢矣，侯伯致禮，地主歸餼，侯伯致禮，以禮賓也。地主，所會主人也。餼，生物。以相辭也。各以禮相辭讓。今吴不行禮於衛，而藩其君舍以難之，難，苦困也。子盍見大宰？」乃請束錦以行。以賂吴。語及衛故。若本不爲衛請者。大宰嚭曰：「寡君願事衛君，衛君之來也緩，寡君懼，故將止之。」止，執。子貢曰：「衛君之來，必謀於其衆。其衆或欲或否，是以緩來。其欲來者，子之黨也。其不欲來者，子之讎也。若執衛君，是墮黨而崇讎也。墮，毁也。夫墮子者，得其志矣。且合諸侯而執衛君，誰敢不懼？墮黨崇讎，而懼諸侯，或者難以霸乎！」大宰嚭説，乃舍衛侯。衛侯歸，效夷言。子之尚幼，子之，公孫彌牟。曰：「君必不免，其死於夷乎！執焉，而又説其言，從之固矣。」出公輒後卒死於越。

冬十二月，螽。季孫問諸仲尼，仲尼曰：「丘聞之：火伏而後蟄者畢。火，心星也。火伏在今十月。今火猶西流，司歷過也。猶西流，言未盡没。知是九月，歷官失一閒，釋例論之備。

宋、鄭之間有隙地焉，隙地，閒田。曰彌作、頃丘、玉暢、嵒、戈、錫。凡六邑。子產與宋人爲成，曰：「勿有是。」俱弃之。及宋平、元之族自蕭奔鄭，在定十五年。鄭人爲之城嵒、戈、錫。城以處平、元之族。九月，宋向巢伐鄭，取錫，殺元公之孫，遂圍嵒。十二月，鄭罕達救嵒，丙申，圍宋師。此事，經在「十二月螽」上，今倒在下，更具列其月以爲別者，丘明本不以爲義例，故不皆齊同。

【經】

十有三年春，鄭罕達帥師取宋師于嵒。書「取」，覆而敗之。

夏，許男成卒。無傳。

公會晉侯及吳子于黃池。陳留封丘縣南有黃亭，近濟水。夫差欲霸中國，尊天子，自去其僭號而稱子，以告令諸侯，故史承而書之。

楚公子申帥師伐陳。無傳。

於越入吳。

秋，公至自會。無傳。

晉魏曼多帥師侵衛。無傳。

葬許元公。無傳。

九月，螽。無傳。書災。

冬十有一月，有星孛于東方。無傳。平旦，衆星皆没，而孛乃見，故不言所在之次。

盜殺陳夏區夫。無傳。稱盜，非大夫。

十有二月，螽。無傳。前年，季孫雖聞仲尼之言，而不正歷，失閏至此年，故復十二月螽，實十一月。

【傳】

十三年春，宋向魋救其師。救前年圍嵒師。鄭子賸使徇曰：「得桓魋者有賞。」魋也逃歸，遂取宋師于嵒，獲成讙、郜延。二子，宋大夫。以六邑爲虚。空虚之，各不有。

夏，公會單平公、晉定公、吴夫差于黄池。平公，周卿士也。不書，尊之，不與會。

六月丙子，越子伐吴，爲二隧。隧，道也。疇無餘、謳陽自南方，二子，越大夫。

先及郊。吳大子友、王子地、王孫彌庸、壽於姚自泓上觀之。觀越師。泓，水名。彌庸見姑蔑之旗，姑蔑，越地，今東陽大末縣。曰：「吾父之旗也。彌庸父爲越所獲，故姑蔑人得其旌旗。不可以見讎而弗殺也。」大子〔一〕曰：「戰而不克，將亡國。請待之。」彌庸〔二〕不可，屬徒五千，屬，會也。王子地助之。乙酉，戰，彌庸獲疇無餘，地獲謳陽。越子至，王子地守。丙戌，復戰，大敗吳師。獲大子友、王孫彌庸、壽於姚。地守，故不獲。丁亥，入吳。吳人告敗于王，王惡其聞也，惡諸侯聞之。自剄七人於幕下。以絶口。

秋七月辛丑，盟，吳、晉争先。争歃血先後。吳人曰：「於周室，我爲長。」吳爲大伯後，故爲長。晉人曰：「於姬姓，我爲伯。」爲侯伯。趙鞅呼司馬寅寅，晉大夫。曰：「日旰矣，旰，晚也。大事未成，二臣之罪也。大事，盟也。二臣，鞅與寅。建鼓整列，二臣死之，長幼必可知也。」對曰：「請姑視之。」反曰：「肉食者無墨。墨，氣

〔一〕「子」下，金澤本有「友」字。
〔二〕「庸」下，金澤本有「曰」字。

色下。今吴王有墨，國勝乎？國爲敵所勝。大子死乎？且夷德輕，不忍久，請少待之。」少待，無與争。乃先晉人。盟不書，諸侯恥之，故不録。吴人將以公見晉侯，子服景伯對使者曰：「王合諸侯，則伯帥侯牧以見於王。伯，王官伯。侯牧，方伯。伯合諸侯，則侯帥子男以見於伯。伯，諸侯長。自王以下，朝聘玉帛不同。故敝邑之職貢於吴，有豐於晉，無不及焉，以爲伯也。今諸侯會，而君將以寡君見晉君，則晉成爲伯矣，敝邑將改職貢。魯賦於吴八百乘。若爲子男，則將半邾以屬於吴，半邾，三百乘。而如邾以事晉。如邾，六百乘。且執事以伯召諸侯，而以侯終之，何利之有焉？」吴人乃止。既而悔之，謂景伯欺之。將囚景伯。景伯曰：「何也立後於魯矣。何，景伯名。將以二乘與六人從，遲速唯命。」遂囚以還。及户牖，户牖，陳留外黄縣西北東昏城是。謂大宰[一]曰：「魯將以十月上辛有事於上帝先王，季辛而畢。何世有職焉，有職於祭事。自襄以來，未之改也。魯襄公。若不會，祝宗將

[一]「宰」下，金澤本有「嚭」字。

曰：『吳實然。』言魯祝宗將告神云：景伯不會，坐爲吳所囚。吳人信鬼，故以是恐之。且謂魯不共，而執其賤者七人，何損焉？」大宰嚭言於王曰：「無損於魯，而祇爲名，適爲惡名。不如歸之。」乃歸景伯。吳申叔儀乞糧於公孫有山氏，申叔儀，吳大夫；公孫有山，魯大夫，舊相識。曰：「佩玉繠兮，余無所繫之。繠然，服飾備也，己獨無以繫佩。言吳王不恤下。旨酒一盛兮，余與褐之父睨之。」一盛，一器也。睨，視也。褐，寒賤之人。言但得視，不得飲。對曰：「粱則無矣，麤則有之。若登首山以呼曰：庚癸乎！則諾。」軍中不得出糧，故爲私隱。庚，西方，主穀。癸，北方，主水。傳言吳子不與士共飢渴，所以亡。王欲伐宋，殺其丈夫，而囚其婦人。以宋不會黄池故。言吳子悖惑。大宰嚭曰：「可勝也，而弗能居也。」乃歸。

冬，吳及越平。終伍員之言。

春秋經傳集解哀上第二十九

春秋經傳集解哀下第三十

杜氏　盡二十七年

【經】

十有四年春，西狩獲麟。麟者，仁獸，聖王之嘉瑞也。時無明王，出而遇獲。仲尼傷周道之不興，感嘉瑞之無應，故因魯春秋而脩中興之教，絶筆於獲麟之一句，所感而作，固所以爲終也。冬獵曰狩。蓋虞人脩常職，故不書狩者。大野在魯西，故言「西狩」。得用曰「獲」。

小邾射以句繹來奔。射，小邾大夫。句繹，地名。春秋止於獲麟，故射不在三叛人之數。自此以下至十六年，皆魯史記之文，弟子欲存孔子卒，故并録以續孔子所脩之經。

夏四月，齊陳恒執其君，寘于舒州。

庚戌，叔還卒。無傳。

五月庚申朔，日有食之。無傳。

陳宗豎出奔楚。無傳。

宋向魋入于曹以叛。曹，宋邑。

莒子狂卒。無傳。

六月，宋向魋自曹出奔衛。

宋向巢來奔。

齊人弒其君壬于舒州。

秋，晉趙鞅帥師伐衛。無傳。

八月辛丑，仲孫何忌卒。

冬，陳宗豎自楚復入于陳，陳人殺之。無傳。

陳轅買出奔楚。無傳。

有星孛。無傳。不言所在，史失之。

饑。無傳。

【傳】

十四年春，西狩於大野，叔孫氏之車子鉏商獲麟，大野，在高平鉅野縣東北大澤是也。車子，微者。鉏商，名。以爲不祥，以賜虞人。時所未嘗見，故怪之。虞人，掌山澤之官。仲尼觀之，曰：「麟也。」然後取之。言魯史所以得書獲麟。

小邾射以句繹來奔，曰：「使季路要我，吾無盟矣。」子路信誠，故欲得與相要誓，而不須盟。孔子弟子既續書魯策以繫於經，丘明亦隨而傳之，終於哀公以卒前事。其異事則皆略而不傳，故此經無傳者多。使子路，子路辭。季康子使冉有謂之曰：「千乘之國，不信其盟，而信子之言，子何辱焉？」對曰：「魯有事于小邾，不敢問故，死其城下可也。彼不臣而濟其言，是義之也。由弗能。」濟，成也。

齊簡公之在魯也，闞止有寵焉。簡公，悼公陽生子壬也。闞止，子我也。事在六年。及即位，使爲政。陳成子憚之，驟顧諸朝。成子，陳常。心不安，故數顧之。諸御鞅言於公鞅，齊大夫。曰：「陳、闞不可並也，君其擇焉。」擇用一人。弗聽。子我夕，夕視事。陳逆殺人，逢之，陳逆，子行，陳氏宗也。子我逢之。遂執以入。執逆至朝。陳氏方睦，欲謀齊國，故宗族和。使疾而遺之潘沐，備酒肉焉，使詐病，因内潘沐，并得内酒肉。潘，米汁，可以沐頭。饗守囚者，醉而殺之而逃。子我盟諸陳於陳宗。失陳逆，懼其反爲患，故盟之。

初，陳豹欲爲子我臣，豹，亦陳氏族。使公孫言己，言己，介達之。已有喪而止。既而言之，既，終喪也。曰：「有陳豹者，長而上僂，肩背僂。望視，目望陽。事君子必得志。得君子意。欲爲子臣，吾憚其爲人也，恐多詐。故緩以告。」子我曰：「何害？是其在我也。」使爲臣。他日，與之言政，説，遂有寵。謂之曰：「我盡逐陳氏，而立女，若何？」對曰：「我遠於陳氏矣。言己疏遠。且其違者不過數人，違，不從也。何盡逐焉？」遂告陳氏。子行曰：「彼得君，弗先，必禍子。」子行舍於公宮。子行逃，而隱於陳氏。今又隱於公宮。

夏五月壬申，成子兄弟四乘如公。成子之兄弟，昭子莊、簡子齒、宣子夷、穆子安、廩丘子意茲、子芒〔一〕盈、惠子得，凡八人，二人共一乘。子我在幄，幄，帳也。聽政之處。出逆之。遂入，閉門。成子入，反閉門，不納子我。侍人禦之，子我侍人。子行殺侍人。素在内，故得殺之。公與婦人飲酒于檀臺，成子遷諸寢。徙公使居正寢。公執

〔一〕「子芒」，國會本、書院本、附釋音本作「芒子」。

戈，將擊之。疑其欲作亂。大史子餘曰：「非不利也，將除害也。」言將爲公除害。成子出舍于庫，以公怒故。聞公猶怒，將出，曰：「何所無君？」子行抽劍曰：「需，事之賊也。言需疑則害事。誰非陳宗？言陳氏宗族衆多。所不殺子者，有如陳宗！」言子若欲出，我必殺子，明如陳宗。乃止。子我歸，屬徒攻闈與大門，闈，宫中小門。大門，公門也。皆不勝，乃出。陳氏追之，失道於弇中，適豐丘。弇中，狹路。豐丘，陳氏邑。豐丘人執之以告，殺諸郭關。齊關名。成子將殺大陸子方，子方，子我臣。陳逆請而免之，以公命取車於道。子方取道中行人車。及耏，衆知而東之。知其矯命，奪車逐使東。出雍門，齊城門也。陳豹與之車，弗受，曰：「逆爲余請，豹與余車，余有私焉。事子我而有私於其讎，何以見魯、衛之士？」傳言陳氏務施。東郭賈奔衛。賈，即子方。庚辰，陳恒執公于舒州。公曰：「吾早從鞅之言，不及此。」悔不誅陳氏。

宋桓魋之寵害於公。恃寵驕盈。公使夫人驟請享焉，而將討之。夫人，景公母也。數請享飲，欲因請討之。未及，魋先謀公，請以鞌易薄。鞌，向魋邑。薄，公邑。欲因易邑，爲公享宴而作亂。公曰：「不可。薄，宗邑也。」宗廟所在。乃益鞌七邑，而請享公焉。僞喜於受賜。以日中爲期，家備盡往。甲兵之備。公知之，告皇野曰：「余長魋也。少長育之。皇野，司馬子仲。今將禍余，請即救。」司馬子仲曰：「有臣不順，神之所惡也，而況人乎？敢不承命。不得左師不可，左師，向魋兄向巢也。請以君命召之。」左師每食擊鐘。聞鐘聲，公曰：「夫子將食。」既食，又奏。奏樂。公曰：「可矣。」以乘車往，曰：「迹人來告主迹禽獸者。曰：『逢澤有介麇焉。』地理志言逢澤在熒陽開封縣東北，遠，疑非。介，大也。公曰：『雖魋未來，得左師，吾與之田，若何？』皇野稱公命。君憚告子。難以游戲煩大臣。野曰：『嘗私焉。』嘗，試也。君欲速，故以乘車逆子。」與之乘，至，公告之故，拜不能起。司馬曰：「君與之言。」使公與要誓。公曰：「所難子者，上有天，下有先君。」言雖誅魋，要不負言，使禍難及子。對曰：「魋之不共，宋之禍也。敢不唯命是聽。」司馬請瑞焉，瑞，符節，以發兵。以命其徒攻桓氏。桓氏，向魋。其父兄故臣曰：「不可。」司馬故臣與桓魋無怨者。其新臣曰：「從吾君之命。」遂攻之。子頎騁而告桓司馬。子頎，桓魋弟。桓司馬即魋也。司馬欲入，入攻君。子車止之，車亦魋弟。曰：「不能事君，而又伐國，民不與也，祇取死焉。」向魋遂入于曹以叛。哀八年，宋滅曹以爲邑。

六月，使左師巢伐之，欲質大夫以入焉。巢不能克魋，恐公怒，欲得國内大夫爲質，還入國。不能，亦入于曹取質。不能得大夫，故入曹，劫曹人子弟而質之，欲以自固。魋曰：「不可。既不能事君，又得罪于民，將若之何？」乃舍之。舍曹子弟。民遂叛之。向魋奔衛。向巢來奔，宋公使止之，曰：「寡人與子有言矣，不可以絶向氏之祀。」辭曰：「臣之罪大，盡滅桓氏可也。若以先臣之故而使有後，君之惠也。若臣則不可以入矣。」司馬牛致其邑與珪焉，而適齊。牛，桓魋弟也。珪，守邑符信。向魋出於衛地，公文氏攻之，公文氏，衛大夫。求夏后氏之璜焉。與之他玉，而奔齊，陳成子使爲次卿。司馬牛又致其邑焉，而適吴。示不與魋同。吴人惡之而反。趙簡子召之，陳成子亦召之，卒於魯郭門之外，阬氏葬諸丘輿。阬氏，魯人也。泰山南城縣西北有輿城。録其卒葬所在，愍賢者失所。

甲午，齊陳恒弑其君壬于舒州。壬，簡公也。孔丘三日齊，而請伐齊三。公曰：「魯爲齊弱久矣，子之伐之，將若之何？」對曰：「陳恒弑其君，民之不與者半。以魯之衆，加齊之半，可克也。」公曰：「子告季孫。」孔子辭。辭不告。退而告人，曰：「吾以從大夫之後也，故不敢不言。」嘗爲大夫而去，故言「後」。

初，孟孺子洩將圉馬於成。洩，孟懿子之子孟武伯也。圉，畜養也。成，孟氏邑。成宰公孫宿不受，曰：「孟孫爲成之病，不圉馬焉。」病，謂民貧困。孺子怒，襲成。從者不得入，乃反。成有司使，孺子鞭之。恨恚，故鞭成有司之使人。秋八月辛丑，孟懿子卒。成人奔喪，弗内，袒免哭于衢，聽共，弗許；請聽命共使。懼，不歸。不敢歸成。爲明年成叛傳。

【經】

十有五年春王正月，成叛。

夏五月，齊高無丕出奔北燕。無傳。

鄭伯伐宋。無傳。

秋八月，大雩。無傳。

晉趙鞅帥師伐衛。無傳。

冬，晉侯伐鄭。無傳。

及齊平。魯與齊平。

衞公孟彄出奔齊。無傳。

【傳】

十五年春，成叛于齊。武伯伐成，不克，遂城輸。以偪成。

夏，楚子西、子期伐吳，及桐汭。宣城廣德縣西南有桐水，出白石山西北，入丹陽湖。陳侯使公孫貞子弔焉，弔爲楚所伐。及良而卒。良，吳地。將以尸入，聘禮：「若賓死，未將命，則既斂於棺，造於朝，介將命。」吳子使大宰嚭勞，且辭曰：「以水潦之不時，無乃廪然隕大夫之尸，廪然，傾動貌。以重寡君之憂。寡君敢辭上介。」芋尹蓋對蓋，陳大夫，貞子上介。曰：「寡君聞楚爲不道，荐伐吳國，荐，重也。滅厥民人。寡君使蓋備使，弔君之下吏。備，猶副也。無禄，使人逢天之慼，大命隕隊，絶世于良，絶世，猶言弃世。廢日共積，廢行道之日，以共具殯斂所積聚之用。一日遷次，一日便遷次，不敢留君命。今君命逆使人曰：『無以尸造于門。』是我寡君之命委于草莽也。且臣聞之曰：『事死如事生，禮也。』於是乎有朝聘而終，以尸將事之禮，朝聘道死，以尸行事。又有朝聘而遭喪之禮。遭所聘之喪。若不以尸將命，是遭喪而還也，無乃不可乎！以禮防民，猶或踰之。今大夫曰『死而弃之』，是弃禮也。其何以爲諸侯主？謂主盟也。先民有言曰：『無穢虐士。』虐士，死者。備使奉尸將命，苟我寡君之命達于君所，雖隕于深淵，則天命也，非君與涉人之過也。」吴人内之。傳言芋尹蓋知禮。

秋，齊陳瓘如楚。瓘，陳恒之兄子玉也。過衛，仲由見之，仲由，子路。曰：「天或者以陳氏爲斧斤，既斲喪公室，而他人有之，不可知也。其使終饗之，亦不可知也。饗，受也。若善魯以待時，不亦可乎？何必惡焉？」仲由事孔子，故爲魯言。子玉曰：「然，吾受命矣。子使告我弟。」弟，成子也。

冬，及齊平。子服景伯如齊，子贛爲介，見公孫成，公孫成，成宰公孫宿也。曰：「人皆臣人，而有背人之心。況齊人雖爲子役，其有不貳乎？言子叛魯，齊人亦將叛子。子，周公之孫也。多饗大利，猶思不義。利不可得，而喪宗國，將焉用之？」喪宗國，謂以邑入齊，使魯有危亡之禍。成曰：「善哉！吾不早聞命。」傳言仲尼之徒皆忠於魯國。陳成子館客，使景伯、子贛就館。曰：「寡君使恒告曰：寡人願事君如事衛君。」言衛與齊同好，而魯未肯。景伯揖子贛而進之。對曰：「寡君之願也。昔晉人伐衛，在定八年。齊爲衛故，伐晉冠氏，喪車五百，在定九年。冠氏，陽平館陶縣。因與衛地，自濟以西，禚、媚、杏以南，書社五百。二十五家爲一社，籍書而致之。吴人加敝邑以亂，在八年。齊因其病，取讙與闡。亦在八年。寡君是以寒心。若得視衛君之事君也，則固所願也。」成子病之，乃歸成。病其言也。公孫宿以其兵甲入于嬴。嬴，齊邑。

衛孔圉取大子蒯聵之姊，生悝。孔圉，孔文子也。蒯聵姊，孔伯姬。孔氏之豎渾良夫，長而美，孔文子卒，通於内。通伯姬。大子在戚，孔姬使之焉。使良夫詣大子所。大子與之言曰：「苟使我入獲國，服冕乘軒，三死無與。」冕，大夫服。軒，大夫車。三死，死罪三。與之盟，爲請於伯姬。良夫爲大子請。閏月，良夫與大子入，舍於孔氏之外圃。圃，園。昏，二人蒙衣而乘，二人，大子與良夫。蒙衣，爲婦人服也。寺人羅御，如孔氏。孔氏之老欒寧問之，稱姻妾以告。自稱昏姻家妾。遂入，適伯姬氏。既食，孔伯姬杖戈而先，大子與五人介，輿豭從之。介，被甲。輿豭豚，欲以盟。迫孔悝於廁，强盟之，孔氏專政，故劫孔悝，欲令逐輒。遂劫以登臺。欒寧將飲酒，炙未熟，聞亂，使告季子。季子，子路也，爲孔氏邑宰。召獲駕乘車，召獲，衛大夫。駕乘車，言不欲戰。行爵食炙，奉衛侯輒來奔。季子將入，遇子羔將出，子羔，衛大夫高柴，孔子弟子，將出奔。曰：「門已閉矣。」季子曰：「吾姑至焉。」且欲至門。子羔曰：「弗及，不踐其難。」言政不及己，可不須踐其難。季子曰：「食焉，不辟其難。」謂食孔氏禄。子羔遂出。子路入，及門，公孫敢門焉，守門。曰：「無入爲也。」言輒已出，無爲復入。季子曰：「是公孫也，求利焉而逃其難。由不然，利其禄，必救其患。」有使者出，乃入。因門開而入。曰：「大子焉用孔悝？雖殺之，必或繼之。」言己必繼孔悝爲難攻大子。且曰：「大子無勇，若燔臺，半，必舍孔叔。」大子聞之，懼，下石乞、盂黶敵子路。二子，蒯聵黨。敵，當也。以戈擊之，斷纓。子路曰：「君子死，冠不免。」不使冠在地。結纓而死。孔子聞衛亂，曰：「柴也其來，由也死矣。」孔悝立莊公。莊公，蒯聵也。莊公害故政，欲盡去之。故政，輒之臣。先謂司徒瞞成曰：「寡人離病於外久矣，子請亦嘗之。」歸告褚師比，欲與之伐公，不果。比，褚師聲子。爲明年瞞成奔起。

【經】十有六年春王正月己卯，衛世子蒯聵自戚入于衛。衛侯輒來奔。書此春，皆從告。

二月，衛子還成出奔宋。即蹣成。

夏四月己丑，孔丘卒。仲尼既告老去位，猶書「卒」者，魯之君臣，宗其聖德，殊而異之。魯襄二十二年生，至今七十三也。四月十八日，乙丑，無己丑；己丑，五月十二日，日月必有誤。

【傳】十六年春，瞞成、褚師比出奔宋。欲伐莊公，不果而奔。衛侯使鄢武子告于周，武子，衛大夫肸也。曰：「蒯聵得罪于君父君母，逋竄于晉。晉以王室之故，不弃兄弟，寘諸河上。河上，戚也。天誘其衷，獲嗣守封焉。使下臣肸敢〔一〕告執事。」王使單平公對曰：「肸以嘉命來告余一人。往謂叔父，余嘉乃成世，復爾禄次，

〔一〕「敢」，原作「故」，據宋大字本、國會本、巾箱本、書院本、附釋音本、慶元本改。

敬之哉！繼父之世，還居君之禄次。方天之休，言天方授爾以休。弗敬弗休，悔其可追！」傳終蒯聵之事。

夏四月己丑，孔丘卒。公誄之曰：「旻天不弔，不憖遺一老。俾屏余一人以在位，仁覆閔下，故稱「旻天」。弔，至也。憖，且也。俾，使也。屏，蔽也。煢煢余在疚。烏呼哀哉！尼父，無自律。」疚，病也。律，法也。言喪尼父無以自爲法。子贛曰：「君其不没於魯乎！夫子之言曰：『禮失則昏，名失則愆。』失志爲昏，失所爲愆。生不能用，死而誄之，非禮也。稱一人，非名也。天子稱一人，非諸侯之名。君兩失之。」

六月，衛侯飲孔悝酒於平陽，東郡燕縣東北有平陽亭。重酬之，大夫皆有納焉。納財賄也。醉而送之，夜半而遣之。夜遣者，慙負孔悝，不欲令人見。載伯姬於平陽而行。載其母俱去。及西門，平陽門。使貳車反祏於西圃。使副車還取廟主。西圃，孔氏廟所在。祏，藏主石函。子伯季子初爲孔氏臣，新登于公。升爲大夫。請追之，遇載祏者，殺而乘其車。子伯殺載祏者。許公爲反祏，孔悝怪載祏者久不來，使公爲反逆之。遇之，曰：「與不仁人争，明無不勝。」不仁人，謂子伯季子也。明無不勝，言必勝。必使先射，射三發，皆遠許爲。許爲射之，殪。傳言子伯不仁，所以死也。或以其車從，從公爲。得祏於槖中。孔悝出奔宋。

楚大子建之遇讒也，自城父奔宋。在昭十九年。又辟華氏之亂於鄭，在昭二十年。鄭人甚善之。又適晉，與晉人謀襲鄭，乃求復焉。鄭人復之如初。晉人使諜於子木，請行而期焉。請行襲鄭之期。子木，即建也。子木暴虐於其私邑，邑人訴之。鄭人省之，得晉諜焉。遂殺子木。其子曰勝，在吳。子西欲召之。葉公曰：「吾聞勝也詐而亂，無乃害乎？」葉公子高，沈諸梁也。子西曰：「吾聞勝也信而勇，不爲不利，舍諸邊竟，使衛藩焉。」使爲藩屏之衛。葉公曰：「周仁之謂信，周，親也。率義之謂勇。率，行也。吾聞勝也好復言，言之所許，必欲復行之，不顧道理。而求死士，殆有私乎？私謀復讎。復言，非信也。期死，非勇也。期，必也。子必悔之。」弗從。召之，使處吳竟，爲白公。白，楚邑也。汝陰褒信縣西南有白亭。請伐鄭。子西曰：「楚未節也。言楚國新復，政令猶未得節制。不然，吾不忘也。」他日又請，許之。未起師，晉人伐鄭，楚救之，與之盟。勝怒曰：「鄭人在此，讎不遠矣。」比子西於鄭人。勝自厲劍，子期之子平見之，曰：「王孫何自厲也？」曰：「勝以直聞，不告女，庸爲直乎？將以殺爾父。」平以告子西。子西曰：「勝如卵，余翼而長之。以鳥爲喻。楚國第，用士之次第。我死，令尹、司馬，非勝而誰？」勝聞之，曰：「令尹之狂也，得死，乃非我。」言我必殺之。若得自死，我乃不復成人。子西不悛。勝謂石乞石乞，勝之徒。曰：「王與二卿士，二卿士，子西、子期。皆〔一〕五百人當之，則可矣。」乞曰：「不可得也。」五百人不可得。曰：「市南有熊宜僚〔二〕者，若得之，可以當五百人矣。」乃從白公而見之，與之言，説。告之故，辭。告欲作亂，宜僚辭距之。承之以劒，不動。拔劒指其喉。勝曰：「不爲利諂，不爲威惕，不洩人言以求媚者，去之。」

吴人伐慎，白公敗之。汝陰慎縣也。請以戰備獻，與吴戰之所得鎧杖兵器，皆備而獻之，欲因以爲亂。許之。遂作亂。秋七月，殺子西、子期于朝，而劫惠王。子西以袂掩面而死。慙於葉公。子期曰：「昔者吾以力事君，不可以弗終。」抉豫章以殺人而後死。以效其多力。豫章，大木。石乞曰：「焚庫弒王，不然不濟。」白公

〔一〕「皆」下，金澤本有「以」字。
〔二〕「熊宜僚」，釋文云：「本或作『熊相宜僚』。」

曰：「不可。弑王不祥，焚庫無聚，將何以守矣？」乞曰：「有楚國而治其民，以敬事神，可以得祥，且有聚矣，何患？」弗從。葉公在蔡，蔡遷州來，楚并其地。方城之外皆曰：「可以入矣。」子高曰：「吾聞之：以險徼幸者，其求無饜，偏重必離。」險，猶惡也。所求無饜，則不安。譬如物偏重則離敗，欲須其斃而討之。聞其殺齊管脩也，而後入。管脩，楚賢大夫，故齊管仲之後。聞其殺賢，知其可討。

白公欲以子閭爲王，子閭，平王子啓，五辭王者。子閭不可，遂劫以兵。子閭曰：「王孫若安靖楚國，匡正王室，而後庇焉，啓之願也，敢不聽從？若將專利，以傾王室，不顧楚國，有死不能。」不能從。遂殺之，而以王如高府。高府，楚别府。石乞尹門。爲門尹。圉公陽穴宮，負王以如昭夫人之宮。公陽，楚大夫。昭夫人，王母，越女。葉公亦至，及北門，或遇之，曰：「君胡不胄？國人望君如望慈父母焉。盜賊之矢若傷君，是絶民望也。若之何不胄？」乃胄而進。又遇一人曰：「君胡胄？國人望君如望歲焉，歲，年穀也。日日以幾〔一〕。冀君來。若見君面，是得艾

〔一〕「幾」，釋文云：「本或作『冀』。」

也。艾，安也。民知不死，其亦夫有奮心，猶將旌君以徇於國，旌，表也。而又掩面以絶民望，不亦甚乎？」乃免胄而進。言葉公得民心。遇箴尹固，帥其屬將與白公。欲與白公并。子高曰：「微二子者，楚不國矣。二子，子西、子期也。柏舉之敗，二子功多。弃德從賊，其可保乎？」乃從葉公。使與〔一〕國人以攻白公，白公奔山而縊。其徒微之。微，匿也。生拘石乞，而問白公之死焉。對曰：「余知其死所，而長者使余勿言。」長者，謂白公也。曰：「不言將烹。」乞曰：「此事克則爲卿，不克則烹，固其所也。何害？」乃烹石乞。王孫燕奔頯黄氏。燕，勝弟。頯黄，吴地。沈諸梁兼二事，二事，令尹、司馬。國寧，寧，安也。乃使寧爲令尹，子西之子子國也。使寬爲司馬，子期之子。而老於葉。傳終言之。

衛侯占夢嬖人，以能占夢見愛。求酒於大叔僖子，僖子，大叔遺。不得，與卜人比而告公曰：「君有大臣在西南隅，弗去，懼害。」託占卜夢而言。乃逐大叔遺。

〔一〕「與」，釋文作「興」，云：「謂興發也。一本作『與』。」

遺奔晉。衛侯謂渾良夫曰：「吾繼先君，而不得其器，若之何？」國之寶器，輒皆將去。良夫代執火者而言，將密謀，屏左右。曰：「疾與亡君，皆君之子也。召之而擇材焉，可也。召輒。若不材，器可得也。」輒若不材，可廢其身，因得其器。豎告大子。大子疾。大子使五人輿豭從己，劫公而强盟之。盟求必立己。且請殺良夫。公曰：「其盟免三死。」盟在十五年。曰：「請三之後，有罪殺之。」公曰：「諾哉！」

【傳】

十七年春，衛侯爲虎幄於藉圃，於藉田之圃新造幄幕，皆以虎獸爲飾。成，求令名者，而與之始食焉。大子請使良夫。以良夫應爲令名。良夫乘衷甸兩牡，衷甸，一轅，卿車。紫衣狐裘，紫衣，君服。至，袒裘，不釋劍而食。食而熱，故偏袒，亦不敬。大子使牽以退，數之以三罪而殺之。三罪，紫衣、袒裘、帶劍。

三月，越子伐吴。吴子禦之笠澤，夾水而陳。越子爲左右句卒。句卒，鉤伍相著，别爲左右屯。使夜或左或右，鼓譟而進。吴師分以禦之。越子以三軍潛涉，當吴中軍而鼓之，吴師大亂，遂敗之。左右句卒爲聲勢以分吴軍，而三軍精卒并力擊其中軍，故得勝也。

晉趙鞅使告于衛曰：「君之在晉也，志父爲主。請君若大子來，以免志父。不然，寡君其曰志父之爲也。」恐晉君謂志父教使不來。衛侯辭以難。大子又使椓之，椓，訴父，欲速得其處。夏六月，趙鞅圍衛。齊國觀、陳瓘救衛，國觀，國書之子。得晉人之致師者。子玉使服而見之，釋囚服，服其本服。曰：「國子實執齊柄，而命瓘曰：『無辟晉師。』豈敢廢命？欲必敵晉。子又何辱？」言不須來致師，自將往戰。簡子曰：「我卜伐衛，未卜與齊戰。」乃還。畏子玉。

楚白公之亂，陳人恃其聚而侵楚。聚，積聚也。楚既寧，將取陳麥。楚子問帥於大師子穀與葉公諸梁。子穀曰：「右領差車與左史老，皆相令尹、司馬以伐陳，其可使也。」言此二人皆嘗輔相子西、子期伐陳，今復可使。子高曰：「率賤，民慢之，懼不用命焉。」右領、左史皆楚賤官。子穀曰：「觀丁父，鄀俘也，武王以爲軍率，楚武王。是以克州、蓼，服隨、唐，大啓群蠻。彭仲爽，申俘也，文王以爲令尹，實縣申、息，楚文王滅申、息以爲縣。朝陳、蔡，封畛於汝。開封畛比至汝水。唯其任也，何賤之有？」子高曰：「天命不謟。謟，疑也。令尹有憾於陳，十五年，子西伐吳，陳使貞子弔吳，以此爲恨。天若亡之，其必令尹之子是與，君盍舍焉？舍右領與左史。臣懼右領與左史有二俘之賤，而無其令德也。」王卜之，武城尹吉。武城尹，子西子公孫朝。使帥師取陳麥。陳人御之，敗。遂圍陳。秋七月己卯，楚公孫朝帥師滅陳。終鄭裨竈言，五及鶉火，陳卒亡。

王與葉公枚卜子良以爲令尹。枚卜，不斥言所卜以令龜。子良，惠王弟。沈尹朱曰：「吉，過於其志。」志，望也。葉公曰：「王子而相國，過將何爲？」過相，將爲王也。他日，改卜子國而使爲令尹。子國，寧也。

衛侯夢于北宮，見人登昆吾之觀。衛有觀在古昆吾氏之虛。今濮陽城中。被髮北面而譟曰：「登此昆吾之虛，緜緜生之瓜。緜緜，瓜初生也。良夫言己有以小成大之功，若瓜之初生，謂使衛侯得國。余爲渾良夫，叫天無辜。」本盟當免三死，而并數一時之事爲三罪，殺之，故自謂「無辜」。公親筮之，胥彌赦占之，赦，衛筮史。曰：「不害。」與之邑，寘之，而逃奔宋。言衛侯無道，卜人不敢以實對，懼難而逃。衛侯貞卜，正卜夢之吉凶。其繇曰：「如魚竀尾，竀，赤也〔一〕。魚勞則尾赤。衡流而方羊裔焉。橫流方羊，不能自安。裔，水邊。言衛侯將若此魚。大國滅之，將亡。闔門塞竇，乃自後踰。」此皆繇辭。

冬十月，晉復伐衛，春伐未得志故。入其郛。將入城，簡子曰：「止。叔向有言曰：『怙亂滅國者無後。』」不欲乘人之衰。衛人出莊公而與晉平。晉立襄公之孫般師而還。十一月，衛侯自鄄入，般師出。辟蒯聵也。

初，公登城以望，見戎州。戎州，戎邑。問之，以告。公曰：「我姬姓也，何戎之有焉？」言姬姓國何故有戎邑。翦之。削壞其邑聚。公使匠久。久不休息。公欲逐石圃，石圃，衛卿，石惡從子。未及而難作。辛巳，石圃因匠氏攻公，公闔門而請，弗許。踰于北方而隊，折股。終如卜言，乃自後踰。戎州人攻之，大子疾、公子青踰從公。青，疾弟。戎州人殺之。公入于戎州己氏。己氏，戎人姓。初，公自城上見己氏之妻髮美，使髡之，以爲呂姜髢。呂姜，莊公夫人。髢，髲也。既入焉，而示之璧，

〔一〕「也」，國會本、巾箱本、書院本、附釋音本作「色」。

曰：「活我，吾與女璧。」己氏曰：「殺女，璧其焉往？」遂殺之而取其璧。衛人復公孫般師而立之。十〔一〕二月，齊人伐衛，衛人請平。立公子起，起，靈公子。執般師以歸，舍諸潞。潞，齊邑。

公會齊侯，盟于蒙，齊侯，簡公弟平公敬〔二〕也。蒙在東莞蒙陰縣西，故蒙陰城也。孟武伯相。齊侯稽首，公拜。齊人怒，武伯曰：「非天子，寡君無所稽首。」武伯問於高柴曰：「諸侯盟，誰執牛耳？」執牛耳，尸盟者。季羔曰：「鄫衍之役，吳公子姑曹；季羔，高柴也。鄫衍在七年。發陽之役，衛石魋。」發陽，鄖也。在十二年。石魋，石曼姑之子。武伯曰：「然則彘也。」彘，武伯名也。鄫衍則大國執，發陽則小國執。據時執者無常，故武伯自以爲可執。

宋皇瑗之子麇，瑗，宋右師。有友曰田丙，而奪其兄酁般邑以與之。酁般慍而行，告桓司馬之臣子儀克。克在下邑，不與魋之亂，故在。子儀克適宋，告夫人

〔一〕「十」上，金澤本有「冬」字。
〔二〕「敬」，巾箱本、書院本作「敖」。

曰：「麇將納桓氏。」公問諸子仲。子仲，皇野。初，子仲將以杞姒之子非我爲子。爲適子。杞姒，子仲妻。麇曰：「必立伯也，伯，非我兄。是良材。」子仲怒，弗從，故對曰：「右師則老矣，不識麇也。」言右師老，不能爲亂，麇則不可知。公執之。執麇。皇瑗奔晉，召〔一〕之。召令還。

【傳】

十八年春，宋殺皇瑗。公聞其情，復皇氏之族，使皇緩爲右師。言宋景公無常也。緩，瑗從子。

巴人伐楚，圍鄾。鄾，楚邑。初，右司馬子國之卜也，觀瞻曰：「如志。」子國未爲令尹時，卜爲右司馬，得吉兆，如其志。觀瞻，楚開卜大夫觀從之後。故命之。命以爲右司馬。及巴師至，將卜帥。王曰：「寧如志，何卜焉？」寧，子國也。使帥師而行。請承。承，佐。王曰：「寢尹、工尹，勤先君者也。」柏舉之役，寢尹吴由于以背受戈，工

〔一〕「召」上，金澤本有「宋公」二字。

尹固執燧象奔吴師，皆爲先君勤勞。三月，楚公孫寧、吴由于、薳固敗巴師于鄾，故封子國於析。君子曰：「惠王知志。知用其〔一〕意。夏書曰：『官占，唯能蔽志，昆命于元龜。』逸書也。官占，卜筮之官。蔽，斷也。昆，後也。言當先斷意，後用龜也。其是之謂乎！志曰：『聖人不煩卜筮。』惠王其有焉。」不疑，故不卜也。

夏，衛石圃逐其君起，起奔齊。齊所立故。衛侯輒自齊復歸，逐石圃，而復石魋與大叔遺。皆蒯聵所逐。

【傳】

十九年春，越人侵楚，以誤吴也。誤吴，使不爲備。

夏，楚公子慶、公孫寬追越師至冥，不及，乃還。冥，越地。

秋，楚沈諸梁伐東夷，報越。三夷男女及楚師盟于敖。從越之夷三種。敖，東夷地。

〔一〕「其」，原作「兵」，據宋大字本、國會本、巾箱本、書院本、附釋音本、慶元本改。

冬，叔青如京師，敬王崩故也。言敬王能終其世。終萇弘言東王必大克。叔青，叔還子。

【傳】

二十年春，齊人來徵會。夏，會于廩丘。爲鄭故，謀伐晉。十五年，晉伐鄭。鄭人辭諸侯。秋，師還。終叔向言晉公室卑。

吳公子慶忌驟諫吳子曰：「不改，必亡。」弗聽。吳子弗聽。出居于艾，艾，吳邑。豫章有艾縣。遂適楚。聞越將伐吳，冬，請歸平越，遂歸。欲除不忠者以説于越，吳人殺之。言其不量力。

十一月，越圍吳，趙孟降於喪食。趙孟，襄子無恤，時有父簡子之喪。楚隆曰：「三年之喪，親暱之極也。主又降之，無乃有故乎？」楚隆，襄子家臣。趙孟曰：「黄池之役，先主與吳王有質，黄池，在十三年。先主，簡子。質，盟信也。曰：『好惡同之。』今越圍吳，嗣子不廢舊業而敵之，嗣子，襄子自謂。欲敵越救吳。非晉之所能及也，吾是以爲降。」楚隆曰：「若使吳王知之，若何？」趙孟曰：「可乎？」隆曰：「請嘗之。」嘗，試也。乃往。先造于越軍，曰：「吳犯間上國多矣，聞君親討焉，諸夏之人莫不欣喜，唯恐君志之不從，請入視之。」許之。告于吳王曰：「寡君之老無恤，使陪臣隆敢展謝其不共。展，陳也。黄池之役，君之先臣志父得承齊盟，曰：『好惡同之。』今君在難，無恤不敢憚勞，非晉國之所能及也，使陪臣敢展布之。」王拜稽首曰：「寡人不佞，不能事越，以爲大夫憂，拜命之辱。」與之一簞珠，簞，小笥。使問趙孟，問，遺也。曰：「句踐將生憂寡人，寡人死之不得矣。」王曰：「溺人必笑，吾將有問也。以自喻所問不急，猶溺人不知所爲而反笑。史黯何以得爲君子？」晉史黯云：「不及四十年，吳當亡。」吳王感問此也。對曰：「黯也，進不見惡，時行則行。退無謗言。」時止則止。王曰：「宜哉！」

【傳】

二十一年夏五月，越人始來。越既勝吳，欲霸中國，始遣使適魯。

秋八月，公及齊侯、邾子盟于顧。齊人責稽首，責十七年齊侯爲公稽首，不見答。顧，齊地。因歌之曰：「魯人之皋，數年不覺，使我高蹈。皋，緩也。高蹈，猶遠行也。

言魯人皋緩，數年不知答齊稽首，故使我高蹈來爲此會。唯其儒書，以爲二國憂。」二國，齊、邾也。言魯據周禮，不肯答稽首，令齊、邾遠至。是行也，公先至于陽穀。先期至也。齊閭丘息曰：「君辱舉玉趾，以在寡君之軍，息，閭丘明之後。群臣將傳遽以告寡君。比其復也，君無乃勤。爲僕人之未次，次，舍也。請除館於舟道。」舟道，齊地。辭曰：「敢勤僕人？」不敢勤齊僕爲魯除館。

【傳】二十二年夏四月，邾隱公自齊奔越，曰：「吳爲無道，執父立子。」越人歸之，大子革奔越。邾隱公八年爲吳所囚，十年，奔齊。

冬十一月丁卯，越滅吳，請使吳王居甬東。甬東，越地，會稽句章縣東海中洲也。辭曰：「孤老矣，焉能事君？」乃縊。越人以歸。以其尸歸。終史墨、子胥之言。

【傳】二十三年春，宋景曹卒。景曹，宋元公夫人，小邾女，季桓子外祖母。季康子使冉有弔，且送葬，曰：「敝邑有社稷之事，使肥與有職競焉，肥，康子名。競，遽也。是以不得助執紼，使求從輿人，求，冉有名。輿，衆也。曰：『以肥之得備彌甥也，彌，遠也。康子父之舅氏，故稱「彌甥」。有不腆先人之産馬，使求薦諸夫人之宰，薦，進也。其可以稱旌繁乎！』」稱，舉也。繁，馬飾繁纓也。終欒祁之言，政在季氏。

夏六月，晉荀瑶伐齊，荀瑶，荀躒之孫知伯襄子。高無丕帥師御之。知伯視齊師，馬駭，遂驅之，曰：「齊人知余旗，其謂余畏而反也。」及壘而還。將戰，長武子請卜。武子，晉大夫。知伯曰：「君告于天子，而卜之以守龜於宗祧，吉矣。吾又何卜焉？且齊人取我英丘，君命瑶，非敢燿武也，治英丘也。治齊取英丘。以辭伐罪足矣，何必卜？」壬辰，戰于犂丘。犂丘，隰也。齊師敗績，知伯親禽顔庚。顔庚，齊大夫顔涿聚。

秋八月，叔青如越，始使越也。越諸鞅來聘，報叔青也。

【傳】

二十四年夏四月，晉侯將伐齊，使來乞師，曰：「昔臧文仲以楚師伐齊，取穀；在僖二十六年。宣叔以晉師伐齊，取汶陽。在成二年。寡君欲徼福於周公，願乞靈於臧氏。」以臧氏世勝齊，故欲乞其威靈。臧石帥師會之，取廩丘。石，臧賓如之子。軍吏令繕，將進。晉軍吏也。繕，治戰備。萊章曰：「君卑政暴，萊章〔一〕，齊大夫。往歲克敵，禽顔庚。今又勝都，取廩丘。天奉多矣，又焉能進？是躗言也。躗，過也。役將班矣。」晉師乃還，餼臧石牛。生曰餼。大史謝之，晉大史。曰：「以寡君之在行，在軍行。牢禮不度，不如禮度。敢展謝之。」終臧氏有後於魯。

邾子又無道，越人執之以歸，終子贛之言。而立公子何。何亦無道。何，大子革弟。

公子荆之母嬖，荆，哀公庶子。將以爲夫人，使宗人釁夏獻其禮。宗〔二〕人，禮官也。對曰：「無之。」公怒曰：「女爲宗司，立夫人，國之大禮也，何故無之？」對

〔一〕「章」，原作「善」，據宋大字本、巾箱本、書院本、慶元本及上傳文改。
〔二〕「宗」，原作「景」，據宋大字本、巾箱本、書院本、附釋音本、慶元本及上傳文改。

曰：「周公及武公娶於薛，武公，敖也。孝、惠娶於商，孝公，稱。惠公，弗皇。商，宋〔一〕也。自桓以下娶於齊，桓公始娶文姜。此禮也則有。若以妾爲夫人，則固無其禮也。」公卒立之，以〔二〕荆爲大子。國人始惡之。惡公。

閏月，公如越，得大子適郢，適郢，越王大子。得，相親説也。將妻公，而多與之地。公孫有山使告于季孫。季孫懼，使因大宰嚭而納賂焉，乃止。嚭，故吴臣也。季孫恐公因越討己，故懼。

【傳】

二十五年夏五月庚辰，衛侯出奔宋。衛侯輒也。衛侯爲靈臺于藉圃，與諸大夫飲酒焉。褚師聲子韤而登席，古者見君解韤。公怒。辭曰：「臣有疾，異於人。足有創疾。若見之，君將㱉之，㱉，嘔吐也。是以不敢。」不敢解韤。公愈怒。大夫辭

〔一〕「宋」，原作「朱」，據宋大字本、國會本、巾箱本、書院本、附釋音本、慶元本改。
〔二〕「以」上，金澤本有「而」字。

之，不可。共辭謝公，公不可解。褚師出，公戟其手，抵徙手屈肘如戟形。曰：「必斷而足！」聞之，褚師與司寇亥乘曰：「今日幸而後亡。」恐死，以得亡爲幸。公之入也，奪南氏邑，南氏，子南之子公孫彌牟。而奪司寇亥政。公使侍人納公文懿子之車于池。懿子，公文要。公有〔一〕忿，使人投其車于池水中。

初，衛人翦夏丁氏，在十一年。以其帑賜彭封彌子。彭封彌子，彌子瑕。彌子飲公酒，納夏戊之女，嬖，以爲夫人。其弟期，大叔疾之從孫甥也，期，夏戊之子。姊妹之孫爲從孫甥，與孫同列。少畜於公〔二〕，以爲司徒。夫人寵衰，期得罪。公使三匠久。公使優狡盟拳彌，優狡，俳優也。拳彌，衛大夫。使俳優盟之，欲恥辱也。而甚近信之。故褚師比、輟登席者。公孫彌牟、喪邑者。公文要、失車者。司寇亥、奪政者。司徒期因三匠與拳彌以作亂，皆執利兵，無者執斤。斤，工匠所執。使拳彌入于公宮，信近之，故得入。而自大子疾之宮譟以攻公。鄄子士請禦之。鄄子士，衛大夫。

〔一〕「有」下，金澤本有「所」字。
〔二〕「公」下，金澤本有「宮」字。

彌援其手曰：「子則勇矣，將若君何？言不可救。不見先君乎？君何所不逞欲？先君，蒯聵也。亂不速奔，故爲戎州所殺。欲令早去。且君嘗在外矣，豈必不反？當今不可，衆怒難犯，休而易間也。」乃出。將適蒲，蒲，近晉邑。彌曰：「晉無信，不可。」將適鄄，鄄，齊、晉界上邑。彌詐不知謀，故公信之。彌曰：「齊、晉爭我，不可。」將適泠，泠，近魯邑。彌曰：「魯不足與，請適城鉏，城鉏，近宋邑。以鉤〔一〕越，越有君。」宋南近越，轉相鉤牽。乃適城鉏。彌曰：「衛盜不可知也，請速，自我始。」乃載寶以歸。欺衛君，言君以寶自隨，將致衛盜，請速行。己爲先發，而因載寶歸衛也。公爲支離之卒，支離，陳名。因祝史揮以侵衛。揮，衛祝史。衛人病之。懿子知之，知揮爲內間。見子之，子之，公孫彌牟文子也。請逐揮。文子曰：「無罪。」懿子曰：「彼好專利而妄。妄，不法。夫見君之入也，將先道焉。若見君有入勢，必道助之。若逐之，必出於南門而適君所。雖知其爲君間，不審察，私共評之。夫越新得諸侯，將必請師

〔一〕「鉤」，釋文云：「本或作『拘』。」

焉。」揮在朝，使吏遣諸其室。難面逐之，先逐其家。揮出信，弗内。再宿爲信。五日，乃館諸外里。外里，公所在。遂有寵，使如越請師。請師伐衛，求入。

六月，公至自越。前年行，今還。季康子、孟武伯逆於五梧。魯南鄙也。郭重僕，爲公僕。見二子，曰：「惡言多矣，君請盡之。」二子不臣之言甚多，欲使公盡極以觀之。公宴於五梧，武伯爲祝，祝，上壽酒。惡郭重，曰：「何肥也？」訾毀其貌。季孫曰：「請飲彘也。飲，罰之〔一〕。以魯國之密邇仇讎，臣是以不獲從君，克免於大行，又謂重也肥。」言重隨君遠行劬勞，不宜稱肥。公曰：「是食言多矣，能無肥乎？」以激三桓之數食言。飲酒不樂，公與大夫始有惡。爲二十七年公孫郲起。

【傳】

二十六年夏五月，叔孫舒帥師會越皋如、后庸〔二〕、宋樂茷，納衛侯，舒，武叔

〔一〕「之」，宋大字本、國會本、巾箱本、書院本、附釋音本作「也」。

〔二〕「后庸」，阮校：「石經、宋本『后』作『舌』，廿七年『越子使舌庸來聘』『舌』字同。段玉裁云：當依國語作『舌』。」

之子文子也。皋如、后庸，越大夫。樂茷，宋司城子潞。衞侯，輒也。文子欲納之。懿子曰：「君愎而虐，少待之，必毒於民，愎，很也。乃睦於子矣。」民睦。師侵外州，大獲。越納輒之師。出禦之，大敗。衞師敗。掘褚師定子之墓，焚之于平莊之上。定子，褚師比之父也。平莊，陵名也。文子使王孫齊私於皋如，齊，衞大夫王孫賈之子昭子也。曰：「子將大滅衞乎？抑納君而已乎？」皋如曰：「寡君之命無他，納衞君而已。」文子致衆而問焉，曰：「君以蠻夷伐國，國幾亡矣。請納之。」衆曰：「勿納。」曰：「彌牟亡而有益，請自北門出。」欲以觀衆心。衆曰：「勿出。」重賂越人，申開守陴而納公，申，重也。開重門而嚴設守備，欲以恐公，使〔一〕不敢入。公不敢入。師還，立悼公，悼公，蒯聵庶弟公子黚也。南氏相之。以城鉏與越人。公曰：「期則爲此。」司徒期也。令苟有怨於夫人者，報之。夫人，期姊也。怒期而不得加戮，故敕宮女令苦困期姊。司徒期聘於越，爲悼公聘。公攻而奪之幣。期告王，越王也。王命取

〔一〕「使」，書院本、附釋音本作「故」。

之。期以衆取之。公怒，殺期之甥之爲大子者。忿期而及其姊爲夫人者，遂復及夫人之子。遂卒于越。終言之也。終效夷言，死于夷。

宋景公無子，取公孫周之子得與啓，畜諸公宮，周，元公孫子高也。得，昭公也。啓，得弟。畜，養也。未有立焉。於是皇緩爲右師，皇非我爲大司馬，皇懷爲司徒，皇懷，非我從昆弟。靈不緩爲左師，不緩，子靈圍龜之後。樂茷爲司城，茷，樂溷之子。樂朱鉏爲大司寇。朱鉏，樂輓之子。六卿三族降聽政，三族，皇、靈、樂也。降，和同也。因大尹以達。大尹，近官有寵者，六卿因之以自通達於君。大尹常不告，而以其欲稱君命以令。不告君也。國人惡之。司城欲去大尹，左師曰：「縱之，使盈其罪。盈，滿也。重而無基，能無敝乎？」言勢重而無德以爲基，必敗〔一〕也。

冬十月，公游于空澤。空澤，宋邑。辛巳，卒于連中。連中，館名。大尹興空澤之士千甲，甲士千人。奉公自空桐入，如沃宮。奉公尸也。梁國虞縣東南有地名空桐。

〔一〕「敗」，國會本、巾箱本、書院本作「判」。

沃宫，宋都内宫名。使召六子曰：「聞下有師，君請六子畫。」畫，計策。六子至，以甲劫之，曰：「君有疾病，請二三子盟。」乃盟于少寢之庭，曰：「無爲公室不利。」大尹立啓，奉喪殯于大宫。三日而後國人知之。司城茷使宣言于國曰：「大尹惑蠱其君而專其利，今君無疾而死，死又匿之，是無他矣，大尹之罪也。」言大尹所弑。得夢啓北首而寢於盧門之外，盧門，宋東門。北〔一〕首，死象。在門外，失國也。己爲烏而集於其上，咮加於南門，尾加於桐門。曰：「余夢美，必立。」桐門，北門。大尹謀曰：「我不在盟，少寢盟，但以君命盟六卿，大尹不盟。無乃逐我復盟之乎？」使祝爲載書。六子在唐盂，地名。將盟之。祝襄以載書告皇非我。襄，祝名〔二〕。皇非我因子潞、子潞，樂茷。門尹得、樂得。左師謀曰：「民與我，逐之乎！」皆歸授甲，使徇于國曰：「大尹惑蠱其君，以陵虐公室。與我者，救君者也。」衆曰：「與之。」大尹徇曰：「戴氏、皇氏將不利公室，戴氏即樂氏。與我者無憂不富。」衆

〔一〕「北」，原作「其」，據宋大字本、國會本、巾箱本、書院本、附釋音本、慶元本改。
〔二〕「祝名」，經傳識異云：「『祝』下一有『子』字。」

曰：「無别。」惡其號令與君無别。戴氏、皇氏欲伐公。公，謂啓。樂得曰：「不可。彼以陵公有罪，我伐公則甚焉。」使國人施于大尹。施罪於大尹。大尹奉啓以奔楚，乃立得。司城爲上卿，盟曰：「三族共政，無相害也。」

衛出公自城鉏使以弓問子贛，且曰：「吾其入乎？」子贛稽首受弓，對曰：「臣不識也。」私於使者曰：「昔成公孫於陳，僖二十八年，衛成公奔楚，遂適陳。甯武子、孫莊子爲宛濮之盟而君入；盟在僖二十八年。獻公孫於齊，在襄十四年。子鮮、子展爲夷儀之盟而君入。在襄二十六年。今君再在孫矣，謂十五年孫魯，今又孫宋。内不聞獻之親，外不聞成之卿，則賜不識所由入也。詩曰：『無競惟人，四方其順之。』詩，周頌，言無强惟得人也。若得其人，四方以爲主，爲主，主四方。而國於何有？」

【傳】

二十七年春，越子使后庸〔一〕來聘，且言邾田，封于駘上。欲使魯還邾田，封竟

〔一〕「后庸」，阮校：「石經、宋本『后』作『舌』，是也。」下同。

至駘上。二月，盟于平陽。西平陽。三子皆從。季康子、叔孫文子、孟武伯皆從后庸盟。康子病之，耻從蠻夷盟。言及子贛，思子贛。曰：「若在此，吾不及此夫！」不及與越盟。武伯曰：「然。何不召？」曰：「固將召之。」文子曰：「他日請念。」言季孫不能用子贛，臨難而思之。

夏四月己亥，季康子卒。公弔焉，降禮。禮不備也。言公之多妄〔一〕。

晉荀瑶帥師伐鄭，次于桐丘。鄭駟弘請救于齊。弘，駟歂子。齊師將興，陳成子屬孤子，三日朝。屬會死事者之子，使朝三日以禮之。設乘車兩馬，繫五邑焉。乘車兩馬，大夫服。又加之五邑。召顔涿聚之子晉，曰：「隰之役，而父死焉。隰役在二十三年。以國之多難，未女恤也。今君命女以是邑也，服車而朝，毋廢前勞。」乃救鄭。及留舒，違穀七里，穀人不知。言其整也。留舒，齊地。違，去也。及濮，雨，不涉。濮水自陳留酸棗縣傍河東北經〔二〕濟陰至高平入濟。子思曰：「大國在敝邑

〔一〕「妄」，釋文作「忘」，云：「本又作『妄』。」
〔二〕「經」，釋文作「徑」，云：「音『經』。」

之宇下，是以告急。今師不行，恐無及也。」子思，國參。成子衣製，杖戈，製，雨衣也。立於阪上，馬不出者，助之鞭之。知伯聞之，乃還，畏其得衆心。曰：「我卜伐鄭，不卜敵齊。」使謂成子曰：「大夫陳子，陳之自出。陳之不祀，鄭之罪也。十七年，楚獨滅陳，非鄭之罪。蓋知伯誣陳子，故陳子怒，謂其多陵人。故寡君使瑤察陳衷焉，衷，善也。謂大夫其恤陳乎？若利本之顛，瑤何有焉？」言陳滅於己無傷。成子怒曰：「多陵人者皆不在，知伯其能久乎？」中行文子告成子文子，荀寅，此時奔在齊。曰：「有自晉師告寅者，將爲輕車千乘，以厭齊師之門，則可盡也。」成子曰：「寡君命恒曰：『無及寡，無畏衆。』雖過千乘，敢辟之乎？將以子之命告寡君。」成子疑其有爲晉之心。文子曰：「吾乃今知所以亡。自恨己無知。君子之謀也，始、衷、終皆舉之，而後入焉。謀一事，則當慮此三變，然後入而行之，所謂君子〔一〕三思。今我三不知而入之，不亦難乎？」悔其言不可復。

〔一〕「子」下，巾箱本有「有」字。

公患三桓之侈也，欲以諸侯去之。欲求諸侯師，以逐三桓。三桓亦患公之妄也，故君臣多間。間，隙也。公游于陵阪，遇孟武伯於孟氏之衢，曰：「請有問於子，余及死乎？」問己可得以壽死不。對曰：「臣無由知之。」三問，卒辭不對。公欲以越伐魯，而去三桓。

秋八月甲戌，公如公孫有陘氏，有陘氏即有山氏。因孫于邾，乃遂如越。國人施公孫有山氏。以公從其家出故也。終子贛之言，君不没於魯。

悼之四年，晉荀瑶帥師圍鄭。悼公，哀公之子寧也。哀公出孫，魯人立悼公。未至，鄭駟弘曰：「知伯愎而好勝，早〔一〕下之，則可行也。」行，去也。乃先保南里以待之。保，守也。南里在城外。知伯入南里，門于桔柣之門。鄭人俘酅魁壘，酅魁壘，晉士。賂之以知政，欲使反爲鄭。閉其口而死。將門，攻鄭門。知伯謂趙孟：「入之。」對曰：「主在此。」主謂知伯也。言主在此，何不自入。知伯曰：「惡而無勇，

〔一〕「早」，釋文作「皁」，云：「一本作『早』。」

何以爲子？」惡，貌醜也。簡子廢嫡子伯魯而立襄子，故知伯言其醜且無勇，何故立以爲子。對曰：「以能忍耻，庶無害趙宗乎！」知伯不悛，趙襄子由是惎知伯，惎，毒也。遂喪之。知伯貪而愎，故韓、魏反而喪之。史記：晉懿公之四年，魯悼公之十四年，知伯帥韓、魏圍趙襄子於晉陽。韓、魏反與趙氏謀，殺知伯於晉陽之下。在春秋後二十七年。

春秋經傳集解哀下第三十

春秋經傳集解後序

太康元年三月，吴寇始平，余自江陵還襄陽，解甲休兵，乃申抒舊意，脩成春秋釋例及經傳集解。始訖，會汲郡汲縣有發其界内舊冢者，大得古書，皆簡編科斗文字。發冢者不以爲意，往往散亂。科斗書久廢，推尋不能盡通。始者藏在祕府，余晚得見之，所記大凡七十五卷，多雜碎怪妄，不可訓知。周易及紀年最爲分了。周易上下篇與今正同，別有陰陽説而無彖、象、文言、繫辭，疑于時仲尼造之於魯，尚未播之於遠國也。其紀年篇起自夏、殷、周，皆三代王事，無諸國別也。唯特記晉國，起自殤叔，次文侯、昭侯，以至曲沃莊伯。莊伯之十一年十一月，魯隱公之元年正月也。皆用夏正建寅之月爲歲首，編年相次。晉國滅，獨記魏事，下至魏哀王之二十年，蓋魏國之史記也。推校哀王二十年，太歲在壬戌，是周赧王之十六年，秦昭王之八年，韓襄王之十三年，趙武靈王之二十七年，楚懷王之三十年，燕昭王之十三年，齊湣王之二十五年也。上去孔丘卒百八十一歲，下去今大康三年五百八十一歲。哀王於史記，襄王之子，惠王之孫也。惠王三十六年卒，而襄王立。立十六年卒，而哀王立。古書紀年篇惠王三十六年改元，從一年始至十六年，而稱惠成王卒，即惠王也。疑史記誤分惠成之世以爲後王年也。哀王二十三年乃卒，故特不稱謚，謂之今王，其著書文意，大似春秋經，推此足見古者國史策書之常也。文稱「魯隱公及邾莊公盟于姑蔑」，即春秋所書「邾儀父，未王命，故不書爵。曰儀父，貴之也」。又稱「晉獻公會虞師伐虢，滅下陽」，即春秋所書「虞師、晉師滅下陽，先書虞，賄故也」。又稱「周襄王會諸侯于河陽」，即春秋所書「天王狩于河陽，以臣召君，不可以訓也」。諸若此輩甚多，略舉數條，以明國史皆承告據實而書時事，仲尼脩春秋，以義而制異文也。又稱「衛懿公及赤翟戰于洞澤」，疑「洞」當爲「泂」，即左傳所謂「熒澤」也。「齊國佐來獻玉磬、紀公之甗」，即左傳所謂賓媚人也。諸所記多與左傳符同，異於公羊、穀梁，知此二書，近世穿鑿，非春秋本意，審矣。雖不皆與史記、尚書同，然參而求之，可以端正學者。又別有一卷，純集疏左氏傳卜筮事，上下次第，及其文義，皆與左傳同，名曰師春，「師春」似是抄集者人名也。紀年又稱，殷仲壬即位居亳，其卿士伊尹，仲壬崩，伊尹〔一〕放大甲于桐，乃自立也。伊尹即位，於〔二〕大甲七年，大甲潛出自桐，殺伊尹，乃立其子伊陟、伊奮，命復其父之田宅而中分之。左氏傳伊尹放大甲而相之，卒無怨色，然則大甲雖見放，還殺伊尹，而猶以其子爲相也。此爲大與尚書叙説大甲事乖異，不知老叟之伏生或致昏忘，將此古書亦當時雜記，未足以取審也。爲其粗有益於左氏，故略記之，附集解之末焉。

〔一〕「尹」下，金澤本有「乃」字。
〔二〕「於」，國會本作「放」。